ちくま学芸文庫

名指導書で読む

筑摩書房 なつかしの高校国語

筑摩書房

目次

詩歌編

凡例

一、本書収録の教材は、筑摩書房が刊行した高等学校向け現代国語の教科書『現代国語1』（一年生用、一九六三〜八一年使用）、『現代国語2』（二年生用、一九六四〜八三年使用）、『現代国語3』（三年生用、一九六五〜八四年使用）に掲載されたものである。また指導書部分は、それぞれの教科書に該当する『学習指導の研究』に掲載されたものから抜粋した（本書に収録しなかった文章は〔未収録〕と表記した）。

二、『現代国語』は、1〜3全てにおいて、それぞれ五回の改訂を行っている。本書が底本として採用した教科書および指導書は、以下の通り。

教科書
『現代国語1 二訂版』（現国431）一九七九〜八一年使用
『現代国語2 二訂版』（現国531）一九八〇〜八三年使用
『現代国語3 二訂版』（現国631）一九八一〜八四年使用

指導書
『現代国語1 学習指導の研究 二訂版』三刷、一九八一年
『現代国語2 学習指導の研究 二訂版』初刷、一九八三年

『現代国語3　学習指導の研究　二訂版』初刷、一九八三年
※「I was born」のみ『現代国語3　学習指導の研究』二刷、一九七六年

三、各教材の底本は以下の通り。
羅生門（現代国語1）
夢十夜（現代国語1）
山月記（現代国語2）
富岳百景（現代国語2）
こころ（現代国語2）
舞姫（現代国語3）
藤野先生（現代国語3）
清光館哀史（現代国語3）
現代日本の開化（現代国語3）
失われた両腕（現代国語1）
ラムネ氏のこと（現代国語2）
無常ということ（現代国語3）
「である」ことと「する」こと（現代国語3）
永訣の朝／一本木野（現代国語1）
「ネロ」について（現代国語1）

I was born（現代国語3）

死にたまふ母（現代国語1）

※現代国語2に採用された時期もあったが、教材・指導書ともに現代国語1によった。

四、『現代国語』編集委員のメンバーは、以下の通り。

西尾実（編集委員長）、秋山虔、猪野謙二、臼井吉見、小沢俊郎、木下順二、鈴木醇爾、西尾光一、野本秀雄、平岡敏夫、分銅惇作、益田勝実、峯村文人（以上、五十音順）

五、本書には、今日の人権意識に照らして不適切と思われる語句や表現があるが、時代的背景と、作品の歴史的・資料的価値にかんがみ、加えて著者が故人であることから、そのままとした。

六、編集部による註は〔　〕でくくった。

なお、本書に収録した指導書掲載論文について、すべての著者の方の許可をいただくべく努力いたしましたが、執筆年代が古いこともあり、お名前を特定できなかった方もいらっしゃいます。お心当たりの方がおられましたら、小社までご一報いただければ幸いです。

ちくま学芸文庫編集部

名指導書で読む

筑摩書房 なつかしの高校国語

言わでものこと

敬愛する現場の指導者へ

臼井吉見

教科書編者の一人として、現場の教師への注文なり忠告なりを申述べよとのことで、ひらにご勘弁願ったのですが、聴かれそうもないので、はじめて教壇に立つ人のために、少しばかり書きましょう。僕も十年あまり、むかしの中学校や師範学校の国語教師の経験がありますので、先輩ぶったもの言いになるかもしれませんが、大目にみてください。

昭和六年、軍隊から解放されて、福島県の太平洋岸沿いの双葉中学に赴任したとき、あくまで国語教師であって、まちがっても文学教師なんぞにはなるまいと固く自分にちかいました。そんなことになれば、生徒ばかりか自分をもスポイルすること必定と思ったからです。自分だけについていえば、文学を生涯の仕事にするつもりだったから。教室で生徒を相手に文学熱など発散していい気になっていようものなら文学上の仕事なんかできるはずもなく、まして生徒にとってはとんだ迷惑にきまっています。

国語教師であるからには、生徒に日本語をしゃべったり、読んだり、綴ったりすることに喜びを感じさせなくては話にならない。その場合、教材である具体的な文章を離れることなく、それに即し、執することでそれをやらなくてはなるまいと思いました。独歩の

「春の鳥」をはじめる前に、独歩の生いたちや人生遍歴、その文学の特色などについてブッなんてことは以てのほかのことでしょう。二三の質問をして、生徒の予備知識について探りを入れることは、場合によっては必要かもしれませんが、かんじんなのは独歩についての生はんかな知識なんぞではなくて、独歩の作品をじかに読みぬく力を生徒から引出すことでしょう。まさか範読から入る先生はないでしょうが、国語教育は読みにはじまって、読みに終るべきものであるこというまでもありませぬ。仕上げの読みは解釈も鑑賞も批評をもこめたものでなくてはならず、そこまで生徒に自力でたどりつかせるまでの作業が国語教育だろうと考えます。そして、教師の説明なんぞは必要の最小限度がいいにきまっています。範読からはじめるなんてこれまた以てのほかです。早い話が、蕪村に、春風に尾をひろげたる孔雀かな、という句がありますが、これが自覚的に正しく読めれば、もはや解釈も鑑賞も、おそらく批評までも行われた結果にちがいないと思います。春風をハルカゼと読んでいる生徒をどんなふうにそのかせてシュンプウと漢読みさせるかが国語教育の眼目でしょう。ハルカゼではなくて、シュンプウと羽をいっぱいひろげた孔雀とのとり合せであって、はじめて豪華絢爛さながら一幅の画に接する思いあらしめるわけであって、この読みにたどりつかせたら、もうしめたもので、ここなら蕪村の特色について一席ブッてもかまいますまい。蕪村が漢語漢読みの効果をどんなに計算して愛用していたか、別例の五六句持ち出して説明したって、さして害悪はないでしょう。絶頂の城たのもしき若葉かな、の句をできのいい生徒は、イタダキのと和訓で読み、できのわるいのはゼッチョウのと読んでいた記憶があります。ゼッチョウと読んでこそ急峻な山頂につくられた城に難攻不落のたのもしさを覚えるわけであって、言葉の鈍感さから自然に読めたというのでなくて、言葉の感覚をいきいきとかきたてることで自覚的にたどりつかせなくてはなるまいと思います。蚤虱馬の尿する枕もと――「おくのほそみち」中の句ですが、尿はバリとこの地方の俗語で読むべきでしょう。曾良本にハリとルビがふってありますが、これもバリのつもりでしょう。尿前《しとまえ》の関の句だから、それに合せて尿《しと》すると訓むという考えもありましょうが、ここはぜひともバリと訓みたいところです。シトは和歌的連歌的用語ですが、バリは鄙びた方言であって、いまならションベンとでもいうところでしょうが、この句は蚤《のみ》や虱《しらみ》など伝統的な和歌や連歌からははねのけられたものを受け入れて、和歌・連歌にひけをとらない美の世界を開拓した俳諧の面目からしても、バリと読んだほうがぐんと効果的だと思います。馬のバリするであって、蚤や虱にせめられ、寝苦しい思いをしている枕もとに馬のションベンするのが耳につく、わびしさ、そのションベンの分量、その音のはげしさまで連想されるように思うのです。ここで俳諧の発生について一席ブツのはかまわないでしょう。俗談平語を正す、と語った芭蕉俳諧の特質について一と口説明を与えてもいいでしょう。ブチたかったら、あくまでも教材の言葉にすがってブッことです。

大根引き大根で道を教へけり

これは、オオネヒキ、オオネでと読んでは一茶ではなくなるでしょう。和歌ではそんな読みになるわけですが、ここはダイコヒキ、ダイコでと信濃方言で読むことを、一茶は期待していたに違いありません。

馬追のひげのそよろにくる秋はまなこを閉ぢて思ひみるべし

長塚節です。いきなりこの一首について女子師範の生徒をテストしたことがあった。馬追のひげづらに吹きつける秋風は何とかかんとか書き出しているのが大部分で、なかには秋風に吹かれ居眠りしながら歩いている馬方を連想している女傑もありました。牛追いという日本語はあっても、馬追いという日本語のないことについては五十嵐力さんの有名な文章のあることはご存じのことと思います。昆虫説はたしか二人ほどだったと覚えています。それも、あの涼しげな、お神主みたいな緑いろの装束を思いうかべるようなものはなく、ひげのそよろ、まなこを閉じて思う、などには、まるで鈍感無関心なのにはおそれいりました。てんで日本語が通じないわけで、こんな女傑どもがやがて教壇に立つわけだから、子供たちがいよいよ日本語と縁が遠くなるのはあたりまえです。

教材に即して、語法や文法の一端を暗示することも、作家や作品についてブツよりは、ましでしょう。

森深く鳥鳴きやみてたそがるる木の間の水のほの明りかも
　山にして遠裾原に鳴く鳥の声の聞ゆるこの朝かも

どっちも島木赤彦です。森深くの鳥は無数の小鳥であり、遠裾原の鳥は山鳩かなんか、相当大きな一羽だと思いますが、ひとり合点でしょうか。ともかく、こんな重大なことを鑑賞者の自由にまかせるほかない日本語の特色に思いいたらせることも望ましいように思いますが。

実際授業を見せてもらって、いまもときおり思い浮べるのは、中島敦の「山月記」です。最後に教師が突如として、人間存在の非条理性と板書されたときはさすがにたまげました。これは教師の頭の中の言葉ではあっても、生徒の前に持ち出す符牒ではありますまい。僕だったら、仮にこんなどこかで覚えた口まねをして得意になっている生徒があったら、徹底的な質問責めによって、何にもわかっていないことを悟るまで打ちのめすでしょう。そんな符牒の持ち出しでしめくくるなんてとんでもないこと、詩人になりそこねて虎になってしまった男の悲しみは、作者の中島敦どころか、考えてみると自分たちのどこかにもつながるものであることを思い至らしめて、ドキッとさせなくては、国語教育とは申せますまい。どうやらそれができたら、カフカの小説に論及するような脱線をやらかしても、それほどとがむべきではないでしょう、教師の権威をたもつためにも。しかし、国語教室では、教師の権威は抑えられるだけ抑えて、もっぱら教材の権威を発揮させるべきではないでしょうか。たとえば独歩の「春の鳥」の場合、こんな文字どおり珠玉の短篇は、だまって読ませるしかテはないと思いますがどうでしょう。僕のひとり合点では、独歩のもので一つえらべといわれたら、躊躇なくこの一篇をあげますが、明治文学を通じて一篇ということになっても、「春の鳥」をえらぶつもり。こんないたってわかりいい渾然たる作品になると、教師は口一つはさめるはずがない。教師が口をきくだけ、生徒の理解と鑑賞をさまたげること必定です。どうぞ国語教室で、演説使いや手品師のまねはやめてください。

小説編

羅生門《らしょうもん》

芥川龍之介《あくたがわりゅうのすけ》

ある日の暮れ方のことである。一人の下人《げにん》が、羅生門の下で雨《あま》やみを待っていた。

広い門の下には、この男のほかにだれもいない。ただ、ところどころ丹塗《にぬ》りのはげた、大きな円柱《まるばしら》に、きりぎりすが一匹とまっている。羅生門が、朱雀大路《すざくおおじ》にある以上は、この男のほかにも、雨やみをする市女笠《いちめがさ》や揉烏帽子《もみえぼし》が、もう二、三人はありそうなものである。それが、この男のほかにはだれもいない。

なぜかというと、この二、三年、京都には、地震とか辻風《つじかぜ》とか火事とか飢饉《ききん》とかいう災いが続いて起こった。そこで洛中《らくちゅう》のさびれ方はひととおりではない。旧記によると、仏像や仏具を打ち砕いて、その丹がついたり、金銀の箔《はく》がついたりした木を、道ばたに積み重ねて、薪の料《しろ》に売っていたということである。洛中がそ

羅生門　平安京の正門にあたる楼門。朱雀大路の南端にあった。正しくは、羅城門。

下人　身分の卑しい男。

朱雀大路　平安京の中央を南北に貫通する大路。北端に大内裏正面の朱雀門、南端に羅生門があった。

市女笠　中高の菅笠《すげがさ》で、漆が塗ってある。もと市女（市場で物を売る女）が用いたので、こう呼ばれた。ここでは、それをかぶった女。

揉烏帽子　柔らかにもんでしわのある烏

の始末であるから、羅生門の修理などは、もとよりだれも捨てて顧みる者がなかった。するとその荒れ果てたのをよいことにして、狐狸《こり》が棲《す》む。盗人《ぬすびと》が棲む。とうとうしまいには、引き取り手のない死人を、この門へ持って来て、捨てて行くという習慣さえできた。そこで、日の目が見えなくなると、だれでも気味を悪がって、この門の近所へは足踏みをしないことになってしまったのである。

そのかわりまた、からすがどこからか、たくさん集まって来た。昼間見ると、そのからすが何羽となく輪を描いて、高い鴟尾《しび》のまわりを鳴きながら、飛び回っている。ことに門の上の空が、夕焼けで赤くなる時には、それがごまをまいたようにはっきり見えた。からすは、もちろん、門の上にある死人の肉を、ついばみに来るのである。――もっとも今日は、刻限が遅いせいか、一羽も見えない。ただ、ところどころ、崩れかかった、そうしてその崩れ目に長い草のはえた石段の上に、からすのふんが、点々と白くこびりついているのが見える。下人は七段ある石段のいちばん上の段に、洗いざらした紺の襖《あお》のしりをすえて、右のほおにできた、大

帽子。貴族や有位の男子が平常服の際にかぶった。ここでは、それをかぶった男。

辻風　つむじ風。

旧記　古い記録。鴨《かも》長明《ちょうめい》の『方丈記』に、一一八一年ごろの打ちつづく災難のこと、そのために仏像などをたきぎにして売ったということが書かれている。

鴟尾　宮殿などの棟《むね》の両端に取り付ける魚の尾の形の飾り。

襖　ここでは、庶民のふだん着のあわせ。

きなにきびを気にしながら、ぼんやり、雨の降るのをながめていた。

作者はさっき、「下人が雨やみを待っていた」と書いた。しかし、下人は雨がやんでも、格別どうしようというあてはない。ふだんなら、もちろん、主人の家へ帰るべきはずである。ところがその主人からは、四、五日前に暇を出された。前にも書いたように、当時京都の町はひとどおりならず衰微していた。今この下人が、永年使われていた主人から、暇を出されたのも、実はこの衰微の小さな余波にほかならない。だから、「下人が雨やみを待っていた」と言うよりも、「雨に降りこめられた下人が、行き所がなくて、途方にくれていた」と言うほうが、適当である。そのうえ、今日の空模様も少なからず、この平安朝の下人の sentimen《サンチマン》-talisme《タリスム》 に影響した。申《さる》の刻下がりから降りだした雨は、いまだに上がる気色《けしき》がない。そこで、下人は、何をおいてもさしあたり明日の暮らしをどうにかしようとして、――いわばどうにもならないことを、どうにかしようとして、とりとめもない考えをたど

sentimentalisme　〔仏〕感傷癖。

申の刻下がり　午後四時過ぎ。

りながら、さっきから朱雀大路に降る雨の音を、聞くともなく聞いていたのである。

雨は、羅生門を包んで、遠くから、ざあっという音を集めてくる。夕やみはしだいに空を低くして、見上げると、門の屋根が、斜めに突き出した甍《いらか》の先に、重たく薄暗い雲を支えている。

どうにもならないことを、どうにかするためには、手段を選んでいるいとまはない。選んでいれば、築土《ついじ》の下か、道ばたの土の上で、飢え死にをするばかりである。そうして、この門の上へ持って来て、犬のように捨てられてしまうばかりである。選ばないとすれば、――下人の考えは、何度も同じ道を低徊《ていかい》したあげくに、やっとこの局所へ逢着《ほうちゃく》した。しかしこの「すれば」は、いつまでたっても、けっきょく「すれば」であった。下人は、手段を選ばないということを肯定しながらも、この「すれば」のかたをつけるために、当然、その後に来《きた》るべき「盗人になるよりほかにしかたがない」ということを、積極的に肯定するだけの、勇気が出ずにいたのである。

築土 土塀。

低徊 思いにふけりながら行ったり来たりして歩き回ること。

局所 ここでは、思案の末に到着した地点という意味。

下人は、大きなくさめをして、それから、大儀そうに立ち上がった。夕冷えのする京都は、もう火桶《ひおけ》が欲しいほどの寒さである。風は門の柱と柱との間を、夕やみとともに遠慮なく吹き抜ける。丹塗りの柱にとまっていたきりぎりすも、もうどこかへ行ってしまった。

下人は、首を縮めながら、山吹の汗衫《かざみ》に重ねた、紺の襖の肩を高くして門のまわりを見回した。雨風の憂えのない、人目にかかる恐れのない、一晩楽に寝られそうな所があれば、そこでともかくも、夜を明かそうと思ったからである。すると、幸い門の上の楼へ上る、幅の広い、これも丹を塗ったはしごが目についた。上なら、人がいたにしても、どうせ死人ばかりである。下人はそこで、腰に下げた聖柄《ひじりづか》の太刀が鞘走《さやばし》らないように気をつけながら、わらぞうりをはいた足を、そのはしごのいちばん下の段へ踏みかけた。

それから、何分かの後である。羅生門の楼の上へ出る、幅の広いはしごの中段に、一人の男が、ねこのように身を縮めて、息を

火桶 木をくりぬいて作った丸火ばち。

山吹の汗衫 山吹色（黄色）の下着。

聖柄の太刀 皮などをつけない、木地のままの柄の刀。

殺しながら、上の様子をうかがっていた。楼の上からさす火の光が、かすかに、その男の右のほおをぬらしている。短いひげの中に、赤くうみを持ったにきびのあるほおである。下人は、はじめから、この上にいる者は、死人ばかりだとたかをくくっていた。それが、はしごを二、三段上ってみると、上ではだれか火をとぼして、しかもその火をそこここと動かしているらしい。これは、その濁った、黄色い光が、すみずみにくもの巣をかけた天井裏に、揺れながら映ったので、すぐにそれと知れたのである。この雨の夜に、この羅生門の上で、火をともしているからは、どうせただの者ではない。

下人は、やもりのように足音を盗んで、やっと急なはしごを、いちばん上の段まではうようにして上りつめた。そうして体をできるだけ、平らにしながら、首をできるだけ、前へ出して、おそるおそる、楼の内をのぞいてみた。

見ると、楼の内には、うわさに聞いたとおり、いくつかの死骸《しがい》が、むぞうさに捨ててあるが、火の光の及ぶ範囲が、思ったより狭いので、数はいくつともわからない。ただ、おぼろげながら、知れるのは、そのなかに裸の死骸と、着物を着た死骸とがあるということである。もちろん、なかには女も男も混じっているらしい。そうして、その死骸は皆、それが、かつて、生きていた人間だという事実さえ疑われるほど、土をこねて造った人形のように、口を開いたり手を延ばしたりして、ごろごろ床の上にころがっていた。しかも、肩とか胸とかの高くなっている部分に、ぼんやりした火の光を受けて、低くなっている部分の影をいっそう暗くしながら、永久におしのごとく黙っていた。

下人は、それらの死骸の腐爛《ふらん》した臭気に、思わず鼻をおおった。しかし、その手は、次の瞬間には、もう鼻をおおうことを忘れていた。ある強い感情が、ほとんどことごとくこの男の嗅覚《きゅうかく》を奪ってしまったからである。

下人の目は、その時、はじめてその死骸のなかにうずくまっている人間を見た。檜《ひ》皮《わだ》色の着物を着た、背の低い、やせた、白髪頭の、さるのような老婆である。その老婆は、右の手に火をとも

檜皮色 ひのきの樹皮のような赤黒い色。

した松の木切れを持って、その死骸の一つの顔をのぞきこむようにながめていた。髪の毛の長いところを見ると、たぶん女の死骸であろう。

下人は、六分の恐怖と四分の好奇心とに動かされて、暫時は息をするのさえ忘れていた。旧記の記者の語を借りれば、「頭身の毛も太る」ように感じたのである。すると老婆は、松の木切れを、床板の間にさして、それから、今までながめていた死骸の首に両手をかけると、ちょうど、さるの親がさるの子のしらみを取るように、その長い髪の毛を一本ずつ抜きはじめた。髪は手に従って抜けるらしい。

その髪の毛が、一本ずつ抜けるのにしたがって、下人の心からは、恐怖が少しずつ消えていった。そうして、それと同時に、この老婆に対する激しい憎悪が、少しずつ動いてきた。――いや、この老婆に対すると言っては、語弊があるかもしれない。むしろ、あらゆる悪に対する反感が、一分ごとに強さを増してきたのである。この時、だれかがこの下人に、さっき門の下でこの男が考え

旧記の記者の語　『今昔物語集』に、「頭《かしら》の毛太りて怖《おそ》ろしきに」とある。

頭身の毛も太る　異常な恐ろしさの形容。

ていた、飢え死にをするか盗人になるかという問題を、あらためて持ち出したら、おそらく下人は、なんの未練もなく、飢え死にを選んだことであろう。それほど、この男の悪を憎む心は、老婆の床にさした松の木切れのように、勢いよく燃え上がりだしていたのである。

下人には、もちろん、なぜ老婆が死人の髪の毛を抜くかわからなかった。したがって、合理的には、それを善悪のいずれにかたづけてよいか知らなかった。しかし下人にとっては、この雨の夜に、この羅生門の上で、死人の髪の毛を抜くということが、それだけですでに許すべからざる悪であった。もちろん、下人は、さっきまで自分が、盗人になる気でいたことなどは、とうに忘れているのである。

そこで、下人は、両足に力を入れて、いきなり、はしごから上へ飛び上がった。そうして聖柄の太刀に手をかけながら、大股《おおまた》に老婆の前へ歩み寄った。老婆が驚いたのは言うまでもない。

老婆は、一目下人を見ると、まるで弩《いしゅみ》にでもはじかれたように、

弩　城壁やがけの上などから石を落として敵を殺す仕掛け。石はじき。

飛び上がった。

「おのれ、どこへ行く。」

下人は、老婆が死骸につまずきながら、あわてふためいて逃げようとする行く手をふさいで、こうののしった。老婆は、それでも下人を突きのけて行こうとする。下人はまた、それを行かすまいとして、押しもどす。二人は死骸のなかで、しばらく、無言のまま、つかみ合った。しかし勝敗は、はじめからわかっている。下人はとうとう、老婆の腕をつかんで、むりにそこへねじ倒した。ちょうど、鶏の脚のような、骨と皮ばかりの腕である。

「何をしていた。言え。言わぬと、これだぞよ。」

下人は、老婆を突き放すと、いきなり、太刀の鞘を払って、白い鋼の色をその目の前へ突きつけた。けれども、老婆は黙っている。両手をわなわな震わせて、肩で息を切りながら、目を、目玉がまぶたの外へ出そうになるほど、見開いて、おしのように執拗《しゅうね》く黙っている。これを見ると、下人ははじめて明白にこの老婆の生死が、全然、自分の意志に支配されているということを意識し

執拗く しぶとく。じいっと。「おし」は、身体的な差別意識を含むことばであり、「おしのように執拗く黙っている」というたとえは、侮《ぶ》蔑的《べってき》な表現として現在では使われなくなっている。

た。そうしてこの意識は、今まで険しく燃えていた憎悪の心を、いつのまにか冷ましてしまった。あとに残ったのは、ただ、ある仕事をして、それが円満に成就した時の、安らかな得意と満足とがあるばかりである。そこで、下人は、老婆を見下ろしながら、少し声を和らげてこう言った。

「おれは検非違使《けびいし》の庁の役人などではない。今しがたこの門の下を通りかかった旅の者だ。だからおまえになわをかけて、どうしようというようなことはない。ただ、今時分この門の上で、何をしていたのだか、それをおれに話しさえすればいいのだ。」

すると、老婆は、見開いていた目を、いっそう大きくして、じっとその下人の顔を見守った。まぶたの赤くなった、肉食鳥のような、鋭い目で見たのである。それから、しわで、ほとんど、鼻と一つになったくちびるを、何か物でもかんでいるように動かした。細いのどで、とがったのどぼとけの動いているのが見える。その時、そののどから、からすの鳴くような声が、あえぎあえぎ、下人の耳へ伝わって来た。

検非違使の庁 平安時代、京都市内の警察・裁判のことをつかさどった役所。

「この髪を抜いてな、この髪を抜いてな、かずらにしょうと思うたのじゃ。」

下人は、老婆の答えが存外、平凡なのに失望した。そうして失望すると同時に、また前の憎悪が、冷ややかな侮蔑《ぶべつ》といっしょに、心の中へはいって来た。すると、その気色が、先方へも通じたのであろう。老婆は、片手に、まだ死骸の頭から奪った長い抜け毛を持ったなり、ひきのつぶやくような声で、口ごもりながら、こんなことを言った。

「なるほどな、死人《しびと》の髪の毛を抜くということは、なんぼう悪いことかもしれぬ。じゃが、ここにいる死人どもは、皆、そのくらいなことを、されてもいい人間ばかりだぞよ。現在、わしが今、髪を抜いた女などはな、へびを四寸《しすん》ばかりずつに切って干したのを、干し魚だと言うて、太刀帯《たてわき》の陣へ売りに往《い》んだわ。疫病《えやみ》にかかって死ななんだら、今でも売りに往んでいたことであろ。それもよ、この女の売る干し魚は、味がよいと言うて、太刀帯どもが、欠かさず菜料に買っていたそうな。わしは、この女のしたことが

ひき　ひきがえる。

四寸　一寸は、約三センチ。

太刀帯の陣　平安時代、東宮坊《とうぐうぼう》（皇太子に奉仕してその事務を執る役所）を護衛した警備員を太刀帯といい、その詰所を太刀帯の陣といった。

疫病　流行病。

菜料　おかずの材料。

悪いとは思うていぬ。せねば飢え死にをするのじゃて、しかたがなくしたことであろ。されば、今また、わしのしていたことも悪いこととは思わぬぞよ。これとてもやはりせねば、飢え死にをするじゃて、しかたがなくすることじゃわいの。じゃて、そのしかたがないことを、よく知っていたこの女は、おおかたわしのすることも大目に見てくれるであろ。」

老婆は、だいたいこんな意味のことを言った。

下人は、太刀を鞘に収めて、その太刀の柄《つか》を左の手で押さえながら、冷然として、この話を聞いていた。もちろん、右の手では、赤くほおにうみを持った大きなにきびを気にしながら、聞いているのである。しかし、これを聞いているうちに、下人の心には、ある勇気が生まれてきた。それは、さっき門の下で、この男には欠けていた勇気である。そうして、また、さっきこの門の上へ上って、この老婆を捕らえた時の勇気とは、全然、反対な方向に動こうとする勇気である。下人は、飢え死にをするか盗人になるかに、迷わなかったばかりではない。その時のこの男の心持ちから言えば、飢え死になどということは、ほとんど、考えることさえできないほど、意識の外に追い出されていた。

「きっと、そうか。」

老婆の話が終わると、下人はあざけるような声で念を押した。そうして、一足前へ出ると、不意に右の手をにきびから離して、老婆のえりがみをつかみながら、かみつくようにこう言った。

「では、おれが引剝《ひはぎ》をしようと恨むまいな。おれもそうしなければ、飢え死にをする体なのだ。」

下人は、すばやく、老婆の着物をはぎ取った。それから、足にしがみつこうとする老婆を、手荒く死骸の上へ蹴倒《けたお》した。はしごの口までは、わずかに五歩を数えるばかりである。下人は、はぎ取った檜皮色の着物をわきにかかえて、またたくまに急なはしごを夜の底へ駆け下りた。

しばらく、死んだように倒れていた老婆が、死骸のなかから、その裸の体を起こしたのは、それからまもなくのことである。老婆はつぶやくような、うめくような声をたてながら、まだ燃えて

引剝　ひきはぎ。追いはぎ。

いる火の光をたよりに、はしごの口まで、はって行った。そうして、そこから、短い白髪をさかさまにして、門の下をのぞきこんだ。外には、ただ、黒洞々《こくとうとう》たる夜があるばかりである。

下人の行方は、だれも知らない。

黒洞々たる夜　底知れぬほら穴のような暗黒の夜。

芥川龍之介（一八九二〜一九二七）　小説家。東京に生まれた。東京大学英文学科卒業。在学中に久米《くめ》正雄《まさお》・菊池寛らと、雑誌第三次・第四次「新思潮」の創刊に加わり、『鼻』を発表、夏目漱石《そうせき》に激賞され、作家として認められた。以後、平安時代の説話やキリシタンの世界に取材して、『芋粥《いもがゆ》』『地獄変』『きりしとほろ上人伝』『奉教人の死』などを発表し、技巧を凝らした構成、格調の高い文体、理知的な鋭さなどによって、短編作家としてのすぐれた才能を示した。人生に対して傍観的な芸術至上主義者であったかれも、晩年には時代の流れの中で自分の態度に疑問を感じ、けっきょくそこから抜け出せず、みずから命を断った。作品には、ほかに『戯作三昧《げさくざんまい》』『玄鶴《げんかく》山房』『河童《かっぱ》』『歯車』『或阿呆《あるあほう》の一生』など、多数ある。「羅生門」は、一九一五年一一月、「帝国文学」に発表され、翌々年、第一創作集『羅生門』に収められた。本文は、『現代日本文学大系』第四三巻（筑摩書房）によった。

作者・作品論

平岡敏夫

作品の展開　「ある日の暮れ方のことである。」と、まず作者は語りはじめる。この冒頭の一文は、完結性を持たず、ただちに「一人の下人が、羅生門の下で雨やみを待っていた。」を呼び出す。こうして雨の降る、暮れ方の羅生門という舞台がひき出され、ひとりの下人がそこに置かれる。以下、下人が門の上の楼へ上ろうとするまでの叙述は、すべてこの冒頭の二文の具体化であると言える。「『下人が雨やみを待っていた』と言うよりも、『雨に降りこめられた下人が、行き所がなくて、途方にくれていた』と言うほうが、適当である。」（二二頁九行）と作者はのちに述べるが、冒頭とこの叙述との間に、洛中のさびれ方、荒れ果てた羅生門、四、五日前に暇を出された下人の事情等が説明されているわけである。

「広い門の下には、この男のほかにだれもいない。」という第三文は、あとでも「それが、この男のほかにはだれもいない。」とくり返されており、無人の羅生門が強調されている。「ところどころ丹塗りのはげた、大きな円柱に、きりぎりすが一匹とまっている。」のみで、二、三人はいそうな市女笠や揉烏帽子も見当たらぬとするが、「きりぎりす」は（読者が「こおろぎ」とただちに置きかえないかぎり）、無人の感を出すのに効果的であり、朱雀大路や市女笠・揉烏帽子などの語は、それが見当たらぬとしようとも、羅生門という舞台のイメージをひきたたせている。「この男のほかにはだれもいない。」とくり返したのち、「なぜかというと、……」として無人の理由を述べるかたちで、羅生門の雰囲気を描き出していく。仏具を打ち砕いて、丹や金銀の箔がついた木をたきぎの料《しろ》に売るという『方丈記』の一節は忘れがたい印象的な叙述だが、それをここで用いているのはむろん効果的である。丹という色彩感は、冒頭近くでも「丹塗りのはげた」とあって、一種不吉な雰囲気を醸成する。だれでも気味悪がってこの近所に足踏みをしないのだが、そのかわり、からすの大群がやって来る。それを描写して「ことに門の上の空が、夕焼けで赤くなる時には、それがごまをまいたようにはっきり見えた。」（二一頁九行）とする。またしても、赤の色彩だが、それをバックに死人の肉をついばみに来るからすの、ごまをまいたような群れを描くにいたっては、羅生門の楼閣は遠景にくろぐろと、しかも不吉に無気味に浮かび上がってくるのである。しかし、作者は「もっとも今日は、刻限が遅いせいか、一羽も見えない。」として、からすも現在のこの舞台からは追いやってしまう。

こうして、だれもいないはずの羅生門に、ほかにだれかいたということになる、その効果は大きい。からすのふんが点々と白くこびりついている石段のいちばん上の段にしりをすえて下人はぼんやり雨の降るのをながめている。四、五日前に暇を出された下人が途方にくれているわけだが、ここで作者はわざわざ「右のほおにできた、大きなにきびを気にしながら」（二一頁一六行）と書き込んだ。にきびの叙述は、「短いひげの中に、赤くうみを持ったにきびのあるほお」（二五頁二行）、「もちろん、右の手では、赤くほおにうみを持った大きなにきびを気にしながら」（三三頁九行）、「一足前へ出ると、不意に右の手をにきびから離して」（三三頁五行）と、四度も出て来る。宇野浩二は、「このにきびは、この下人のほおにおのずから生じたものではなく、作者の芥川が『羅生門』という舞台に、主人公の下人を登場させるとき、その下人の扮装をする際に、ほくそ笑みながら、（これは誇張であるが。）つけたものであろう」（『芥川龍之介』）と言っている。当の芥川も得意であったらしく、王朝時代にもにきびのないことはあるまいと当て推量で書いたが、その後『左経記』で見つけたと言い、「こういう発見は、ぼく自身に興味があるほど、傍人には面白くも何ともあるまい。」と述べている。宇野浩二の指摘を暗にうかがわせるようなことばだが、「主人公の下人がまだ若い者であることを表わすだけでなく、現代青年にも直接通じる心理描写の巧みな手段であり、またなまなましい点描は、主人公の描写をいきいきしたリアルなものにしている」（『近代文学注釈大系芥川龍之介』）にせよ、昨日や今日ではなく、四、五日前に暇を出され、飢え死にをするか盗人になるかというぎりぎりの選択をせまられている下人であってみれば、このような精力的な感じのするイメージでは困るのではないか、という疑問も生じよう。宇野浩二ではないが、それこそ「上手の手から水が漏る」ということにもなる。さきの「きりぎりす」にしても、技巧を凝らしてのことであることはむろんだが、そのために一種のそらぞらしさが感じられてくるとしたらマイナスということになろう。

　さて、「雨やみを待っていた。」を、「……途方にくれていた」まで深めた作者は、「そのうえ、今日の空模様も少なからず、この平安朝の下人の sentimentalisme に影響した。」（二三頁一一行）とつけ加える。外国語をそのまま用いる手法もにきび問題と無関係ではなかろうが、ここでは気分・情緒の面をことさらに取り上げたことに注意したい。「雨は、羅生門を包んで、遠くから、ざあっという音を集めてくる。夕やみはしだいに空を低くして、見上げると、門の屋根が、斜めに突き出した甍《いらか》の先に、重たく薄暗い雲を支えている。」（二三頁三行）という描写は、そのままさきの一文の説明となっている。下人の心情と羅生門周辺の情景は重ねられているわけだ。とりとめもない考えをたどりながら、朱雀大路に降る雨の音を聞くともなく聞いている下人の心情は、飢え死にをするか盗人になるかという問題において、後者を肯定する勇気が出ずにいるというものである。下人は、ともかくも夜を明かそうと楼へ上るはしご段を踏みかけた。そして、次に目撃した情景により、勇気が生じることになる。

「それから、何分かの後である。」（二四頁一五行）という一文も、冒頭の一文と同じく、それ自体では完結せず、以下の文を呼び起こす。「一人の男」「その男」と、ことさらに視点を改まったかたちで呼びかえ、異常さを強めようと作者は試みている。息を殺して上をうかがっているのは、火が動いているからだが、ごろごろ床の上にころがる死骸を見、その臭気に、思わず鼻をおおった下人が、次の瞬間には「ある強い感情」によって嗅覚を失ったのはなぜか。作者は、嗅覚を失った事実をさきに出し、後に具体的な描写でそのわけを示す。それは「檜皮色の着物を着た、背の低い、やせた、白髪頭の、さるのような老婆」（二六頁一五行）が死骸のなかにうずくまり、火をともした松の木切れを持って死骸の一つの顔をのぞきこむようにながめていた情景を見たからである。老婆が髪の毛を抜きはじめるのはそれ以後のことで、下人が「六分の恐怖と四分の好奇心とに動かされて、暫時は息をするのさえ忘れていた。」（二七頁四行）というその後のことである。髪の毛を抜きはじめる前に、「ある強い感情」は起こっているのだが、だれか人がいる、ただの者ではないとすでに予想していたにもかかわらず、老婆を見出した下人に、嗅覚を奪うほどの強い感情が生じたのはなぜだろうか。それはその情景の異常さ以外には考えられない。老婆にたたみかけた五つもの修飾語を見れば、この異様な情景・雰囲気の形象に、作者がいかにうちこんでいるかが知れよう。「頭身の毛も太る」とはまったく言い得ている。下人が異常さに圧倒されるものとして出されている点は見逃せない。

しかし、老婆が髪の毛を抜きはじめるにしたがって、下人の心には老婆に対する憎悪・反感が生じてきた。作者は、この「老婆に対する憎悪」を「あらゆる悪に対する反感」というふうに一般化してしまい、「なんの未練もなく、飢え死にを選んだことであろう。」（二八頁二行）とする。さすがに「やや強引である」（前掲『近代文学注釈大系芥川龍之介』）とされるが、いかにもこれは極端である。今まで述べられてきた極限状況における下人にあっては、老婆が死人の髪の毛を抜くということに対して、これほどの「悪を憎む心」を持ち得るか、正義感・人間主義を抱き得るかは大いに疑問だろう。ここには明らかに意識的になされた誇張があるように思う。下人の場合、気分的、情緒的である上に、一貫した信念に基づいているのでもないから、極端から極端にうつり変わることになりやすい。「誇張」はそのためではないか。「下人にとっては、この雨の夜に、この羅生門の上で、死人の髪の毛を抜くということが、それだけですでに許すべからざる悪であった。」(二八頁八行) と言う。「なぜ老婆が死人の髪の毛を抜くかわからなかった。したがって、合理的には、それを善悪のいずれにかたづけてよいか知らなかった。」(同六行) のであれば、「許すべからざる悪」だと断定するのは合理的判断ではなく、気分的、情緒的なものであり、「この雨の夜に、この羅生門の上で、」という条件が付加されていた理由もわかるのである。「下人の sentimentalisme に影響した」(二二頁一二行) と言ってもよい。勇気を得た下人は、両足に力を入れて上へ飛び上がる。

老婆をとらえた下人は、その生死が自分の意志に支配されていることを意識し、それと同時に憎悪の心をさましてしまう。「あとに残ったのは、ただ、ある仕事をして、それが円満に成就した時の、安らかな得意と満足とがあるばかり」(三〇頁二行) なのだが、ここでは自己の「安らかな得意と満足」によって、さきの「悪を憎む心」は消えてしまっており、それは、その程度のものだったのである。「悪を憎む心」が極端であればあるほど、逆にまたその消失もはやいというわけだ。下人に理由を聞かれて老婆は、「かずらにしょうと思うたのじゃ。」(三一頁一行) と答えるが、下人はここで、「老婆の答えが存外、平凡なのに失望し」ている。日常的次元にひきもどされたのに失望したわけで、はじめて老婆を見た時の異常さにうたれた下人としては当然であろう。そしてその失望と同時に、またさきの憎悪が侮蔑とともに生じてくるのだが、失望がなければそうならないはずで、下人の「悪を憎む心」が気分的、情緒的なものに基づくことはここでも明らかである。

老婆の弁解はむろん下人の最後の行動の契機となっている。蛇を干し魚として売った女の悪は、そうしなければ飢え死にするということで肯定され、したがって老婆がその女の髪の毛を抜くという悪も同様の理由で肯定される。とすれば、同じ論理で、下人が老婆の着物を剝ぐことも肯定される。このときの下人の心理は、髪の毛を抜くことを許すべからざる悪として楼の上におどり上がったときと正反対のものになっており、善悪に関しての一貫した合理的判断はなく、今度は極端に悪にむかうわけである。たしかに老婆の論理をさか手にとったわけだが、それは下人の内部においては何ら論理性を有してはいない。老婆の平凡な答えに失望して憎悪と侮蔑を生じるということがなければ、この老婆の論理をさか手にとるということはしなかったかも知れないのである。下人は、老婆の論理をただちに自己の論理としなければならぬ理由はなかった。ただ、相手の論理を逆用することで引剝の口実としたのみである。

作品の主題　ここでこの小説の主題をめぐって二、三の意見をあげておきたい。「この下人の心理の推移を主題とし、あはせて生きんが為に、各人各様に持たざるを得ぬエゴイズムをあばいてゐるものである。」というのが昭和一七年の『芥川龍之介』(三省堂)以来変わらぬ吉田精一氏の把握であり、スタンダードなものとされている。主題は「下人の心理の推移」であり、それを通して人間の持つエゴイズムをあばいたというのである。

宇野浩二は、筋だけ抜き出せば実にはっきりしたテーマ小説であるとし、「それで、当時の或る批評家は、この小説を『生きんがためのエゴイズムの無慈悲』を剔り出したものである、と云ひ、『生きんがための悲哀』を描いたものである、などと評してゐる。しかし、これは、唯物論にかぶれた評論家と概念的な見方しか出来ない批評家の云ふことであつて、私などは、この小説をよんで、さういふ考へは殆んど全く浮かばなかつた。」と言う。芥川の小説からテーマを概念的に抽き出す傾向については福田恆存氏も次のように警告している。「初期の作品を見てもすぐわかることは、人間の善良さとその醜悪さとを両方同時に見てとる作者の眼であります。ぼくが読者諸君にお願ひするのは、さういふ龍之介の心を味つていただきたいといふ一事につきます。『羅生門』や『偸盗』に人間のエゴイズムを読みとつてみてもはじまりません。(中略)多くの芥川龍之介解説は作品からこの種の主題の抽出をおこなつて能事をはれりとする。さういふ感心のしかたをするからこそ、また逆に龍之介の文学を、浅薄な理智主義あるひは懐疑主義として軽蔑するひとたちも出てくるのです」(「芥川龍之介」)。これを最近の新しい研究者の発言で言いかえれば、下人が老婆の行為を激しく憎むというのは善そのもの、老婆から着物を奪おうとするのは悪そのもので、「人間そのものの中に本質的にまぬがれがたく持っている、善と悪の姿をみている」、すなわち、「作者は認識者の視点に立って、矛盾の同時存在たる人間をみている」(駒尺喜美『芥川龍之介論』)ということになる。

吉田精一氏はのちに、「熱烈な正義感に駆られるかと思うと、やがて冷いエゴイズムにとらわれる、善にも悪にも徹底し得ない不安定な人間の姿を、そこに見た。正義感とエゴイズムの葛藤のうちに、そのような人間の生きかたがありとし、そこから下人のエゴイズムの合理性を自覚せしめている。ここにとらえられた下人の心の動きは、恐らく、芥川の眼に写った人間が人間である限り永遠なる本質であった。従って彼はこの人間性に対する最後的な救いや解決も与えていない。一番最後に『下人の行方は、だれも知らない』と言っているだけである。（中略）この人間に対する絶望感が、やがて後年の彼を自殺にみちびいたと見られないこともない。」とつけ加えている。ここでは「善にも悪にも徹底し得ない不安定な人間」が芥川の人間把握とされ、「そこから下人のエゴイズムの合理性の自覚」ということが出され、人間性に対する救いがない――「人間に対する絶望感」というところまでくる。

さきの吉田説を発展させたものと見られる三好行雄氏の見解では、この点がすっきりしていて、「彼ら（下人・老婆）は生きるためには仕方のない悪のなかでおたがいの悪をゆるしあった。それは人間の名において人間のモラルを否定し、あるいは否定することを許容した世界である。エゴイズムをこのような形でとらえるかぎり、それはいかなる救済も拒絶する。」（『現代日本文学大事典』）とあり、エゴイズム＝悪、「人間に対する絶望感」としぼられて明快である。しかし、下人の「善」のほうはどうなるのか。吉田氏が「善にも悪にも徹底し得ない不安定な人間」というのは善をも意識しているからだが、それなら「エゴイズムの合理性の自覚」という点、つまり「悪」のほうにのみしぼってしまうことはできまい。「人間の善良さとその醜悪さとを両方同時に見てとる作者の眼」(福田)、「『善にも悪にも徹底し得ない不安定な人間の姿』を見ているのではなく、『善と悪とを同時に併存させているところの矛盾体である人間』」(駒尺)という見方とはどう違うか。

吉田氏がエゴイズムにこだわるのはこの作品の動機の一つとしての恋愛問題があるからで、「思ふに彼が自らの恋愛に当つて痛切に体験した、養父母や彼自身のエゴイズムの醜さと、醜いながらも、生きんが為にはそれが如何ともすることの出来ない事実であるといふ実感が、この作をなした動機の一部であったに相違ない。」ということになるのだが、一方、芥川は、「自分は半年ばかり前から悪くこだはつた恋愛問題の影響で、独りになると気が沈んだから、その反対になる可く現状と懸け離れた、なる可く愉快な小説が書きたかつた。」(別稿『あの頃の自分の事』)と言っており、これを引きつつ駒尺氏は、「徹底し得ないとか、不安定とかいう彼の胸の淋しさや、暗い眼つきはない」「当時の心の痛みや心情とはかけはなれたもの」「いささか得意でもあった、人間内部における矛盾の併存という命題によってかかれている」と主張する。エゴイズムの合理性を「愉快」になど書けるはずはなかったというわけである。

下人の行為に大正初年のアナーキズムの論理を見出し、経済的困窮を理由にして、暴力的に、非合法的に、他人からその所有物を強奪しようとする、その論理は、論理的に破滅せざるを得ない、という主題をひき出した岩上順一の見解(『歴史文学論』)もあるが、もはやそれにはふれまい。

さきに冒頭から具体的に読んできていたのだが、再度確かめておくと、下人が老婆の行為を憎んだのは、髪の毛を抜く理由を知らぬ前であり、合理的には善悪のいずれか判断できていなかったと作者は書き込んでいた。にもかかわらず、「下人にとっては、この雨の夜に、この羅生門の上で、死人の髪の毛を抜くということが、それだけですでに許すべからざる悪であった。」のだ。加えられた「雨の夜」「羅生門」という条件を含めて、きわめてこれは気分的、情緒的反応であったと言える。これは冒頭から示されているこの作品全体の情緒・雰囲気でもある。下人の心でいえば、“sentimentalisme”である。そして老婆を支配したと感じたときの「安らかな得意と満足」という気分の中にはすでに憎悪は消えている。善と言い、悪と言っても、それは下人にとっては気分・情緒によってどちらにでも変わるものであった。髪を抜いてかずらにするという答えを聞いたとき、なぜ下人は「存外、平凡なのに失望した。」のか。どういう答えを期待していたというのだろう。これは見過してよい問題ではない。髪を抜く理由がかずらにするという以外に予想できるかどうか。作者とて、それ以外の答えを用意できていたわけではあるまい。にもかかわらず、そう書き込んだのは、合理的なものではなく、何か異常な、神秘的なものを期待していたのだとするほかはない。すでに見たごとく、下人がその嗅覚をも奪われるくらいの強い感情におそわれたのは、「檜皮色の着物を着た、背の低い、やせた、白髪頭の、さるのような老婆」がたいまつのあかりで死骸の顔をのぞきこむようにながめていた、異常な情景を見たためである。そして、老婆の答えが平凡なのに失望すると同時に、前の憎悪が蘇ってくるわけで、下人の心に即して言えば、老婆の悪を憎むがゆえではない。答えが平凡なゆえである。これは下人がはしごから上に飛び上がった時と照応していて、そこでも合理的な善悪ではなく、「この雨の夜に、この羅生門の上で、死人の髪の毛を抜くということが、それだけですでに許すべからざる悪であった。」のであり、雨の夜の羅生門という、異常な雰囲気に影響されてのことであった。

ここで、芥川が幼少から超現実の世界を慕い、妖怪を信じていたこと、高校・大学時代に友人たちに mysterious な話を教えてくれとせがんでいることなどを想起すれば、この下人の心・気分は作者芥川のそれと重なってくることにもなる。あるテーマを芸術的に力強く表現するために異常な事件を必要とする場合、「昔か（未来は稀であらう）日本以外の土地か或は昔日本以外の土地から起つた事とするより外はない。僕の昔から材料を採つた小説は大抵この必要に迫られて、不自然の障碍を避ける為に舞台を昔に求めたのである」（『澄江堂雑記』三十一「昔」）というのは有名なことばで、芥川の歴史小説の主題を論ずる場合、これが基礎になっているようだが、実は人はそのあとに続く部分を見落としている。それからもう一つつけ加へて置くが、或テエマの表現に異常なる事件が必要になると云つた事があるが、それには其外にすべて異常なる物に対して僕（我々人間と云ひたいが）の持つてゐる興味も働いてゐるだらうと思ふ。それと同じやうに或異常なる事件を不自然の感じを与へずに書きこなす必要上、昔を選ぶと云ふ事にも、さう云ふ必要以外に昔其ものの美しさが可也影響を与へてゐるのにちがひない。

すなわち、昔や異常な事件はあるテーマ表現のための手段ばかりでなく、この「異常なる物」自体への興味、「昔其ものの美しさ」自体への傾倒としても意味を持っているのである。作品の主題を、悪にしぼりエゴイズムをひき出すか、あるいは人間における善悪矛盾の併存を見出すか、いずれにしてもこういう主題をうち出すために「異常な事件」そして「昔」が必要であるとせねばならぬほどに、芥川にとっては「昔」「異常な事件」が魅力的なものだったのである。諸家が抽出する主題なるものは、作者の概念的思考、平易に言えば理屈であって、それは作者の全存在をかけた深刻なものと見ることはできず、作者はむしろ失恋の傷手をいやすべく、「なる可く現状と懸け離れた、なる可く愉快な小説」の世界、言い換えれば、救いとして求めた情緒・雰囲気の世界の形象に自己をうちこんでいるというべきである。読者は、飢え死にをするか盗人になるかという、真にぎりぎりの極限に置かれた人間を、下人に見出す、あるいは自己自身も立たせられる、というふうにはいかない。これは、極限に下人を置くとしながらも、作者自身にその真の自覚はないからで、だから、下人は、読者をして他人事と思わせぬほどの必死さを持たず、老婆に対する反感が気分・情緒に支配され、「なんの未練もなく、飢え死にを選んだことであろう。」などと「やや強引である」どころか、四、五日食うや食わずにいたぎりぎりの人間としてのリアリティーを持たぬ心理に終始し、にきびなどをつぶしたりしているのである。作者がやや得意になってうち出した下人の心理の推移――老婆の論理を逆に自己の論理とするなどの心理は、枠組みであって、これが作者が全存在をかけて言いたかったこと、あるいは読者をして感動せしめることではあるまい。この作品の魅力は、この平凡な、どこか憎めない、しかも雨の夜の羅生門という舞台がその"sentimentalisme"に影響するような男を視点に、髪を抜く妖しい老婆や死体を配しての、羅生門がかもし出す、王朝的、というよりかなりエキゾチックな雰囲気の世界それ自体にあると言えるのではないか。ここではむしろ羅生門が主役であろう。題名が「羅生門」となっているのもゆえなきことではない。

結末の部分　したがって結末についてもまたおのずから別の鑑賞が出て来る。着物を剝ぎ取った下人は「またたくまに急なはしごを夜の底へ駆け下りた。」(三三頁一二行) のだが、この「夜の底」が「人生 (人間存在) に対する激しい絶望を象徴する描写」であるとは、エゴイズムをあばき、人間の絶望感を吐露するという主題のとり方から来ている。真実、生か死かのぎりぎりの極限に下人が立たされているのであれば、下人の行為はそのように解釈できるかも知れない。むろん、善と悪の矛盾体として人間を把握するというとり方や、「愉快な小説」という点からしてもそれは読み過ぎとなる。「黒洞々たる夜」も同じ。この小説の主題をのみこむ底知れぬ暗さを感じるかどうかも読者にまかされている。ここで注目してよいことは、「短い白髪をさかさまにして」(三四頁二行) と「黒洞々たる夜」(同三行) が対照されていることで、ここにおいて、今まで描き来たった羅生門の雰囲気は、頂点に達したかの感じがある。

行をかえての「下人の行方は、だれも知らない。」という結びは、作品の世界に対する相当の自信がなければ出せるものではない。読者がこの世界にひきこまれていない場合、

「だれも知らない。」とやっても、もともと、下人の行方など知ろうと知るまいと関心しないところだから無意味であり、効かないどころかかえって空虚さをひき立ててしまうことになる。作者が、初出では「下人は、既に、雨を冒して、京都の町へ強盗を働きに急ぎつゝあつた。」としたのは、自然であり、何の飛躍もない当然の結びである。初版本で、「急ぎつゝあつた。」という欧文脈風な進行形を改めて、「急いでゐた。」としたのもさらに自然である。それをあえて現行のように改めたのはなぜか。その理由自体には諸家言及するところがないようだが、それは、しだいに確立してくる名声と相俟っての『羅生門』の世界に対する作者の傾倒・自信によるものではないだろうか。「下人の行方は、だれも知らない。」の結びが「人間に対する絶望感」を示す、あるいは「下人のゆくえ、いわばこの小説の主題のゆくえが暗黒の未来に突き放されている表現である」とされるが、その当否はともかくとして、改行してこの短い否定文で結んだことの効果は、『羅生門』の世界を現実とは次元の異なる別世界たらしめることになっている、とは言えないだろうか。

『今昔物語集』と芥川の歴史小説との関係までのばせばいろいろ問題も多いが、すでに余裕はない。昭和二年四月、芥川は、「僕はやつと『今昔物語』の本来の面目を発見した。……それはbrutality（野性）の美しさである。」（「今昔物語に就いて」）と書いたが、この「やつと」の語は重要である。『今昔物語集』をふまえた『羅生門』『鼻』『芋粥』等の初期歴史小説には、明らかに詠嘆的、反日常的情緒が流れているが、その情緒は漸次暗みを帯び、作者の存在の重さが深くかかってくる。「野性」の発見はそこになされる。初期においても芥川はたんに「昔」を現代的な心理解剖の手段としてのみ用いたのでなく、「昔」そのものの美しさにも魅かれていた。しかしそれは神秘的な異常な世界としての「昔」であって、そこに現実変革の過程としての歴史を読み取っていたわけではない。客観的に「昔」を把握するよりも、情緒的に「昔」に陶酔していたのである。その点に『羅生門』の世界も規定されてくるが、そこに「野性」の美を発見しつつあった芥川を見落とすことはできない。

出生・家庭環境　芥川龍之介は、牛乳販売業を営む新原敏三・同フクの長男として、明治二五（一八九二）年三月一日、東京市京橋区（現在の中央区）入船町に生まれた。生後七カ月ごろフクが発狂したため、母の実兄である芥川道章の家に育ち、母の死後、その養子となった。私生児説も出たが確証はない。「龍之助」か「龍之介」かはよく問題になるところだが、少年時代の自筆の文章、養父の実父宛養子縁組み「証」をはじめ、のち入学する府立三中（現、都立両国高校）の校友会雑誌・一高（現、東大教養学部）の卒業生名簿・東大卒業生氏名録には龍之助とあり、実父の書き残した戸籍謄本控え・養子縁組みに関する裁判所判決原本等には龍之介とある。だいたい中学二年ごろからのちは介に統一しているという（吉田精一）。

母が狂人であったという事実は芥川に生涯暗いかげを投げかけていたと見られ、その自殺にも及んで来るがごとくである。また、養父芥川道章は東京府の土木技師（のち課長）で、中流下層階級としての家庭環境、養父母および生涯この家にあって芥川を愛した伯母ふきという家族構成は、結婚後の芥川の生き方にも少なからぬ影響を及ぼしている。また、養母の伯父が江戸末期の大通細木香以《さいきこうい》であり、養家は代々江戸城御奥坊主であったことなどは、文人・通人趣味を芥川にも付与することになったようである。さらにつけ加えておかねばならないのは、芥川の育った本所の風物で、その自伝的小説『大導寺信輔の半生』(一九二五年)には、「信輔はもの心を覚えてから、絶えず本所の町々を愛した。並み木もない本所の町々はいつも砂埃りにまみれてゐた。が、幼い信輔に自然の美しさを教へたのはやはり本所の町々だつた。」と記されている。山の手とも、江戸伝来の下町とも異なる、寂しい本所——割り下水の柳・回向院の広場、そしてそこに近い大川の水、それが終生、芥川の「故郷」としてあったと言えよう。そこでかれは、江東小学校・府立第三中学校とその少年時代を送ったのち、明治四三(一九一〇)年、無試験で第一高等学校に入学、さらに大正二(一九一三)年、東京大学英文学科に進むことになる。

初期の小説　芥川は少年時代から非常な読書家で、江戸文学・漢籍に親しみつつ、しだいに明治以降の現代作家の小説、外国文学にも親しむようになっていたが、高校・大学にかけて、世紀末文学の影響を受け、耽美的な傾向を持つと同時に、深刻な失恋の傷手をも蒙った。これは養家の激しい反対によるものというが、芥川が創作にむかう機はここに熟してきたわけである。失恋よりさき、すでに大正三年二月、第三次「新思潮」は芥川を含めて久米正雄・豊島与志雄・山本有三・菊池寛・松岡譲などの同人たちによって創刊されており、柳川隆之介の筆名で、小説『老年』(一九一四年)、戯曲『青年と死』(一九一四年)等を発表している。処女小説『老年』は、房さんという、若いときから道楽三昧にふけってきた老人の孤独な姿を情緒的に描いた小品的短編だが、のちの『孤独地獄』（一九一六年）にも見えるごとく、若年の芥川がすでに人生の寂寥を感じ、しかもそれに情緒的にひたる傾向を有していたことを示している。つづく『青年と死』は『今昔物語集』をふまえた最初の作品だが、隠れマントを着て後宮にしのびこむ青年A・Bのうち、「死を予想しない快楽位、無意味なものはない」と考えているAは生き、死を考えたくもないBが死ぬという、原典にはない人生観が語られる。「君は自然の美しいのを愛し、しかも自殺しようとする僕の矛盾を笑ふであらう。けれども自然の美しいのは僕の末期の眼に映るからである」（『或旧友に送る手記』）という死の前のことばほどの切実さはないが、パターンは一致する。そういう青年Aが生きるとする結びにも、これから芥川が自殺するまでたどらねばならぬ十余年の苦難の道程が暗示されていよう。

小説創作が初期の芥川にとって余技どころかその人生にとって深い意味を持っていたことは疑いなく、深刻な失恋の傷手をいやすために求められたと推定し得る初期歴史小説の世界についても同様である。すでに『羅生門』について述べたところだが、救いとして求めた情緒・雰囲気の世界ということがあり、それらは『大導寺信輔の半生』に描き出されたような、少年時代からの中流下層階級特有の暗さや狂人の母等からくる孤独感、人生に対する悲哀感とも関係がある。『青年と死』にしてもそういう人生観とむろん無縁ではなく、また後宮の場面には官能的ともいえる情趣があって、芥川の求めたひとつの世界がうかがわれるのである。『羅生門』に続く『鼻』（一九一六年）は漱石の激賞を受け、出世作となったものだが、これは確かにテーマ小説であろう。しかし、原典とは反対に禅智内供は同情すべき人物として描かれており、その結末では「内供は心の中でかう自分に囁いた。長い鼻をあけ方の秋風にぶらつかせながら。」とせざるを得なかった。「……ながら。」という結び方も芥川の作品によく見られることであり、かれが抒情的作家であることを示すものである。「芥川龍之介のほとんどすべての作品の末尾に読者の注意をうながしたい」と福田恆存氏も言い、「結末にいたつてそつと自分の愛情をもらす」と述べている。すべてにわたって検討する余裕はないが、かれの歴史物は吉利支丹物なども含めて、全体に、いわゆる「テーマ」とされているものをも、単なる一要素とみなすほどの悲哀とあやしいまでの情緒が深くただよっている。

もう一つ『芋粥《いもがゆ》』（一九一六年）をとりあげておこう。これも一般に指摘されるようなテーマのみが露出している作品に見えるが、「人生に於ける理想なり欲望なりは、まだ達せられない内に価値があるので、それが達せられた時には、理想が理想でなくなつてしまひ、却つて幻滅を感じるばかりだといふ、人生批評を寓した」（吉田精一）という点のほかに、うらぶれた五位を視角にくりひろげたさびしい心象風景に注目すべきだと思う。そこには原典にない風景描写が深い意味を持つ。立ち枯れている蓬の葉、葉のない背の低い柳、広々とした冬田の上に餌をあさる鴉、馬蹄の反響する茫々たる茅におおわれた野原。どんよりと曇った空の下の幾戸の藁屋、灰色のさざなみをよせる湖の水面、等々は、主人公五位の形象のためにあるのではなく、極端にいえば五位はこれらがかもし出す情緒をつなぐための人形のごときものにさえ感じられる。かれの歴史小説が「抒情的叙事詩」（吉田精一）とも言われるゆえんである。『芋粥』の材源『今昔物語集』巻二六第一七話の「利仁《トシヒト》ノ将軍若カリシ時京ヨリ敦賀《ツルガ》ニ五位ヲ将《キ》テ行キタル語《コト》」は、題名も示すように利仁将軍が主人公であり、土地に根をおろした新興武士階級らしく簡潔なことばを用い、自信を持っていることが原典からは感じられるが、『芋粥』では五位が主人公であり、利仁はせいぜい意地悪な脇役に過ぎない。自殺する三カ月前の昭和二年四月に『今昔物語』の野性の美しさをやっと発見したと書いた芥川は、『芋粥』においては実は利仁こそたくましく形象すべきではなかったか。『今昔』の野性はよみがえり、平安末期における新興階級と没落階級が利仁と五位の二人物によって典型的に肉づけされるはずであったのだ。利仁の形象が「野性」的なものになるならば、むろんここにある「抒情」は消えざるを得ないだろう。しかし、芥川は実は「野性」を求めはじめていた。だから後年その発見の発言を「今昔物語に就いて」で行なったのだ。『芋粥』の芥川は、通説が示すごとき人間の欲望にことよせて、かなしい小さな人間の生き方をさし示した。それがとりもなおさず「抒情」であり、人の心をとらえるのである。この「抒情」は何かをつきやぶってはいないところに生じた性質のそれだが、けっして自足諦観した「抒情」ではない。芥川の人生にとってより切実な意味を持つものであった。「野性」への志向が底にあるからである。『羅生門』『芋粥』などの「抒情」は後期にくらべれば、まだまだ本質的な密度にはなっていない。顕在的には歴史小説を捨てはじめたときから変化しはじめ、漸次暗みを濃くしてくるのである。

歴史小説から現代小説へ　大正五（一九一六）年七月、芥川は東京大学英文学科を卒業し、横須賀の海軍機関学校の教官となるが、かたわら次々と歴史小説を発表し、翌六年には最高潮に達した。七年、塚本文と結婚、翌年三月には機関学校を辞職して作家生活に専念するが、このころから歴史小説はしだいに下り坂を示し、大正一二（一九二三）年以後はまったくあとを断った。それにひきかえて現代小説が登場する。これは芥川自身の感覚・抒情の変革過程と重なっているようだ。かつてゴーガンの「タヒチの女」に反撥し、野蛮人の匂をかぎとっていた芥川は、「年月の流れるのにつれ、あのゴオガンの橙色の女はだんだん僕を威圧し出した。それは実際タヒチの女に見こまれたのに近い威力である。」と書かねばならなくなっていた。これはさきの『今昔』における野性の発見と重なろう。芥川がこうした野性の美しさをやっと発見し、「野性の呼び声」に耳をかたむけ出したのは「何か僕等の魂の底から必死に表現を求めてゐるものに」刺激されてのことであった（『文芸的な、余りに文芸的な』三〇「野性の呼び声」）。

初期の歴史小説に流れる「抒情」の世界に、自殺の年の芥川は、「野性の呼び声」に魅かれる形で対しつつも、やはりかれの住んだその世界をくりひろげている。それは生涯一貫して詠嘆的情緒をともなう詩の世界ではあったが、初期の超現実的、反日常的情緒はしだいに暗くかげり、リアリティーに支えられた情緒となってくる。楽しみながらひたり切れる情緒から痛切なほどの感動的な情緒へと変化してきているのである。これは作品からいえば、歴史小説から現代小説へという移行の現象と併行しているのだが、芥川が歴史小説を捨てたのは歴史小説そのものが持つ情緒の世界に対して何らかの自覚を持ったためと見なければならない。「昔」から現実へという強い関心は『秋』(一九二〇年)のような佳品を生んだが、芥川がこれにいかに苦心したか、またかれの転機となったかについては、書簡その他いくつかの資料がある。「『秋——』／信子はうすら寒い幌の下に、全身で寂しさを感じながら、しみじみかう思はずにはゐられなかつた。」という結びの詠嘆的情緒には、初期よりさらに切実な人生の孤独がひそんでいる。こういう変化はまた当然、歴史小説そのものの抒情も変える。中期の歴史小説は初期のものとははるかに異なる情緒をただよわせている。例えば『六の宮の姫君』(一九二二年)だが、原典の『今昔物語集』にはない結末の部分には、初期の傍観的な情緒をこえて、鬼気せまるまでの風が吹いている。芥川の感覚の世界は明らかに変わりはじめていた。ここでは寓意小説的テーマはすでに見られなくなっているのである。付け焼き刃的な「思想」的変化では感覚を変えることはできない。非常な苦闘による自己変革以外に感覚の変革、したがって抒情の変革は不可能であるはずである。

後期の小説　大正一二年、一三年の現代小説の多くは保吉物と呼ばれるもので、明らかに作者と思われる堀川保吉を登場させたことは、自分のことは書かないと断言していた芥川にとっては画期的といわねばならない。主として五、六年前の機関学校教官時代の生活を淡々と描いたものだが、保吉を通して見られる素直な感動の発露に注目する必要があろう。初期の芥川ならば、保吉を通しているにせよ、そうした表現はまったく気恥しいものにちがいなかった。だがかれは保吉物の次元にとどまっていない。『一塊の土』(一九二四年)、『大導寺信輔の半生』(一九二五年)と、重苦しい人生を目ざして歩んで行く。それは「魂の底から必死に表現を求めてゐるもの」を手探りして行くことであった。

義弟塚本八州の喀血、義兄西川豊の放火嫌疑による轢死、加えて胃腸病、神経衰弱、不眠症、痔等、芥川の心身は傷ついて行くが、『年末の一日』『点鬼簿』(一九二六年)、『玄鶴山房』『蜃気楼』『河童』(一九二七年)等、現代小説・小品の発表を続ける。芥川は多くの社会科学書を読み、プロレタリア文芸にも深い関心を示し、新時代に対して安易な態度は少しもとらなかった。閉塞した醜悪な社会を新時代の息吹きにふれさせようとしたし(『玄鶴山房』)、レーニンを讃え、カイゼルをみごとに批判した。しかし、「あの遠国に餓ゑ死したドストエフスキイの子供の手を」忘れることはできなかったし、「又新時代と抱き合ふほどの情熱も持つてゐ」なかったのである(青野季吉宛書簡、一九二七年)。有島武郎の『宣言一つ』(一九二二年)をそのまま信奉したかたちで、芥川は自己の「魂に階級的刻印が打たれてゐる」とし、それを運命的なものとして受けとっていた(『文芸的な、余りに文芸的な』一二七「プロレタリア文芸」)。

昭和二(一九二七)年七月二四日、田端の自宅で自殺。遺稿に『西方の人』『歯車』『或阿呆の一生』(一九二七年)などがある。遺書『或旧友に送る手記』に記した、「何か僕の将来に対する唯ぼんやりした不安である」という自殺の理由は、ただそれだけでは何も語りはしないが、「彼は唯薄暗い中にその日暮らしの生活をしてゐた。言はば刃のこぼれてしまつた、細い剣を杖にしながら。」という『或阿呆の一生』の結び「敗北」のことばに、初期歴史小説の世界に安住し得ず、ひたすら「野性」に向かって自己変革をおしすすめて倒れた芥川の姿を読み取ることはできるだろう。遺書すら方法的に完成した芥川の、その晩年の「抒情」はむごたらしいまでの凄絶さでわれわれに迫って来るはずである。

文学史上の位置　昭和二年の芥川の自殺は、文壇をこえて大きな衝撃を与えた。かれが自殺の動機としてあげた「ぼんやりした不安」は、それ自体はあいまいな表現であったが、たんに文学上の不安のみではなく、それが、当時の知識階級の危機意識を実感的に言い当てていたところに、その衝撃の深さがあったのだろう。ここに大正文学の終焉を見るのが一般的だが、それは言いかえれば大正文化の中核が危機に瀕したことを物語っている。「我々は大抵、武者小路氏が文壇の天窓を開け放つて、爽《さはやか》な空気を入れた事を愉快に感じてゐるものだつた。恐らくこの愉快は氏の踵《くびす》に接して来た我々の時代、或は我々以後の時代の青年のみが、特に痛感した心もちだらう。」（『あの頃の自分の事』一九一九年）とは周知のことばだが、それは「久しく自然主義の淤泥《おでい》にまみれて、本来の面目を失してゐた人道《ユウマニテエ》」（同）の復活のよろこびでもあった。白樺派は「自己を生かす」ことで「人道」の実現をはかったが、それには日清戦争・三国干渉・日露戦争と絶頂にのぼりつめた民族意識の、日露戦争勝利以後の後退、個への収斂、という歴史的事情が重なっていたと思う。これは大正文学全体をも規定しよう。民族意識の欠落した自我の主張は、現実の社会を超えてただちに「人道」や「人類の意志」に結びついていたのである。

しかし、一般に理知主義、あるいは新現実派と呼ばれる芥川たちにとっては、自己は白樺派的絶対性をもはや持ち得ぬものとなっており、人間への懐疑、自我の分析がはじまっていた。芥川にとって初期歴史小説は自己救済の世界であったが、それが救済し得ぬものであることを自覚しつつ、芥川は自己変革の道を歩いた。しかし、それは社会・民族と交叉しないかぎり、所詮袋小路である。しかもその社会・民族はマルクス主義とファシズムの混沌たる渦中にあり、大正期の知識人をして避け得ぬ危機意識を感ぜしめつつあったのである。泉鏡花・谷崎潤一郎などの耽美的な芸術派の系譜にありながらも、「昔」の幻想的題材をついには拒否し、求道者であろうとしつつも、自己の魂に打たれた階級的刻印を信奉せずにはいられなかった。その矛盾に芥川の置かれた歴史的位置もあると言えよう。

教材の分析・教材の生かし方

平岡敏夫

教材の生かし方

作者・作品論において、できるかぎり作品によりそって読みすすめ、従来の読み方とはかなり異なる作品のとらえ方、そしてそこにおのずから生まれてくるひとつの芥川像を描こうとして試みたのであるが、いわゆる定説的な作品像・作家像であれ、それとは異なる作品・作家像であれ、それらを固定化・絶対化して生徒に押しつけるというやり方は、文学作品、とくに小説をとり扱う上では致命的なあやまりとでも言うべきであって、これほど文学・小説から遠ざかることはない。

生徒自身による主体的鑑賞から始める　「羅生門」を読んで生徒はどこにひきつけられるだろうか。「下人の心理の推移」に興味をおぼえるという、従来よく言われた関心を示す者もあろう。また、末尾の部分にひかれる者もあるにちがいない。羅生門という舞台そのものに魅力を抱くかも知れない。下人を見、老婆を見て、人間というものは……といった人間の存在について他人事ならず考えはじめる者もあろう。これらはたんに自然発生的に提出されてくるというだけのものではなく、教師の示唆や他生徒の発言に刺激されてはじまり出すということも多いだろう。

解釈しおわった作品、未知なるものをすべてとらえ尽した作品はすでに文学としての力を失っていると言われなければなるまい。すぐれた作品であればあるほど、汲み尽せぬ魅力を所有しているのであり、新しい世代の生徒が新しい意味・魅力を「羅生門」から見出す可能性は充分あるはずである。既成のいわゆる定説にとらわれた教師によって、生徒のそのような主体的かつ創造的鑑賞がはばまれ、作品それ自体が魅力を失うという危険はつねに意識されていなければならない。

具体的に読み進める　そのような危険を避けるためには、具体的に読み進めるというあくまで当然の読み方がたいせつであろう。教師の仕事を捨てて、生徒の興味・関心にのみ作品をゆだねてしまうというのでは、これまた生徒自身も避けがたい別の固定的見方にしばられる危険があり、教師にとっても生徒にとっても、作品を具体的に読むということが作品自体により近づき得る方法にほかならない。

もちろん「具体的」と言っても、それだけでは必ずしも明瞭ではないが、作者・作品論で指摘しているように、たとえば冒頭の「ある日の暮れ方のことである。」という一文ひとつをとってみても、この一文の未完結性、このあとに導き出されざるを得ない、ある事件、物語の世界が意識されてくるという問題がある。「羅生門」という門についても、脚注にある「平安京の正門にあたる楼門。朱雀大路の南端にあった。正しくは、羅城門。」という説明だけで、羅生門(羅城門)のイメージを、少なくとも作者芥川がイメージしていた程度にとらえられるかどうかという問題がある。作品はあくまで独立して、その作品自体によって読まれて行く運命にあるが、羅生門という門のイメージが当時の平安京を知ることにより、いっそう豊かになり、作者の抱いたイメージにより近づく、あるいはそれをも超えるということがあってよいし、作品もまたそのような読者の「成長」によって成長する運命にあるのだ。たとえば、長野嘗一氏は次のように羅生門(羅城門)を描き出している。

京の中央を南北に走る幹線道路、それは朱雀大路と呼ばれるが、その北端が大内裏の朱雀門に通じ、そして南端を扼するのが羅城門である。帝都に入る南面の大門、いわば今日の東京駅に相当する正面の大玄関であった。帝都設計の当初においては、その意味で相当な国費が費され、二層の楼門として堂々たる威容を誇っていた。その後京都は東北へ発展して西南はさびれ、あまつさえ国庫不如意のあおりで、この帝都の大玄関は荒れるがままにゆだねられた。人家のともしびもまばらとなった都大路の南の果てに、雲表を衝いて夜空にぬっくと建っている羅城門は、だからずいぶん不気味な感じを都人《みやこびと》たちにあたえたであろう。かずかずの霊鬼譚は、彼等のそうした恐怖の表白とみてよいのだ。おそらく芥川においても右に近いイメージであったと思われるのだが、そのことはあとにつづく部分を具体的に読むことによってもかなり明らかなのであり、荒涼たる羅生門のイメージはよく描き出されている。狐狸・盗人の棲家となり、死人の捨て場所にまでなった気味悪い羅生門である。そしてまた、死体をついばみに来るからすの大群が高い鴟尾のまわりを飛び回り、門の上の空が夕焼に染まるころには、それがごまをまいたように見えるとあるところなど、からすの持つ気味悪さが死体とずばり結びつけられているというだけでなく、夕景に黒々と高く浮かびあがる羅生門のイメージが鮮烈に出ている。

「下人の心理の推移」についても、もっと具体的に読まれるべきである。すでに作者・作品論でも注意しているように、下人が老婆の行為を憎んだのは、髪の毛を抜く理由を知らぬ前であり、合理的には善悪のいずれか判断できていなかったと書きこんでいながら、にもかかわらず「下人にとっては、この雨の夜に、この羅生門の上で、死人の髪の毛を抜くということが、それだけですでに許すべからざる悪であった。」とされている。たんに

「この雨の夜に、この羅生門の上で」とあえてつけ加えていることにも注意したい。こういう点をどう考えるべきなのか。一応「気分的、情緒的反応」としておいたのだが、「合理的には」善か悪かわからないのに、「許すべからざる悪」と感じた以上、気分的、情緒的反応と言えるであろう。むろん、これを生徒に押しつける必要はなく、下人にとっては、それがなぜ「許すべからざる悪」であったのかと生徒に問いかけて行くような読み方を願っているのである。髪を抜いてかずらにするという答えを聞いて、下人が「存外、平凡なのに失望した。」とあるのも問題にしてよいだろう。意地悪く問うなら、かずらにするということ以外にどんな使途が下人にとって、そしてまた作者にとっても期待されていたのか。実際はかずら以外には考えられないとすれば、やはりここでも下人は合理的なものではなく、何か異常な、神秘的なものを期待していたのだという以外には言いようがないのではないか。これもまた、具体的な読みを進めて行くなかで生徒に発問されてしかるべきであろう。これもすでに指摘したことだが、にきびの問題ひとつをとっても、多くの問題が出てくるはずである。

主題の問題と芥川の歴史小説の性格の問題　「羅生門」は有名な小説であるだけに、研究者・評論家の多くの言及があり、教師として、それらから学ぶべきことはむろん多いはずであるが、生徒自身による主体的な鑑賞から出発し、具体的な読みを進めて行くなら、必ずしも従来の主題把握と一致しないことも当然起こってくるはずであり、むしろそのことが望ましいことでなければならない。むろん、いたずらに奇矯をほこるのではなく、具体的な読みと鑑賞の上に、従来の諸見解が大いに参照さるべきであって、そのことはまた芥川の歴史小説の性格の問題にもかかわってくる。いわゆる歴史の現代的解釈といった評価、言いかえれば、テーマ小説としての歴史小説という面はたしかにあるにしても、そのことで割り切ることのできぬ側面を芥川の歴史小説は持っているのではないか。「羅生門」においてもしかりである。これらのことについても、すでに作者・作品論の項で述べておいた。何よりも、小説としての「羅生門」を教室において蘇らせること、これこそが教材を生かす道である。

教材の分析

羅生門　脚注参照。正しくは「羅城門《らじようもん》」。城は都、天子の居所で、城中を羅《めぐ》りおさえる門の意。この小説の原典『今昔物語集』の諸本ではすべて羅城門。江戸時代以降、同音の誤記として「羅生門」とも書く。平安京の正門にあたる市内最大の楼門。朱雀大路の南端にあり、その門外は洛外となる。瓦ぶき、二重閣。朱塗り。芥川は「羅城門」を承知で、あえて「羅生門」の俗称を用いたことになる。「羅城門」と「羅生門」とではイメージに相違が出てくるかも知れず、教室で問題にするのもおもしろい。

ある日の暮れ方のことである　冒頭の一文に注意。これだけでは完結した意味内容を持たず、次にくる内容を呼び出す質のもので、小説の物語性を暗示している。ストーリー・テラーとしての芥川をみる上でも見逃し得ない点である。

下人　脚注参照。身分の低い男。卑しい召し使い。

雨やみを待っていた　「雨やみ」は今日では、雨のやむのを待つこと、すなわち、雨やどりの意に用いられることが多いようで、「雨やみをしていた」のような使い方になる。ここでは、雨のやむこと。六行目には「雨やみをする」とあって、作者は両方の意に用いている。

丹塗り　「丹」は昔の赤色。赤土で染めた色といわれる。

きりぎりす　現在のこおろぎ。「羅生門」の原文には「蟋蟀《きりぎりす》」とあり、江戸時代を背景とする芥川の『戯作三昧』には「蟋蟀《こほろぎ》」とある。こおろぎを出すことで、無人の雰囲気を強めているが、それが柱にとまっているというのは、いかにもこしらえた感じがする（きりぎりすなら柱にとまれるかもしれない）。森鷗外の『阿部一族』（一九一三年）に、殉死を待つ内藤長十郎の邸の沈痛な雰囲気を描いて、「ひしやくに、やんまが一疋止まつて、羽を山形に垂れて動かずにゐる。」とある。こおろぎ・やんま、それぞれに効果をあげているが、鷗外の場合も、やんまの習性上から言って難点があろう。

旧記によると、仏像や仏具を打ち砕いて、その丹がついたり、……　脚注参照。「旧記」は古い記録。この前後の叙述は鴨長明の『方丈記』をふまえている。辻風・火事・飢饉のさまも叙述されているが、そのうちの一節をあげておく。

「また治承四年卯月のころ、中御門《なかのみかど》京極のほどより大きなる辻風おこりて、六条わたりまで吹ける事侍りき。三四町を吹きまくる間に、こもれる家ども、大きなるも小さきも、一つとして破れざるはなし。（中略）あやしき事は、薪の中に、赤き丹着き、箔など所々に見ゆる木、あひまじはりけるを尋ぬれば、すべきかたなきもの、古寺に至りて仏を盗み、堂の物の具を破り取りて、割り砕けるなりけり。」

日の目が見えなくなると　「日の目」は日の光。「暗くなると」などと今日の普通の表現をとらない点に注意。

それがごまをまいたようにはっきり見えた　羅生門を遠景においた描写。これによって羅生門が夕焼けを背景に大きく浮き上がる。同時に、ごまをまいたようなからすの群のさまは、羅生門に無気味な感じを与えている。

七段ある石段　羅生門の石段は実は五段。作者は「下人は（七段ある石段の）いちばん上の段に」として括弧内の修飾を除いてもよかったはずだが、これを加えることにより、羅生門のイメージが大きく鮮明になるわけだし、五段より七段のほうがその意味ではより効果的である。後に書かれる『偸盗《ちゅうとう》』では正しく五段になっている以上、単に錯誤とも言い切れない点があろう。

大きなにきびを気にしながら　一見現代的な感じのするにきびを出したことにより、下人が生き生きとした感じになる。下人の若さとも関係がある。こういう状況の下人に、かなり精力的な感じのする大きなにきびという取り合わせは、はたして適当かどうかは問題になろう。王朝時代の人間にもにきびのないことはあるまいと当て推量によって書いたが、のち『左経記』（源経頼の日記（一〇一六～一〇三五））に「二君」「二禁」とあり、これがにきびであることを知った、と作者は語っている（『澄江堂雑記』第二章「にきび」）。

その主人からは、四、五日前に暇を出された　この小説の原典『今昔物語集』巻二十九第十八話「羅城門ノ上層《ウヘノコシ》ニ登リテ死人《シニシ》ヲ見タル盗人ノ語《コト》」では、「摂津ノ国辺《ノホトリ》ヨリ盗《ヌスミ》セムガ為ニ京ニ上《ノボリ》ケル男」となっているが、この小説の場合、盗人になるモチーフが主題と密接に関係するので、盗人になる以前に設定。「四、五日前に暇を出された」とすることで、下人がいっそうの極限状況にきていることを示そうとしたものか。

しかし、飢え死にを待つか盗人をするかという状況にある者としては、大きなにきびができているというのは精力的な感じを与えることになり、「四、五日前」という叙述とはかならずしも一致しないうらみがある。

sentimentalisme　脚注参照。感傷癖。感傷におちいりやすい性情。英語の「センチメンタリズム」よりもフランス語の「サンチマンタリスム」を選んだことも問題になるが、フランス語にまつわる、英語とはまた異なったハイカラなニュアンスに作者はひかれている。ともあれ、ここでは歴史小説に、外国語を引くという点に、主人公の心理の現代的解釈という意識がうかがわれることに注意したい。

夕やみはしだいに空を低くして、……重たく薄暗い雲を支えている　この情景は下人の心象を暗に示している。「重たく薄暗い雲」そのものが下人の心であり、「しだいに空を低くして」くる夕やみは、しだいに追いつめられて行く下人の心の暗さとも重なっている。

「すれば」　仮定形のすればを括弧にくくることで名詞化し、それをあやつりながら、下人の心理をめぐって論理的な説明を行なおうとしている。この前の部分から考えてみると、

①何をおいてもさしあたり明日の暮らしをどうにかしようとして、②——いわばどうにもならないことを、どうにかしようとして、（二二頁一四行）

③どうにもならないことを、どうにかするためには、手段を選んでいるいとまはない。（二三頁六行）

④選ばないとすれば（同九行）、盗人になるよりほかにしかたがない。（同一四行）

のように展開している。①を②で抽象化しておいて、③で発展させ、④はさらに③を受け継いで、「盗人になるよりほかにしかたがない。」まで持っていこうとする。そしていま、この④の「すれば」のところで、中断しているかっこう

である。「すれば」から「盗人になるよりほかにしかたがない」まで展開するには、何か契機がなければならないが、次の事件がそれになる。

それから、何分かの後である　普通の順序からいえば、「はしごを二、三段上ってみると、上ではだれか火をとぼして、……」（二五頁五行）のように展開するはずだが、作者は、それをやめていきなり「何分かの後」へとび、異様なものにぶつかった下人を、しかも「一人の男が」（二四頁一六行）というかたちで、目新しく示す。読者に与える衝撃はこのほうが新鮮である。「息を殺しながら、上の様子をうかがっていた。」（同）とあれば、上では何事が起こったのだろうとだれでも興味をそそられるはずである。そうして、作品の世界に読者を引き込んでおいて、説明にとりかかる。

ある強い感情が、……　説明ぬきでいきなり「ある強い感情が、……」とすることで、読者に強い関心をひき起こす。そのあと老婆の描写がつづき、「下人は、六分の恐怖と四分の好奇心とに動かされて、暫時は息をするのさえ忘れていた。」（二七頁四行）と説明される。

老婆　この「老婆」に「檜《ひ》皮《わだ》色の着物を着た、背の低い、やせた、白髪頭の、さるのような」と、五つもの修飾語がかぶせられていることに注意。こうした老婆が火をともした松の木切れを持って死骸のなかにうずくまっている――その雰囲気がこの作品の大きな魅力となっている。だれか人がいることはすでに予想されていたにもかかわらず、下人は強い衝撃を受けたのである。「ある強い感情」がひき起こされたのは、こうした老婆の発見によるのであり、髪の毛を抜くという老婆の行為を見てのことではない。行為を見てからは恐怖は消えていく。

旧記の記者の語を借りれば、「頭身の毛も太る」ように感じた　『今昔物語集』巻二十四第二十話「人ノ妻悪霊ト成リシヲ其ノ害ヲ除キタル陰陽師ノ語《コト》」に「頭《カシラノ》毛太リテ怖シキニ」とある。毛穴が大きくなる——恐怖のために髪がさかだつように感じられる、の意。

この雨の夜に、この羅生門の上で、死人の髪の毛を抜くということが、それだけですでに許すべからざる悪であった 死人の髪の毛を抜くということを「許すべからざる悪」と感じたとあるが、「この雨の夜に、この羅生門の上で、」という条件があえて付加されていることに注意したい。条件の如何にかかわらず、死人の髪の毛を抜くことは悪であるとされているのではなさそうである。先に、老婆が髪を抜きはじめると、老婆に対して、否、あらゆる悪に対して激しい憎悪が生じてきたと述べ、何の未練もなく飢え死にを選んだことだろうと説いたことは、こういう状況下におかれた下人の心理としてはいかにも人間主義的であり、善につきすぎる感があって安直とも見られよう。しかし、作者はそのあと「合理的には、それを善悪のいずれにかたづけてよいか知らなかった。」(二八頁七行)と用心深くつけ加えており、「下人にとっては、この雨の夜に、この羅生門の上で、死人の髪の毛を抜くということが、それだけですでに許すべからざる悪であった。」(同八行)としたのである。つまり、「この雨の夜に、この羅生門の上で、」という条件は、合理的な善悪判断からいえば何の意味もないはずのもので、それをあえて付加したことにより、下人の心理の動きがきわめて感情的、情緒的であることが示される。「この雨の夜に、この羅生門の上で、」は、これまで描かれてきた、雨の夜の羅生門の雰囲気をふまえてのものなのである。この問題はこの小説の主題を考える場合重要であろう。

おのれ 二人称代名詞。目下の者に対して、あるいは相手をののしっていうときに用いる。以下に「こうののしった。」(二九頁四行)とあり、「おのれ、どこへ行く。」がののしったものであることを示している。

執拗く 執念深く。強情に。「しふねし」(執念し）に、同じ意味の「執拗」をあてて、「執念」とはやや異なる語感を示している。

安らかな得意と満足　この下人の心理を、「ある仕事をして、それが円満に成就した時の、」というふうに一般的な心理に還元しているが、この点にも芥川の歴史小説の特徴がうかがわれよう。この「安らかな得意と満足」は、さきの「憎悪の心」をさましてしまっており、下人の心理は倫理的な観点からはとらえられぬものになっている。

旅の者だ　二二頁の叙述によれば、下人は京で使われていた者で、旅の者ではない。原典では「盗セムガ為ニ京ニ上ケル男」であり、まさしく「旅の者」である。作者の誤りか。あるいはあえて下人をして老婆に「旅の者だ。」と言わせているのかも知れないが、「旅の」はなくてもさしつかえあるまい。下人に旅の意識がなかったことは、暇を出されてもなお四、五日も京にとどまっていることでも知れよう。

まぶたの赤くなった、肉食鳥のような、鋭い目で見たのである　「肉食鳥」は動物の肉を食物とする鳥。鷲鷹目の鳥類の俗称。猛禽類。「まぶたの赤くなった、」は、読点があり、「鋭い目」にかかるが、「肉食鳥のような」ともひびきあっている。「赤」という色彩も重要。この作品では色彩感が効果的に用いられている。老婆を、「鶏の脚のような」（二九頁九行）、「肉食鳥のような」（三〇頁一一行）、「からすの鳴くような」（同一五行）と鳥の比喩で描写している点はすでに注意されている（『近代文学注釈大系芥川龍之介』）。

老婆の答えが存外、平凡なのに失望した。……　異常なものを求めていた下人の心理がよくわかる。続いて、「そうして失望すると同時に、また前の憎悪が、冷ややかな侮蔑といっしょに、心の中へはいって来た。」とあるが、これによっても、下人の老婆に対する憎悪は倫理的なものではないことが知れる。もし、平凡な答えでなければ、下人は憎悪も侮蔑も持たなかったはずだからである。

こんなことを言った　以下の老婆の話は、雑誌初出では間接話法で書かれていた。「直接話法に改めたのは、以下の下人の行動を保証するものとなるこの老婆の生存の論理を、老婆自身の肉声による話とすることによってリアルな感じを出し、クライマックスに近いこの場面の効果を高めるとともに、この作品を通じてみられる説明的傾向に走るきらいのあるのを救おうとしたものであろう」（前掲『近代文学注釈大系　芥川龍之介』）。このあとに「老婆は、だいたいこんな意味のことを言った。」とあり、ここは初出と変わっていない。直接話法としながらも、なお「こんな意味のことを」としておくことで、不完全であるべき直接話法がよりリアルになるはずである。

わしが今、髪を抜いた女などはな、へびを四寸ばかりずつに切って干したのを、干し魚だと言うて、……　この部分は『今昔物語集』巻三十一第三十一話「太刀帯ノ陣ニ魚ヲ売リシ媼ノ語《コト》」による。原典では老婆が髪の毛を抜く女は、若くして死んだ自分の主人であり、ほかにあつかう人がないため、老婆が運んできたものである。「干し魚」売りの女とすることで、老婆は自己の行為を正当化でき、下人もまた同じ論理によって引剝の行為を正当化できることになる。

さっき門の下で、この男には欠けていた勇気　「『盗人になるよりほかにしかたがない』ということを、積極的に肯定するだけの、勇気が出ずにいたのである。」（一三頁一四行）とある。

この老婆を捕らえた時の勇気　「この雨の夜に、この羅生門の上で、死人の髪の毛を抜くということが、それだけですでに許すべからざる悪」（一八頁八行）であると断定して、「下人は、両足に力を入れて、いきなり、はしごから上へ飛び上がった。」（一八頁一三行）のであった。

全然、反対な方向に動こうとする勇気　右の二つの「勇気」と反対のもの。すなわち、盗人になることを積極的に肯定し、すすんで悪を行なおうとする勇気。なお、ここでは「全然」は打消をともなわぬ語として用いられている。

えりがみ　襟上。襟髪。着物のえりの上の部分。後首。

夜の底　はしごの下の真暗なことを示す。「人生（人間存在）に対する激しい絶望を象徴する描写」（前掲『近代文学注釈大系芥川龍之介』）ともされるが、主題のとり方如何では、読み過ぎとなろう。

黒洞々たる夜　全くの暗黒の夜。字音三語が効果的。「洞々」は本来、まじめ、まことの意で、「洞」が「つらぬきとおす」の意をもつことからきている。黒一色、ただただ真暗な、暗黒の夜、の意となろう。「ほら穴のように暗黒な夜」（前掲書）ともされるが、「洞々」にそうした用例があるかどうかは未見。「この小説の全体（主題）をのみこむ底知れぬ暗さをあらわしている」（前掲書）ともいわれるが、「夜の底」の場合と同様の疑問があろう。

下人の行方は、だれも知らない　初出では「下人は、既に、雨を冒して、京都の町へ強盗を働きに急ぎつゝあつた（をはり）。—四年九月—」とあり、初版本では、「急ぎつゝあつた」が「急いでゐた。」と改められた。『今昔物語集』巻二十九第一話「西ノ市ノ蔵ニ入《リ》タル盗人ノ語《コト》」の末尾「盗人ハ蔵ヨリ出《イデ》テ行キケム方ヲ知ズ。」によったものかとも推定されており、「下人のゆくえ、いわばこの小説の主題のゆくえが暗黒の未来に突き放されている表現であることが注意される」とも言われる（以上前掲書）。しかし、それほどの絶望感が吐露されているかどうかは疑問であり、ここから受ける感動の意味をもう一度自然に考えてみる必要があろう。

わたしの授業計画

梅田卓夫

高等学校へ入って来た生徒たちがはじめて読む小説が「羅生門」ということになる。これをどう読むかということは、もしかすると彼らの高校時代と小説との関わりを左右することになるかもしれない重要な意味を持つだろう。その現場に付き合う私はどんなことに配慮したらいいのか。そんなことを考えながら、「羅生門」の授業を考えてみる。

今までの経験では、「羅生門」を一読しての印象を生徒たちに聞いてみると、「おもしろかった」という答えと同時に「気味がわるかった」という答えが多く返ってくる。高校一年の、特に前半では、文学作品の世界を直ちに自分の実人生へ還元して考えようとする際立った特徴がある。これは小・中学生時代の伝記・物語を中心とした読書にも関係があるのだろうが、小説教材を扱う時には看過できない傾向である。「気味がわるい」という反応はその裏に、この作品の世界が実人生へ容易に還元できないものであることを感じとった、一種の異和感を伴っている場合が多いのだ。だから、テーマについて話し合っていると、その裏返しとして、一見唐突に思われるが「因果応報」「勧善懲悪」がテーマであると主張する生徒が出てきたりする。作品の世界を既成の常識的倫理によって解釈して済ましてしまうわけである。もちろんこれは極端な例であるが、程度の差はあれ、小説の世界からこのように実人生に役立つ〝教訓〟をせっかちに引き出そうとする姿勢は、この時期の生徒には一般的に見られるものである。この傾向を克服して、芸術作品としての小説——言いかえれば、実人生と無関係ではないが実人生と直結するものでもないフィクションとしての小説――を鑑賞する姿勢を生徒たちの内に形づくらなければならない。小説を読む時には、そんなに自らすすんで小さな型にはまろうとしなくてもいいのだ、もっと自由であっていいのだ、という雰囲気を教室の中に作り出すことからはじめるほかはない。「おもしろかった」という素朴な反応を生徒たち自身に分析させることからそれははじまる。表面的には悪が善にうち勝っていくこの小説がなぜ私たちを惹きつけるのか。それは、フィクションの中に人生のある真実が描かれているからだ。生徒たちは容易にこのことに気づくだろう。人生は格言や標語のようなきれいごとが並んでいるものではなく、善と悪、美と醜、その他諸々の対立する価値がうずまいているるつぼであり、小説はそれら対立する価値を既成の価値観にとらわれず同列のものとして扱い、より大きな意味で人生の真実に迫ろうとするものであるということだ。高校での最初の小説教材として、このことだけはしっかりと生徒たちにつかませたいと思う。

では「羅生門」には何が描かれているのだろう。「従来この小説のテーマについては諸説があり、それらを列挙してみると……」などと生徒たちに押しつけてみてもはじまらない。それは「羅生門」についての〝知識〟ではあっても〝鑑賞〟ではないからだ。語弊を恐れずに言えば生徒たちはそのような〝諸説〟は知らない方がいいのだ。既成の常識的倫理による目の曇りさえ教師の指導によって注意深く取り除かれてゆけば、あとは「最も印象に残ったこと」と「作者が言おうとしたこと」を重ね合わせ、時には教科書を閉じて考えてみることによって、テーマはその生徒に最もふさわしい形で把握されるはずなのだ。

それを深めたり修正したりすることは、教室での有機的な話し合いによってなされるのであるが、基本的には生徒の生活や性格に個人差があるようにテーマの捉え方にも個人差があって当然であろう。その個人差を位置づけるメルクマールとして〝諸説〟は、教師の側で意味を持つかもしれないのである。

ただ教師は、そのような客観的知識の所有者として、いわば生徒たちの外に立つと同時に、一方、生徒たちの鑑賞が深まってきた段階では教師も一個の鑑賞者として個人的な意見を持ち、生徒たちの中で彼らと対等に議論することが要求される。ここに至って〝諸説〟を紹介しているだけでは教師が軽蔑されるだけでなく、生徒たちの小説鑑賞の意欲を削ぐことになるだろう。その時には、多少主観的になってもかまわない。「下人はあざけるような声で念を押した。」この部分が単に老婆の話の論理的帰結へ向けられているばかりでなく、先刻まで盗人になることをためらっていた自己に対する下人の絶望的な自嘲がこめられているのではないか――と問いかけてみても差支えなかろう。そのことによって、下人の心理の推移をたどってきた意味が深まるばかりでなく、後の「黒洞々たる夜」を単なる叙景としてでなくテーマと結びつけた心象的なものとして捉えようとしている生徒にはその意味をさらに陰影深いものとするのに役立つと思われるからである。

芥川龍之介はこの小説で、善は悪によって征服される、とか、悪は悪を征服して生きつづける、とか言っているわけではない。ぎりぎりの所で人間が生きていく時、善とか悪とかを超えたものが人間を衝き動かしていく姿を描いたのである。強いて言い直せば、人生とはこういうものであろうかと、誰にも答えることのできない苦しい疑問を提出したのである。だから、「羅生門」の結びの部分は単純な余韻などといったものではなく、読者をも巻き添えにせずにはおかない、作者の問いである。人によってそれを「絶望」と呼び、また「諦観」と呼ぶのであろう。最終的には生徒たちもそこに気づく日が来るだろう。教室ではそこへ向けて努力はしても、せっかちに結論を与えてしまうことだけは止めようと、今から自戒しているわけである。

夢十夜

夏目《なつめ》漱石《そうせき》

第一夜

こんな夢を見た。

腕組みをして枕元《まくら》にすわっていると、あお向きに寝た女が、静かな声でもう死にますと言う。女は長い髪を枕に敷いて、輪郭の柔らかなうりざね顔をその中に横たえている。真っ白なほおの底に温かい血の色がほどよく差して、くちびるの色はむろん赤い。とうてい死にそうには見えない。しかし女は静かな声で、もう死にますとはっきり言った。自分も確かにこれは死ぬなと思った。そこで、そうかね、もう死ぬのかね、と上からのぞき込むようにして聞いてみた。死にますとも、と言いながら、女はぱっちりと目を開けた。大きな潤いのある目で、長いまつげに包まれた中は、ただ一面に真っ黒であった。その真っ黒なひとみの奥に、自分の姿が鮮やかに浮かんでいる。

自分は透きとおるほど深く見えるこの黒目のつやをながめて、これでも死ぬのかと思った。それで、ねんごろに枕のそばへ口をつけて、死ぬんじゃなかろうね、大丈夫だろうね、とまた聞き返した。すると女は黒い目を眠そうに見はったまま、やっぱり静かな声で、でも、死ぬんですもの、仕方がないわと言った。

じゃ、わたしの顔が見えるかいと一心に聞くと、見えるかいって、そら、そこに、写ってるじゃありませんかと、にこりと笑ってみせた。自分は黙って、顔を枕から離した。腕組みをしながら、どうしても死ぬのかなと思った。

しばらくして、女がまたこう言った。

「死んだら、埋めてください。大きな真珠貝で穴を掘って。そうして天から落ちてくる星の破片《かけ》を墓標《はかじるし》に置いてください。そうして墓のそばに待っていてください。また会いに来ますから。」

自分はいつ会いに来るかねと聞いた。

「日が出るでしょう。それから日が沈むでしょう。それからまた出るでしょう。そうしてまた沈むでしょう。――赤い日が東から西へ、東から西へと落ちて行くうちに、――あなた、待っていられますか。」

自分は黙ってうなずいた。女は静かな調子を一段張り上げて、

「百年待っていてください。」と思いきった声で言った。「百年、わたくしの墓のそばにすわって待っていてください。きっと会いに来ますから。」

自分はただ待っていると答えた。すると、黒いひとみの中に鮮やかに見えた自分の姿が、ぼうっと崩れてきた。静かな水が動いて写る影を乱したように、流れ出したと思ったら、女の目がぱちりと閉じた。長いまつげの間から涙がほおへ垂れた。――もう死んでいた。

自分はそれから庭へ降りて、真珠貝で穴を掘った。真珠貝は大きな滑らかな縁の鋭い貝であった。土をすくうたびに、貝の裏に月の光がさしてきらきらした。湿った土のにおいもした。穴はしばらくして掘れた。女をその中へ入れた。そうして柔らかい土を、上からそっとかけた。かけるたびに真珠貝の裏に月の光がさした。

それから星の破片《かけ》の落ちたのを拾ってきて、かろく土の上に乗せた。星の破片は丸かった。長い間大空を落ちている間に、角がとれて滑らかになったんだろうと思った。抱き上げて土の上へ置くうちに、自分の胸と手が少し温かくなった。

自分は苔《こけ》の上にすわった。これから百年の間こうして待っているんだなと考えながら、腕組みをして、丸い墓石をながめていた。そのうちに、女の言ったとおり日が東から出た。大きな赤い日であった。それがまた女の言ったとおり、やがて西へ落ちた。赤いまんまでのっと落ちていった。一つと自分は勘定した。

しばらくするとまた唐紅の天道《てんとう》がのそりと昇ってきた。そうして黙って沈んでしまった。二つとまた勘定をした。

自分はこういうふうに一つ二つと勘定していくうちに、赤い日をいくつ見たかわからない。勘定しても、勘定しても、しつくせないほど赤い日が頭の上を通り越していった。それでも百年がまだ来ない。しまいには、苔の生えた丸い石をながめて、自分は女にだまされたのではなかろうかと思いだした。

すると石の下から斜《はす》に自分の方へ向いて青い茎が伸びてきた。見る間に長くなってちょうど自分の胸のあたりまで来て止まった。と思うと、すらりと揺らぐ茎の頂に、心持ち首を傾けていた細長い一輪のつぼみが、ふっくらとはなびらを開いた。真っ白な百合《ゆり》が鼻の先で骨にこたえるほどにおった。そこへはるかの上から、ぽたりと露が落ちたので、花は自分の重みでふらふらと動いた。自分は首を前へ出して冷たい露の滴る、白いはなびらに接吻《せっぷん》した。自分が百合から顔を離す拍子に思わず、遠い空を見たら、暁の星がたった一つ瞬いていた。

「百年はもう来ていたんだな。」とこの時初めて気がついた。

第四夜

広い土間の真ん中に涼み台のようなものを据《す》えて、そのまわりに小さい床几《しょうぎ》が並べてある。台は黒光りに光っている。片隅《かたすみ》には四角な膳《ぜん》を前に置いてじいさんが一人で酒を飲んでいる。さかなは煮しめらしい。

じいさんは酒の加減でなかなか赤くなっている。そのうえ顔中つやつやしてしわというほどのものはどこにも見当たらない。ただ白いひげをありたけ生やしているから年寄りということだけはわかる。自分は子供ながら、このじいさんの年はいくつなんだろうと思った。ところへ裏の筧《かけひ》から手桶《ておけ》に水を汲《く》んで来たかみさんが、前垂れで手をふきながら、

「おじいさんはいくつかね。」と聞いた。じいさんはほおばった煮しめをのみ込んで、

「いくつか忘れたよ。」と澄ましていた。かみさんはふいた手を、細い帯の間にはさんで横からじいさんの顔を見て立っていた。じいさんは茶碗《ちゃわん》のような大きなもので酒をぐいと飲んで、そうして、ふうと長い息を白いひげの間から吹き出した。するとかみさんが、

「おじいさんの家《うち》はどこかね。」と聞いた。じいさんは長い息を途中で切って、

「へその奥だよ。」と言った。かみさんは、手を細い帯の間に突っ込んだまま、

「どこへ行くかね。」とまた聞いた。するとじいさんが、また茶碗のような大きなもので熱い酒をぐいと飲んで、前のような息をふうと吹いて、

「あっちへ行くよ。」と言った。

「真っすぐかい。」とかみさんが聞いた時、ふうと吹いた息が、障子を通り越して柳の下を抜けて、河原の方へ真っすぐに行った。

じいさんが表へ出た。自分も後から出た。じいさんの腰に小さい瓢箪《ひょうたん》がぶらさがっている。肩から四角な箱をわきの下へつるしている。浅黄《あさぎ》のももひきをはいて、浅黄の袖《そで》無しを着ている。足袋だけが黄色い。なんだか皮で作った足袋のように見えた。

じいさんが真っすぐに柳の下まで来た。柳の下に子供が三四人いた。じいさんは笑いながら腰から浅黄の手ぬぐいを出した。それをかんじんよりのように細長くよった。そうして地面《じびた》の真ん中に置いた。それから手ぬぐいのまわりに、大きな丸い輪を描《か》いた。しまいに肩にかけた箱の中から真鍮《しんちゅう》でこしらえた飴《あめ》屋の笛を出した。

「今にその手ぬぐいが蛇《へび》になるから、見ておろう。見ておろう。」と繰り返して言

った。

子供は一生懸命に手ぬぐいを見ていた。自分も見ていた。

「見ておろう、見ておろう。よいか。」と言いながらじいさんが笛を吹いて、輪の上をぐるぐる回りだした。自分は手ぬぐいばかり見ていた。けれども手ぬぐいはいっこう動かなかった。

じいさんは笛をぴいぴい吹いた。そうして輪の上を何遍も回った。わらじをつま立てるように、抜き足をするように、手ぬぐいに遠慮をするように、回った。怖そうにも見えた。面白そうにもあった。

やがてじいさんは笛をぴたりとやめた。そうして、肩にかけた箱の口を開けて、手ぬぐいの首を、ちょいとつまんで、ぽっと放《ほう》り込んだ。

「こうしておくと、箱の中で蛇になる。今に見せてやる。今に見せてやる。」と言いながら、じいさんが真っすぐに歩きだした。柳の下を抜けて、細い道を真っすぐ

かんじんより　観世《かんぜ》縒《より》ともいう。こよりのこと。文明（一四六九〜八七）のころ、世阿弥《ぜあみ》が式三番《しきさんば》の翁《おきな》の烏帽子《えぼし》の懸緒《かけお》に、こよりを合わせて用いたことによるなど、語源には諸説がある。

地面《じびた》　地べたのこと。

に降りていった。自分は蛇が見たいから、細い道をどこまでもついていった。じいさんは時々「今になる。」と言ったり、「蛇になる。」と言ったりして歩いてゆく。しまいには、

「今になる、蛇になる、
きっとなる、笛が鳴る、」

と歌いながら、とうとう河の岸へ出た。橋も舟もないから、ここで休んで箱の中の蛇を見せるだろうと思っていると、じいさんはざぶざぶ河の中へ入りだした。初めはひざぐらいの深さであったが、だんだん腰から、胸の方まで水につかって見えなくなる。それでもじいさんは、

「深くなる、夜になる、
真っすぐになる」

と歌いながら、どこまでも真っすぐに歩いていった。そうしてひげも顔も頭も頭巾《ずきん》もまるで見えなくなってしまった。

自分はじいさんが向こう岸へ上がった時に、蛇を見せるだろうと思って、蘆《あし》の鳴る所に立って、たった一人いつまでも待っていた。けれどもじいさんは、とうとう上がって来なかった。

第六夜

運慶が護国寺の山門で仁王を刻んでいるという評判だから、散歩ながら行ってみると、自分より先にもう大勢集まって、しきりに下馬評をやっていた。

山門の前五六間の所には、大きな赤松があって、その幹が斜めに山門の甍《いらか》を隠して、遠い青空まで伸びている。松の緑と朱塗りの門が互いにうつり合ってみごとに見える。そのうえ松の位置がいい。門の左の端を目障りにならないように、斜《はす》に切っていって、上になるほど幅を広く屋根まで突き出しているのが何となく古風である。鎌倉時代とも思われる。

ところが見ているものは、みんな自分と同じく、明治の人間である。そのうちでも車夫が一番多い。辻《つじ》待ちをして退屈だから立っているに相違ない。

「大きなもんだなあ。」と言っている。

「人間をこしらえるよりもよっぽど骨が折れるだろう。」とも言っている。

運慶　?～一二二三。鎌倉《かまくら》時代初期の彫刻家。代表作に、興福寺北円堂の諸仏や、快慶と合作した東大寺南大門の仁王像などがある。

五六間　一間は約一・八メートル。

そうかと思うと、「へえ仁王だね。今でも仁王を彫るのかね。へえそうかね。わたしゃまた仁王はみんな古いのばかりかと思ってた。」と言った男がある。

「どうも強そうですね。なんだってえますぜ。昔からだれが強いって、仁王ほど強い人あないって言いますぜ。なんでも日本武尊《やまとだけのみこと》よりも強いんだってえからね。」と話しかけた男もある。

この男は尻《しり》を端折《はしよ》って、帽子をかぶらずにいた。よほど無教育な男とみえる。

運慶は見物人の評判には委細とんじゃくなく鑿《のみ》と槌《つち》を動かしている。いっこう振り向きもしない。高い所に乗って、仁王の顔のあたりをしきりに彫り抜いていく。

運慶は頭に小さい烏帽子《えぼし》のようなものを乗せて、素袍《すおう》だか何だかわからない大きな袖を背中でくくっている。その様子がいかにも古くさい。わいわい言ってる見物人とはまるでつり合いがとれないようである。自分はどうして今時分まで運慶が生きているのかなと思った。どうも不思議な事があるものだと考えながら、やはり立って見ていた。

しかし運慶の方では不思議とも奇態ともとんと感じ得ない様子で一生懸命に彫っている。あお向いてこの態度をながめていた一人の若い男が、自分の方を振り向いて、

「さすがは運慶だな。眼中に我々なしだ。天下の英雄はただ仁王と我とあるのみという態度だ。あっぱれだ。」と言ってほめだした。

自分はこの言葉を面白いと思った。それでちょっと若い男の方を見ると、若い男は、すかさず、

「あの鑿と槌の使い方を見たまえ。大自在の妙境に達している。」と言った。

運慶はいま太い眉《まゆ》を一寸の高さに横へ彫り抜いて、鑿の歯を竪《たて》に返すや否や斜《はす》に、上から槌を打ち下ろした。堅い木を一刻みに削って、厚い木くずが槌の声に応じて飛んだと思ったら、小鼻のおっ開いた怒り鼻の側面がたちまち浮き上がってきた。その刀《とう》の入れ方がいかにも無遠慮であった。そうして少しも疑念をさしはさんでおらんように見えた。

「よくああ無造作に鑿を使って、思うような眉《まみえ》や鼻ができるものだな。」と自分はあんまり感心したからひとりごとのように言った。するとさっきの若い男が、

日本武尊《やまとだけのみこと》　ふつうは「やまとたけるのみこと」と呼んでいる。

素袍　裏地のない麻《あさ》製の衣服。上衣は角襟《えり》で胸紐《ひも》があり、袖《そで》は広袖。鎌倉時代には、短い括《くく》り袴《ばかま》を着用し、庶民、下級武士の平服であった。

一寸　約三センチメートル。

眉《まみえ》　まゆのこと。

「なに、あれは眉や鼻を鑿で作るんじゃない。あのとおりの眉や鼻が木の中に埋まっているのを、鑿と槌の力で掘り出すまでだ。まるで土の中から石を掘り出すようなものだから決して間違うはずはない。」と言った。

自分はこの時初めて彫刻とはそんなものかと思いだした。果たしてそうならだれにでもできることだと思いだした。それで急に自分も仁王が彫ってみたくなったから見物をやめてさっそく家《うち》へ帰った。

道具箱から鑿と金槌を持ち出して、裏へ出てみると、せんだってのあらしで倒れた樫《かし》を、薪《まき》にするつもりで、木挽《こび》きに挽《ひ》かせた手ごろなやつが、たくさん積んであった。

自分は一番大きいのを選んで、勢いよく彫り始めてみたが、不幸にして、仁王は見当たらなかった。その次のにも運悪く掘り当てることができなかった。三番目のにも仁王はいなかった。自分は積んである薪を片っ端から彫ってみたが、どれもこれも仁王を隠しているのはなかった。ついに明治の木にはとうてい仁王は埋まっていないものだと悟った。それで運慶が今日まで生きている理由もほぼわかった。

第七夜

何でも大きな船に乗っている。

この船が毎日毎夜少しの絶え間なく黒い煙《けぶり》を吐いて波を切って進んでゆく。すさまじい音である。けれどもどこへ行くんだかわからない。ただ波の底から焼火箸《やけひばし》のような太陽が出る。それが高い帆柱の真上まで来てしばらくかかっているかと思うと、いつの間にか大きな船を追い越して、先へ行ってしまう。そうして、しまいには焼火箸のようにじゅっといってまた波の底に沈んでゆく。そのたんびに青い波が遠くの向こうで、蘇枋《すおう》の色にわき返る。すると船はすさまじい音を立ててその跡を追っかけてゆく。けれども決して追っつかない。

ある時自分は、船の男をつらまえて聞いてみた。

「この船は西へ行くんですか。」

船の男はけげんな顔をして、しばらく自分を見ていたが、やがて、

「なぜ。」と問い返した。

「落ちて行く日を追っかけるようだから。」

蘇枋の色　黒みを帯びた赤色。蘇枋は、枝に小さいとげのあるマメ科の小灌木《かんぼく》で、上代から重要な赤色染料として用いられた。

つらまえて　「つかまえて」の意。

船の男はからからと笑った。そうして向こうの方へ行ってしまった。

「西へ行く日の、果ては東か。それはほんまか。東出る日の、おさとは西か。それもほんまか。身は波の上。かじ枕。流せ流せ。」とはやしている。へさきへ行ってみたら、水夫が大勢寄って、太い帆綱をたぐっていた。

自分はたいへん心細くなった。いつ陸《おか》へ上がれることかわからない。そうしてどこへ行くのだか知れない。ただ黒い煙を吐いて波を切って行くことだけは確かである。その波はすこぶる広いものであった。際限もなく青く見える。時には紫にもなった。ただ船の動くまわりだけはいつでも真っ白にあわを吹いていた。自分はたいへん心細かった。こんな船にいるよりいっそ身を投げて死んでしまおうかと思った。

乗り合いはたくさんいた。たいていは異人のようであった。しかしいろいろな顔をしていた。空がくもって船が揺れた時、一人の女がてすりによりかかって、しきりに泣いていた。目をふくハンカチの色が白く見えた。しかしからだには更紗《さらさ》のような洋服を着ていた。この女を見た時に、悲しいのは自分ばかりではないのだと気がついた。

ある晩甲板の上に出て、一人で星をながめていたら、一人の異人が来て、天文学を知ってるかと尋ねた。自分はつまらないから死のうとさえ思っている。天文学などを知る必要がない。黙っていた。するとその異人が金牛宮の頂にある七星の話をして聞かせた。そうして星も海もみんな神の作ったものだと言った。最後に自分に神を信仰するかと尋ねた。自分は空を見て黙っていた。

ある時サローンに入ったらはでな衣装を着た若い女が向こうむきになってピアノを弾いていた。そのそばに背の高いりっぱな男が立って、唱歌を歌っている。その口がたいへん大きく見えた。けれども二人は二人以外の事にはまるでとんじゃくしていない様子であった。船に乗っていることさえ忘れているようであった。

自分はますますつまらなくなった。とうとう死ぬことに決心した。それである晩、あたりに人のいない時分、思い切って海の中へ飛び込んだ。ところが——自分の足が甲板を離れて、船と縁が切れたその刹那《せつな》に、急に命が惜しくなった。心の底からよせばよかったと思った。けれども、もう遅い。自分はいやでも応でも海の中へ入らなければならない。ただたいへん高くできていた船とみえて、からだは船を離れたけれども、足は容易に水に着かない。しかし捕まえるものがないから、次第次第

金牛宮　おうし座のこと。
七星　すばるのこと。
サローン　salon〔仏〕客室、応接室。サロンともいう。

に水に近づいてくる。いくら足を縮めても近づいてくる。水の色は黒かった。

そのうち船は例のとおり黒い煙を吐いて、通り過ぎてしまった。自分はどこへ行くんだかわからない船でも、やっぱり乗っているほうがよかったと初めて悟りながら、しかもその悟りを利用することができずに、無限の後悔と恐怖とを抱いて黒い波のほうへ静かに落ちていった。

夏目漱石（一八六七〜一九一六）小説家・英文学者。本名、金之《きんの》助《すけ》。東京に生まれた。東京大学英文学科卒業。松山中学校・第五高等学校などの教職を歴任、イギリスに留学、帰国後は第一高等学校・東京大学の教壇に立った。そのかたわら、一九〇五年、『吾輩《わがはい》は猫《ねこ》である』を発表して好評を博し、続いて『倫敦《ロンドン》塔』『坊《ぼ》っちゃん』『草枕《くさまくら》』などを書いて確固たる文名を得た。一九〇七年、教職を辞して朝日新聞社に入社し、『虞《ぐ》美《び》人草《じんそう》』『三四郎』『それから』『門』などを発表、当時の自然主義文学に抗し、高次の個人主義思想によって独自の文学を打ち立てた。一九一〇年の修善寺での大病後は、『彼岸過迄』を転機として『行人』『こころ』『道草』『明暗』（未完）と、一作ごとに人間のエゴイズムとたたかう人生苦を心理的に掘り下げていった。『文学論』『文学評論』などの著書もある。『夢十夜』は、東洋的な詩美を漂わせた十話より成るもので、一九〇八年、「東京朝日新聞」

に連載された。本文は、『明治文学全集』第五五巻（筑摩書房）によった。

作者・作品論

猪野謙二

『夢十夜』は漱石が明治四〇年朝日新聞入社後はじめての長篇『虞美人草』、さらに『坑夫』につづいて、四一年七月二五日から八月五日にかけて同紙上に発表した、珠玉のような十個の掌篇の連作といったかたちの小説である。これは『坑夫』についてもいえることだが、この『夢十夜』は『虞美人草』『三四郎』『それから』というその前後の代表的な諸長篇のかげにかくれて、かつては随一の漱石の解説者だった小宮豊隆などによってもあまり立ち入っては論議の対象にされなかった。同じく漱石門下の一人だった安倍能成は、これが発表直後の朝日文芸欄で、作者の筆には「靉靆《あいたい》たる所がないのが物足らない。夢らしい茫漠としたイラショナルなところが書いてあるのに、之を伝へる筆が余りハッキリし過ぎて雲烟縹緲《うんえんひょうびょう》の趣が乏しい。」と書いているが、それこそまさに夢幻的、非合理的な内容と明瞭な実在感とが微妙に結びついている――その点が初期の短篇集『漾虚《ようきょ》集』の「雲烟縹緲」ともややちがうので――この作品の独自な詩的魅力と奥深い内容とは、当時の門弟たちにさえ充分には理解されなかったらしい。

この『夢十夜』がひろく注目を浴びるようになったのは、第二次大戦後の昭和二四年に伊藤整が、ここには「現実のすぐ隣にある夢や幻想の与える怖ろしさ、一種の人間存在の原罪的不安がとらえられている」とし、次いで荒正人がフロイトの精神分析を使って第三夜の解明を試み、そこにいわゆる父親殺しのモティーフ、すなわちやはり人間の罪悪感の根源を指摘したころからであった。そして今では、たとえば漱石文学の発想の根源にある暗い無意識の部分、それをも含めてつねに彼の重要な関心の対象であった世界がここに集中的に打ち出されているというようなこと、あるいはこれにつづく『三四郎』『それから』『門』やそれ以後の諸長篇の内包するものがはじめて露頭しているというようなことから、この作品のもつ独自の意義がしだいに明らかにされてきている。もっとも、ほとんど無数といってもよい今日の漱石研究の中でも、この作品をめぐっての共通の理解といったものはまだ少なく、その半面、たとえば例の精神分析とか、とくに漱石の初恋の女性の問題などをめぐっての伝記的な詮索とかに固執し過ぎた結果として、あえていえば脱文学的な読み込み過ぎ、あるいはたんに「判じ物」風な夢の解釈になってしまっているような場合もないとはいえない。もちろん、そうした何らかの物差し、つまり一定の観念や予備的な知識を媒介にする作品への近づきかたが不要だなどというのではない。が、同時に、これはそういうものをもたぬ一般の読者には歯のたたない難解な作品かというと決してそんなふうにはいってしまえない、ということをいまはまずはじめに言っておかねばならない。

　以下ここにとりあげられた第一、四、六、七夜を中心にして、できるだけ他の夢にも触れながら若干の解説を加えてゆく。

囚われない一般の読者は、何よりもまず、あの虚飾のない簡潔な表現で、しかも漱石本来の詩情をほとんど最高度に結晶させているような第一夜の夢の、まさに一篇のすぐれた散文詩ともいうべき美しさに心を奪われずにはいられないだろう。「輪郭の柔らかなうりざね顔」をした女が、私が死んだら大きな真珠貝で穴を掘り、天から落ちてくる星の破片を墓標に置いて「百年待っていてください。」と言い残して死んでゆく。そしてそれから、東から出た赤い日が赤いまんまで西へ落ちてゆくという毎日毎日が繰返されるが、百年はなかなか来ない。自分は女に欺されたのではなかったかと思いはじめたころ、突然そのまるい墓石の下から青い茎が自分の方へ向って斜めに伸びてきて、その頂に「真っ白な百合」の花が花開き、「骨にこたえるほど」匂った。自分はその白い花弁に接吻しながら、「百年はもう来ていたんだな」と思う。

繰返していえば、これは十夜のうちでいちばん素直に読んでその哀しい美しさを享受できる夢だ。漱石がこの夢を冒頭においているのは決して偶然ではない。が、なおいくらか註釈めいたものを附け加えてみると、ここには漱石がいつも心の片隅に抱きつづけていた「愛の可能性」という問題、ひろくいえば人間と人間との真の意味での連帯は果して可能かという根本的な問題が潜んでいる。そしてその点についての深い疑いと憧れとが、ここではもはや現実には出会うことのできない「永遠の女性」のイメージの創出となっているのだと思う。「輪郭の柔らかなうりざね顔」とか、その理想の女性の象徴である「真っ白な百合」の花とかは、やがて長篇『それから』の中でやはり白い百合の花をたずさえて代助の前にあらわれるその悲恋の相手の三千代をえがくところとも共通である。（ただその顔は「古版の浮世絵に似てゐる」とあるがこれは同じことだ。）また、「百年」という時の流れは、この第一夜とはちがって人間の重い罪障意識に触れた因果譚のような第三夜にも、背中に負うた薄気味わるい盲目の子が「御前がおれを殺したのは今から丁度百年前だね。」というのと同様に、現実の生における時間を超えた無限の過去か永遠の未来かを意味する。第三夜ではとくに、自分はもちろん父母まで生まれない以前のすがた、本来の生かされたままの姿――漱石がよく使う仏教語でいえば「父母《ぶも》未生《みしよう》以前本来の面目」ということになる。

　ところでこの第一夜の夢の中の女については、これを漱石の初恋の女性として、たとえば大学時代からの親友の美学者大塚保治のもとに嫁いだ大塚楠緒《くすお》子の俤などをそこにみようとするひともあるが、いまもしそのように誰かの実像を想定してゆこうとするなら、すくなくともそれと重なりあうかたちで、彼がわずか一五歳のときに亡くなった実母千枝の残像があったのではないか、とわたしは思う。

　晩年の随想『硝子戸の中』には、その結びに近く二章にわたって、この母についての心あたたまるような思い出が語られている。千枝という名は「たゞ私の母丈《だけ》の名前で、決して外の女の名前であつてはならない様な気がする。幸ひに私はまだ母以外の千枝といふ女に出会つた事がない。」というところには強い真実感がこもっている。父にはどうしても親しめず、早くから養子に出されたりする不幸な幼時体験の中で、ただひとり母だけは例外で、「宅中《うち》で一番私を可愛がつて呉れたものは母だという強い親しみの心が、母に対する私の記憶の中《うち》には、何時でも籠つてゐる。」ともある。もっとも、彼の記憶の中にある母の姿は「紺無地の絽の着物と幅の狭い黒繻子の帯を除くと、後に残るものはたゞ彼女の顔ばかりになる」というので、これは第一夜の女のイメージにくらべればすこし年をとり過ぎている。しかしこれも、夢の中にはよくある平素の願望にもとづいての倒錯（置き換え）と考えれば決しておかしくはない。それに彼は、「母が父の所へ嫁にくる迄御殿奉公をしてゐたといふ話も朧気に覚えて居」たというし、「錦絵に描いた御殿女中の羽織つてゐるやうな華美《はで》な総模様の着物」といった華やいだ記憶も残されていた。また、「自分」の顔を写し、やがてその死とともに「ぼうっと崩れてきた」というその女の「ただ一面に真っ黒であった」「黒いひとみ」も、母の記憶としてただそれだけが鮮明に残っていたという「黒繻子の帯」の黒と相通じていたのかも知れない。なお、あの柔らかい土を掛けるたびにその裏に月の光がさしたという「真珠貝」についていえば、美神ヴィーナスは貝の中から生まれたのだ。

ついでにこれと関連していえば、「こんな悲しい話を夢の中で母から聞いた」と結ばれる第九夜の、幕末らしい騒然とした時代を背景にした夢では、すでに浪士に殺されてしまっていた夫の死を知らず、その無事を祈って八幡宮でお百度を踏む可哀想な母親の姿が、いかにも古風で貞淑な日本の妻のごとくに理想化されて描き出されている。しかも拝殿の欄干にくくりつけられてそれを見ている幼児は、「御父様は」と母にきかれてもその父にはまったく無関心な受け答えをしかしないのである。

ただ、第一夜の夢がひたむきな願望としての永遠の女性像をただ夢幻的に甘美に謳いあげているのに対して、この第九夜のそれははっきりと仮構的に、説話風にえがかれているが、これは、夢の内容がしだいに日常的な外界との緊張関係を増してきて、それだけ現実味を加えてきている（それはとくに猥雑な俗衆の世界にパナマの帽子をかぶった人のいい庄太郎という男が登場する第八夜、第十夜に著しい）という、この作品全体の構成の故である。そういえば第五夜の、戦争で捕虜になった男を助けるため、馬で駆けつける途中のその恋人の女が、天邪鬼《あまのじやく》が偽って夜明けを告げる鶏を鳴かせたために岩から落ちて死ぬという話も魅力ある物語だが、この馬に乗って駆けつける女も、自分から一瞬にして彼女を奪ってしまった天邪鬼という邪悪な運命の支配者に対する強い憤りを含めて、やはりそれに一個の母性像を重ねあわせてみる方がよりふさわしい、という感じがする。ここにはふつうの男女の愛のほかにもうひとつ、より超越的な慈憐のこころといったものがなければならぬ、と思われるからだ。

次に第四夜では、第一夜の願望の切なさとはがらりと色彩が変って、「自分」は飴屋の爺さんに裏切られたひとりの子どもになっている。一篇のお伽話のような体裁をとっているが、暗い夢である。笛を吹きながら「手ぬぐいが蛇になるから、見ておろう」と期待をもたせつづけながら、爺さんはひとりで「真っすぐに」河の中へと消えていってしまう。おそらくは自分の落ちつき場所である「へその奥」へ。「へその奥」とはいうまでもなく母の胎内である。そして少年はその母のふところに帰れずに、ひとり取残されてしまう。これを読み終ったとき、その突き放されたような少年の心の傷痕がいたましく読者に迫ってきはしないか。

ここにも母性思慕の要素があるわけだが、それよりも、誰しもが多かれ少なかれ感じたことがあるに違いない、大人の世界に裏切られた純真な子どもの絶望感、そういう幼時体験の投影があると思われる。小坂晋はここに芥川龍之介の『トロッコ』という短篇を思い出すといっているが、これは「『トロッコ』の少年は、童心を傷つけられながらも母の懐に飛び込んでさめざめと泣く安息所を持っていた。しかし……」というコメントをも含めて賛成できる。そして第一夜の夢の核心に母性思慕があるとすれば、ここには、荒正人によって「父親殺し」のモティーフが指摘されている第三夜につづいて、漱石の実父や養子にやられた先の義父にたいして彼が抱いていた、ほとんど憎しみに近い疎ましさや不信感が反映しているのではないか。後年の自伝的な長篇『道草』に出てくるあのそらぞらしく子どものご機嫌をとる義父の姿などには、この爺さんとそっくりなところがある。爺さんが終始してどこまでも「真っすぐに」しか行かないのも、振り切られるような子どもの迷いときわめて対蹠的である。

次に第六夜の夢も遂げられぬ願望という点では共通だが、ずっと現実感が強く、わかり易い。漱石の芸術的な欲求の根本にあったものをここに見るような感じもする。明治というこの雑駁な近代社会に、果して鎌倉時代の運慶の仁王のような芸術が成就し得るか。「眼中に我々なし」「天下の英雄はただ仁王と我とあるのみ」という態度で彫りつづける運慶の姿をみて、ある若い男がいう。――「なに、あれは眉や鼻を鑿《のみ》で作るんじゃない。あのとおりの眉や鼻が木の中に埋っているのを、鑿と槌の力で掘り出すまでだ。まるで土の中から石を掘り出すようなものだから決して間違うはずはない。」

ここには、この『夢十夜』のすぐまえに書かれた作品『坑夫』について彼が述べている新しい小説の方法、すなわちもうひとつまえの、我執に対する道義の勝利といった筋書をもつ『虞美人草』の場合などとは違って、「事件の進行に興味を持つよりも、(その原因や結果は余り考えずに)事件其物の真相を露出する」という考えと相通ずるところがある。そしてこれがあの晩年(『明暗』を書いていたころ)の有名な「則天去私」という言葉のいいあらわす創作態度にも通じていることは容易に考えられることだろう。しかしこの夢の末尾には、明治の近代ではもはや容易なことではあの運慶のような「去私」の自在さは許され得ない、他人を気にする小刀細工にもならざるを得ないという、その理想的な芸術造型の困難さに対する漱石の歎きが感じとられるのだ。

次いで第七夜は茫々たる大洋をゆく大きな船の中での話である。「絶え間なく黒い煙を吐いて」、「焼火箸のような太陽が出る」、海が「蘇枋《すおう》の色にわき返る」、といったその黒とか赤とかの色は、たとえばのちの『それから』などでもそうであるように、人生や人間存在にまつわる不安や恐怖の象徴である。しかし同時に、これはどうやら西へ向う船であり、「東出る日の、おさとは西か。それもほんまか。身は波の上。」といった船員の囃《はや》し唄からは、いずれが「お里」かもはっきりしない東西両洋の文化、生活の間に漂わされている、漱石自身をはじめ当時の日本の知識人の不安定さが感じとられる。乗客は大抵異人たちで、その中の一人は自分に「天文学を知ってるか」とききまた「神を信仰するか」とたずねる。ピアノを弾く女も唄っている男も、自分たち以外のものにはまったく無関心だ。そんな悲しさとつまらなさの中で、「自分」は死ぬことに決めて海の中へ飛びこむ。しかしそのまま死んでしまうのではない。海に落ちてゆきながら「どこへ行くんだかわからない船でも、やっぱり乗っているほうがよかった」とはじめて悟る。しかしその「悟り」を利用することができずに、無限の後悔と恐怖とを抱いて黒い波のほうへ静かに落ちて」ゆく、という一時点でこの夢は終っているのだ。もちろん、ここにあるのは死の肯定ではない。たんなる生への執着でもない。虚無や絶望や死をはっきりと見据えた上での、死と生とのぎりぎりの切点での生の肯定という主題が、意外にはっきりとしたリアリティをもって叙述されている。

この夢は、十夜中もっとも包括的に漱石自身の人生、過去からそのときまでの半生を、またその後の文学の主題を物語っているように思われる。まず第一に、漱石における西洋と日本との問題がある。幼少年期以来の並々ならぬ漢学の素養の上に立ってはじめて大学で英文学を学び始めたときからの「英文学に欺かれたるが如き不安の念」、そしてそこからようやく「自己本位」の立場をつかんでゆくまでの、神も恋も人生の目的もないような苦しい努力、これがなかったとしたなら漱石文学の大成はなかったとさえいえるだろう。「天文学を知ってるか」と聞かれて、「自分はつまらないから死のうとさえ思っている。天文学などを知る必要がない。」とし、「神を信仰するか」と尋ねられたときも「自分は空を見て黙っていた。」という。これは西洋の科学や宗教が自分にとって果してどういう意味をもつのかという、当時の漱石にとってもっとも大きな問題との主体的な対決を語っているのだ。そしてそのとき漱石は決して「黙って」はいなかったのである。

漱石が横浜からドイツ船プロイセン号に乗って英国留学の途に就いたのは明治三三年九月八日、目的地のロンドンに着いたのは一〇月二八日であるが、この「西洋」との対決は、すでにその印度洋上の船中で、とりわけ宗教上のそれとして始まっていたのだ。同年に清国ではいわゆる義和団の事件が起り、その難を避けて英国に引揚げる多数の宣教師たちが上海から乗船し、かれらは漱石たちに向ってしきりにキリスト教の伝道を始めたらしい。それを駁した彼の文章がその年一〇月に英文で書かれた断片の中にある。そこにはたとえば「彼等はみずから偶像破壊者をもつて任じながら、同時にキリストが神の化身であるとすることには何のためらいをも示していない。(中略)これはある意味に於てやはり一種の偶像崇拝ではないか。(中略)私の神をして真にあの何ものかであるところの「無」たらしめよ。それが絶対であり、何らかの相対性をその中に含む名称によって呼ぶことができない故に私が「無」と呼ぶところのもの――キリストでも精霊でも他の何ものでもなく、しかも同時にそのすべてであるところのあの『無』たらしめよ。」とある。漱石は船中でキリスト教宣教師との交渉を通じて自らの宗教的感情をこのように反省し、そこにいかにも彼らしい思弁をめぐらすことができたのであった。

あらゆる既成の宗教をもその中に包摂してしまう東洋的・禅的な「無」の世界は、漱石がその混迷する自意識の世界から超脱するための唯一の救いの場として、早くから翹望しつづけていたところであった。松山中学に赴任以前の明治二八年にも鎌倉円覚寺の帰源院で釈宗演のもとに参禅、それがこの『夢十夜』の第二夜やのちの『門』の素材の一部にもなっている。その悟達に失敗していることは明らかだが、もしもかれが宗教を求めたとすればやはりこのような内的体験を経ずしてはあり得なかったろう。のちにそれは『行人』の主人公長野一郎の苦悩においてもっと深刻につきつめられてゆく。そのことを明らかにしているという意味でもこの船中での経験は貴重である。

このようにこの第七夜の夢は、まだそのいわゆる「自己本位」の立場をつかむ以前、イギリス留学へと向う印度洋上のこうした体験を踏まえながら、作家漱石にとって終始最大の主題であった東洋と西洋との問題、またそれとも結びつくかたちで人間の死生と「悟り」の問題を象徴的に浮びあがらせている。それだけにこれは、あくまでも自己の生を媒介にしつつひろく深く人間存在の根源を追求しているこの十夜の中でも、もっとも現実的な意味の深さを感じさせる夢である。

最後に漱石の作品史上におけるこの作品の意味について一言しておくと、ここでたとえば中野重治が昭和一一年に書いた『小説の書けぬ小説家』という小説の主人公に語らせていた漱石観が思い浮ぶ。彼は「漱石つて奴あ暗い奴だつたんだ、陰気で気狂いみてえに暗かつたんだ」といわせ、それが「漱石の弟子や註釈者」をはじめ、いわゆる「日本の読書階級」なる連中によってすっかり「道義の文士」にされてしまっていることへの強い不満を吐露させているのである。

いま漱石文学の全体を一大交響曲にたとえてみるなら、それがかつてはたしかにその暗い低音部においてよりも、もっぱらいわば「道義の文士」といった高音部において、あるいはその裏返しとしてのいわゆる「非人情」の脱俗趣味とか「則天去私」なる東洋的な悟達への方向などにおいて評価されることが多かった。そして実際、『吾輩は猫である』の一見超俗的な知識人像とその卓抜な諷刺やユーモア、日本文学中稀にみる陽性文学の傑作とされる『坊つちゃん』のあの江戸っ子風な正義観の爆発、『草枕』の「非人情」の芸術観や『二百十日』『野分』などの「維新の志士」風、あるいは士大夫風な使命観の吐露などの一面が、形式内容ともにそれら初期作品の総合ともいうべき『虞美人草』を最後の頂点として際立っていた。そしてこれらはその内容にふさわしい彼独特の東京言葉のリズミカルな流れ、当時俗間の日常語に能う限りの論理的な正確さと投射距離の長さとを付与したその文体と相俟って、彼の文学のすぐれた一面の特質を示すものであることは誰もこれを否定することはできない。しかし今日の読者は、もはやそうした高音部のおもしろさや昂揚感と微妙に響きあっている、それこそ「気狂いみてえに暗」い低音の流れを無視することはできなくなっている。そしてかつて戦前のあの暗い転向文学時代の中野が、また敗戦後にようやく人間の暗い内部への眼を甦らせた伊藤整がそれぞれに異った角度から、この『夢十夜』あたりを中心にしてそれを端緒的に明らかにしたのであって、それが『それから』『彼岸過迄』『行人』など後続作品の解明のためにもすぐれて意味深い役割を果すことにもなった。それぞれの夢がその後のどのような作品に影を落しているかについては、すでに多少とも触れてきた通りである。

教材の分析・教材の生かし方

教材の生かし方

『夢十夜』は十夜の構成を尊重するのが、本来のあるべき姿だが、教科書では第一夜、第四夜、第六夜、第七夜の四話を採った。これは教科書の制限上からの選択であるが、学習者に親しみやすく、かつバラエティに富んだ内容を選んだ。『夢十夜』の研究上、もっとも注目されている第三夜や第十夜を避けたのは、研究的に深入りすることの無理を用心したからであるが、他の話も捨てがたいだけに、意欲的な教室では十夜を全部取りあげてみてもよい。だが、そこまで深入りしなくても、十分に小説学習の効果をあげることができるものと信じている。

『夢十夜』へのすなおなアプローチ　最近この作品が漱石文学の深層意識を解明する鍵であるかのように重要視される傾向が強い。伊藤整が「人間存在の原罪的不安」と評し、荒正人が「漱石の暗い部分」を指摘し、江藤淳が「漱石の低音部」について論じ、越智治雄が「父母未生以前の漱石」という原理でとらえようとしたように、多彩な見解が示されているが、ニュアンスの相違はあっても、漱石の深淵をさぐろうとする姿勢では共通している。漱石の内面のカオスが夢物語に託されているだけに、研究者にとっては難しい作品であるということになるが、それは必ずしも学習者にとって親しみにくい不適当な教材だということにはならないだろう。研究的に身構えて読むと高校の教材としては手に負えないものになってしまうおそれがあるが、小宮豊隆が「その美しさの故に、愛誦に堪へる作品」と評したように、すなおに享受すれば高校の小説学習で他に得がたい教材として生かしうる作品でもある。

学習のねらいとしては、作家研究に深入りせずに、小説鑑賞の基本的な学習に重点を置き、作品の魅力に読みひたるすなおなアプローチを第一に考えたい。ということは、通り一遍の素朴な読みですませてよいということではない。作品の魅力は、学習者に必然的に読みの深さを要求するもので、学習者の発達段階に応じて可能なかぎり作品を味読していくことがのぞましいのはいうまでもない。ただその際、あくまでも学習者の主体の原理を尊重して鑑賞指導を進めてほしいのである。こう読むのが正しいと押しつけるのではなく、読みの主体を確立させる方向で、作品の客観的な読みの深まりをはかるべきで、そのためにも作品へのすなおなアプローチがのぞましいのである。すなおなアプローチでも、この作品には、読者に奥深いところで共感させるものを持っており、共感したものを大事にするところから小説学習が始まるといえよう。

夢物語の方法と詩的真実　『夢十夜』が研究者にとって難しい作品であって、しかも初心の学習者にとっても親しみやすい教材であるという両面をもつのは、この作品が夢物語の構成を用いている点にあろう。第一夜の冒頭は「こんな夢を見た。」という書き出しである。この書き出しの形式は、第二夜、第三夜でも踏襲されているが、第四夜にはなく、第五夜に復活し、第六夜以下には省略されている。読者は「夢物語」としての枠の中で読むことが要請されているわけだが、どこまでが作者の実際に見た夢に負うのか、夢の話に仮託された創作なのか判然としない。たとえ素材が実際に見た夢にヒントを受けているにしても、書かれた作品そのものはすでに創作とみなされるわけであるから、研究者は当然、夢をいわゆる夢とはせずに、素材の背後に秘められた作者の深層意識を追究することになる。ことに十夜全体の構成を念頭に置いて、底流する問題意識をとらえようとすると、力点の置きどころや視座の設定のしかたによって、見解が分かれてくることになる。叙述に即して、つとめて客観的な分析を試みても、夢であるからには、どう解釈しようと自由だという、割り切れない幅が残るはずで、ここに研究のむずかしさとおもしろさがある。他方、作品研究などと身構えない素朴な読者にとっては、この割り切れない幅を、自分自身の夢の経験と結びつけて気楽に自由に読んで享受できる親しみやすさが生じてくる。高校生の学習では、後者の立場を十分に生かして、夢と現実のあわいに読みの主体を確立する指導がのぞましいことになるが、やはり作者がなぜこんな夢物語を書き、それにどんな心情を託しているのかという、方法と主題の追究は当然学習の問題点となってこよう。

小説の方法としての虚構と事実の問題の、最も原型的なものは夢物語である。夢はもともと条理のないものであり、しかも深層意識とどこかで結びついていることは、だれしも経験として知っているはずである。それだけに夢の忠実な記録による再現は不可能に近く、夢を素材とした物語はどうしても創作的にならざるをえない。夢の素材的事実そのものが虚構的性格を帯びているが、その文章化を可能にする方法は逆に作者の現実意識と結びつけて虚構化することである。虚構による真実の表現が必要になるが、夢物語の場合は小説的というよりも詩的な表現法に近いものになる。『夢十夜』は散文詩的な文章と言えよう。夢の話の主人公は「自分」であるが、いわゆる私小説的なリアリズムの作品と同じ方法で分析するわけにはいかない。分析して理解しようとすればするほど混乱が生じかねない。作品へのすなおなアプローチと主体的な読みの尊重をたいせつにしたいと言ったのは、このためである。詩的真実を汲みとるような読みの指導を重視すべきだということになる。

イメージを重視した表現読み

『夢十夜』をすなおに読んで、学習者がその奥深いところで共感するのは、詩的真実とでもいうべきものであるが、叙述に即してそれを客観的に読み深めていくためには、表現のイメージを的確にとらえていくのが効果的な指導法であろう。夢の中に登場する人物像がどんなイメージに描かれているか、また情景描写でイメージを生かすためにどんなことばが効果的に使われているかをたしかめることが必要になろう。たとえば、第一夜では死んでいく「女」、第四夜ではふしぎな「じいさん」、第六夜では彫刻家の「運慶」、第七夜では船客の、それぞれのイメージがどのように描かれているかをとらえて、具体的にどんなことばが効果的に使われているかをたしかめたい。そして夢の中での出来事や言動に即して、「自分」の気持がどう動いているかをつかんで、主題を追跡し、掘りさげるようにしたい。

夢の話であるから、全体が夢幻的で、超現実的な印象を与えるが、それがどんな小道具を使って効果的に生かされ、全体がどのように構成されているかを注意すれば、この作品が単なる夢の記述ではなく、文学的な創作であることが、おのずから理解されよう。そしてさらに読み深めて、夢に託された作者の浪漫的な気分や、暗い不安感や、恋愛・芸術・人生への考え方の一端をとらえることができれば、学習の目標はほぼ達成されたと言ってよい。これ以上、作家研究の領域にまで立ち入る必要はないが、学習者のさまざまな質問も予期されるので、次の作品分析の項を参考にしていただきたい。

教材の分析

◇主題と構成――第一夜

死んでいった女が生き返って、再び会いに来るのを百年も待ち続ける話である。登場人物は「女」と「自分」のふたりだけであり、構成はきわめて単純で、前半（初～七九頁六行）で死んでいく女の様子を描き、後半（同七行～終）で百年待ち続ける自分の心事を述べているが、情景は幽暗な色調に浪漫的な詩情を漂わせて、夢幻的、神秘的で美しい。

◇叙述の問題点

死んでいく女と黒のイメージ　第一夜に描かれている女は、『夢十夜』に登場する人物たちの中で、最も細かに描き出されており、鮮やかなイメージを与える。長い髪、うりざね顔、温かい血の色が程よくさした頰色、赤いくちびる、長いまつげ、大きな潤いのある目など。どうしても死んでいくとは思われない美しさである。だから、「自分」は「これでも死ぬのかと思った」（七八頁一行）とある。

青ざめ病んだ女でなく、作者の脳裏のあこがれの女性美を抽出して形象化しているが、やはり死んでいく女である。「死」という語が前半だけで十二回も使用されている。「死」と「女」のイメージを結びつけるために、「黒」の色彩感が主調になっているが、黒に赤を点じ、また白と対照している色彩感に注意してほしい。

漱石は日本的で古風な「うりざね顔」の女性が好きだったようで、他の作品にもしばしば登場する。ことに第一夜の「女」のイメージに似ているのは、『永日小品』の「心」の女性である。

真珠貝と月光と星　死んでいく女は、「死んだら、埋めてください。大きな真珠貝で穴を掘って。そうして天から落ちてくる星の破片を墓標に置いてください。そうして墓のそばに待っていてください。また会いに来ますから。」（七八頁九行）という。「自分」は庭へ降りて、真珠貝で穴を掘る。「土をすくうたびに、貝の裏に月の光がさしてきらきらした」「真珠貝の裏に月の光がさした」などとある。そして星の破片を拾ってきて墓標とするが、真珠貝・月光・星などの小道具が第一夜の主題が死であるにもかかわらず、それを浪漫的で永遠な感じの漂うものにしている。

漱石は真珠が好きであったらしい。他の作品中では、『それから』の代助が三千代に結婚祝いに真珠の指輪を贈っているし、『彼岸過迄』の松本夫妻は、娘の宵子を「指環に嵌めた真珠の様に大事に抱いて離さなかった」とある。『虞美人草』では、甲野さんが、細い青貝の軸をつけた洋筆を掌の中でころがすと、青貝がきらきら光ると書かれているが、漱石自身も万年筆を使い出すまえは、細身の蝶貝のペンを愛用していたという。貝の裏側に反射する月光の美しさを、第一夜では効果的に生かしている。また墓標として星の破片、「長い間大空を落ちている間に、角がとれて滑らかになった」（七九頁一二行）隕石を小道具に使ったのも、墓のそばで百年間も待つ恋の心理にふさわしい布石である。

百年待つ恋と百合のイメージ　死んだ女は百年後に百合の花に転生する。「……心持ち首を傾けていた細長い一輪のつぼみが、ふっくらとはなびらを開いた。真っ白な百合が鼻の先で骨にこたえるほどにおった。そこへはるかの上から、ぽたりと露が落ちたので、花は自分の重みでふらふらと動いた。自分は首を前へ出して冷たい露の滴る、白いはなびらに接吻した」（八〇頁一〇行）とあるが、花が女の風情で擬人化されている。「心持ち首を傾けて」や「骨にこたえるほどにおった」「接吻した」などの表現効果に注意したい。そして「百年はもう来ていたんだな」と気づく結びのうまさは格段である。

　百合は漱石の好きな花の一つであったらしく、日記にもたびたび記入されており、小説中でも恋のイメージを表わすものとして重要な役割を果している。ことに『それから』では、代助と三千代の結びつきに百合は欠かせないものになっている。

「代助は、百合の花を眺めながら、部屋を掩ふ強い香の中に、残りなく自己を放擲した。彼は此嗅覚の刺激のうちに、三千代の過去を分明に認めた。其過去には離すべからざる、わが昔の影が烟の如く這ひ纏はつてゐた。」

　代助は百合の花の香の中で、三千代の過去とそれに伴う自分をはっきり認識し、自然の昔に帰る決意をする。それにしても、第一夜の恋は百年後に成就しているが、この趣向に近いのは、『薤露行』のアーサー王の王妃ギニギアと騎士ランスロットとの叶わぬ恋の物語である。「女の前に、白き手を執りて、発熱かと怪しまる丶程のあつき唇を、冷やかに柔らかき甲の上につけた。暁の露しげき百合の花弁をひたぶるに吸へる心地である。ランスロットは後も見ずして石階を馳け降りる」場面でも百合の花が使われている。

さらにまた『幻影の盾』ではクララとキリアムの恋が百年前から決められていて、二人の恋は祖先から伝えられたふしぎな〈幻影の盾〉の中で成り立つことになっている。

他に『趣味の遺伝』の〈浩さん〉の日記や『三四郎』〈十一〉の広田先生の夢の話には、一目見ただけの女性が夢に出てくることが書かれている。『趣味の遺伝』に次のような一節がある。

「ロメオがジュリエットを一目見る、さうして此女に相違ないと先祖の経験を数十年の後に認識する。エレーンがランスロットに始めて逢ふ、此男だぞと思ひ詰める、矢張り父母未生以前に受けた記憶と情緒が、長い時間を隔てゝ脳中に再現する。」

漱石は恋愛について「父母未生以前に受けた記憶と情緒」が再現するものと考えているようだが、父母未生以前の感覚が、「百年」という歳月の設定とかかわりを持っているのかもしれない。「夢十夜」では第一夜のほかに第三夜にも「百年」の時間意識が出てくるが、第三夜は背負った子を捨てようとして百年前の人殺しの罪に気づく話である。第一夜の「女」は、百年待っていてくれと言い、「自分」はひたすら待ち続ける話だが、この女のイメージと近似して、しかも「百年」という語が使われているのは、『永日小品』の「心」の女である。「百年の昔から此処に立つて、眼も鼻も口もひとしく自分を待つてゐた顔である。百年の後迄自分を従へて何処迄も行く顔である。黙つて物を云ふ顔である」と書いている。

◇主題と構成——第四夜

第四夜の「自分」は子供であり、茶屋で出会ったふしぎな「じいさん」が、手ぬぐいを蛇にしてみせると笛をふくのにさそわれて、後についていくが、じいさんは河に消えていき、期待が裏切られた話。構成は前半（初〜八二頁七行）でじいさんの様子を描出し、後半（同八行〜終）で手ぬぐいを蛇にしてみせるというじいさんの動作と、その後について いく自分の心情を叙している。情景はひなびて閑散とした感じで民話的なふんいきが漂っているが、じいさんの様子やしぐさに飄逸な仙味があり、期待を裏切られた少年のさびしさが印象的である。

漱石が残したメモや断片の中に、第四夜と関連するものが、いくつか拾い出せるが、明治三八、九年の断片に次のようなものがある。

○若イ男ノ description、其 motive straight 凡テノ物ヲ destroy スル in the way destroy 出来ヌ時ハ stand still

○年寄ノ description 只道アル方ニ行く。Tavern デ昔ノ何年何月コヽニ来タカト聞ク。傍人知ラズト云。川ノ辺ニ出る。川の中に入る

○死ぬが可い。死ぬが可い。（結句）

また明治四〇年ごろの断片に次のようなのもある。

○川へ這入つて、ずん〳〵行く。仕舞に首がなくなつたぎり出て来ない

これらが、なぜどんな構想から記されたのかはわからない。ただ考えられるのは、第四夜は完全な夢ではなく、少年時代の記憶と結びつけて作られたものではないかということである。が、主題である少年の裏切られた期待の心理、ひとりぼっちの寂しさのような経験はだれにも共通するものであろう。

◇叙述の問題点

茶屋のある風景とじいさんの印象　『草枕』に有名な峠の茶屋の場面があるが、第四夜は茶屋の描写から始まる。この茶屋は漱石の幼時の思い出につながる風景であろう。後年の『道草』に主人公健三の記憶の中の風景の次のような描写がある。

「彼は昔あつた青田と、其青田の間を走る真直な径とを思ひ出した。田の尽る所には三四軒の藁葺屋根が見えた。菅笠を脱いで床几に腰を掛けながら、心太を食つてゐる男の姿などが眼に浮んだ。前には野原のやうに広い紙漉場があつた。其所を折れ曲つて町つづきへ出ると、狭い川に橋が懸つてゐた。」

第四夜は、このような茶屋の記憶につながるものと思われるが、「広い土間の真ん中に涼み台のようなものを据えて、そのまわりに小さい床几が並べてある。台は黒光りに光っている。」（八一頁一行）と茶屋の内部の描写から始まり、ひとりで酒を飲んでいるじいさんの姿を描き出す。白いひげを生やしていながら、顔中つやつやしてしわのない老人である。おかみさんとの対話が奇妙だが、年を聞かれて「いくつか忘れたよ」と澄まし、家はどこかと聞かれて「へその奥だよ」と答えている。この「へその奥」も父母未生以前の感覚につながるものとみてよい。飴屋らしいが、正体不明の仙人じみた老爺の感じで、飄々としている。このじいさんは「浅黄のももひきをはいて、浅黄の袖無しを着ている。足袋だけが黄色い」（八二頁九行）といういで立ちで、外へ出て子供たちに手ぬぐいを蛇にしてみせると笛を吹くのである。

笛と蛇と子供の心理　じいさんは、かんじんよりのように細長くよった手ぬぐいを地面に置いて、大きな輪を描いて、飴屋の笛を吹く。「今にその手ぬぐいが蛇になるから、見ておろう。見ておろう」と繰り返しながら輪の上を回る。じいさんのことばは「今になる、蛇になる、／きっとなる、笛が鳴る」と歌の調子になり、「深くなる、夜になる、／真っすぐになる」あたりは、なにか意味ありげで、暗示的なニュアンスを帯びてくる。

子供は一生懸命に手ぬぐいを見つめ、蛇になるのを期待し、歩きだしたじいさんのあとを追う。河の中に入りだしたじいさんの姿は水の中に消えてゆくが、それにしても文中に多用されている「真っすぐに」歩くのは何を意味するかはさだかでない。じいさんの家が「へその奥だよ」というのと関係がありそうで、目的地へひたすらにストレートに進んで、姿が見えなくなるのは、夢ならではのふしぎなリアリティがある。

「自分はじいさんが向こう岸へ上がった時に、蛇を見せるだろうと思って、蘆の鳴る所に立って、たった一人いつまでも待っていた。けれどもじいさんは、とうとう上がって来なかった。」の結果は、期待を裏切られた子供のさびしい姿と心理が鮮かに印象づけられる。

作者の少年時代の深い孤独感が深層意識に根づいているようである。

◇主題と構成——第六夜

第六夜は鎌倉時代の彫師である運慶が、護国寺の山門で明治の世の人々が見物する中で仁王を彫っている。その無造作な鑿の使い方は木の中に埋まっているのを掘り出すかのように思われたので、「自分」も家に帰って仁王を彫ってみたが、明治の木には仁王は埋まっていないものだと悟る話。作者の芸術観や信条を夢に託している。

構成は前半（初〜八八頁三行）で、運慶が仁王を彫っている様子と周囲の見物人の会話が中心で、後半（同四行〜終）で、家へ帰った自分が仁王を掘り当てることができなかったことを叙している。

◇叙述の問題点

運慶の仁王と護国寺　「運慶が護国寺の山門で仁王を刻んでいるという評判だから、散歩ながら行ってみると」という書き出しである。運慶は鎌倉初期の代表的な彫刻家である。漱石の書いたものから運慶に関する例を拾うと、明治三九年の『草枕』や、翌四〇年の「文芸の哲学的基礎」に、それぞれ「運慶の仁王」という形で出ている。また明治四〇年の京都見物の折の日記には「運慶作観音」（明40・3・30）、「黒谷　文珠塔（運慶作）三重塔」（明40・3・31）などと記されている。一般に「運慶の仁王」とは、東大寺南大門の密迹金剛力士像で代表されるが、この像は建仁三年作で二丈六尺五寸の高さで、写実的な雄威剛健な作風を示す傑作である。漱石は運慶の仁王のイメージを第六夜に生かして、芸術観を述べているわけだが、鎌倉時代の彫刻家を明治時代に登場させ、最後に「運慶が今日まで生きている理由もほぼわかった。」と結んでいる。「ほぼわかった」という理由をせんさくしてもしかたのないことだが、読者もまた「ほぼわかった」ような気持にならないと、第六夜の読解は不十分ということになろう。

場面が鎌倉や奈良でなく、東京の護国寺の山門になっているのも、かえって夢のおもしろさがある。当時、牛込区早稲田南町に住んでいた漱石にとって、小石川区音羽の護国寺は「散歩ながら行ってみ」られる場所であり、護国寺の仁王門の風景は見馴れたものであったろう。「山門の前五六間の所には、大きな赤松があって、その幹が斜めに山門の甍を隠して、遠い青空まで伸びている。」（八五頁三行）の描写は簡潔的確である。そして「……何となく古風である。鎌倉時代とも思われる。」と述べ、「ところが」と逆接していく。見物人は自分をふくめて、「みんな……明治の人間である。」その見物人の会話が、いかにも落語風なおかしみがある。「どうも強そうですね。なんだってえますぜ。昔からだれが強いって、仁王ほど強い人あないって言いますぜ。なんでも日本武尊よりも強いんだってえからね。」（八六頁三行）などは、長屋の連中の口調で、落語の語りである。ところで、運慶の様子は、「見物人の評判には委細とんじゃくなく鑿と槌を動かしている。いっこう振り向きもしない」（同七行）「その刀の入れ方がいかにも無遠慮であった。

そうして少しも疑念をさしはさんでおらんように見えた。」（八七頁九行）などと書かれている。それに対して、見物人中の「若い男」がこんな風にいう。「さすがは運慶だな。眼中に我々なしだ。天下の英雄はただ仁王と我とあるのみという態度だ。あっぱれだ。」「あの鑿と槌の使い方を見たまえ。大自在の妙境に達している」。

さしずめ、この「若い男」は批評家といった役どころである。そして結論は彫刻は作りあげるのではなく、木の中に埋まっているのを掘り出すまでのことだということになる。「自分はこの時初めて彫刻とはそんなものかと思いだした。果たしてそうならだれにでもできることだ」（八八頁四行）と思って、家へ帰って、裏庭に積んである薪を片っ端から彫ってみるが、「明治の木にはとうてい仁王は埋まっていないものだ」（八八頁一三行）と悟り、運慶が今日まで生きている理由がわかったような気がするわけである。

ここに描かれている運慶の姿は、漱石の理想とする芸術家像に近い。「若い男」の批評は漱石の芸術観の一端とも考えられる。が、家へ帰って仁王を掘り出そうとして、「ついに明治の木にはとうてい仁王は埋まっていないものだと悟った」ところの「自分」の意識は、より深く漱石の創作実感の苦渋に根ざした文明批評のように思われる。

漱石の芸術観と文明批評　第六夜に描かれた運慶の芸術家像を理解するうえで参考になるのは、『草枕』の観海寺の和尚をかりて、芸術家について述べた部分である。

「彼の心は底のない嚢の様に行き抜けである。何にも停滞して居らん。随処に動き去り、任意に作し去つて、些の塵滓の腹部に沈澱する景色がない。もし彼の脳裏に一点の趣味を貼し得たならば、彼は之く所に同化して、行屎走尿の際にも、完全たる芸術家として存在し得るだらう。」

また『夢十夜』以後に発表された「文展と芸術」(一九一二年一〇月)では、「芸術は自己の表現に始まつて、自己の表現に終るものである」という信条について、次のように説明を加えている。

「自分の冒頭に述べた信条を、外の言葉で云い易へると、芸術の最初最終の大目的は他人とは没交渉であるといふ意味である。親子兄弟は無論の事、広い社会や世間とも独立した、全く個人的のめい〳〵丈の作用と努力に外ならんと云ふのである。他人を目的にして書いたり塗つたりするのではなくつて、書いたり塗つたりしたいわが気分が、表現の行為で満足を得るのである。其所に芸術が存在してゐると主張するのである。」

つまり芸術が純粋な自己表現の行為であることを述べているわけだが、漱石ほど創作が孤独な営みであることを身に沁みて感じていた作家も少ないだろう。「大自在の妙境」に達することが理想であっても、その成就しがたい苦渋を知っていた人である。その苦渋には外発的で皮相な明治の文明開化への批判がいつも底流していた。真の芸術精神を培う条件の乏しい風土で悪戦苦闘を余儀なくされていただけに、「ついに明治の木にはとうてい仁王は埋まっていないものだ」と文明批評的な皮肉も書かずにいられないことになる。そして世間とは没交渉に自己の芸術にのみ生きることができた芸術家の一理想像として、運慶の姿が対照的に夢の中に生かされたのである。

◇主題と構成――第七夜

茫洋とした海をどこへ行くともわからず進んでいる船上での光景を叙し、「自分」が心細さとつまらなさのあまり、死のうと決心して海中へ飛び込んだが、足は容易に水に着かず、無限の後悔と恐怖とを抱いて落下していく気持を述べた話。構成は前半（初～九一頁七行）で、船旅の心細さや乗客の様子を描き、後半（同八行～終）で、死ぬことを決心して海へ飛び込んだあとの後悔と恐怖の気持を述べている。船旅の夢に託して作者の人生や人間存在にまつわる不安感や文明に対する懐疑的な批評精神を表現しているように思われる。

◇叙述の問題点

海と太陽と船客たち　第七夜の夢の素材は明治三三年秋、英国留学の途上のプロイセン号による航海の記憶と思われる。航海中の日記には「我々同行者ヲ除クノ外ハ皆異人バカリ」（明33・9・12）、「夢ニ入ル者ハ故郷ノ家醒ムレバ西洋人ヲ見蒼海ヲ見ル境遇夢ト調和セザルヿ多シ」（明33・9・13）などと書いている。また明治三三年一〇月の英文には、第七夜の情景とそっくりな次のような部分がある。

Indeed we are 5000 miles from home, still sailing toward the west as if intent to overtake the fast declining sun or avoid the hot pursuit of the dark night.

漱石は一カ月あまりの船旅中、肉体的には船酔いや下痢、気候の変化などに悩まされ、精神的には日本や家のことを思いつつ、これからの外国生活に対する不安を抱き、心細く落ちつかない不快な時が多かったようだ。

船に乗って毎日、どこを見ても空と海と水平線ばかりのような単調な生活を続けていると、変化は太陽が出て、沈んでいく時刻の推移である。それも毎日同じように繰り返されると、船旅をいっそう単調なものにする。第七夜では「焼火箸のような太陽」が出て、「焼火箸のようにじゅっといってまた波の底に沈んでゆく」ばかりである。第一夜では浪漫的な詩情にふさわしく「唐紅の天道」となっていたが、「焼火箸のような」の比喩は、船旅の不安・焦燥の心理状態にふさわしい。ただ両者ともに、時が過ぎゆくのを表わす方法として、上り、沈んでいく様子は共通している。航海中の日記には次のようなものもある。

「十月十日（水）昨夜 Babelmandeb 海峡ヲ過ギテ紅海ニ入ル始メテ熱ヲ感ズ此夜上等室ニテ ball ノ催アリ御苦労千万ノ事ナリ cabin ニ入リ寝ニ就ク熱名状スベカラズ

赤き日の海に落込む暑かな

海やけて日は紅に（以下なし）

日は落ちて海の底より暑かな」

紅海の暑さには相当まいっているようだが、太陽が「焼火箸のようにじゅっといって」沈んで、蒼い波を「蘇枋の色にわき返」らせるイメージは、紅海付近の感じであろうか。

「乗り合いはたくさんいた。たいていは異人のようであった。」（九〇頁一〇行）とあって、更紗の洋服を着て泣いていた女や、天文学と神のことについて話す宣教師らしい異人や、サローンの男女の姿などを写し出している。

泣いている女に対しては、「悲しいのは自分ばかりではないのだと気がついた。」（同一三行）と同情を寄せているが、宣教師らしい異人に対しては、反感を示している。天文学や信仰についての問いに対して、黙って答えない。「黙っていた」「自分は空を見て黙っていた」という叙述は、自信がないから答えないのではなく、黙殺であり、拒否である。「自分」にとって神は、死のうかという思いを引き止めるほど力を持ったものではありえなかったからだ。

漱石の乗ったプロイセン号には、清国の義和団事件で引きあげる宣教師がたくさん同船していた。明治三三年一〇月に書かれた英文に彼らのことが出てくる。その中で漱石は"One can possibly find fault with them being so zealous in their mission"と書き、彼らの矛盾をいろいろと述べ、キリスト教が唯一真実の宗教であると説く宣教師に対し、他宗教でも人々が"good faith"を持っていれば救い主をみつけることができるはずで、結局宗教は"argument"や"reason"ではなく"faith"の問題であるとしている。教義のいかんではなく、信仰の深さが問題だという考え方を示している。

明治三八、九年の漱石の断片には、「己を信ずるが故に神を信ぜず」「自をすてて神に走るものは神の奴隷なり。神の奴隷たるよりは死する事優れり。況んや他の碌々たる人間の奴隷をや」などということばも見える。また、『野分』の道也先生は心の中で「道を守るものは神よりも貴し」と繰り返し、「道を遮ぎるものは神と雖も許さず」と紙に向う。『それから』の代助は「頭脳の人として、神に信仰を置く事の出来ぬ性質」であった。漱石は安易に神の信仰によりかかることのできぬ近代知識人であり、他面自力で道を求めずにいられない人間でもあった。

漱石は、信仰を理屈や道理ではなく恋の思いと同じようなものだと考えていた。それだけに第七夜のサローンで歌っている男女の世界は暗示的である。世界は二人のためにあるかのように、「船に乗っていることをさえ忘れている」ような男女に比べて、船中を不安げにうろうろ歩きまわっている「自分」に絶望するのである。「自分はますますつまらなくなった。とうとう死ぬことに決心した。」（九一頁八行）と、不安の心理から死へと飛躍していく。

死の恐怖と後悔の心理

夢には飛翔型と墜落型の傾向があると言われているが、誰でも高い所から落ちて、いつまでたっても底に行き着かないという夢の経験は持っていよう。無限に落下していく恐怖感にうなされたことがあろう。第七夜は、死のうと決心した「自分」が船から海中へ飛び込んで、次第に水に近づくが、足は容易に水に着かず、「無限の後悔と恐怖」を抱いて黒い波のほうへ落ちていく話である。墜落型の典型的な夢である。「思い切って海の中へ飛び込んだ。ところが——自分の足が甲板を離れて、船と縁が切れたその刹那に、急に命が惜しくなった。心の底からよせばよかったと思った。」（同九行）

とある。この後悔は生への執着であるが、足が甲板を離れては万事休すである。「自分はどこへ行くんだかわからない船でも、やっぱり乗っているほうがよかったと初めて悟りながら、しかもその悟りを利用することができずに」（九二頁二行）落ちていくだけである。

第七夜では、特に「自分」の死を決意するまでの心理と、海へ飛び込んでからの心理の叙述に注意することがたいせつである。前半の部分では、「心細かった」→「つまらないから死のうとさえ」思ったと述べられ、サローンの男女の忘我の愛の世界への羨望と絶望の入りまじった気持から、「ますますつまらなくなった。とうとう死ぬことに決心した」と発展し、海へ飛び込んだ刹那に「急に命が惜しく」なるが、「無限の後悔と恐怖とを抱いて」落ちていくよりすべがない。

生より死を意識的に選んでも、人間の無意識の奥には生への執着が潜んでいる。しかしそれは、ついに飛び込んだ、という刹那にしか現われないのかもしれない。取り返しのつかない後悔、しかも夢であるせいか、実際に水に着かず、落下する恐怖だけがいつまでも残る。まさに悪夢である。第七夜の船は、現代の社会を象徴するものであり、かつまた人間の生きていく姿を暗示しているかのようだ。船自体に不安や嫌悪を感じたとしても、人間はそこでしか生きることができず、海へ身を投じることは、不安の解消どころか、逆に無限の後悔と恐怖を抱かせるものだとするなら、作者はこの夢物語で何を訴えたかったのだろうか。生の否定でも肯定でもなく、死の賛美でも恐怖でもなく、不条理な人間存在そのものの不安をぎりぎりのところまで追究し、同時に東洋と西洋の異質の文化の波間に孤立した知識人の苦悩を訴えているようである。

山月記

中島《なかじま》 敦《あつし》

隴西《ろうせい》の李徴《りちょう》は博学才穎《さいえい》、天宝の末年、若くして名を虎榜《こぼう》に連ね、ついで江南尉《い》に補せられたが、性狷介《けんかい》、みずから恃《たの》むところすこぶる厚く、賤吏《せんり》に甘んずるを潔しとしなかった。いくばくもなく官を退いたのちは、故山虢略《かくりゃく》に帰臥《きが》し、人と交わりを断って、ひたすら詩作にふけった。下吏となって長くひざを俗悪な大官の前に屈するよりは、詩家としての名を死後百年に遺《のこ》そうとしたのである。しかし、文名は容易に揚がらず、生活は日を逐《お》うて苦しくなる。李徴はようやく焦躁《しょうそう》に駆られてきた。このころからその容《よう》貌《ぼう》も峭刻《しょうこく》となり、肉落ち骨秀《ひい》で、眼光のみいたずらに炯々《けいけい》として、かつて進士に登第したころの豊頬《ほうきょう》の美少年のおもかげは、どこに求めようもない。数年ののち、貧窮に堪えず、妻子の衣食のためについに節を屈して、ふたたび東へ赴き、一地方官吏の職を奉ず

隴西 中国の地名。今の甘粛省の東南部。
才穎 才知がすぐれて抜きんでていること。
天宝 唐代の年号。七四二—七五六年。
虎榜 進士（官吏登用資格試験）の及第者の姓名を掲示する木札。俊才を「虎」にたとえた。
江南尉 江南（長江以南の地）の警察などをつかさどる官。
狷介 片意地でひとと相いれないこと。
虢略 中国の地名。今の河南省にある。
峭刻 残忍で険しいこと。

ることになった。一方、これは、おのれの詩業に半ば絶望したためでもある。かつての同輩はすでにはるか高位に進み、かれが昔、鈍物として歯牙《しが》にもかけなかったその連中の下命を拝さねばならぬことが、往年の儁才《しゅんさい》李徴の自尊心をいかに傷つけたかは、想像に難くない。かれは怏々《おうおう》として楽しまず、狂悖《きょうはい》の性はいよいよ抑えがたくなった。一年ののち、公用で旅に出、汝水《じょすい》のほとりに宿った時、ついに発狂した。ある夜半、急に顔色を変えて寝床から起き上がると、何かわけのわからぬことを叫びつつそのまま下に飛び降りて、やみの中へ駆け出した。かれは二度ともどって来なかった。付近の山野を捜索しても、なんの手がかりもない。そののち李徴がどうなったかを知る者は、だれもなかった。

　翌年、監察御史《ぎょし》、陳郡の袁傪《えんさん》という者、勅命を奉じて嶺南《れいなん》に使し、道に商於《しょうお》の地に宿った。次の朝、いまだ暗いうちに出発しようとしたところ、駅吏が言うことに、これから先の道に人食い虎《とら》が出るゆえ、旅人は白昼でなければ通れない。今はまだ朝が早いから、いま少し待たれたがよろしいでしょうと。袁傪は、しかし、

登第　試験に合格すること。

儁才　俊才に同じ。

怏々　不平があり心が満ち足りないさま。

狂悖　常軌を逸していること。

汝水　河南省崇県の老君山から発して淮《わい》河《が》に注ぐ川。

監察御史　百官の善悪を考え、また、郡県を巡視して、賦役・刑獄などのことを監督する官職。

陳郡　河南省の地名。

嶺南　現在の広東省、広西壮族自治区およびベトナムの一部を含む地域。

商於　河南省の地名。

供まわりの多勢なのをたのみ、駅吏のことばをしりぞけて、出発した。残月の光をたよりに林中の草地を通って行った時、はたして一匹の猛虎《もうこ》が草むらの中から躍り出た。虎は、あわや袁傪に躍りかかると見えたが、たちまち身を翻して、もとの草むらに隠れた。草むらの中から人間の声で、「あぶないところだった。」と、くりかえしつぶやくのが聞こえた。その声に袁傪は聞き覚えがあった。驚懼《きょうく》のうちにも、かれはとっさに思いあたって、叫んだ。「その声は、わが友、李徴子ではないか?」袁傪は李徴と同年に進士の第に登り、友人の少なかった李徴にとっては、最も親しい友であった。温和な袁傪の性格が、峻峭《しゅんしょう》な李徴の性情と衝突しなかったためであろう。

草むらの中からは、しばらく返事がなかった。忍び泣きかと思われるかすかな声が時々漏れるばかりである。ややあって、低い声が答えた。「いかにも自分は隴西の李徴である。」と。

袁傪は恐怖を忘れ、馬から降りて草むらに近づき、懐かしげに久闊《きゅうかつ》を叙した。そして、なぜ草むらから出て来ないのかと問うた。

駅吏 宿駅の役人。

驚懼 驚きと恐れ。

峻峭 きびしく、きついこと。

久闊 長く会っていないこと。「久闊を叙す」は、久しぶりに友情を温めることをいう。

李徴の声が答えて言う。自分はいまや異類の身となっている。どうして、おめおめと故人《とも》の前にあさましい姿をさらせようか。かつまた、自分が姿を現せば、必ずきみに畏怖嫌厭《いふけんえん》の情を起こさせるに決まっているからだ。しかし、今、図らずも故人に会うことをえて、愧赧《きたん》の念をも忘れるほどに懐かしい。どうか、ほんのしばらくでいいから、わが醜悪な今の外形をいとわず、かつてきみの友李徴であったこの自分と話を交わしてくれないだろうか。

あとで考えれば不思議だったが、その時、袁傪は、この超自然の怪異を、実にすなおに受け入れて、少しも怪しもうとしなかった。かれは部下に命じて行列の進行をとどめ、自分は草むらのかたわらに立って、見えざる声と対談した。都のうわさ、旧友の消息、袁傪が現在の地位、それに対する李徴の祝辞。青年時代に親しかった者どうしの、あの隔てのない語調で、それらが語られたのち、袁傪は、李徴がどうして今の身となるに至ったかを尋ねた。

草中の声は次のように語った。

今から一年ほど前、自分が旅に出て汝水のほとりに泊まった夜

畏怖嫌厭　恐れ、いとうこと。

愧赧　恥じて赤面すること。

のこと、一睡してから、ふと目を覚ますと、戸外でだれかがわが名を呼んでいる。声に応じて外へ出て見ると、声はやみの中からしきりに自分を招く。覚えず、自分は声を追うて走り出した。無我夢中で駆けて行くうちに、いつしか道は山林に入り、しかも、知らぬ間に自分は左右の手で地をつかんで走っていた。なにか、からだじゅうに力が満ち満ちたような感じで、軽々と岩石を跳び越えて行った。気がつくと、手先やひじのあたりに毛を生じているらしい。少し明るくなってから、谷川に臨んで姿を映して見ると、すでに虎となっていた。自分は初め目を信じなかった。次に、これは夢にちがいないと考えた。夢の中で、これは夢だぞと知っているような夢を、自分はそれまでに見たことがあったから。どうしても夢でないと悟らねばならなかった時、自分はぼうぜんとした。そうして懼《おそ》れた。まったく、どんなことでも起こりうるのだと思うて、深く懼れた。しかし、なぜこんなことになったのだろう。わからぬ。まったく何事もわれわれにはわからぬ。理由もわからずに押しつけられたものをおとなしく受け取って、理由もわからずに生きてゆくのが、われわれ生き物のさだめだ。自分はすぐに死を思うた。しかし、その時、目の前を一匹のうさぎが駆け過ぎるのを見たとたんに、自分の中の人間はたちまち姿を消した。ふたたび自分の中の人間が目を覚ました時、自分の口はうさぎの血にまみれ、あたりにはうさぎの毛が散らばっていた。これが虎としての最初の経験であった。それ以来、今までにどんな所行をしつづけてきたか、それはとうてい語るに忍びない。ただ、一日のうちに必ず数時間は、人間の心が還《かえ》って来る。そういう時には、かつての日と同じく、人語も操れれば、複雑な思考にも堪えうるし、経書の章句をそらんずることもできる。その人間の心で、虎としてのおのれの残虐な行いの跡を見、おのれの運命をふりかえる時が、最も情けなく、恐ろしく、憤ろしい。しかし、その、人間に還る数時間も、日をふるにしたがってしだいに短くなってゆく。今までは、どうして虎などになったかと怪しんでいたのに、この間ひょいと気がついてみたら、おれはどうして以前、人間だったのかと考えていた。これは恐ろしいことだ。いま少し

経書 古代の聖人や賢人の教えを記した儒教の経典。四書・五経などを言う。

たてば、おれの中の人間の心は、獣としての習慣の中にすっかり埋もれて消えてしまうだろう。ちょうど、古い宮殿の礎がしだいに土砂に埋没するように。そうすれば、しまいにおれは自分の過去を忘れはて、一匹の虎として狂い回り、きょうのように道できみと出会っても、故人と認めることなく、きみを裂き喰《くろ》うてなんの悔いも感じないだろう。いったい、獣でも人間でも、もとは何かほかのものだったんだろう。初めはそれを覚えているが、しだいに忘れてしまい、初めから今の形のものだったと思い込んでいるのではないか。いや、そんなことはどうでもいい。おれの中の人間の心がすっかり消えてしまえば、おそらく、そのほうが、おれはしあわせになれるだろう。だのに、おれの中の人間は、そのことを、この上なく恐ろしく感じているのだ。ああ、まったく、どんなに、恐ろしく、悲しく、せつなく思っているだろう！　おれが人間だった記憶のなくなることを。この気持ちはだれにもわからない。だれにもわからない。おれと同じ身の上になった者でなければ。ところで、そうだ。おれがすっかり人間でなくなってしまう前に、一つ頼んでおきたいことがある。

袁傪はじめ一行は、息をのんで、叢中《そうちゅう》の声の語る不思議に聞き入っていた。声は続けて言う。

ほかでもない。自分は元来詩人として名を成すつもりでいた。しかも、業いまだ成らざるに、この運命に立ち至った。かつて作るところの詩数百編、もとより、まだ世に行われておらぬ。遺稿の所在ももはやわからなくなっていよう。ところで、そのうち、今もなお記誦《きしょう》せるものが数十ある。これをわがために伝録していただきたいのだ。なにも、これによって一人まえの詩人面《づら》をしたいのではない。作の巧拙は知らず、とにかく、産を破り心を狂わせてまで自分が生涯《しょうがい》それに執着したところのものを、一部なりとも後代に伝えないでは、死んでも死にきれないのだ。

袁傪は部下に命じ、筆を執って叢中の声に従って書き取らせた。李徴の声は草むらの中から朗々と響いた。長短およそ三十編、格調高雅、意趣卓逸、一読して作者の才の非凡を思わせるものばかりである。しかし、袁傪は感嘆しながらもばくぜんと次のように

記誦 暗記。そらんじること。

感じていた。なるほど、作者の素質が第一流に属するものであることは疑いない。しかし、このままでは、第一流の作品となるのには、どこか（非常に微妙な点において）欠けるところがあるのではないか、と。

旧詩を吐き終わった李徴の声は、突然調子を変え、みずからをあざけるがごとくに言った。

恥ずかしいことだが、今でも、こんなあさましい身となりはてた今でも、おれは、おれの詩集が長安風流人士の机の上に置かれているさまを、夢に見ることがあるのだ。岩窟《がんくつ》の中に横たわって見る夢にだよ。笑ってくれ。詩人になりそこなって虎になった哀れな男を。（袁傪は、昔の青年李徴の自嘲《じちょう》癖を思い出しながら、悲しく聞いていた。）そうだ。お笑いぐさついでに、今の懐《おも》いを即席の詩に述べてみようか。この虎の中に、まだ、かつての李徴が生きているしるしに。

袁傪はまた下吏に命じてこれを書き取らせた。その詩に言う。

長安　漢代から唐代にかけて栄えた唐の都。現在の陝西《せんせい》省西安市付近。

殊類　異類。人間でないもの。

偶《たまたま》因《よッテ》㆓狂疾《ニ》㆒成《ル》㆓殊類《ト》㆒　災患相《あひ》仍《よッテ》不《ず》㆑可《ベカラ》㆑逃《のがル》、
今日《ハ》爪《さう》牙《が》誰《たれカ》敢《あヘテ》敵《センヤ》　当時《ハ》声跡共《ニ》相高《カリキ》
我《ハ》為《なリテ》㆓異物《ト》㆒蓬《ほう》茅《ばうノ》下《もとニアレドモ》　君《ハ》已《すでニ》乗《リテ》㆑軺《えうニ》気勢豪《ナリ》
此《コノ》夕《ゆふべ》渓山対《シ》㆓明月《ニ》㆒　不《シテ》㆑成《サ》㆓長《ちやう》嘯《せうヲ》㆒但《ただ》成《スノミ》㆑嘷《かうヲ》

時に、残月、光ひややかに、白露《はくろ》は地にしげく、樹間を渡る冷風はすでに暁の近きを告げていた。人々はもはや、事の奇異を忘れ、粛然として、この詩人の薄幸を嘆じた。李徴の声はふたたび続ける。

なぜこんな運命になったかわからぬと先刻は言ったが、しかし、考えようによれば、思いあたることが全然ないでもない。人間であった時、おれは努めて人との交わりを避けた。人はおれを倨傲《きょごう》だ、尊大だと言った。実は、それがほとんど羞恥《しゅうち》心に近いものであることを人々は知らなかった。もちろん、かつての郷党の鬼才といわれた自分に、自尊心がなかったとは言わない。しかし、それはおくびょうな自尊心とでもいうべきものであった。おれは詩

蓬茅　よもぎと、ちがや。雑草の意。
軺　小さな軽い車。一、二頭の馬が引く。
嘷　短くほえること。叫ぶこと。
倨傲　おごりたかぶること。

によって名を成そうと思いながら、進んで師についたり、求めて詩友と交わって切磋《せっさ》琢磨《たくま》に努めたりすることをしなかった。かといってまた、おれは俗物の間に伍《ご》することも潔しとしなかった。ともに、わがおくびょうな自尊心と、尊大な羞恥心とのせいである。おのれの珠《たま》にあらざることを惧《おそ》れるがゆえに、あえて刻苦してみがこうともせず、また、おのれの珠なるべきを半ば信ずるがゆえに、碌々《ろくろく》として瓦《かわら》に伍することもできなかった。おれはしだいに世を離れ、人と遠ざかり、憤悶《ふんもん》と慙恚《ざんい》とによって、ますますおのれの内なるおくびょうな自尊心を飼いふとらせる結果になった。人間はだれでも猛獣使いであり、その猛獣にあたるのが、各人の性情だという。おれの場合、この尊大な羞恥心が猛獣だった。虎だったのだ。これがおれを損ない、妻子を苦しめ、友人を傷つけ、はては、おれの外形をかくのごとく内心にふさわしいものに変えてしまったのだ。いま思えば、まったくおれは、おれの持っていたわずかばかりの才能を空費してしまったわけだ。人生は何事をもなさぬにはあまりに長いが、何事かをなすにはあまりに短

切磋琢磨 獣骨や象牙を切りみがき、玉や石を打ちみがくように、知徳を練りみがくこと。

碌々 石がごろごろしているさま。平凡なさま。

憤悶 憤りもだえること。

慙恚 恥じ憤ること。

いなどと、口先ばかりの警句を弄《ろう》しながら、事実は、才能の不足を暴露するかもしれないとのひきょうな危惧《きぐ》と、刻苦をいとう怠惰とが、おれのすべてだったのだ。おれよりもはるかに乏しい才能でありながら、それを専一にみがいたがために、堂々たる詩家となった者がいくらでもいるのだ。虎となりはてた今、おれはようやくそれに気がついた。それを思うと、おれは今も胸を焼かれるような悔いを感じる。おれにはもはや人間としての生活はできない。たとえ今、おれが頭の中で、どんなすぐれた詩を作ったにしたところで、どういう手段で発表できよう。まして、おれの頭は日ごとに虎に近づいてゆく。どうすればいいのだ。おれの空費された過去は？　おれはたまらなくなる。そういう時、おれは、向こうの山の頂の巌《いわお》に登り、空谷に向かってほえる。この胸を焼く悲しみをだれかに訴えたいのだ。おれはゆうべも、あそこで月に向かってほえた。だれかにこの苦しみがわかってもらえないかと。しかし、獣どもはおれの声を聞いて、ただ、懼れ、ひれ伏すばかり。山も木も、月も露も、一匹の虎が怒り狂って、たけって

空谷　人けのない谷。

いるとしか考えない。天に躍り地に伏して嘆いても、だれ一人おれの気持ちをわかってくれる者はない。ちょうど、人間だったころ、おれの傷つきやすい内心をだれも理解してくれなかったように。おれの毛皮のぬれたのは、夜露のためばかりではない。

ようやくあたりの暗さが薄らいできた。木の間《こま》を伝って、いずこからか、暁角《ぎょうかく》が悲しげに響きはじめた。

もはや、別れを告げねばならぬ、酔わねばならぬ時が（虎に還らねばならぬ時が）近づいたから、と李徴の声が言った。だが、お別れする前にもう一つ頼みがある。それはわが妻子のことだ。かれらはいまだ虢略にいる。もとより、おれの運命については知るはずがない。きみが南から帰ったら、おれはすでに死んだと、かれらに告げてもらえないだろうか。けっして今日のことだけは明かさないでほしい。あつかましいお願いだが、かれらの孤弱をあわれんで、今後とも道塗に飢凍することのないように計らっていただけるならば、自分にとって、恩幸これに過ぎたるはない。

言い終わって、叢中から慟哭《どうこく》の声が聞こえた。袁もまた涙を浮

暁角 夜明けを知らせる角笛。

道塗 道途と同じ。道。

恩幸 恵み。恩恵。

かべ、欣《よろこ》んで李徴の意に添いたい旨を答えた。李徴の声は、しかし、たちまちまた先刻の自嘲的な調子にもどって、言った。

ほんとうは、まず、このことのほうを先にお願いすべきだったのだ、おれが人間だったなら。飢え凍えようとする妻子のことよりも、おのれの乏しい詩業のほうを気にかけているような男だから、こんな獣に身を堕《お》とすのだ。

そうして、つけ加えて言うことに、袁傪が嶺南からの帰途にはけっしてこの道を通らないでほしい、その時には自分が酔っていて、故人を認めずに襲いかかるかもしれないから。また、いま別れてから、前方百歩の所にあるあの丘に登ったら、こっちをふり返って見てもらいたい。自分は今の姿をもう一度お目にかけよう。勇に誇ろうとしてではない。わが醜悪な姿を示して、もって、ふたたびここを過ぎて自分に会おうとの気持ちをきみに起こさせないためであると。

袁傪は草むらに向かって、ねんごろに別れのことばを述べ、馬に上った。草むらの中からは、また、堪えざるがごとき悲泣の声が漏れた。袁傪もいくたびか草むらをふり返りながら、涙のうちに出発した。

一行が丘の上に着いた時、かれらは、言われたとおりにふり返って、先ほどの林間の草地をながめた。たちまち、一匹の虎が草の茂みから道の上に躍り出たのをかれらは見た。虎は、すでに白く光を失った月を仰いで、二声三声咆哮《ほうこう》したかと思うと、またもとの草むらに躍り入って、ふたたびその姿を見なかった。

中島　敦（一九〇九〜一九四二）　小説家。東京に生まれた。東京大学国文学科卒業。私立横浜高等女学校、続いてパラオ島の南洋庁に勤務したが、持病のぜんそくのため、短い一生を終えた。その作品は、大部分が死後に発表されたものであるが、作者の豊かな古典的教養と、すぐれた知性のひらめきを示し、また、格調の高い文体をもって、高く評価されている。『山月記』のほか、『光と風と夢』『李陵《りりょう》』『弟子』『名人伝』などがある。

『山月記』は、一九四二年、雑誌「文学界」二月号に『文字禍』と二編で『古譚《こたん》』として発表された。中国の『人虎《じんこ》伝』（唐の李景亮《りけいりょう》の選）によって書いたものであるが、作者の詩人的な自意識を燃焼させた独自の世界を形造っており、『李陵』と並んで、作者の代表作となっている。本文は、

『現代日本文学大系』第六三巻（筑摩書房）によった。

叙述と注解

分銅惇作

隴西　隴山の西の意で、中国の地名。今の甘粛省の東南部。渭水上流の地で西域に近い。

李徴　『人虎伝』では「李徴は皇族の子」とあるが、『山月記』では省略した。ちなみに唐王朝の高祖は李淵。

若くして名を虎榜に連ね　若くして進士に及第したこと。「虎榜」は、「龍虎榜」の略。一二七頁脚注参照。

江南尉　長江以南の地（浙江省のあたり）を治める地方官職。「尉」は賊を討ち、獄を断ずる官。

みずから恃むところすこぶる厚く　自負する心が非常に強く。

故山虢略に帰臥し　「虢略」は、河南省にある地名。「帰臥」は、官職を辞して故郷に帰り、静かに心身を養うこと。故郷である虢略に帰って、静かに暮らし、の意。

ひざを俗悪な大官の前に屈する　いやしく劣悪な高官の権力の前に屈服すること。

焦躁　心のあせり。

進士に登第　「進士」は、科挙の進士科（詩賦・論策）の受験資格の獲得者ならびに合格者の呼び名。「登第」は、試験に合格すること。

節を屈して　みさおをまげて屈服して。

歯牙にもかけなかった　問題にもしていなかった。取りあげていうにも値しないと思っていた。

下命を拝す　命令をつつしんで受けること。

道に商於の地に宿った　途中、商於（河南省の地名）という土地に宿った。

温和な袁傪の性格が　袁傪と李徴の関係は、『人虎伝』では「分極《きは》めて深し」とあるだけで、ふたりの性格のちがいについては説明されていないので、この箇所は作者の創作。

久闊を叙した　ひさしくたよりしなかったことをのべた。ひさしぶりにあいさつをのべた。

あとで考えれば不思議だったが　この一文は、『人虎伝』にない作者の創作。怪異譚に対する読者の抵抗感を取り除く配慮から、わざと書き加えたものと考えられる。

懼れた（李徴を襲ったわけのわからぬものに対して）ただただおそれ入る。一三七頁四行の「惧れる」とともに、「恐れる」との意味の違いに注意する。

理由もわからずに押しつけられたものを……われわれ生き物のさだめだ　作者の運命観、存在の不条理性についての思想のうかがわれることばである。

これが虎としての最初の経験であった　『人虎伝』では、虎としての最初の経験を「遂に山中の鹿豕《ろくし》獐兎を取りて食に充つ」とあるが、兎を取りあげて、食後の虎の状態として「自分の口はうさぎの血にまみれ、あたりにはうさぎの毛が散らばっていた。」と記して、事件の凄惨さをたくみに描出している。

今までにどんな所行をしつづけてきたか、それはとうてい語るに忍びない　『人虎伝』には、「一日《あるひ》婦人の山下より過ぐるあり。時正に餒《うゑ》迫る。徘徊すること数四、自ら禁ずること能はず。遂に取りて食らへり。殊に甘美なるを覚ゆ。今もその首《かうべ》の飾は猶巌石の下に在るなり。」とあって、虎が婦人を食う叙述があるが、作者は、「とうてい語るに忍びない」として、この凄惨な場面を省略している。「所行」は、しわざ。

今までは、どうして虎などになったかと怪しんでいたのに、……これは恐ろしいことだ　虎の中にあって次第に失われていく「人間の心」が叙述されているが、もはや虎から人間へ復帰することが絶対に許されないことを知った主人公の恐怖と悲しみが述べられている。この人間性喪失への絶望的な意識は、作者の創作である。

おれの中の人間の心がすっかり消えてしまえば、おそらく、そのほうが、おれはしあわせになれるだろう　虎になりきれば、もはやおのれの所業を恥じて苦しみ悩むこともなくなるから、人間性に伴う倫理的苦痛からは解放されるはずである。「だのに、おれの中の人間は、そのことを、この上なく恐ろしく感じているのだ。」と続いているが、人間性の喪失のほうが、はるかに大きな心理的苦痛であり、悲しく、せつなく、堪えがたいことだからである。

世に行われて　広く世に知られて。世の人に口ずさまれて。

伝録　伝え記録する。

産を破り心を狂わせて　財産を失い、発狂して。

格調高雅　文章の調子が高く、すぐれていること。

意趣卓逸　心ばせが抜きんでてすぐれていること。

第一流の作品となるのには、どこか（非常に微妙な点において）欠けるところがある　袁傪が作者の素質を第一流に属するものと感嘆しながら、第一流の作品としては、微妙な点において欠けると感じたものは、後の部分で、「飢え凍えようとする妻子のことよりも、おのれの乏しい詩業のほうを気にかけているような男だから、こんな獣に身を堕とすのだ。」（一四〇頁三行）と李徴が自嘲しているように、袁傪も彼の性情に、人間性、特に愛の欠如を問題にしたものと思われる。この部分は、原作にない作者の創作であって、作者の芸術観の一端がうかがわれる。

長安風流人士　「長安」は、脚注参照。長安の都に住む風流を解した人々。

自嘲癖　自分をあざわらうくせ。

偶因二狂疾一成二殊類一……　七言律詩。句末の「逃」「高」「豪」「嗥」が韻をふんでおり、「今日……」と「当時……」、「我……」と「君……」はそれぞれ対句になっている。この詩は『人虎伝』に収録されているものと完全に同じである。大意は、「たまたま精神病によって、人間でないけものの身になってしまった。わざわいが外からも内からも相より集まって、この不幸な運命から逃れることができない。虎の身となった今日では、自分のこの鋭い爪や牙にだれがあえて敵対することができようか、だれもできない。進士の第に登ったそのころは、秀才としてのほまれのあとが、ふたりともに高かった。ところが、今は自分は人間と異なるけものの身となって、よもぎやちがやなどの雑草のもとにいるけれども、君はすでに出世して小車に乗って意気すこぶるさかんである。この夕べ、谷川や山を照らす明月に向き合って、長くうそぶくことをせず、悲しみのあまりただ短くほえ叫ぶばかりだ。」の意。語注は脚注を参照。

時に、残月、光ひややかに、白露は地にしげく 夜があけても空に残っている月の光はひややかで、白露が大地にいっぱいにおりていて。『人虎伝』にない作者の創作による風景描写で、時間の経過を印象づける。

粛然 おごそかで、静かなさま。

尊大 たかぶること。

羞恥心 はじるこころ。

郷党の鬼才 「郷党」は郷里の仲間。「鬼才」は、世に珍しいすぐれた才能、またはその才能の持ち主。

俗物の間に伍する とるに足らない人間たちに仲間入りすること。

おくびょうな自尊心と、尊大な羞恥心 自尊心を傷つけられることを恐れるあまり、詩友と交わって切磋琢磨して、才能をみがくこともできず、また自分の才能を信ずるゆえに、俗物の間に並ぶこともできず、尊大に構えている生活態度。李徴は自分が虎の運命に陥った原因が、「おくびょうな自尊心と、尊大な羞恥心」のせいだと反省しているが、これは作者の創作である。『人虎伝』では「行《おこなひ》の神祇に負《そむ》ける」をもって原因とし、「南陽の郊外に於て、かつて一孀婦《さうふ》と私《みそかごと》す。その家ひそかにこれを知り、常に我を害さんとする心あり。孀婦はこれによりて再び会ふことを得ざりき。吾因りて風に乗じて火をはなち、一家の数人、ことごとくこれを焚殺して去れり。これを恨みとなすのみと。」と記されている。

おのれの珠にあらざることを惧れる　自分がもしや（真）珠のようにすぐれた素質を持ち合わせていないのではないかと、あやぶみおそれる。

瓦に伍する　つまらぬ人々とつき合う。

警句を弄しながら　気のきいたことばをもてあそびながら。

道塗に飢凍する　路傍に飢えこごえること。

恩幸これに過ぎたるはない　これ以上の恵みはない。「恩幸」は、恩恵。

ほんとうは、まず、このことのほうを先にお願いすべきだったのだ　「このこと」は、妻子のこと。これも作者の創作で、『人虎伝』では李徴は初めに妻子のことを頼んでおり、次いで自分の詩業の伝録を願っているが、作者はこの順序を逆にして、「詩人になりそこなって虎になった哀れな男」の心情と、自嘲癖を強調しようとしている。

勇に誇ろうとしてではない　自慢げに自分の姿を誇示しようとしてではない。「勇を誇ろう……」との違いに留意させたい。

分銅惇作

作品鑑賞

『山月記』は昭和一六年ころに執筆され、作者が南洋庁編集書記としてパラオ島に赴任していた留守中に、この作品を預っていた深田久弥の推挙によって、一七年二月号の「文学界」に『古譚』(この時発表されたのは『山月記』と『文字禍』の二編)として発表され、文壇の注目を集めた作品である。

この作品は、中国唐代の伝奇小説の一つである李景亮撰『人虎伝』によって書かれている。『人虎伝』が収録されている版本には、『唐人説薈』(清・高宗乾隆五七年〈一七九二〉刊)や『古今説海』(明・世宗嘉靖二三年〈一五四四〉刊)などがあるが、中島敦のよったのは『唐人説薈』本と考えられる。

変身譚と存在の不条理性　この小説は「詩人になりそこなって虎になった哀れな男」の物語である。人間が虎に化すという超自然の怪異な事件を取り扱っている。しかし、それは筋立てであって、主題ではない。では、作者中島敦は、この作品で、何を描こうとしたのだろうか。作者は『人虎伝』の荒唐無稽な筋立てを踏まえながら、主人公李徴を作者と切り離すことのできない、いわば血の通った人物として性格を設定し、心理を分析しているのである。「産を破り心を狂わせて」まで詩作にとりつかれた不幸な詩人の生き方は、作者によって新たに創造された人間像であって、『人虎伝』の原作者の与り知らない世界である。作者が、李徴に託して、自分の芸術家としての苦悩を描いていることは、いうまでもない。作者の問題は、また読者の問題でもあり、ひろくは現代人のさだめない生の問題でもある。殊にこの作品の書かれた昭和十年代の暗い時代的背景も深くかかわり合っているはずである。

変身譚は、虚構による作品構成の最たるものだが、たとえばドイツの作家カフカ（一八八三〜一九二四）が『変身』で、ある朝めざめたら主人公が巨大な毒虫に変わっていたという事件を設定しているが、現代小説にこういう手法がしばしば用いられるのは、もちろん興味本位の怪異な話を作りあげたいためではなく、人間存在をひとつの極限状態に追いあげて、そこから人間性の真実を究明するためである。人間が虎になったり、毒虫になったりするような事件が現実に起こり得るかどうかは問題ではなく、小説の虚構というのは、虚構の枠の中で、実際の現実以上により深い真実な現実感を効果的に描き出すための芸術手法である。

虎になった李徴は、「なぜこんなことになったのだろう。わからぬ。まったく何事もわれわれにはわからぬ。理由もわからずに押しつけられたものをおとなしく受け取って、理由もわからずに生きてゆくのが、われわれ生き物のさだめだ。」と語っているが、これは人間存在の不条理性を鋭く衝いたものである。人間が虎になるという怪異な事件は現実問題としては考えられない。しかし、個々の人間の知ることのできないようなある超越的な力によって、理由もわからずに押しつけられた運命を生きているのが人間である、という不安感、生の不条理な悲しさは否定しようがない。作者の訴えようとするこの作品の主題の一つは、この点であろう。眼前を駆け過ぎるうさぎを捕え食った自分に気がついて、初めて異類の身であることを愕然と悟った李徴も、やがて「どうして以前、人間だったのか」（一三二頁一五行）と反問するところまで追い詰められている。「人間の心」「人間だった記憶」の失せる時を恐れ、悲しむかれの心情は、この作品を読み進むにつれて読者の心を激しく揺さぶり、不安に陥れるだろう。しかし、それは自分もひょっとしたら虎になるかもしれないという不安感ではなくて、みずからが生きるこの世のさだめない生への不安感なのである。

『山月記』の李徴のこのような意識は、作者にとっては、すでにひさしいものである。『狼疾記』(昭一二)の主人公三造は、作者のより直接的な分身だが、南洋土人の生活の実写を見ながら、奇妙な不安に襲われる。それは自分も原始的な蛮人のひとりとして生まれてくることもできたのではないかという、運命の不確かさ、存在の不確かさについてである。「俺達は、俺達の意志でない或る何か訳の分らぬもののために生れて来る。俺達は其の同じ不可知なもののために死んで行く」と考えて、ニヒリズムにとらわれる。孟子のことばである「狼疾」とは、指一本惜しいばっかりに、肩や背まで失うのに気のつかない病人だが、三造の場合は、自我にのみこだわって、生活者として全存在の意義を見失ってゆく精神の痼疾である。『悟浄出世』(昭一七)の沙悟浄も、「意識の毒汁」に浸されて、常に自己に不安を感ずる懐疑家であるが、「事実、渠《かれ》は病気だった。何時の頃から、又、何が因でこんな病気になったか、悟浄はそのどちらをも知らぬ。ただ気が付いたら其の時はもう、此のような厭わしいものが、周囲に重々しく立罩《たちこ》めておった。渠は何をするのもいやに成り、見るもの聞くものが凡て渠の気を沈ませ、何事につけても自分が厭わしく、自分に信用がおけぬように成って了うた。」とある。

中島敦の作品の主人公の多くは、この種の狼疾人である。かれが宿命論的な強迫観念のとりことなった原因の一つとして、かれが生涯苦しめられた宿痾喘息の影響が指摘されているが、それを形而上学的意識として抜きがたいものにしたのは、パスカルの懐疑主義やカフカの不条理の哲学に共鳴せざるを得なかった昭和十年代のインテリゲンチャの不安感であろう。しかしかれは、それだけにニヒリズムからの救済を求め、宿命論からの脱出を願う念も強く、『悟浄歎異』(昭一四)や『光と風と夢』(昭一六〔発表は昭一七〕)などでは、懐疑することのない「健康な行為」への熱烈なあこがれをも述べている。

ところで、『山月記』の世界は、救済へのすべての可能性が絶たれた世界として設定されている。むき出された存在の不条理の輪のまん中で、ただ恐懼し、慟哭し、自嘲するよりほかに術のない人間悲劇が演じられるだけである。このような限界状況で、作者は人間性のどんな真実を描き出そうとしたのだろうか。

性格悲劇と詩と愛　『人虎伝』では、「行《おこなひ》の神祇に負《そむ》けるを以て、一旦化して異獣となったとあるが、『山月記』では、「おくびょうな自尊心と、尊大な羞恥心」(二三七頁三行)という猛獣を飼いふとらせた結果、外形を内心にふさわしいものに変えてしまったと、その原因を主人公の内的性格に求めている。李徴は「人間はだれでも猛獣使いであり、その猛獣にあたるのが、各人の性情だという。おれの場合、この尊大な羞恥心が猛獣だった。虎だったのだ。」(同九行)と言う。李徴の悲劇は性格の悲劇である。自尊心が強いだけに、かえって自尊心の傷つけられることをおそれるおくびょうな心理と、羞恥心を強く感じるだけに、かえって尊大に構えようとする心理とは、表裏の関係にある。「なぜこんな運命になったかわからぬ」と、初めは存在の不条理、運命の不可知を嘆いた李徴が、考えようによれば思い当たらぬわけでもないと、自分の性情を分析して、「尊大な羞恥心が猛獣だった」と理由をあげているわけだが、この「尊大な羞恥心」は、李徴だけの特殊なものではないはずだ。自意識の暗い袋小路に追いこまれた、近代人の抜きがたい性情であることを考えてみる必要があろう。いわば李徴の性格悲劇のなかに、作者は自分の、また近代人の性格悲劇を凝視し、分析しているのである。

この作品で、作者が最も力を注いでいるのは、李徴の性格設定である。狷介孤高の詩人を設定しているが、『人虎伝』では「善く文を属《しょく》す」とあるが、必ずしも詩人たることを意味しない。発狂も「疾」によるものであって、『山月記』の主人公とは性格的につながってはいない。俗悪な大官の前に膝を屈するを潔しとせず、詩家たらんとして官を退き、文名容易にあがらず、生活に窮して再び一地方官吏となって怏々として楽しまない李徴の姿は、作者の創作であり、作者自身の血につながることによって主体的な真実性を担っている。当時、女学校教師として、無名作家の不遇な地位にあって、おのれの才能を半ば自負し、半ば危惧しつつ、詩人や作家の運命を考えていた作者自身の姿が描かれていると考えてもよい。芸術にとりつかれたおのれの業苦というものを見据えずには、もはや一歩も身動きならないという時点から、この作品の着想が始められているのではないか。

ところで、李徴は最後に旧友に向かって、妻子のことを頼み、「ほんとうは、まず、このことのほうを先にお願いすべきだったのだ、おれが人間だったなら。飢え凍えようとする妻子のことよりも、おのれの乏しい詩業のほうを気にかけているような男だから、こんな獣に身を堕とすのだ。」（一四〇頁二行）と言う。これは詩のために妻子を捨てて顧みなかった李徴が、人間性の真実――愛にめざめた悲しい自嘲のことばである。袁傪が、李徴の詩才が第一流に属するものであることを理解しながら、第一流の作品となるのにはどこか欠けていると感じた微妙な点は、なんであったか。李徴の詩に欠けていたのは、人間性の真実、それを根絶しては、芸術そのものが枯渇せざるを得ない愛の深さではなかろうか。ところで、妻子への愛をさえ捨てるまでに執着しなかったら詩業を全うすることができず、また愛を欠いては詩のまことが得られないとしたら、詩人とはまさに悲劇的な存在以外のなにものでもない。こう考えると、作者中島敦がこの作品で見据えたものは、単に存在の不条理だけではない、詩人としてのおのれの存在に本質的に内在する悲劇性、芸術に生きることの苦悩そのものである。

作者研究

分銅惇作

中島敦は、明治四二（一九〇九）年五月五日、東京市四谷区簞笥町五九番地に、中学の漢文教師をしていた中島田人の長男として生まれた。中島家は代々埼玉県の久喜に住んだ儒者の家柄で、父方の祖父中島撫山も漢学者として知られ、父の兄弟にも二人の漢学者がいたことは、かれの小説『斗南先生』に述べられている。生母の千代子（岡崎氏）も小学校教師で、いわば教育者の一家であったが、満一歳のころ、生母に生別し、父の郷里である久喜の祖父母の許に引きとられて、幼年期を過ごした。大正四（一九一五）年小学校入学に際して、第二の妻を迎えて奈良県郡山にいた父の許に帰り、父の転任につれて、浜松、京城の各地を転々とした。大正一四年に第二の母に死別し、翌年第三の母を迎えたが、この年の春、京城中学四年修了と同時に、第一高等学校文科甲類に入学して、不愉快に感じていた家庭から離れた。この時代のことは、『プウルの傍で』という短編に描かれている。翌昭和二年春、肋膜炎にかかったため、一年間休学したが、伊豆下田での療養生活中の見聞に取材して、『下田の女』（昭二）『ある生活』『喧嘩』（昭三）などの小説を一高の「校友会雑誌」に発表している。このころから、宿痾となった喘息の発作が起こり、かれの精神に暗い影を投げかけるようになった。昭和四年には、一高の文芸部委員となり、『蕨・竹・老人』『巡査の居る風景』（昭四）『D市七月叙景(1)』（昭五）などを発表している。五年四月に東京大学文学部国文科に進学し、翌年橋本たかと結婚した。卒業論文は『耽美派の研究』で、荷風や潤一郎を論じている。このころ書かれた未定稿が『プウルの傍で』で、かれの作品の先駆的意義を有する作品である。

昭和八（一九三三）年春、東大を卒業して私立横浜高女に奉職したが、一六年まで同校の教壇に立った。かれの作品の多くはこの時代に書かれている。まず九年七月、中央公論の懸賞に応募して、『虎狩』が選外佳作となった。そのころ、カフカの英訳本やパスカルの『パンセ』などを読むかたわら、『左伝』『荘子』『列子』『韓非子』などを愛読し、詩人としては王維、高青邱らに傾倒していた。一一年に『北方行』を書き（昭八頃執筆等の説もある）、また教師生活に取材して『過去帳』（『かめれおん日記』『狼疾記』の二編）を書きあげている。翌一二年には中国旅行を試み、一三年には和歌五百首を詠み、一四年にはオルダス・ハックスレイの『パスカル』『スピノザの虫』などの翻訳を行なう一方、自己克服を目指して『悟浄歎異』を執筆している。一五年から一六年にかけて『光と風と夢』（原題『ツシタラの死』）を書き、続いて『古譚』と名づけられた作品群を書きあげた。同年六月、横浜高女を退職し、南洋庁文部省国語編集書記としてパラオ島に赴任した。同地で第二次大戦の勃発にあい、無理な生活から喘息の発作に苦しめられ、著しく健康を損じたようである。翌年三月、南洋より出張で帰京したが、東京の寒さのため肺炎を起こし、そのまま東京に止まり、八月に職を辞した。

かれは横浜高女教師時代に、鎌倉の深田久弥の許に出入りしていたが、その紹介で、昭和一七年二月号の「文学界」に『古譚』（『山月記』『文字禍』の二編）を発表し、河上徹太郎その他、作家や批評家から注目され、さらに同年五月号の「文学界」に『光と風と夢』が掲載されるに及んで、一躍作家的地位を確立した。『光と風と夢』は一七年の芥川賞候補作となり、同年七月に単行本『光と風と夢』（筑摩書房）、一一月に『南島譚』（今日の問題社）が刊行された。

南洋から帰京後、かれは病苦と闘いながらも創作に専念し、『名人伝』『弟子』『李陵』などの傑作を次々に書きあげたが、この激しい創作が命を縮めることになり、『古譚』を初めて世に問うてわずか一〇箇月後の、昭和一七年（一九四二）一二月四日に、宿痾喘息の悪化で三三歳七箇月の短い生涯を閉じた。歿後、一八年二月に『弟子』が「中央公論」に、七月に『李陵』が「文学界」に遺稿として発表された。戦後、二三年から二四年にかけてに「中島敦全集」（全三巻、筑摩書房）が刊行され、さらに三四年から三六年にかけて「新版中島敦全集」（全五巻、文治堂書店）が刊行されている。

作家としての特質　中島敦の作品は、ほぼ三つの系列に区分することができる。まず第一は、自己の身辺に取材した私小説風の作品群で、自ら『過去帳』と呼んだ初期の諸作、『斗南先生』『かめれおん日記』『狼疾記』などである。第二は、南海のサモア島で暮らすロバート・スティヴンスンの日々を描いた『光と風と夢』を初め、自身の南洋生活に材を求めた『環礁』などの南洋物。第三は、『山月記』などを含む『古譚』から、『名人伝』『弟子』『李陵』などの中国の古典に取材した作品群である。

生涯宿痾で悩まされたこの作家は、およそリアリズムなどとは縁のない世界で、それでいて不思議に人間、とりわけインテリゲンチャがぶつからねばならなかった宿命的な問題を、驚くべき深さでえぐり出してみせたが、その独創的な仕事の意義は、近代小説の内面的な構成をはじめて日本文学に移植したと言ってもよい点にあろう。つまり小説という虚構によらなければ表現できぬ自我を、その生活の不幸を代償にして現実に所有したということ、――自分自身をふくめて現世と現地の人間とに絶望した自我が、その抑圧された人間性のいっさいを、古伝説・歴史・伝記などの人物と事件との叙述の中に存分に展開し、一つの渾然たる美と秩序の世界を樹立し得たところに、かれの文学の独自な意味があった。

渡辺一夫が『古譚』について、「驚くほどしっかりした常識が螺鈿のように嵌めこまれて、美しく輝いていた。この螺鈿を乗せた台は、あの暗い時代にまれな強勁な精神と深い詩魂だった。……中島氏を読みつつ、ヴィリエ・ド・リラダンやギュスターヴ・フロオベルを連想しながら、僕は、新しい日本文学の一指標を感じたような気になっていた。しかし『新しい日本』とは、あの呪わしい時代の全面的否定、無視、破壊によらねば誕生せず、僕は中島氏の作品に、その跫音さえ聞いたと思った。」と評しているが、かれの短い作家生活が、あの第二次大戦下の混迷と頽廃とに直面していたことが、逆にその文学の芸術性と古典性に高い緊迫感を添え、異様な光輝を放たせたようである。戦時下日本文学の生命は、わずかにこの病弱早世の一作家の手によって、その純粋性を守り抜かれたと言っても過言ではない。

富岳百景

太宰《だざい》 治《おさむ》

昭和十三年の初秋、思いを新たにする覚悟で、わたしは、かばん一つさげて旅に出た。

甲州。ここの山々の特徴は、山々の起伏の線の、へんに虚《むな》しい、なだらかさにある。小島烏水《うすい》という人の『日本山水論』にも、「山の拗《す》ね者は、多くこの土に仙遊《せんゆう》するがごとし。」とあった。甲州の山々は、あるいは山のげてものなのかもしれない。わたしは、甲府市からバスに揺られて一時間、御坂《みさか》峠へたどり着く。

御坂峠、海抜一、三〇〇メートル。この峠の頂上に、天下茶屋という小さい茶店があって、井伏鱒二《いぶせますじ》氏が初夏のころから、ここの二階にこもって、仕事をしておら

5

甲州 山梨県。

小島烏水 一八七三〜一九四八。本名、久太。随筆家。『日本山水論』(一九〇五)その他の山岳随筆や紀行文をもって聞こえた。

御坂峠 山梨県の南東部を東西に走る御坂山脈中の八丁峠と御坂山との間にある新御坂峠。標高一、四三〇メートル。峠の茶屋は、頂上から約一三〇メートル下にある。

れる。わたしは、それを知ってここへ来た。井伏氏のお仕事のじゃまにならないようなら、隣室でも借りて、わたしも、しばらくそこで仙遊しようと思っていた。

井伏氏は、仕事をしておられた。わたしは、井伏氏の許しを得て、当分その茶屋に落ち着くことになって、それから毎日、いやでも富士と真正面から、向き合っていなければならなくなった。この峠は、甲府から東海道に出る鎌倉《かまくら》往還の衝に当たっていて、北面富士の代表観望台であると言われ、ここから見た富士は、昔から富士三景の一つに数えられているのだそうであるが、わたしは、あまり好かなかった。好かないばかりか、けいべつさえした。あまりに、おあつらえむきの富士である。まん中に富士があって、その下に河口《かわぐち》湖が白く寒々と広がり、近景の山々がその両そでにひっそりうずくまって湖を抱きかかえるようにしている。わたしは、一目見て、狼狽《ろうばい》し、顔を赤らめた。これは、まるで、ふろ屋のペンキ絵だ。芝居の書割《かきわり》だ。どうにも注文どおりのけしきで、わたしは、恥ずかしくてならなかった。

わたしが、その峠の茶屋へ来て二、三日たって、井伏氏の仕事も一段落ついて、ある晴れた午後、わたしたちは三《み》ツ峠へ登った。三ツ峠、海抜一、七〇〇メートル。御坂峠より、少し高い。急坂をはうようにしてよじ登り、一時間ほどにして三ツ峠頂上に達する。つたかずらかき分けて、細い山路、はうようにしてよじ登るわたしの姿は、けっして見よいものではなかった。井伏氏は、ちゃんと登山服着ておられて、軽快の姿であったが、わたしには登山服の持ち合わせがなく、どてら姿であった。茶屋のどてらは短く、わたしの毛ずねは、一尺以上も露出して、しかもそれに茶屋の老爺《ろうや》から借りたゴム底の地下たびをはいたので、われながらむさくるしく、少しくふうして、角帯《かくおび》をしめ、茶店の壁にかかっていた古い麦わら帽をかぶってみたのであるが、いよいよ変で、井伏氏は、ひとのなりふりをけっしてけいべつしない人であるが、この時だけはさすがに少しきのどくそうな顔をして、男は、しかし、身なりなんか気にしないほうがいい、と小声でつぶやいて、わたしをいたわってくれたのを、わたしは忘れない。とかくして頂上に着いたのであるが、急に濃い霧が吹き流れて来て、頂上のパノラマ台という断崖《だんがい》のへりに立ってみても、いっこうに眺望《ちょうぼう》がきかない。何も見えない。井伏氏は、濃い霧の底、岩に腰をおろし、ゆっく

井伏鱒二　一八九八〜一九九三。本名、満寿二《ますじ》。作家。『多《た》甚古《じんこ》村』『本日休診』などの作品がある。

河口湖　山梨県南東部にあり、富士五湖の一つ。面積約六平方キロメートル。湖面の高さ八三〇メートル。

三ツ峠　三ツ峠山。御坂山脈に属し、河口湖の北東約四キロにある。標高一、七八六メートル。

一尺　約三〇センチ。

パノラマ　panorama〔英〕

りたばこを吸いながら、放屁《ほうひ》なされた。いかにも、つまらなそうであった。パノラマ台には、茶店が三軒並んで立っている。そのうちの一軒、老爺と老婆とふたりきりで経営しているじみな一軒を選んで、そこで熱い茶を飲んだ。茶店の老婆はきのどくがり、ほんとうにあいにくの霧で、もう少したったら霧もはれると思いますが、富士は、ほんのすぐそこに、くっきり見えます、と言い、茶店の奥から富士の大きい写真を持ち出し、崖《がけ》の端に立ってその写真を両手で高く掲示して、ちょうどこの辺に、このとおりに、こんなに大きく、こんなにはっきり、このとおりに見えます、と懸命に注釈するのである。わたしたちは、番茶をすすりながら、その富士をながめて、笑った。いい富士を見た。霧の深いのを、残念にも思わなかった。

その翌々日であったろうか、井伏氏は、御坂峠を引き揚げることになって、わたしも甲府までお供した。甲府でわたしは、ある娘さんと見合いすることになっていた。井伏氏に連れられて甲府の町はずれの、その娘さんのおうちへお伺いした。井伏氏は、むぞうさな登山服姿である。わたしは、角帯に、夏羽織を着ていた。娘さんのうちのお庭には、ばらがたくさん植えられていた。母堂に迎えられて客間に通され、あいさつして、そのうちに娘さんも出て来て、わたしは、娘さんの顔を見なかった。井伏氏と母堂とは、おとなどうしの、よもやまの話をして、ふと、井伏氏

が、

「おや、富士。」とつぶやいて、わたしの背後の長押《なげし》を見上げた。わたしも、からだをねじ曲げて、うしろの長押を見上げた。富士山頂大噴火口の鳥瞰《ちょうかん》写真が、額縁に入れられて、掛けられていた。まっ白いすいれんの花に似ていた。わたしは、それを見届け、また、ゆっくりからだをねじもどす時、娘さんを、ちらと見た。決めた。多少の困難があっても、この人と結婚したいものだと思った。あの富士は、ありがたかった。

井伏氏は、その日に帰京なされ、わたしは、ふたたび御坂にひき返した。それから、九月、十月、十一月の十五日まで、御坂の茶屋の二階で、少しずつ、少しずつ、仕事を進め、あまり好かないこの「富士三景の一つ」と、へたばるほど対談した。一度、大笑いしたことがあった。大学の講師か何かやっている「浪曼派《ろうまんは》」の一友人が、ハイキングの途中、わたしの宿に立ち寄って、その時に、ふたり二階の廊下に出て、富士を見ながら、

「浪曼派」 同人雑誌「日本浪曼派」のこと。一九三五年三月創刊、一九三八年三月終刊。同人には太宰のほか、亀井《かめい》勝一郎・檀一雄《だんかずお》・北川冬彦《ふゆひこ》などがいた。

「どうも俗だねえ。お富士さん、という感じじゃないか。」

「見ているほうで、かえって、てれるね。」などと生意気なこと言って、たばこをふかし、そのうちに、友人は、ふと、

「おや、あの僧形《そうぎょう》のものは、なんだね?」と、あごでしゃくった。

墨染めの破れた衣を身にまとい、長いつえを引きずり、富士を振り仰ぎ振り仰ぎ、峠を登って来る五十歳くらいの小男がある。

「富士見西行、といったところだね。かたちが、できてる。」わたしは、その僧をなつかしく思った。「いずれ、名のある聖僧かもしれないね。」

「ばか言うなよ。こじきだよ。」友人は、冷淡だった。

「いや、いや。脱俗しているところがあるよ。歩き方なんか、なかなか、できてるじゃないか。昔、能因法師が、この峠で富士をほめた歌を作ったそうだが……。」

わたしが言っているうちに、友人は笑いだした。

「おい、見たまえ。できてないよ。」

能因法師は、茶店のハチという飼い犬にほえられて、周章狼狽であった。そのありさまは、いやになるほど、みっともなかった。

「だめだねえ、やっぱり。」わたしは、がっかりした。

こじきの狼狽は、むしろ、あさましいほどに右往左往、ついにはつえをかなぐり捨て、取り乱し、取り乱し、今はかなわずと退散した。実に、それは、できてなかった。富士も俗なら、法師も俗だ、ということになって、いま思い出しても、ばかばかしい。

「お客さん！ 起きてみよ！」かん高い声で、ある朝、茶店の外で娘さんが絶叫したので、わたしは、しぶしぶ起きて、廊下へ出てみた。

娘さんは、興奮してほおをまっかにしていた。黙って空を指さした。見ると、雪。はっと思った。富士に雪が降ったのだ。山頂が、まっ白に、光り輝いていた。御坂の富士も、ばかにできないぞ、と思った。

「いいね。」とほめてやると、娘さんは得意そうに、

富士見西行　後姿を見せた西行が、富士山をながめている絵のこと。西行（一一一八〜九〇）は平安末期の歌人。俗名、佐藤義清《さとうのりきよ》。はじめ北面の武士として鳥羽《とば》上皇に仕えたが、二三歳のとき出家し、一生を旅に過ごした。家集に『山家《さんか》集』がある。

能因法師　九八八〜？　平安中期の歌人。俗名、橘永愷《たちばなながやす》。中古三十六歌仙のひとりに数えられた。家集に『能因法師集』がある。

「すばらしいでしょう？」と、いいことば使って、「御坂の富士は、これでも、だめ？」と、しゃがんで言った。わたしが、かねがね、こんな富士は俗でだめだ、と教えていたので、娘さんは、内心しょげていたのかもしれない。

「やはり、富士は、雪が降らなければ、だめなものだ。」もっともらしい顔をして、わたしは、そう教え直した。

わたしは、どてら着て山を歩き回って、月見草の種を両の手のひらにいっぱい採って来て、それを茶店の背戸にまいてやって、

「いいかい、これはぼくの月見草だからね、来年また来て見るのだからね、ここへおせんたくの水なんか捨てちゃいけないよ。」娘さんは、うなずいた。

ことさらに月見草を選んだわけは、富士には月見草がよく似合うと、思い込んだ事情があったからである。御坂峠のその茶店は、いわば山中の一軒家であるから、郵便物は配達されない。峠の頂上から、バスで三十分ほど揺られて峠のふもと、河口湖畔の、河口村という文字どおりの寒村にたどり着くのであるが、その河口村の郵便局に、わたしあての郵便物が留め置かれて、わたしは三日に一度くらいのわりで、その郵便物を受け取りに出かけなければならない。天気のよい日を選んで行く。ここのバスの女車掌は、遊覧客のために、かくべつ風景の説明をしてくれない。そ

れでもときどき、思い出したように、はなはだ散文的な口調で、あれが三ツ峠、向こうが河口湖、わかさぎというさかながいます、など、ものうそうな、つぶやきに似た説明をして聞かせることもある。

河口局から郵便物を受け取り、またバスに揺られて峠の茶屋にひっ返す途中、わたしのすぐ隣に、濃い茶色の被布《ひふ》を着た青白い端正の顔の、六十歳くらい、わたしの母とよく似た老婆がしゃんとすわっていて、女車掌が、思い出したように、皆さん、きょうは富士がよく見えますねと、説明ともつかず、また自分ひとりの詠嘆ともつかぬことばを、突然言い出して、リュックサックしょった若いサラリーマンや、大きい日本髪ゆって、口もとをだいじにハンケチでおおい隠し、絹物まとった芸者ふうの女など、からだをねじ曲げ、いっせいに車窓から首を出して、いまさらのご

月見草　アカバナ科の二年生草本。高さ約六〇センチ。夏、大形四弁の白い花を開く。しばしば、まつよいぐさ、または、おおまつよいぐさの俗称としてこの名が用いられ、ここで作者が書いているのも、まつよいぐさのことのようである。まつよいぐさ・おおまつよいぐさ、ともにアカバナ科に属し、夏、大形四弁、黄色の花を開く。

河口村　現在、山梨県南都留《つる》郡河口湖町に含まれる。

被布　上着の上にはおる着物の一つ。羽織に似ているが、左右に合わせ、丸えり。

とく、その、へんてつもない三角の山をながめては、やあ、とか、まあ、とか、まぬけた嘆声を発して、車内はひとしきり、ざわめいた。けれども、わたしの隣のご隠居は、胸に深い憂悶《ゆうもん》でもあるのか、他の遊覧客と違って、富士には一瞥《いちべつ》も与えず、かえって富士と反対側の、山道に沿った断崖をじっと見つめて、わたしにはそのさまが、からだがしびれるほど快く感ぜられ、わたしもまた、富士なんか、あんな俗な山、見たくもないという、高尚《こうしょう》な虚無の心を、その老婆に見せてやりたく思って、あなたのお苦しみ、わびしさ、みなよくわかる、と頼まれもせぬのに、共鳴のそぶりを見せてあげたく、老婆に甘えかかるように、そっとすり寄って、老婆と同じ姿勢で、ぼんやり崖の方を、ながめてやった。

老婆もなにかしら、わたしに安心していたところがあったのだろう、ぼんやりひとこと、

「おや、月見草。」そう言って、細い指でもって、路傍の一箇所を指さした。さっと、バスは過ぎて行き、わたしの目には、今、ちらと一目見た黄金《こがね》色の月見草の花ひとつ、花弁もあざやかに消えず残った。

三、七七八メートルの富士の山とりっぱに相対峙《たいじ》し、みじんもゆるがず、なんというのか、金剛力草とでも言いたいくらい、けなげにすっくと立っていたあの月見

草は、よかった。富士には、月見草がよく似合う。

十月の半ば過ぎても、わたしの仕事は遅々として進まぬ。人が恋しい。夕焼け赤き雁《がん》の腹雲《はらぐも》。二階の廊下で、ひとりたばこを吸いながら、わざと富士には目もくれず、それこそ血のしたたるようなまっかな山のもみじを、凝視していた。茶店の前の落ち葉を掃き集めている茶店のおかみさんに、声をかけた。

「おばさん！　あしたは天気がいいね。」

自分でも、びっくりするほど、うわずって、歓声にも似た声であった。おばさんはほうきの手を休め、顔を上げて、不審げにまゆをひそめ、

「あした、何かおありなさるの？」

そう聞かれて、わたしは窮した。

「何もない。」

おかみさんは笑いだした。

「お寂しいのでしょう。山へでもお登りになったら？」

「山は、登っても、すぐまた降りなければいけないのだから、つまらない。どの山

三、七七八メートル　正確には、三、七七六メートル。

へ登っても、同じ富士山が見えるだけで、それを思うと、気が重くなります。」わたしのことばが変だったのだろう。おばさんはただあいまいにうなずいただけで、また枯れ葉を掃いた。

寝る前に、へやのカーテンをそっとあけて、ガラス窓越しに富士を見る。月のある夜は富士が青白く、水の精みたいな姿で立っている。わたしはため息をつく。ああ、富士が見える。星が大きい。あしたはお天気だな、とそれだけが、かすかに生きている喜びで、そうしてまた、そっとカーテンをしめて、そのまま寝るのであるが、あした天気だからとて、別段この身には、なんということもないのに、と思えば、おかしく、ひとりでふとんの中で苦笑するのだ。苦しいのである、仕事が。――純粋に運筆することの、その苦しさよりも、いや、運筆はかえってわたしの楽しみでさえあるのだが、そのことではなく、わたしの世界観、芸術というもの、あすの文学というもの、いわば、新しさというもの、わたしはそれらについて、まだぐずぐず、思い悩み、誇張ではなしに、身もだえしていた。

そぼくな、自然のもの、したがって、簡潔な鮮明なもの、そいつをさっと一挙動でつかまえて、そのままに紙に写し取ること、それよりほかにはないと思い、そう思う時には、眼前の富士の姿も、別な意味をもって目に映る。この姿は、この表現は、けっきょく、わたしの考えている「単一表現」の美しさなのかもしれない、と少し富士に妥協しかけて、けれどもやはり、どこかこの富士の、あまりにも棒状のそぼくには閉口しているところもあり、これがいいなら、ほていさまの置物だっていいはずだ、ほていさまの置物は、どうにもがまんできない、あんなもの、とても、いい表現とは思えない、この富士の姿も、やはりどこかまちがっている、これは違う、とふたたび思いまどうのである。

そのころ、わたしの結婚の話も、一頓挫《いちとんざ》の形であった。わたしのふるさとからは、全然、助力が来ないということが、はっきりわかってきたので、わたしは困ってしまった。せめて百円くらいは、助力してもらえるだろうと、虫のいい、ひとりぎめをして、それでもって、ささやかでも、厳粛な結婚式をあげ、あとの、所帯を持つにあたっての費用は、わたしの仕事でかせいで、しようと思っていた。けれども、二、三の手紙の往復により、うちから助力は、まったくないということが明らかになって、わたしは、途方にくれていたのである。このうえは、縁談断わられてもしかたがない、と覚悟を決め、とにかく先方へ、事の次第を洗いざらい言ってみよう、とわたしは単身、峠を下り、甲府の娘さんのおうちへお伺いした。幸い、娘さんも家にいた。わたしは客間に通され、娘さんと母堂とふたりを前にして、悉皆《しっかい》の事情を告白した。ときどき演説口調になって、閉口した。けれども、わりにすなおに語りつくしたように思われた。娘さんは、落ち着いて、

「それで、おうちでは、反対なのでございましょうか。」と、首をかしげてわたしに尋ねた。

「いいえ、反対というのではなく、」わたしは右の手のひらを、そっと卓の上に押し当て、「おまえひとりで、やれ、というぐあいらしく思われます。」

「けっこうでございます。」母堂は、品よく笑いながら、「わたしたちも、ごらんのとおりお金持ちではございませぬし、ことごとしい式などは、かえって当惑するようなもので、ただ、あなたおひとり、愛情と、職業に対する熱意さえ、お持ちならば、それでわたしたち、けっこうでございます。」

わたしは、おじぎするのも忘れて、しばらくぼうぜんと庭をながめていた。目の熱いのを意識した。この母に、孝行しようと思った。

帰りに、娘さんは、バスの発着所まで送って来てくれた。歩きながら、

「どうです、もう少し交際してみますか?」きざなことを言ったものである。

「いいえ。もう、たくさん。」娘さんは、笑っていた。

「何か、質問ありませんか？」いよいよ、ばかである。

「ございます。」

わたしは何を聞かれても、ありのまま答えようと思っていた。

「富士山には、もう雪が降ったでしょうか。」

わたしは、その質問に拍子抜けがした。

「降りました。頂のほうに、……」と言いかけて、ふと前方を見ると、富士が見える。変な気がした。

「なあんだ。甲府からでも、富士が見えるじゃないか。ばかにしていやがる。」やくざな口調になってしまって、「今のは愚問です。ばかにしていやがる。」

娘さんは、うつむいて、くすくす笑って、

「だって、御坂峠にいらっしゃるのですし、富士のことでもお聞きしなければ、悪いと思って。」

おかしな娘さんだと思った。

甲府から帰って来ると、やはり、呼吸《いき》ができないくらいにひどく肩が凝っているのを覚えた。

「いいねえ、おばさん。やっぱし御坂は、いいよ。自分のうちに帰って来たような気さえするのだ。」

夕食後、おかみさんと娘さんと、かわるがわる、わたしの肩をたたいてくれる。おかみさんのこぶしは堅く、鋭い。娘さんのこぶしは柔らかく、あまりききめがない。もっと強く、もっと強く、とわたしに言われて、娘さんはまきを持ち出し、それでもってわたしの肩をとんとんたたいた。それほどにしてもらわなければ、肩の凝りがとれないほど、わたしは甲府で緊張し、一心に努めたのである。

甲府へ行って来て、二、三日、さすがにわたしはぼんやりして、仕事する気も起こらず、机の前にすわって、とりとめのない落書きをしながら、バットを七箱も八箱も吸い、また寝ころんで、金剛石もみがかずば、という唱歌を、くりかえしくりかえし歌ってみたりしているばかりで、小説は、一枚も書き進めることができなかった。

「お客さん。甲府へ行ったら、悪くなったわね。」

朝、わたしが机にほおづえつき、目をつぶって、さまざまのことを考えていたら、わたしの背後で床の間ふきながら、十五の娘さんは、しんからいまいましそうに、多少とげとげしい口調で、そう言った。わたしは、ふり向きもせず、

「そうかね。悪くなったかね。」

娘さんは、ふきそうじの手を休めず、

「ああ、悪くなった。この二、三日、ちっとも勉強進まないじゃないの。あたしは毎朝、お客さんの書き散らした原稿用紙、番号順にそろえるのが、とっても楽しい。たくさんお書きになっていれば、うれしい。ゆうべもあたし、二階へそっと様子を見に来たの、知ってる？　お客さん、ふとん頭からかぶって、寝てたじゃないか。」

わたしは、ありがたいことだと思った。大げさな言い方をすれば、これは人間の生き抜く努力に対しての、純粋な声援である。なんの報酬も考えていない。わたしは、娘さんを、美しいと思った。

十月末になると、山のもみじも黒ずんで、きたなくなり、とたんに一夜あらしがあって、みるみる山は、まっ黒い冬木立ちに化してしまった。遊覧の客も、今はほとんど、数えるほどしかない。茶店もさびれて、ときたま、おかみさんが、六つになる男の子を連れて、峠のふもとの船津、吉田《よしだ》に買物をしに出かけて行って、あと

金剛石もみがかずば　昭憲皇太后の御歌に奥好義《よしいさ》（一八五七〜一九三三）が作曲した。

船津　現在、富士河口湖町に含まれる。河口湖の南東岸にあって、遊覧客のための宿屋・商店などが集まっている。

吉田　現在、富士吉田市。浅間《せんげん》神社の門前町であり、また、富士登山口の一つでもある。

には娘さんひとり、遊覧の客もなし、一日じゅうわたしと娘さんと、ふたりきり、峠の上で、ひっそり暮らすことがある。茶店にお客でも来た時には、わたしがその娘さんを守る意味もあり、のしのし二階から降りて行って、茶店の一隅《いちぐう》に腰をおろし、ゆっくりお茶を飲むのである。いつか花嫁姿のお客が、紋付きを着たじいさんふたりに付き添われて、自動車に乗ってやって来て、この峠の茶屋で一休みしたことがある。その時も、娘さんひとりしか茶店にいなかった。わたしは、やはり二階から降りて行って、すみのいすに腰をおろし、たばこをふかした。花嫁はすそ模様の長い着物を着て、金襴《きんらん》の帯を背負い、角隠しつけて、堂々正式の礼装であった。まったく異様のお客様だったので、娘さんもどうあしらいしていいのかわからず、花嫁さんとふたりの老人にお茶をついでやっただけで、わたしの背後にひっそり隠れるように立ったまま、黙って花嫁のさまを見ていた。一生に一度の晴れの日に、――峠の向こう側から、反対側の船津か吉田の町へ嫁入りするのであろうが、その途中、この峠の頂上で一休みして、富士をながめるということは、はたで見ていても、くすぐったいほどロマンチックで、そのうちに花嫁は、そっと茶店から出て、茶店の前の崖のふちに立ち、ゆっくり富士をながめた。足をＸ形に組んで立っていて、大胆なポーズであった。余裕のある人だな、となおも花嫁を、富士と花嫁を、わたしは観賞していたのであるが、まもなく花嫁は、富士に向かって、大きなあくびをした。

「あら!」と背後で、小さい叫びをあげた。娘さんも、すばやくそのあくびを見つけたらしいのである。やがて花嫁の一行は、待たせておいた自動車に乗り、峠を降りて行ったが、あとで花嫁さんは、さんざんだった。

「慣れていやがる。あいつは、きっと二度目、いや、三度目くらいだよ。おむこさんが峠の下で待っているだろうに、自動車から降りて、富士をながめるなんて、はじめてのお嫁だったら、そんな太いこと、できるわけがない。」

「あくびしたのよ。」娘さんも、力こめて賛意を表した。「あんな大きい口あけてあくびして、ずうずうしいのね。お客さん、あんなお嫁さんもらっちゃ、いけない。」

わたしは年がいもなく、顔を赤くした。わたしの結婚の話も、だんだん好転していって、ある先輩に、すべてお世話になってしまった。結婚式も、ほんの身内の二、三の人にだけ立ち会ってもらって、貧しくとも厳粛に、その先輩の宅で、していただけるようになって、わたしは人の情けに、少年のごとく感奮していた。

ポーズ pose〔英〕姿態。

十一月にはいると、もはや御坂の寒気、堪えがたくなった。茶店では、ストーブを備えた。

「お客さん、二階はお寒いでしょう。お仕事の時は、ストーブのそばでなさったら。」と、おかみさんは言うのであるが、わたしは、ひとの見ている前では仕事のできないたちなので、それは断わった。おかみさんは心配して、峠のふもとの吉田へ行き、こたつを一つ買って来た。わたしは二階のへやでそれにもぐって、この茶店の人たちの親切には、しんからお礼を言いたく思って、けれども、もはやその全容の三分の二ほど雪をかぶった富士の姿をながめ、また近くの山々の、蕭条《しょうじょう》たる冬木立ちに接しては、これ以上、この峠で、皮膚を刺す寒気にしんぼうしていることも無意味に思われ、山を下ることに決意した。山を下るその前日、わたしは、どてらを二枚重ねて着て、茶店のいすに腰かけて、熱い番茶をすすっていたら、冬の外《がい》套《とう》着た、タイピストでもあろうか、若い知的の娘さんがふたり、トンネルの方から、何かきゃっきゃっ笑いながら歩いて来て、ふと眼前にまっ白い富士を見つけ、打たれたように立ち止まり、それから、ひそひそ相談の様子で、そのうちのひとり、めがねかけた色の白い子が、にこにこ笑いながら、わたしの方へやって来た。

「あいすみません。シャッター切ってくださいな。」

わたしは、へどもどした。わたしは、機械のことにはあまり明るくないのだし、写真の趣味は皆無であり、しかも、どてらを二枚も重ねて着ていて、茶店の人たちさえ、山賊みたいだ、といって笑っているような、そんなむさくるしい姿でもあり、たぶんは東京の、そんなはなやかな娘さんから、ハイカラの用事を頼まれて、内心ひどく狼狽したのである。けれども、また思い直し、こんな姿はしていても、やはり、見る人が見れば、どこかしら、きゃしゃなおもかげもあり、写真のシャッターくらい器用に手さばきできるほどの男に見えるのかもしれない、などと少し浮き浮きした気持も手伝い、わたしは平静を装い、娘さんの差し出すカメラを受け取り、なにげなさそうな口調で、シャッターの切り方をちょっと尋ねてみてから、わななきわななき、レンズをのぞいた。まん中に大きい富士、その下に小さいけしの花ふたつ。ふたりそろいの赤い外套を着ているのである。ふたりは、ひしと抱き合うように寄り添い、きっとまじめな顔になった。わたしは、おかしくてならない。カメラ持つ手が震えて、どうにもならぬ。笑いをこらえて、レンズをのぞけば、けしの

ハイカラ high collar〔英〕もともとは、たけの高いえりの意。転じて、西洋ふうを気取ったり、新しがったりすること。

花、いよいよ澄まして、堅くなっている。どうにもねらいがつけにくく、わたしは、ふたりの姿をレンズから追放して、ただ富士山だけを、レンズいっぱいにキャッチして、富士山、さようなら、お世話になりました。パチリ。

「はい、写りました。」

「ありがとう。」

ふたり声をそろえてお礼を言う。うちへ帰って現像してみた時には驚くだろう。富士山だけが大きく大きく写っていて、ふたりの姿はどこにも見えない。

そのあくる日に、山を降りた。まず、甲府の安宿に一泊して、そのあくる朝、安宿の廊下のきたない欄干によりかかり、富士を見ると、甲府の富士は、山々のうしろから、三分の一ほど顔を出している。ほおずきに似ていた。

太宰　治（一九〇九～一九四八）小説家。本名、津島修治。青森県に生まれた。東京大学仏文学科中退。一九三五年発表の『道化《どうけ》の華《はな》』『ダス・ゲマイネ』などによって注目され、続いて『富岳百景』『走れメロス』『右大臣実朝《さねとも》』『新釈諸国噺《ばなし》』などを書き、中堅作家としての地位を固めた。文体は独自な説話体が多く、一見ユーモアや道化と見えるその裏に、当時の青年知識人のもだえが託され、俗物的なものに対する反抗

とけいべつが叫びつづけられている。さらに戦後になって、『ヴィヨンの妻』『斜陽』『人間失格』などのすぐれた作品を書き、その、真実を求める苦しみをそのままさらけ出した作風は、多くの人々の共感を得た。

『富岳百景』は、一九三九年、雑誌「文体」二、三月号に発表された。その前年の御坂峠滞在に取材した自伝的なもので、そのころから戦争の期間を通じて、作者の生活の比較的安定した中期の代表作の一つである。本文は、『太宰治全集』第二巻(筑摩書房)によった。

叙述と注解

分銅惇作

小島烏水　明治八(一八七五)年一二月二九日に高松市に生まれた。本名、久太。横浜商業学校卒業後、正金銀行に勤務し、大正四年渡米して、ロサンゼルス、サンフランシスコ支店長を歴任し、昭和二年帰朝、退職した。若くして「文庫」に関係し、紀行文や山岳随筆で注目された。その文章は山水の風景・歴史を巧みに描写して、一種の散文詩風の趣きをみせ、紀行文学に新生命をひらき、田部重治、槙有恒らの山岳随筆のもとになっている。かれはとくに日本アルプスを愛し、その紀行文は多くの山岳ファンを作り出した。『扇頭小景』(明三二)、『不二山』(明三八)、『日本山水論』(明三八)、『雲表』(明四〇)、『日本アルプス』四巻(明四一―大四)などがある。アメリカ滞在中も登山をつづけたが、『氷河と万年雪の山』(大七)は科学的業績と評価された。また浮世絵の研究にもすぐれ、『浮世絵と風景画』(大三)の著がある。

昭和二三（一九四八）年一二月一三日に没した。

山の拗ね者…… 以下の文は、『日本山水論』の「第四章 日本山景概論」中「付：甲斐山岳論」から引用されている。烏水は、その文章で「拗ね者」を、世をすねた人、つむじまがり、山を愛するつむじまがりの人の意に用いている。

仙遊 世俗をはなれて遊楽すること。

山のげてもの 「げてもの」は、並の品、高価な精巧な品に対して大衆的な質朴な品。山のうちでも安っぽいが一風変わったところのあるものの意。

井伏鱒二 明治三一（一八九八）年二月一五日に広島県深安郡加茂村に生まれた。本名、満寿二。福山市の誠之館中学卒業後上京し、早稲田大学仏文科に進み、かたわら日本美術学校に通った。早大在学中から同人雑誌「世紀」に作品を発表していたが、昭和三年水上滝太郎に認められ「三田文学」に『鯉』（昭三）を発表し、文壇に登場した。『屋根の上のサワン』（昭四）、『夜ふけと梅の花』『なつかしき現実』（昭五）などを相次いで書き、地味なきめの細かい作風に独得の飄逸味をたたえて、新興芸術派の有力な一員として頭角を現わした。続いて『集金旅行』（昭一二）、『ジョン万次郎漂流記』『さざなみ軍記』（昭一三）、『多甚古村』（昭一四）などで円熟した筆力を示し、『ジョン万次郎漂流記』では直木賞を受けた。戦後にも旺盛な活動を見せ、『二つの話』『佗助』『白毛』『遥拝隊長』『本日休診』『黒い雨』などの一連の作品を発表し、庶民生活をペーソスとユーモアでとらえた独自の境地を開き、庶民文学に近代性を結実させた功績が高く認められている。昭和四一（一九六六）年、文化勲章受章。

往還の衢 ゆききの道の要所。

好かないばかりか、けいべつさえした 好き嫌いは、見る人の趣味性により勝手だということになるが、「けいべつさえした」ということばは、単に趣味性の問題ではなく、作者の思想性、物の見方や考え方に根ざしている。「注文どおりのけしき」の美しさを、「ふろ屋のペンキ絵」「芝居の書割」のようだときめつけているが、要するに通俗性がたまらないのである。作者の反俗的な姿勢がうかがわれる。

書割　芝居の舞台の背景の画布、または大道具。

パノラマ台　四方の景色を遠くまで望み見ることのできる高い場所。

放屁なされた　「放屁」は、へをひること。「なされた」と敬語を使っているのが、軽妙である。

いい富士を見た。霧の深いのを、残念にも思わなかった　せっかく三ツ峠に登ったのに、霧にかくれて富士が見えない。それを気の毒がって写真を持ち出した老婆の質朴で善良な人がらがうれしいのである。美しい人間性にふれ得たよろこびを、「いい富士を見た。」と写真の富士に託して述べている。

甲府でわたしは、ある娘さんと見合いすることになっていた　作者は井伏鱒二の世話で、昭和一四年に甲府の石原美知子と結婚したが、そのおりの見合いである。

母堂　他人の母親の尊称。

よもやまの話　世間のいろいろの話。雑談。

長押　柱と柱の間の壁にとりつけた横木。

鳥瞰写真　「鳥瞰」は、高いところから見おろすこと。空中から撮影した写真。

多少の困難があっても、この人と結婚したいものだと思った。あの富士は、ありがたかった　「あの富士」は、額縁にはいった富士山頂の鳥瞰写真である。見合いの席で、どうしても相手の娘の顔を見ることのできなかった照れ性の作者が、彼女をちらりと見て、結婚を決意することができたのは、そのきっかけを与えてくれた富士の写真のおかげである。「まっ白いすいれんの花に似ていた。」は、富士の写真の印象だが、それは視線を移してちらりと見た娘の顔の印象にも重なり合っている。いわば富士の取り持つ縁と言ってもよいが、「ありがたかった。」

には、結婚を決意した作者の感動がすなおに深くこめられている。

周章狼狽　うろたえ、あわてること。

背戸　うらぐち。

へんてつもない　取り立てていうべきこともない。

憂悶　うれえ、もだえていること。心配事。

一瞥も与えず　ちらりと見ることもしないで。

みじんもゆるがず　全くゆれ動かず。

金剛力草　月見草がみじんもゆるがず富士山と相対しているところから、金剛力を持った草だとしゃれて名づけたもの。

けなげにすっくと立っていたあの月見草は、よかった。富士には、月見草がよく似合う　作者は路傍につつましく精一杯に咲いている一本の草花に、生命感の充溢した力強い不動の姿を発見した。それは富士に相対峙して、みじんもゆるがないと言ってもよいけなげな見事な姿である。俗物としての富士山に相対して、月見草はそれに挑んで誠実に精一杯に生きることを願う作者の心の象徴とも見られよう。富士に拮抗することのできるもの、それはつつましく咲く月見草の、充溢し燃焼している生命の力だというのである。

夕焼け赤き雁の腹雲　夕焼けの空に浮かぶ雲を見てこう言ったのか？　詳しいことはわからない。『富岳百景』以前の作品では、次のような用例がある。

「まちを歩けば、あれ嘘つきが来た。夕焼あかき雁《がん》の腹雲、両手、着物のやつくちに不精者らしくつっこみ、おのおの固き乳房をそっとおさへて、土蔵の白壁によりかかって立ちならんで居る一群の、それも十四、五、六の娘たち、たがひに目まぜ、こつくり首肯き、くすぐったげに首筋ちぢめて、くつくつ笑ふ、その笑はれるほどの嘘つき、この世の正直者ときはまつた。」（『二十世紀旗手』）

まっかな山のもみじを、凝視していた　「凝視」は、じっと見つめること。まっかなもみじに相対して、深く物思う作者の燃焼した精神の姿勢が感じられる。

富士が青白く、水の精みたいな姿で立っている　月光に照らされた雪の富士が、まるで水の精かのようにあやしく浮き立っているようで、感覚的に鮮明な印象である。

一挙動　わずかの動作。

そう思う時には、眼前の富士の姿も、別な意味をもって目に映る　「そう思う」は前の部分を受けている。そぼくな自然なもの、簡潔な鮮明なものを、一挙動でつかまえて写し取ることが、自分が芸術に求めている「単一表現」の美だと思って見直す時には、ふだん通俗なものと思っている富士の姿も、それが自分の求めている「単一表現」の美の具現ではないかと目に映ってくるというのである。

ほていさま　七福神の一。布袋和尚を神格化したもの。

一頓挫　計画が途中で暗礁に乗り上げること。

悉皆の事情　全部の事情。事情の一部始終。

目の熱いのを意識した。この母に、孝行しようと思った　縁談を断わられてもしかたがないと覚悟して、事情を打ち明けた作者に対して、娘の母親のことばが、予期に反して深い理解と信頼にあふれていたので、感激のあまり目がしらが熱くなったのである。そして娘と結婚して、この母に孝行したいと、いっそう結婚の念を固めている。

やくざな口調　「やくざ」は、もと「三枚」というばくちで、「八《や》・九《く》・三《さ》」の目が出ると負けになったことから出たことばで、①役に立たぬこと、用をなさぬこと。②ばくちうち、やくざもの。ここでは、②の転用で、やくざもの風の乱暴な口のきき方。

呼吸ができないくらいにひどく肩が凝っているのを覚えた　作者がいかに覚悟を固め、異様に緊張した気持で、甲府の娘の家に乗りこみ、一心に努めたかが、わかる。

金剛石もみがかずば　金剛石は、宝石の一つ。ダイヤモンド。金剛石の歌は、昭憲皇太后の作で、明治二〇年、華族女学校に賜わったもの。「金剛石も磨かずば珠の光は添はざらん」の歌詞に、奥好義が作曲して、小学唱歌として、広く歌われた。

報酬　むくい。かえし。

わたしは、娘さんを、美しいと思った　「美しい」は、もちろん娘の容貌ではなく、その純粋な心根である。娘の「悪くなった。」という遠慮のない非難を、「人間の生き抜く努力に対しての、純粋な声援である。」と受け取って、感謝の気持から、その人柄を見直しているのである。

金襴　錦地に金糸で斜めに模様を織ったもの。

角隠し　もとは、寺参りの時婦人が用いた一種のかぶりもの。現在は婚礼の時に、花嫁が用いる。

蕭条たる　ものさびしい感じ。

けしの花　「けし」は、ケシ科の越年生草本。高さ約一メートルぐらいで、葉は白粉を帯びる。五月ごろ、四弁で白色、紅色、紅紫色、などの花を開く。花は観賞用、種子は食用に供し、未熟の果実の乳液から阿片を製する。ここは娘たちが赤い外套を着ているので、赤いけしの花に見たてた表現。

作品鑑賞

分銅惇作

太宰治の文学活動は、昭和八年に『魚服記』『思ひ出』などを発表したころから、戦後『斜陽』『人間失格』などを書き、昭和二三年（一九四八）六月に玉川上水で投身自殺するまでの約一五年間であるが、ふつう初期・中期・後期の三期に分けて考えられ、『富岳百景』はかれの中期の第一作と言ってよい位置を占めている。

昭和一二年三月に、内縁の妻小山初代と水上温泉に心中行を試みて未遂に終わり、帰京後離別した太宰は、杉並天沼の下宿にこもって苦悩の一年間を過ごした。これが太宰の初期から中期への境である。この期間に書かれた随想『一日の労苦』(昭一三)に、「排除と反抗は作家修行の第一歩であった。きびしい潔癖を有難いものに思った。完成と秩序をこそあこがれた。そうして、芸術は枯れてしまった。」とあるが、初期の太宰は、きびしい潔癖な生き方を求めて、不純なものを排除し、通俗的なものに反抗する傾向が強く、その結果みずから傷つくこと多く、苦悩と動揺の生活を続けていた。初期の経歴を簡単にたどってみると、昭和五年に東京大学仏文科入学、上京後半年間左翼運動に加わり、その行きづまりと女性問題のために、一一月、女給と江の島海岸に投身して自分だけが救われるという事件があり、自殺幇助罪に問われた。翌春、なじみの芸妓であった小山初代と同棲したが、七年初夏、妻の過去を知ったことを契機に、左翼運動から離れ、本格的な文筆生活にはいった。そして書きあげたのが、『晩年』の諸作品で、これが文壇に認められ、第一回の芥川賞候補となったが、受賞できず大いに落胆した。この間、腹膜炎が動機でパビナール中毒にかかり、一一年秋には江古田の精神病院に入院した。この入院中に妻に再び過失があったことを知り、水上温泉で心中をはかったが果たさず、離別するに至った。潔癖を求めて「排除と反抗」に急なあまり、自ら傷つき呻吟せざるを得ない破局に追いつめられていたのである。

思いを新たにする覚悟　「昭和十三年の初秋、思いを新たにする覚悟で、わたしは、かばん一つさげて旅に出た。」とあるが、御坂峠行は新しい生き方を求めての転身の第一歩であった。初期の太宰の生活をふり返ってみるなら、この決意がなみなみならぬものであることがうなずかれよう。御坂峠の天下茶屋では井伏鱒二が仕事をしていたが、井伏は太宰が最も尊敬し師事していた先輩作家であった。井伏をはじめ、多くの人々の美しい人情に触れ、富士を朝夕にながめながら、かれは謙虚に自己と現実を肯定し、周囲と親和しながら生きることの意義を発見する。そこには「排除のかわりに親和が、反省のかわりに、自己肯定」があった。そしてかれは「絶望のかわりに、革命が」来ることをひそかに願った。昭和一四年に井伏の紹介で、甲府の石原美知子と結婚し、新しい家庭生活におちつきを得て、人生の平凡な面にあたたかい美しさを見つめようと努力する。こうして太宰は中期の生活人としての健康な安定期を迎えるが、『富岳百景』はその間の事情をうかがわせる記念すべき最初の作品である。

この作品は、御坂峠行の体験を私小説風に語ったものだが、太宰一流の道化と含羞のさりげない身振りの中には、この、「思いを新たにする覚悟」が深くひそめられていて、激しく鳴動する地殻の音さえ感じられるように思われる。

まず井伏鱒二の包容力のある飄逸な長者的風格が見事に描き出されているが、井伏の情の深さに甘えつつも、きびしく自己にめざめて行く太宰の心事がうかがわれる。「井伏氏は、ひとのなりふりをけっしてけいべつしない人であるが、この時だけはさすがに少しきのどくそうな顔をして、男は、しかし、身なりなんか気にしないほうがいい、と小声でつぶやいて、わたしをいたわってくれたのを、わたしは忘れない。」と言っているが、これは単に身なりの問題だけではない、井伏の理解と愛情と激励にはげまされて、蘇生するような感激をかみしめているに違いない。三ツ峠の茶店の老婆の善良な人がらに微笑しながら、「いい富士を見た。霧の深いのを、残念にも思わなかった。」と書き、宿の娘の、「あ、悪くなった。この二、三日、ちっとも勉強進まないじゃないの。」云々のことばに、人間の生き抜く努力に対しての純粋な声援を感じ、「わたしは、娘さんを、美しいと思った。」と言っているが、まるでまぶしいものを発見したかのように、人情の美しさに今さらのように感動の目を見はっている。簡潔な表現のうちにかれの感じ取った思いの深さが汲みとられよう。そして親和と肯定の生き方を考えつつ、かれは新しい結婚生活に再出発を賭けようとする。うっかり読み過ごすと、かれが結婚をさまで重大視していないかのように受け取る学習者もでるかもしれない。見合の席で相手の娘さんをちらと見ただけで決めるなどは、まじめさを欠いているなどと言い出しかねないが、「あの富士は、ありがたかった。」には、言い尽くせぬほどの深い思いがこめられているのを味わって見るべきであろう。結婚の話が一頓挫の形になって、縁談を断わられてもしかたがないと覚悟して、閉口悉皆の事情を告白した時のかれの誠実さと真剣さは、「ときどき演説口調になって、閉口した。」ということばや、「甲府から帰って来ると、やはり、呼吸ができないくらいにひどく肩が凝っているのを覚えた。」などということばから知られる。娘の母堂の理解あることばに感動して、「わたしは、おじぎするのも忘れて、しばらくぼうぜんと庭をながめていた。目の熱いのを意識した。この母に、孝行しようと思った。」や、「結婚式も、ほんの身内の二、三の人にだけ立ち会ってもらって、貧しくとも厳粛に、その先輩の宅で、していただけるようになって、わたしは人の情けに、少年のごとく感奮していた。」などということばから、かれの新生に賭けた少年のように純粋で真剣な態度がうかがわれるのである。「思いを新たにする覚悟」の前に、人生の風景は別様な意味をもって、新鮮に展けてくるのである。平凡の深さのうちに、人生の手ごたえのあるものをしっかりと握りしめようとするのである。

富士と月見草と単一表現の美　御坂峠に太宰の文学碑が建てられているが、その碑文は『富岳百景』の中の「富士には月見草がよく似合う。」ということばである。中期の太宰は、初期の作品に見られるようにむやみに自己の絶対性を求めて他と争うことをせず、弱く小さい自分をそのまま描いて、そこに誠実に純粋に自分をとらえようとした。『富岳百景』では、富士の大きさに対して月見草のけなげさをもって対している。富士の大きさだけに気を奪われて力み過ぎたのが初期のかれの心だとすると、月見草のつつましい美しさに生命の充溢と燃焼を認めることのできたのが、かれの中期の心であるとも言えよう。

ところで、つつましく純粋に生きたいという願いは、それが現実との安易な妥協でないかぎり、決して生やさしいものではない。親和と肯定の生活はともすれば革命にはならずに妥協に終わる危険性を常にはらんでいる。作家の場合、妥協は精神の弛緩であり、それは作品に敏感に反映せずにはいない。現実を肯定しながらも、それにおぼれずに完成を目ざして進むためには「排除と反抗」の生き方よりもきびしい強靭な克己の精神を必要とするであろう。『富岳百景』では、「わたしの世界観、芸術というもの、あすの文学というもの、いわば、新しさというもの、わたしはそれらについて、まだぐずぐず、思い悩み、誇張ではなしに、身もだえしていた。」と述べられている。その新しさというのが、すなわち、かれのいう「単一表現」の美である。それは「そぼくな、自然のもの、したがって、簡潔な鮮明なもの、そいつをさっと一挙動でつかまえて、そのままに紙に写し取ること」である。それは棒状のそぼくさ、通俗な平凡さと紙一重であって、しかも、そぼくでも平凡でもあってはならないきびしい美の世界である。太宰の中期は健康な安定期であると言っても、安定は芸術上の安易な妥協とは別のことである。御坂峠での北面富士の景観を、まるで、ふろ屋のペンキ絵だときめつけた太宰の芸術精神には、反俗的なきびしさがいっそう強く鋭くひそめられているようである。

道化の精神と文体の新しさ　『富岳百景』の主人公「わたし」は、もちろん作家自身であり、他に実名で井伏鱒二が登場していることからもわかるように、作者の体験に取材した作品である。私小説的な発想で、自己の内面的真実を直接に読者に語りかける形を取っている。しかし自然主義的な私小説の客観描写を主とした手法の外に出て、自身の体験を道化とユーモアをまじえて軽快に語り出している。俗物的なものに対する反抗と軽蔑の鋭さ、太宰はそれをおどけた身ぶりやユーモラスな笑いに隠し包む。どてら姿の珍妙な登山スタイルや、富士見西行の失敗談や、あくびをする花嫁の姿や、カメラの前にけしの花のように澄まして堅くなっている娘たちの様子や、『富岳百景』には明るい笑いが絶えない。うっかりすると、読者はかれの作品のおもしろさに笑いこけて、作者の苦しげな表情に気がつかずに読み過ごしてしまうおそれがある。道化の精神は読者への過剰なサービスと言ってもよいが、実は傷つきやすい鋭敏な感受性の持主が、傷つく前に、自ら自分を傷つけておくことによって、痛手を最小限にくい止めようとする自己防衛の過剰な心理的演出だとも見られる。太宰の笑いは尋常な笑いではない。底抜けの陽気さとは異質のものである。では技巧的な作り笑いかというと、やはりそうではなくかれの生理につながる複雑な笑いである。ふざけているかと思うと、少年のようにせつないまじめな目《ま》ざしがちらちらする。まじめを道化に隠し、悲しさをユーモアに包んだといってもよいのが、太宰文学の表現の特色だが、これはかれの作家的生理と切り離しがたいものだ。『富岳百景』からも、この特質は十分にうかがわれる。こうした表現の特色は、独特な文体を編み出している。接続語や助詞を省略した短いセンテンスで、軽妙な味を出しながら、しかも核心に迫る執拗さは天才的なうまみを持っていて、いわば効果を計算した乱れた文体とでも言うべき、やわらかでしかも格調の高い新しい文体を示している。

作者研究

分銅惇作

太宰治は明治四二（一九〇九）年六月一九日、青森県北津軽郡金木町大字金木字朝日山に津島源右衛門の六男として生まれた。本名、津島修治。生家は通称∧源（ヤマゲン）といい、県下有数の大地主で、父は貴族院（多額納税）議員であった。こうした生まれは、後年かれの作品に、しばしば貴族趣味と庶民趣味の奇妙な混交となって現われている。青森中学校・弘前高等学校を経て、昭和五（一九三〇）年東京大学仏文科に入学し、中途退学した。中学時代から文学に親しみ、すでに多くの短編小説を試作していた。昭和二年、高校入学の年の七月、芥川龍之介の自殺に烈しい衝激を受けた。高校時代の同じ学年には、石上玄一郎がいた。このころから同人雑誌を刊行して小説を発表しはじめた。大学入学の年、かねて敬愛していた井伏鱒二に会い、その後ながく師事することになるが、文学よりも共産主義運動に熱意を示し、非合法活動に従った。後、転向して文学に専念し、八（一九三三）年に古谷綱武・木山捷平・今官一らと同人雑誌「海豹」を発行し、『魚服記』『思ひ出』を発表した。九（一九三四）年には古谷綱武・檀一雄らと同人雑誌「鷭《ばん》」を発行し、『葉』『猿面冠者』を発表、また同年末に同人雑誌「青い花」を発刊して『ロマネスク』を発表した。「青い花」は翌年、佐藤春夫・外村繁・亀井勝一郎・保田与重郎らの「日本浪曼派」と合流し、その第三号に『道化の華』を発表した。この作品が芥川賞の次席となって、新進作家としての地位を固めた。『道化の華』は、かれが左翼運動から脱落し、ある人妻と心中を図り、女は死んで、かれだけが生き残った経験を中心にしたもので、従来の客観描写を主とする小説形式の外に出て、自身の告白をつづる行き方は、当時の文壇に新鮮な印象を与えた。この作品の好評に自信を得たかのように、独特の説話体や饒舌《じょうぜつ》体を駆使した文体と、才気のあふれた技巧で文壇に新風を開き、『ダス・ゲマイネ』(昭一〇「文芸春秋」)、『虚構の春』(昭一一「文学界」)、『二十世紀旗手』(昭一二「改造」)、『HUMAN LOST』(昭一二「新潮」)などの佳作を発表した。

昭和一一(一九三六)年には麻薬中毒を根治するために入院し、翌年三月にはそれまで同棲していた小山初代と水上温泉で自殺を図り未遂に終わった。その後、同女とも別れ、生活を建て直すために一四(一九三九)年に石原美知子と結婚して甲府に住んだ。このころから新しい家庭生活におちつきを得て、人生の平凡な面にあたたかい美しいものを見つめる作風に展開した。文化統制のきびしくなりだした戦時下にあって、自粛の態度をとらざるをえなかった事情もあるが、しかしかれは、決して時代に迎合することなく、文学の真実を追求するまじめな意欲を失わなかった。この時期の作品には『富岳百景』(昭一四「文体」)、『八十八夜』(昭一四「新潮」)、『駆込み訴へ』(昭一五「中央公論」)、『走れメロス』(昭一五「新潮」)、『新ハムレット』(昭一五、文芸春秋社)、『正義と微笑』(昭一七、錦城出版社)、『右大臣実朝』(昭一八、錦城出版社)、『新釈諸国噺』(昭二〇、生活社)、『お伽草子』(昭二〇、筑摩書房)などがある。

戦後は、その個性と才能を開花させて、たちまち文壇の流行児となり、旺盛な作家活動を続けたが、そのために生活の秩序を乱され、過労と飲酒のために健康を害し、精神と肉体のゆきづまりから、二三（一九四八）年六月一三日、山崎富栄とともに玉川上水に投身自殺した。享年三九歳。戦後の作品には、戯曲『冬の花火』（昭二一「展望」）、『春の枯葉』（昭二一「人間」）、小説『ヴィヨンの妻』（昭二二「展望」）、『斜陽』（昭二二「新潮」）、『人間失格』（昭二三「展望」）、随筆『如是我聞』（昭二三「新潮」）などがあり、「朝日新聞」に連載する予定であった作品『グッド・バイ』が未完のまま残された。

太宰の作家活動は普通、初期・中期・後期の三期に分けて考えられているが、初期は昭和七（一九三二）年から一二（一九三七）年ごろまで、中期は一三（一九三八）年ごろから二〇（一九四五）年まで、後期は二一（一九四六）年から二三（一九四八）年までで、それぞれ戦前の左翼崩壊時代、戦時中、戦後の混乱時代に対応している。

作家としての特質　太宰の文学は、初期・中期・後期でそれぞれの作風にかなりの違いがあるが、全体を見通しての特質を一言で言うなら、下降性の文学であり、自己崩壊の文学だと言えるであろう。平野謙は、「太宰治の特徴は鋭敏な感受性そのものにあるのではなく、その感受性にみずから傷つくところにある。ほとんど錯乱にまで傷つかねばならぬ宿命みたいなものに、太宰治の性格があった。おなじく鋭敏な感受性にめぐまれた志賀直哉には、絶対に見られぬところである。」と言って、みずから鋭い感受性ゆえに傷つかずにはおられなかったところに、かれの文学的特質を見ている。臼井吉見も、「ひとくちに言えば、実生活と感受性との分裂の問題であろう。」と述べ、「自分の感受性に執すれば執するほど、かれは自分の実生活を次々にやぶるほかなかった。真実を求めようとすれば、かれは実生活をやぶって、堕《お》ちてゆくしかなかった。別の言い方をすれば、かれの感受性は、たえず実生活によって傷つき、つまずかざるをえないような感受性にほかならなかった。志賀直哉に見られる実生活の選択と構想に堪える自力的なエネルギーを失いつくしてしまったそれであった。（中略）志賀直哉の感受性が強さにおいて強いとすれば、太宰のそれは弱さにおいて強いと言えるかもしれない。」と評している。

こうした傾向はかれの生来の資質によるものであるが、また他面、かれの作家活動の時期が、最も悪しき時代を背景としていたということをも見のがしてはならない。敗戦の翌年に書かれた『十五年間』の中で太宰は、「いったい、わたしたちの年代の者は、過去二十年間ひでえめにばかりあって来た。それこそ怒濤の葉っぱだった。めちゃくちゃだった。（中略）実に暗い時代であった。その期間に、愛情だの、信仰だの、芸術だのといって自分の旗を守り通すのは、実は至難の事業であった。」と述べているが、戦前の左翼運動の弾圧、戦争、そして戦後の混乱と、日本自体がめちゃくちゃな時代だったわけで、真実を求める意志を捨てないかぎりは、とうてい生き難いような環境の中にあった。この間にあって、時代に迎合せず、あくまでも自分の旗を守りぬこうとしただけに、精神の傷痕も大きかった。太宰が比較的安定していたのは中期だが、戦争のあらしのさなかで安定を得、その前後の時期に大揺れに揺れたというのは、かえってこの間の事情をうかがわせるものである。つまり、あらしのただなかでは、動くことさえならなかったのである。かれは期せずして生活者としての道をとらざるをえなかった。生活者としての肯定的な真実の追求、周囲との親和、それが『富岳百景』などの健康な作品を可能にしたのである。

かれの文学にはたしかにデカダンスの面があり、弱さがあるが、その底には、いわば危機の時代に対処する捨てばちな強さ、ゆるぎのない自信と決意が感じられるのである。つまり、弱くて強く、デカダンスであって健康なのである。常識のわくを破ったところから、もう一度真実を見直そうとする意欲がある。こうした意欲はその表現の破格な新体についても言える。その作品の表現技巧について亀井勝一郎は、「話術の巧みな点では、現代作家中おそらく随一で、思想の表現方法もまたきわめてユニークである。実際のかれは訥弁《とつべん》であったが、作品においてはおそろしく雄弁になる。センテンスを短くして、軽く、柔らかく、人の心に忍び込むようにくふうし、それを重ねていって、ある執拗さを表わす。（中略）太宰は本質的に思想詩人なのである。読書や思索から、かれはふいにあるアフォリズムを思いつく。すると幾たびも口中でくり返し、あるいは友人や弟子に語り、そうしているうちに、これに肉をつけて、作品中にむぞうさにばらまく。ある場面についても同様だ。順序も秩序もなく、おもしろそうな着想を、直観的に作品に入れてゆく。全体の筋あるいは主題といったものより、細部がたいせつなのだ。ことに短編小説のおもしろさは、細部のうまみであって、太宰の長編といっても、実際は短編の累積にほかならない。」と述べているが、従来の私小説を分解し、効果的な部分だけを生かし、話の筋や順序を省略するという意識的な書き方で、独自な饒舌体・説話体を編み出し、新風を開いている。

文学史上の位置　昭和五年から二五年にかけての二〇年間は、文学史的には、左翼文学への弾圧、戦時中の言論統制、戦後の混乱と、実に暗い不幸な時代であった。この時期は、左翼文学の転向、退却、または沈黙の形で始まり、モダニズム作家の内面世界への沈潜となり、戦時中は民族主義文学や戦争文学、勤労意識扇動文学への強制的な参加が行なわれ、良心的な活動を守りつづけることはすこぶる困難な情勢であった。こうした危険な、息づまるようなふんいきの中で、太宰の作家活動が始まり、終わっているわけだが、かれはこの時期で、純粋な個性的な仕事を残した数少ない作家のひとりである。昭和期の芸術至上主義の文学を代表する最も才能ある作家であり、大正期の芥川龍之介と対比される存在である。明治以後の文学の前半は、鷗外・漱石・藤村・武者小路実篤・志賀直哉らに一貫して感じられるように、自己形成的な生の意識を根底とした上昇性の文学であり、芥川から太宰に至る後半は、自己崩壊的な下降性の文学とも見ることができる。前半は近代社会の成熟に伴う自我の拡充期であり、封建的なものに対する戦いの形で文学が展開されたが、後半は帝国主義の強化に伴うファシズムへの抵抗・批判の形で文学も曲がった道をとらざるをえなかった。ヒューマニズムとデカダンスはいわば表裏の関係で、この期の文学に色濃く現われている。太宰文学はこうした傾向を最も強く現わしているが、それだけに、そこには当時の知識人のもだえが託され、その反俗精神は多くの人々に共感をもって迎えられた。

こころ

夏目《なつめ》漱石《そうせき》

『こころ』は、「先生とわたくし」「両親とわたくし」「先生と遺書」の上・中・下の三編より成っている。上編では、「わたくし」なる青年が、偶然、鎌倉《かまくら》の海岸で先生と知り合いになり、その人柄にひかれて、先生のもとに出入りするようになり、中編では、大学を卒業して故郷に帰り、重病の父を看護している青年のもとに、自殺した先生からの遺書が送りつけられる。下編はその遺書で、先生(以下本文中の「わたくし」)の暗い過去が語られ、死を決意するに至った心事が述べられている。

ここに採ったのは、その下編の一部である。

【両親を腸チフスであいついで失った「わたくし」は、ひとり子であったので、遺産の管理を叔父《おじ》に託して上京し、高等学校に入った。夏休みに故郷の新潟県へ

鎌倉 神奈川県鎌倉市。鎌倉時代の史跡に富み、海水浴場としても有名。

帰るのを楽しみにしていたが、三度目に帰省したおり、叔父に勧められたいとこ との結婚問題のもつれから、はしなくも叔父が遺産をごまかしている事実を知った。叔父を信頼していただけに憤りが大きかった。それ以来、「わたくし」は、世の中に信用するに足るものは存在しえないとまで思い込む。そして、残った遺産を整理して、永久に父母の墳墓の地を捨てようと決心する。上京後、大学に通うために、軍人の未亡人と美しいお嬢さんとの二人暮らしの静かな下宿に移るが、そこではじめて、人間の温かさに触れて、「わたくし」の厭世《えんせい》的な心もしだいになごんでいく。

「わたくし」には、Kという、同じ大学に学んでいる、子どもの時からの友人があった。Kは真宗の寺の子で、医者のところへ養子にやられていたが、医者にしようとする養家の意に反して、ひそかに別の道を進んでいた。しかし、養家を欺き通すことに堪えず、手紙で事実を告白したことから、養家から離籍され、実家からも勘当され、学資がとだえてしまう。Kは独力で自己を支えようとして、過労のために健康を損ない、神経衰弱にかかる。

こうしたKの窮状を見かねた「わたくし」は、自分の下宿にKを同居させ、物心両面から支援を惜しまなかった。Kは剛直果断で禁欲的な勉強家であったが、この下宿の温かいふんいきになじむうちに、お嬢さんへの愛にめざめ、その苦しみを「わたくし」に告白しようとする。しかしながら、すでに早く、Kを下宿に迎える以前から、「わたくし」のなかにはお嬢さんへの愛情が育てられていたのである。】

Kはなかなか奥さんとお嬢さんの話をやめませんでした。しまいにはわたくしも答えられないような立ち入ったことまで聞くのです。わたくしは、めんどうよりも不思議の感に打たれました。以前、わたくしのほうから二人を問題にして話しかけた時のかれを思い出すと、わたくしはどうしてもかれの調子の変わっているところに気がつかずにはいられないのです。わたくしはとうとう、なぜ今日にかぎってそんなことばかり言うのかとかれに尋ねました。その時かれは突然黙りました。しかしわたくしは、かれの結んだ口元の肉がふるえるように動いているのを注視しました。かれは元来無口な男でした。平生から何か言おうとすると、言う前によく口のあたりをもぐもぐさせる癖がありました。かれの唇がわざとかれの意志に反抗するようにたやすく開かないところに、かれのことばの重みもこもっていたのでしょう。いったん声が口を破って出るとなると、その声には普通の人よりも倍の強い力がありました。

かれの口元をちょっとながめた時、わたくしはまた何か出て来るなとすぐ感づいたのですが、それがはたして何の準備なのか、わたくしの予覚はまるでなかったのです。だから驚いたのです。かれの重々しい口から、かれのお嬢さんに対するせつない恋を打ち明けられた時のわたくしを想像してみてください。わたくしはかれの魔法棒のために一度に化石されたようなものです。口をもぐもぐさせる働きさえ、わたくしにはなくなってしまったのです。

その時のわたくしは、恐ろしさのかたまりと言いましょうか、または苦しさのかたまりと言いましょうか、なにしろ一つのかたまりでした。石か鉄のように頭から足の先までが急に堅くなったのです。呼吸をする弾力性さえ失われたくらいに堅くなったのです。幸いなことにその状態は長く続きませんでした。わたくしは一瞬間の後に、また人間らしい気分を取りもどしました。そうしてすぐ、しまったと思いました。先を越されたなと思いました。

しかし、その先をどうしようという分別はまるで起こりません。おそらく起こるだけの余裕がなかったのでしょう。わたくしは、わきの下から出る気味の悪い汗がシャツにしみ通るのをじっとがまんして、動かずにいました。Ｋはその間、いつものとおり重い口を切っては、ぽつりぽつりと自分の心を打ち明けてゆきます。わたくしは苦しくってたまりませんでした。おそらくその苦しさは、大きな広告のように、わたくしの顔の上にはっきりした字ではりつけられてあったろうと、わたくしは思うのです。いくらKでもそこに気のつかないはずはないのですが、かれはまたかれで、自分のことにいっさいを集中しているから、わたくしの表情などに注意する暇がなかったのでしょう。かれの自白は最初から最後まで同じ調子で貫いていました。重くてのろいかわりに、とても容易なことでは動かせないという感じをわたくしに与えたのです。わたくしの心は半分その自白を聞いていながら、半分、どうしようどうしようという念に絶えずかき乱されていましたから、細かい点になるとほとんど耳へ入らないと同様でしたが、それでもかれの口に出すことばの調子だけは強く胸に響きました。そのためにわたくしは前言った苦痛ばかりでなく、時には一種の恐ろしさを感ずるようになったのです。つまり、相手は自分より強いのだという恐怖の念がきざしはじめたのです。

Kの話がひととおり済んだ時、わたくしはなんとも言うことができませんでした。こっちもかれの前に同じ意味の自白をしたものだろうか、それとも打ち明けずにいるほうが得策だろうか、わたくしはそんな利害を考えて黙っていたのではありません。ただ何事も言えなかったのです。また、言う気にもならなかったのです。

昼飯の時、Ｋとわたくしは向かい合わせに席を占めました。下女に給仕をしてもらって、わたくしはいつにないまずい飯を済ませました。二人は食事中もほとんど口をききませんでした。奥さんとお嬢さんはいつ帰るのだかわかりませんでした。

＊

二人はめいめいのへやに引き取ったぎり顔を合わせませんでした。Ｋの静かなことは朝と同じでした。わたくしもじっと考え込んでいました。

わたくしは当然自分の心をＫに打ち明けるべきはずだと思いました。しかしそれにはもう時機が遅れてしまったという気も起こりました。なぜさっきＫのことばをさえぎって、こっちから逆襲しなかったのか、そこが非常な手ぬかりのように見えてきました。せめてＫのあとに続いて、自分は自分の思うとおりをその場で話してしまったら、まだよかったろうにとも考えました。Ｋの自白に一段落がついた今となって、こっちからまた同じことを切り出すのは、どう思案しても変でした。わたくしはこの不自然に打ち勝つ方法を知らなかったのです。わたくしの頭は悔恨に揺られてぐらぐらしました。

わたくしは、Ｋがふたたび仕切りのふすまを開けて向こうから突進して来てくれればいいと思いました。わたくしに言わせれば、さっきはまるで不意撃ちにあったも同じでした。わたくしにはKに応ずる準備もなにもなかったのです。わたくしは午前に失ったものを、今度は取りもどそうという下心を持っていました。それで時々目を上げて、ふすまをながめました。しかしそのふすまはいつまでたっても開きません。そうしてKは永久に静かなのです。

そのうち、わたくしの頭はだんだんこの静かさにかき乱されるようになってきました。Kは今ふすまの向こうで何を考えているだろうと思うと、それが気になってたまらないのです。ふだんもこんなふうに、お互いが仕切り一枚を間に置いて黙り合っている場合は始終あったのですが、わたくしはKが静かであればあるほど、かれの存在を忘れるのが普通の状態だったのですから、その時のわたくしはよほど調子が狂っていたものと見なければなりません。それでいてわたくしは、こっちから進んでふすまを開けることができなかったのです。いったん言いそびれたわたくしは、また向こうから働きかけられる時機を待つよりほかにしかたがなかったのです。しまいにわたくしはじっとしていられなくなりました。むりにじっとしていれば、Kのへやへ飛び込みたくなるのです。わたくしはしかたなしに立って縁側へ出ました。そこから茶の間へ来て、何という目的もなく、鉄びんの湯を湯のみについで一杯飲みました。それから玄関へ出ました。わたくしはわざとKのへやを回避するようにして、こんなふうに自分を往来のまん中に見いだしたのです。わたくしには、むろんどこへ行くというあてもありません。ただじっとしていられないだけでした。それで方角も何もかまわずに、正月の町を、むやみに歩き回ったのです。わたくしの頭は、いくら歩いてもKのことでいっぱいになっていました。わたくしもKをふるい落とす気で歩き回るわけではなかったのです。むしろ、自分から進んでかれの姿を咀嚼《そしやく》しながらうろついていたのです。

わたくしには第一にかれが解しがたい男のように見えました。どうしてあんなことを突然わたくしに打ち明けたのか、また、どうして打ち明けなければいられないほどに、かれの恋が募って来たのか、そうして平生のかれはどこに吹き飛ばされてしまったのか、すべてわたくしには解しにくい問題でした。わたくしはかれの強いことを知っていました。また、かれのまじめなことを知っていました。わたくしは、これからわたくしの取るべき態度を決する前に、かれについて聞かなければならない多くを持っていると信じました。同時に、これから先かれを相手にするのが変に気味が悪かったのです。わたくしは夢中に町の中を歩きながら、自分のへやにじっと座っているかれの容貌《ようぼう》を始終目の前に描き出しました。しかも、いくらわたくしが歩いてもかれを動かすことはとうていできないのだという声が、どこかで聞こえるのです。つまりわたくしには、かれが一種の魔物のように思えたからでしょう。わたくしは、永久かれにたたられたのではなかろうかという気さえしました。

わたくしが疲れてうちへ帰った時、かれのへやは依然として人けのないように静かでした。

＊

ある日、わたくしは久しぶりに学校の図書館に入りました。わたくしは広い机の片すみで窓からさす光線を半身に受けながら、新着の外国雑誌を、あちらこちらとひっくり返して見ていました。わたくしは担任教師から専攻の学科に関して、次の週までにある事項を調べて来いと命ぜられたのです。しかしわたくしに必要な事柄がなかなか見つからないので、わたくしは二度も三度も雑誌を借り替えなければなりませんでした。最後にわたくしは、やっと自分に必要な論文を探し出して、一心にそれを読みだしました。すると突然、幅の広い机の向こう側から小さな声でわたくしの名を呼ぶ者があります。わたくしはふと目を上げて、そこに立っているKを見ました。Kはその上半身を机の上に折り曲げるようにして、かれの顔をわたくしに近づけました。ご承知のとおり、図書館ではほかの人のじゃまになるような大きな声で話をするわけにゆかないのですから、Ｋのこの所作はだれでもやる普通のことなのですが、わたくしはその時にかぎって、一種変な心持ちがしました。

Ｋは低い声で、勉強かと聞きました。わたくしは、ちょっと調べものがあるのだと答えました。それでもＫはまだその顔をわたくしから放しません。同じ低い調子で、いっしょに散歩をしないかと言うのです。わたくしは、少し待っていればしてもいいと答えました。かれは、待っていると言ったまま、すぐわたくしの前の空席に腰をおろしました。するとわたくしは、気が散って急に雑誌が読めなくなりました。なんだかＫの胸に一物《いちもつ》があって、談判でもしに来られたように思われてしかたがないのです。わたくしはやむをえず読みかけた雑誌を伏せて、立ち上がろうとしました。Ｋは落ち着きはらって、もう済んだのかと聞きます。わたくしは、どうでもいいのだと答えて、雑誌を返すとともに、Ｋと図書館を出ました。

二人はべつに行く所もなかったので、竜岡町《たつおかちょう》から池の端へ出て、上野の公園の中へ入りました。その時かれは例の事件について、突然向こうから口を切りました。前後の様子を総合して考えると、Ｋはそのためにわたくしをわざわざ散歩にひっぱり出したらしいのです。けれどもかれの態度は、まだ実際的の方面へ向かってちっとも進んでいませんでした。かれはわたくしに向かって、ただばくぜんと、どう思うと言うのです。どう思うというのは、そうした恋愛の淵《ふち》に陥ったかれを、どんな目でわたくしがながめるかという質問なのです。一言で言うと、かれは現在の自分について、わたくしの批判を求めたいようなのです。そこに、わたくしは、かれの平生と異なる点を確かに認めることができたと思いました。たびたびくりかえすようですが、かれの天性はひとの思わくをはばかるほど弱くでき上がってはいなかったのです。こうと信じたら、ひとりでどんどん進んで行くだけの度胸もあり勇気もある男なのです。養家事件でその特色を強く胸のうちに彫りつけられたわたくしが、これは様子が違うと明らかに意識したのは当然の結果なのです。

わたくしがKに向かって、この際なんでわたくしの批評が必要なのかと尋ねた時、かれはいつもにも似ない悄然《しょうぜん》とした口調で、自分の弱い人間であるのが実際恥ずかしいと言いました。そうして、迷っているから自分で自分がわからなくなってしまったので、わたくしに公平な批評を求めるよりほかにしかたがないと言いました。わたくしはすかさず、迷うという意味を聞きただしました。かれは、進んでいいか

竜岡町　東京都文京区にあった町名。

池の端　上野公園の南西にある不忍《しのばずの》池のほとり。

上野の公園　東京都台東区にある公園。国立博物館・動物園・上野東照宮などがある。

退いていいか、それに迷うのだと説明しました。わたくしはすぐ一歩先へ出ました。そうして、退こうと思えば退けるのかとかれに聞きました。すると、かれのことばがそこで不意に行きづまりました。かれはただ、苦しいと言っただけでした。実際かれの表情には、苦しそうなところがありありと見えていました。もし相手がお嬢さんでなかったならば、わたくしはどんなにかれにつごうのいい返事を、その渇《かわ》ききった顔の上に慈雨のごとく注いでやったかわかりません。わたくしはそのくらいの美しい同情を持って生まれて来た人間と自分ながら信じています。しかし、その時のわたくしは違っていました。

＊

わたくしはちょうど他流試合でもする人のようにKを注意して見ていたのです。わたくしは、わたくしの目、わたくしの心、わたくしのからだ、すべてわたくしという名のつくものを、五分《ぶ》のすきまもないように用意して、Kに向かったのです。罪のないKは、穴だらけというよりむしろあけ放しと評するのが適当なくらいに無用心でした。わたくしはかれ自身の手から、かれの保管している要塞《ようさい》の地図を受け取って、かれの目の前でゆっくりそれをながめることができたも同じでした。

Kが理想と現実の間に彷徨《ほうこう》してふらふらしているのを発見したわたくしは、ただ一打ちでかれを倒すことができるだろうという点にばかり目を着けました。そうしてすぐかれの虚につけ込んだのです。わたくしはかれに向かって、急に厳粛な改まった態度を示しだしました。むろん策略からですが、その態度に相応するくらいな緊張した気分もあったのですから、自分にこっけいだの羞恥《しゅうち》だのを感ずる余裕はありませんでした。わたくしはまず、「精神的に向上心のない者は、ばかだ。」と言い放ちました。これは二人で房州を旅行している際、Kがわたくしに向かって使ったことばです。わたくしはかれの使ったとおりを、かれと同じような口調で、ふたたびかれに投げ返したのです。しかし、けっして復讐《ふくしゅう》ではありません。わたくしは復讐以上に残酷な意味を持っていたということを自白します。わたくしはその一言で、Kの前に横たわる恋の行く手をふさごうとしたのです。

　Kは真宗寺《でら》に生まれた男でした。しかしかれの傾向は、中学時代からけっして生家の宗旨に近いものではなかったのです。教義上の区別をよく知らないわたくしが、こんなことを言う資格に乏しいのは承知していますが、わたくしはただ男女に関係

房州　千葉県の南部。安房《あわ》。

真宗寺　浄土真宗の寺。浄土真宗は、親鸞《しんらん》（一一七三〜一二六二）を開祖とするわが国の仏教の一派。親鸞は僧籍にあって妻帯した。

した点についてのみ、そう認めていたのです。Kは昔から精進ということばが好きでした。わたくしはそのことばの中に、禁欲という意味もこもっているのだろうと解釈していました。しかしあとで実際を聞いてみると、それよりもまだ厳重な意味が含まれているので、わたくしは驚きました。道のためにはすべてを犠牲にすべきものだというのがかれの第一信条なのですから、節欲や禁欲はむろん、たとい欲を離れた恋そのものでも、道の妨げになるのです。Kが自活生活をしている時分に、わたくしはよくかれから、かれの主張を聞かされたのでした。そのころからお嬢さんを思っていたわたくしは、いきおいどうしてもかれに反対しなければならなかったのです。わたくしが反対すると、かれはいつでもきのどくそうな顔をしました。そこには同情よりも侮蔑《ぶべつ》のほうがよけいに現れていました。

こういう過去を二人の間に通り抜けて来ているのですから、精神的に向上心のない者はばかだということばは、Kにとって痛いにちがいなかったのです。しかし前にも言ったとおり、わたくしはこの一言で、かれがせっかく積み上げた過去をけちらしたつもりではありません。かえってそれを、今までどおり積み重ねてゆかせようとしたのです。それが道に達しようが、天に届こうが、わたくしはかまいません。わたくしはただ、Kが急に生活の方向を転換して、わたくしの利害と衝突するのを恐れたのです。要するにわたくしのことばは、単なる利己心の発現でした。

「精神的に向上心のない者は、ばかだ。」

わたくしは二度同じことばをくりかえしました。そうして、そのことばがKの上にどう影響するかを見つめていました。

「ばかだ。」と、やがてKが答えました。「ぼくはばかだ。」

Kはぴたりとそこへ立ち止まったまま動きません。かれは地面の上を見つめています。わたくしは思わずぎょっとしました。わたくしにはKがそのせつなに居直り強盗のごとく感ぜられたのです。しかしそれにしては、かれの声がいかにも力に乏しいということに気がつきました。わたくしはかれの目づかいを参考にしたかったのですが、かれは最後までわたくしの顔を見ないのです。そうして、そろそろとまた歩き出しました。

＊

わたくしはKと並んで足を運ばせながら、かれの口を出る次のことばを腹の中で暗に待ち受けました。あるいは待ち伏せと言ったほうがまだ適当かもしれません。その時のわたくしは、たといKをだましうちにしてもかまわないぐらいに思っていたのです。しかしわたくしにも教育相当の良心はありますから、もしだれかわたくしのそばへ来て、おまえはひきょうだとひと言ささやいてくれる者があったなら、わたくしはその瞬間に、はっと我に立ち帰ったかもしれません。もしKがその人であったなら、わたくしはおそらくかれの前に赤面したでしょう。ただKはわたくしをたしなめるにはあまりに正直でした。あまりに単純でした。あまりに人格が善良だったのです。目のくらんだわたくしは、そこに敬意を払うことを忘れて、かえってそこにつけ込んだのです。そこを利用してかれを打ち倒そうとしたのです。

Kはしばらくして、わたくしの名を呼んでわたくしの方を見ました。今度はわたくしのほうで自然と足を止めました。するとKも止まりました。わたくしはその時、やっとKの目を真向きに見ることができたのです。Kはわたくしより背《せい》の高い男でしたから、わたくしはいきおいかれの顔を見上げるようにしなければなりません。わたくしはそうした態度で、狼《おおかみ》のごとき心を罪のない羊に向けたのです。

「もう、その話はやめよう。」と、かれが言いました。かれの目にもかれのことばにも、変に悲痛なところがありました。わたくしはちょっとあいさつができなかったのです。するとKは、「やめてくれ。」と、今度は頼むように言い直しました。わたくしはその時、かれに向かって残酷な答えを与えたのです。狼がすきを見て羊ののど笛へくらいつくように。

「やめてくれって、ぼくが言い出したことじゃない、もともときみのほうから持ち出した話じゃないか。しかし、きみがやめたければやめてもいいが、ただ口の先でやめたってしかたがあるまい。きみの心でそれをやめるだけの覚悟がなければ。いったいきみは、きみの平生の主張をどうするつもりなのか。」

わたくしがこう言った時、背の高いかれは自然とわたくしの前に萎縮《いしゆく》して、小さくなるような感じがしました。かれはいつも話すとおりすこぶる強情な男でしたけれども、一方ではまた、人一倍の正直者でしたから、自分の矛盾などをひどく非難される場合には、けっして平気でいられないたちだったのです。わたくしはかれの様子を見てようやく安心しました。すると、かれは卒然、「覚悟？」と聞きました。そうしてわたくしがまだなんとも答えない先に、「覚悟、――覚悟なら、ないこともない。」とつけ加えました。かれの調子は独り言のようでした。また夢の中のことばのようでした。

二人はそれぎり話を切り上げて、小石川の宿の方に足を向けました。わりあいに風のない暖かな日でしたけれども、なにしろ冬のことですから、公園の中は寂しい

小石川 東京都文京区の一部。同区は当時、小石川区・本郷区の二区に分かれていた。

ものでした。ことに霜に打たれて青みを失った杉《すぎ》の木立ちの茶褐《ちゃかっ》色が、薄黒い空の中に、こずえを並べてそびえているのをふり返って見た時は、寒さが背中へかじりついたような心持ちがしました。われわれは、夕暮れの本郷台を急ぎ足でどしどし通り抜けて、また向こうの丘へ上るべく小石川の谷へおりたのです。わたくしはそのころになって、ようやく外套《がいとう》の下に体《たい》の温かみを感じだしたくらいです。

急いだためでもありましょうが、われわれは帰り道にはほとんど口をききませんでした。うちへ帰って食卓に向かった時、奥さんは、どうしておそくなったのかと尋ねました。わたくしは、Ｋに誘われて上野へ行ったと答えました。奥さんは、この寒いのにと言って、驚いた様子を見せました。お嬢さんは、上野に何があったのかと聞きたがります。わたくしは、何もないが、ただ散歩したのだという返事だけしておきました。平生から無口なＫは、いつもよりなお黙っていました。奥さんが話しかけても、お嬢さんが笑っても、ろくなあいさつはしませんでした。それから飯をのみこむようにかき込んで、わたくしがまだ席を立たないうちに、自分のへやへ引き取りました。

＊

そのころは、覚醒《かくせい》とか新しい生活とかいう文字のまだない時分でした。しかしＫ

が古い自分をさらりと投げ出して、一意に新しい方角へ走り出さなかったのは、現代人の考えがかれに欠けていたからではないのです。かれには投げ出すことのできないほど尊い過去があったからです。かれはそのために今日まで生きてきたといってもいいくらいなのです。だからKが、一直線に愛の目的物に向かって猛進しないといって、けっしてその愛のなまぬるいことを証拠立てるわけにはゆきません。いくら熾烈《しれつ》な感情が燃えていても、かれはむやみに動けないのです。前後を忘れるほどの衝動が起こる機会をかれに与えない以上、Kはどうしても、ちょっと踏みとどまって自分の過去をふり返らなければならなかったのです。そうすると、過去がさし示す道を今までどおり歩かなければならなくなるのです。そのうえかれには、現代人の持たない強情とがまんがありました。わたくしはこの双方の点において、よくかれの心を見抜いていたつもりなのです。

上野から帰った晩は、わたくしにとって比較的安静な夜でした。わたくしはKがへやへ引き揚げたあとを追いかけて、かれの机のそばに座り込みました。そうして、とりとめもない世間話をわざとかれにしむけました。かれは迷惑そうでした。わた

本郷台 東京都文京区の一部。西は小石川、東は上野・谷中《やなか》に接する一帯の台地。

くしの目には勝利の色が多少輝いていたでしょう。わたくしの声には確かに得意の響きがあったのです。わたくしはしばらくKと一つ火ばちに手をかざしたあと、自分のへやに帰りました。ほかのことにかけては何をしてもかれに及ばなかったわたくしも、その時だけは恐るるに足りないという自覚をかれに対して持っていたのです。

わたくしはほどなく穏やかな眠りに落ちました。しかし、突然わたくしの名を呼ぶ声で目をさましました。見ると、間のふすまが二尺ばかり開いて、そこにKの黒い影が立っています。そうしてかれのへやには、宵《よい》のとおり、まだあかりがついているのです。急に世界の変わったわたくしは、少しの間、口をきくこともできずに、ぼうっとして、その光景をながめていました。

その時Kは、もう寝たのかと聞きました。Kはいつでもおそくまで起きている男でした。わたくしは黒い影法師のようなKに向かって、何か用かと聞き返しました。Kは、たいした用でもない、ただ、もう寝たか、まだ起きているかと思って、便所へ行ったついでに聞いてみただけだと答えました。Kはランプの灯《ひ》を背中に受けているので、かれの顔色や目つきは、まったくわたくしにはわかりませんでした。けれどもかれの声は、ふだんよりもかえって落ち着いていたくらいでした。

Kはやがて、開けたふすまをぴたりとたてきりました。わたくしのへやはすぐもとの暗やみに返りました。わたくしは、その暗やみより静かな夢を見るべく、また目を閉じました。わたくしはそれぎり何も知りません。しかし翌朝になって、ゆうべのことを考えてみると、なんだか不思議でした。わたくしはことによると、すべてが夢ではないかと思いました。それで飯を食う時、Kに聞きました。Kは、確かにふすまを開けてわたくしの名を呼んだと言います。なぜそんなことをしたのかと尋ねると、べつにはっきりした返事もしません。調子の抜けたころになって、近ごろは熟睡ができるのかと、かえって向こうからわたくしに問うのです。わたくしはなんだか変に感じました。

その日はちょうど同じ時間に講義の始まる時間割になっていたので、二人はやがていっしょにうちを出ました。今朝からゆうべのことが気にかかっているわたくしは、途中でまたKを追求しました。けれどもKは、やはりわたくしを満足させるような答えをしません。わたくしは、あの事件について何か話すつもりではなかったのかと念を押してみました。Kは、そうではないと強い調子で言いきりました。昨日上野で、「その話はもうやめよう。」と言ったではないかと注意するごとくにも聞こえました。Kはそういう点にかけて鋭い自尊心を持った男なのです。ふとそこに気のついたわたくしは、突然かれの用いた「覚悟」ということばを連想しだしました。すると、今までまるで気にならなかったその二字が、妙な力でわたくしの頭を抑えはじめたのです。

＊

Kの果断に富んだ性格はわたくしによく知れていました。かれのこの事件についてのみ優柔なわけも、わたくしにはちゃんとのみ込めていたのです。つまりわたくしは、一般を心得た上で、例外の場合をしっかりつらまえたつもりで得意だったのです。ところが、「覚悟」というかれのことばを頭の中で何べんも咀嚼しているうちに、わたくしの得意はだんだん色を失って、しまいにはぐらぐら動きはじめるようになりました。わたくしはこの場合も、あるいはかれにとって例外でないのかもしれないと思いだしたのです。すべての疑惑、煩悶《はんもん》、懊悩《おうのう》を一度に解決する最後の手段を、かれは胸の中に畳み込んでいるのではなかろうかとうたぐりはじめたのです。そうした新しい光で覚悟の二字をながめ返してみたわたくしは、はっと驚きました。その時のわたくしが、もしこの驚きをもって、もう一ぺんかれの口にした覚悟の内容を公平に見回したらば、まだよかったかもしれません。悲しいことに、わたくしはめっかちでした。わたくしはただ、Kがお嬢さんに対して進んで行くという意味に、そのことばを解釈しました。果断に富んだかれの性格が、恋の方面に発揮されるのがすなわちかれの覚悟だろうと、いちずに思い込んでしまったのです。わたくしは、わたくしにも最後の決断が必要だという声を、心の耳で聞きました。わたくしはすぐ、その声に応じて勇気を振り起こしました。わたくしはKより先に、しかもKの知らない間に、事を運ばなくてはならないと覚悟を決めました。わたくしは黙って機会をねらっていました。しかし二日たっても三日たっても、わたくしはそれをつらまえることができません。わたくしはKのいない時、またお嬢さんの留守なおりを待って、奥さんに談判を開こうと考えたのです。しかし、片方がいなければ片方がじゃまをするといったふうの日ばかり続いて、どうしても、〈今だ。〉と思う好都合が出て来てくれないのです。わたくしはいらいらしました。

一週間の後、わたくしはとうとう堪えきれなくなって仮病をつかいました。奥さんからもお嬢さんからも、K自身からも、起きろという催促を受けたわたくしは、K生返事をしただけで、十時ごろまで布団をかぶって寝ていました。わたくしは、Kもお嬢さんもいなくなって、家の中がひっそり静まったころを見はからって寝床を

つらまえた　つかまえた、に同じ。

出ました。わたくしの顔を見た奥さんはすぐ、どこが悪いかと尋ねました。食べ物はまくら元へ運んでやるから、もっと寝ていたらよかろうと忠告してもくれました。からだに異状のないわたくしは、とても寝る気にはなれません。顔を洗っていつものとおり茶の間で飯を食いました。そのとき奥さんは、長火ばちの向こう側から給仕をしてくれたのです。わたくしは朝飯とも昼飯ともかたづかない茶わんを手に持ったまま、どんなふうに問題を切り出したものだろうかと、そればかりに屈託していたから、外観からは、実際気分のよくない病人らしく見えただろうと思います。

わたくしは飯をしまってたばこをふかしだしました。わたくしが立たないので、奥さんも火ばちのそばを離れるわけにゆきません。下女を呼んでぜんを下げさせたうえ、鉄びんに水をさしたり、火ばちの縁をふいたりして、わたくしに調子を合わせています。わたくしは奥さんに、特別な用事でもあるのかと問いました。奥さんは、「いいえ。」と答えましたが、今度は向こうで、なぜですと聞き返してきました。わたくしは、実は少し話したいことがあるのだと言いました。奥さんは、何ですかと言って、わたくしの顔を見ました。奥さんの調子はまるでわたくしの気分にはいり込めないような軽いものでしたから、わたくしは次に出すべき文句も少し渋りました。

わたくしはしかたなしに、ことばの上でいいかげんにうろつき回った末、Kが近ごろ何か言いはしなかったかと、奥さんに聞いてみました。奥さんは思いもよらないというふうをして、「何を？」と、また反問してきました。そうしてわたくしの答える前に、「あなたには何かおっしゃったんですか。」と、かえって向こうで聞くのです。

＊

Kから聞かされた打ち明け話を奥さんに伝える気のなかったわたくしは、「いいえ。」と言ってしまったあとで、すぐ自分のうそを快からず感じました。しかたがないから、別段何も頼まれた覚えはないのだから、Kに関する用件ではないのだと言い直しました。奥さんは、「そうですか。」と言って、あとを待っています。わたくしはどうしても切り出さなければならなくなりました。わたくしは突然、「奥さん、お嬢さんをわたくしにください。」と言いました。奥さんはわたくしの予期してかかったほど驚いた様子も見せませんでしたが、それでもしばらく返事ができなかったものと見えて、黙ってわたくしの顔をながめていました。一度言い出したわたくしは、いくら顔を見られても、それにとんじゃくなどはしていられません。「ください。ぜひください。」と言いました。「わたくしの妻として、ぜひください。」と言いました。奥さんは年をとっているだけに、わたくしよりもずっと落ち着いていました。「あげてもいいが、あんまり急じゃありませんか。」と聞くのです。わたくしが、「急にもらいたいのだ。」とすぐ答えたら、笑いだしました。そうして、「よく考えたのですか。」と念を押すのです。わたくしは、言い出したのは突然でも考えたのは突然でないというわけを、強いことばで説明しました。

それからまだ二つ三つの問答がありましたが、わたくしはそれを忘れてしまいました。男のようにはきはきしたところのある奥さんは、普通の女と違って、こんな場合にはたいへん心持ちよく話のできる人でした。「よござんす。さしあげましょう。」と言いました。「さしあげるなんていばった口のきける境遇ではありません。どうぞもらってください。ご存じのとおり、父親のない哀れな子です。」と、あとでは向こうから頼みました。

話は簡単でかつ明瞭《めいりょう》にかたづいてしまいました。最初からしまいまでにおそらく十五分とはかからなかったでしょう。奥さんはなんの条件も持ち出さなかったのです。親類に相談する必要もない、あとから断ればそれでたくさんだと言いました。本人の意向さえ確かめるに及ばないと明言しました。そんな点になると、学問をしたわたくしのほうが、かえって形式に拘泥《こうでい》するくらいに思われたのです。親類はとにかく、当人にはあらかじめ話して承諾を得るのが順序らしいとわたくしが注意した時、奥さんは、「だいじょうぶです。本人が不承知のところへ、わたくしがあの子をやるはずがありませんから。」と言いました。

自分のへやへ帰ったわたくしは、事のあまりにわけもなく進行したのを考えて、かえって変な気持ちになりました。はたしてだいじょうぶなのだろうかという疑念さえ、どこからか頭の底にはい込んで来たくらいです。けれども大体の上において、わたくしの未来の運命はこれで定められたのだという観念が、わたくしのすべてを新たにしました。

わたくしは午《ひる》ごろまた茶の間へ出かけて行って、奥さんに、今朝の話をお嬢さんにいつ通じてくれるつもりかと尋ねました。奥さんは、自分さえ承知していれば、いつ話してもかまわなかろうというようなことを言うのです。こうなると、なんだかわたくしよりも相手のほうが男みたようなので、わたくしはそれぎり引き込もうとしました。すると奥さんがわたくしを引き止めて、もし早いほうが希望ならば、今日でもいい、けいこから帰って来たら、すぐ話そうと言うのです。わたくしは、そうしてもらうほうがつごうがいいと答えて、また自分のへやに帰りました。しかし黙って自分の机の前に座って、二人のこそこそ話を遠くから聞いているわたくしを想像してみると、なんだか落ち着いていられないような気もするのです。わたくしはとうとう帽子をかぶって表へ出ました。そうしてまた坂の下で、お嬢さんに行き会いました。なんにも知らないお嬢さんはわたくしを見て驚いたらしかったのです。わたくしが帽子をとって、「今お帰り?」と尋ねると、向こうでは、もう病気は直ったのかと不思議そうに聞くのです。わたくしは、「ええ、直りました、直りました。」と答えて、ずんずん水道橋の方へ曲がってしまいました。

*

わたくしは猿楽町《さるがくちょう》から神保町《じんぼうちょう》の通りへ出て、小川町の方へ曲がりました。わたくしがこの界隈《かいわい》を歩くのは、いつも古本屋をひやかすのが目的でしたが、その日は手ずれのした書物などをながめる気が、どうしても起こらないのです。わたくしは歩きながら絶えずうちのことを考えていました。わたくしには、さっきの奥さんの記憶がありました。それからお嬢さんがうちへ帰ってからの想像がありました。わたくしはつまりこの二つのもので歩かせられていたようなものです。そのうえわたくしは時々往来のまん中で、我知らずふと立ち止まりました。そうして、今ごろは奥さんがお嬢さんにもうあの話をしている時分だろうなどと考えました。またある時は、もうあの話が済んだころだとも思いました。

わたくしはとうとう万世《まんせい》橋を渡って、明神の坂を上って、本郷台へ来て、それからまた菊坂をおりて、しまいに小石川の谷へおりたのです。わたくしの歩いた距離は、この三区にまたがっていびつな円を描いたとも言われるでしょうが、わたくしはこの長い散歩の間ほとんどKのことを考えなかったのです。今その時のわたくしを回顧して、なぜだと自分に聞いてみてもいっこうわかりません。ただ不思議に思うだけです。わたくしの心がKを忘れうるくらい一方に緊張していたと見ればそれまでですが、わたくしの良心がまたそれを許すべきはずはなかったのですから。

Kに対するわたくしの良心が復活したのは、わたくしがうちの格子《こうし》を開けて、玄関から座敷へ通る時、すなわち例のごとく、かれのへやを抜けようとした瞬間でし

水道橋　東京都文京区と千代田区の境を流れる神田川にかかる橋。またその一帯の地。
猿楽町　東京都千代田区にある町名。
神保町　東京都千代田区駿河《するが》台の南側の町名。
小川町　東京都千代田区にある町名。
万世橋　東京都千代田区にあり、神田川にかかる橋。
明神の坂　万世橋から神田明神の南側を通って本郷台へ通ずる坂。
菊坂　本郷台から小石川の方へ抜ける途中にある坂。
三区　旧市制で、小石川区・神田区・本郷区の三区。

た。かれはいつものとおり机に向かって書見をしていました。かれはいつものとおり書物から目を離して、わたくしを見ました。しかしかれはいつものとおり、今帰ったのかとは言いませんでした。かれは、「病気はもういいのか、医者へでも行ったのか。」と聞きました。わたくしはそのせつなに、かれの前に手を突いて、謝りたくなったのです。しかも、わたくしの受けたその時の衝動は、けっして弱いものではなかったのです。もしKとわたくしがたった二人曠野《こうや》のまん中にでも立っていたならば、わたくしはきっと良心の命令に従って、その場でかれに謝罪したろうと思います。しかし奥には人がいます。わたくしの自然はすぐそこでくい止められてしまったのです。そうして悲しいことに永久に復活しなかったのです。

夕飯の時、Kとわたくしはまた顔を合わせました。なんにも知らないKはただ沈んでいただけで、少しも疑い深い目をわたくしに向けません。なんにも知らない奥さんはいつもよりうれしそうでした。わたくしだけがすべてを知っていたのです。わたくしは鉛のような飯を食いました。その時お嬢さんは、いつものようにみんなと同じ食卓に並びませんでした。奥さんが催促すると、次のへやで、ただいまと答えるだけでした。それをKは不思議そうに聞いていました。しまいに、どうしたのかと奥さんに尋ねました。奥さんは、おおかたきまりが悪いのだろうと言って、ちょっとわたくしの顔を見ました。Kはなお不思議そうに、なんできまりが悪いのかと追求しにかかりました。奥さんは微笑しながら、またわたくしの顔を見るのです。

わたくしは食卓に着いた初めから、奥さんの顔つきで、事のなりゆきをほぼ推察していました。しかしKに説明を与えるために、わたくしのいる前で、それをことごとく話されてはたまらないと考えました。奥さんはまたそのくらいのことを平気でする女なのですから、わたくしはひやひやしたのです。幸いにKは、またもとの沈黙に返りました。平生より多少きげんのよかった奥さんも、とうとうわたくしの恐れを抱いている点までは話を進めずにしまいました。わたくしはほっと一息してへやへ帰りました。しかし、わたくしがこれから先Kに対して取るべき態度はどうしたものだろうか、わたくしはそれを考えずにはいられませんでした。わたくしはいろいろの弁護を自分の胸でこしらえてみました。けれどもどの弁護も、Kに対して面と向かうには足りませんでした。ひきょうなわたくしは、ついに自分で自分をKに説明するのがいやになったのです。

＊

わたくしはそのまま二、三日過ごしました。その二、三日の間、Kに対する絶えざる不安がわたくしの胸を重くしていたのは言うまでもありません。わたくしはただでさえ、なんとかしなければかれにすまないと思ったのです。そのうえ、奥さんの調子やお嬢さんの態度が、始終わたくしをつっつくように刺激するのですから、わたくしはなおつらかったのです。どこか男らしい気性をそなえた奥さんは、いつわたくしのことを食卓でKにすっぱ抜かないともかぎりません。それ以来ことに目立つように思えたわたくしに対するお嬢さんの挙止動作も、Kの心を曇らす不審の種とならないとは断言できません。わたくしはなんとかして、わたくしとこの家族との間に成り立った新しい関係を、Kに知らせなければならない位置に立ちました。しかし、倫理的に弱点を持っていると自分で自分を認めているわたくしには、それがまた至難のことのように感ぜられたのです。わたくしはしかたがないから、奥さんに頼んでKにあらためてそう言ってもらおうかと考えました。むろんわたくしのいない時にです。しかしありのままを告げられては、直接と間接の区別があるだけで、面目のないのに変わりはありません。といって、こしらえごとを話してもらおうとすれば、奥さんからその理由を詰問されるにきまっています。もし奥さんにすべての事情を打ち明けて頼むとすれば、わたくしは好んで自分の弱点を、自分の愛人とその母親の前にさらけ出さなければなりません。まじめなわたくしには、それがわたくしの未来の信用に関するとしか思われなかったのです。結婚する前から恋人の信用を失うのは、たとい一分一厘でも、わたくしには堪えきれない不幸のように見えました。

要するにわたくしは、正直な道を歩くつもりで、つい足を滑らしたばか者でした。もしくは狡猾《こうかつ》な男でした。そうしてそこに気のついているものは、今のところただ天とわたくしの心だけだったのです。しかし立ち直って、もう一歩前へ踏み出そうとするには、今滑ったことをぜひとも周囲の人に知られなければならない窮境に陥ったのです。わたくしはあくまで滑ったことを隠したがりました。同時に、どうしても前へ出ずにはいられなかったのです。わたくしはこの間にはさまって、また立ちすくみました。

五、六日たった後、奥さんは突然わたくしに向かって、Kにあのことを話したかと聞くのです。わたくしは、まだ話さないと答えました。すると、なぜ話さないのかと、奥さんがわたくしをなじるのです。わたくしはこの問いの前に堅くなりました。そのとき奥さんがわたくしを驚かしたことばを、わたくしは今でも忘れずに覚えています。

「道理でわたしが話したら変な顔をしていましたよ。あなたもよくないじゃありませんか、平生あんなに親しくしている間柄だのに、黙って知らん顔をしているのは。」

わたくしは、Kがそのとき何か言いはしなかったかと奥さんに聞きました。奥さんは、別段何も言わないと答えました。しかしわたくしは、進んでもっと細かいことを尋ねずにはいられませんでした。奥さんはもとより何も隠すわけがありません。たいした話もないがと言いながら、いちいちKの様子を語って聞かせてくれました。

奥さんの言うところを総合して考えてみると、Kはこの最後の打撃を、最も落ち着いた驚きをもって迎えたらしいのです。Kは、お嬢さんとわたくしとの間に結ばれた新しい関係について、最初は、そうですかとただ一口言っただけだったそうです。しかし奥さんが、「あなたも喜んでください。」と述べた時、かれははじめて奥さんの顔を見て微笑をもらしながら、「おめでとうございます。」と言ったまま席を立ったそうです。そうして茶の間の障子を開ける前に、また奥さんをふり返って、「結婚はいつですか。」と聞いたそうです。それから、「何かお祝いをあげたいが、わたくしは金がないからあげることができません。」と言ったそうです。奥さんの前に座っていたわたくしは、その話を聞いて胸がふさがるような苦しさを覚えました。

*

勘定してみると、奥さんがKに話をしてからもう二日余りになります。その間、Kはわたくしに対して少しも以前と異なった様子を見せなかったので、わたくしはまったくそれに気がつかずにいたのです。かれの超然とした態度は、たとい外観だけにもせよ、敬服に値すべきだとわたくしは考えました。かれとわたくしを頭の中で並べてみると、かれのほうがはるかにりっぱに見えました。〈おれは策略で勝っても人間としては負けたのだ。〉という感じが、わたくしの胸にうず巻いて起こりました。わたくしはその時、さぞKが軽蔑していることだろうと思って、一人で顔を赤らめました。しかし、いまさらKの前に出て恥をかかせられるのは、わたくしの自尊心にとって大いな苦痛でした。

わたくしが進もうかよそうかと考えて、ともかくもあくる日まで待とうと決心したのは土曜の晩でした。ところがその晩に、Kは自殺して死んでしまったのです。わたくしは今でも、その光景を思い出すとぞっとします。いつも東まくらで寝るわたくしが、その晩にかぎって、偶然西まくらに床を敷いたのも、何かの因縁かもしれません。わたくしは、まくら元から吹き込む寒い風で、ふと目を覚ましたのです。見ると、いつもたてきってあるKとわたくしのへやとの仕切りのふすまが、この間の晩と同じくらい開いています。けれどもこの間のように、Kの黒い姿はそこには立っていません。わたくしは暗示を受けた人のように、床の上にひじを突いて起き上がりながら、きっとKのへやをのぞきました。ランプが暗くともっているのです。それで床も敷いてあるのです。しかし、掛け布団ははね返されたようにすその方に重なり合っているのです。そうして、K自身は向こうむきにつっぷしているのです。

わたくしは、「おい。」と言って声をかけました。しかしなんの答えもありません。「おい、どうかしたのか。」と、わたくしはまたKを呼びました。それでもKのからだはちっとも動きません。わたくしはすぐ起き上がって、敷居ぎわまで行きました。そこからかれのへやの様子を、暗いランプの光で見回してみました。

その時わたくしの受けた第一の感じは、Kから突然恋の自白を聞かされた時のそれとほぼ同じでした。わたくしの目はかれのへやの中を一目見るやいなや、あたかもガラスで作った義眼のように、動く能力を失いました。わたくしは棒立ちに立ちすくみました。それが疾風のごとくわたくしを通過したあとで、わたくしは、また、ああ、しまったと思いました。もう取り返しがつかないという黒い光が、わたくしの未来を貫いて、一瞬間に、わたくしの前に横たわる全生涯《しょうがい》をものすごく照らしました。そうしてわたくしは、がたがた震えだしたのです。

それでもわたくしは、ついにわたくしを忘れることができませんでした。わたくしはすぐ、机の上に置いてある手紙に目をつけました。それは予期どおりわたくしの名あてになっていました。わたくしは夢中で封を切りました。しかし中には、わたくしの予期したようなことはなんにも書いてありませんでした。わたくしは、わたくしにとってどんなにつらい文句がその中に書き連ねてあるだろうと予期したのです。そうして、もしそれが奥さんやお嬢さんの目に触れたら、どんなに軽蔑されるかもしれないという恐怖があったのです。わたくしはちょっと目を通しただけで、まず助かったと思いました。（もとより世間体のうえだけで助かったのですが、その世間体がこの場合、わたくしにとっては非常な重大事件に見えたのです。）

手紙の内容は簡単でした。そうしてむしろ抽象的でした。自分は薄志弱行でとうてい行く先の望みがないから、自殺するというだけなのです。それから、今までわたくしに世話になった礼が、ごくあっさりした文句でそのあとにつけ加えてありました。世話ついでに死後のかたづけ方も頼みたいということばもありました。奥さんに迷惑をかけてすまんから、よろしくわびをしてくれという句もありました。国元へはわたくしから知らせてもらいたいという依頼もありました。必要なことはみんな一口ずつ書いてあるなかに、お嬢さんの名まえだけはどこにも見えません。わたくしはしまいまで読んで、すぐKがわざと回避したのだということに気がつきました。しかし、わたくしの最も痛切に感じたのは、最後に墨の余りで書き添えたらしく見える、もっと早く死ぬべきだのに、なぜ今まで生きていたのだろうという意味の文句でした。

わたくしは震える手で、手紙を巻き収めて、ふたたび封の中へ入れました。わたくしはわざとそれを皆の目につくように、元のとおり机の上に置きました。そうしてふり返って、ふすまにほとばしっている血潮を初めて見たのです。

【その後、大学を卒業した「わたくし」は、お嬢さんと結婚する。けれども、この幸福には黒い影がつきまとっていた。Kを忘れることのできない「わたくし」の心は、常に不安であった。この不安は、書物によっても酒によっても消し去ることのできないものであった。「わたくし」は厭世的になり、人間の罪というものを深く感じ、死んだ気で生きていこうと決心するようになる。こうした苦しい内面生活の長い年月を重ねるうち、たまたま明治天皇の崩御と、乃木《のぎ》大将の殉死に心動かされて、「わたくし」も、ひそかに、自己の倫理的な罪のつぐないのために死のうと決意する。】

乃木大将　乃木希典《まれすけ》。一八四九～一九一二。明治時代の軍人。西南戦争・日清《にっしん》戦争に出征後、日露戦争では第三軍司令官として旅順を攻略した。明治天皇の大葬当日、妻静子とともに殉死した。

※著者略歴は九二頁参照。

『こころ』は、一九一四年、漱石四七歳の年の四月から一一〇回にわたって「朝日新聞」に連載された。本文は、『現代日本文学大系』第一八巻（筑摩書房）によった。

叙述と注解

秋山　虔

Kはなかなか奥さんとお嬢さんの話をやめませんでした……　Kがお嬢さんへの恋慕を打ち明ける場面の、Kの表情、それを受ける側のわたくしの驚きが、的確な筆致できわめて印象的に彫り上げられている。この教材本文にはいる前にKの性格や日ごろの言動（剛直果断、禁欲的な勉強家で、普通人からみれば異常なまでに独断的、偏執的）が描かれているが、日ごろの調子を破って奥さんたちのことを話題にのぼせるKは、わたくしに不審がられて突然黙る。が、やがて口もとの肉をふるわせ、お嬢さんへの恋の心を打ち明けた。そのときわたくしの受けた衝撃が刻明に写し出されている。この衝撃からどうわたくしは立ち直るか。それはKの恋を封殺することにおいてしかありえないのであるが、いまはとにかく先取的立場に立つKにひきまわされるよりほかないのである。

自分から進んでかれの姿を咀嚼しながらうろついていたのです　お嬢さんへの恋の心を打ち明けた時のKの姿を思い浮かべ、また、今へやにとじこもっているかれの様子を想像しながら、Kのもっている心理的、性格的なさまざまな側面、わたくしに打ち明けるまでに至ったかれの心の推移、さらに今後のK対わたくしの関係などを憶測し、自問自答している。その「咀嚼」の内容が次の段落で語られる。

かれの態度は、まだ実際的の方面へ向かってちっとも進んでいませんでした　Kはお嬢さんへの恋慕をまだ自分の心の中の問題としてかかえているだけであり、お嬢さんに対して告白するとか求婚するとかいう実際的、具体的な行動のほうへは全然踏み出せないでいるということ。Kにとっては恋愛は自己の生活信条と真正面から矛盾するものであるだけに恋を抱いてしまったということ自体をどう処理してよいかわからないでいるのである。だからこそ友人のわたくしに「どう思う」と、批判・助言を求めることになったのである。

わたくしは、かれの平生と異なる点を確かに認めることができたと思いました。……　平常は他人の思わくなど意にも介せず、自己の信ずる方向に突進するKであるだけに、いまわたくしに批判を求めるということはきわめて異常なのである。

かれはいつもにも似ない悄然とした口調で、自分の弱い人間であるのが実際恥ずかしいと言いました。……　「自分の弱い人間であるのが」「迷っているから自分で自分がわからなくなってしまったので」「進んでいいか退いていいか、それに迷うのだ」というKのことばは、Kの信条とお嬢さんへの恋慕に引き裂かれて、自分で自分を拾収することがまったくできなくなってしまったKの精神状態を示している。「退こうと思えば退けるのか」というわたくしの問いに、

Kのことばが行きづまり、ただ「苦しい」とだけしか言えない進退きわまった状態なのである。しかしわたくしは、いかにKに同情しようとも、そうしたKを救ってやることが絶対にできないのである。事がお嬢さんに関係していることであるだけに、わたくしの愛情の成否にかかわることであるだけに、わたくしには、冷酷にKを突きのめすことよりほかに道は残されていないのである。次の節に「わたくしはちょうど他流試合でもする人のように……」と書かれているゆえんである。

「精神的に向上心のない者は、ばかだ。」このことばは、以前にわたくしがKから吐きかけられたことばである。教科書では省略されているが、房州旅行の途上、小湊《こみなと》の誕生寺に立ち寄ったとき、Kは熱心に日蓮について論じるが、それに応じないわたくしに対して、Kはこのことばを発した（第三十節）のである。そのときわたくしは、霊のためには肉をしいたげ、道のためには体をむちうつKのいわゆる難行苦行主義に対して、人間らしさということを主張してKと議論している（第三十一節）が、いまわたくしは、かつてKから批判された、きびしいそのことばを逆に用いてKにせまったのである。もちろん、Kに対してこのことばを投げ返すわたくしには、その資格はまったくないであろう。わたくしの急に厳粛な改まった態度が策略であり、その策略に対して自分でこっけいだの羞恥だのを感じる余裕はなかった、とすぐ前に書かれているが、この「精神的に……」のことばを発する自分自身への反省など起こるべくもなかった。ただわたくしは、Kのお嬢さんへの恋の息の根を止めさえすればよかったのである。それにはこのことばほどおあつらえ向きなことばはなかったであろう。Kにしてみればお嬢さんへの恋は自分の信条に明らかにもとるものであり、そのことを突かれることは、自分の存在理由を問われることですらあったわけであるから。

すぐ後に「これは二人で房州を旅行している際、Kがわたくしに向かって使ったことばです。わたくしはかれの使ったとおりを、かれと同じような口調で、ふたたびかれに投げ返したのです。しかし、けっして復讐ではありません。わたくしは復讐以上に残酷な意味を持っていたということを自白します。わたくしはその一言で、Kの前に横たわる恋の行く手をふさごうとしたのです。」とあって、二一〇頁一一行「こういう過去を……」以下、このことばを発したわたくしの動機、そしてもう一度このことばがくり返されたときのKの反応が語られている。

Kは真宗寺に生まれた男でした。しかしかれの傾向は、……生家の宗旨に近いものではなかったのです。……俗人と同様に妻帯し、在家往生の実を示そうとしたその開祖親鸞の生き方にも明らかなように、真宗の宗旨は阿弥陀仏の他力本願の信仰によって往生成仏を期する。そのような真宗の寺に生まれたKは、しかしながら、ひたすら人間的欲望を禁圧した精神主義に徹しているというのである。Kの好む「精進」ということばは、単なる禁欲ということでなく、「道のためにはすべてを犠牲にすべきものだ」という徹底した意味のものである。（二九七頁の初めの「あらすじ」の部分にも触れてあるが、Kが養家をあえて欺き、思想や宗教を勉強する道を選んだのも、そうした信念にもとづいていた。）

「ばかだ。」と、やがてKが答えました。「ぼくはばかだ。」……地面の上を見つめています。……「精神的に向上心のない者は、ばかだ。」という、わたくしのことばによって完全に打ちのめされたKの姿がここで描き出されている。「思わずぎょっとしました。」とか、Kが「居直り強盗のごとく感ぜられた」とかいうわたくしの気持は、わたくしのことばによってKがお嬢さんへの恋を断念するどころか、敢然と開き直ってくるのではないかという恐れにつらぬかれたという意味であろう。しかし、ここに描かれているKは、自分の恋が日ごろの信条にもとるものであることに愕然とし、自分自身を取りもどすすべもない、ぼうぜんたる精神状態におちいっているのである。

わたくしはKと並んで足を運ばせながら、……あるいは待ち伏せと言ったほうがまだ適当かもしれません　以下わたくしとKとの問答は、Kに対してわたくしが完全に一歩先んじ、Kを残酷に追いつめるものとなっている。「狼のごとき心を罪のない羊に向けた」とか、「狼がすきを見て羊ののど笛へくらいつくように」とか、「背の高いかれは自然とわたくしの前に萎縮して、小さくなるような感じ」などと書かれている。強情で一本気で、自分の矛盾を他人から非難されることに平気でいられないKの人柄であるだけに、わたくしの追及によってKは身動きできぬ窮地に立たされているといえよう。「……きみの心でそれをやめるだけの覚悟がなければ。いったいきみは、きみの平生の主張をどうするつもりなのか。」という詰問に対し、「覚悟、――覚悟なら、ないこともない。」と独り言のような、夢の中のようなことばを発するKは、お嬢さんへの恋を断念する苦悩と必死にたたかっていたのであろう。

尊い過去　二一〇頁参照。「こういう過去」（一一行）、「かれがせっかく積み上げた過去」（一三行）などとあるが、その具体的内容は二一〇頁前半に示されている。すなわち、道のためにはすべてを犠牲にすべきものだという第一信条に生き、節欲や禁欲はもちろん、たとい欲を離れた恋そのものでも道の妨げになる、といった尋常一様でないストイックな生き方をKはこれまで続けてきたのだが、それまでにして積み上げてきた精進の重さを「尊い」という形容で示したのである。

上野から帰った晩は、わたくしにとって比較的安静な夜でした。……　わたくしに追及されたはてに発した、「覚悟なら、ないこともない。」

というKのことばを、お嬢さんへの恋の断念と受け取ったわたくしは、Kの恋の告白以来の重苦しい苦悩から解放されたのであった。「ほかのことにかけては何をしてもかれに及ばなかったわたくしも、その時だけは恐るるに足りないという自覚をかれに対して持っていたのです。」とあるように、わたくしはKを手玉にとって制圧したと思っている。

わたくしはほどなく穏やかな眠りに落ちました。しかし、突然わたくしの名を呼ぶ声で目をさましました。…… 以下のKの言動は不可解である。なぜKは真夜中にふすまをあけてわたくしの名を呼んだのであろう。翌朝その理由を尋ねてもかれははっきりした返事をしない。おそらく、Kは苦悩のあまり眠ることができず、何か話しかけずにはいられない気持であったのだろう。わたくしは、昨夜のKの不可解な言動が釈然としないでいるうちに、Kの覚悟の意味が、いわたくしの安心したものでなく、かえって、いままでの信条を果断になげうって、お嬢さんへの恋をおし進める決意を示したのではないかという疑惑にうちあたったのである。

わたくしは、一般を心得た上で、例外の場合をしっかりつらまえたつもりで得意だったのです

「一般」とは、ここではKの性格、自分の信条に従って迷うことなく事を断行する性格のことであろう。例外の場合とは、そのようなKが信条からするなら、筋の通らない恋の苦しみに、もがいているさまである。このようにいまのKの状態を把握し、これに対して巧妙に手を打ったことで、わたくしは得意になっていたというのである。

ところが、「覚悟」というかれのことばを頭の中で何べんも咀嚼しているうちに、わたくしの得意はだんだん色を失って、…… いままでKの「覚悟」のことばを、信条をつらぬくためには恋を断念する覚悟というふうに解して、落ち着きを取りもどしてきたのであるが、それとはまったく逆に、年来の信条をもなげうち、信条からの逸脱に、自分を疑い、苦悩する状態から脱出する果断の行為に進み出る覚悟の意味ではないか、とはっと思い当たったのである。この驚きによってわたくしの理性分別はうちくらまされた。「その時のわたくしが、もしこの驚きをもって、もう一ぺん……」の「驚きをもって」の意味は、「驚きをきっかけにして」と解釈すべきであろう。

わたくしは、わたくしにも最後の決断が必要だという声を、心の耳で聞きました。…… いうまでもなくKを出しぬいて、奥さんに求婚を申しこむ決意にふみ切ったことである。以下、その機会をねらうわたくしの心理的状態、という仮病をつかって奥さんとふたりきりになる機会をつくり、それを切り出すまでの場面が的確に語られている。

Kから聞かされた打ち明け話を奥さんに伝える気のなかったわたくしは、……すぐ自分のうそを快からず感じました わたくしにとっては何よりもまずお嬢さんに求婚の申し入れをし、その受諾を得ることが先決であった。だから、わたくしより早くKの意思表示があったかなかったかということが、大きな問題だったのである。しかし奥さんへの打診によって、まだそのことがなされていないことを知った。したがって、ここでわざわざ何もKのわたくしへの打ち明け話に触れる必要もないし、その気にもなれないのである。が、そのことはいま、わたくしがあれほど自分を信頼して気持を打ち明けてくれたKを出しぬくという、明白な裏切り行為に踏み出そうとしているにほかならない。「自分のうそを快からず感じ」たというのは、わたくしの良心のおのずからのはたらきというべきであろう。

話は簡単でかつ明瞭にかたづいてしまいました。…… 奥さんは求婚に応じたのであるが、あまりに簡単に話がかたづいたのは、わたくしに対して日ごろお嬢さんが愛情をいだいており、奥さんもそのことを支持していたからであろう。「かえって形式に拘泥するくらいに思われた」わたくしに対して、その場で話に応じた奥さんの「だいじょうぶです。本人が不承知のところへ、わたくしがあの子をやるはずがありませんから。」ということばからそう理解される。

Kに対するわたくしの良心が復活したのは、わたくしがうちの格子を開けて、……　わたくしはKによってお嬢さんを奪われまいとして、苦悩し、ついにKを出しぬいて、お嬢さんとの結婚の約束を取りつけたのである。そのことのためにはKへの友情をも捨てた。いわば食うか食われるかの関係がそこにはあった。しかし、いまKに勝った。もうKとたたかう必要はなくなったのである。が、わたくしはKと対等にたたかって勝ったのではない。それはまったく、だましうちにひとしいのである（二〇八頁一五行、二一一頁一二行参照）。こうしたわたくしの裏切り行為を知らぬKが、例のわたくしの仮病をそれとも知らず、「病気はもういいのか、医者へでも行ったのか。」と気づかってくれた瞬間、自分の陋劣なやりくちに痛切な自責をおぼえたのも当然であろう。しかしわたくしは、謝罪したいという衝動を、ついにおさえてしまったのである。それは奥さんやお嬢さんへの見栄や、自尊心、利己心などというものであろう。以下、これらと良心との葛藤にわたくしは悩まねばならなくなる。

その二、三日の間、Kに対する絶えざる不安がわたくしの胸を重くしていたのは言うまでもありません。……　前記のようにわたくしはKの前に手を突いて謝罪したい衝動にかられた。が、自尊心がそれを許さない。しかもこの家族との新しい関係の成立は早晩Kに知らさなければならないものであるだけに、せっぱつまった不安の中にある。自分のやりくちが倫理的に弱点を持っていることを自覚しているだけに、その不面目を陰蔽しておきたいのであった。わたくしは奥さんからKに言ってもらおうかとも考える。しかしそうなるとKばかりでなく奥さんお嬢さんにも自分の卑劣行為が知られる。自分の信用に関するゆえ、それもできない。そして窮地に陥って、立ちすくむ思いをするのである。

奥さんの言うところを総合して考えてみると、Kはこの最後の打撃を、最も落ち着いた驚きをもって迎えたらしいのです　Kは奥さんから、わたくしとお嬢さんとの結婚の約束を聞いたのである。奥さんは、Kがすでにわたくしからそのことを聞き知っていると思って、そのことを話したのであった。しかるにそうでなかったことは事情を知らない奥さんには意外であった。だから奥さんはわたくしの秘密主義をなじったのであるが、それはそれとして、奥さんから聞いたKのその時の反応は、まさにKという人物の面目を示しているであろう。ここにいう「最後の打撃」とは、さきにわたくしによる打撃（「精神的に向上心のない者は、ばかだ。」と言われて、お嬢さんにいだく恋心を糾弾された。）に次いで、最後の決定的な打撃という意味であろう。Kはいま思いがけなく、かつて一度も疑うことのなかったわたくしの卑劣な裏切りによって、自分が最後的に打ちのめされたことを知ったのである。恋を失ったばかりでなく、わたくしの背倫を痛いほど感じたわけであろう。しかしかれは、自分のいま立たされている境地に少しも取り乱すことなく、りっぱな態度で祝福のことばを述べる。これはKがいかに傑物であるかを物語っているであろう。「胸がふさがるような」わたくしの苦しみも当然であるといわねばならない。

次の段に、わたくしはKの態度が敬服に値すべきだと考え、〈おれは策略で勝っても人間としては負けたのだ。〉という実感が胸にうず巻いて起こったと書かれている。わたくしの敗北感であるが、それは同時にわたくしの自尊心にとっての大きい屈辱感でもある。

わたくしが進もうかよそうかと考えて、ともかくもあくる日まで待とうと決心したのは土曜の晩でした

「進もうかよそうか」というのは、Kに直接に謝罪しようかどうかということであろう。この迷いは、これまで語られてきたようないわば良心と自尊心との葛藤にほかならないだろう。しょせんどうしてよいか決着がつかず、それを翌日まで延ばそうとしたのであるが、その夜のKの自殺により、事は見送られてしまう。わたくしとお嬢さんとの来るべき新しい生活は、このKの死により決定的に呪われたものとなるのである。

その時わたくしの受けた第一の感じは、Kから突然恋の自白を聞かされた時のそれとほぼ同じでした。……

このKの死に直面したときの、わたくしの反応は、きわめて的確、印象的に語られている。Kがお嬢さんへの恋を告白したくだり（二〇〇頁）をもあらためて読みあわせるがよい。

それでもわたくしは、ついにわたくしを忘れることができませんでした。わたくしはすぐ、机の上に置いてある手紙に……

Kの死はわたくしに衝撃を与えたが、その衝撃の中ですぐさまかれの遺書を見つけ封を切るのは、Kがわたくしの卑劣な策謀について何ほどか書きのこすとか、またはお嬢さんへの気持を告白するとか、これからのわたくしの将来に不利なことが書かれていないかとかいう、自己防衛的な恐れのせいであろう。しかしKの遺書の内容は抽象的であり、ほんとうの死の理由をにおわす何ものも書かれていないのである。わたくしの卑劣さに対して、Kの人柄の卓抜さがおのずからここに示されているであろう。わたくしにとっては死者のこの態度が一生の負い目になるであろうことは明らかである。

わたくしの最も痛切に感じたのは、……なぜ今まで生きていたのだろうという意味の文句でし

た　Kは Kの立たされている位置を痛感して、みずから生命を断ったのである。自分を苦しい境遇から救ってくれた友人の、お嬢さんへの恋を知らないで、その仲に割ってはいろうとしたそのことが、自分の存在理由でもあった信条にもとるばかりでなく、そのために、自分がいなれば決してそんな行動には出ないにちがいない策謀へと友人を進ませた。友人自身も深く傷つき苦悩しているであろうだけに、自分の存在が許せない、というのがKに自殺を決行させた理由なのであろう。

作品鑑賞

秋山　虔

『こころ』は、大正三（一九一四）年四月二〇日から八月一一日まで、「朝日新聞」に『先生の遺書』という題で、一一〇回にわたって連載され、同年一〇月、岩波書店から単行本として刊行される際に『こころ』と改題され、上編「先生と私」、中編「両親と私」、下編「先生と遺書」の三部に分けられた。

教科書に採録したのは下編の一部であり、さしあたり、上・中編との関係は考えないでもよいから、ここでは、『こころ』という作品全体の構成について、小宮豊隆氏の文章を引用しておくにとどめる。

「『先生と私』では、その私がどうして先生と知り合ひになり、先生のどういふところに牽きつけられ、先生のうちにしばしば出入りしてゐるうちに、先生ならびに奥さんと先生との日常生活に、どうしても納得のできない、謎のやうなものを感じ、真面目な気持で、その謎を解いてもらひたく思ひ、終ひには先生にぢかにそれを熱望するところが描き出される。その熱望に応へて、先生が自分の過去の特殊な体験をつぶさに告白したものが、後の『先生と遺書』である。然も先生が私に遺書を書くためには、私はある期間先生のそばから離れてゐる必要がある。その必要を充たすものが『両親と私』で、私は大学の卒業証書を持って、病気をしてゐる父を見舞ひがてら、郷里へ帰って行くのである。私が郷里にゐるうちに、明治天皇が崩御され乃木大将が殉死する。それを聞いて感動する父が、私からいくらかユーモラスに受けとられてゐるうちに、私は突如として先生の遺書を受けとるのである。遺書を受けとるや否や、私は危篤の父をはふり出して、車中でその遺書を読みながら、東京へ向け郷里を出発する。――構成的に言へば、『先生と私』は『先生と遺書』の伏線として、『両親と私』は『先生と私』と『先生と遺書』との対照として、言はば『先生と遺書』のために存在する。」（岩波書店刊「漱石全集」第一二巻解説）

さて、田舎の財産家に生まれたわたくし（先生）は、二十歳以前に両親に死別し、亡父の信頼していた、したがって自分も信頼を寄せていた叔父に財産の管理を委ね、上京して勉学していたが、やがて叔父によって財産が横領されていたことを知り、絶望する。わたくしは残る財産のいっさいを金にかえ、郷里を捨ててひとり東京で下宿住まいをはじめる。

「私の気分は国を立つ時既に厭世的になつてゐました。他《ひと》は頼りにならないものだといふ観念が、其時骨の中迄染《し》み込んでしまつたやうに思はれたのです。私は私の敵視する叔父だの叔母だの、その他の親戚だのを、恰《あたか》も人類の代表者の如く考へ出しました。汽車に乗つてさへ隣のもの、様子を、それとなく注意し始めました。たまに向から話し掛けられでもすると、猶の事警戒を加へたくなりました。私の心は沈鬱でした。鉛を呑んだやうに重苦しくなる事が時々ありました。それでゐて私の神経は、今云つた如くに鋭く尖つて仕舞つたのです。」(下編、第一二節冒頭)

と、そのころのわたくしの精神状態が語られている。小石川の下宿に移ってからも、「物を偸《ぬす》まない巾着切《きんちやくきり》見たやうなものだ」と自己嫌悪が起きるほど、下宿の家の人たちに対しても油断なく、神経をとがらせていたのである。

そんなわたくしが、いつしか下宿のお嬢さんに好意以上の愛情をいだくようになる。それは一つの矛盾であるが、それは、「私は金に対して人類を疑ぐつたけれども、愛に対しては、まだ人類を疑はなかつたのです。だから他《ひと》から見ると変なものでも、また自分で考へて見て、矛盾したものでも、私の胸のなかでは平気で両立してゐたのです。」(第一二節)と説明されている。こうしてわたくしのお嬢さんへの愛情の深まりにより、叔父に裏切られたことに結果する人間嫌いから癒やされて、そのまま時間がたてば、当然、愛情でつながる幸福な結婚生活の到来も予想されたのである。

が、ここに、第三の男Kが介入してくることになる。いったいわたくしがKを同じ下宿に迎えたのは、苦境にあるKの人間性が破壊されようとすることをひたすら恐れた友情、友人をそのままの状態にしておけぬ責任感からである。それは、最も頼みにしていた近親に欺かれ、人間一般への信頼感を失ったけれども、自分だけは確かなもの、自分だけは立派に生きてゆこうとする、自分自身への信頼あってのことである。同居するようになったKが、偏屈なまでの精神主義者たろうと努める信条にそむいて、やがてお嬢さんに対して愛情をいだくようになったということも、Kが人間的な情意を回復したことなのであるから、これはとりもなおさず、わたくしの善意が効を奏したことの表われにほかなるまい。つねづねわたくしはKに対して下宿の奥さんやお嬢さんに接近することをすすめ、また奥さんやお嬢さんには、Kの気持をやわらげてくれるよう頼んでいたのであった。

しかるにKの心にお嬢さんへの愛情が芽生えたことによって、わたくしの姿勢は百八十度の転回を余儀なくされる。いまやわたくしはKの恋情を押しゆがめ、刈り取ることしか念頭になくなる。そうするよりほかわたくしのお嬢さんへの愛を遂げることができないからであるが、こうしてみると、これまでのKを庇護してゆこうとした友情も、じつは自分がKに対して優越的な立場に立っているがために、心安んじて恵みを与えてゆけたということであるにすぎなかったようである。Kと下宿の人たちとの接近も、わたくしがこれを宰領しうる立場を保ち得ている限りにおいて勧奨されたにすぎない。要するに、自己中心的な施しの満足感ということになろう。そのことが、Kの、わたくしを媒介としないお嬢さんへの接近によって暴露されたのである。

Kをもとの精神主義者の線に追い戻すことによって、自分とお嬢さんとの結びつきを確保しようとする画策は成功した。が、この成功とともに復活した良心の活動は、わたくしを苦しめる。かえって得たのは深い人間的な敗北感であるが、さらにKの自殺によって、終生ぬぐうことのできぬ罪障意識をいだかせられる。たしかにわたくしは表面では無事に大学を卒業し、念願どおりお嬢さんと結婚したのであるが、その新生活は幸福をもたらすものではない。妻との間に卒然とたちはだかるKがわたくしをおびやかす。妻のどこにも不足を感じないわたくしであるが、そのために彼女を遠ざける。理由のわからぬ妻の詰問にわたくしは苦しんだ。思い切って妻にいっさいを打ち明けようとするが、いざとなると、妻の記憶に暗黒な一点を印するにしのびなくて断行に踏みきることができないのであった。わたくしは不安を放逐しようとして勉強しようとするが、その無理な姿勢はあえなくくじける。飲酒によって自己をごまかそうとするがむだであった。

罪障意識につらぬかれたわたくしは、それゆえに妻の母の死に際しても献身的に看護したし、妻にもやさしくしたのである。知らない路傍の人からむち打たれたいとまで思ったこともあるが、やがてむち打たれるよりも自分で自分をむち打つべきだという気持から、さらに自分で自分をむち打つよりも自分で自分を殺すべきだという考えが生じてくる。しかたなくわたくしは死んだ気で生きようと決心したのである。しかしながら、そのような決心も、どこからかわたくしの心をぐいと握りしめるような、ある力によって取り押えられてしまう。おまえは何をする資格もない人間だと、その力は宣告する。わたくしはぐたりとしおれてしまうのであった。こうしてわたくしは妻とふたりで、みずからなま殺しのような生活をつづけているが、おりから明治天皇の崩御と乃木大将の殉死に心動かされて、死を決意する。

このような下編「先生と遺書」によって、われわれは上・中編、ことに上編「先生とわたくし」において、先生の語る、それ自体としてはなかなか納得しがたかったアフォリズムめいたことばの意味が、明瞭な意味あいを持って生きてくるのである。たとえば、

「悪い人間といふ一種の人間が世の中にあると君は思つてゐるんですか。そんな鋳型《いがた》に入れたやうな悪人は世の中にある筈がありませんよ。平生はみんな善人なんです、少なくともみんな普通の人間なんです。それが、いざという間際に、急に悪人に変るんだから恐ろしいのです。」(上編、第二八節)

「かつては其人の膝の前に跪《ひざま》づいたといふ記憶が、今度は其人の頭の上に足を載せさせやうとするのです。私は未来の侮辱を受けないために、今の尊敬を斥《しり》ぞけたいと思ふのです。私は今より一層淋しい未来の私を我慢する代りに、淋しい今の私を我慢したいのです。自由と独立と己れとに充ちた現代に生まれた我々は、其犠牲としてみんな此淋しみを味はわなくてはならないでせう。」(上編、第一四節)

というようなことばがあるが、こうしたことばは、遺書の「わたくし」の特定の生涯によって、その意味が照らし出されると同時に、またそれ自体としての深い意味をたたえているであろう。

作者夏目漱石がきびしく追求したものは、愛の不可能性、不確定性ということであろう。愛という自我拡充の運動が、必然的に他我を傷つけ、同時に自我を傷つける、という人間存在の根源的な問題であった。「わたくし」は自分の一生をこの問題との直面にささげている人であるといってよいであろう。わたくしが自殺を決意するきっかけは、明治天皇崩御とうちつづく乃木大将の殉死という事件であるとされるが、「最も強く明治の影響を受けた私どもが、其後に生き残つてゐるのは必竟時勢遅れだといふ感じが烈しく私の胸を打ちました。」(下編、第五五節)また、「明治の精神に殉死する積だ」と妻に言って、「其時何だか古い不要な言葉に新しい意義を盛り得たやうな心持がしたのです。」(下編、第五六節)と書かれてもいる、そうしたわたくしの実感は、根源的な人間存在の問題に直面するその生き方が、表層は近代社会のよそおいさかんに進みゆく時勢に対して、根本的なところで疑問を投げてさえいるように考えられる。

作者研究

分銅惇作

夏目漱石は、慶応三(一八六七)年一月五日、江戸牛込馬場下横町(現新宿区喜久井町一)に、その土地の名主夏目小兵衛直克(五四歳)、妻千枝(四一歳)の五男(四男説もあるが正しくない)に生まれた。本名は夏目金之助。生後まもなく里子に出されたが、すぐ連れもどされ、二歳のとき塩原昌之助の養子となり、数年の後には実家に帰るなど、幼少時代は不遇の生活であった。

神田の錦華小学校より、東京府立第一中学に入学し、二松学舎に転じて漢学を学び、成立学舎に転じて英語を学び、明治一七（一八八四）年、大学予備門予科（第一高等学校の前身）に入学し、二三（一八九〇）年九月、帝国大学文科大学英文科に入学した。予備門で正岡子規と知り合い、文学書に親しみ、俳句・漢詩を作るようになった。大学時代には、『方丈記』を英訳し、「老子の哲学」「文壇に於ける平等主義の代表者『ウォルト＝ホイットマン』の詩について」（明二五）、「英国詩人の天地山川に対する観念」（明二六）などの論文を書いている。二六（一八九三）年七月大学を卒業し、大学院に残ったが、一〇月に東京高等師範学校の英語教師に就任した。次いで二八年四月より、四国の松山中学教諭として赴任した。この年の夏、日清戦争に従軍中喀血《かっけつ》した子規が松山に帰郷、漱石の下宿に同居し、その影響で句作に熱中した。松山での体験が基となって、後年の名作『坊っちゃん』が書かれた。二九年四月には第五高等学校講師として熊本におもむき、六月に貴族院書記官長中根重一の長女鏡子（二〇歳）と結婚した。三三（一九〇〇）年九月より、三六年一月まで、英語研究のために文部省よりイギリス留学を命じられて、ロンドンに滞在した。この間、自己本位の立場に目ざめ、『文学論』（明四〇）の著述を思い立って研究に没頭し、過労と孤独のあまり神経衰弱にかかった。

帰国後、三六年四月より第一高等学校教授として英語を、東京帝国大学講師として英文学を講義した。しかし、その生活は、物質的にも精神的にも暗く、神経衰弱に悩み、この現実からの精神的脱却と解放を求めて、創作を始め、三八（一九〇五）年一月より雑誌「ホトトギス」に『吾輩は猫である』を連載発表した。この一作で文名大いにあがり、さらに『倫敦塔《ロンドンとう》』『薤露行《かいろこう》』『坊っちゃん』『草枕』『二百十日』『野分』などを相次いで発表し、ゆるがぬ世評を得た。四〇（一九〇七）年四月からはいっさいの教職を辞して、東京朝日新聞社に専属執筆者として入社し、終生この地位にあった。六月よりこの第一回連載小説として『虞美人草』を発表し、続いて『坑夫』『三四郎』『それから』『門』と休むひまなく発表し、文壇に不動の地位を占めるに至った。四三年八月、胃潰瘍《いかいよう》で修善寺温泉で大吐血し、一時危篤状態に陥った。この時の病床の思い出を書いたのが、『思ひ出す事など』である。

病気回復して、ふたたび創作活動を始め、明治四五（一九一二）年から大正五（一九一六）年にかけて、『彼岸過迄』『行人』『こころ』『硝子《ガラス》戸の中』『道草』『明暗』と書きつづけた。大正五年一一月末より胃潰瘍を再発し、『明暗』を未完成のままに残して、一二月八日に没した。五〇歳。

作家としての特質　作家としての漱石の活動は、おおよそ次の四期に分けて考えてみることができる。

第一期は、『吾輩は猫である』を書いた明治三八年から、朝日新聞社に入社する明治四〇年まで。

第二期は、朝日新聞社に入社して『虞美人草』を発表してから『門』を書いた明治四三年まで。

第三期は、修善寺の大患がいえて、『彼岸過迄』から『こころ』を書いた大正三年まで。

第四期は、『硝子戸の中』から『明暗』を書いて没するまでの晩年。

第一期から第三期までの漱石の文学活動を貫く根本的な態度は、自己本位の立場に立った人生探求であり、第四期は「則天去私」と呼ばれている晩年の諦念の世界である。

明治三三（一九〇〇）年九月八日、漱石はドイツ汽船プロイセン号で英語研究のため横浜を出帆した。「秋風の一人を吹くや海の上」がそのおりの感懐の句である。ロンドンに到着したのは一〇月二八日である。初めは大学の講義を聴講していたが、かねて文学に対していだいていたかれの煩悶はますますつのるばかりで、本場に来て英文学を学んでも、かれの心は満たされなかった。それでできるだけ本を読みあさって、胸中の不安を解決しようとした。が、はては読書の意義そのものに対する懐疑にまで発展し、強度の神経衰弱に襲われる。こうした精神的な苦悶を経て漱石が探り当てたのが、自己本位の四字であった。近代思想の骨格をなす自我の覚醒・発展の方向をはっきりとつかみ取ったのである。

漱石のロンドンにおける体験は、鷗外のドイツ留学とともに、日本の近代思想史上の画期的な出来事である。作家漱石の誕生を、このロンドンでの自己本位の体験に求めることができよう。この体験から出発して、漱石はまず『文学論』の著述を思い立った。

帰国後、『文学論』の完成に全力を傾注したが、かれが精緻《せいち》な論理の網を張れば張るほど満たされない精神の要求をどうすることもできなかった。そして精神的にも物質的にも暗い生活の中に彷徨《ほうこう》して、ふたたび神経衰弱に襲われる。この時期の精神的苦悩は、後年の『道草』に詳しく述べられている。こうした現実から脱却を求めて、やがて創作活動が始まる。

第一期の作品群を見ると、二つの傾向が見受けられる。『吾輩は猫である』『坊っちゃん』『野分』の系列と、『倫敦塔』『薤露行』『幻影の盾』『草枕』の系列である。すなわち現実的傾向とロマン的傾向が表裏をなしていて、かれの内部に鬱積していたものが一時に爆発した形である。世俗の醜悪さを剔抉《てっけつ》し嘲笑しようとする態度と、ロマン的詩情に逍遥低徊しようとする態度とが見られる。当時は高踏派・余裕派などと評され、また『草枕』の詩情は、低徊趣味、非人情の世界などと称された。

第二期は、『虞美人草』『三四郎』『それから』『門』と一貫して恋愛を主要なテーマとしており、本格的にヨーロッパの個人主義思想をふまえた高次の倫理観と人生観を追求して、独自の文学を打ち立てている。四三年夏の修善寺での大患で死地を脱してからは、著しく内面的な傾向を深めていった。第三期は『彼岸過迄』『行人』『こころ』と一作ごとに現実を深く凝視し、生と死との関連から人間探求に強く食い入り、心理的傾向を帯び、宗教的な意識を打ち出している。

漱石の自己本位の立場は、その究極において自己を越えた普遍的な世界を望むものであった。その可能性を信じたればこそ、かれは執拗に自己に執し、自我の可能性の極限にまで登ろうとした。「自己は神である」と叫ぶ『行人』の一郎の立場は、ニーチェ的個人主義の一典型である。しかしその結果、自殺か発狂か宗教かのぎりぎりにまで追いつめられた一郎の心境は、当時の漱石自身の魂の苦悩の芸術的表現と見ることができよう。『こころ』では、自我の自由な発展を求めれば、その過程において必然的に他我を傷つけ、同時に自我そのものをも傷つけるという限界を提出して、存在につきまとう原罪意識に襲われ、自己否定の立場に至るまでの主人公「先生」の心的経過を描いている。漱石は『こころ』の主人公を自殺させた。しかし自身では死ねなかった。死ねなかったが深い厭世主義に陥った。そうした厭世主義から脱却して、晩年の「則天去私」の世界が展開されてくる。自我放棄の一種の宗教的な諦観のうちに回生する。そうした立場から自己の半生をふり返った自叙伝的な作品が『道草』である。次いで『明暗』では、現実を冷静に客観し、人間のエゴイズムの葛藤を剔抉することによって、それを克服する道を示そうと意図したと思われるが、未完で終わった。

漱石は、潔癖な近代知識人として、また作家として、近代自我の可能性を追求し、理想と現実との矛盾に傷つきながら、誠実に高い倫理と芸術を求めてやまなかった人であり、その文学は日本近代文学の最も輝かしい成果の一つである。

文学史上の位置　漱石は、鷗外とともに日本近代文学史上に不動の地位を占める高峰である。

かれの活動は、ほぼ文壇の自然主義運動と期を同じくして始まっているが、自然主義の風潮の中にあってそれを越え、強い人生的態度に終始して、精刻な心理分析で近代人の自我主義の内面を追求し、強い倫理的関心を示して、当時の現実暴露の悲哀に沈んだ感覚的、肉体的な自然主義のリアリズムとは、著しい対照をなしている。今日から見れば、日本の近代化が必然的にたどらなければならなかった個人主義の諸課題を誠実に追求して、日本文学に近代性を確立した功績は高く評価されなければならない。その影響は大きく、大正期の知性的文学や昭和期の心理小説は、かれの影響を強く受けている。門下からは鈴木三重吉・森田草平・寺田寅彦・小宮豊隆・阿部次郎・安倍能成・内田百閒・芥川龍之介・菊池寛・久米正雄らが輩出しており、武者小路実篤らの「白樺」派の人々も、その影響を受けている。

心理描写に重点を置いて読む

平岡敏夫

外部から内部へ

漱石は処女作『吾輩は猫である』(明三八)以来、一貫して鋭い文明批評をその作品の上に展開して来た。外部に対しての積極的な文明批評のピークは『虞美人草』(明四〇)である。「文明」の淑女たる藤尾を殺すことで「人生の第一義は道義にありとの命題」を樹立しようとしたこの小説の文明批評は明快であり、直接的である。『吾輩は猫である』『坊っちゃん』『二百十日』『野分』『虞美人草』という系譜は、そうした外部へ向かってのはげしい文明批評の軌跡と見ることができる。しかし、『虞美人草』のあと、「『鶏頭』序」で余裕派・低徊派宣言を行ない、『坑夫』（明四一）を書くに至って、たしかに漱石は変わりはじめる。それは内部に向かう眼である。複雑・晦渋な「文明」の様態が、『虞美人草』的文明批評の限界を意識させたゆえと思われるが、そうした「文明」への認識は、人間認識にも重なっていくべきもので、文明批評の姿勢を持ちつづけようとする限り、漱石の批評は人間内部に向かわざるをえない。

実は『吾輩は猫である』第一回と同時発表の「倫敦塔」（明三八・一）にはじまる『漾虚集《ようきょ》』（「倫敦塔」「幻影の盾」「琴のそら音」等を所収した短編小説集）の世界には、詩的、夢幻的な雰囲気を通して人間存在の神秘が、すでにのぞかれていたのであるが、『坑夫』に続く『夢十夜』（明四一）では「人間存在の原罪的な不安」（伊藤整）にまで食いこんでおり、つづく『三四郎』（明四一）では、より内在化した文明批評が、美禰子という「女の謎」の追求と重ねられることで展開している。『三四郎』『それから』『門』のいわゆる三部作を経て、『彼岸過迄』『行人』『こころ』（後期三部作ともいわれる）に至ると、人間内部の追求はさらに深まり、『虞美人草』までに見られた顕在的な文明批評はまったく見られず、暗い自我の矛盾がどこまでもたどられる。しかし、このことを外部を捨てて内部に至ったというふうに単純に見てはならない。前期の外在的な文明批評が問題としたのも、二〇世紀の人間のエゴの跳梁であり、「道義」をふりかざすことで、その批判におもむいていたのであった。とすれば、のちの作品、とくに『こころ』に見られるエゴの追求の問題は、文明批評の姿勢があってのことであり、だからこそ、その自我は、「白樺」派の自我のごとき明るい肯定的なものではなく、暗く否定的に追求されるようなものでなければならなかったのである。そのことによって他者の自我と相剋せざるをえない自我の苦悩、自分が成立しうるか否かというぎりぎりのところでの人間の苦しみが描き出されることになった。つまり、それは、社会・現実とぬきさしならぬ関係でとらえられた自我であり、人間であったのである。

心理描写に重点を置いて読む、ということは一見簡単なように見えるが、漱石においては、以上のような外部から内部へ、言い換えれば、外部とぬきさしならぬ関係にある内部への志向において、その心理描写がなされていることに注意しなければならない。漱石の抱いている暗い人間存在への追求という問題意識と切りはなして、人物の心理描写を味わって見ても、さして意味はないのである。

外面描写と内面描写

外部を描くことはそれを通して内部を描くことであり、内部を描くことは、内部が外部をいかにとらえているかを見ることでもあって、両者は緊密な関係にある。外面描写に内面描写を見、内面描写に外面描写を見るのでなければ、よりよき鑑賞とは言えず、また、そのように描き出しているのでなければ、すぐれた作家と言えないのは当然であるが、『こころ』ではこの点はどうだろうか。「外部の自然の風景などは、ほとんど描かれていない。」と〔『現代国語2』のコラムに〕記しているように（本書未収録）、外面描写はきわめて少ない。外面描写と内面描写の両者が均等になければならないなどと述べているのではなく、両者があるとすれば、緊密な相関がなければならないと言っているのであって、『こころ』では、自然描写も含めて外面描写がきわめて少ないということと、その外面描写も内面描写（心理描写）に密接につながっているという、二つの特質がまず見受けられるのである。ここでフランス心理小説の先駆とされるラ＝ファイエット夫人『クレーヴの奥方』（一六七八）の例をあげておこう。貞淑な人妻であるクレーヴの奥方とヌムール公の恋愛心理の追求に終始するこの短くない小説は、自然描写がただ一箇所しかないので有名である。

　公はかくれていた家のうしろへ出て、そこを流れている小川の緑の柳の下を歩いて行った。（生島遼一訳）

　奥方も自分を深く恋していることをひそかに知ったヌムール公の心情を、「このときの公の体内《みうち》に燃えていた恋ほど、熾烈《しれつ》でまた優しい情味につつまれていたものはなかった。」と作者は述べているが、右の箇所はそれに続くもので、「小川の緑の柳」の自然描写にふれる時、読者は公の心理を痛いほどふっくらと胸に受けとめるのである。

『こころ』もまさしくこのとおりで、教科書本文では外部の自然を描いた唯一の例として、「緑の柳」とはまったく逆の「青みを失った杉の木立ち」があがっている。「霜に打たれて青みを失った杉の木立ちの茶褐色」(二一四頁一行)とあるところに、すでに心理描写が重ねられているわけで、「霜に打たれて青みを失った」という修飾や「杉の木立ち」としないで、「杉の木立ちの茶褐色」としたところなど、つぎの「薄黒い空」につながる暗いかげりがよく感じられる。「薄黒い」という形容は、つぎにあげているKの自殺の場面の「黒」のイメージと密接に関連している。

「黒」のイメージ

江藤淳氏は『漾虚集』の sinister(不吉な)な雰囲気に注目し、「これらの作品で最も支配的な色彩は黒である。『黒い』、『闇』、『夜』、というような言葉を作者は好んで使用するが、その筆致には極めて偏執的なものがある。」(『夏目漱石』)と述べているが、『こころ』では、これが『漾虚集』の美文とは異なる散文性の中で、論理的に試みられていると言ってもよい。教科書本文においても、「黒」のイメージの集中度を調べて、主題の深まりを測ることもできるのである。

間のふすまが二尺ばかり開いて、そこにKの黒い影が立っています。(二一六頁七行)

わたくしは黒い影法師のようなKに向かって、何か用かと聞き返しました。(同一二行)

これは新しくあげた例であるが、ほど近いところに「黒い影」「黒い影法師」と二度くり返したのは明らかに意職的である。この場合、漱石の方法が細かいのは、夜中においてて「黒い影」を描き出すために、「かれのへやには、宵《よい》のとおり、まだあかりがついているのです。」(二一六頁八行)としていることにも明らかで、あかりがついていなければ、逆光の中にKの「黒い影」が浮かぶはずはないのである。そして、あかりをつけるために漱石は「Kはいつでもおそくまで起きている男でした。」(同一一行)と今ごろつけ加えておく用意を忘れない。この場面が、Kの自殺を発見した時の場面の伏線となっていることは言うまでもなく、「わたくし」の心理は「黒」にむかって進むのである。

Kとわたくしのへやとの仕切りのふすまが、この間の晩と同じくらい開いています。けれどもこの間のように、Kの黒い姿はそこには立っていません。(二三一頁一五行)

「この間の」をくり返して、前の「黒い影」「黒い影法師」を思い起こさせ、それが今は立っていないと、否定的に「黒い姿」を存在させることによって、読者を暗い不吉な予感にひきずりこむのである。そして、前の場面でもともされていたランプが(そこでは逆光に黒い影を浮き出させるため、光度に修飾を加えていない)、「ランプが暗くともっている」(二三二頁二行)、「暗いランプの光で見回してみました。」(同八行)とあるように、「わたくし」の心理描写に重ねられていく。Kの黒い影も、暗いランプも、すべて外部のものには違いないし、その点では外面描写なのであるが、それが同時に内面描写でもあることに注意しなければならない。すでに例にあげたとおり、こうして積み重ねられてきた「黒」のイメージは、Kの自殺を見出すやいなや、「もう取り返しがつかないという黒い光が、わたくしの未来を貫いて、一瞬間に、わたくしの前に横たわる全生涯《しょうがい》をものすごく照らしました。」（二三二頁一三行）という、「わたくし」の心理の極限の描写となってあらわれるのである。そして、さらにその上に重ねて、夢中で手紙の封を切る「わたくし」を描き、その心理を説明して、「わたくしは、わたくしにとってどんなにつらい文句がその中に書き連ねてあるだろうと予期したのです。そうして、もしそれが奥さんやお嬢さんの目に触れたら、どんなに軽蔑されるかもしれないという恐怖があったのです。わたくしはちょっと目を通しただけで、まず助かったと思いました。」（二三三頁三行）とすることで、底知れぬ人間のエゴの暗さを描き出すに至っている。

Kの自殺後、別な家に引っ越して間もなく、「わたくし」はお嬢さんと結婚した。奥さんもお嬢さんも「わたくし」も幸福であったが、「わたくしの幸福には黒い影がついて」いたし、「人間の罪というものを深く感じ」た「わたくし」の内に秘められた一点、「わたくしにとっては容易ならんこの一点が、妻にはつねに暗黒に見えた」のであり、未来を貫ぬく「黒い光」にしたがって「わたくし」は死に向かって歩いていくのである。

その他の心理描写

「黒」のイメージということで、主人公の心理を、漱石がその極限において追求している例を見てきたが、そこに収斂するにしても、そこまでに至る過程の心理描写にもむろん注意する必要がある。一、二の例をあげておこう。

かれの重々しい口から、かれのお嬢さんに対するせつない恋を打ち明けられた時のわたくしを想像してみてください。わたくしはかれの魔法棒のために一度に化石されたようなものです。(二〇〇頁三行)

「想像してみてください。」とあるが、むろんそのときの心理についてである。この遺書の受取り人である青年の想像だけにまかせるわけにはいかず、当然その心理描写があとに続くことになる。ここでは「化石」ということばが重要で、「恐ろしさのかたまり」「苦しさのかたまり」と続けてきて、「石か鉄のように頭から足の先までが急に堅くなったのです。」と、鉱物のイメージを借りることで、いかにKの告白がショッキングなことであったかを表現している。「わたくしは一瞬間の後に、また人間らしい気分を取りもどしました。」(二〇〇頁一一行)とあるように、「化石」と「人間」の対比により、Kのことばが、「わたくし」の「人間」を否定するほどのものであったことを描き出す。すなわち、自我の否定である。恋するお嬢さんをKに奪われるということは、エゴの否定にほかならない。それが「化石」による心理描写で示されているわけである。一瞬間の後、「人間らしい気分」を取りもどした「わたくし」の自我が、その肯定をめざして他者（K）の否定に立ち向かうことになるのは言うまでもない。

もう一例、図書館での場面をあげておく。

するとと突然、幅の広い机の向こう側から小さな声でわたくしの名を呼ぶ者があります。わたくしはふと目を上げて、そこに立っているKを見ました。Kはその上半身を机の上に折り曲げるようにして、かれの顔をわたくしに近づけました。ご承知のとおり、図書館ではほかの人のじゃまになるような大きな声で話をするわけにゆかないのですから、Kのこの所作はだれでもやる普通のことなのですが、わたくしはその時にかぎって、一種変な心持ちがしました。（二〇五頁一二行）

右の部分は、このあとに続く、Kを責める「わたくし」の心理――「退こうと思えば退けるのか」と聞いたり、「精神的に向上心のない者は、ばかだ。」と言い放ったりする心理と比べてそれほど重要というわけではないが、この図書館の場面のような何でもないような箇所にも漱石独自の心理描写がよくあらわれていることに注意したい。「一種変な心持ち」とある、その心理が問題である。「その時にかぎって」と限定することで、強い印象を与えるが、ここで重要な働きをしている語は、「小さな声」である。作者はこれに注意をひこうとして、「ご承知のとおり」以下をつけ加え、だれでもやる普通のことなのに、「その時にかぎって、一種変な心持ちがしました。」と持っていき、そのあと、「Kは低い声で」、「同じ低い調子で」とくり返していく。ここまできても「一種変な心持ち」という心理は具体的ではないが、これは暗示的手法とも言うべきもので、くだくだしく心理の描写をすることなく、サスペンスをともなう方法で、言い知れぬ感情や心の動きを読者に予感させようとしているのである。新聞小説として読者を引っぱっていくやり方でもあるが、心理描写と言っても、いわゆる描写ではない描写もあるわけで、『こころ』では、心理描写というよりも、心理の説明と言ったほうが適当な場合が多い。しかし、その説明は大きく見れば、やはり心理の広い意味での描写となっていることは疑いない。さまざまな場面における人物の心理に、注意させるよう指導したい。

他者とのぬきがたい関係で自我をとらえる時、必然的に相剋矛盾がそこにあらわれ、その心理は明るく肯定的に描かれるということは決してない。つづく『道草』（大四）になると、自我の相剋は、『こころ』のごとき「わたくし」という一方の極の上で展開するのではなく、健三とお住という夫婦の両極の上に、あるいは養父母との相関の上に、多極的に描き出されることになり、死で中絶した『明暗』（大五）に至れば、その多極的な観点からのエゴの追求はますます深まるはずのものであったと言えるのである。そこに描かれる人間の心理も、『こころ』と比較すれば興味あることだが、できれば、プリントなどで生徒自身に用意させるのも効果的であろう。

舞姫

森《もり》 鷗外《おうがい》

石炭をばはや積み果てつ。中等室の卓《つくゑ》のほとりはいと静かにて、熾《し》熱灯《ねつとう》の光の晴れがましきも、いたづらなり。こよひは、夜ごとにここに集ひ来るカルタ仲間もホテルに宿りて、船に残れるは余ひとりのみなれば。

五年《いつとせ》前のことなりしが、日ごろの望み足りて、洋行の官命をかうむり、このセイゴンの港まで来しころは、目に見るもの、耳に聞くもの、一つとして新たならぬはなく、筆にまかせて書き記しつる紀行文、日ごとに幾千言をかなしけむ、当時の新聞に載せられて、世の人にもてはやされしかど、今日になりて思へば、幼き思想、身のほど知らぬ放言、さらぬも世の常の動植金石、さては風俗などをさへ珍しげに記ししを、心ある人はいかにか見けむ。こたびは途《みち》に上りし時、日記《にき》ものせむとて買ひし冊子もまだ白紙

熾熱灯　白熱電灯のこと。

いたづらなり　むなしい。むだだ。

セイゴン　Saigon　今のベトナム社会主義共和国のホーチミン市。メコン川三角州の河港都市。

さらぬも　そうでないものも。

ものす　一般に、動作することに用いる。ここでは、書く。

ニル・アドミラリイ　nil admirari〔ラテ

のままなるは、ドイツにて物学びせし間に、一種のニル・アドミラリイの気象をや養ひえたりけむ。あらず、これには別に故あり。げに東《ひんがし》に帰る今の我は、西に航せし昔の我ならず。学問こそなほ心に飽き足らぬところも多かれ、浮き世の憂《う》きふしをも知りたり、人の心の頼みがたきは言ふもさらなり、我とわが心さへ変はりやすきをも悟りえたり。昨日の是は今日の非なるわが瞬間の感触を、筆に写して誰《たれ》にか見せむ。これや日記の成らぬ縁故なる。あらず、これには別に故あり。

ああ、ブリンヂイシイの港を出《い》でてより、はや二十日あまりを経ぬ。世の常ならば生面《せいめん》の客にさへ交はりを結びて、旅の憂さを慰め合ふが航海の習ひなるに、微恙《びやう》にことよせて房《へや》の内にのみこもりて、同行の人々にも物言ふことの少なきは、人知らぬ恨みに頭《かしら》のみ悩ましたればなり。この恨みは初め一抹《いちまつ》の雲のごとくわが心をかすめて、スイスの山色をも見せず、イタリアの古跡にも心をとどめさせず、中ごろは世をいとひ、身をはかなみて、はらわた日ごとに九廻《きうくわい》すとも言ふべき惨痛をわれに負はせ、今は心の奥

ン」何事にも驚かないこと。冷淡なこと。

憂きふし つらい節々《ふしぶし》。つらい事柄。

言ふもさらなり 言うまでもない。

ブリンヂイシイ Brindisi アドリア海に臨むイタリアの港市。ブリンジジ。

生面 初対面。

微恙 ちょっとした病気。

はらわた日ごとに九廻す 心の悩みもだえるさま。「九廻腸」の語は中国の古典にしばしば見え、たとえば、司馬遷の書に、「腸《はらわた》一日に九廻す。」とある。

に凝り固まりて、一点の影とのみなりたれど、文《ふみ》読むごとに、物見るごとに、鏡に映る影、声に応ずる響きのごとく、限りなき懐旧の情を呼び起こして、幾たびとなくわが心を苦しむ。ああ、いかにしてかこの恨みを銷《せう》せむ。もしほかの恨みなりせば、詩に詠じ歌によめる後は心地すがすがしくもなりなむ。これのみはあまりに深くわが心に彫《ゑ》りつけられたれば、さはあらじと思へど、こよひはあたりに人もなし、房奴《ばうど》の来て電気線の鍵《かぎ》をひねるにはなほ程もあるべければ、いで、その概略を文につづりてみむ。

余は幼きころより厳しき庭の訓《をしへ》を受けしかひに、父をば早く失ひつれど、学問の荒《すさ》み衰ふることなく、旧藩の学館にありし日も、東京に出でて予備校に通ひし時も、大学法学部に入りし後も、太《おほ》田《た》豊太郎《とよたらう》といふ名はいつも一級のはじめに記されたりしに、一人子のわれを力になして世を渡る母の心は慰みけらし。十九の年には学士の称を受けて、大学の立ちてよりそのころまでにまたなき名誉なりと人にも言はれ、某《なにがし》省に出仕して、故郷なる母を都に呼び迎へ、楽しき年を送ること三年《みとせ》ばかり。官長の覚え殊《こと》なりし

銷せむ　消そう。
さはあらじ　そうはいくまい。
房奴　ボーイ。
庭の訓　家庭教育。
旧藩の学館　藩校のこと。
予備校　東京大学予備門（旧制第一高等学校の前身）。
模糊たる　ぼんやりした。
検束　拘束。抑制。自分自身を規制すること。
大道髪のごとき　大道のまっすぐなさま

かば、洋行して一課の事務を取り調べよとの命を受け、わが名を成さむも、わが家を興さむも、今ぞと思ふ心の勇み立ちて、五十を越えし母に別るるをもさまで悲しとは思はず、はるばると家を離れてベルリンの都に来ぬ。

余は模糊《もこ》たる功名の念と、検束に慣れたる勉強力とを持ちて、たちまちこのヨオロッパの新大都の中央に立てり。なんらの光彩ぞ、わが目を射むとするは。なんらの色沢ぞ、わが心を迷はさむとするは。菩《ぼ》提樹下《だいじゅか》と訳する時は、幽静なる境なるべく思はるれど、この大道髪のごときウンテル－デン－リンデンに来て、両辺なる石畳の人道を行く組々の士女を見よ。胸張り肩そびえたる士官の、まだヴィルヘルム一世の街に臨める窓によりたまふころなりければ、さまざまの色に飾りなしたる礼装をなしたる、顔よき少女《をとめ》のパリまねびの粧《よそほ》ひしたる、かれもこれも目を驚かさぬはなきに、車道の土瀝青《チャン》の上を音もせで走るいろいろの馬車、雲にそびゆる楼閣の少しとぎれたるところには、晴れたる空に夕立の音を聞かせてみなぎり落つる噴井《ふきゐ》の水、遠く望めばブランデンブル

の形容。『唐詩選』に、「大道直《なほ》くして髪のごとし。」とある。

ウンテル－デン－リンデン Unter den Linden ベルリンの中心街。「菩提樹の下」の意。

ヴィルヘルム一世 Wilhelm I 一七九七～一八八八。プロイセン王の時、ビスマルクを登用してフランスに戦勝し、ドイツ皇帝となった。

土瀝青 アスファルト。道路舗装などに用いられる。

ブランデンブルク門 Brandenburger Tor

ク門を隔てて、緑樹枝をさし交はしたる中より、半天に浮かび出でたる凱旋《がいせん》塔の神女の像、このあまたの景物目睫《もくせふ》の間《かん》に集まりたれば、はじめてここに来し者の、応接にいとまなきもうべなり。されどわが胸には、たとひいかなる境に遊びても、あだなる美観に心をば動かさじの誓ひありて、常に我を襲ふ外物をさへぎりとどめたりき。

余が鈴索《すずなは》を引き鳴らして謁を通じ、おほやけの紹介状を出だして東来の意を告げしプロシャの官員は、みな快く余を迎へ、公使館よりの手続きだに事なく済みたらましかば、何事にもあれ、教へもし伝へもせむと約しき。喜ばしきは、わがふるさとにて、ドイツ、フランスの語を学びしことなり。かれらははじめて余を見し時、いづくにて、いつの間に、かくは学びえつると問はぬことなかりき。

さて官事の暇あるごとに、かねておほやけの許しをば得たりければ、所の大学に入りて政治学を修めむと、名を簿冊に記させつ。

一月二月と過ぐすほどに、おほやけの打ち合はせも済みて、取

ウンテル－デン－リンデン街の西端にある。

うべなり　もっともである。

あだなる　むなしい。むだな。

東来　東から来た、の意。

プロシャ　Prussia　ドイツ北部にある地方の名。ドイツ帝国建設の中心となった。このころ日本では、ドイツ帝国全体をプロシャとも呼んだ。ここはその意味。プロイセン。

名を簿冊に記させつ　姓名を登録した。籍を置いた。

り調べもしだいにはかどりゆけば、急ぐことをば報告書に作りて送り、さらぬをば写しとどめて、つひには幾巻《いくまき》をかなしけむ。大学のかたにては、幼き心に思ひ測りしがごとく、政治家になるべき特科のあるべうもあらず、これかかれかと心迷ひながらも、二、三の法家の講筵《かうえん》につらなることに思ひ定めて、謝金を納め、行きて聴きつ。

かくて三年《みとせ》ばかりは夢のごとくにたちしが、時来れば包みても包みがたきは人の好尚《かうしやう》なるらむ。余は父の遺言を守り、母の教へに従ひ、人の神童なりなどほむるがうれしさに怠らず学びし時より、官長のよき働き手を得たりと励ますが喜ばしさにたゆみなく勤めし時まで、ただ所動的、器械的の人物になりて自ら悟らざりしが、いま二十五歳になりて、すでに久しくこの自由なる大学の風に当たりたればにや、心の中なにとなく穏やかならず。奥深く潜みたりしまことの我は、やうやう表に現れて、昨日までの、我ならぬ我を攻むるに似たり。余はわが身の、今の世に雄飛すべき政治家になるにもよろしからず、またよく法典をそらんじて獄を

法家の講筵　法律学者の講義の席。「筵」は、むしろ。

所動的　受け身の。

断ずる法律家になるにもふさはしからざるを悟りたりと思ひぬ。

余はひそかに思ふやう、わが母は余を生きたる辞書となさむとし、わが官長は余を生きたる法律となさむとやしけむ。辞書たらむはなほ耐ふべけれど、法律たらむは忍ぶべからず。今までは瑣々《ささ》たる問題にも、きはめてていねいに答《いらへ》しつる余が、このころより官長に寄する書《ふみ》には、しきりに法制の細目にかかづらふべきにあらぬを論じて、ひとたび法の精神をだに得たらむには、紛々たる万事は破竹のごとくなるべしなどと広言しつ。また大学にては法科の講筵をよそにして、歴史・文学に心を寄せ、やうやく蔗《しょ》を嚼《か》む境に入りぬ。

官長はもと、心のままに用ゐるべき器械をこそ作らむとしたりけめ。独立の思想を抱きて、人並みならぬ面持ちしたる男をいかでか喜ぶべき。危ふきは余が当時の地位なりけり。されどこれのみにては、なほわが地位をくつがへすに足らざりけむを、日ごろベルリンの留学生のうちにて、ある勢力ある一群れと余との間に、おもしろからぬ関係ありて、かの人々は余を猜疑《さいぎ》し、またつひに

蔗を嚼む境　おもしろみがわかる境地。中国の『晋書《しんじょ》』に、顧愷之《こがいし》が甘蔗《かんしょ》を食うごとに尾から本《もと》に至り、ようやく佳境に入ると言ったという故事が記されており、それから出たことば。

余を讒誣《ざんぶ》するに至りぬ。されどこれとても、その故なくてやは。

かの人々は、余がともにビイルの杯をもあげず、玉突きのキュウをも取らぬを、かたくななる心と欲を制する力とに帰して、かつはあざけり、かつはそねみたりけむ。されど、こは余を知らねばなり。ああ、このゆゑよしは、わが身だに知らざりしを、いかでか人に知らるべき。わが心はかの合歓《ねむ》といふ木の葉に似て、物触《さや》れば縮みて避けむとす。わが心は処女に似たり。余が幼きころより長者の教へを守りて、学びの道をたどりしも、仕への道を歩みしも、みな勇気ありてよくしたるにあらず。耐忍勉強の力と見えしも、みな自ら欺き、人をさへ欺きつるにて、人のたどらせたる道を、ただ一筋にたどりしのみ。よそに心の乱れざりしは、外物を捨てて顧みぬほどの勇気ありしにあらず、ただ外物に恐れて自らわが手足を縛せしのみ。故郷を立ち出づる前にも、わが有為の人物なることを疑はず、またわが心のよく耐へむことをも深く信じたりき。ああ、かれも一時。船の横浜を離るるまではあつぱれ豪傑と思ひし身も、せきあへぬ涙に手巾《しゅきん》をぬらしつるを、我な

なくてやは　反語。ないはずがあろうか、あったのだ。

キュウ　cue〔英〕玉突きの棒。

合歓　マメ科の落葉喬木《きょうぼく》。その葉は夜、閉じてたれる。ネムノキ。

手巾　ハンカチ。

がら怪しと思ひしが、これぞなかなかにわが本性なりける。この心は生まれながらにやありけむ、また早く父を失ひて母の手に育てられしによりてや生じけむ。

かの人々のあざけるはさることなり。されどそねむは愚かならずや。この弱くふびんなる心を。

勇気なければ、かの活発なる同郷の人々と交はらむやうもなし。この交際の疎きがために、かの人々はただ余をあざけり、余をそねむのみならで、また余を猜疑することとなりぬ。これぞ余が冤《えん》罪《ざい》を身に負ひて、暫時の間に無量の艱難《かんなん》を閲《けみ》しつくすなかだちなりける。

ある日の夕暮れなりしが、余は獣園を漫歩して、ウンテル－デン－リンデンを過ぎ、わがモンビシュウ街の僑居《けうきょ》に帰らむと、クロステル巷《かう》の古寺の前に来ぬ。余はかの灯火《ともしび》の海を渡り来て、この狭く薄暗き小路に入り、楼上の木欄《おばしま》に干したる敷布・肌着《はだぎ》などまだ取り入れぬ人家、頰髭《ほほひげ》長きユダヤ教徒の翁《おきな》が戸前にたたずみたる居酒屋、一つの梯《はしご》はただちに楼《たかどの》に達し、他の梯は穴倉住まひ

なかなかに　かえって。

さることなり　もっともなことである。

冤罪　無実の罪。

獣園　ベルリン市内の、動物園のある森林公園をさす。ティアガルテン。

モンビシュウ街　Monbijou Strasse

僑居　仮ずまい。下宿。

クロステル巷　クロステル街（Kloster Strasse）の付近。

ユダヤ教　ユダヤ人の宗教。Judaism　神ヤハウェ（エホバ）を信じ、モーゼの律法を奉ずる。

の鍛冶《かぢ》が家に通じたる貸家などに向かひて、凹字《あふじ》の形に引き込みて建てられたる、この三百年前の遺跡を望むごとに、心の恍惚《くわうこつ》となりてしばしたたずみしこと幾たびなるを知らず。

今この所を過ぎむとする時、閉ざしたる寺門のとびらによりて、声をのみつつ泣く一人の少女あるを見たり。年は十六、七なるべし。かむりし巾《きれ》を漏れたる髪の色は、薄きこがね色にて、着たる衣《きぬ》は垢《あか》つき汚れたりとも見えず。わが足音に驚かされて顧みたる面《おもて》、余に詩人の筆なければこれを写すべくもあらず。この青く清らにて、物問ひたげに憂ひを含める目《まみ》の、半ば露を宿せる長きまつげにおほはれたるは、なにゆゑに一顧したるのみにて、用心深きわが心の底まではとほしたるか。

かれは、はからぬ深き嘆きに遭ひて、前後を顧みるいとまなく、ここに立ちて泣くにや。わが臆病《おくびやう》なる心は憐憫《れんびん》の情に打ち勝たれて、余は覚えずそばに寄り、「なにゆゑに泣きたまふか。所に係累なき外人《よそびと》は、かへりて力を貸しやすきこともあらむ。」と言ひかけたるが、我ながらわが大胆なるにあきれたり。

かれは驚きてわが黄なる面をうちまもりしが、わが真率なる心や色に現れたりけむ。「君はよき人なりと見ゆ。かれのごとくむごくはあらじ。またわが母のごとく。」しばし涸《か》れたる涙の泉はまたあふれて、愛らしき頬を流れ落つ。

「われを救ひたまへ、君。わが恥なき人とならむを。母は、わがかれのことばに従はねばとて、われを打ちき。父は死にたり。明日は葬らではかなはぬに、家に一銭の貯《たくは》へだになし。」

あとは欷歔《ききょ》の声のみ。わが眼《まなこ》はこのうつむきたる少女の震ふ項《うなじ》にのみ注がれたり。

「君が家《や》に送り行かむに、まづ心を静めたまへ。声をな人に聞かせたまひそ。ここは往来なるに。」かれは物語するうちに、覚えずわが肩によりしが、この時ふと頭《かしら》をもたげ、またはじめてわれを見たるがごとく、恥ぢてわがそばを飛びのきつ。

人の見るがいとはしさに、早足に行く少女の後につきて、寺の筋向かひなる大戸を入れば、欠け損じたる石の梯あり。これを登りて四階めに、腰を折りてくぐるべきほどの戸あり。少女はさび

うちまもりしが　つくづくと見つめていたが。

欷歔　すすり泣き。

声をな人に聞かせたまひそ　声を人に聞かせなさいますな。「な……そ」で禁止を表す。

たる針金の先をねぢ曲げたるに、手をかけて強く引きしに、中には、しはがれたる老媼《おうな》の声して、「誰《た》ぞ。」と問ふ。エリス帰りぬ、と答ふる間もなく、戸を荒らかに引き開けしは、半ば白みたる髪、悪《あ》しき相にはあらねど、貧苦の跡を額《ぬか》に印せし面の老媼にて、古き獣綿《じゅうめん》の衣を着、汚れたる上靴《うはぐつ》をはきたり。エリスの余に会釈して入るを、かれは待ちかねしごとく、戸を激しくたてきりつ。

余はしばし茫然《ばうぜん》として立ちたりしが、ふとランプの光に透かして戸を見れば、エルンスト・ワイゲルトと漆もて書き、下に仕立物師と注したり。これ、過ぎぬといふ少女が父の名なるべし。内には言ひ争ふごとき声聞こえしが、また静かになりて戸はふたたび開きぬ。さきの老媼は慇懃《いんぎん》におのが無礼のふるまひせしをわびて、余を迎へ入れつ。戸の内は廚《くりや》にて、右手《めて》の低き窓に、真白に洗ひたる麻布を掛けたり。左手《ゆんで》にはそまつに積み上げたる煉瓦《れんぐわ》のかまどあり。正面の一室の戸は半ば開きたるが、内には白布をおほへる臥床《ふしど》あり。伏したるは亡き人なるべし。かまどのそばなる戸を開きて余を導きつ。この所はいはゆるマンサルドの、街に面

獣綿　ラシャ。

過ぎぬ　死んだ。

廚　台所。

マンサルド　man-sarde〔仏〕屋根に勾配《こうばい》が二つある屋根裏べや。

したる一間《ひとま》なれば、天井もなし。すみの屋根裏より窓に向かひて斜めに下がれる梁《はり》を、紙にて張りたる下の、立たば頭のつかふべき所に臥床あり。中央なる机には美しき氈《かも》を掛けて、上には書物一、二巻と写真帳とを並べ、陶瓶《たうへい》にはここに似合はしからぬ価高き花束を生けたり。そが傍らに少女は羞《はぢ》を帯びて立てり。

かれはすぐれて美なり。乳《ち》のごとき色の顔は灯火に映じて薄《うす》紅《くれなゐ》を潮《さ》したり。手足のか細くたをやかなるは、貧家の女《をみな》に似ず。老媼の室《へや》を出でしあとにて、少女は少しなまりたることばにて言ふ。「許したまへ、君をここまで導きし心なさを。君はよき人なるべし。われをばよも憎みたまはじ。明日に迫るは父の葬《はふり》。頼みに思ひしシャウムベルヒ、君はかれを知らでやおはさむ、かれはヴィクトリア座の座頭なり。かれが抱へとなりしよりはや二年《ふたとせ》なれば、事なくわれらを助けむと思ひしに、人の憂ひにつけこみて、身勝手なる言ひかけせむとは。われを救ひたまへ、君。金をば薄き給金をさきて返しまゐらせむ。よしやわが身は食らはずとも。それもならずば母のことばに……。」かれは涙ぐみて身を震はせ

氈 カモシカの毛をよって作った織物。

陶瓶 陶製の花瓶。

言ひかけ 言いがかり。

たり。その見上げたる目には、人に否とは言はせぬ媚態《びたい》あり。この目の働きは知りてするにや、また自らは知らぬにや。

わがかくしには二、三マルクの銀貨あれど、それにて足るべくもあらねば、余は時計をはづして机の上に置きぬ。「これにて一時の急をしのぎたまへ。質屋の使ひの、モンビシュウ街三番地にて太田と尋ね来むをりには価を取らすべきに。」

少女は驚き感ぜしさま見えて、余が別れのために出だしたる手をくちびるに当てたるが、はらはらと落つる熱き涙をわが手の背《そびら》に注ぎつ。

ああ、なんらの悪因ぞ。この恩を謝せむとて自らわが僑居に来し少女は、ショオペンハウエルを右にし、シルレルを左にして、ひねもす兀坐《こつざ》するわが読書の窓下に、一輪の名花を咲かせてけり。この時を初めとして、余と少女との交はりやうやくしげくなりもてゆきて、同郷人にさへ知られぬれば、かれらは速了にも、余をもて色を舞姫の群れに漁するものとしたり。われら二人の間にはまだ痴騃《ちがい》なる歓楽のみ存したりしを。

マルク　Mark〔独〕ドイツの貨幣の単位。

ショオペンハウエル　Arthur Schopenhauer 一七八八～一八六〇。ドイツの哲学者。

シルレル　Friedrich von Schiller 一七五九～一八〇五。ドイツの詩人・劇作家。シラー。

兀坐　じっとすわっていること。

速了にも　早のみこみにも。早がてんして。

痴騃　子どもっぽい。

その名を指さむはばかりあれど、同郷人の中に事を好む人ありて、余がしばしば芝居に出入りして女優と交はるといふことを、官長のもとに報じつ。さらぬだに余がすこぶる学問の岐路に走るを知りて憎み思ひし官長は、つひに旨を公使館に伝へて、わが官を免じ、わが職を解いたり。公使がこの命を伝ふるとき余に言ひしは、御身《おんみ》もし即時に郷に帰らば、路用を給すべけれど、もしなほここにあらむには、おほやけの助けをば仰ぐべからずとのことなりき。余は一週日の猶予を請ひて、とやかうと思ひ煩ふうち、わが生涯《しやうがい》にて最も悲痛を覚えさせたる二通の書状に接しぬ。この二通はほとんど同時に出だししものなれど、一つは母の自筆、一つは親族なる某《なにがし》が、母の死を、わがまたなく慕ふ母の死を報じたる書《ふみ》なりき。余は母の書中の言をここに反復するに耐へず。涙の迫り来て筆の運びを妨ぐればなり。

余とエリスとの交際は、この時までは、よそ目に見るより清白なりき。かれは父の貧しきがために、十分なる教育を受けず、十五のとき舞の師の募りに応じて、この恥づかしき業を教へられ、

さらぬだに そうでなくてさえ。

路用 旅費。

クルズス果てて後、ヴィクトリア座に出でて、今は場中第二の地位を占めたり。されど詩人ハックレンデルが当世の奴隷と言ひしごとく、はかなきは舞姫の身の上なり。薄き給金にてつながれ、昼の温習、夜の舞台と厳しく使はれ、芝居の化粧部屋に入りてこそ紅粉をも粧《よそほ》ひ、美しき衣をもまとへ、場外にては独り身の衣食も足らずがちなれば、親はらからを養ふものはその辛苦いかにぞや。されば、かれらの仲間にて、卑しき限りなる業に落ちぬはまれなりとぞ言ふなる。エリスがこれを逃れしは、おとなしき性質と、剛気ある父の守護とによりてなり。かれは幼き時より物読むことをばさすがに好みしかど、手に入るは卑しきコルポルタアジユと唱ふる貸本屋の小説のみなりしを、余と相知るころより、余が貸しつる書を読みならひて、やうやく趣味をも知り、ことばのなまりをも正し、いくほどもなく余に寄する書にも誤字少なくなりぬ。かかれば余ら二人の間には、まづ師弟の交はりを生じたるなりき。わが不時の免官を聞きし時に、かれは色を失ひつ。余はかれが身の事にかかはりしを包み隠しぬれど、かれは余に向かひ

クルズス Kursus〔独〕講習。課程。

ハックレンデル Friedrich Wilhelm Hackländer 一八一六～七七。ドイツの作家。

温習 おさらい。

コルポルタアジュ Kolportage〔独〕書籍類の行商。

て、「母にはこれを秘めたまへ。」と言ひぬ。こは母の、余が学資を失ひしを知りて余を疎んぜむを恐れてなり。

ああ、詳しくここに写さむも要なけれど、余がかれを愛《め》づる心のにはかに強くなりて、つひに離れがたき仲となりしはこのをりなりき。わが一身の大事は前に横たはりて、まことに危急存亡の秋《とき》なるに、この行ひありしを怪しみ、またそしる人もあるべけれど、余がエリスを愛する情は、はじめて相見し時より浅くはあらぬに、今わが数奇《さくき》をあはれみ、また別離を悲しみて伏し沈みたる面に、鬢《びん》の毛の解けてかかりたる、その美しき、いぢらしき姿は、余が悲痛感慨の刺激によりて常ならずなりたる脳髄を射て、恍惚の間《かん》にここに及びしをいかにせむ。

公使に約せし日も近づき、わが命《めい》は迫りぬ。このままにて郷に帰らば、学成らずして汚名を負ひたる身の浮かぶ瀬あらじ。さればとてとどまらむには、学資を得《う》べき手だてなし。

このとき余を助けしは、今わが同行の一人なる相沢謙吉《あひざはけんきち》なり。かれは東京にありて、すでに天方《あまがた》伯の秘書官たりしが、余が免官

数奇　ふしあわせ。

の官報に出でしを見て、某新聞紙の編集長に説きて余を社の通信員となし、ベルリンにとどまりて政治・学芸の事などを報道せしむることとなしつ。

社の報酬は言ふに足らぬほどなれど、すみかをも移し、午餐《ひるげ》に行く食店《たべものみせ》をも変へたらむには、かすかなる暮らしは立つべし。とかう思案するほどに、心の誠を現して助けの綱をわれに投げかけしはエリスなりき。かれはいかに母を説き動かしけむ、余はかれら親子の家に寄寓《きぐう》することとなり、エリスと余とはいつよりとはなしに、有るか無きかの収入を合はせて、憂きが中にも楽しき月日を送りぬ。

朝のカッフェエ果つれば、かれは温習に行き、さらぬ日には家にとどまりて、余はキョオニヒ街の間口狭く奥行のみいと長き休息所に赴き、あらゆる新聞を読み、鉛筆取り出でてあれこれと材料を集む。この切り開きたる引き窓より光を採れる室にて、定まりたる業なき若人、多くもあらぬ金を人に貸しておのれは遊び暮らす老人、取引所の業の暇をぬすみて足を休むる商人《あきうど》などと臂《ひぢ》を

とかう　とかく。あれこれと。

カッフェエ　Kaffee〔独〕コーヒー。

キョオニヒ街　König Strasse ケーニヒ街。

並べ、冷ややかなる石卓《いしづくゑ》の上にて、忙はしげに筆を走らせ、小女《こをんな》が持て来る一杯《ひとつき》のカッフェエの冷むるをも顧みず、空きたる新聞の細長き板ぎれにはさみたるを幾いろとなく掛け連ねたるかたへの壁に、幾たびとなく行き来する日本人を、知らぬ人は何とか見けむ。また一時近くなるほどに、温習に行きたる日には帰り路《みち》によぎりて、余とともに店を立ち出づる、この常ならず軽き、掌上の舞をもなしえつべき少女を、怪しみ見送る人もありしなるべし。

わが学問は荒《すさ》みぬ。屋根裏の一灯かすかに燃えて、エリスが劇場より帰りて椅子《いす》によりて縫ひ物などするそばの机にて、余は新聞の原稿を書けり。昔の法令条目の枯れ葉を紙上にかき寄せしとは異にて、今は活発々《くわつはつはつ》たる政界の運動、文学・美術にかかはる新現象の批評など、あれこれと結び合はせて、力の及ばむかぎり、ビョルネよりはむしろハイネを学びて思ひを構へ、さまざまの文を作りしうちにも、引き続きてヴィルヘルム一世とフリイトリッヒ三世との崩殂《ほうそ》ありて、新帝の即位、ビスマルク侯の進退如何《いかん》などのことにつきては、ことさらにつまびらかなる報告をなしき。

掌上の舞 身ぶりのごく軽い舞。中国の『飛燕《ひえん》外伝』に、「漢の趙《てう》飛燕、よく掌上の舞をなす。」とある。

ビョルネ Ludwig Börne 一七八六〜一八三七。ドイツの文芸評論家。ベルネ。

ハイネ Heinrich Heine 一七九七〜一八五六。ドイツの詩人。

フリイトリッヒ三世 Friedrich III. 一八八八年三月、父ヴィルヘルム一世の死に

されぱこのころよりは、思ひしよりも忙はしくして、多くもあらぬ蔵書をひもとき、旧業を尋ぬることも難く、大学の籍はまだ削られねど、謝金を納むることの難ければ、ただ一つにしたる講筵だに行きて聴くことはまれなりき。

わが学問は荒みぬ。されど、余は別に一種の見識を長じき。そをいかにと言ふに、およそ民間学の流布したることは、欧州諸国の間にてドイツにしくはなからむ。幾百種の新聞・雑誌に散見する議論にはすこぶる高尚《かうしやう》なるも多きを、余は通信員となりし日より、かつて大学にしげく通ひしをり養ひえたる一隻の眼孔もて、読みてはまた読み、写してはまた写すほどに、今まで一筋の道をのみ走りし知識は、おのづから総括的になりて、同郷の留学生などのおほかたは夢にも知らぬ境地に至りぬ。かれらの仲間にはドイツ新聞の社説をだによくはえ読まぬがあるに。

明治二十一年の冬は来にけり。表街《おもてまち》の人道にてこそ砂をも撒《ま》け、すきをも揮《ふる》へ、クロステル街のあたりは凸凹坎坷《とつあふかんか》の所は見ゆめれど、表のみは一面に凍りて、朝《あした》に戸を開けば、飢ゑ凍えしすずめ

よって跡を継いだが、六月に死没。その子ヴィルヘルム二世が立った。

ビスマルク Otto Eduard Leopold von Bismarck 一八一五～九八。ドイツ近世の政治家。鉄血宰相と言われた。

しくはなからむ かなうものはないだろう。

明治二十一年 一八八八年。

坎坷 平らでないこと。また、行き悩むこと。

の落ちて死にたるも哀れなり。室を暖め、かまどに火をたきつけても、壁の石をとほし、衣の綿をうがつ北ヨオロッパの寒さは、なかなかに耐へがたかり。エリスは二、三日前の夜、舞台にて卒倒しつとて、人に助けられて帰り来しが、それより心地あしとて休み、もの食ふごとに吐くを、悪阻《つはり》といふものならむとはじめて心づきしは母なりき。ああ、さらぬだにおぼつかなきはわが身の行く末なるに、もしまことなりせば、いかにせまし。

今朝は日曜なれば家にあれど、心は楽しからず。エリスは床に臥《ふ》すほどにはあらねど、小さき鉄炉のほとりに椅子《いす》さし寄せてことば少なし。このとき戸口に人の声して、ほどなく庖厨《はうちゆう》にありしエリスが母は、郵便の書状を持て来て余に渡しつ。見れば見覚えある相沢が手なるに、郵便切手はプロシャのものにて、消印にはベルリンとあり。いぶかりつつも開きて読めば、「とみの事にてあらかじめ知らするに由なかりしが、昨夜《よべ》ここに着せられし天方大臣に付きてわれも来たり。伯のなんぢを見まほしとのたまふに、疾《と》く来よ。なんぢが名誉を回復するもこの時にあるべきぞ。心の

なかなかに なかなか。非常に。

庖厨 台所。

とみの事 急な事。

見まほし 会いたい。

み急がれて用事をのみ言ひやる。」となり。読み終はりて茫然たる面持ちを見て、エリス言ふ。「故郷よりの文なりや。悪《あ》しき便りにてはよも。」かれは例の新聞社の報酬に関する書状と思ひしならむ。「否、心になかけそ。御身も名を知る相沢が、大臣とともにここに来てわれを呼ぶなり。急ぐと言へば今よりこそ。」

かはゆき一人子を出だしやる母も、かくは心を用ゐじ。大臣にまみえもやせむと思へばならむ、エリスは病をつとめて立ち、上《うは》襦袢《じゆばん》もきはめて白きを選び、ていねいにしまひおきしゲエロックといふ二列ボタンの服を出して着せ、襟《えり》飾りさへ余がために手づから結びつ。

「これにて見苦しとは、誰《たれ》もえ言はじ。わが鏡に向きて見たまへ。なにゆゑにかく不興なる面持ちを見せたまふか。われももろともに行かまほしきを。」少し容《かたち》を改めて、「否、かく衣を改めたまふを見れば、なにとなくわが豊太郎の君とは見えず。」また少し考へて、「よしや富貴になりたまふ日はありとも、われをば見捨てたまはじ。わが病は母ののたまふごとくならずとも。」

悪しき便りにてはよも　「あらじ」が省略された言い方。悪い便りでは、まさか、ありますまいね。

まみえもやせむ　まみえもするだろうか。「まみえる」は、面会する。

病をつとめて　病を押して。

上襦袢　ワイシャツ。

ゲエロック　Gehrock〔独〕フロックコート。

襟飾り　ネクタイ。

「なに、富貴。」余は微笑しつ。「政治社会などに出でむの望みは断ちしより幾年《いくとせ》をか経ぬるを。大臣は見たくもなし。ただ年久しく別れたりし友にこそ会ひには行け。」エリスが母の呼びし一等ドロシュケは、輪下にきしる雪道を窓の下まで来ぬ。余は手袋をはめ、少し汚れたる外套《ぐわいたう》を背におほひて手をば通さず、帽を取りてエリスに接吻《せっぷん》して楼《たかどの》を下りつ。かれは凍れる窓を開け、乱れし髪を朔風《さくふう》に吹かせて、余が乗りし車を見送りぬ。

余が車を降りしはカイゼルホオフの入り口なり。門者《かどもり》に秘書官相沢が室の番号を問ひて、久しく踏み慣れぬ大理石の階《きざはし》を登り、中央の柱にプリュッシュをおほへるゾファをすゑつけ、正面には鏡を立てたる前房に入りぬ。外套をばここにて脱ぎ、廊《わたどの》を伝ひて室の前まで行きしが、余は少し踟《ち》蹰《ちゅ》したり。同じく大学にありし日に、余が品行の方正なるを激賞したる相沢が、今日はいかなる面持ちして出で迎ふらむ。室に入りて相対して見れば、形こそとに比ぶれば肥えてたくましくなりたれ、依然たる快活の気象、わが失行をもさまで意に介さざりきと見ゆ。別後の情を細叙する

友にこそ会ひには行け　「こそ……行け」は係り結び。「友に会ひには行く」を強めた言い方。

ドロシュケ　Droschke〔独〕貸馬車。辻《つじ》馬車。

朔風　北風。

カイゼルホオフ　Kaiserhof ホテルの名。

プリュッシュ　Plüsch〔独〕毛織ビロード。

ゾファ　Sofa〔独〕長いす。ソファ。

踟蹰　ためらうこと。

にもいとまあらず、引かれて大臣に謁し、委託せられしは、ドイツ語にて記せる文書《もんじょ》の急を要するを翻訳せよとのことなり。余が文書を受領して大臣の室を出でし時、相沢は後より来て、余と午餐をともにせむと言ひぬ。

食卓にてはかれ多く問ひて、われ多く答へき。かれが生路はおほむね平滑なりしに、轗軻《かんか》数奇なるはわが身の上なりければなり。余が胸臆《きょうおく》を開いて物語りし不幸なる閲歴を聞きて、かれはしばしば驚きしが、なかなかに余を責めむとはせず、かへりて他の凡庸なる諸生輩をののしりき。されど物語の終はりし時、かれは色を正していさむるやう、「この一段のことは、もと生まれながらなる弱き心より出でしなれば、いまさらに言はむもかひなし。とはいへ、学識あり、才能あるものが、いつまでか一少女の情にかかづらひて、目的なき生活《なりはひ》をなすべき。今は天方伯も、ただドイツ語を利用せむの心のみなり。おのれもまた、伯が当時の免官の理由を知れるがゆゑに、強ひてその成心を動かさむとはせず。伯が心中にて曲庇者《きょくひしゃ》なりなんど思はれむは、朋友《ほういう》に利なく、おのれ

生路 生きて来た道。

轗軻 不運。ふしあわせ。

曲庇者 事実を曲げてかばう者。えこひいきする人。

に損あればなり。人を薦むるは、まづその能を示すにしかず。これを示して伯の信用を求めよ。またかの少女との関係は、よしやかれに誠ありとも、よしや情交は深くなりぬとも、人材を知りての恋にあらず、慣習といふ一種の惰性より生じたる交はりなり。意を決して断て。」と。これその言《こと》のおほむねなりき。

大洋に舵《かぢ》を失ひし舟人が、はるかなる山を望むごときは、相沢が余に示したる前途の方針なり。されどこの山はなほ重霧の間にありて、いつ行き着かむも、否、はたして行き着きぬとも、わが中心に満足を与へむも定かならず。貧しきが中にも楽しきは今の生活、捨てがたきはエリスが愛。わが弱き心には思ひ定めむ由なかりしが、しばらく友の言に従ひて、この情縁を断たむと約しき。余は守るところを失はじと思ひて、おのれに敵するものには抗抵すれども、友に対して否とはえ答へぬが常なり。

別れて出づれば風面《おもて》を打てり。二重のガラス窓を厳しく閉ざして、大いなる陶炉に火をたきたるホテルの食堂を出でしなれば、薄き外套をとほる午後四時の寒さはことさらに耐へがたく、膚粟《はだへあは》

中心　内心。心中。

抗抵　抵抗と同じ。

陶炉　陶製の暖炉。

立《だ》つとともに、余は心のうちに一種の寒さを覚えき。

翻訳は一夜になし果てつ。カイゼルホオフへ通ふことは、これよりやうやくしげくなりもてゆくほどに、初めは伯のことばも用事のみなりしが、後には近ごろ故郷にてありしことなどをあげて余が意見を問ひ、をりに触れては、道中にて人々の失策ありしことどもを告げて打ち笑ひたまひき。

一月ばかり過ぎて、ある日、伯は突然われに向かひて、「余は明日、ロシアに向かひて出発すべし。従ひて来べきか。」と問ふ。余は数日間、かの公務にいとまなき相沢を見ざりしかば、この問ひは不意に余を驚かしつ。「いかで命に従はざらむ。」余はわが恥を表さむ。この答へはいち早く決断して言ひしにあらず。余はおのれが信じて頼む心を生じたる人に、卒然ものを問はれたる時は、咄嗟《とつさ》の間、その答への範囲をよくも測らず、ただちにうべなふことあり。さてうべなひし上にて、そのなしがたきに心づきても、強ひて当時の心虚《うつろ》なりしをおほひ隠し、耐忍してこれを実行することしばしばなり。

うべなふ　肯定する。承諾する。

この日は翻訳の代《しろ》に、旅費さへ添へて賜りしを持て帰りて、翻訳の代をばエリスに預けつ。これにてロシアより帰り来むまでの費《つひえ》をば支へつべし。かれは医者に見せしに常ならぬ身なりといふ。座頭よりは、休むことのあまりに久しければ籍を除きぬと言ひおこせつ。まだ一月ばかりなるに、かく厳しきは故あればなるべし。旅立ちのことにはいたく心を悩ますとも見えず。偽りなきわが心を厚く信じたれば。

鉄路にては遠くもあらぬ旅なれば、用意とてもなし。身に合はせて借りたる黒き礼服、新たに買ひ求めたるゴタ版の露廷の貴族譜、二、三種の辞書などを、小カバンに入れたるのみ。さすがに心細きことのみ多きこのほどなれば、出で行くあとに残らむも物憂かるべく、また停車場にて涙こぼしなどしたらむにはうしろめたかるべければとて、翌朝早く、エリスをば母につけて知る人がり出だしやりつ。余は旅装整へて戸を閉ざし、鍵《かぎ》をば入り口に住む靴屋の主人に預けて出でぬ。

露国行きにつきては、何事をか叙すべき。わが舌人《ぜつじん》たる任務は、

ゴタ版 ゴータ(Gotha)は中部ドイツの小都市。一八世紀中ごろから、「ゴータの系図学袖《しゅう》珍《ちん》本」と名づけて、ヨーロッパ各地の貴族の系図や宮廷行事などを記したシリーズがこの町で刊行された。

うしろめたかるべければ 気がかりであろうから。

知る人がり 知人のもとへ。

舌人 通訳。

たちまちに余を拉《らっ》し去りて青雲の上に落としたり。余が大臣の一行に従ひてペエテルブルクにありし間に、余を囲繞《ゐねう》せしは、パリ絶頂の驕奢《けうしゃ》を氷雪のうちに移したる王城の装飾、ことさらに黄蠟《わうらふ》の燭《しょく》を幾つともなくともしたるに、幾星《いくほし》の勲章、幾枝《いくえ》のエポレットが映射する光、彫鏤《てうる》の巧みを尽くしたるカミンの火に寒さを忘れて使ふ宮女の扇のひらめきなどにて、この間、フランス語を最も円滑に使ふものはわれなるがゆゑに、賓主の間に周旋して事を弁ずるものもまた多くは余なりき。

この間、余はエリスを忘れざりき。否、かれは日ごとに書《ふみ》を寄せしかば、え忘れざりき。余が立ちし日には、「いつになく一人にて灯火《ともしび》に向かはむことの心憂さに、知る人のもとにて夜に入るまで物語し、疲るるを待ちて家に帰り、ただちに寝《い》ねつ。次の朝めざめし時は、なほ一人あとに残りしことを夢にはあらずやと思ひぬ。起き出でし時の心細さ。かかる思ひをば、生計《たつき》に苦しみて今日の日の食なかりしをりにもせざりき。」これ、かれが第一の書のあらましなり。

青雲　朝廷。雲上。
ペエテルブルク　Peterburg 帝政ロシアの首府。今のサンクトペテルブルグ。
エポレット　épaulette〔仏〕肩章。
カミン　Kamin〔独〕壁に取り付けた暖炉。
賓主　客と主人。主客。

またほど経ての書は、すこぶる思ひ迫りて書きたるごとくなりき。文《ふみ》をば否といふ字にて起こしたり。「否、君を思ふ心の深き底《そこひ》をば今ぞ知りぬる。君はふるさとに頼もしき族《やから》なしとのたまへば、この地によき世渡りの手段《たつき》あらば、とどまりたまはぬことやはある。またわが愛もてつなぎ留めではやまじ。それもかなはで東に帰りたまはむとならば、親とともに行かむは易《やす》けれど、かほどに多き路用をいづくよりか得む。いかなる業をなしてもこの地にとどまりて、君が世に出でたまはむ日をこそ待ためと常には思ひしが、しばしの旅とて立ち出でたまひしよりこの二十日ばかり、別離の思ひは日にけに茂りゆくのみ。たもとを分《わか》つはただ一瞬の苦《く》艱《かん》なりと思ひしは迷ひなりけり。わが身の常ならぬがやうやくにしるくなれる、それさへあるに、よしやいかなることありとも、われをばゆめな捨てたまひそ。母とはいたく争ひぬ。されどわが身の、過ぎしころには似で思ひ定めたるを見て心折れぬ。わが東に行かむ日には、ステッチンわたりの農家に遠き縁者あるに身を寄せむとぞ言ふなる。書き送りたまひしごとく、大臣の君に重く

日にけに　日に日に。

しるく　著しく。目だつように。

ステッチン　Stettin　ベルリンの北東約一三〇キロメートルにある都市。現在はポーランド領。シチェチン。

用ゐられたまはば、わが路用の金はともかくもなりなむ。今はひたすら、君がベルリンに帰りたまはむ日を待つのみ。」

ああ、余はこの書を見て、はじめてわが地位を明視しえたり。恥づかしきはわが鈍き心なり。余はわが身一つの進退につきても、またわが身にかかはらぬ他人のことにつきても、決断ありと自ら心に誇りしが、この決断は順境にのみありて、逆境にはあらず。我と人との関係を照らさむとする時は、頼みし胸中の鏡は曇りたり。

大臣はすでにわれに厚し。されどわが近眼は、ただおのれが尽くしたる職分をのみ見き。余はこれに未来の望みをつなぐことには、神も知るらむ、絶えて思ひ至らざりき。されど今ここに心づきて、わが心はなほ冷然たりしか。先に友の薦めし時は、大臣の信用は屋上の鳥のごとくなりしが、今はややこれを得たるかと思はるるに、相沢がこのごろのことばの端に、本国に帰りて後もともにかくてあらば云々《うんぬん》と言ひしは、大臣のかくのたまひしを、友ながらも公事なれば明らかには告げざりしか。いまさら思へば、余が軽率にもかれに向かひて、エリスとの関係を断たむと言ひしを、早く大臣に告げやしけむ。

ああ、ドイツに来し初めに、自らわが本領を悟りきと思ひて、また器械的人物とはならじと誓ひしが、こは足を縛して放たれし鳥の、しばし羽を動かして自由を得たりと誇りしにはあらずや。足の糸は解くに由なし。先にこれを操《あやつ》りしはわが某省の官長にて、今はこの糸、あな哀れ、天方伯の手中にあり。余が大臣の一行とともにベルリンに帰りしは、あたかもこれ新年の旦《あした》なりき。停車場に別れを告げて、わが家をさして車を駆《か》りつ。ここにては今も除夜に眠らず、元旦《ぐわんたん》に眠るが習ひなれば、万戸寂然《せきぜん》たり。寒さは強く、路上の雪は稜角《かど》ある氷片となりて、晴れたる日に映じ、きらきらと輝けり。車はクロステル街に曲がりて、家の入り口に止まりぬ。このとき窓を開く音せしが、車よりは見えず。馭丁《ぎよてい》にカバン持たせて梯を登らむとするほどに、エリスの梯を駆け下るに会ひぬ。かれが一声叫びてわが項《うなじ》を抱きしを見て、馭丁はあきれたる面持ちにて、何やらむ髭《ひげ》のうちにて言ひしが聞こえず。「よくぞ帰り来たまひし。帰り来たまはずばわが命は絶えなむを。」

わが心はこの時までも定まらず、故郷を思ふ念と栄達を求むる心とは、時として愛情を圧せむとせしが、ただこの一刹那《せつな》、低徊《ていくわい》踟《ち》蹰《ちゅ》の思ひは去りて、余はかれを抱き、かれの頭《かしら》はわが肩によりて、かれが喜びの涙ははらはらと肩の上に落ちぬ。

「幾階か持ちて行くべき。」と鑼《どら》のごとく叫びし馭丁は、いち早く登りて梯の上に立てり。

戸の外に出で迎へしエリスが母に、「馭丁をねぎらひたまへ。」と銀貨を渡して、余は手を取りて引くエリスに伴はれ、急ぎて室に入りぬ。一瞥《いちべつ》して余は驚きぬ、机の上には白き木綿、白きレエスなどをうづたかく積み上げたれば。

エリスは打ち笑みつつこれを指さして、「何とか見たまふ、この心構へを。」と言ひつつ、一つの木綿ぎれを取り上ぐるを見れば襁褓《むつき》なりき。「わが心の楽しさを思ひたまへ。生まれむ子は君に似て黒き瞳《ひとみ》をや持ちたらむ。この瞳。ああ、夢にのみ見しは君が黒き瞳なり。生まれたらむ日には、君が正しき心にて、よもあだし名をば名のらせたまはじ。」かれは頭《かうべ》を垂れたり。「幼しと笑ひたまはむが、寺に入らむ日はいかにうれしからまし。」見上げたる目には涙満ちたり。

二、三日の間は大臣をも、旅の疲れやおはさむとて、あへて訪《とぶら》はず、家にのみこもりをりしが、ある日の夕暮れ、使ひして招かれぬ。行きて見れば待遇ことにめでたく、ロシア行きの労を問ひ慰めて後、「われとともに東に帰る心なきか。君が学問こそわが測り知るところならね、語学のみにて世の用には足りなむ。滞留のあまりに久しければ、さまざまの係累もやあらむと相沢に問ひしに、さることなしと聞きて、おちゐたり。」とのたまふ。その気色《けしき》、いなむべくもあらず。あなやと思ひしが、さすがに相沢の言を偽りなりとも言ひがたきに、もしこの手にしもすがらずば、本国をも失ひ、名誉を引き返さむ道をも断ち、身はこの広漠《くわうばく》たる欧州大都の人の海に葬られむかと思ふ念、心頭を突いて起これり。ああ、なんらの特操なき心ぞ、「承りはべり。」と答へたるは。鉄《くろがね》の額《ぬか》はありとも、帰りてエリスに何とか言はむ。ホテルを出

よもあだし名をば名のらせたまはじ　まさかあなたと別の姓を名のらせはしないでしょうね。

寺に入らむ日　幼児の洗礼のために教会に行く日。

おちゐたり　安心した。

でし時のわが心の錯乱は、たとへむに物なかりき。余は道の東西をもわかず、思ひに沈みて行くほどに、行き会ふ馭丁に幾たびか叱《しっ》せられ、驚きて飛びのきつ。しばらくしてふとあたりを見れば、獣園の傍らに出でたり。倒るるごとくに道のほとりの腰掛けによりて、焼くがごとく熱し、槌《つち》にて打たるるごとく響く頭を榻背《たふはい》にもたせ、死したるごときさまにて幾時《いくとき》をか過ごしけむ。激しき寒さ骨に徹すとおぼえて覚めし時は、夜に入りて雪はしげく降り、帽のひさし、外套の肩には一寸ばかりも積もりたりき。もはや十一時をや過ぎけむ、モハビット、カルル街通ひの鉄道馬車の軌道も雪に埋《うづ》もれ、ブランデンブルク門のほとりのガス灯は寂しき光を放ちたり。立ち上がらむとするに足の凍えたれば、両手にてさすりて、やうやく歩みうるほどにはなりぬ。

足の運びのはかどらねば、クロステル街まで来し時は、半夜をや過ぎたりけむ。ここまで来し道をばいかに歩みしか知らず。一月上旬の夜なれば、ウンテル-デン-リンデンの酒家・茶店はなほ人の出入り盛りにて、にぎはしかりしならめど、ふつに覚えず。

榻背　ベンチの背。

一寸　約三センチ。

わが脳中にはただただ、われは許すべからぬ罪人《つみびと》なりと思ふ心のみ満ち満ちたりき。

四階の屋根裏には、エリスはまだ寝《い》ねずとおぼしく、烱然《けいぜん》たる一星の火、暗き空にすかせば明らかに見ゆるが、降りしきる鷺《さぎ》のごとき雪片に、たちまちおほはれ、たちまちまた現れて、風にもてあそばるるに似たり。戸口に入りしより疲れを覚えて、身の節の痛み耐へがたければ、はふごとくに梯を登りつ。庖廚《はうちゅう》を過ぎ、室の戸を開きて入りしに、机によりて襁褓縫ひたりしエリスは振り返りて、「あ。」と叫びぬ。「いかにかしたまひし、御身の姿は。」

驚きしもうべなりけり、蒼然《さうぜん》として死人に等しきわが面色、帽をばいつの間にか失ひ、髪はおどろと乱れて、幾たびか道にてつまづき倒れしことなれば、衣は泥《どろ》まじりの雪に汚れ、ところどころは裂けたれば。

余は答へむとすれど声出でず、膝《ひざ》のしきりにをののかれて立つに耐へねば、椅子をつかまむとせしまでは覚えしが、そのままに

ふつに　まったく。

烱然たる　きらきらと明るい。

おどろと　ぼうぼうと。

地に倒れぬ。

人事を知るほどになりしは数週《すしう》の後なりき。熱激しくてうはことのみ言ひしを、エリスがねんごろにみとるほどに、ある日、相沢は尋ね来て、余がかれに隠したる顚末《てんまつ》をつばらに知りて、大臣には病のことのみ告げ、よきやうに繕ひおきしなり。余ははじめて病床に侍するエリスを見て、その変はりたる姿に驚きぬ。かれはこの数週のうちにいたくやせて、血走りし目はくぼみ、灰色の頰は落ちたり。相沢の助けにて日々の生計《たつき》には窮せざりしが、この恩人はかれを精神的に殺ししなり。

後に聞けば、かれは相沢に会ひし時、余が相沢に与へし約束を聞き、またかの夕べ大臣に聞こえ上げし一諾を知り、にはかに座より躍り上がり、面色さながら土のごとく、「わが豊太郎ぬし、かくまでにわれをば欺きたまひしか。」と叫び、その場に倒れぬ。相沢は母を呼びて、ともに助けて床に臥させしに、しばらくして覚めし時は、目は直視したるままにて傍らの人をも見知らず、わが名を呼びていたくののしり、髪をむしり、ふとんをかみなどし、

つばらに 詳しく。

またにはかに心づきたるさまにて物を探り求めたり。母の取りて与ふる物をばことごとく投げうちしが、机の上なりし襁褓を与へたる時、探りみて顔に押し当て、涙を流して泣きぬ。

　これよりは騒ぐことはなけれど、精神の作用はほとんど全く廃して、その痴《ち》なること赤児《あかご》のごとくなり。医に見せしに、過激なる心労にて急に起こりしパラノイアといふ病なれば、治癒《ちゆ》の見込みなしと言ふ。ダルドルフの癲狂《てんきやう》院に入れむとせしに、泣き叫びて聴かず。後にはかの襁褓一つを身につけて、幾たびか出だしては見、見ては欷歔《ききよ》す。余が病床をば離れねど、これさへ心ありてにはあらずと見ゆ。ただをりをり思ひ出だしたるやうに、「薬を、薬を。」と言ふのみ。

　余が病は全く癒《い》えぬ。エリスが生ける屍《かばね》を抱きて、千筋《ちすぢ》の涙を注ぎしは幾たびぞ。大臣に従ひて帰東の途に上りし時は、相沢と議《はか》りて、エリスが母にかすかなる生計を営むに足るほどの資本を与へ、哀れなる狂女の胎内に残しし子の生まれむをりのことをも頼みおきぬ。

パラノイア Paranoia〔独〕偏執症。

ダルドルフ Dalldorf ベルリンの北約一〇キロにある町。

癲狂院 精神病院。

ああ、相沢謙吉がごとき良友は世にまた得がたかるべし。されど、わが脳裏に一点のかれを憎む心、今日までも残れりけり。

森鷗外（一八六二〜一九二二）小説家・医学者。本名、林太郎。島根県に生まれた。東京大学医学部卒業。陸軍に入り、一八八四年ドイツ留学、八八年帰朝。軍医関係の要職を歴任した後、陸軍軍医総監、陸軍省医務局長に任じ、退官後、帝室博物館長兼図書頭《ずしょのかみ》のほか、帝国美術院長、臨時国語調査会長などを勤めた。

文学の面では、帰朝の翌年、訳詩集『於母影《おもかげ》』を発表、「しがらみ草紙」を創刊し、九〇年『舞姫』を発表した。以後、創作に、翻訳に、評論に、多方面の活躍をした。おもな業績として、小説に、『舞姫』『雁《がん》』『阿部《あべ》一族』『高瀬舟』『渋江抽斎《ちゅうさい》』など、翻訳に、アンデルセン『即興詩人』、ゲーテ『ファウスト』など、評論に、九一年に坪内逍遥《しょうよう》と論争した有名な没理想論争をはじめ、数多くの論文がある。

『舞姫』は、一八九〇年一月、雑誌「国民之《の》友」付録に発表された処女作。留学期の鷗外の青春の一断面がうかがえる作品である。文体の典雅な和文調と、適度に用いられたヨーロッパ的感触とは、それまでの戯作《げさく》小説的文体とはまったく異なる清新な芳香を放ち、当時の青年を魅了した。

本文は、『現代日本文学大系』第七巻（筑摩書房）によった。

叙述と注解

分銅惇作

舞姫 Balletteuse《バレチユーズ》(バレーの踊り子)の訳で、エリスがヴィクトリア座の舞姫であるところからつけられた題名。鷗外の「自作小説の材料」には「舞姫といふ字は『バレチウヅ』の訳で、『バレット』といふ踊ををどる女のことです。」とある。

中等室 船室の等級を示す。当時は上等・中等・下等の三等級があった。

熾熱灯の光の晴れがましきも、いたづらなり 電灯が晴れやかに輝いているのも、むだである。「いたづらなり」は「……余ひとりのみなればー」と倒置になっている。「熾熱」は、さかんな強い熱の意。教科書脚注参照。

ホテルに宿りて 途中寄港した地に上陸して、久しぶりにホテルに泊まったのである。

五年前 太田が留学の途に上ったのは二一、二歳、明治一七、八年ごろ。帰国は二二年、二六歳。鷗外留学の時期・年齢とだいたい一致させてある。

日ごろの望み足りて 日ごろの望みがかなって。

洋行の官命 欧米へ渡航するようにという官庁の命令。

紀行文 ちなみに、鷗外の留学往路にも『航西日記』があった。

幾千言をかなしけむ 幾千語に上ったことだろうか。

もてはやされしかど ほめそやされたけれど。

世の常の動植金石 ありふれた動物や、植物や、金属や、鉱石。

心ある人はいかにか見けむ 学識あり、もののわかる人は、どのように自分の書きしるしたものを見たことだろう。

こたび　こんど。日本への帰途の旅をさす。「こたびは」は「まだ白紙のままなるは」にかかる文脈。往路には盛んに書きしるした、というのと対応して言っている。

途に上りし時　帰国の途についた時。「買ひし」にかかる文脈。

冊子　ここでは、ノート。

ニル・アドミラリイ　教科書脚注参照。もとピュタゴラスが、いっさいの哲学的努力の目標として「何ごとにも驚かない」と言ったという。それをホラチウスがラテン語訳したもの。国家や社会を離れ、外界の力に左右されないで生きようとする個人的倫理の特徴を言い表わすものとして、よく用いられる語。この小説の沈痛な響きを予感させる。

あらず、これには別に故あり　いや、この日記を書く気がしなかったのには、別に理由がある。

東に帰る　原文では「東に還る」とあり、鷗外の帰国の日記も『還東日乗』。

学問こそなほ心に飽き足らぬところも多かれ　「多かれ」は「こそ」の結びであるが、意味としては下の文に逆接的に続く。「……不十分なところも多いが」。

我とわが心さへ変はりやすきをも悟りえたり　自分自身、自分の心さえ……、の意。小説の以下の叙述の伏線となっている。

これや日記の成らぬ縁故なる　こうした気持が、日記のできない事情なのか。ふたたび自問自答するのである。「縁故」は、ゆかり、たより。ここでは「事情」くらいの意。

ブリンヂイシイ　Brindisi イタリアのアプリア半島の北東岸、アドリア海の入口に位し、この方面唯一の漁港。内港では、大洋汽船も岸壁に横づけになる。西ローマ帝国の衰亡とともに重要さを減じたが、スエズ運河の開通により、ふたたび中央ヨーロッパおよび東方への寄港地としての価値を増した。古代史上有名な地で、ローマ詩人ホラチウス、ヴェルギリウスとは由緒が深く、ポンペイウスはカエサルの包囲を受けて籠城しており、また十字軍の艦隊集結の地でもあった。

ことよせて　理由をつけて。かこつけて。

人知らぬ恨み　人の知らない心の悔恨。

一抹の　ひとはけの。ひとなすりの。ごくかすかな。

スイスの山色をも見せず、イタリアの古跡にも心をとどめさせず　ドイツからスイス、イタリアを経て、ブリンヂイシイの港に至ったのである。その間、心中の悔恨が、途中の風光を楽しませなかったのである。

はらわた日ごとに九廻す　毎日、はらわたが幾度も回りくねるほどに悩み苦しんだ。「九廻腸」とも言う。教科書脚注参照。「腸一日而九廻」(司馬遷、報㆓任安㆒書)

一点の影　「一抹の雲」に応じた語。

鏡に映る影　「鏡に映る影のごとく」の省略。はっきりと。

さはあらじと思へど　心地《ここち》のすがすがしくなることなど、あるまいとは思うけれど。

電気線の鍵　電灯のスイッチ。「鍵をひねる」は、消灯のため。

旧藩の学館　明治四(一八七一)年の廃藩置県、明治五年の学制頒布《はんぷ》に至るまでは、士族の子弟は各藩の学館(藩校)に学んだ。漢学が主である。ちなみに鷗外は、慶応三(一八六七)年六歳の時、石州津和野藩の亀井家の藩校養老館にはいった。

予備校　教科書脚注参照。明治七(一八七四)年一〇月創立の東京英語学校を母胎とし、同一〇年東京大学予備門と改称し、東京大学に付属した。同一八年独立し、同一九年第一高等中学校、同二七年第一高等学校と改称し、昭和二四年に至ったが、同年東京大学に合併して教養学部をなした。場所は本郷地区の水戸徳川家の下屋敷跡(現東京大学農学部の位置)にあった。

大学法学部　東京大学法学部のこと。

学士の称　大学本科卒業者の称号。

大学の立ちてよりそのころまでにまたなき名誉なり　大学創立（明治一〇年）以来、例のない名誉である、の意。一九歳という異例の若さで卒業したからである。ちなみに鷗外は、明治七（一八七四）年一三歳で東京医学校予備門入学の際、年齢不足につき二歳を増し、万延元（一八六〇）年生まれとして願書を提出している。『ヰタ・セクスアリス』にも、「七月に大学を卒業した。表向の年齢を見て、二十になつたばかりで学士になるとは珍らしいと人が云つた。実は二十にもなつてはゐなかつた。」とある。

官長　長官。役人の長。

殊なりしかば　格別よかったので。

わが名を成さむも、わが家を興さむも　いわゆる立身出世の考え方であるが、これはひとり森家にのみ見られた気風ではなく、学制頒布以来の一般の教育理念であって、明治五年の太政官布告にもうかがわれるものである。

ベルリンの都に来ぬ　都市としてのベルリンの歴史は、ヨーロッパの他の都市に比べて浅く、大発展期を迎えたのは、およそ一八五〇年から一九一八年にかけてのことである。あたかも、プロイセンがドイツ帝国の盟主となってヨーロッパの一流国に躍進しつつあったころで、日本はプロイセンに範をとっていたのである。鷗外のドイツ留学は、この時期に当たる。

幽静　奥深くて、もの静かなこと。

ウンテル－デン－リンデン　教科書脚注参照。ベルリンの中央部を東西に走る繁華街で、西端のブランデンブルク門をくぐると、ティアガルテン（二七五頁に「獣園」とある所）に出る。菩《ぼ》提樹《だいじゅ》（リンデン）が街路樹として植えられてあって、この街の名が生まれた。現在は東ベルリンに属するが、ベルリンの東西分割後はすっかりさびれた。

組々の士女　一組一組連れ立っている紳士淑女。当時の日本には見られぬ風俗である。

胸張り肩そびえたる士官の　この「の」は主語を表わす格助詞で、「……礼装をなしたる」にかかっていき、「顔よき少女のパリまねびの粧ひしたる」と並立して、「かれもこれも」に続いていく。「まだヴィルヘルム一世の街に臨める窓によりたまふころなりければ」は、挿入句である。

ヴィルヘルム一世　教科書脚注参照。一八六一年、プロイセン王につくや、プロイセンによるドイツ統一をめざし、徹底的な軍備の強化改造を図って下院と衝突、六二年、ビスマルクを首相に登用、ローンを陸相に、モルトケを参謀総長に用いて軍備を充実させ、オーストリアに戦勝して、六七年、「北ドイツ連邦」を組織、フランスにも大勝して、七一年、新ドイツ帝国最初の帝位についた。教科書二八五頁にはヴィルヘルム一世の崩殂のことが出ている。

街に臨める窓　ウンテル-デン-リンデン街の東端南側に、直接通りに接してヴィルヘルム一世の宮殿があった。

パリまねび　パリ風。パリは世界の流行の先端をなしていた。

噴井の水　噴水。

ブランデンブルク門　教科書脚注参照。「ブランデンブルク」は、ドイツ北部にある州名で、ベルリンもこの州にある。プロイセン王国の前身をなした地方である。この門は、ウンテル-デン-リンデンの西端に立っており、ティアガルテン側から見たものである。一八世紀の建築家ラングハーンズの設計。

半天　①天の半分。②中空。中天。ここでは②。

凱旋塔　軍隊の凱旋を歓迎し、戦勝を記念するために、公園または主要な街路に設けた塔。ブランデンブルク門の西北方に近く、ケーニヒス広場にあり、一八六四、六六、七〇年などのドイツの勝利を記念する。高さ六〇メートル余り、頂上に金色の勝利の女神像がある。

目睫の間に集まりたれば　きわめて接近してい

るので。「睫」は、まつげ。
応接にいとまなきも　物事が次から次へとせわしなく現われて、応じているひまのないのも。
いかなる境に遊びても　どのような土地に行っても。「遊ぶ」は、他郷に行く、の意。
鈴索　訪問を知らせる鈴を鳴らすひも。
謁を通じ　お目見えしたい旨申し入れて。「謁」は、貴人または目上の人に面会すること。
おほやけの紹介状　官庁からの紹介状。
東来の意　東方からやって来たわけ。
プロシャ　教科書脚注参照。バルト海沿岸の地方名。神聖ローマ帝国の領域外（ポーランド支配）にあったが、帝国内のブランデンブルク選挙侯がプロイセン公を兼ねた。のち、侯は王国建設の際、帝国に対する独立性を示すために、プロイセンを称したが、しだいに実力を増し、ドイツ帝国の盟主となった。
わが　「が」は主格を表わす。わたしが。「学びし」にかかる。

簿《ぼ》冊《さつ》　とじた本。帳面。
さらぬ　そうでないもの。急がないもの。
大学のかたにては　大学のほうに関しては。
幼き心に思ひ測りしがごとく、政治家になるべき特科のあるべうもあらず　幼稚な心で想像したように、政治家になるべき特別の学科のあるはずもなく。
好尚　このみ。
人の神童なりなどほむるが　他人が「神童」だなどとほめてくれるのが。
自由なる大学の風　「余の独逸に在るや、博く大学学生及び曽て大学生たりしものに交り、其胸襟洒脱、風采掬すべきを見て、未だ曽て恍然自ら失せざることあらざりき。（中略）之を致すものは大学の自由なり。」（「大学の自由を論ず」）
奥深く潜みたりしまことの我　これは、本性というよりは、自我といったほうが適当であろう。
獄を断ずる　訴訟に判決を与える。
生きたる法律　ここでは、法律にだけ詳しく、人間性に理解の乏しいような人間。

忍ぶべからず がまんすることはできない。

瑣々たる わずかの。いささかの。

法制の細目にかかづらふべきにあらぬを 法制の細かい箇所にこだわるべきではないということを。

紛々たる 入りまじって乱れている。

破竹のごとく 刃物で竹を割るように容易に。

蔗を嚼む境 教科書脚注参照。蔗はシャ、通音ショ。砂糖きび。「顧愷之、毎《ニ》レ食《フ》二甘蔗《ヲ》一常《ニ》自《リ》レ尾至《ル》レ本《ニ》。人或《ハ》怪《シム》レ之《ヲ》。愷之曰《ク》。漸《ク》入《ルト》二佳境《ニ》一。」(『晋書』顧愷之は晋代の画家・文人)この故事によって佳境のことを蔗境とも言う。「蔗を嚼む境」も同じ。佳境(蔗境)に入るは、物事にしだいに興味を感ずるようになること。

猜疑し そねみ疑い。

讒誣する 事実を曲げ、偽って他人を悪く言いなす。二八一頁一行「同郷人のなかに……官長のもとに報じつ。」とあるのをさしている。

されどこれとても、その故なくてやは けれども讒誣の事だって、そういう目に会う理由がないはずがあろうか、あったのだ。

ゆゑよし ①いわれ、理由。②ゆいしょありげなこと。ここでは①。

長者の教へ 親や、師や、年長者の教え。

仕への道 官吏としての勤務のあり方。

ああ、かれも一時 ああ、それも一時のことだった。

せきあへぬ さえぎることのできぬ。とどめえない。

これぞなかなかにわが本性なりける このいじなさこそ、かえって自分の本性であったのだよ。今に及んで思い当たった、の意。

されどそねむは愚かならずや しかし、そねむのは見当違いでおかしいではないか。

この弱くふびんなる心を 「を」を格助詞とみなすと「そねむ」と倒置関係になるが、「を」を接続助詞的用法とみなして「心なのに」の意とすることもできる。なお、原文ではこのあとに次のような部分があるが、教育的配慮から省略されている。「赤く白く面《おもて》を塗りて、赫然《かくぜん》たる色の衣を纏ひ、珈琲店《カッフェエ》に坐して客を延《ひ》く女を見ては、往きてこれに就かん勇気なく、高き帽を戴き、眼鏡《めがね》に鼻を挟ませて、普魯西《プロシャ》にては貴族めきたる鼻音にて物言ふ『レエベマン』を見ては、往きてこれと遊ばん勇気なし。此等の」このあとにすぐ教科書本文の、「勇気なければ……」とつづく。

同郷の人々　日本人の在留者たち。

閲しつくす　ここでは、つぶさに経験しつくすの意。

獣園　Tiergarten《ティアガルテン》（固有名詞）ウンテル－デン－リンデンの西方にある。もと王室の庭園であり、その一角に動物園がある。

モンビシュウ街　Monbijou ウンテル－デン－リンデン街の東端から北にシュプレー川に出て、モンビシュー橋を渡ったところにある町。

クロステル巷　Kloster ウンテル－デン－リンデンの東端から東に進み、シュプレー川を渡った地域にある町の名。「僧房街」（『独逸日記』）の意。「巷」は町、ちまた。

古寺　町名のようにこのあたりに古寺が多い。クロステル寺（Kloster Kirche）、マリー寺（Marien Kirche）等のことか。

灯火の海　ウンテル－デン－リンデンの電光のまばゆさをたとえた語。

木欄　てすり。らんかん。

ユダヤ教徒の翁が　一見してユダヤ教徒とわかる身なりとそぶりをしているわけである。ユダヤ教徒は、一般の偏見のために不適な環境にあるものが多かったといわれる。ユダヤ教は唯一の神ヤハウェ（エホバ）を信じ、ユダヤ人を神の選民と考え、神の国を地上に実現するメシヤの来臨を信ずる。

一つの梯はただちに楼に達し……　今日いわゆるアパートの類である。当時日本にはまだ見られぬ住宅様式である。

凹字の形　中のくぼんだ形。

この三百年前の遺跡　クロステル寺・マリー寺など、ともに一三世紀の創建で、その後の改修を受けている。ことに前者は美しいゴシック建築。鷗外も居住したことがあるこのあたりは、「府の東隅所謂古伯林 Alt-Berlin に近く、或は悪漢淫婦の巣窟なりといふものあれど」（『独逸日記』）というような地域。

一顧　ちょっとふりむいて見ること。

用心深きわが心の底まではとほしたるか　教科書二七四頁六行目に「わが心はかの合歓といふ木の葉に似て、物触れば縮みて避けむとす。」とある。これほどの用心深い心にもかかわらず、少女のふぜいにうたれた自分に疑問を投げている。「なにゆゑに」は、「とほしたるか」にかかる文脈。

前後を顧みる　諸種の事態を分別考慮する。

憐憫の情に打ち勝たれて　受身の形で表現している。積極的な意志からではなく、衝動的な行為である。「憐憫」は、あわれむこと。

所に係累なき外人は　この土地にわずらわしいつながり（家族）などのない外国人は。

かへりて　かえって。

わが黄なる面　東洋人としての黄色の皮膚をさす。

真率　正直で包み隠しのないこと。

かれのごとく　「かれ」は、のちにはっきりするが、ヴィクトリア座の座頭《ざがしら》シャウムベルヒのこと。興奮した、ひとりがてんのことばである。

わが恥なき人とならむを　わたしが人間としての恥を失う者となるのを。（次の「かれのことば」に従わされることをさす。）上の「救ひたまへ」と倒置の関係。

かれのことば　座頭が情人になれと迫ることばなどをさす。

いとはしさに　いやさに。「早足に行く」を修飾する。少女の心情。

マンサルド　（二重勾配《こうばい》の）屋根。その屋根裏べや（フランスの建築家Mansard《マンサール》の名にちなむ）。

立たば頭のつかふべき所　立てば梁《はり》に頭のつかえそうな低い所。

たをやか　①しなやかなさま。②しとやか。ここでは①。

心なさ　思慮のないこと。

ヴィクトリア座　劇団名。劇場名ではない。

座頭　芝居その他演芸一座の頭。座長。

抱へ　召しかかえたもの。雇い。

事なく　なにごともなく。ぞうさなく。

身勝手なる言ひかけ　たとえば、自分の情人になれと迫るなど。

薄き給金　わたしのわずかな給金。

母のことばに……　「従ふのほかなし」などということばを言いさした。

媚態　こびるさま。なまめくさま。

一時の急　ここ当分のせっぱつまった状況。

質屋の使ひの……取らすべきに　時計をかたに借りただけの金額は、質屋の使いが来たらわたしのほうで返済しよう。

なんらの悪因ぞ　なんとした悪因縁であることか。この出会いが発端となり、のちに免官の原因となったから、このように述べた。

ショオペンハウエル　教科書脚注参照。ダンチッヒに生まれ、フランクフルト－アム－マインに没。フィヒテの講義を受けたが満足せず、独学して「充足理由律」の研究によりイエナ大学から学位を受けた。東洋学者マイヤーの勧めでウパニシャッドを研究。一八一四年ドレスデンに移り、主著『意志と表象としての世界』を完成。ここに示されたかれの哲学思想は、カントの物自体とプラトンのイデア論にインド思想の汎神《はんしん》論が結合した厭世主義哲学である。宇宙の根源を原意志とし、現象界はこの「生きんとする盲目の意志」に支配されており、人間の営みもこれに動かされている以上、永久に満たされることはないとする。このような立場からシェリングやヘーゲルの理性主義に反対したが、けっきょく人間は、ただ受動的な芸術的観点か、能動的な禁欲的苦行によってのみ、生の苦悩を脱して涅槃《ねはん》の境地に至りうると説く。ドイツ観念論の中で成長しながら、独自の立場からその合理主義の底を破ろうとした原意志の思想は、かれに続くハルトマン、ワーグナー、ニーチェ、ジンメル初め、生の哲学に大きな影響を与えた。特に一九世紀末のいわゆる世紀末的風潮の中において、一時に広く普及し、トルストイらにも深い影響が見られるという。鷗外はその作品『妄想』に述べているように、ハルトマンとともにショーペンハウエルを愛読し、その影響を受けている。

シルレル 教科書脚注参照。ネッカー河畔マールバッハに生まれ、ワイマールに没。一七七三年、領主の命により、シュツットガルトの軍官学校で法学と医学とを学ぶ。その間ひそかに文学に親しみ、詩作の禁に堪えられず脱出し、不安な放浪時代を送った。この間に戯曲『群盗』『フィエスコ』『奸計と恋』『ドン＝カルロス』を著わした。一七八九年、イエナ大学歴史学教授に就任、カント哲学を研究することにより道義的自由の理念を得、歴史研究を続けた。創造的活動の最も盛んだったのは、一七九四年以後、ゲーテ（一七四九〜一八三二）との友情に結ばれた時代であって、なかんずく両者相競って物語詩を作った一七九七年は「バラッドの年」として、ドイツ文学史上記念すべき年とされている。このころから、ふたたび戯曲創作の筆を執り、『ワレンシュタイン』『マリア＝ステュアルト』『オルレアンの少女』『メッシーナの花嫁』『ウイルヘルム＝テル』を世に問うたが、『デメートリウス』の完結を待たずして没した。その文学的生活の初期は「疾風怒濤」的な特徴を持つが、実はかれの貧と病の生涯そのものが悲劇であった。しかも激しい創造力はまさに魔力的と言うほかはない。なお、鷗外には「シルレルが医たりし時の事を記す」「シルレル伝」がある。

一輪の名花を咲かせてけり　エリスが太田豊太郎のへやに姿を見せ、生活に色どりを添えるようになったのを花にたとえたもの。

色を舞姫の群れに漁する……　情事の相手を、踊り子たちのはでな環境の中にあさる……。

その名を指さむは　その人の名を示すのは。

事を好む　事件や変化の起きるのを好む。

さらぬだに　そうでなくてさえ。女優と交わるなどいうことがなくてさえ。「憎み思ひし」にかかる文脈。

学問の岐路に走る　専門の学問以外のわき道、たとえば思想や文学や歴史に向かっていく。

郷　故郷、すなわち日本。

一週日　一週間。七日。

とやかうと　かれこれと。

ここに反復するに耐へず　ここにくり返し、しるすことができない。

清白　汚れなく清いこと。

ハックレンデル　教科書脚注参照。旅行記を得意とし、その他無数の新鮮な物語風のユーモラスな小説を書き、当時の世相を描いた作品が愛読された。舞姫を「当世の奴隷」と記したのも、その種の作品と想像されるが、出典未考。鷗外の訳に『黄授章』『ふた夜』がある。作品には"Handel und Wandel" "Der neue Don Quixot" 喜劇 "Der geheime Agent" など。

芝居の化粧部屋に入りてこそ紅粉をも粧ひ、美しき衣をもまとへ　「紅粉」は、べにと、おしろい。「まとへ」は「こそ」の結びだが、「まとってはいるけれど」と逆接の意で下へ続く。

卑しき限りなる業　たとえば売春婦など。

不時の　時ならぬ。にわかの。

かれが身の事にかかはりしを　エリスが事に関係していることを。つまり、エリスのことで自分が免官になったことを。

危急存亡　危難が迫り、存在するか滅亡するかの大事。

別離を悲しみて　太田豊太郎が帰国するかもしれぬことを悲しんだのである。

鬢　頭の左右側面の髪。

余が悲痛感慨の刺激によりて常ならずなりたる脳髄を射て　「余が」は、「脳髄」を修飾。「感慨」は、物事に感じて嘆く。「脳髄」は、脳に同じ。文意は、悲しみと嘆きのために平常でなくなっていた自分の気持を強くとらえて。

ここに及びしを　「ここ」は、「つひに離れがたき仲となりし」ことをさす。

わが命は迫りぬ　自分の運命はせっぱつまった。

浮かぶ瀬あらじ　落ちぶれたまま出世する機会があるまい。

今わが同行の一人なる　今同じ帰国の船で自分といっしょに日本に帰るひとりである。

相沢謙吉　鷗外終生の親友、賀古鶴所をモデルにしている点があると言われている。

天方伯　「伯」は、伯爵の略。明治憲法下の世襲的栄典である爵位（公・侯・伯・子・男）の一つ。なお、天方伯は山県有朋（一八三八〜一九二二）をモデルにしている点があると言われる。山県は明治時代の軍人・政治家で元帥、公爵。

寄寓　身をよそに寄せること。かりずまい。

朝のカッフェエ果つれば　朝のコーヒーを飲み終わると。

さらぬ日　そうでない日。温習のない日。

キョオニヒ街　ケーニヒ König はベルリン市の中央部から東北部へ通ずる大通りの一つの名。

引き窓　屋根にあけた窓。綱を引いて開閉する。

臂を並べ　隣合ってすわり。

空きたる　読み手のあいている。

知らぬ人は何とか見けむ　事情を知らぬ人は、自分の所作をなんと見たことだろう。

帰り路によぎりて　帰り道のついでに立ち寄って。

掌上の舞をもなしえつべき　教科書脚注参照。てのひらの上で舞いをすることもできそうな、身のきゃしゃな。

昔の法令条目の枯れ葉を紙上にかき寄せしとは異にて 以前留学当初のころのように、法令の諸項目という枯れ葉のように無味乾燥の事柄をかき寄せたのとは違って。教科書二七一頁の「取り調べもしだいにはかどりゆけば、急ぐことをば報告書に作りて送り、さらぬをば写しとどめて、つひには幾巻をかなしけむ。」を踏んでいる。

活発々たる 気力が満ち満ちて活動してやまぬ。「活潑潑地《かっぱつはっち》」の略ではあるが、「カッパツハッツ」とは読まない。

ビョルネ 教科書脚注参照。ハイネとともに活躍。フランスの自由主義思想に共鳴し、ドイツ官憲の圧迫をのがれてパリに住み、「パリ通信」により、活発な政治文学活動を行なった。鷗外に「ルウドヰヒが新作」がある。

ハイネ 教科書脚注参照。ライン河畔のデュッセルドルフ市に生まれ、パリに没。ユダヤ系であるために、生涯平和と安息とを奪われたが、それが、かれを人類解放の輝かしい前衛闘士ともした。少年時代にフランス革命の思想的洗礼を受け、やがて諸大学を転々として法律を修め、ベルリン大学ではヘーゲルの講義を聞き、弁証法哲学の影響を受けた。二〇歳前後から叙情詩を作り、大学生時代、早くも多くの詩作のほかに、創作や文芸評論や政治論説にまで筆をそめている。後、ミュンヘンで雑誌「政治年鑑」の編集に尽くし、封建的なドイツと戦い、一八三一年、亡命してパリに定住、ドイツ、フランスの文化交流に尽くして、その地に没した。著作に、旅行記『ハルツの旅』『旅の絵』、詩集『歌の本』、哲学的論著『ドイツ宗教哲学史考』、文学論『ロマン派』、長編風刺詩「アッタ・トロル」、革命的長詩「ドイツ冬物語」、『新詩集』、大詩集『ロマンツェロ』、ルポルタージュ「ルテーツィア」などがある。

思ひを構へ 構想を立て。思慮をこらし。

フリイトリッヒ三世 教科書脚注参照。プロイセン王。ドイツ皇帝（即位一八八八）。帝国初代の皇帝ヴィルヘルム一世の子。学芸を好み、大英帝国のヴィクトリア女王の長女と結婚したのちは、特に自由主義的傾向を示し、父やビスマルクとは合わなかった。父帝の死により、自由主義者や大衆の期待をになって帝位に着いたが、すでに病重く在位九九日で死去した。

崩殂 天子がおかくれになること。

新帝 ヴィルヘルム二世（一八五九〜一九四一）。ドイツ皇帝、プロイセン王（在位一八八八〜一九一八）。フリイトリッヒ三世の子。衝動的性格で冷静な分別を欠き、専横的な傾向が強かったといわれる。二九歳で即位。保守主義者で社会主義者を最も憎み、社会主義鎮圧法の強化や海外植民地政策をめぐって、治世の初め宰相ビスマルクと争い、かれを退け親政を始めた。帝国主義政策のもとに大海軍の建設に着手、その海軍と工業力とをもってイギリスに挑戦。イギリスは英仏露三国協商を結んでドイツを包囲した。この国際的緊張の中にあって、物議をかもすような言動が多く、一九一四年、第一次世界大戦に突入、しだいにその専制的権力にも制限が加えられ、後まったく権力を失い、敗戦の結果、一八年一一月、退位してオランダに亡命。わが国では単にカイゼルとよんだ。

ビスマルク 教科書脚注参照。ドイツ第二帝国建設の功労者であり、その初代宰相。功により侯爵を受けた。土地貴族（ユンカー）出身。初め、自己の領地を経営。一八四七年、プロイセン連合州議員。一八四八年のベルリンの三月革命には、反革命派で活躍。六二年、プロイセン王ヴィルヘルム一世によって宰相に登用されるや、プロイセンを盟主とするドイツ統一をめざし、いわゆる鉄血政策を掲げて議会を無視して軍備を大拡張し、一方、巧妙な外交手腕をふるって、統一への反対勢力たるオーストリア、フランスを敗北させて、帝国を形成し統一を完成した。以後、国民経済の充実を図って、勢力均衡に立つ現状維持の平和主義外交に転じ、産業資本主義はようやく確立し、イギリスに迫る大工業国たらしめた。しかし国内では、対カトリック教徒、対社会主義の政策に困難し、一方、産業資本からは帝国主義政策の実行を迫られ、八八年以降、新帝ヴィルヘルム二世とことごとに対立、ついに九〇年、引退した。これによって、ドイツは帝国主義の外交に突入するのである。「ビスマルク侯の進退如何」とはこの事情をさす。

旧業を尋ぬることも難く　むかしの仕事、つまり法律学を研究することもできにくく。「難く」は、上の「ひもとき」をも受けて「ひもとくことも難く、……尋ねることも難く」の意。多忙のあまり、専門の法律の勉強ができなくなったことを述べている。

謝金　授業料。

一種の見識を長じき　それなりに、意義のある意見を豊かに持つようになった。

流布　広く世に広まること。

散見　あちらこちらに見えること。

一隻の眼孔　①一つの目。②ものを見抜く力のある特殊の眼識。ひとかどの見識。ここでは②。

一筋の道をのみ走りし知識　ただ一つ狭い分野に限られていた知識。

よくはえ読まぬがあるに　十分に読みこなせぬ者があるのに。

明治二十一年　一八八八年。新帝即位の年。なお、鷗外帰国の年に当たる。

砂をも撒け、すきをも揮へ　街路の雪が踏まれて氷状になり、歩行に困難するので、すべらぬように砂をまいたり、すきで氷にでこぼこをつけたり取り除いたりするが。前後の文意は、「表街の人道では歩行の便をはかって砂をまいたり、すきで氷を取り除いているけれども、クロステル街のような裏街のあたりでは、ところどころでこぼこで行き悩む箇所は見うけられるものの、あとはただ一面表面が凍りついて」の意。

いかにせまし　どうしよう。「まし」は、ここでは疑問語を受けてためらう気持を表わす。主人公豊太郎の、信じがたく望ましくない気持が、偽りなく表現されている。

鉄炉　ストーブ。

相沢が手　相沢の手跡。筆跡。なお、次の書状文体は小説の文体に一致させてあることに注意。

今よりこそ　「行かめ」が省略された言い方。今からでもすぐ行こう。

不興　①興味のさめること。おもしろくないこと。②長上などのきげんを損じること。ここでは①。

容　様子。顔つき。

母ののたまふごとくならずとも　母のおっしゃる妊娠でないとしても。ふたりの間に子があると、ともに暮らすきずなになるからであるが、妊娠の鋭い感覚で不安を覚えたのである。あとの伏線となっている。

輪下にきしる　あまりの寒さに、凍った雪がきゅっきゅっと車輪の下できしり鳴るのである。

カイゼルホオフ　教科書脚注参照。ベルリン一流のホテルで、ブランデンブルク門からヴィルヘルム街を南行すること約六百メートルの、ヴィルヘルム広場にある。中央官庁街に近い場所。

久しく踏み慣れぬ　免官以前の太田は、しばしばこのホテルに来たのである。

前房　「房」は、へや。控えの間。

失行　あやまち。

別後の情を細叙するにも　別れてから後の事情を詳しく述べるにも。

引かれて　案内されて。

胸臆　胸。心。胸中の思い。

閲歴　①経過してきたこと。②経歴。履歴。ここでは①。

なかなかに　かえって。むしろ。

凡庸なる諸生輩　すぐれたところのない、平凡な、もろもろの留学生ども。「諸生」は、もろもろの生徒。学習者。「輩」は、ともがら、やから。やや、さげすんだ語。

色を正して 顔つきをひきしめて。まじめな顔つきで。

伯が当時の免官の理由を 天方伯が当時君の免官になったその理由を。

成心 いったんこうと思い定めた考え。

伯が心中にて曲庇者なりなんど思はれむは 伯が、心中で自分のことをえこひいきする者だ、などとお思いになるのは。「曲庇」は、事実を曲げてかばうこと。

人材を知りての恋にあらず 互いに相手の人物・才能を認めた上での恋ではない。

慣習といふ一種の惰性より生じたる交はりなり 慣習は一種の惰性と言えるが、こんな場合、相思の仲になりやすいという本能的な慣習によって、二人の交わりが深くなったというのである。

大洋に舵を失ひし舟人が、はるかなる山を望むごときは たよりのない生活の中で、生きる目標・方針を見いだしたことのたとえ。

重霧 濃霧。

しばらく ①少しの間。②久しいこと。③かりに。かりそめに。ここでは③。

情縁 恋愛関係。

守るところを失はじ 自分の意見・やり方を、外部からの強制に動かされて変えることはすまい。

膚粟立つ 寒さや恐しさのために、からだの毛穴がふくれて、皮膚につぶつぶができるようになる。とりはだがたつ。

余は心のうちに一種の寒さを覚えき 一種の悔恨と心細さを覚えたものと解釈できる。自分の不決断・不誠実、現在の境遇の不安定、友の生活との比較などの入り交じった気持から。

従ひて来べきか 従って来ることができるか。同行するつごうがつくか。

かの 「相沢」にかかる。

余はわが恥を表さむ わたしは自分の恥を打ち明けよう。以下の心理分析は、近代的性格、太田豊太郎の自意識による反省。『浮雲』の内海文三の優柔不断の性格にも通ずる。

卒然 ①かるはずみなさま。②にわかなさま。突然。ここでは②。

その答への範囲 答えの影響する範囲。何について、どの程度までを答えているか。

当時の心虚なりしを その時の自分の心が、むなしく気乗りしなかったのを。

耐忍 忍耐と同じ。

費をば支へつべし 生活費をまかなうことができよう。「つ」は、強意の助動詞。

常ならぬ身 身重の身。妊娠の身。なお、原文では、この「……常ならぬ身なりといふ。」と「座頭よりは……」との間に、「貧血の性《さが》なりしゆゑ、幾月か心づかでありけん。」という一行があるが、教育的配慮から省略されている。

かく厳しきは故あればなるべし こうもきびしい処置をするのは、何か理由があるからなのだろう。その理由は、エリスが父の死んだ時、座頭の言を退けて、その意に従わなかったためである。

ゴタ版 教科書脚注参照。ゴータは文化的な伝統が強く、一八世紀末に有名なユステス・ペルテス社がゴータの地理学年鑑を発行している。なお、一八七五年、ドイツの社会主義者がここで会合し、有名な「ゴータ綱領」を作成している。

露廷 ロシア宮廷。

何事をか叙すべき 何を述べよう、述べるほどのことはない。

拉し去りて いやおうなしに連れ去って。

ペエテルブルク 教科書脚注参照。百万以上の都会としては、世界で最北。一七一〇年、ピョートル大帝はモスクワから貴族を強制移住させ、一七一二年には政府中央機関を移して宮殿を建設し、都市計画を作成、実施させた。この都市の名称は、大帝の名にちなむ。のちペトログラードと呼ばれ、一九一八年にモスクワが首府となるまで、二世紀にわたってロシアの政治・経済・文化の中心地となり、また、十月革命発祥の地となった。一九二四年、レーニンの死とともにレニングラードと改められた。現在はサンクトペテルブルグ。

囲繞 囲いめぐらすこと。取り囲むこと。「囲繞せしは」の述語は、「……王城の装飾」「……映射する光」「……扇のひらめきなど」。

パリ絶頂の驕奢 パリのまっただ中に見られる、最も華やかなぜいたく。

ともしたるに ともした中に。「映射する」にかかる。

幾星の勲章 勲章が星のようにきらめいているから「幾星」とたとえた。

彫鏤 彫り刻むこと。

周旋して事を弁ずる 両者の取り持ちをして事を処理する。

否、君を思ふ心の…… 「否」は、ここでは、心中における自問・自答・感嘆を示すことばと考えられる。（作者鷗外の心の中では、無意識のうちにせよ、ドイツ語の"Nein"——前記のような働きをする感動詞でもある——が響いていたのではなかろうか。）エリスは、第一の手紙で豊太郎の不在を心細がっているが、こんどの手紙では「君を思う心の深き底をば今ぞ知りぬる。」と、自分の愛の強さ・深さを自覚したことを「否」（ああ、それどころではなく、）と強調している。

頼もしき族なし 物心にわたって、たよりにすべき家族・親戚がいない。

とどまりたまはぬことやはある ドイツに滞留なさらぬことがありましょうか、必ず滞留なさるでしょう。押えがたい内心の不安な感じを、自分で打ち消そうとするエリスの思いつめた気持がうかがわれる。

つなぎ留めではやまじ。それもかなはで…… つなぎ留めないではおくまい。それもできなくて……。決心と不安との入り交じった混乱した文面。

迷ひなりけり 思い違いでした。

それさへあるに 身重という事実さえあるので

すし。
過ぎしころには似で思ひ定めたるを　昔のように柔順なのとは違って、堅く決心したのを。
心折れぬ　母は、思いを通そうとしなかった。譲歩した。
ステッチン　教科書脚注に掲げた現在ポーランド領になっているステッチン街とする説のほかに、ベルリン郊外のステッチン説もあるが、そこは当時すでに農耕地域ではなく、「ステッチンわたり」と呼ぶにふさわしい地名に該当しない点が多いので、脚注に従っておく。
書き送りたまひしごとく　お手紙で書き送ってくださったように。
大臣の君　大臣閣下。
ともかくもなりなむ　なんとかなるでしょう。
わが地位を明視しえたり　「明視しえたり」は、明らかに見ることができた、の意。自分の現在も将来も天方伯に結びつけられており、伯とともに帰国することに定められているという自分の地位を、エリスの手紙——エリスが太田と日本へ渡る決心をしている手紙を読んで、はじめて明らかに認識したということ。
進退　ここでは、自分の行動を処置すること。
逆境にはあらず　逆境（思うようにならない境遇）にあっては、（決断力が）ない。
胸中の鏡　はっきりした判断力をたとえている。
厚し　手厚く待遇してくれている。
わが近眼　身のまわりの細かいことにばかり気を奪われて、大局を見通すことのできない思考力。
未来の望みをつなぐ　たとえば、再び官庁に仕えようとか、日本に帰らしてもらうとか。
神も知るらむ　神に誓って。挿入句。
わが心はなほ冷然たりしか　わたしの心はやっぱり平気であったろうか。「しか」は、過去の助動詞「き」の已然形ではなく、連体形「し」に疑問の助詞「か」の付いた形。
薦めし時　推薦した時。
屋上の鳥　手の届かぬ、とらえがたいもののたとえ。不安定のたとえ。

ともにかくてあらば　いっしょにこうして勤務するならば。

告げざりしか　告げなかったのか。そうであったのか、と思い当たったことば。

早く大臣に告げやしけむ　さっそく大臣に報告しただろう。

わが本領を悟りき　自分の本当の性格、真の自我を自覚した。

足の糸は解くに由なし　足の糸は解くにも解くてだてがない。「糸」とは、自分の意志と行動とを制約するもの、たとえば因襲・運命など。

万戸寂然たり　どの家もひっそりとしている。

路上の雪は稜角ある氷片となりて　氷状に堅く氷りついた雪が、日中、車馬などに砕かれてザラメのようになっていたのである。

馭丁　馭者。

わが命は絶えなむを　あまりのつらさに、わたしの命は絶えてしまったでしょうに。

栄達　高位高官に進むこと。立身出世すること。

低徊踟蹰　「低徊」は、首を垂れて思案しつつ、行ったりもどったりすること。「踟蹰」は前出、教科書二八九頁脚注参照。

幾階か持ちて行くべき　「幾階へか持ちて行くべき」に同じ。

ねぎらひたまへ　ほねおりを慰めてください。料金をあげてください。

一瞥　流し目に見る。ちらと見る。

この心構へを　このしたくをば。

この瞳　豊太郎の瞳を見ながら言うことば。

かれは頭を垂れたり　感情が胸に迫ったのであろう。

幼しと笑ひたまはむが　こんなことを考えるのを幼稚だと、あなたはお笑いになるでしょうけれど。

旅の疲れやおはさむとて　大臣が疲れておいでであろうと思って。

使ひして招かれぬ　大臣から使いが来て招かれ

た。

待遇ことにめでたく 待遇が特別に厚く。

君が学問こそわが測り知るところならね 君の学問がどんなであるか、その深さのほどは自分にはわからないが。

あなや 驚いた時、発することば。

広漠たる はてなく広い。

心頭を突いて起これり 心の中に急に起こった。

特操 「徳操」に同じ。堅固で変わらぬみさお。

鉄の額 鉄面皮。恥ずべきことにも、顔色の変わらぬようなあつかましさをたとえる。

錯乱 入り交じって乱れること。

焼くがごとく熱し 次の「槌にて打たるるごとく響く」と並列して「頭」にかかる。

モハビット Moabit ベルリン市西北の郊外。シュプレー川北岸の地域の名。

カルル Karl ウンテル－デン－リンデンとほぼ平行して、シュプレー川の北岸を東西に通ずる町の名。

鉄道馬車 鉄道上を走る馬車。電車の発明以前に行なわれた。

半夜 よなか。夜半。

茶店 喫茶店。

にぎはしかりしならめど にぎやかだったのであろうが。

一星の火 一点の星のようにともっている灯火。

鷺のごとき雪片 鷺のように白い雪片。

うべなりけり (驚いたのも)もっともであった。「裂けたれば。」と倒置の関係。

蒼然 色のあおざめたさま。

人事を知るほどになりしは 昏睡からさめて人ごこちがつく程度になったのは。

余がかれに隠したる顚末 わたしが相沢に隠していた事のいきさつ。つまり、エリスの妊娠していること。

かの夕べ大臣に聞こえ上げし一諾 ロシアから帰って二、三日後、招かれて行った晩に、大臣に申し上げた承諾の返事。

豊太郎ぬし 「ぬし」は、人の尊称。

見知らず 見分けることができない。精神病者のふるまい。

廃して すたれて。だめになって。

パラノイア 教科書脚注参照。古くは、広く精神錯乱あるいは狂気という意味で用いられ、精神医学用語のうちで最も多く用いられる語の一つである。E・クレペリンの定義によると、「持続的で抜くことのできない妄想体系が内部的原因から起こり、徐々に発展し、しかも思考・意欲および行動には完全な明確性と秩序とが保たれているもの」とされている。

欷歔 すすり泣き。むせび泣き。

心ありてにはあらずと見ゆ 正気があってすることではないと思われる。

脳裏 脳の中。心中。

一点のかれを憎む心 感謝の念の中になお憎む心が残った、の意。自我を屈して立身出世の道をとるに至ったから。むろん悔恨を伴っているのである。

作品鑑賞

分銅惇作

若き鷗外のドイツ留学と『舞姫』について 明治一七（一八八四）年八月二四日午前九時、ヨーロッパに向かって横浜を出帆したフランス汽船メンザレー号に、数え年二三歳で、陸軍衛生制度調査と軍陣衛生学の研究のため、ドイツに留学する青年森林太郎の姿があった。明治二一（一八八八）年九月八日、横浜にふたたび帰着するまでの四年間に、かれはライプチヒでホフマンに、ドレスデンでロートに、ミュンヘンでペッテンコーフェルに、ベルリンでコッホにそれぞれ師事して、衛生学研究の責任を果たすとともに、ヨーロッパの文化と精神に触れて、帰国した。帰国してまもなく、このドイツ生活の見聞・体験に取材して書かれた創作が、『舞姫』であり、『うたかたの記』『文づかひ』である。滞独記念三部作と呼ばれている。

『舞姫』の主人公太田豊太郎は法律研究のために渡欧したことになっているが、太田豊太郎は鷗外の分身である。いわば、この小説は若き鷗外の「詩と真実」であり、当時の鷗外の精神をうかがい知るための貴重な資料である。ということはまた、当時の鷗外の置かれた時代的環境、その制約、あるいは個人的な資質・教養などを念頭に置かずには、この作品の正しい鑑賞・評価もできないことになる。

まず、鷗外の留学が日本陸軍の命による派遣という形で実現されていることに注意しなければならない。明治一七年は自由民権運動が最高潮に達した年で、群馬事件・加波山事件・秩父事件などがあいついで起きている。これらの事件はいずれも徹底的に鎮圧されたが、鷗外は、弾圧する側の絶対主義権力の中核であった日本陸軍の一軍医として留学している。当時のドイツはウィルヘルム一世治下の新興国で、普仏戦争で勝利を得て、強力な帝政のもとで資本主義化、工業化が急テンポで進められ、富国強兵政策がとられはじめていた。東洋の後進国日本にとっては絶好の模範国であった。

鷗外は「よい官吏」として日本陸軍の要望をにない、「よい子」として森家一族の期待を集めてドイツに出発し、それに答えるべく帰って来なければならない制約を負っていた。

しかし、ドイツにあって鷗外は、ヨーロッパ文明の空気をじゅうぶんに呼吸し、日本社会の後進性とはまったく違った自由を享受する。そしてヨーロッパの学問・芸術・思想に触れ、それを摂取し、近代精神に目ざめてゆく。東洋の封建主義から西欧の近代主義へと精神変革を成し遂げる。いわば、シュトルム・ウント・ドラングとでも呼ぶべき一時期の生活を経験する。しかしそれは、異郷の自由なふんいきの中で、しかもある制約のわくの中での疾風怒濤にほかならず、わくを打ちこわすだけの強力なものではなかった。それだけに、帰国の船が日本に近づくにつれて、かえって、知った自由の味が、ますます強く意識されてくる制約の中で、重苦しいものにならざるをえなかったのである。帰国の船上で「自分は fatalistisch（宿命的）な、鈍い、陰気な感じに襲はれた。」と後年の『妄想』では回想している。

太田豊太郎の自我の覚醒について

『舞姫』は、太田の帰国の船上の暗い回想の形で、ドイツでの生活が語られるしくみになっている。

「余は幼きころより厳しき庭の訓《をしへ》を受けしかひに、父をば早く失ひつれど、学問の荒《すさ》み衰ふることなく、旧藩の学館にありし日も、東京に出でて予備校に通ひし時も、大学法学部に入りし後も、太田豊太郎といふ名はいつも一級のはじめに記されたりしに、一人子のわれを力になして世を渡る母の心は慰みけらし。……官長の覚え殊なりしかば、洋行して一課の事務を取り調べよとの命を受け、わが名を成さむも、わが家を興さむも、今ぞと思ふ心の勇み立ちて、五十を越えし母に別るるをもさまで悲しとは思はず、はるばると家を離れてベルリンの都に来ぬ。」（二六九頁九行）とまず封建的な制約の中に生成し、制約を負わされて渡欧した人間として「余」を描きだし、それが三年ばかりの間に、「ただ所動的、器械的の人物になりて自ら悟らざりしが、いま二十五歳になりて、すでに久しくこの自由なる大学の風に当たりたればにや、心の中なにとなく穏やかならず。奥深く潜みたりしまことの我は、やうやう表に現れて、昨日までの、我ならぬ我を攻むるに似たり。」（二七二頁一〇行）という心境の変化を来たす。「時来れば包みても包みがたきは人の好尚なるらむ。」（二七二頁七行）と言っているが、年齢の増すにつれて自然と好尚が変わったのではない。「包みても包みがたき」必然の勢いで、おのれの好尚を変えさせたのは、ヨーロッパの近代精神の洗礼を受けた自我の覚醒――「我ならぬ我を攻むる」自我の反抗的な意識である。そして「わが母は余を生きたる辞書となさむとし、わが官長は余を生きたる法律となさむとやしけむ。辞書たらむはなほ耐ふべけれど、法律たらむは忍ぶべからず。」（二七三頁二行）と、法科の講筵をよそにして歴史・文学に心を寄せる人間になってゆく。こうして太田のたどった精神過程は、衛生学の研究のかたわら文学・哲学に心を寄せた鷗外の過程とほぼ同じである。

それがエリスなる舞姫と会うことによって、急激にひたむきに怒濤の中へはいってゆく。官を免ぜられ、異郷にあって路頭に迷う結果になっても、屋根裏にエリスと同棲しても、それをさまで意に介せず、「憂きが中にも楽しき月日」（二八七頁九行）を送る人間に成長していく。

エリスとの邂逅の場面は、今日から見ると通俗的な感じがしないでもないが、やはり美しい。エリスに同情した太田の心事は、まったく近代的なヒューマニティで、純粋な人間性の発露である。『舞姫』の文学的次元がこうしたヒューマニズムにまで高められ、その基盤の上に物語が構成されている点には注意すべきである。日本の青年とドイツの少女の恋物語――素材の新しさが、作家の精神内部にきわめて自然な人間関係としてすえられている事実は、作者鷗外がすでに近代人として普遍的な人間感情を内包していたことにほかならない。しかし鷗外が、この近代人としてのとらわれない方向に筆を進めてゆくことができず、作品の後半で、主人公太田をふがいない人間として低徊させたのはなぜか。太田をしてエリスとの愛に生きぬかせ、異郷に窮死することに生の勝利を見いださせることのできなかったのはどうしてか。

石橋忍月の『舞姫』評について　『舞姫』が発表された翌月、当時の新鋭批評家石橋忍月は「『舞姫』の意匠は恋愛と功名と両立せざる人生の境遇にして、この境遇に処せしむるに小心なる臆病なる慈悲心ある――勇気なく独立心に乏しき一個の人物をもつてし、もつてこの地位とかれの境遇との関係を発揮したるものなり。」と論じているが、この言のごとく、鷗外の意図が「恋愛と功名の両立せざる人生の境遇」にある青年の内的葛藤を描くことにあったとしても、少なくともこの作品はいわゆる「恋か名か」の単純なテーマ小説ではなく、近代的自我に目ざめた青年の精神の様相を描くのに主眼があったと思われる。

「恋か名か」は主題の位置を占めるというよりは、道具立てと言ってもよいものではないか。とすれば、目ざめたる青年太田を、その目ざめた方向に強力に押し進めるべきであるのにそれができずに、「小心なる臆病なる慈悲心ある――勇気なく独立心に乏しき一個の人物」と評せられるような人物に仕立てあげたのは、決して作品の成功ではあるまい。忍月はさらに「著者は詩境と人境との区別あるを知つて、これを実行するにあたつてはつひに区別あるを忘れたるものなり。」ときめつけているが、これはこの作品の最も痛い所をついている。これに対して鷗外は「臧獲《ざうくわく》もまたよく命を捨つ、いはんや太田生をや。そのかくなりゆかざりしは僥倖《ぎやうかう》のみ。」(「舞姫につき気取半之丞に与ふる書」)と反駁して、太田の人事を省みざる病気や、エリスの発狂をあげて、この作品がどうにも結末のつかないものとしているが、これらの僥倖を設定せずには、この作品がどうにも結末のつかないものであった点に、実は問題がある。この作品では、太田が運命の岐路に立つ時、いつも僥倖ともいうべき布石が置かれている。官を免ぜられてドイツを去るべきか、とどまるべきかに迷った時には、母の死を報ずる文が到着する。異郷における天涯孤独の身として、太田にははじめて近代人としての恋愛の自由が許されるしくみになっている。またエリスと別れるためには人事不省や発狂の条件が必要になっている。いわば運命的な特殊な条件のわく内に、太田の近代人としての生き方が限定されているのである。わくの中の近代――「ああ、ドイツに来し初めに、自らわが本領を悟りきと思ひて、また器械的人物とはならじと誓ひしが、こは足を縛して放たれし鳥の、しばし羽を動かして自由を得たりと誇りしにはあらずや。足の糸は解くに由なし。」（二九七頁三行）という太田の嘆きは、また作者鷗外の嘆きでもあったろう。日夏耿之介が、『舞姫』には「殉情調」があると言い、小田切秀雄が「詠嘆」の調を指摘したのは、こうした作者自身の嘆きを感じてであろうが、唐木順三は「天涯孤独の異郷において、はじめて学問の自由とともに恋愛の自由を持ちえたという時代の哀感なくして『舞姫』のトーンは理解できず」と述べ、鷗外の「疾風怒濤は胸のうちに起こって胸のうちで消え、生活・人境をもその中に巻き込みえなかった。」と評しているように、時代史的考察を加えて、モチーフやテーマについて考えてみる必要があろう。

『舞姫』のモチーフとテーマをめぐって

忍月の『舞姫』評以後、この作品の評価をめぐって多くの人々の、さまざまな論評が加えられている。佐藤春夫は「自分は自分の見解によつて明治十七年、若い陸軍二等軍医として戦陣医学と衛生学との研究のためにドイツに渡つた鷗外森林太郎の洋行の事実を近代日本文学の紀元としたい。」（「近代日本文学の展望」）と述べ、『舞姫』を青年鷗外の当時の内面的自画像と考えて、「要するに封建人が近代人となる精神変革史ともいふべきものが、『舞姫』のテーマなのではあるまいか。」という。これは『舞姫』論の最大公約数的な発言と見なすことができるが、封建人から近代人への精神変革のテーマは、この作品特有のものというよりは、むしろ明治二十年代初頭の時代的な文学課題であったというべきであろう。『舞姫』とほぼ時期を同じくするものに『浮雲』があるが、明治の知識階級の内面の問題に触れて、その暗い深部を剔抉した作品として相並ぶものである。内海文三や太田豊太郎のような人物の出現は、維新後二〇年の安定期にはいり、維新の功臣に成り上がった下級武士たちの次の世代に属した書生の生き方の問題とかかわり合っている。維新とともに生まれ、成人した青年にとって、社会は安定した新しい秩序であり、そこでは「所動的、器械的」な人物であることが、出世の条件として要求されることになる。しかもこの新しい世代は、前の時代とは比較にならぬ新知識を吸収してヨーロッパ的な進んだ考え方に目ざめているだけに、自己の内面の論理と周囲の封建的な環境との矛盾に苦しむことになる。時代に適合するにせよ、反抗するにせよ、自己の無力感を思い知らされずにはいない。文三は自分の論理に固執して、外界と交渉する手がかりを失って発狂し、豊太郎は逆に外界と妥協して、自分を信ずる資格を失うことになる。「人の心の頼みがたきは言ふもさらなり、我とわが心さへ変はりやすきをも悟りえたり。」（二六八頁五行）という虚無感・挫折感からの告白が『舞姫』一編の物語なのである。封建人から近代人への精神変革史といっても、それが挫折感に暗く彩られていることを見のがしては、『舞姫』の問題は焦点のぼやけたものになってしまう。

平野謙は、『舞姫』が執筆の順では一番早く書かれた『うたかたの記』に先だって発表されたことに着目して、そこから問題点をさぐり出そうとして、エリス事件と関連づけ、新婦登志子への一種の挑発、いや登志子への挑発の形を通して母峰子への無言の反抗を企てたものとして、この作品のモチーフを考えている。エリス事件というのは、鷗外の帰国に遅れること二週間ばかりで、九月二四日にドイツから『舞姫』の女主人公と同名のエリスという、小柄で美しい女性が鷗外のあとを追って来た事件であり、このエリスの来日問題は森家の人々をひどく驚かした。幸いエリスは事情を察して、まもなくドイツに帰り、妹の小金井喜美子が「誰も誰も大切に思つて居るお兄い様にさしたる障りもなく済んだのは家内中での喜びでした。」（『森鷗外の系族』）という結末になる。そして翌明治二二年三月に、母のすすめに従って、海軍中将赤松則良の長女登志子と結婚するが、その年の暮近くにこの作品が書かれているのである。

鷗外は「自作小説の材料」で「『舞姫』は事実に拠つて書いたものではありません。能くあゝいふ話はあるものです。」と外国小説の具体例などをあげて、純然たる創作小説であることを語っているが、研究者がこの作品のモチーフにエリス事件を関係づけようとするのは当然である。当時の事情を知っている妹喜美子さえ、「ちらちら同僚などの噂にのぼるので、ご自分からさつぱりと打明けたお積でせう。」と言っているのだから、諸家が『舞姫』のモチーフに、エリス事件に対する告白的、自己弁護的、ないしは懺悔的な性格を読み取るのはもっともである。長谷川泉は「鷗外は、エリス問題についての同僚などの噂を打消すため、自分からさっぱり打明けるつもりで『舞姫』を書いたのではないか」（『近代名作鑑賞』）と言い、岸田美子は「美しいいぢらしい魂の死と、煮え切らぬ魂の醜き迷ひ」（『森鷗外小論』）に鷗外が「自らの懺悔録」を書いたものと見なしている。

ところで、平野説は、こうして素直な告白説や懺悔説から一歩鋭く突き出て、『舞姫』のモチーフは、日本の封建的な家、その精神風土に「無言の反抗」を試みたものとするが、猪野謙二が「すでに当初から豊太郎の父を亡きものにし、しかも、豊太郎の矛盾が激化してゆくにつれて、ただ一人の母をも死なせてしまうという作者の配慮」(『日本の近代化と文学』)を指摘したように、むしろ豊太郎に「家」への「反抗」の契機を回避させているところに、『舞姫』の弱点、限界というものがあるとも言えよう。「家」の封建性と家族的エゴイズムを温存することを余儀なくされる日本の近代の特殊性が横たわっていることを見つめるべきであろう。

『舞姫』は若き鷗外の「詩と真実」ではあるが、豊太郎はそのままでは、決して作者の等身像ではない。豊太郎即林太郎の図式に拘泥する限り、石橋忍月の『舞姫』評の枠内からいくらも抜け出すことはできないであろう。豊太郎の対極として、親友賀古鶴所をモデルにしたという相沢謙吉の生き方をも含めて、作者のモチーフを考えてみることが必要になろう。『舞姫』の終結のことば、「ああ、相沢謙吉がごとき良友は世にまた得がたかるべし。されど、わが脳裏に一点のかれを憎む心、今日までも残れりけり。」は、豊太郎の生き方の不甲斐なさを印象づける逆効果を持っているが、このことばには作品のモチーフに深くかかわる作者の感慨がこめられているようで、軽く見過ごすわけにはいかないようだ。稲垣達郎は、この感慨を手がかりに、『舞姫』の世界を次のように説明する。

「良友」相沢謙吉を憎む一点のこころは、やがて、「人の心の頼みがたきは言ふも更なり、われとわが心さへ変り易きをも悟り得たり」というニヒルな自己不信の念となって撥ね返ってくるが、その中にも、「一点の翳」のように凝り固まって消えぬ「人知らぬ恨」、つまり、失われたある完璧な青春像への底深いなげきと執念である。一篇のモチーフは、このなげきと執念とに発し、その由来を明らかにしようとするところから、自我実現の方途に横たわる「恋愛と功名と両立せざる人生の境遇」(石橋忍月)という二律背反、また、そのような二律背反を産み出さずにはおかない後進国日本の絶対主義的な官僚機構や精神構造の問題が、主題としてきわめて婉曲に遠慮ぶかく浮彫にされていっている。(「近代文学鑑賞講座・森鷗外」)

そしてさらに、作者鷗外の内部に市民的人間像を実現してゆく上での、「豊太郎的な、恋愛を契機とする人間内面の自由や美への形而上的なコース」と、「相沢的な、政治権力に依拠して外的な行動に活路をもとめる形而下的でリアルなコース」との二つがあり、その分裂にひき裂かれつつ、その二律背反に耐えかねて超越しようとする均衡と斉整の古典的美意識の芸術的昇華が、『舞姫』の世界であったという。と考えると、『舞姫』の世界は、生涯自己内面の二律背反の苦渋に堪えて、その調和を志向した鷗外の文学の、いわば原型であったと言えよう。またいうならば、封建人から近代人への精神変革史を、暗い挫折感と完き青春像への怨念から出発しなければならなかった日本近代文学の最初の道標でもあったのだ。

作者研究

分銅惇作

森鷗外は文久二（一八六二）年二月一七日、島根県鹿足郡津和野町字横堀一二に、父静男、母峰子の長男として生まれた。家は代々亀井藩の典医であり、父静男は吉次氏より森氏にはいり、一三代に当たり、蘭医であった。本名林太郎。別号に侗然居士、紺珠《かんしゅ》、鐘礼舎《しぐれや》、S・S・S、観潮楼主人、千朶《せんだ》山房主人、隠流、妄人、帰休庵などがあり、諱《いみな》を源高湛と称する。次弟に篤次郎（筆名三木竹二・劇作家）、妹小金井喜美子、末弟に森潤三郎がある。

五歳にして藩儒米原綱喜に四書五経を学び、次いで藩校養老館にはいり、また父および室良悦について蘭学を習った。明治五（一八七二）年、一一歳の時に父に伴われて上京し、本郷の進文学舎でドイツ語を学び、神田小川町の親類西周《あまね》邸に寄寓した。七年には東京医学校に入学し、一〇（一八七七）年に同校が東京大学医学部と改称後、校舎の移転とともに本郷の付属寄宿舎にはいり、また本郷竜岡町に下宿した。一四年七月、同校を卒業し、九月に「読売新聞」に「河津金泉君に質す」を発表したが、これが文学上の初出の文である。一二月に陸軍軍医副（中尉相当官）に任ぜられたが、一七年六月、衛生学研究のためドイツ留学を命じられた。ライプチヒ、ドレスデン、ミュンヘン、ベルリンの順で各大学に学び、二一（一八八八）年七月、オランダ、イギリス、フランスの諸国を回って、九月に帰朝した。この間のかれの動静は『航西日記』『独逸日記』『隊医日記』『還東日乗』などによって知りうるが、特に『独逸日記』はその青春を知る上で、興味深く貴重な資料である。また後年の作品『大発見』や『妄想』などによっても、この時期のかれの生活をうかがうことができるが、このドイツ留学によって、封建的な儒教教育によっておおわれていた自我の覚醒が促され、専門の衛生学研究のかたわら、文学や歴史・哲学に心を寄せ、広い教養を身につけ、帰朝後の文壇活躍の素地が作られた。

その後、官途における地位は順次に栄転したが、二七年には日清戦争のため出征し、二八年には陸軍軍医監となり、満州より台湾に転任し、台湾総督府陸軍軍医部長を経て九月東京に凱旋し、ふたたび軍医学校長になった。三一（一八九八）年には近衛師団軍医部長兼陸軍軍医学校長となり、三二年第一二師団の軍医部長として小倉に赴任した。これは鷗外の官途における唯一の左遷と言ってよく、当時文壇にも名声高く、医学上の業績もあげていたかれに対する同僚の嫉妬的策略によるものと言われ、一時は辞職を決意したが、友人や周囲の忠告で思いとどまった。この小倉滞在中の動静は『小倉日記』や後年の作品『鶏』『独身』などでうかがうことができる。三五年、第一師団軍医部長となって帰京したが、三七年、日露戦争が勃発すると、第二軍軍医部長として出征した。三九年に凱旋、翌四〇年には陸軍軍医総監・陸軍省医務局長となったが、この地位に、大正五（一九一六）年に辞職するまで約一〇年間在任した。辞任した翌六年には帝室博物館総長兼図書頭、八年には帝国美術院長に任ぜられた。この間、明治二四（一八九一）年には医学博士、明治四二（一九〇九）年には文学博士を授けられている。家庭的には明治二二年、男爵陸軍中将赤松則良の長女登志子と結婚し、長男於菟《おと》を生んだが翌年離婚し、小倉滞在中明治三五（一九〇二）年に荒木しげと結婚した。長女茉莉《まり》、一男不律（夭折）、二女杏奴《あんぬ》（小堀）、三男類がある。

作家としての文壇活動の面では、帰朝後明治二二(一八八九)年一月、「読売新聞」にルドルフ＝フォン＝ゴットシャールの小説論を紹介し、八月には雑誌「国民之友」の付録に井上通泰・市村瓚次郎・落合直文・妹喜美子らとS・S・Sの名で訳詩集『於母影』を発表し、当時の新体詩運動に大きな影響を与えた。一〇月には雑誌「しがらみ草紙」を創刊し、日清戦争に出征するため廃刊を余儀なくされるまで、主としてドイツの美学者ハルトマンの美学を紹介し、翻訳・批評活動を続けた。ことに、当時写実主義を標榜していた坪内逍遥との間にかわされた「没理想論争」(明二四〜二五)では、談理を重んじ、理想を強調する立場に立って争い、文壇を啓蒙した。またドイツでの生活経験に取材した『舞姫』『うたかたの記』『文づかひ』の滞独記念三部作をあいついで発表し、ロマン主義文学の輝かしい先駆をなした。

日清戦争から凱旋後は「しがらみ草紙」の後身とも言うべき「めざまし草」(明二九・一〜三四・二)を発刊した。この雑誌には幸田露伴・斎藤緑雨と三人で行なった合評形式「三人冗語」があり、樋口一葉の『たけくらべ』は「三人冗語」で鷗外・露伴の絶賛を受けて一躍有名になったものである。かれの小倉転勤を期としてこの雑誌も廃刊されたが、ふたたび上京後「万年艸」(明三五・一〇〜三七・三)を発刊し、日露戦争に従軍するまで続けられた。

この間、著訳文集『水沫集』(明二四)、評論集『月草』(明二九)、翻訳・感想集『かげ草』（明三〇）、美学書『審美綱領』（明三二）、『審美新説』（明三三）、『審美極致論』（明三五）、翻訳小説『即興詩人』（明三五）などが刊行された。また、戯曲『玉篋両浦島《たまくしげふたりうらしま》』（明三五）、『日蓮上人辻説法』（明三七）などを発表した。

明治三九（一九〇六）年に日露戦争から帰って、翌四〇年三月から自邸で月一回「観潮楼歌会」を開き、佐佐木信綱・与謝野鉄幹・伊藤左千夫らの歌壇各派の歌人を招き、四二年の夏ごろまで続けた。この間、日露戦争従軍中によんだ和歌や詩をまとめて『歌日記』（明四〇）を刊行している。

明治四二（一九〇九）年ころから、当時の夏目漱石の活躍に刺激されて、ふたたび文学活動は活発化し、後期の文壇再活躍時代を迎える。四二年には『半日』『追儺』『ヰタ・セクスアリス』『金毘羅』など、翌四三年には『青年』『普請中』『あそび』『沈黙の塔』など、四四年には『カズイスチカ』『妄想』『流行』『雁』（大正二年完結）など、四五年には『かのやうに』『藤棚』『羽鳥千尋』などをあいついで発表した。当時は自然主義文学の全盛期で、現実暴露のリアリズムの傾向が強かったが、鷗外は漱石とともに、その圏外にあって、人間における主知性を重視し、自我の発展・調和を求めて、個人主義文学の可能性を窮めようとする努力が見られる。

その後、大正にはいって、乃木大将の殉死に衝動を受けて『興津弥五右衛門の遺書』（大元）を書いてからは、いわゆる歴史小説の新風を開き、円熟した独自の高い境地を示すに至った。大正二（一九一三）年には『阿部一族』『護持院原の敵討』など、翌三年には

『大塩平八郎』『堺事件』『安井夫人』『栗山大膳』など、四年には『山椒大夫』『魚玄機』『ぢいさんばあさん』など、五年には『高瀬舟』『寒山拾得』『椙原品』などを書き、『渋江抽斎』では、いっそう史実的論証に重きを置くようになり、『伊沢蘭軒』(大五~六)、『細木香以』『北条霞亭』(大六)などの史伝を生むに至った。

その後、大正一〇年には『帝謚考《ていしこう》』『元号考』などを書いたが、同年末より腎臓病の徴を現わし、しだいに体力が衰え、大正一一(一九二二)年七月九日、萎縮腎で没した。六一歳。

作家としての特質　明治文学に西欧文学思想を移植し、近代精神の確立に努めた指導的な存在は、鷗外と漱石である。このふたりは、しばしば比較対照されて、その特質を論じられてきたが、確かに、その出生・生活・資質・文学などの多くの面できわめて対照的である。漱石が年老いた両親の末子として、周囲の者に歓迎されずに生まれてきて、里子や養子にやられて苦難の幼時をたどったのに対して、鷗外は由緒正しい士族の長子として、若い両親の愛と期待を一身に集めて成長した。漱石が教職を煩わしがって捨て、作家生活に専念し、文学博士の称号を辞退したのに対して、鷗外は生涯官途に仕え、医学博士の肩書にさらに文学博士の加わることを喜んだ。作品においても、漱石が仮構性を重んじたのに対して、鷗外は実証的であり、文体においても著しい違いが見受けられる。数えあげれば、ふたりの対蹠点はきりがない。しかしふたりは和漢洋の学に通ずるその高い教養で、さらになによりもすぐれた近代人であるという点で本質的に共通する。日本文学の近代化が西欧文学の影響によって促進され、近代的自我の発見拡充の道をたどった点から考えると、このふたりが果たした指導的意義にはわかちがたいものがある。鷗外はベルリン留学において、漱石はロンドン留学によって、ともにじかに西欧に触れ、西欧の近代精神を身につけて、日本に持ち帰ったのである。ことに鷗外のベルリンでの体験は、日本文学史上特に注意されねばならない重要な事実である。

多年の夢がかなって、ドイツ留学の命が鷗外に与えられたのは明治一七(一八八四)年六月であり、横浜を出航したのは八月二四日である。「自分がまだ二十代で、全く処女のやうな官能を以て、外界のあらゆる出来事に反応して、内には嘗て挫折したことのない力を蓄へてゐた時」(『妄想』)、その新鮮な感覚で西欧の文物に触れ、自由で闊達な青春の空気を呼吸することのできたのは、鷗外にとって、また日本文学にとっても天寵《てんちよう》であった。「昼は講堂や Laboratorium で、生き生きした青年の間に立ち交つて働く。何事にも不器用で、癡重《ちちやう》といふやうな処のある欧羅巴人を凌いで、軽捷に立ち働いて得意がるやうな心も起る。夜は芝居を見る。舞踏場に行く。それから珈琲店に時刻を移して、帰り道には街灯丈が寂しい光を放つて、馬車を乗り回す掃除人足が掃除をし始める頃にぶらぶら帰る。素直に帰らないこともある。」(『妄想』)というような自由な青春を送ったらしい。まだ儒教道徳が支配した封建的な日本では、想像もできないような西欧の自由な空気を吸うことができたのである。しかし、そうした人間性の解放は、また必然的に人生の苦渋をも感じさせる。「心の寂しさを感」じ、「どうかすると寐附かれない」夜も多くなり、「神経が異様に興奮して、心が澄み切つてゐるのに、書物を開けて、他人の思想の跡を辿つて行くのがもどかしくなる。自分の思想が自由行動を取つて来る。自然科学のうちで最も自然科学らしい医学をしてゐて、exact な学問といふことを性命にしてゐるのに、なんとなく心の飢を感じて来る。生といふものを考へる。自分のしてゐる事が、その生の内容を充たすに足るかどうだかと思ふ。」ようになる。そして、これまでの自分が「勉強する子供から、勉強する学校生徒、勉強する官吏、勉強する留学生」というふうに、舞台の上で役から役をつとめていただけにすぎないことに気づいて、痛切に心の空虚を感ずる。そして哲学・文学に心を寄せるようになる。まず詩集を読み、ゲーテ、ハイネらに親しみ、ハルトマンの無意識哲学、ショーペンハウエルやニーチェの思想を渉猟する。ドイツ語を通して、ドイツ本国はもちろん、ギリシャ・ローマ・英・仏・露など各国の古今の名作を耽読した。

鷗外の四年にわたるドイツ生活は、『独逸日記』によって、ほぼ明瞭だが、自我に覚醒し、近代的個性を確立してゆく過程が看取される。そして「未知の世界へ希望を懐いて旅立つた昔に比べて寂しく又早く思はれた航海中、籐の寝椅子に身を横へながら、自分は行《こう》李《り》にどんなお土産を持つて帰るかといふことを考へた。自然科学の分科の上では、自分は結論丈を持つて帰るのではない。将来発展すべき萌芽をも持つてゐる積りである。併し帰つて行く故郷には、その萌芽を育てる雰囲気が無い。少なくも「まだ」無い。その萌芽も徒らに枯れてしまひはすまいかと気遣はれる。そして自分は fatalistisch な、鈍い、陰気な感じに襲はれ」（『妄想』）ながら帰国したのである。この間の消息に、封建人から近代人への貴重な精神変革史の一面をうかがい知ることができよう。佐藤春夫の「鷗外森林太郎の洋行の事実を近代日本文学の紀元としたい。」という考え方もうなずかれる。

漱石の場合も、鷗外に遅れること一五年だが、やはりほぼこれと似た経過をたどって、「自己本位」の四字を手中にしてロンドンから帰っている。

明治二一（一八八八）年、ドイツから「雰囲気の無い」日本に帰った鷗外は、翌年『於母影』を発表して西洋詩を紹介し、「しがらみ草紙」を刊行して、戦闘的啓蒙の筆をふるうことになる。「『しがらみ草紙』という名はつまり滔々《とうとう》たる文壇の流れにしがらみをかけるという意味」であったと言われるが、逍遥との「没理想論争」は、まさしく写実主義の傾向にしがらみをかけ、文壇に新しい美学を導き入れ、大きな啓蒙的役割を果たしている。また『舞姫』を初めとする滞独記念三部作による創作・翻訳活動で、当時の文壇に与えた影響は大きく、日本ロマン主義文学の先駆となった。

一九〇〇年前後の日本ロマン主義文学の全盛期は、鷗外のいわゆる「二つの戦争の間」の時期であって、「めざまし草」「万年艸」による活動期であり、文壇の第一線からはやや離れていた感じだが、それだけに自己の内面にひそみ、人間的に成熟しつつあった。この期の思想傾向は『心頭語』『続心頭語』などによってうかがわれる。文学者としての生き方と、軍人としての生き方の二つの異質な世界を内面的に調和・統一するための苦悩と努力が感じられる。

鷗外は明治三九（一九〇六）年一月に満州から東京へ凱旋し、第一師団軍医部長兼陸軍軍医学校長事務取扱となった。森潤三郎はこの年から三年間を「活躍準備時代」とし、四二（一九〇九）年からを「文壇再活躍時代」とし、それに続く大正以降を、「歴史小説の製作の時代」と区分している。木下杢太郎は四二年から大正七（一九一八）年までを「豊熟の時代」とし、死の前の四年を「晩年」としている。鷗外が文壇に再活躍をなすに至った条件としては、㈠夏目漱石が三八年以来やつぎばやに傑作を発表し、それを興味をもって読み、そして技癢《ぎよう》を感じたこと。㈡当時の自然主義に対する反感。㈢「スバル」が創刊されて作品発表の機関となったこと。㈣「歌舞伎」に毎号欧州戯曲の翻訳梗概の口述筆記を載せたこと、この気楽な翻訳のしかたが、また気楽な小説を作らせる動因となったこと。㈤陸軍における地位が安定して周囲に遠慮や気がねなしに思うままにふるまいうるようになったこと、などの諸点が考えられる。

この時期は、それまでの自己の理知的拘束力から脱し、人生の真実を凝視して、冷静な客観主義的態度で、自分の道を自信をもって歩いていった時期である。晩年の「諦念」の境に向かって一歩一歩と自己完成を押し進めて行った孤高の過程である。

当時は自然主義文学の全盛期で、現実暴露、性的本能を強調する傾向が強かったが、鷗外は人間における主知性を重視して、論理的な方法で、それを追求した。『ヰタ・セクスアリス』は少年期の自己の性欲史を叙した特異な作品であるが、自然主義的傾向に対する意識的挑戦とも見ることができる。また当時は、ようやく社会主義的風潮も生まれてきて、幸徳秋水らの大逆事件などもあったが、「秀麿物」と呼ばれる一連の作品では、神話と科学、保守と革新との間に横たわる思想的矛盾対立に心を痛め、ドイツのファイヒンゲルの「かのように」の哲学を援用して、両者の調和を図ろうとする折衷主義的な態度も見受けられる。しかし、その資質と境遇から、いわゆる芸術家らしい生活や制作の方法がじゅうぶんに許されず、また漱石に比して、自分の創作力の不足を感じていた鷗外は、歴史に材を求めることによって、その短所を補い、かれ本来の科学者的気質である実証的な傾向を満足させることのできる歴史小説の世界に転じた。

鷗外の歴史小説については、いろいろの見方がなされている。木下杢太郎は、武士道的倫理の純一性に対する追求であるとして、高く評価しているが、中野重治は鷗外を保守派の代表的存在と見なして、大正初期の支配階級が「主従の関係」を復活させようとしていた反動的な時代風潮に一役を買って、徳川時代の武士道の最善の説明者になり下がったと、否定的な見方をしている。武士道云々の見方は、あまりに素材にとらわれすぎたきらいがあり、たとえばリルケの思想について論じた注目すべき論文『現代思想』などにうかがわれる鷗外の思想的立場を背景にして考えると、封建的道徳の因習の中にあって、因習を越えた人生の永遠の課題を追求して、高次の倫理的世界を確立しようとした努力とも見ることができる。鷗外が余儀なくされていた公的な生活に付随する因習の中で、「翁の炯々《けいけい》たる目が大きく睜《みは》られて、遠い遠い海と空とに注がれてゐる。」（『妄想』）という視線の方向が感じ取られるのである。

文学史上の位置　鷗外の業績は、近代文学のみならず、日本文学史全体の流れから見ても最も輝かしいものであり、文学史上不動の位置を占めている。日本文学の近代化は西洋思潮の影響によって促進されているが、鷗外の翻訳紹介の労は、西欧諸国の近代文芸作品と思想のあらゆる傾向に及んでおり、その仕事の広範さは、他に例を見ない。ドイツより帰朝直後の『於母影』による西洋詩の翻訳紹介は、新体詩運動に大きな影響を与え、ロマン主義の詩運動を導く原動力となった。また『舞姫』などの創作や、ハルトマンの美学の紹介は、当時の文壇を大いに啓蒙し、その理想論的立場は、明治二十年代の指導的理念となった。そのほか戯曲の翻訳・創作が、演劇界に強く影響し、近代劇運動を促進させた功も大きい。自然主義文学の全盛期にあっては、その偏向を正して知性的文学を確立し、「スバル」「三田文学」などの新しい文学運動を指導し、歴史小説の新分野では、円熟した筆致で古典的な文学の高さを示した。芥川龍之介・菊池寛らは鷗外の歴史小説から多くの影響を受けている。また観潮楼歌会が、当時の歌壇に果たした役割も大きい。このように鷗外の影響は、同時代と後代の文学運動の各方面にわたっており、日本近代文学の最も輝かしい存在であり、偉大な指導者であった。

エリスと鷗外

臼井吉見

鷗外の帰国したのは、二一年九月八日であったが、それから二週間あまりして、『舞姫』のヒロインと同名のエリスと呼ぶドイツ娘が、鷗外を追ってはるばる日本へやって来るという出来事があった。鷗外の妹の小金井喜美子は、『森於菟に』と題する文章のなかで書いている。

あわただしく日を送る中、九月二十四日の早朝に千住からお母様がお出になつて、お兄様があちらで心安くなすつた女が、追つて来て築地の精養軒に居るといふのです。私は目を見張つて驚きました。

つづいて次のように書かれている。十月十六日のことである。

エリスはおだやかに帰りました。人の言葉の真偽を知るだけの常識にも欠けて居る、哀れな女の行末をつくづく考へさせられました。……誰も誰も大切に思つて居るお兄様にさしたる障もなく済んだのは家内中の喜びでした。……

小金井喜美子のこの文章に関連して、森於菟は『鷗外と女性』のなかで書いている。父とエリスとの仲が淡いものである事を幸ひとした当時の一家の心持は、家を興隆すべき中心人物の「お兄様にさしたる障もなくすんだのは家内中の喜びでした」に現はされてゐると思ふと共に、たとへエリスが一箇哀れむべく愚かなる女であつたにせよ、之を見る父の眼に一滴の涙があつたとしても、格別父を累するものではないやうに考へられるのである。

『時々の父鷗外』では、別にまた次のように言っている。

豊太郎のモデルが父では元より無い。然し潑剌たる活気に満ちた伯林《ベルリン》の生活が若々しい力に溢れた父の血に影響を与へて、実在で有つたか否かは私は今此処で述べたくないが、エリスの如き少女の影が暫くその脳裡を離れなかつたにちがひない。『妄想』には、「とかくする内に留学三年の期間が過ぎた。自分はまだ均勢を得ない物体の動揺を心の中に感じてゐながら、何の師匠を求めるにも便りの好い、文化の国を去らなくてはならないことになつた。」とある。然し懐かしい夢の国としての故郷は恋しいがそこに帰るのが残惜しかつたのは学術の新しい田地を開墾するに必要な種々の要約の欠けてゐる事のみではなかつたかもしれない。

エリスを見送る父の眼に一滴の涙があったにしても、と森於菟は書いているが、このときの鷗外の眼に涙があったかどうかを知っているものはひとりもいない。そのことについては鷗外自身も一言も語っていないし、書いてもいない。まして、再び海を渡って帰って行ったドイツ娘と、かの地でどんな交渉をもったかなど、かんじんの日記にも書いていない以上、ほかに書くはずもない。ただ清麗典雅な雅文体小説『舞姫」を書いているだけである。すでに体験を昇華して完璧な表現を獲得しているから には、使いはたしの素材について何を語る必要があるかというのであろうか。ともかく、このことが、『舞姫』をして、忍月が望むごときものでなくて、現在われわれの前にあるごとき作たらしめたのであり、結果として、『舞姫』がドイツ時代の鷗外の「内面的自画像」(佐藤春夫『近代日本文学の展望』)たりえたゆえんである。(『近代文学論争』上巻から)

藤野《ふじの》先生

魯《ろ》迅《じん》
竹内《たけうち》好《よしみ》訳

東京も格別のことはなかった。上野の桜が満開のころは、ながめはいかにも紅の薄雲のようではあったが、花の下には、きまって、隊を組んだ「清国《しんこく》留学生」の速成組がいた。頭のてっぺんに辮髪《べんぱつ》をぐるぐる巻きにし、そのため、学生帽が高くそびえて、富士のかっこうをしている。なかには、辮髪を解いて平たく巻いたのもあり、帽子を脱ぐと、油でてかてかして、少女の髪にそっくりである。これで首でもひねってみせれば、色気は満点だ。

中国留学生会館の入り口のへやでは、本を若干売っていたので、たまには立ち寄ってみる価値はあった。午前中なら、その内部の二、三の洋間は、そう居心地《いごこち》は悪くなかった。だが夕方になると、ひと間の床板がきまってトントンと地響きを立て、それに、へやじゅう煙やらほこりやらで、もうもうとなった。消息通に聞いて

藤野先生　藤野厳九《ごんく》郎《ろう》。一八七四～一九四五。一九〇一年から一五年まで仙台医学専門学校教授。後、郷里福井県にもどり開業医として過ごした。

清　中国の王朝。一六一六～一九一二。満州族の建国になり、初代は太宗。康熙《こうき》・乾隆《けんりゅう》両帝のころ全盛。

辮髪　編んで長くうしろへたらした男子の頭髪。もと満州族の習俗。

みると、「あれはダンスのけいこさ。」ということであった。

ほかの土地へ行ってみたら、どうだろう。

そこでわたしは、仙台の医学専門学校へ行くことにした。東京を出発して、まもなく、ある駅に着いた。「日暮里《にっぽり》」と書いてあった。なぜか、わたしはいまだにその名を記憶している。その次は、「水戸《みと》」を覚えているだけだ。これは、明《みん》の遺民、朱舜水《しゅしゅんすい》先生が客死された地だ。仙台は市ではあるが、大きくない。冬はひどく寒かった。中国の学生は、まだいなかった。

おそらく、物は稀《まれ》なるをもって尊しとするのであろうか。北京《ペキン》の白菜が浙江《せっこう》へ運ばれると、先の赤いひもで根元をゆわえられ、くだもの屋の店頭にさかさにつるされ、その名も「山東菜」と尊んで呼ばれる。福建に野生する蘆薈《ろかい》が北京へ行くと、温室へ招じ入れられて「竜舌蘭《りゅうぜつらん》」と美称される。わたしも、仙台へ来てから、ちょうどこのような優待を受けた。学校が授業料を免除してくれたばかりでなく、二、三の職員は、わたしのために、食事や住居の世話までしてくれた。最初、わたしは監獄のそばの宿屋に泊ま

仙台の医学専門学校　仙台医学専門学校の略。東北大学医学部の前身。魯迅は、一九〇四年、この学校に入学。

日暮里　東京都荒川区日暮里町にある駅名。

明　中国の王朝。一三六八〜一六四四。太祖洪武《こうぶ》帝が蒙古《もうこ》族から出て、元を倒して建てた国。永楽帝のころ全盛。一六四四年、李自成《りじせい》に滅ぼされた。

っていた。初冬のころで、もうかなり寒いというのに、まだ蚊がたくさんいた。しまいには全身にふとんをひっかぶり、頭と顔は着物でくるみ、息をするために鼻の穴だけを出しておくことにした。この、絶えず息が出ている場所へは、蚊も食いつきようがないので、やっとゆっくり眠れた。食事も悪くなかった。だが、ある先生は、この宿屋が囚人のまかないを請け負っているので、そこに下宿しているのは適当でないと言って、しきりに勧告した。宿屋が囚人のまかないを兼業するのはわたしに関係のないことだと思ったが、好意もだしがたく、ほかに適当な下宿を捜すよりしかたなかった。かくて別の家に引っ越した。監獄からは遠くなったが、おかげで、のどへ通らぬ芋がらのしるを、毎日吸わせられた。

これより、多くの初対面の先生に会い、多くの新鮮な講義を聞くことができた。解剖学は、ふたりの教授の分担であった。最初は、骨学である。その時、はいって来たのは、色の黒い、やせた先生であった。八字ひげをはやし、めがねをかけ、大小とりどり

朱舜水　一六〇〇～八二。明末の儒者。一六五九年国難をのがれて日本に帰化し、水戸光圀《みつくに》に招かれて水戸に住んだ。

客死　旅先で死ぬこと。

浙江　揚子江下流の南部にある省の名。

山東菜　山東白菜。白菜の変種で、中国山東省原産。

福建　中国南東部にある省名。

蘆薈　ユリ科の多年生多肉植物。南アフリカ原産。アロエ。ここでは、日本でいう竜舌蘭（ヒガンバナ科）とは異なる。

の書物をひとかかえかかえていた。その書物を講壇の上へ置くなり、ゆるい抑揚のひどい口調で学生に向かって自己紹介を始めた。――

「わたしが藤野厳九《ごんく》郎《ろう》という者でして……。」

うしろの方で数人、どっと笑う者があった。続いてかれは、解剖学の日本における発達の歴史を講義しはじめた。あの大小さまざまの書物は、最初から今日までの、この学問に関する著作であった。初めのころの数冊は、唐本仕立であった。中国の訳本の翻刻もあった。かれらの新しい医学の翻訳と研究とは、中国に比べて、けっして早くはない。

うしろの方にいて笑った連中は、前学年に落第して、原級に残った学生であった。在校すでに一年になり、各種の事情に通暁していた。そして、新入生に向かって、それぞれの教授の来歴を説いて聞かせた。それによると、この藤野先生は、服の着方がむとんちゃくである。時にはネクタイすら忘れることがある。冬は古がいとう一枚で震えている。一度など、汽車の中で、車掌がてっ

唐本仕立 漢籍のように糸でとじたもの。

翻刻 既刊の板本をふたたび板木に刻んだり活字に組んだりして刊行すること。

きりすりと勘違いして、車内の旅客に用心を促したこともある。

かれらの話は、おそらくほんとうなのだろう。現にわたしは、かれがネクタイをせずに教室へ現われたのを、実際に一度見た。

一週間過ぎて、たしか土曜日の日、かれは、助手に命じてわたしを呼ばせた。研究室へ行ってみると、かれは、人骨やら多くの単独の頭《ず》蓋骨《がいこつ》やら——当時、かれは頭蓋骨の研究をしていて、後に本校の雑誌に論文が一編発表された——の間にすわっていた。

「わたしの講義は筆記できますか。」と、かれは尋ねた。

「少しできます。」

「持って来て見せなさい。」

わたしは筆記したノートを差し出した。かれは受け取って、一、二日してから返してくれた。そして、今後毎週持って来て見せるようにと言った。持ち帰って開いてみた時、わたしはびっくりした。そして同時に、ある種の不安と感激とに襲われた。わたしのノートは、初めから終わりまで、全部朱筆で添削してあった。多くの抜けた箇所が書き加えてあるばかりでなく、文法の誤りまで、いちいち訂正してあるのだ。かくてそれは、かれの担任の学課、骨学・血管学・神経学が終わるまで、ずっと続けられた。

遺憾ながら当時わたしはいっこうに不勉強であり、時にはわがままでさえあった。今でも覚えているが、ある時、藤野先生がわたしを研究室へ呼び寄せ、わたしのノートから一つの図を広げて見せた。それは下膊《かはく》の血管であった。かれはそれを指さしながら、穏やかにわたしに言った。——

「ほら、きみはこの血管の位置を少し変えたね。——むろん、こうすれば比較的形がよくなるのは事実だ。だが、解剖図は美術ではない。実物がどうあるかということは、われわれはかってに変えてはならんのだ。今はぼくが直してあげたから、今後、きみは黒板に書いてあるとおりに書きたまえ。」

だがわたしは、内心不満であった。口では承諾したが、心でこう思った。——

〈図は、やはりぼくのほうがうまく書けています。実際の状態なら、むろん、頭の中に記憶していますよ。〉

下膊 ひじと手首との間。

学年試験が終わってから、わたしは東京へ行って一夏遊んだ。秋の初めに、また学校にもどってみると、すでに成績が発表になっていた。百人あまりの同級生のなかで、わたしはまん中どころで、落第はせずに済んだ。今度は、藤野先生の担任の学課は、解剖実習と局部解剖学とであった。

解剖実習が始まってたしか一週間目ごろ、かれはまたわたしを呼んで、上きげんで、例の抑揚のひどい口調でこう言った。——「ぼくは、中国人は霊魂を敬うと聞いていたので、きみが死体の解剖をいやがりはしないかと思って、ずいぶん心配したよ。まずまず安心さ、そんなことがなくてね。」

しかしかれは、たまにわたしを困らせることもあった。かれは、中国の女は纏足《てんそく》しているそうだが、詳しいことがわからないと言って、どんなふうに纏足するのか、足の骨はどんなぐあいに奇形になるかなどとわたしにただし、それから嘆息して言った。「どうしても一度見ないとわからないね、いったい、どんなふうになるものか。」

纏足 中華民国以前の古い風習。女子四、五歳のころ、足に布を強く巻いて、足を大きくしないようにした。

ある日、同級の学生会の幹事が、わたしの下宿へ来て、わたしのノートを見せてくれと言った。取り出してやると、ぱらぱらとめくって見ただけで、持ち帰りはしなかった。かれらが帰るとすぐ、郵便配達が分厚い手紙を届けて来た。開いてみると、最初の文句は――

「なんじ悔い改めよ。」

これは『新約聖書』の文句であろう。だが、最近、トルストイによって引用されたものだ。当時はちょうど日露戦争のころであった。ト翁は、ロシアと日本の皇帝にあてて書簡を寄せ、冒頭にこの一句を使った。日本の新聞はかれの不遜《ふそん》をなじり、愛国青年はいきり立った。しかし、実際は、知らぬまにかれの影響は早くから受けていたのである。この文句の次には、前学年の解剖学の試験問題は、藤野先生がノートに印をつけてくれたので、わたしにはあらかじめわかっていた、だから、こんないい成績が取れたのだ、という意味のことが書いてあった。そして終わりは、匿名だった。

なんじ悔い改めよ 「なんじら悔い改めよ、天国は近づきたり。」(『新約聖書』マタイ伝福音《ふくいん》書、第三章、ヨハネの教え)によったことば。

『新約聖書』 キリスト教の経典。全二七巻。キリストのことを書いた福音書、弟《で》子《し》たちのことを書いた使徒行伝《ぎょうでん》などから成っている。

それで思い出したのは、二、三日前にこんな事件があった。クラス会を開くというので、幹事が黒板に通知を書いたが、最後の一句は、「全員漏レナク出席サレタシ。」とあって、その「漏」の字の横に圏点がつけてあった。圏点はおかしいと、その時感じたが、別に気にもとめなかった。その字が、わたしへのあてこすりであること、つまり、わたしが教員から問題を漏らしてもらったことを諷《ふう》していたのだと、今はじめて気がついた。

わたしは、そのことをすぐに藤野先生に知らせた。わたしと仲のよかった数人の同級生も、憤慨して、いっしょに幹事のところへ行って、口実を設けてノートを検査した無礼を問責し、あわせて、検査の結果を発表すべく要求した。結果、この流言は立ち消えになった。すると、幹事は八方奔走して、例の匿名の手紙を回収しようと試みた。最後に、わたしからこのトルストイ式の手紙をかれらの手へもどして、けりがついた。

中国は弱国である。したがって、中国人は当然低能児である。点数が六十点以上あるのは、自分の力ではない。かれらがこう疑

トルストイ Lev Nikolaevich Tolstoi 一八二八～一九一〇。ロシアの小説家・思想家。『戦争と平和』『アンナ＝カレーニナ』『復活』などの傑作を書いた。

卜翁 トルストイのこと。

圏点 文字につける傍点。

ったのは、むりなかったかもしれない。だが、わたしはつづいて、中国人の銃殺を参観する運命に巡り合った。第二学年では、細菌学の授業が加わり、細菌の形態は、すべて幻灯で見せることになっていた。一段落済んで、まだ放課の時間にならぬ時は、時事の画片を映して見せた。むろん、日本がロシアと戦って勝っている場面ばかりであった。ところがひょっこり、中国人がその中に混じって現われた。ロシア軍のスパイを働いたかどで、日本軍に捕えられて銃殺される場面であった。取り囲んで見物している群集も中国人であり、教室の中には、まだひとり、わたしもいた。

「万歳！」かれらは皆、手を打って歓声をあげた。

この歓声は、いつも、一枚映すたびにあがったものだったが、わたしにとっては、この時の歓声は、特別に耳を刺した。その後、中国へ帰ってからも、銃殺をのんきに見物している人々を見たが、かれらはきまって、酒に酔ったように喝采《かっさい》する。――ああ、もはや言うべきことばはない。だが、この時、この場所において、わたしの考えは変わったのだ。

第二学年の終わりに、わたしは藤野先生を尋ねて、医学の勉強をやめたいこと、そしてこの仙台を去るつもりであることを告げた。かれの顔には、悲哀の色が浮かんだように見えた。何か言いたそうであったが、ついに何も言い出さなかった。

「わたしは生物学を習うつもりです。先生の教えてくださった学問は、やはり役に立ちます。」実は、わたしは生物学を習う気などなかったのだが、かれががっかりしているらしいので、慰めるつもりでうそを言ったのである。

「医学のために教えた解剖学のたぐいは、生物学にはたいして役に立つまい。」かれは嘆息して言った。

出発の二、三日前、かれは、わたしを家に呼んで、写真を一枚くれた。裏には、「惜別」と二字書かれていた。そして、わたしの写真もくれるようにと希望した。あいにく、わたしはその時、写真をとったのがなかった。かれは、後日写したら送るように、また、時おりたよりを書いて、以後の状況を知らせるようにと、しきりに懇望した。

仙台を去って後、わたしは多年、写真を写さなかった。それに、状況も思わしくなく、通知すればかれを失望させるだけだと思うと、手紙を書く気にもなれなかった。年月が過ぎるにつれて、いまさら改まって書きにくくなり、そのため、たまに書きたいと思うことはあっても、容易に筆がとれなかった。こうして、そのまま現在まで、ついに一通の手紙、一枚の写真も送らずにしまった。かれのほうから見れば、去ってのち杳《よう》として消息がなかったわけである。

だが、なぜか知らぬが、わたしは今でも、よくかれのことを思い出す。わたしが自分の師と仰ぐ人のなかで、かれは最もわたしを感激させ、わたしを励ましてくれたひとりである。よく、わたしはこう考える。かれのわたしに対する、熱心な希望と倦《う》まぬ教訓とは、小にしては中国のためであり、中国に新しい医学の生まれることを希望することである。大にしては学術のためであり、新しい医学の中国へ伝わることを希望することである。かれの性格は、わたしの眼中において、また心裡《しんり》において、偉大である。

杳として　暗くてわからないさま。はっきりしないさま。

心裡　心のうち。

かれの姓名を知る人は少ないかもしれぬが。

かれが手を入れてくれたノートを、わたしは三冊の厚い本にとじ、永久の記念にするつもりで、たいせつにしまっておいた。不幸にして、七年前、引っ越しの時に、途中で本箱を一つこわし、その中の書籍を半数失った。あいにくこのノートも、失われたなかにあった。運送屋を督促して捜させたが、返事もよこさなかった。ただ、かれの写真だけは、今なお北京のわが寓居《ぐうきょ》の東の壁に、机に面して掛けてある。夜ごと、仕事に倦んでなまけたくなる時、仰いで灯火の中に、かれの、黒い、やせた、いまにも抑揚のひどい口調で語り出しそうな顔をながめやると、たちまちまた、わたしは良心を発し、かつ、勇気を加えられる。そこでたばこに一本火をつけ、ふたたび、「正人君子」の連中に深く憎まれる文字を書きつづけるのである。

寓居　仮住まい。

「正人君子」　本来は、行ない正しく徳のある人の意であるが、ここでは、皮肉の意をこめて用いてある。

魯　迅（一八八一〜一九三六）　中国の小説家・評論家。本名、周樹人。浙江《せっこう》省紹興《しょうこう》府に生まれた。軍の学校を出てから日本に留学、後、帰国して教師をしているうち、辛亥《しんがい》革命に会った。以後、病死までの十年間は、創作と論争に明け暮れた。『狂人日記』で名を高め、『阿Q《あきゅう》正伝』ほか二十数編を発表した。その作品を通じて、中国社会の中にある遅れたもの、卑屈なものに、絶えずきびしい批判を向け、中国の近代化を推し進める大きな力となった。

「藤野先生」は、自伝・回想記の連作を収めた『朝花夕拾』（一九二六年執筆）中の作品である。本文は、『世界文学大系』第六二巻（筑摩書房）によった。

竹内　好（一九一〇〜一九七七）　中国文学研究家・評論家。長野県に生まれた。東京大学中国文学科卒業。著書に、『魯迅』『日本イデオロギイ』『不服従の遺産』『中国革命の思想』（共著）などのほか、『魯迅作品集』『魯迅評論集』、葉紹鈞《ようしょうきん》『小学教師』などの翻訳がある。

叙述と注解

大室幹雄

東京も格別のことはなかった　別にこの前に東京以外の場所があって、それと比較して言っているわけではない。何とはなしに倦怠を感じていたのである。以下の留学生の花見と、ダンスのけいことの叙述は、その具体的な例と見てよい。

「清国留学生」の速成組　魯迅が日本に留学し

たのは中華民国成立以前、清朝末期の光緒二八（一九〇二）年であった。この年は光緒三〇年に当たる。速成組とは、魯迅がこの春卒業したのと同じ、弘文学院の速成科をさす。弘文学院は清国の留学生に、日本語と普通課目とを授けるため、一九〇二年に牛込西五軒町に創立された。三年制の本科の外に、各種の速成科が設けられていた。魯迅は一九〇二年三月に来日すると、四月にこの速成科に入学し、一九〇四年四月に卒業した。

頭のてっぺんに辮髪をぐるぐる巻きにし　編んで後ろに長く垂らした男子の髪形。もとは満州人の習俗だったが、満州人王朝の清が建国されると、朝廷の命令によって中国人の男子一般に行きわたった。留学生たちは、辮髪を日本人に嘲笑されるのを恐れ、といってあえて切る勇気もなく、ぐるぐる巻きにして、その上に帽子をのせて隠したのである。魯迅は前年（一九〇三）に、辮髪を切っているが、それは、満州人王朝である清の封建支配に反対する態度を明白にしたことを、象徴する。

これで首でもひねってみせれば、色気は満点だ　前の「少女の髪にそっくりである。」を受けている。イメージはいささか倒錯的だが、それだけに清朝の封建遺制をぶら下げて、新しい学問を学ぼうとする同学たちへの、魯迅のやりきれない気持が色濃い。単純な皮肉ではない。

中国留学生会館　一九〇二年、現在の千代田区神田駿河台につくられた。正式の呼称は清国留学生会館だったらしい。留学生たちの集会所や、著述や翻訳の出版所などとして使用された。

遺民　自分の仕える王朝が亡びた時、忠義を重んじて、新王朝を認めず、また出仕しないもの。

朱舜水先生　朱舜水は明《みん》の万暦二八（一六〇〇）年、浙江省余姚で生まれた。名は之瑜《しゆ》、字は魯璵、楚璵。舜水は号である。明朝から、たびたび徴されたが、時代の混乱は道義の頽廃によるとして応じなかった。明の滅亡後、かれの家は代々明に仕えていたので、明の再興をはかって各地を転々し、鄭成功の南京攻略にも従軍した。中国・安南・日本の三角貿易に従っていたこともあり、日本にも四度来たが、南京の敗戦後、明朝再興の不可能を悟り、万治二（一六五九）年に長崎に来、天和二（一六八二）年江戸本郷で客死した。徳川光圀の庇護を受け、水戸学派の学者たちと交わって、深い影響を与えた。かれの思想は朱子学と陽明学との中間、実学風のものといわれる。光圀はかれに湊川楠氏の碑文を選ばせたが、それは、かれが明の再興を企てる亡国の遺民だったことと、その思想と、厳毅剛直、慷慨気節を尊ぶと評される性格とのためであったろう。魯迅は仙台時代の一九〇五年、水戸の朱舜水の遺跡を訪ねたことがある。当時、漢人の間では、満人の王朝である清を打倒しようとする反清革命運動が盛んであり、清王朝と戦った朱舜水は、鄭成功らとともに青年たちから高く評価されていた。魯迅の短文「雑憶」には、「一部には、明末の遺民の著作や、満人の残虐の記録を集めることに専心する人もいた。かれらは東京その他の図書館にもぐりこんで、書き写して来ては、印刷して、中国に輸入し、忘却された古い恨みを復活させ、革命成功の一助にしようと望んだ。かくて、『揚州十日記』『嘉定屠城紀略』『朱舜水集』『張蒼水集』などが翻印された。……また一部には、自分の名前を『撲満《プーマン》』（満人を打つ）とか『打清《ターチン》』（清朝を打つ）と改めて、英雄気取りでいる人々もあった。」とあって、明の遺民たちが、ギリシアの独立を援助したイギリスの詩人バイロンと、ほぼ同一視されていたことが述べられている。魯迅の辮髪廃止も朱舜水への関心も、ともに当時の青年たちの反清革命運動の一環であった。

「山東菜」 原文には「膠菜《ジャオツァイ》」とある。山東省原産の白菜の一品種である。

温室へ招じ入れられて 蘆薈を「竜舌蘭」にしてしまう有閑な好事家たちにあてこすって、ユーモラスに表現したもの。

学校が授業料を免除してくれた　魯迅は無試験で入学し、授業料を免除された。

芋がら　ずいき。里芋の茎をゆでこぼしたり、乾燥したりして食用に供する。

その時、はいって来たのは、……めがねをかけ　改訂版『魯迅選集』第二巻（岩波書店）の巻頭に、魯迅に贈られた藤野先生の写真が掲載されている。

唐本《とうほん》仕立　われわれが使っている洋装本に対して、和装本《わそうぼん》ともいう。明治代には、活字本でも唐本の体裁にしたものがまだあった。

中国の訳本の翻刻もあった……中国に比べて、けっして早くはない　中国の訳本、とはヨーロッパの医学書を中国人が翻訳したもの。それの翻刻とは、もちろん日本で翻刻出版されたものであろう。この部分、魯迅の自国の歴史に対する誇り、その根本の祖国愛を読みとりたい。当時二四歳のかれは、このささやかな事実に素直に感動したでもあろう。いうまでもないが、この文は、かれの同胞を対象として書かれている。

時にはネクタイすら忘れることがある　明治という時代、医学専門学校教授という地位を考慮してみよう。

ある種の不安と感激とに襲われた　この気持は複雑である。当時の日本人の中国蔑視は、後の時期ほどひどくはなかったが、敗戦国清を侮る気持は日本人のなかに十分存した。そういう日本一般の気風のうちに暮らす周青年にとって、藤野先生の過分の親切は何か薄気味悪く感じられたかもしれない。が、先生の暖かな善意を理解したとき、かれは素直に感激したのであろう。

「ほら、きみはこの血管の位置を……きみは黒板に書いてあるとおりに書きたまえ。」　藤野先生の科学者としての厳正な精神を表わしていることばである。

中国人は霊魂を敬う　霊魂は原文に「鬼」とある。中国の鬼は、日本のオニではなく、死者の霊魂を意味する。古来、中国人は祖先を敬し祀って来たが、宗教もその根本は祖先崇拝にもとづいている。

「どうしても一度見ないとわからないね……」　先生の学的好奇心と、稚気とが、いみじくも融合して現われたユーモラスな嘆き。

実際は、知らぬまにかれの影響は早くから受けていた　歴史的事実をいったのではなく、もちろん皮肉である。

そして終わりは、匿名だった　幹事たちの陋劣さと小心とがうかがわれる。

裏には、「惜別」と二字書かれていた　正確には、「謹呈　周君／惜別　藤野」と書かれている。前引、改訂版『魯迅選集』第二巻に、裏面の文字も掲げられている。

「正人君子」　一九二四年一一月、魯迅らが雑誌「語絲」を発刊すると、これに対抗して、一二月に、陳源、胡適らが「現代評論」を創刊した。かれらは、最初は中国の西欧化をめざしていたが、間もなく反動的本質を露呈し、段祺《だんき》瑞《ずい》政府の反動支配と結託したり、後には国民政府と腕を組んだりし、五・三〇事件や三・一八事件のような民衆運動には、いつも冷笑的な態度をとっていた。五・四運動が衰えて、混迷しつつあった当時の思想界の「停滞した空気を打破すること」（「語絲」創刊のことば）が、その目的であった「語絲」と、反動的な「現代評論」とは真向から対立し、なかでも魯迅と陳源とは激しい論戦を交えた。ここの「正人君子」とは、要するに、教養があって上品に見えながら、本質は軍閥や官僚の買弁でしかない陳源・胡適一派に投げつけた嘲笑的な呼称である。

鑑賞の要点

大室幹雄

魯迅（一八八一〜一九三六）は、本名は周樹人、字は予才。浙江省紹興に生まれた。日本留学当時までの魯迅の経歴は、この作品理解のために重要であるが、竹内好氏の要領のよい記述によれば、「富裕な官吏の家に生れたが、突発事件で家が没落したため、幼年時代から辛酸を経験した。一八九八年、南京に赴き江南水師学堂（海軍学校）に入学、翌年、陸師学堂（陸軍学校）附設の路礦学堂（採礦科）に転校、一九〇一年、卒業、翌年、日本へ留学した。この教育コオスは、官僚国家が富国強兵のための人材の養成を目的とした官費の施設で、新しい学問へ情熱を抱き、しかも経済的に恵まれない、当時の青年たちが選ぶ一番自然な道であった。この期間に、かれは、厳復、林紓、梁啓超によって代表される実学的、啓蒙的風潮から影響された。また、生得の気質と環境から、小説や絵画や郷土史料への興味をもちつづけた。それらは、後年、それぞれの成果を結んだ。留学後は、東京の弘文学院で一般的予備教育を受けながら、哲学書と文学書をしきりに漁り、一面、人性と国民性の問題に関心するようになった。また、ベルヌの科学小説を日本語から重訳した。一九〇四年、仙台の医学専門学校に入学した。医学を選んだのは、かれ自身の回想によれば、直接には父を死なせた漢方医への憎しみが動機であり、父のように誤られている多くの同胞を救いたいという念願からであった。」（『二十世紀外国作家辞典』）

仙台での魯迅についてみずから述べているのが『藤野先生』である。東京に出た魯迅は、ドイツ語を習いながら、近代文学、主としてヨーロッパの被圧迫民族や、スラブ系の文学を読み漁り、みずから翻訳もし、それを「域外小説集」第一、二冊として出版している。

そして文学雑誌、「新生」の計画を立てたが、これという仲間もなくて果たさず、東京で革命運動をやっている留学生たちも、多くは来たるべき政権での地位をめざす立身出世主義の持主でしかないことに失望、一九〇九年八月に帰国した。

郷里の師範学校でかれは化学と生理学の教員をしていたが、一九一一年、辛亥革命が起こり、翌年、郷里の先輩蔡元培《さいげんばい》が南京の新政府の教育総長になると、その招きによって南京に行き、教育部部員になった。しかし支配層の入れ替えにすぎなかった辛亥革命の成果に絶望し、以後数年、北京に住んで、「嵇康集」を初めとする古籍の校合や、漢碑などの金石拓本研究などにたずさわってみずから慰めた。

革命後の中国は、袁世凱《えんせいがい》の帝政への野望、それに対する全国的な反対運動、続いて南北の対立から、一九一九年の五・四運動へと発展していく。この間、文化面には、一九一七年以後の文学革命の運動があった。それは当時の進歩的な雑誌「新青年」に、胡適が論文「文学改良芻議」を発表し、「文語を廃し、口語を用いよ。」と唱えたことから出発した。これが大きな反響を呼び、言文一致運動が盛んになった。

が、魯迅はこの運動に対しても批判的であった。かれは表面的な近代化に満足しなかった。かれの目は、常に問題の核心、その内容に向けられていた。つまり、口語で何を表現するかが、かれにとっては問題になる。こうして一九一八年、友人銭玄同に勧められて、「新青年」に『狂人日記』を発表したことがきっかけで、本格的な文学活動が始められた。筆名「魯迅」はこのとき最初に用いられた。時に、年三八歳。

『狂人日記』は、中国の旧い社会を支えている儒教道徳を、人間が人間を食い合う妄想に悩まされる狂人に仮託して、鋭く批判した小説である。これは時代の知識人たちに大きな衝動を与え、中国近代文学史の劈頭を飾る作品になった。

以後、魯迅は一九二六年まで、主として短編小説や小品文などを書いた。その分量は多いとはいえない。第一作品集『吶喊《とっかん》』が一九二三年に出版され、『狂人日記』のほか、没落した読書人を描いた『孔乙己《コンイーチー》』、ルンペンプロレタリアが主人公の世界的傑作『阿Q正伝』など一四編が収められている。一九二六年には二番目の作品集『彷徨』が刊行され、農村の寡婦を扱った『祝福』、無用人タイプを描いた『孤独者』などが代表作とされている。ほかに散文詩集『野草』があるが、この時期の魯迅は、批判的リアリズムとでもいうべき方法で、中国の社会と中国人の人間性とに対し、民衆的立場に立って、民衆への愛情と信頼とを胸奥に秘めながら、徹底的に批判していった。

一九二五年頃から、反動的な北京政府の弾圧は文化運動にも及び、二六年、魯迅は政府の追及を逃れて北京を脱出し、厦門《アモイ》大学に行き、翌年には広東《カントン》の中山大学に移った。同年秋、革命運動を裏切って反動化した国民党を憎んで、上海に行き、北京女子師範大学での教え子許広平《きょこうへい》と同棲し、一子海嬰《かいえい》をもうけ、死ぬまで上海に住んだ。上海時代の魯迅は、プロレタリア文学運動に近づいて、マルクス主義の理解を深め、やがて革命文学の中心として精力的に活動した。この時期、かれは多くの社会評論を書き、不断に論争を行なった。が、一九三六年一〇月一九日、五六歳で亡くなった。その業績は、小説を初め、翻訳、評論、文学史、古典の校勘などにわたって多彩であり、晩年には熱心に版画運動を進めていた。

『藤野先生』について

『藤野先生』は、一九二六年一〇月一二日執筆、一九二八年九月刊行の散文集『朝花夕拾』に所収。教科書本文は、『世界文学大系』第六二巻（筑摩書房）によった。

この作品を支えているモティーフは二つある。一つは、藤野先生への追憶であり、いま一つは魯迅自身の、医学から文学への転向の問題である。

現実の藤野先生、藤野厳九郎についてのわれわれの知識は極めて貧弱である。一八七四（明治七）年、福井県の片田舎に生まれ、一九〇一年から一五年まで仙台医学専門学校で教鞭を執り、のち郷里に戻って開業医になり、敗戦の年まで生きていたこと、せいぜいこの程度でしかない。だから、現存した藤野先生が「偉大」であったか、非凡であったか、あるいは凡庸だったかは、われわれの判断の圏外にある。にもかかわらず、このわずかばかりの知識すら持ちあわせない読者でも、『藤野先生』の惹き起こす感動から免れることはおそらく不可能であろう。

現実に藤野先生に接した人々の、かれに対する評価はどうであったか。これがはなはだ芳しくない。あまり風采のあがらぬかれは、教場では落第生の嘲笑の的であり、汽車の中ではスリと区別がつかず、周青年からは好感を抱かれながらも、ありがた迷惑がられている。それにもかかわらず、『藤野先生』は文句なしにわれわれを感激させずにはおかない。

要は、この感動の内容の問題である。いみじくも作者は言っている、「かれの性格は、わたしの眼中において、また心裡において、偉大である。」（三六四頁一五行）と。中国語には西欧語のように明確な時制はないが、これが現在形であることは疑いようがない。つまり、藤野先生が魯迅にとって「偉大である」のは、一九二六年において、正確には、その一〇月一二日の朝か昼か夜か、おそらくは夜に、ヒシヒシとペンをきしませて、デーモンとの孤独な格闘を戦っている時間（かれはニーチェの熱愛者であり、『ツァラトゥストラ』の序説を翻訳している）においてであっただろう。

この感動のうちには、いわば現実と非現実との間のズレがある。そのズレは物理的には、一九〇四、五年から二六年まで、二十年余りの歳月の流れとして計算される。二十有余年、これは一人の人間にとって決して短い年月ではない。まして、比較的短命であった魯迅にとってはそうである。そしてこの期間をみたすものは、年譜を一見して知られるような、社会的にも、したがって魯迅個人にとっても極度に劣悪な、情勢下での多難な、基本的には詩人（広義での）としての生活である。

詩人としての二十年余りの生活が何を行なったか、その悪戦苦闘の中から何が吐き出されたかを、看過するわけにはいかない。落第生や車掌が侮り、詩人みずからも好意を抱きはしても、尊敬はしていなかったであろう、色の黒い、やせた、言語不明晰な村夫子が、自分の師と仰ぐ人の中で、最もかれを感激させ励ましてくれた一人、「偉大な」性格にまでみごとに変質されている。ここに、われわれは明確に、スタンダール風の結晶作用を見出すことができる。これほど鮮麗な結晶作用が実現されるためには、その核心に、詩人の熾烈なPassionが存在しなければならない。魯迅にはそれが、比類なく強靭なそれがそなわっていたと、『藤野先生』の読者は確信することができる。

この詩人Passionとその結晶作用の結果、現実と非現実との間のズレは鮮やかに消滅する。現実は非現実に変質し、藤野先生はあらゆる読者にとっても「偉大である」ことになる。

二つめのモティーフも、この視点から解明される。通説は、医学から文学への転向は、試験事件と幻灯事件、ことに後者によって強い衝動を受けた魯迅が「肉体の健康を守ることよりは、精神の改造のほうを急務と考えるようになったからである。」と説明する。これは一九二三年に出た第一小説集『吶喊《とつかん》』の自序に、「あのこと（幻灯事件）があって以来、私は、医学などは少しも大切なことではない、と考えるようになった。愚弱な国民は、たとい体格がどんなに健全でどんなに長生きしようとも、せいぜい無意味な見せしめの材料と、その見物人になるだけではないか。病気したり死んだりする人間がたとい多かろうと、そんなことは不幸とまではいえぬのだ。されば、われわれの最初になすべき任務は、彼らの精神を改造するにある。そして、精神の改造に役立つものといえば、当時の私の考えでは、むろん文芸が第一だった。」とあるのに基づいている。これは大変論理的であり、その限りで人を納得させるに足るであろう。だが、単純に詩人のことばを信じてよいものか、どうか。冷静に対処してみれば、現実と非現実との間のズレがここにも見出されはしないであろうか。

「あのこと」を具体的に述べた『藤野先生』で、「この時、この場所において、わたしの考えは変わったのだ。」と詩人は言っている。「考え」がどう変わったかは語られていないが、この表現が『吶喊』自序をふまえているのは自明であろう。だが、そのすぐ前に、「――ああ、もはや言うべきことばはない。」とあり、そのまた前には、「その後、中国へ帰ってからも、銃殺をのんきに見物している人々を見たが、かれらはきまって、酒に酔ったように喝采する。」とあるのに注意しよう。「――ああ、もはや言うべきことばはない。」という叫びは、すぐ上の「その後」以下によって導き出されている。直接、「取り囲んで見物している群集も中国人であり」につながるのではない。一般に、ことばはすぐ上のことばによって決定され、選択される。まして、屈折というものを備えず、文脈の中におけることばの順序によって意味が定まる中国語においてはなおさらであろう。つまり、「この時、この場所において」とはあるが、「わたしの考え」が変わったのは、事実は幻灯事件の時点ではなくて、いつか判然としないが、「その後、中国へ帰って」無恥な群集を目撃した時と場でなのである。それも、魯迅のこの叙述に最大限度の信頼を置いたとき、そう判断されるというのであって、真理値について言えば、あくまで蓋然性の域内のことでしかない。

だから、幻灯事件が文学への転向に結びつくという論理的な理解は、魯迅自身にとってすら『吶喊』自序の頃までに、ようやく成立したのだと見る方がむしろ事実に近い。そして幻灯事件と、この論理的解決との間には、一九〇五年―二三年という、結晶作用が大いに進捗したであろう時間が介在している。現実と非現実との間のズレは、この歳月のうちに、記憶という浄化装置を経て解消されてしまったのだ。

「幻灯事件と文学志望とは直接の関係がない。」という、竹内好氏の通説を否定する判断は、われわれにとっても妥当である。しかし、竹内氏が、幻灯事件によって魯迅が受けたものが屈辱であり、それが「かれの回心の軸を形成するさまざまの要素の一つに加わったろう。」と言うとき、われわれは隔意を感じざるを得ない。屈辱が、「何よりもかれ自身の屈辱であった。同胞を憐むよりも、同胞を憐まねばならぬかれ自身を憐んだのである。」にしても、この見解からは、当然、かれの僚友武田泰淳の『司馬遷』により露骨に顕れている、戦中派特有の被害者意識濃厚な発想がうかがわれるだけである。これがいかに根拠薄弱であるかは、屈辱の代りに憤怒を、憐みの位置に怒りを置き替えても、十分意味は通じる。むしろ、この方が『藤野先生』全体の気分ともよく調和するということを指摘すれば明らかであろう。『藤野先生』からわれわれの受ける青年魯迅は、屈辱を噛みしめる若者であるよりは、憤怒に燃える若者である。

要するに、われわれの言い得ることは、試験事件の渦中にあっても、幻灯事件に出会ったときも、周樹人は詩人であった、ということである。詩人であったということは、かれのPassionが、ドン・ジュアン風でも、ナポレオン風でもなく、魯迅風であったということにほかならない。医者であることと、詩人であることとは矛盾しない。かれが医者周樹人であり、同時に詩人魯迅である可能性が存在しなかった、とはだれも言えはしない。かれが医学の修業をやめたのは、医者になるのがいやになったからだ。われわれに断言できるのは、つまるところ、この一事のみである。

歌わぬ詩人、というのは一種の形容矛盾である。詩人は不断に歌い続けなければならない。その限りで、医学を捨てた以後の魯迅は真の詩人になったとは言えよう。が、医者であると同時に歌うことが、別に禁止されていたわけではない。

とにかく仙台を離れた魯迅は、おのれの詩人の Passion の中に全存在を投げ入れたのである。Passion はいかなるものであろうと、それに投じたものに、法外な苦難を背負わせる。しかも魯迅の環境は劣悪であり、多難であった。だが、この内外両面から襲いかかる困苦に対して魯迅を支えたものは、ほかならぬかれの詩人としての Passion であった。それが二十有余年の闘いの後に勝ち取ったもの、『藤野先生』はその誇らかな戦利品なのである。

したがって、魯迅自身にとって藤野先生が意義をもつのは、この作品が結晶した瞬間においてである。『藤野先生』の終わりの部分がそれを証明する。一九二六年、魯迅は、三・一八事件以後、テロを避けて北京市内の病院を転々したり、すぐまた北京を追われて厦門《アモイ》へ奔《はし》らねばならなかった。こういう情況の下にあって、魯迅の追憶の中に藤野先生は美しく結晶し、限りなくかれを鼓舞してやまなかったのである。

そして、われわれにとっての藤野先生は、魯迅の強靭な結晶作用にかけられることによって、はなはだ見ばえのしない現実の先生から、われわれの眼中においても、また心裡においても、偉大な性格に変身したのである。

随想編

清光館哀史

現代日本の開化

清光館哀史

柳田国男《やなぎたくにお》

浜の月夜

あんまりくたびれた、もう泊まろうではないかと、小子内《おこない》の漁村にただ一軒ある宿屋の、清光館と称しながら、西の丘に面してわずかに四枚の障子を立てた二階に上がり込むと、はたして古くかつ黒い家だったが、若い亭主《ていしゅ》と母と女房の親切は、予想以上であった。まず、息を切らせてふき掃除をしてくれる。今夜は初めて還《かえ》る仏様もあるらしいのに、しきりにわれわれに食わす魚のないことばかりを嘆息している。そう気をもまれてはかえって困ると言って、ごろりといろりの方を枕《まくら》に、ひじを曲げて寝ころぶと、外はこうもりも飛ばない静かなたそがれである。

小川が一筋あって板橋がかかっている。その板橋をカラカラと

小子内 岩手県九戸《くのへ》郡洋野《ひろの》町の地名。

鳴らして、子どもたちがおいおい渡って行く。小子内では踊りはどうかね。はあ、いまに踊ります。去年よりははずむそうで、と言っているうちに橋向こうから、東京などの普請場で聞くような女の声が、しだいに高く響いて来る。月がところどころの板屋に照っている。雲の少しある晩だ。

五十軒ばかりの村だというが、道の端には十二、三戸しか見えぬ。橋から一町も行かぬ間に、大塚《おおつか》かと思うような孤立した砂山に突き当たり、左へ曲がって八木の港へ越える坂になる。曲がり角の右手に共同の井戸があり、その前の街道で踊っているのである。太鼓も笛もない。寂しい踊りだなと思って見たが、ほぼこれが総勢であったろう。後から来て加わる者が、ほんの二人か三人ずつで、少し長く立って見ている者は、踊りの輪の中からだれかが手を出して、ひょいと列の中に引っぱり込んでしまう。次の一巡りの時には、もう、その子も一心に踊っている。

この辺では、踊るのは女ばかりで、男は見物の役である。それも出かせぎからまだもどらぬのか、見せたいだろうに腕組みでも

一町 距離の単位。六十間。約一〇九メートル。

大塚 大墓。

八木 岩手県九戸郡洋野町の地名。

して見入っている者は、われわれを加えても二十人とはなかった。小さいのをおぶったもう爺《じい》が、井戸のわきから、もっと歌えなどとわめいている。どの村でも理想的の鑑賞家は、踊りの輪の中心に入って見るものだが、それが小子内では十二、三までの男の子だけで、同じ年ごろの小娘なら、皆、列に加わってせっせと踊っている。この地方では、稚児輪《ちごわ》みたような髪が学校の娘の髪だ。それがじょうずに拍子を合わせていると、踊らぬばあさんたちが、うしろから首をつかまえて、どこの子だかと顔を見たりなんぞする。

われわれには、どうせだれだかわからぬが、本踊り子の一様に白い手ぬぐいで顔を隠しているのが、やはり大きな興味であった。これが流行か、帯もたびもそろいのまっ白で、ほんの二、三人のほかは皆、新しいげただ。前掛けは昔からの紺無地だが、今年はじめてこれに金紙で、家の紋や船印をはりつけることにしたという。奨励の趣旨が徹底したものか、近所近郷の金紙が品切れになって、それでもまだ候補生までには行き渡らぬために、かわいい

もう爺が　もう、いい年をしたおじいさんが。

稚児輪　ちごまげ。少女の髪形の一種。振り分けた髪を頭上高く左右に輪にする。

憤懣《ふんまん》がみなぎっているという話だ。月がさすと、こんな装飾がみな光ったりかげったり、ほんとうに盆は月送りではだめだと思った。一つの楽器もなくとも踊りは目の音楽である。まわりが閑静なだけにすぐにそろって、そうしてしゅんでくる。

それに、あの大きな女の声のよいことはどうだ。自分でも確信があるのだぜ。一人だけ、見たまえ、手ぬぐいなしのぞうりだ。なんて歌うのか文句を聞いていこうと、そこらじゅうの見物と対談してみたが、いずれも笑っていて教えてくれぬ。なかには、知りませんと言って立ちのく青年もあった。けっきょく手帳をむなしくしてもどって寝たが、なんでもごく短い発句ほどなのが三通りあって、それを高く低くくりかえして、夜半までも歌うらしかった。

翌朝五時に障子を開けて見ると、一人の娘が、踊りは絵でも見たことがないような様子をして水をくみに通る。隣の細君は腰にかごを下げて、しきりにいんげん豆をむしっている。あの細君もきっと踊ったろう、まさかあれは踊らなかったろうと、争ってみ

月送り　新暦の一月遅れ。ある月の行事を一カ月遅らせて行うこと。

しゅんでくる　たけなわになってくる。

ても夢のようだ。出立の際に昨夜の踊り場を通ってみると、存外な石高道でおまけに少し坂だが、掃いたよりもきれいに、やや楕《だ》円《えん》形の輪の跡が残っている。今夜は満月だ。また、いっしょうけんめいに踊ることであろう。

八木から一里余りで鹿糠《かぬか》の宿へ来ると、ここでも浜へ下る辻《つじ》の所に、小判なりの大遺跡がある。夜明け近くまで踊ったように宿のかみさんは言うが、どの娘の顔にも少しの疲れも見えぬのはきついものであった。それから川尻《かわじり》・角浜《かどのはま》と来て、馬の食べつくした広い芝原の中を、くねり流れる小さな谷地《やち》川が、九戸《くのへ》・三戸《さんのへ》二郡の郡境であった。青森県の月夜では、わたしはまた別様の踊りに出会った。

清光館哀史

一

お父さん。今まで旅行のうちで、いちばん悪かった宿屋はどこ。

石高道　石が多くてでこぼこしている道。

一里　距離の単位。約三・九キロメートル。

鹿糠・川尻・角浜　いずれも、岩手県九戸郡洋野町の地名。

谷地川　低湿地を流れている川。

九戸　岩手県に属する郡。

三戸　青森県に属する郡。

鮫　青森県八戸《はちのへ》市鮫町。

陸中八木　八戸線の駅名。筆者が訪れた当時は、同線の終点だった。

そうさな。別に悪いというわけでもないが、九戸の小子内の清光館などは、かなり小さくて黒かったね。

こんななんでもない問答をしながら、うかうかと三、四日、汽車の旅を続けているうちに、鮫《さめ》の港に軍艦が入って来て混雑しているので泊まるのがいやになったという、ほとんど偶然に近い事情から、なんということなしに陸中八木の終点駅まで来てしまった。駅を出てすぐ前のわずかな丘を一つ越えてみると、その南の坂の下がまさにその小子内の村であった。

ちょうど六年前の旧暦盆の月夜に、大きな波の音を聞きながら、この寂しい村の盆踊りを見ていた時は、またいつ来ることかと思うようであったが、今度は心もなく知らぬ間に来てしまった。あんまり懐かしい。ちょっとあの橋のたもとまで行ってみよう。

実は羽越線の吹浦《ふくら》・象潟《きさかた》のあたりから、雄物《おもの》川の平野に出て来るまでの間、浜にハマナスの木がしきりに目についた。花はもう末に近かったが、実が丹色《にいろ》に熟して、なんとも言えぬほど美しい。同行者の多数は、途中下車でもしたいような顔つきをしているの

羽越線　信越本線の新津《にいつ》（新潟県）と奥羽本線の秋田とを結ぶ鉄道。

吹浦　山形県飽海《あくみ》郡遊佐《ゆざ》町の地名。

象潟　秋田県にかほ市、鳥海山の北西麓《ろく》にある町。もと入り江で、小島が点在し、松島と並び称された景勝の地。

雄物川　秋田県の南部、奥羽山脈から発して、秋田平野に出、秋田市を経て日本海に注ぐ川。

ハマナス　ハマナシ。バラ科の落葉低木。高さ一・五メートルに達する。

で、今にどこかの海岸で、たくさんにある所へ連れて行ってあげようと、ついこの辺まで来ることになったのである。

久慈《くじ》の砂鉄が大都会での問題になってからは、小さな八木の停車場も何物かの中心らしく、たとえば乗り合い自動車の発着所、水色に塗り立てたカフェなどができたけれども、これによって隣の小子内が受けた影響は、街道のじゃりが厚くなって、馬が困るくらいなものであった。なるほど、あの共同井があって、そのわきの曲がり角に、夜通し踊りぬいた小判なりの足跡の輪が、はっきり残っていたのもここであった。来てごらん、あの家がそうだよと言って、指をさして見せようと思うと、もう清光館はそこにはなかった。

まちがえたくともまちがえようもない、五戸か六戸の家のかたまりである。この板橋からは三、四十間、通りを隔てた向かいは小売店のこのかわらぶきで、あの朝は未明に若い女房が起き出して、踊りましたという顔もせずに、畑のいんげん豆か何かを摘んでいた。東はやや高みに草屋があって海をさえぎり、南も小さな

久慈 岩手県の北東、久慈湾に臨む市。付近に砂鉄を産し、交通の要路にあたる。

カフェ café〔仏〕コーヒー店。喫茶店。当時は、洋酒類を主とする飲食店をいった。

間 長さの単位。一間は約一・八メートル。

砂山で、月などとはまるで縁もないのに、なんでまた清光館というような、気楽な名を付けてもらったのかと、松本《まつもと》・佐々木の二人の同行者と、笑って顔を見合わせたことも覚えている。

二

盆の十五日で精霊《しょうりょう》様のござる晩だ。生きたお客などはだれだって泊めたくない。さだめし家の者ばかりでごろりとしていたかったろうのに、それでも黙って庭へ飛び降りて、まず亭主がぞうきんがけを始めてくれた。三十少し余りの小づくりな男だったように思う。門口で足を洗って中へ入ると、二階へ上がれと言う。豆ランプはあれどもなきがごとく、冬のままいろりの縁に置いてあった。それへ十能に山盛りの火を持って来てついだ。今日は汗まみれなのにうとましいとは思ったが、ほかには明るい場所もないので、三人ながらその周囲に集まり、何だかもう忘れた食物で夕飯を済ませた。

そのうちに月が往来から橋の付近に照り、そろそろ踊りを催す

松本　松本信広《のぶひろ》。一八九七〜一九八一。民族学者。『日本神話の研究』『印度支那《インドシナ》の民族と文化』などの著書がある。

佐々木　佐々木喜善《きぜん》。一八八六〜一九三三。民俗学者。『江刺《えさし》郡昔話』『聴耳《ききみみ》草紙』などの著書がある。柳田国男『遠野物語』は、佐々木の話を柳田が筆録したもの。

精霊　死者の霊魂。

十能　炭火を運ぶための、柄のついた道具。

人声・足音が聞こえて来るので、自分たちも外に出て、ちょうどこの辺に立って見物をしたのであった。

その家がもう影も形もなく、石がきばかりになっているのである。石がきの陰には若干の古材木がごちゃごちゃと寄せかけてある。まっ黒けにすすけているのを見ると、たぶんわれわれ三人の遺跡の破片であろう。いくらあればかりの小家でも、よくまあ建っていたなと思うほどの小さな地面で、片すみには二、三本のとうもろこしが秋風にそよぎ、残りも畑となって一面のかぼちゃの花盛りである。

何をしているのか不審して、村の人がそちこちから、なにげない様子をして吟味にやって来る。浦島の子の昔の心持ちの、いたって小さいようなものが、腹の底からこみ上げて来て、一人ならば泣きたいようであった。

三

何を聞いてみてもただていねいなばかりで、少しも問うことの答えのようではなかった。しかし大ぜいの言うことを総合してみると、つまり清光館は没落したのである。月日不詳の大暴風雨の日に、村から沖に出ていて帰らなかった船がある。それに、この宿の小づくりな亭主も乗っていたのである。女房は今、久慈の町に行って、何とかいう家に奉公をしている。二人とかある子どもをそばに置いて育てることもできないのは、かわいそうなものだと言う。

その子どもは少しの因縁から引き取ってくれた人があって、この近くにもおりそうなことを言うが、どんな子であったか自分には記憶がない。おそらく六年前のあの晩には、早くから踊り場の方へ行っていて、わたしたちは会わずにしまったのであろう。それよりも、一言も物を言わずに別れたが、なんだか人のよさそうな女であったばあさまはどうしたか。こんな悲しいめに出会わぬ前に、盆に来る人になってしまっていたかどうか。それを話してくれる者すら、もうこの大ぜいの中にもおらぬのである。

四

この晩わたしは八木の宿に帰って来て、パリにいる松本君へはがきを書いた。この小さな漁村の六年間の変化を、なにかわれわれの伝記の一部分のようにも感じたからである。かりにわれわれが引き続いてこの近くにいたところで、やはり卒然として同様の事件は発生したであろう。また、まるまる縁が切れて遠くに離れていても、どんなできごとでも現れうるのである。が、こうして二度やって来てみると、あんまり長い忘却、あるいは天涯《てんがい》万里の漂遊が、なにか一つの原因であったような感じもする。それはそれで是非がないとしても、また運命の神様もご多忙であろうのに、かくのごとき微々たる片すみの生存まで、いちいち点検して与うべきものを与え、もしくはあればかりのねこの額から、もとあったものをことごとく取り除いて、かぼちゃの花などを咲かせようとなされる。だから誤解の癖ある人々がこれを評して、不当に、運命のいたずらなどと言うのである。

卒然として　急に。にわかに。

五

村の人との話はもう済んでしまったから、連れの者のさしまねくままに、わたしはきょとんとして砂浜に出てみた。そこにはこのごろ盛んに取れる小魚の煮干しが一面に干してあって、驚くほどよくにおっていた。そのたくさんのむしろのいちばん端に、十五、六人の娘の群れが寝ころんで、われわれを見て黙って興奮している。白いほおかむりの手ぬぐいが一様にこちらを向いて、もったいないと思うばかり、注意力をわれわれに集めていた。なんとかしてこの人たちと話をしてみたら、いま少しは昔のことがわかるだろうかと思って、口実をこしらえて自分はかれらに近寄った。

ハマナスの実は、村の境の丘に登ると、もういくらでも熟しているとのことであった。土地の語ではこれをヘエダマと言うそうで、子どもなどは採って遊ぶらしいが、わざわざそんな物を捜しに、遠方から、汽車に乗って来たのがばかげていると見えて、ああへエダマかと言って、互いに顔を見合わせていた。

この節はいろいろの旅人が往来して、かれらをからかって通るような場合が多くなったためでもあろうか。うっかり真に受けまいとする用心が、そういう微笑の陰にも潜んでいた。全体にも表情にも、前にわたしたちが感じて帰ったようなしおらしさが、今日はもう見いだされえなかった。

一つにはあの時は月夜の力であったかもしれぬ。あるいは女ばかりで踊るこの辺の盆踊りが、特に昔からああいう感じを抱かしめるように、しくまれてあったのかもしれない。六年前というと、この中の年がさの娘が、まだ踊りの見習いをする時代であったろう。今年は年がよいから踊りをはずませようというので、若い衆たちが町へ出て金紙・銀紙を買って来て、それを細かく切ってはってやりましたから、きれいな踊り前掛けができました。それが行き渡らぬといって、小娘たちが不平を言っておりますと、清光館の亭主が笑いながら話していたが、あの時の不平組もだんだんに発達して、もう踊りの名人になって、たぶんこの中にいるだろう。

なるほど、相撲取りの化粧まわしみたような前掛けであった。それがわずかな身動きのたびに、きらきらと月に光ったのが今でも目に残っている。物腰から察すればもう嫁だろうと思う年ごろの者までが、人の顔も見ず笑いもせず、伏し目がちに静かに踊っていた。そうしてやや間を置いて、細々とした声で歌い出すのであった。確かに歌は一つ文句ばかりで、それを何べんでもくりかえすらしいが、妙に物遠くていかに聴き耳を立てても意味が取れぬ。好奇心のあまりに、踊りの輪の外をぐるぐる歩いて、そこいらに立って見ている青年に聞こうとしても、笑って知らぬと言う者もあれば、ついと暗い方へ退いてしまう者もあって、とうとう手帳に取ることもできなかったのが、久しい後までの気がかりであった。

化粧まわし 力士の土俵入りなどに用いるまわし。「どんす」ともいう。

六

今日は一つ、いよいよこのついでをもって確かめておくべしと、わたしはまた娘たちに踊りの話をした。今でもこの村ではよく踊るかね。

今は踊らない。盆になれば踊る。こんな軽い翻弄《ほんろう》をあえてして、また、わきにいる者と顔を見合わせてクックッと笑っている。

あの歌は何というのだろう。何べん聞いていても、わたしにはどうしてもわからなかったと、半分ひとり言のように言って、海の方を向いて少し待っていると、ふんと言っただけでその問いには答えずに、やがて年がさの一人が鼻歌のようにして、次のような文句を歌ってくれた。

なにャとやーれ
なにャとなされのう

ああ、やっぱりわたしの想像していたごとく、古くから伝わっているあの歌を、この浜でも盆の月夜になるごとに、歌いつつ踊っていたのであった。

古いためか、はた、あまりに簡単なためか、土地に生まれた人でもこの意味がわからぬということで、現に県庁の福士さんなども、なんとか調べる道がないかと言って書いて見せられた。どう考えてみたところが、これぱかりの短い詩形に、そうむつかしい情緒が盛られようわけがない。要するに、何なりともせよかし、どうなりとなさるがよいと、男に向かって呼びかけた恋の歌である。

ただし、大昔も筑波《つくば》山《さん》の嬥歌《かがい》を見て旅の文人などが想像したように、この日に限って、はじらいや、批判の煩わしい世間から逃れて、快楽すべしというだけの、あさはかな歓喜ばかりでもなかった。忘れても忘れきれない常の日のさまざまの実験、やるせない生存の痛苦、どんなに働いてもなお迫って来る災厄《さいやく》、いかに愛してもたちまち催す別離、こういう数限りもない明朝の不安があればこそ、

はァどしょぞいな

と言ってみても、

あァ何でもせい

と歌ってみても、依然として踊りの歌の調べは悲しいのであった。

筑波山 茨城県にある山。高さ八七六メートル。男体（西）・女体（東）の二峰に分かれている。

嬥歌 「うたがき」ともいう。古代、男女が集まって互いに歌を詠みかわし、踊りをして遊んだこと。筑波山の嬥歌は有名であった。

旅の文人 『万葉集』巻九の「筑波嶺《つくばね》に登りて嬥歌《かがい》会をなす日作れる歌」（一七五九）の作者をさす。高橋虫麻呂《むしまろ》と推定されている。

どしょぞいな どうしようかなあ。

七

ひとたび「しょんがえ」の流行節が海行く若者の歌のはやしとなってから、三百年の月日は長かった。いかなる離れ島の月夜の浜でも、灯火花のごとく風清き高楼の欄干にもたれても、これを聞く者は一人として憂えざるはなかったのである。そうして、ほかには新たに心を慰める方法を見いだしえないゆえに、手をとって酒杯を交え、相誘うて恋に命を忘れようとしたのである。

痛みがあればこそバルサムは世に存在する。だからあの清光館のおとなしい細君なども、いろいろとしてわれわれが尋ねてみたけれども、黙って笑うばかりで、どうしてもこの歌を教えてはくれなかったのだ。通りすがりの一夜の旅の者には、たとい話して聞かせても、この心持ちはわからぬということを、知っていたのではないまでも感じていたのである。

しょんがえ　はやしことばに、「しょんがえ」「しょうがえ」「しょんがいな」などを用いた江戸初期に始まる俗謡。

バルサム　balsam〔英〕粘りけのある樹脂。鎮痛剤・香料などに用いる。

柳田国男（一八七五〜一九六二）　民俗学者。兵庫県に生まれた。東京大学法学部卒業。初め官界に入ったが、民俗学に関心を抱き、公私の旅行を利用して全国に土俗を探訪し、民間口承文芸・民間信仰・庶民生活史の研究・民俗語彙《ごい》の採集などの各分野に独創的研究をして多大の業績をあげ、日本民俗学を樹立普及した。国語問題にも関心を寄せ、特に方言研究に力を尽くした。『石神問答』『遠野《とおの》物語』『雪国の春』『日本の昔話』『桃太郎《ももたろう》の誕生』『方言覚書』『海上の道』など、多くの著書があり、諸研究を集成したものに『定本柳田国男集』がある。一九四七年、芸術院会員となり、五一年、文化勲章を受けた。

「浜の月夜」は一九二〇年に、「清光館哀史」は一九二六年にそれぞれ執筆され、ともに『雪国の春』に収められた。本文は、『定本柳田国男集』第二巻（筑摩書房）によった。

叙述と注解

益田勝実

若い亭主と母と女房の親切　「若い亭主」と「母」と「女房」と根こそぎ列挙した言い方で、その親切ぶりが浮き上がって来る修辞法に留意したい。

初めて還る仏様もあるらしい　泊まってみて、盆棚（精霊棚）か何かを見て、この家が新盆のうちであったらしいことに気づいたのであろう。

われわれに食わす魚のないこと　盆で漁師が出漁しないのである。東京から来た人は、自分たちと違って、盆であれ何であれ、精進などしっこないという認識を一方に持っており、その上で、その客人の気にそうような接待をしてあげたいという、謙虚で、ちゃんとわれひとのけじめ、他人の自由を弁えた上での親切心である。

こうもりも飛ばない静かなたそがれ　これよりはるか後年の昭和のはじめ頃の童謡にも、「こうもり来い／こうもり来い／お湯屋の煙突回って来い／三日月お月さん、くわえて来い。」というのがあったほど、以前のわが国の夕景色には、忙しく空を飛び交うこうもりが付き物であった。

普請場で聞くような女の声　これは地行唄《じぎょううた》のことを指している。以前には、建築工事をはじめる前には、まず地固めのために地突き（どう突《づ》き）をした。それはたくさんの女が綱を曳いて、どう突きを八方から力を合わせて曳き上げては、ドッシン、ドッシンと地面に落とすやり方であった。その作業中、声を合わせて地行唄を歌った。女たちの合唱が遠くから聞こえて来るので、それを連想したのである。

板屋　板屋根の家。この辺は冬の雪のため普通の瓦だと割れてしまう。

奨励の趣旨　三八三頁二行目の「はあ、いまに踊ります。去年よりははずむそうで、」というのと関連している。別に行政官庁が奨励したのではなくて、村内の重だった世話役衆の意向を、こうしかつめらしくいうところに、この作者のおどけたところがある。三九四頁一一行目に、「今年は年がよいから踊りをはずませようというので、若い衆たちが……」とある。

候補生　「本踊り子」の婦人たちに対して、まだごく若い娘たちを、「候補生」と呼んでいる。陸海軍の将校生徒が士官候補生・少尉候補生と呼ばれていた時代なので、ユーモラスな、こういう言い方をしたのである。

月送りではだめだ　この時代には、日本中では、従来どおりに旧暦七月一五日の盆を守っている土地と、新暦に移って、月遅れの新の八月一五日を盆とする地方とがあった。新暦でいくと、一五日であっても、必ずしも満月でないから、こう言った。現在では、新暦七月一五日と八月一五日、それに旧の七月一五日の三とおりの盆が土地ごとに行なわれている。

発句　俳諧の第一句の五・七・五をいう。いまの俳句は、この発句だけが連句から独立して行なわれるようになったものである。

絵でも見たことがないような様子　今なら「見たこともありませんというような様子」というところ。まるで知りません、という様子。

出立　「シュッタツ」と読む。出発。

今夜は満月だ　小子内に泊まったのは旧の七月一四日であった。「盆、盆というけれど／盆というのも今日明日ばかり／明けりゃ／嫁のしおれ草／しおれ草。」（長野・東京等）という盆唄のように、たいていの土地では盆は二日続きの休みであったので、今夜もまた踊るだろう、と考えたのである。

未明　夜明け方。

草屋　茅《かや》ぶき屋根の家。

松本　松本信広。民俗学者。慶應義塾大学教授をつとめた。（「鑑賞の要点」参照）

佐々木　佐々木喜善。民俗学者。（同前）

不審して　不審がって。

吟味に　調べに。

浦島の子　今でいう浦島太郎の、本来の呼び方。古く平安時代に「浦島子記」「続浦島子伝」などの文章があり、浦島の子というのがもとの呼び方だったのである。いわば、「浦べ・島べに住む男」といった普通名詞にすぎない。知る人もない故郷に帰ってきた浦島の子の気持ち。

小づくりな　小柄な。

盆に来る人　死者をこう婉曲に表現した。

天涯万里の漂遊　遠い空の果ての漂泊の旅。第一回の来訪の後、作者は国際連盟に勤務して、スイスのジュネーブに行っていた時期があって、その間にヨーロッパ各地を歴遊もしている。

（「鑑賞の要点」参照）

片すみの生存　片すみでの生存。「片すみの存在」という時と、ややニュアンスが異なる点に留意したい。

ねこの額　ねこの額ほどに狭い土地。清光館の敷地のことをいう。

口実をこしらえて　ここでハマナスの木のことを尋ねた。三八七頁一三行からの、この土地へやって来たいきさつと関係してくる。

今年は年がよいから　六年前の訪問の時は、ちょうど大正九（一九二〇）年の、第一次世界大戦が終わり、平和条約の調印された年で、ヨーロッパへ軍需物資を輸出していた日本は、経済好況で湧き立っていた。

物腰　身のこなし。動作のしかた。

確かめておくべし　確かめておこうというのを、方言口調でおどけて言ったのである。別にこの地方が、「べし」を用いているわけではない。（この地方は「べ」である。）

なにヤとやーれ　「ナニャトヤラ」盆踊の一種。『ナニャトヤラ、ナニャトヤラ』という歌。盆踊には常に冒頭に唄う歌で、土地のもの知り達はその意は、精神一到何事かならざらん、という事だというが、何なりともせよかし、どうなりともなさるがよいの意。」（能田多代子『青森県五戸語彙』）

「しょんがえ」　俗謡で、普通、しょんがえ節という。作者は、ここの「なにャとやーれ」を、その身を投げ出すような自棄的な性格から、しょんがえ節の系譜に属するものとしてみているようである。はやしの「ああ、しょんがえな」から命名されたこの唄は、近世のはじめ船歌としてはじまり、踊り歌になっていったという。

鑑賞の要点

益田勝実

転身の旅　大正八（一九一九）年一二月、この作品の作者柳田国男は、〝十六代様〟貴族院議長徳川家達《いえさと》と年来折り合えず、詰め腹を切らされたとも、蹶然《けつぜん》骸骨を乞うたとも、いえばいえる形で、貴族院書記官長を辞した。時に四五歳。これは柳田その人の生涯にとっても、日本の民俗学の歴史にとっても、非常に画期的な意義を持つ事件である。かれと将軍様との確執は、『原敬日記』が少し触れているが、内容を明確にしえない。世上には、家達が書記官長であるかれを小姓視しかしておらず、ある時、鞄持ちを命じたところ、柳田はそれを肯《がえん》じなかったことに発端がある、と取り沙汰されていた。かれ自身は、自分の側の旅に魅せられてだんだん官職につながれていることができなくなる経過を、その自叙伝『故郷七十年』（昭三四）で語ってはいるが、議長との関係は黙して語っていない。（これも、柳田国男の性格の一端をのぞかせている、といえる。）

それはともあれ、野に下った柳田は旅を恋うた。翌年、旅の自由にできる職業というので、朝日新聞社の客員となった。特に最初の三年間は自分の好きな旅行をさせてもらう条件がついていた。「その三年間の前半は国内を、後半は西洋、蘭印、濠州から太平洋方面をまわりたいと思っていた。そしてこの三年間の旅が終ったら、正式の朝日社員になるというこ とにしていた……右から左にお受けしてはいかにも計画的のようで変だからというので、六月まで自由に歩き回ってから、七月から朝日の客員ということにしてもらった。」（『故郷七十年』）と晩年回顧しているが、六月にウォーミング・アップとしての佐渡一巡の自費の旅をした後で、いよいよ着手したのがこの東北の旅であった。この旅中からの原稿は「朝日新聞」の「豆手帖」欄に連載されたから、かれ自身はこの旅を〈豆手帖の旅〉と呼んでいる。「浜の月夜」は、その連載の最終回である。

　この大旅行計画の第一着手として、かれは自分の最も初期の民俗学的事業『遠野物語』（明四三）の世界にもどって、岩手県の遠野に、『遠野物語』の語り手であった佐々木喜善を訪ね、東京から伴って来た青年松本信広と三人で、三陸海岸を北上していったのである。わたしは、なぜ、かれが、官界を捨てて民俗学に専念しようとするにあたって、『遠野物語』の遠野に回帰し、佐々木と旅しようとしたか、その意味を特に考えてみよう、としたことがある（「聴き耳の持ち主」ちくま学芸文庫『聴耳草紙』所載）。わたしには、このことが柳田国男と日本民俗学の生い立ちにかかわっているように思える。柳田は、後に、自分たちの学問の方法として、〈旅人の採集〉すなわち生活外形の目の採集と、〈寄寓者の採集〉すなわち言語芸術の耳と目の採集、〈同郷人の採集〉すなわち生活意識の心の採集の区別をたてたが（『民間伝承論』序）、かれ自身の学問の足跡に即してみれば、旅人の採集である、日向椎葉山中の狩人からの聞き書き『後狩詞記《のちのかりのことばのき》』（明四二）によって発足して、佐々木喜善と出会い、その語る早池峯《はやちね》のふもとに暮らす人々の心のたたずまいを写し取った『遠野物語』をえて、はじめて心の採集に進み出ることができたのである。佐々木は当時東京遊学中であったが、その佐々木との出会いにおいて、佐々木の背負っている遠野の里とつながりえて、はじめて旅人の学問でしかない、その学問の性格を止揚する契機をつかんだのであった。遠野は、その後、折口信夫やニコライ・ネフスキーらの来訪によって、一躍民俗学の聖地になったが、わたしは、それは、単に遠野が東北民俗の宝庫であったからだけではない、と考えている。佐々木喜善がそこに帰り、そこで生き、その心で民俗を見て、つねに旅人である東京の研究者たちと〈土着の暮らし〉とのなかだちとなってくれたからであると思う。

それはそれとしても、柳田は、この人生の転機に遠野に来て、そこを起点とした。三陸海岸は、当時、たよるべき交通機関の全くない僻地であり、ひとつの日本の秘境であったのである。そこで柳田たちはどのような〈人生〉を発見したのであったろうか。

「豆手帖」 この大正九（一九二〇）年七月の初めから始められた旅は、まず、柳田国男は仙台から歩いて石巻へ出て、そこから北上して東北本線に出て、汽車で遠野に至った。それより前に東京を発った松本信広は佐々木喜善のとこへ直行し、遠野を中心とした地域を探訪して、柳田を待ち受け、佐々木と三人でいよいよ三陸海岸への徒歩旅行に出ている。後に、『江刺郡昔話』『紫波郡昔話』『老媼夜譚』『聴耳草紙』等の著を世に問い、昔話採集の先駆的業績で著名になる佐々木喜善（明一九～昭八）は、当時は病気のため早稲田大学を中退して、遠野の隣の土淵村（現在遠野市内）に帰り、かつて出入していた文壇からも遠ざかり、もっぱら民俗学に専念するようになっていた。その年の四月に村の信用組合の監事に選出され、村内の若手の世話役でもあった。松本信広（明三〇～昭五六）は、その年慶應義塾大学文学部を卒業したばかりで、同じ大学の普通部に教鞭を執っていた（後に慶應義塾大学教授となり、『日本神話の研究』『古代文化論』『印度支那の民族と文化』『日本の神話』等の著述を世に送った）。この三人は、徒歩で気仙沼に出て、船で釜石に到り、そこから海岸沿いに、大槌・宮古・田老・普代・小子内を経て、鮫の港に達した。ここで母病気の報に松本は急遽帰京し、八戸に出て、佐々木も汽車で遠野に戻っていった。柳田はその後、東北本線で北上、浅虫から下北半島の尻屋岬まで歩き、戻って陸奥を横切って青森へ、汽車で弘前に出て、また徒歩で鰺ガ沢・深浦から能代まで歩いていった。

ところで、この「豆手帖」の旅で柳田が朝日へ送った通信は、単なる紀行文でも、また民俗採訪の記録でもない。かれは、後に「豆手帖」の文章を『雪国の春』に収めるにあたって、こう言っている。「二十五六年も前から殆ど毎年のやうに、北か東のどこかの村をあるいて居たが、紀行を残して置きたいと思つたのは、大正九年の夏秋の長い旅だけであつた。それを「豆手帖から」と題して東京朝日に連載したのであつたが、どうも調子が取りにくいので中程から止めてしまつた。再び取出して読んで見ると、もうをかしい程自分でも忘れて居ることが多い。今一度あの頃の気持になつて考へて見たいと思ふやうなことが色々ある。」（『雪国の春』序、昭三）調子が取りにくくて止めてしまった、と言い、また、「たゞ斯ういふ大切な又込入つた問題を、気軽な紀行風に取扱つたといふことは批難があらうが、どんなに書斎の中の仕事にして見たくても、此方面には本といふものが乏しく、たまには有つても高い処から見たやうなものばかりである。だから自分たちは出で、実験に就いたので、それが不幸にして空想のやうに聴えるならば、全く文章が未熟な為か、もしくは日本の文章が、まだ此類の著作には適しない為である。これ以上は同情ある読者の思ひやりに任せるの他は無い。」(同)といっているところからも、柳田の意図はうすうす窺えるであろう。「豆手帖から」が全体としてそうであるように、「浜の月夜」も決して単なる紀行文として書かれたのではない。

「豆手帖から」の十九の小品のタイトルを列挙してみると、その意味がやや明白になるかも知れない。

仙台方言集・失業者の帰農・子供の眼・田地売立・狐のわな・町の大水・安眠御用心・古物保存・改造の歩み・二十五箇年後・町を作る人・蟬鳴く浦・おかみんの話・処々の花・鵜住居の寺・樺皮の由来・礼儀作法・足袋と菓子・浜の月夜

わたしは、柳田の学をヨーロッパの民俗学と全く同一視することは間違いだ、と考えつづけており、その経世済民の学的要素がひとつの大きな特色だ、と見るものであるが(「『炭焼日記』存疑」〈「民話」14・16・17〉、『民俗の思想』〈「現代日本思想大系」30〉)、かれは本来農政学者であり、その民俗学も「何故に農民は貧なりや」(『郷土生活の研究法』)を、最も痛切なる根本問題としている。そういう柳田学の現実へひたむきに対決しようという性格が、民俗学を隠者の学ないし反近代学でなくしうるものだと思う。そのかぎりにおいて、かれの開拓した日本民俗学は、今や文化人類学の中に解消すべきであるとする、石田英一郎ら文化人類学者の提唱は、柳田の学の性格をつかみそこねているばかりか、民俗学を柳田のめざした方向への発展からそらし、日本の近代の生んだ新しい社会科学の萌芽を摘み取ろうとするものだ、と考える。それはそれとしても、かれが新渡戸《にとべ》稲造らと開いてきた郷土会の問題意識は、生涯、かれの学問を貫いたのであった。

土井晩翠夫人の編んだ『仙台方言集』を話題にしながら、「外国には此方面に所謂男まさりの研究者が随分有つて、自分等が僅かの調査をして得意にならうとする際などに、折々苦笑ひをして発奮させられるやうな本を著して居るが、日本では先づ一般にはなほ準備時代であるやうだ。方言とか俗信とか云ふ緻密な観察の入用な学問には、髭の無い人の方が或は適するのかも知れぬ。どうか早く静かなる一隅の努力では無く、皆で集まつてこんな問題でも討議するやうな国にしたいものだ。」と女性の学問進出を励ましながら、「どう謂つて見た処がさう容易く、標準語が見出されるものでは無い。早い話が「然り」に該当する京都のへーが、九州の或地域のエーだのネーだの或は北東日本の、ハイだのアだのを排擠して、標準と為るだけの資格がどこに有るだらうか。其にも拘らず、果して単純なる大胆さの結果かどうか、地方の教育者の方言蒐集は、常に所謂匡正を目的として居つた。幸ひに成功はしなかつたが、之に由つていゝ加減乏しい国語の数と、言現し方の種類とを削減しようとした。」「願はくは将来大に東北を振興させ、清盛の伊勢語、義仲の木曾語、六波羅探題の伊豆語鎌倉語、室町の三河語等の力を以て、今の京都弁を混成した如く、近くは又北上上流の軽快なる語音を廟堂に聞くやうに、少なくとも一部の仙台藩閥を、東京の言語の上にも打立てしめたいものである。」（「仙台方言集」）と国語政策や産業振興策に対する批評を加え、意見を提出していくところから第一回を開始した「豆手帖」は、次には、失業者の帰農を勧めようとする主張を、東北農村の実情に即して批判していく。「此村などでは近年随分出て行きましたが、まだ一人も還つて来た者は有りませぬ。」というのが実情で、「去らねばならなかつた元の村へ、満期の兵卒や伊勢参りと同じやうに、用が無くなれば戻つて来るものとは、どうして又考へたのであらうか。自分等は時として此類の政治家の心持ちを疑ひ、或は知りつゝ、そんな気休めを言ふのでは無いかとも思ふ。」というのが柳田の考えである。僻地では何が進行しているか。「山村の生活は荒くして且つ苦しい。山坂を登つて僅かな畑を作る為に、肥料は小さな桶でちやぶ〳〵と肩に掛けて運んであるくと、時として若い嫁娘の黒髪に天下最悪の香水が滴ることもある。斯う云ふ中に著るしく目に立つのは、折々日向の障子を一枚あけて、色の蒼白い者が坐つて旅人を見て居ることである。此村では若い婦人が死んでいけません。三人や五人では無いのですと、駐在の警吏も惜しさうに語つた。一人も残らず何かの繊維工業に働いて居た者だと謂ふから都市の埃の中に初めから育つた者よりも、空気のよい山村の住民は、或は却つて抵抗力が弱かつたのかも知れぬ。折角の佳い風景の中へ、死に、還つて来たのは憫れだが、もし又中位の健康で永く村に居たらどうであらうかと、戦慄するやうな結果が想像せられたのである。」そこで、かれは三陸の村にいて、東京の空に向かってこう叫ぶ。「人間が増してどうしても出るのが制止せられぬなら、永く行く先に落付くやうな方法を、是非とも考へて置いて遣らねばならぬ。……帰農も固より労働の一機会ではあるが、棄てゝ置いても元の穴へ入つて行くと見るのは、恕し難い無理である。……之を知らずに帰農を説く人は、気の毒と云ふよりも寧ろ憎い。」

毎年のように旅をしたが、紀行を残して置きたいと思ったのは、この旅だけである、と柳田の言った意味。そもそも柳田にとって、紀行が何でなければならぬかは、これらでほぼ明らかといえよう。

文体の苦労　北上の旅をつづけながら、かれは、そういう紀行であり、研究であり同時に社会批評である、それが分離していてはならない文章を創り出すことに苦心していた。眼と足で日々新鮮な秘境の人間生活の事実を発掘しつつ、頭はそれを綴る新しい文章のくふうに悩んでいたのだった。同行の松本信広は、「宿屋につかれると先生は、柱によって坐られ、煙草をふかされつつ、サラサラと筆を走らせられていた。それが毎日の朝日新聞の紙上を飾り、後に『雪国の春』の一部を構成した『豆手帖から』の原稿であったのであり、私共は、先生の達筆と博覧強記に全く驚かされざるを得なかった。」(「東北の旅」〈定本柳田国男集月報1〉)と回想していたが、当のサラサラの書き手の方は、「どうも調子が取りにくいので」苦心を重ねていたのだ。ある日は、こういう文章にもしてみている。

狐のわな

「なアに、あの木は皆胡桃ではがアせん。此辺でカツの木と謂ふ木でがす。燃すとぱち〳〵とはねる木でがす。

「桜はもう見られなくなりました。元は此山などは、春になると花で押しけへすやうでがした。今の人たちは花の咲くまで、おがらせて置かないから分りません。

「獣かね。当節はもう不足でがす。なんにー、鹿なんか五十年も前から居りません。元は貉が出て豆を食つて困りました。狗を飼つて居て、よく嚙み殺させたものでがす。

「其内に狗が年イ取つて、歯が役ウせぬやうになつてしまひました。横浜のアベ商店に売つてるとつて、機械を買つて来て使つて居たのでがす。なんにー、三寸くれエの、真中に円いかねが有つて、ちよいと片つぽの足をのつけると、かたりと落ちるやうになつた、虎挟みと謂つたやうなものでがした。ベイコク製だと謂つて居りやした。十年も使つてゝ、何と、此春しよう分を受けて、御上さ取上げられてしまひやした。

「悪いこつたと知つて居れば、匿すのは造作も無かつたのでがす。二月に其機械で狐を二匹捕つて、すぐに町さ持つてつて売りました。さうすると飯野川の警察から喚びに来たから、何だかと思つて往つて見ると、罰金を五十円出せばよし、金が出ねエなら五十日来て稼げと言ひます。

「子供に金エ遣はせるでもねエ。おれもまアだ達者だ。往て稼いで来べいと申しやしたら、今まで一ぺんも牢に入つたことも無い爺様に、七十にもなつてそんなことをさせたくねエから心配すんなと申しやしてね、持つて来て五十円出してくれやした。

「一どきに持てくに及ばねエ。切つて出してもいゝのだと、教へてくれた人もありましたが面倒くせエから皆出して来やした。さうか持つて来たか、そんだらをら裁判所さ届けてやるべつて、よく顔を知つてる巡査さんが、書付を書いてくれまして、機械と五十円とですんだのでがす。

「あんなよく出来た機械は、もう無いだらうつて言ひます。法律が有るなら仕方が無い。只一ぺんは知らせてくれればいゝのに、惜いことをしました。

「斯んな一軒屋に住んでるもんで世間を知んねエ。わし等ア別に此沢を開きに入つた者ぢや無いのでがす。二十年も奉公して居た旦那の家の桑畠が、元から爰にござりました。つまり桑の番人でがす。倅どもはそちこち出てしまふ。外に行く処も無い。婆様が居なくなつたから、末の娘に飯を炊かせてエともつて、婿をめつけたのでがす。

「さうでがす。喧嘩をしても仲裁に来てくれる隣が無いから、うつかり喧嘩アしられません。ハハハ。

「是でも路端に近いので、時々人が寄つて来ます。あんたのやうな忘れ物をした人もあれば自転車が毀れて困つた衆などが来てね。鉄槌は無いかだの、釘抜を貸せのと言ひます。中には空気ポンプは無いかなんて謂ふ者が度々有りますからそんなに入用な物なら、おれは乗り様も知んねエが、一挺買つておくがいゝとつて、置いてありますよ。

「雷様が急に鳴り出すと、きつと誰か駆け込んで来ます。雨が歇みさうにも無いと、傘を貸すこともあります。

「なアに、大抵は通るのは知つた人ばかりだ。一ぺんだけ一昨年、だまくらかして持つてつた人があります。飯野川のよく行く店の若え衆だと言ひました。買つたばかりの傘だが、まだ其頃は安かつた。夫でもあんまり久しく届けて来ねエ。町さ出た序に廻つて貰つて来べいとつて、おら自分で行つて見ました。さうするとさう云ふ人は居ねエつて言ひましてね、全く店の名をかたつたのでがした。遠方の者だらうと云ふこつてす。おれは此年まで石巻までもめつたに出ねエ者だが、おれの馬鹿なことはよつぽど遠くまで聞こえてるといつて、家で笑つて居たことでがす。

「斯ういふ大切な又込入つた問題を、気軽な紀行風に取扱つたといふことは批難があらうが、」と後に言ったように、「どんなに書斎の中の仕事にして見たくても、此方面には本といふものが乏しく、……だから自分たちは出で、実験に就いたので、」という〈実験〉は、新しい学問の創出と、その新しい学問の文体の創出の二重の性格を同時に背負っている。「真実に我々の心を相手に与へる為には、先づ文章を変へる道を執らなければならない。」（『国語史論』）――わたしは、今日、柳田のこの時期の紀行文が、文章の流麗さのゆえに愛読される場合が多すぎはしないかと思う。それらはいずれも、たしかにすぐれた紀行文である。しかし、それは、あくまで、その含む内容との関連において見られるべきもので、書き手の生みの苦しみは、あくまで、どうして新しい問題を世の人々にそれらの問題に適した文章で問いかけるかにあったのである。

小子内へ　この小子内の「浜の月夜」を書く前の通信は、「足袋と菓子」であった。話は、小本《おもと》で足袋を買ったところから始まる。

「草鞋が破れて小石が入つて困るので、小本の川口の部落で買はうとしたら、驚くべし紺絹キャリコの、小はぜが金、かと思ふやうなのしか置いてなかつた。そんなら土地の人たちは、草鞋に何を穿くかと気を附けて見ると、多くは素足であり、然らざれば足袋とも呼ぶ能はざるものを縛り附けて居る。全く此辺の者には足袋は奢侈品で、奢侈品なるが為に此の如き、想像し得る限りの最も柔かなものを特に択ぶのであらう。」痛んだ足を買った足袋で包んで、また歩きつづけながら、法外の贅沢として絹キャラコの足袋の柔い感触を味わって、「五尺三尺の木綿が始めて百姓の手にも入り、足袋にでもして穿かうと云ふ際には、やはり今日の絹キャリコに対するやうな、勿体なさと思ひ切りを、根が質朴な人々だけに、必ず感じ且つ楽んだこと丶思ふ。」と木綿足袋の出現の時代の、人間の心の体験を復原していった。柳田の場合、この旅の体験は、そのまま生活と心の歴史の発見であった。

そして、歩きながら、さっきの小店の店先に並んでいた菓子についても、「酒の個人的又は家長専制的なるに反して、菓子の流布には共和制の趨勢と謂はうか、少くとも男女同等の主張が仄見える。しかももし年に一度のジヤガタラ船が、壺に封じて砂糖を運んで来る世であつたら、寒い東北の浦々まで、黴びたりと雖も蓬莱豆、蝕めりと雖もビスケットが、隈無く行渡り得る筈は無いのである。」と考えめぐらす。新しい文化の旗手であるその駄菓子が、この三陸海岸で繰り展げた歴史の隠された一ページについて、かれが聴き耳を立てたのは、どの村での泊まりの折であったろうか。こんな話は自然に出て来るわけがない。足袋や菓子のことを話題へと、座談を誘いこんでいったのは、歩きながら足袋や菓子のことを考えて来たかれに違いないのだ。

近頃の話である。或やさしい奥さんの宅へ、村でも瓢軽で知られて居る老人が、いつになく真顔で訪ねて来て、是非おめエ様に御ねげエ申してい事があると言ふ。此間隣の女隠居の病気がむつかしいと謂ふ頃から、折々頼みが有る〳〵と言つて居たが、けふは酒の力を少しは借りたらしく、しかも唇を乾かして思ひ入つて話をした。

他の者に聞かせると、又何の彼のと評判にするからいやだ。親類でも無い者が見舞にも行かれぬが、おら、あの御婆さんには子供の時、足袋を拵へてもらつてひどく嬉しかつたのが、今に忘れることが出来ない。何と一つ此菓子の袋を、そつと持つて往つて上げて貰へまいかと謂ふのである。

其が何でも死ぬ四五日前だつたさうである。枕元へ誰にも知らせずに菓子袋を持つて行き、静かに此話をして聞かせると、さも嬉しさうな顔をして笑つたさうである。さうして大きな涙をこぼしたさうである。子供の時分の事だからよくは覚えないが、そんなことも有つたか知れぬ。何にしても御親切は誠に嬉しい。悦んで居たと言つて下さい。有難く御馳走になつて往くからと言つて下さいと謂つて、心から感謝をして居る様子であつたと云ふ。

お婆さんの亡くなつてから、あアは言つたが御菓子はどうなつたらうかと、其と無く気を附けて見たが、終に其袋さへも見えず、又孫たちも一人も知つた様子が無かつた。多分は話した通りに、食べてしまつてから死んだことであらうと思はれた。

少年の、足袋をこしらえてもらった、たぶん年上の少女への思慕が、幾十年もたって、駄菓子にこめて届けられる。足袋と駄菓子の文化が、また、日本の近代文化そのものであった。三陸の村々へ、民衆の世界へ、〈駄菓子の共和制〉として近代は訪れた。柳田はこういう開眼の体験を重ねつつ、一歩一歩小子内に近づいていったのだった。

浜の月夜　小子内の泊まりで柳田の発見したものは、それまでの「豆手帖」の諸編とはまた違っている。そこで、かれは、民衆の本来把持しながら平素は秘めている強烈なエネルギーが、発揮され、渦巻くのを見ることができたのである。その夜は旧暦七月一四日であった。「あんまりくたびれた、もう泊まろうではないか」という書き出しは、ごく自然な、事実ありのままの叙述でありながら、清新な感じのする書き出しである。同行二人、もちろん、そう発議するのは、柳田その人以外にはない。徒歩旅行の、足に任せて泊まりを選定する半ば偶然が、かれら三人に小子内の踊りの饗宴を用意していたことになるが、それは全く期待しなかったものであったのだ。

この小品の冒頭の一節は、穏やかなユーモアと、目立たないウィットが満ち溢れた文章で、片田舎の人々の思いがけない客人《まろうど》を親身になって遇そうとする気分と、歩き疲れてたどりついた一行の、それに安堵して、心くつろいでいく様子とが、よく浮かんで来る。この柳田の文章の特色は、「小子内の漁村にただ一軒ある宿屋の、二階に上がり込むと、」という節の間に、「清光館と称しながら、西の丘に面してわずかに四枚の障子を立てた」という、「二階」の連体修飾語になる長い句を挿入して、旅館の描写にあらためて、別の一文を使わないような点にある。文はやや長くはなるが、そのために文章展開のテンポは早くなる。しかも、東側の開けていない清光館では、お月さまの光もすぐにさし込みようがないと、「……屋」でない都会風な、外形とそぐわないモダンな屋号を心の中でからかう茶目っ気が、文章のはじめから、この客人たちの内心の土地への好意ある好奇心のようなものを感じ取らせる。しかも、月光の流れ込む清光館かどうかは、すぐに文章の本題の月夜の踊りへの伏線として、読み手の念頭に〈月〉を去来させる効用を果たしている。「はたして古くかつ黒い家だったが、若い亭主と母と女房の親切は、予想以上であった。」と、期待を裏切られた親切なもてなしに、そのあと、すぐ筆を進めていくと、それだけで〈小子内の人間〉が浮かび上がりはじめる。作者は、そこで少しも感動も詠嘆もしないで、おさえた筆つきで、片田舎の親切二種を掲げてすませる。「まず、息を切らせてふき掃除をしてくれる。」「今夜は初めて還る仏様もあるらしいのに、しきりにわれわれに食わす魚のないことばかりを嘆息している。」ここでも、かれは、二階への上がりがけにちらりと見た、階下《した》の盆の精霊棚から、ああ、新盆の家だなという察しを、一文に仕立てないで、従属節で処理し、宿の人々の自家の都合を押えての心遣いを、すばやくわが心中でひたひたと受け止めていることを、ことば少なに謙抑の文で述べるのである。「そう気をもまれてはかえって困る」というほどの気づかいをしてくれる村人であるが、実は、かれらの今夜は、年に二度とない心身の解放の機会であるのだ。

ついこの間までの日本人にとって、盆休みの二日間が何であったかは、もうすでに感じ取ることがむつかしくさえなっている。盆は亡き人の霊を迎える、しめやかな祭り日でありつつ、またとない〈全一日の休養〉の打ちつづく日々であったのだ。しかし、この北の海岸の盆のたそがれは静もりかえっている。――「ごろりといろりの方を枕に、ひじを曲げて寝ころぶと、外はこうもりも飛ばない静かなたそがれである。」では、日本全国どこでも、夕暮れにせわしなく何十とこうもりが飛びちがっていた光景は喪失してしまった。が、作者は、こうもりさえも休養している盆の一四日の静けさを深く感じとっている。ここでは何事も起こりそうにない。穏やかにたそがれて、宵が来て、そして、夜は静かに静かにふけて行くであろう。

作者は、筆を節して、その静かさが変じていく過程を語る。一筋の小川にかかった板橋をおいおいに渡って行く子どもたちの下駄の音。「小子内では踊りはどうかね。」「はあ、いまに踊ります。去年よりははずむそうで」という問いと答えは、その下駄の音を聞きつけて、その意味を察した柳田の勘のよさから生まれている。「はずむ」とは言うものの、この地ではずむとは、どの程度のことなのか。そう思っているところへ、「東京などの普請場で聞くような女の声が、しだいに高く響いて来る。」遠くから響いて来る女性の歌声は、日がな一日の長い労働に耐えるために、変哲もなく声を揃えて綱を曳く、単調な地搗き唄の響きに似通っている。たいして期待も持てないながら、物好きな旅人たちは見物に出かけて行く。宿の親子三人に勧められもしたのだろう。外に出てみると、「月がところどころの板屋に照っている。雲の少しある晩だ。」「五十軒ばかりの村だというが、道の端には十二、三戸しか見えぬ。」「太鼓も笛もない。寂しい踊りだな」と思って見ていると、そのうちに踊りのしだいに昂揚していくのがわかり始めるのだ。

何日も前から、集まって練習しているレコードの音楽が、拡声機でガー、ガー響いて来て、揚げ句の果てに踊りの夜になると、千遍一律のレコード会社の作った盆踊りのレコードに合わせて、声ひとつたてず、踊り手たちは声ひとつたてず手足を振り振りする。音頭をとる者もなければ、それに応じる者もない、今日の〈機械化〉盆踊りの味気なさは、商店名の入った電球入り盆提灯だの何だのに紛らされてしまっている。盆のただ二日に解放を求め、声をはりあげて思いのかぎりをはるけやろうとする、かつての女たちの盆踊りの姿は、すでに全国でもほとんどみられない。

「少し長く立って見ている者は、踊りの輪の中からだれかが手を出して、ひょいと列の中に引っぱり込んでしまう。次の一巡りの時には、もう、その子も一心に踊っている。」

――そうして、しだいに熱して行く踊りを見ながら、柳田は、ここの踊りが、女性たちだけの踊りであることに気がついた。だが、踊り子と、踊らぬ見物たちとの間には、ふしぎな心の交流がある。「小さいのをおぶったもう爺が、井戸のわきから、もっと歌えなどとわめいている。」「この地方では、稚児《ちご》輪みたような髪が学校の娘の髪だ。それがじょうずに拍子を合わせていると、踊らぬばあさんたちが、うしろから首をつかまえて、どこの子だかと顔を見たりなんぞする。」

そういう両者の交流に注意しておいて、子どもの首をつかまえて顔を見るといい、「一様に白い手ぬぐいで顔を隠している」本踊り子の方へ描写を移して行くのが、この文章の作者である。本踊り子の女性たちと、若い小娘たちの、得意と〈かわいい憤懣〉のみなぎった、女たちの踊りの熱気に巻き込まれて、かれらも村内の男たちと同じような〈在地の見物衆〉に化していく。「それに、あの大きな女の声のよいことはどうだ。自分でも確信があるのだぜ。一人だけ、見たまえ、手ぬぐいなしのぞうりだ。」――かたわらの佐々木喜善にむかってこうしゃべり立てる、鼻髭を立てた元貴族院書記官長殿は、もうすっかり踊りの場の空気に同化させられてしまっている。「ほんとうに盆は月送りではだめだ。」素朴な贅沢である金紙の装飾が月光に光ったりかげったりするのをみながらかれは心《しん》からそう思うのだ。この文章の、「奨励の趣旨が徹底したものか」近所近郷の金紙が品切れになって、それでもまだ「候補生」までには行き渡らぬために、「かわいい憤懣がみなぎっている」という話だ、という、ことさらに堅苦しく表現した箇所を混ぜるおどけぶりも、しゅんで来た踊りの雰囲気を伝えるのに一役買っている。だが、あの歌の文句を確めておこう、とそこらの見物に聞き回っても、誰も笑って教えてくれない。所詮、旅人であるかれらの探りえないものが、何か潜んでいるらしい。

が、作者の驚きは、女たちのあのしゅんで来た踊りの庭の快楽への陶酔、日常生活のすべての陰惨をふるい落とした真姿だけにとどまらなかった。「翌朝五時に障子を開けて見ると、一人の娘が、踊りは絵でも見たことがないような様子をして水をくみに通る。隣の細君は腰にかごを下げて、しきりにいんげん豆をむしっている。」「――夢のようだ。」と、ゆうべみた秘められた女たちの饗宴を回想し、いぶかる心持を禁じえなくなるのだ。何事もなかったように、そこには褻《け》の暮らしがあり、淡々と労働の日常がある。小子内を旅立とうとして、ゆうべの踊り場を通ってみると、踊りの輪に踏みならされた地面は、遺跡として確然と残っているのだが。一行は、鹿糠の宿の辻でも、そういう秘められた饗宴の遺跡を見る。夜明け近くまで踊ったとも聞く。しかし、どの娘たちの顔にも疲れの少しのかげもない。「きついもの」だ――何という強靭な生命力か、田舎の出でありながら、貧しいながらも知識階級の家庭に属し、その故郷をも早く捨て去らねばならなかった柳田は、自分の体内には微塵もない、そういう渦巻く民衆のエネルギーの潜在に、〈きついものだ〉という驚嘆の叫びをあげる。淋しい北辺の海岸の民衆の夜の秘宴は、かれらが青森県に足を踏み込んだ、残された盆の第二日にも、十五夜の満月の下でもう一度体験できたのだが、「わたしはまた別様の踊りに出会った。」とだけ書いて、すべてを省いている。

それは、民衆の野性的な自由奔放で楽天的この上ない、集団的なエネルギーの発見の驚きの体験を伝えるには必要な、省筆であったろう。「どうも調子が取りにくいので中程から止めてしまった。」のも、確かにむりがないとさえ思える。柳田は、「豆手帖」のはじめから、僻地の生活を忘れて進行していく〈近代〉を批判し、いわば〈忘れられた民〉への関心を求めて、さまざまに文体を変え、形式を変えた通信を送りつづけた。しかし、「浜の月夜」に至って、かれは大きな問題に逢着したのではなかろうか。この民衆の生命力は、日本の近代化に置き去りにされた不都合を訴えて来た、それまでの一本筋の論理では、埒外に大きくはみ出てしまう。近代日本のひずみも何も跳ね飛ばすほどの力さえ秘めている。しかも、柳田がそれに驚嘆し、その秘境の秘宴に参加した体験からえたものを語ろうとする時、かれの意図に対して、「斯ういふ大切な又込入つた問題を、気軽な紀行風に取扱つた」文章は、必ずしもかれの思いをくまなく伝ええないし、かれの主張を誤解なく人に通じるものにはなりにくいことを感ぜざるをえなかったであろう。「浜の月夜」の文章は流暢で、どことなくユーモラスである。それゆえに、そこで一つの〈実験〉を試み、社会批評・文明批評をなそうとするかれ自身は、つまずかざるをえなかったかもしれない。伴って来た、松本去り、佐々木と別れ、新しい下北の旅へと出かけて行くのを機に、かれが筆を折ったのは、決して書くべき材料がなかったのではあるまい。わたしは、あくまでも、それを日本近代散文の成立史上の一事件と見、柳田の苦悶と見るのである。かれの下野初期の旅は、そのような文章創出の苦心の旅でもあった。

小子内再訪　「浜の月夜」は、それ自体、文章として一つの主張を蔵している。しかし、それが、六年後に「清光館哀史」という続編を持たなかったら、それは、「豆手帖」の他の文章と表裏して、三陸の海辺の民の生活の実相を語るものではあっても、作者のある意図を潜めた一つの鮮明な民衆生活のスケッチというにとどまったであろう。それは小子内の生活の一断面であるに終わったろう。だが、これもまた、ほとんど偶然というべき事情の下で、柳田国男がふたたび小子内を訪れることにより、小子内の生活史のひとこまとして位置づけられるものとなり、日本の民衆の生活史の典型的なひとこまとさえなったのであった。六年前、三陸海岸をたどって、さらに下北半島、津軽を旅したかれは、いったん、東京へもどり、駿・遠・三の『秋風帖』の旅へと出、伊勢、伊賀、大和、紀伊へと足を伸ばし、一二月から翌一九二一年の二月まで、九州東岸から沖縄は宮古島までの『海南小記』の旅をつづけている。が、その沖縄の旅を終えた時、思いがけない話が降って来た。新しくベルサイユの平和条約の結果生まれた、国際連盟の委任統治委員会の委員となってほしい、という要請であった。ウィルソン米大統領の提唱した国際連盟の本部は、中立国スイスのジュネーブに置かれたが、その事務次長は、日本人新渡戸稲造であった。現在の国際連合事務総長にほぼ似た地位にある国際人新渡戸は、柳田にとっては農政学の先輩であり、かれが中心になってやって来た郷土会では、柳田は大切なその輔佐役であったから、新渡戸が柳田を引き出すに一役買ったのは当然ともいえる。政府のためには二度と働かぬと断言していた柳田も、国際連盟は日本政府の機関ではなく、世界平和のための国際機構であることをあげて人々に説得されると、承諾せざるをえなかったらしい。弟の松岡静雄もまた、海軍から旧独領南洋日本委任統治地の民政署長として現地に送られたから、期せずして、兄弟で、所を異にしながら、委任統治の問題に取り組むことになった。大正一〇(一九二一)年から大正一二年まで、一期間委任統治委員会の委員として勤めたかれは、関東大震災の報に深く感ずるところがあり、かねて志した民俗の学に捧誓《ほうせい》する決意を固めて職を辞し、その年末、日本に戻って来た。このジュネーブ在留期間も、もとより、かれのことだから、自分の開拓しようとしている学問から離れたわけではなかった。「炉辺叢書」の刊行を岡村千秋らに託して進めていたのである。が、大正一三（一九二四）年からは、朝日新聞論説委員を務めながら、いよいよ本腰を入れて民俗の学の開拓に邁進しはじめた。時に、柳田は五〇歳であった。

大正一五（一九二六）年七月の下旬から八月にかけての東北旅行は、最初の三陸北上の旅の場合とは、旅行の事情もたいへん違っている。こんどの旅は、前回の新しい学問のためにという意気込みのものではなく、論説執筆の義務のため、長期継続の旅行ができないので、短期の小旅行を繰り返していた、そのひとつである。大正一五年の七月二五日と二七日に、柳田は遠野の佐々木宛（当時、佐々木は土淵村長の職に就いていた。）に、「其後御様子如何　先日御手紙給はり候もまだ返事も不申上候処廿九日には遠野高善へ可参存居候但しひまあり次第見物旁御近所へ参るべく候ニ付無理には御出かけ被成ぬやう願候也」「先日は御手紙ありがたく存候　昨二十三日東京発子供をつれ今日ハ吹浦の湯田温泉にとまり居候　二十九日午後には遠野に着すべく自働車さへあれば見物かた〲此方より御訪可申ニ付無理には御出かけなされぬやうねがひ候」と二通の通信を矢つぎばやに送っているが、その後の方の通信を認めた山形県飽海郡の吹浦が、「清光館哀史」の「実は羽越線の吹浦《ふくら》・象潟《きさかた》のあたりから、雄物《おもの》川の平野に出て来るまでの間、浜にハマナスの木がしきりに目についた。花はもう末に近かったが、実が丹色《にいろ》に熟して、なんとも言えぬほど美しい。同行者の多数は、途中下車でもしたいような顔つきをしているので、今にどこかの海岸で、たくさんにある所へ連れて行ってあげようと、ついこの辺まで来ることになったのである。」という吹浦である。おそらく、秋田で奥羽本線に乗り換え、横手から横黒線〔現・北上線〕で奥羽山脈を横切って、二日後に遠野に行ったのであろう。が、汽車を最大限に利用しての家族連れのこんどの旅では、その時、まだ、小子内は旅程に入っていなかったのである。「清光館哀史」が掘り当てた、北の海岸のきびしい生活条件に耐えて生涯を送る女性たちの心ねは、その時、まだ、陽の目を浴びる見込みはなかったのだ。

ハマナスへの執着　柳田の文章では、かれをふたたび、この三陸の海浜へ誘い寄せたものは、ハマナスの花であったことになっている。清光館没落のことを知って、撫然としたかれが、小子内の浜に出て、村の娘たちと口をきくきっかけも、ハマナスのことである。この文章で大きな役割を演じているハマナスは、おそらく、普通の人なら、また、普通の民俗学者であっても、これほどには関心を寄せない海浜植物である。

柳田国男が不世出の巨匠といわれる理由は、単一ではない。日本民俗学の樹立者でありながら、後継の民俗学者たちの学問と柳田学とは、必ずしも相覆うものとも言えない。普通、それを一に柳田の詩人的資質に帰そうとする傾きがあるが、どうであろうか。たとえば、かれの『野草雑記』や『野鳥雑記』のような趣味が、他の民俗学者に全く欠けている、というわけではなかろう。問題は、そういう野草趣味・野鳥趣味がどうしても民俗学の骨幹とかかわりえず、学の体系・方法たりえないのに、かれの場合に限って、草木自然が民俗の学の骨格に参じえて、重要な役割を演じるのである。ゴルフ場の白いゴルフの球をくわえて行く鳥の性癖から始めて、鳥の持つ歴史的習性を探る形で、鳥を祭った信仰へ溯って行った「烏勧請の事」などは、その一典型であろう。かれは、春の菜の花の黄色が時代とともに変わり、春の景観が近代の近い何十年かの中でも変遷したことに気を留めるような人であった。北の寒い海岸に散在する椿山や椿島の景観から、温暖地の植物である椿の実や椿の小枝を携えて、だんだんと北進していった日本人とその信仰の歴史を論証した「椿は春の木」などは、そのいわゆる民俗学からはみ出る柳田学の尤たるものであろう。ハマナスへの関心も、やはりそういうかれの学問の特色を物語るものである。かれは、草木自然をも、それらが作り出す景観をも、歴史の産物と見ていたのである。

「歴史以後にも日本の海岸は大変な変化をした。土が流れて磯を埋めた区域が、落込んだ部分よりはずつと広かつたかと思ふ。浪華から中国へ掛けての新田には中世まで白帆の船の走つて居たところが多い。大小の島々は塘に繋がれて陸地となり、其蔭を今は汽車が往来して居る。併し是と同時に砂浜の威力も段々に怖ろしくなつた。風は昔も強く吹いたのだが、吹寄せて積上げる砂小石は、近代に入つて益〻増加した。所謂長汀曲浦の風光の如きも、追々に改まらざるを得なかつたのである。草木は之に由つて第一の影響を受けた。今日空漠の荒浜に、生き残つて居る草の花などを見ると、負けて還つて来た勇士を見るの思がある。」と、かれは「草木と海と」(『太陽』大一五6、『雪国の春』収録)という文章で述べ、ハマナスの花について、その一節を割いているが、それが発表されたのは、この旅の一月前のことであり、おそらく同行の子どもたちはそれを読んで、父親同様にハマナスへの強い関心を持っていたに違いない。

玫瑰の紅

南部日本のハマバウに対立して、北に進めば則ちハマナスの花がある。支那では玫瑰は苑中の物であるらしく、花の艶麗は遥かに蔓荆に優れて居るが、我々の間では曾て野生の境遇を出たことが無いやうである。汽車で海岸を走つて見ると日本海の方面では鉢崎鯨波のあたりからもう旅人の目を留めしめる。能登の磯山にも咲いて居るかと思ふが自分には確かな記憶が無い。山形県に入つては鼠ケ関三瀬の辺から次第に多くなり、果もなく北の方へ続いて居る。太平洋岸でも常陸を過ぎて、磐城の浜づたひをすると急に此花の群が盛んになる。福島県では小此木君の力で、特にその生態と景観とが報告せられたことがある。東北一帯の海の風景は、勿論玫瑰を閑却しては之を談ずることを得ぬのであるが、如何なる法則が有るのか、其産地が妙に飛び〳〵で、例へば釜石宮古間の海沿ひの路などは季節の稍終に近く通つて見たのに、此木に出逢ふこと甚だ稀であつて、北に進んで野田玉川のあたりの荒浜になつて、始めて処々に咲残つた花の群を見たのであつた。

全体に此木の多く在る処は、里や林を稍離れた、寂寞たる砂原が多かつた。風に吹き撓められた高山の匍松帯の如く、人の足も立たぬやうに密生して居る。由利郡の海岸などでは、防風用の松林の隙間から、紅の花がちら〳〵と見えたこともあつたが、普通は孤立して自分の枝は無意味な茨である為に、折角鮮明なる花の色も、傍の緑の葉と相映ずるやうな風情が無い。その代りには渺茫たる海の色日の光が際限も無く、幽艶の美を助けて居るやうである。八重の薄桃色の薔薇にばかり馴れた目には、古代な紅色の単弁が、何よりもなつかしく感じられる。夏の北海の静かな真昼、白い長い沖の雲を此木の傍に休んで見て居るやうな心持が、まだ我々に残されてある歌だ。

ハマナスの根の皮は、採つて染料にして居る地方がある。北海道などでは実を貯へて食用とする土人が多く、寂しい旅の者ならずとも、親しみを感ずる木であつた。蝦夷の浦々にも到る処に大きな群があつたと謂ふから、夏場所の漁民等には、花の中に起臥した者も多かつたらうが、記録には取立て、其美しさを語つたものが無い。自分が旅中に見て来たのは、白糠以北の砂山から、釧路の港の後の岡などであつた。今は開けてあの頃の面影も無いか知らぬが、寒地に行くほどたけが高くなるのでは無いかと思はれた。砂地で無い原野にも、幾らも成長して居た。樺太ではアニワの湾内にも、オコツク海の岸にも沢山あつて、名は同じくハマナスであつたが、木の姿と葉の形が、共に内地の様では無かつた。短かい夏の間に繁殖の営みを終るべく片枝は花が咲いて蝶などが来り遊び、其脇にはまだ小さい蕾もあるのに、一方は実が夙に熟して、綺麗な丹色を為して垂れて居た。さうして大海の深緑が、昔から変らぬ背景であつた。

静かな世界の酷烈な変化　「清光館哀史」は七つの小節からなる文章であるが、内容的には大きく二つの部分に分かれる。前半の清光館の没落と、後半の盆踊りの歌の歌詞の確認とがそれであるが、それぞれの部分の最初のきっかけの役割を果たしているのが、このハマナスであった。柳田国男その人や、かれの文章に関心を持つ人にとってこそ、ハマナスの花の隠れた美しさは大きな魅力であるが、しかし、それは一般に世間が認め、ひとしく興味を抱いているものではない。読者の関心の方へ文章を持っていって、内容展開のきっかけをつかもうとするのでなく、逆に自分たちの世界に、たとえ、それが未知の世界であっても、どんどん引っぱりこんでいくところが、言い換えれば、自分たちの探求を、そのままそこでわかるような完結した形になっていようといまいと、どんどん繰り出していくのが、柳田流の文章といえるかも知れない。ハマナスはここでは何の説明もないが、二度も登場してきて、重要な役割を演じているので、美しい、価値のある植物と思えて来る。あまりにもありふれたものとは決して思えなくなる。

それはそれとして、「いちばん悪かった宿屋はどこ。」「別に悪いというわけでもないが、九戸の小子内の清光館などは、かなり小さくて黒かったね。」という会話の描写からいきなり始まる「清光館哀史」は、その内容の悲哀感がどれだけ、この冒頭の部分のほほえましさで救われているか知れない。率直に「いちばん悪かった」宿屋はどこ、と問う子ども、「別に悪いというわけでもないが、……かなり小さくて黒かったね。」と温い評価で答える親。父親が後半生になって大きな決意を持って開始した旅路のあとを、子どもたちは今遍歴してみながら、内心ではゆうべの宿のかならずしも快適でなかったのに驚き、かつて父のつづけた旅の苦労というもののごく一端を感じとりはじめたのだろう。かれらなりの体験から飛び出した好奇心に満ちた質問への答えの中で、小子内と清光館は思い出されて来たのであった。率直に言えば、今まで泊まった一番小さい宿屋——そこは、社会の変動の波の及びそうにもない辺陬であり、その中でも、特に十年一日のごとき生活をつづけているると思われるような存在であったのだ。

陸中八木の終点に降りて、「駅を出てすぐ前のわずかな丘を一つ越えてみると、その南の坂の下がまさにその小子内の村であった。」この文章には、かつて歩いた旅路を逆にたどった時に体験する、あの驚きが鮮明である。冒頭の会話から一挙にここに文章を運ぶテンポの速さが、次の「ちょうど六年前の旧暦盆の月夜に、大きな波の音を聞きながら、この寂しい村の盆踊りを見ていた時は、またいつ来ることかと思うようであったが、今度は心もなく知らぬ間に来てしまった。あんまり懐かしい。ちょっとあの橋のたもとまで行ってみよう。」という細かい心理描写を少しもべトつかせない。そのあとで、なぜ、この辺に来たか、ハマナスの一件を説明するのである。これが、この前のどこかに挟まれていたら、文章の運びはどうだっただろう。八木は変わった、しかし、小子内はほとんど六年前と変わっていない、そう自分で確認しながらやって来て、踊りの足跡の輪の場所さえ指摘できる変わりなさを認めて、一点の疑念もなく指さした所に、清光館はなかったのだ。

作者はそこへどういうふうに行き着いたかは、少しも言わない。そして、「まちがえたくともまちがえようもない。」といって、精密に四周の記憶を繰りひろげ、こまごましいディテールの描写で清光館に泊まった夜の顚末を思い浮かべているのは、「その家がもう影も形もなく、石がきばかりになっているのである。……いくらあればかりの小家でも、よくまあ建っていたなと思うほどの小さな地面で、片すみには二、三本のとうもろこしが秋風にそよぎ、残りも畑となって一面のかぼちゃの花盛りである。」という眼前の実景とささえ合って、白昼夢を見るような思いを際立たせる。「盆の十五日で精霊《しょうりよう》様のござる晩だ。」という記憶が、実は一四日だった、という間違いがあるだけで、実に精確で鮮明な想起である。「何をしているのか不審して、村の人がそちこちから、なにげない様子をして吟味にやって来る。浦島の子の昔の心持ちの、いたって小さいようなものが、腹の底からこみ上げて来て、一人ならば泣きたいようであった。」詠嘆しつつ、それを誇張せず、逆に「いたって小さいようなものが、腹の底からこみ上げて来て、」と抑えて言い表わして、悲しみの深さを表現するすべを、柳田という人は知っている。

村人に問うてようやくに知りえたこと、それは、どこの漁村にもよくあることだった。あるじの遭難と、その後の束《つか》の間の一家の離散——変わり果てて、あともとどめなくなる〈家の滅亡〉……。よくあることだけに、今、現に自分がそれにぶつかったとなると、その歴史の一角にぶつかった衝撃は容易ならぬものだった。しかも、柳田その人にとっては、その六年の間に、ヨーロッパへの旅と、そこでの生活の三年間が重なっている。自分が遥かなる天涯の異境にあった時、その事件は容赦なく進行して行ったのだった。「こうして二度やって来てみると、あんまり長い忘却、あるいは天涯《てんがい》万里の漂遊が、なにか一つの原因であったような感じもする。」「なにかわれわれの伝記の一部分のようにも感じた」——それは、どんなに民俗学者が研究しようとしても、一度だけの通過する来訪者であるかぎり、あずかり知ることのできない体験である。

かれはこの衝撃を受けて、これは偶然か、と自分に問うてみる。運命のいたずらか。そうではない。これは辺陬の海辺で生きるために波浪に挑みつづける日々を持たねばならない者に、実は定められた運命なのだ。滅亡するのは、このたびはこの家ではなく、あの家であったかもしれない。しかし、不断にその試練は村人の上に襲いかかりつづけているのだ。——宿命。予定された運命というには、あまりに残酷にすぎる。それゆえに、「また運命の神様もご多忙であろうのに、かくのごとき微々たる片すみの生存まで、いちいち点検して与うべきものを与え、もしくはあればかりのねこの額から、もとあったものをことごとく取り除いて、かぼちゃの花などを咲かせようとなされる。だから誤解の癖ある人々がこれを評して、不当に、運命のいたずらなどと言うのである。」と婉曲に運命を怨むのは、作者の怨みが薄いからではなくて、残酷を残酷として表現するに耐えられないのであろう。

女人の心境　悄然と立ち帰るべき、今浦島のような思いの作者が砂浜へ出てみるところから、事情はまた一転する。浜には煮干しを干しに出ている娘たちがいる。かれは娘たちに、「いま少しは昔のことがわかるだろうか」と思って、近づいた。「昔のこと」、それは遠い昔のことではなく、六年前の事である。が、遠い土地から来たかれが娘たちに物を尋ねるきっかけはなかなか見当たらないので、ハマナスのことから切り出してみたのだった。それに対する応答に、柳田は親身なものを感じとれない。村の女人たちの心まで変わり果てたのだろうか。「この節はいろいろの旅人が往来して、かれらをからかって通るような場合が多くなったためでもあろうか。うっかり真に受けまいとする用心が、そういう微笑しさが、今日はもう見いだされえなかった。全体にも表情にも、前にわたしたちが感じて帰ったようなしおらしさが、今日はもう見いだされえなかった。」――そういう旅人特有の疑心暗鬼が、思わぬところからくずれていったあたりを、作者はまた、実に微妙に写しえている。「今でもこの村ではよく踊るかね。今は踊らない。盆になれば踊る。こんな軽い翻弄《ほんろう》をあえてして、また、わきにいる者と顔を見合わせてクックッと笑っている。」そのあと、作者もそれに負けずに、「あの歌は何というのだろう。何べん聞いていても、わたしにはどうしてもわからなかったと、半分ひとり言のように言って、海の方を向いて少し待っていると、」「ふんと言っただけでその問いには答えずに、やがて年がさの一人が鼻歌のようにして、次のような文句を歌ってくれた。

なにャとやーれ
なにャとなされのう」

まるで沈黙貿易の成立過程のように、よそ者同士は次第に警戒心を解き、まだ、面と向き合いはせぬままに、あの夜、踊りの見手の男たちがどうしても教えてくれなかった歌の文句を教えてくれたのである。それは日中《ひなか》の砂浜であるだけに、意外中の意外であったろう。しかし、あれは男衆の教えてくれるはずのない歌だったのだ。歌は、恋の世界への自由な解放、快楽への耽溺を求める叫びであった。

しかし、柳田国男は、すぐにこの海辺の女人たちの盆踊りの歌のデカダンスの意味を深く理解することができたのである。もし、六年前、かれがあの踊りの場で、その謎のように繰り返される文句のうねりを解読しえたとしても、おそらく、今のような理解を持ちえなかったであろう。かれは今、清光館の束の間の没落を知り、ここらの村人の酷烈な生活条件に耐え抜いて生きねばならぬ〈歴史〉の真姿を、体で知りえたところであった。それは、「この日に限って、はじらいや、批判の煩わしい世間から逃れて、快楽すべしというだけの、あさはかな歓喜ばかりでもなかった。忘れても忘れきれない常の日のさまざまの実験、やるせない生存の痛苦、どんなに働いてもなお迫って来る災厄、いかに愛してもたちまち催す別離、」そういう「数限りもない明朝の不安があればこそ、

　はァどしょぞいな
　あァ何でもせい

と言ってみても、
と歌ってみても、依然として踊りの歌の調べは悲しいのであった。」という奥底の理解へまで達しえたのであった。そして、いろいろとして尋ねてみたけれども、黙って笑うばかりで、歌の文句を教えてくれなかった、今は漂泊の身の上となった清光館のおとなしい細君の心境を、はじめて察しえたように思うのである。それは、彼女の現実の不幸と、それと一心につながって悲嘆する作者の悲傷の代償において、はじめて知ることのできた、同胞たる、北辺の海辺の女人たちの胸奥のたたずまいであった。作者のこうした探りえたもの——常民の歴史は、明るく楽天性にみちながら、その裏には、限りない痛苦とそれに耐えて行こうとするけなげな努力が秘められているものだったのである。

「清光館哀史」は、大正一五（一九二六）年九月号の「文藝春秋」に発表された。作者がこの旅から帰って来たのが八月上旬であったことを考えると、この文章は、小子内再訪後、九月号の原稿入れまでのきわめて短期日の間に、一気に書き上げられたものと見るべきであろう。そのことがまた、作者のこの旅で体験した感動の大きさを物語っている。子ども連れの旅ではあったが、収穫は得がたい尊さを持っており、大きかったのである。

東北の旅の憶い出

松本信広

「日本の海岸線を一周したい」とは柳田先生がよく口にされていた言葉であった。大正九年東北の太平洋沿岸を宮城から青森まで徒歩旅行せられたのもそういう念願を果たされるためであったろう？　その年の春、三田の史学科を出て母校付属の中学に教鞭をとりながら先生のお宅に出入りしていた私は、幸いその旅行にお伴する機会に恵まれた。早稲田在学当時から『遠野物語』の資料を先生に提供し、その後遠野の土淵村にひき籠っていた佐々木喜善さんも菅笠脚絆の姿で途中から此行に参加せられたのである。同行三人、リアス式で峠の多い三陸の沿岸を上ったり下ったり、毎日北に向かって相当苦しい旅を続けたのである。

先生はこの年に官界を退かれ、朝日新聞の客員となられ、各地の旅行の紀行を同新聞に連載されたのであり、毎日宿屋に着くと、柱に倚って坐られ、お好きな煙草をくゆらしながら、サラサラと筆を走らせられていた。それが日々の紙上を飾り、後に『雪国の春』の一部を構成した「豆手帖から」の原稿であったので、私どもは先生の達筆と博覧強記とに全く驚かされたのである。

将来は大臣にもと予測されていた官界の寵児がその栄達をよそに突然野に下られたわけであるが、その当時先生の胸中を去来するものが何物であったかは、まだ学校を出てまもない青二才には知るよしもなかったが、その頃三田の史学会で行なわれた先生の講演の要旨から想像すると、中央の為政者は日本辺土の民衆の実態を知らなさすぎる、両者間の疏通をはかることが急務であるというのがその御意見であった。つとめて交通不便な日本の片隅を行脚され、日本人の実際の生活を知りたいという願いから促がされたのが先生の旅行の真意であったのではなかろうか？　先頃メコン河流域を旅し、都と田舎との隔絶が天地の相違で、それが今日の東南アジア新興国で政治がうまくゆかぬ遠因であることをひしひしと感じた私にとって、四〇年の昔先生のような先覚に恵まれた我国人の幸福をつくづく感じた次第であった。

岩手の北部は、山岳が永い間に削られ、平地化したものが、再隆起して高原台地となったいわゆる準平原《ペネプレーン》から構成されている。新生の河川は三、四百尺の深い峡谷を幾条も並行につくり、海に注いでおる。旅人は、台地の上の萩の花の美しく咲き乱れた原を観賞しながら道を急ぐが、こういうはざまに来ると、峻しい坂道を上下する苦しみを味わわねばならなかった。

人口は極めてまばらで、台地の海に面した所にポツンと一軒家があり、良人は沖に出たのであろう、若い主婦が一人畑仕事をしており、幼児がイヅコの中に入れられて放置されているというふうな情景に接することができた。清光館のあった小子内《おこない》という所も、そういう淋しい海岸の一角の川口に開けた小さい一聚落に過ぎなかった。突然の客に上気してかいがいしく立ち働いていた若い主人や嫁の姿はまだ印象に残っているが、その日の難行に疲れた私は早く床につかしてもらい、先生と佐々木さんだけは盆踊りをみるといって外出され、夜遅く戻られて、歌旨のわからないのをしきりに嘆ぜられていた。いつまでも繰り返される哀調あるその唄は、眠っている私の耳朶にも響いて来るのであった。

どんな階級の人と会ってもその人たちの仲間となりきり相手から話を引き出す手際のよさは先生のお伴をしてまことに感服させられたところであった。民俗学というのは民衆への同情に立脚した学問だよと説かれる先生の学説を、実際から体得したのがこの旅行の収穫であった。

教材の問題点

益田勝実

なだらかに書き込められた真剣な問題意識　日本の近代文化の発展とともに、ことばの果たすべき役割はますます重要となりつつある。ところが、それは、日本の近代史の持つ特有のひずみにさえぎられて、動きのとれないほどの大きな障壁にもぶつかっている。それこそは近代言語史の解明すべき課題であるが、不幸にして、今日のわが国の国語学には、そのような社会史的考察の領域が開かれていないため、それらの多くの問題は、いつも国語政策や文明批評の問題視されて、学問圏外に排斥されてしまっているのである。

その一つとして、わが国では、近代に入ってからは、なだらかな日常生活上のもの言いとまじめな議論のもの言いとが、にわかに収拾できないほど背反し合っている。早い話が、lifeという単語を「暮らし」と訳す英語教師は十人中に三人といない。生徒に至っては、十中の十、「生活」一点張りで、その語が用いられている文章の内容とのかねあいも顧慮することがない。そういうしゃちほこばったむつかしさは、いったいどこから生じたろうか。わたしは、英語がもっぱら学校の教室で学ばれているという、わが国近代史上の社会傾向と関連させて考えるべきことがらだ、と思う。急速にヨーロッパの近代文化を導入するために、明治初期の士族系洋学生が、漢語的な学術用語を濫造してしまった結果、わりになだらかな普通のことばを主として書かれているヨーロッパの哲学書が、日本語に翻訳されると晦渋この上もないものになる、といった現象が氾濫している。Essay という語に該当するような近代散文が発達せず、それが、ある場合には論文と訳され、ある場合には随筆とか随想と訳されねばならなくなったのも、そのせいである。これは、近代日本の不幸であり、今日解決すべき喫緊の問題である。

そういう国民の不幸について考える場合、もうひとつ、そういう論文側の傾向を助長したものとして、随筆側の傾向を考えてみる必要もあろう。わたしは、その場合、明治末期に台頭して来た写生文というものの功罪を、改めて考えてみたいと思っている。写生文という、全く議論抜きの随筆の流行は、その後、広く初等教育の世界にまで浸透して、深く考えることとよく見ることとは分離してしまったのだった。(もっとも、写生文の極致は、斎藤茂吉の「続山峡小記」のような境地に達している。しかし、それは心の写生としての発展といえる。)

だから、この「浜の月夜」で柳田国男の試みているような、なだらかな文体の中に問題意識を盛り込めた文章がありうることも、学習者にぜひ気づかせたいことである。「浜の月夜」は、一言につづめていえば、〈驚き〉の文章であろう。静かな田舎宿のたそがれの、聴覚描写本位の序曲部分から、視覚描写本位の踊り場の情景を追う中心部分へ進み、その昂揚した生の享楽の熱気に巻き込まれた自分をも描き、翌朝の静寂にもどる。それがまたより大きな驚きでさえある。そして、そのような女たちの秘宴の遺跡を探し出しつつ、翌日の旅をつづけるのである。〈夜の驚き〉と〈朝の驚き〉が重ね合わされて、都会人士の知らぬ民衆の生命力の躍動に触れたために呼び醒まされた、問題意識をくっきりと浮かび上がらせている。

二つの文章の違い――認識の更新

だが、「浜の月夜」の認識が精確なものでなかったことを思い知らされたのが、「清光館哀史」である。先に作者が抱いた問題意識はなお一面的であり、皮相であった。現実にはその奥があったのだ。「清光館哀史」は単なる後日譚ではない。それは自己の認識の更新であり、前の文章の書き改めでさえある。

ここで、一つの場所への二度の旅行の記録が持っている関係を、学習者によく知らせる必要がある。内容の違いがまた文体の違いを生んでいること、読み比べてみて、文章の味の違うことも、ぜひわからせねばならない。文体は個々人の書き手の個性にかかわるだけでなく、また、一回一回の書き手のテーマの把え方、発想の姿勢にもかかわっている。共通した味を持ちながら異なっている二つの小品を比べて読む――最終学年の学習の劈頭で、学習指導のねらいとして、このこともぜひ加えておきたい。

なだらかに書き進められた思考の深まり

いうまでもなく、「清光館哀史」の中心は、清光館の没落という事件ではない。その事件を契機として、作者が探り当てることができた、浜の月夜の踊りのうたげの真相こそが、中枢をなしている。この事は、おそらく読み誤まられはしないだろうが、学習者にそういう読み違えはないか、留意している必要はある。清光館が没落したということを知った驚き、その驚きから生まれる認識が、踊り歌の文句を今度は意外にたやすく知りえた喜びと交錯して行く。しかも、踊り歌の文句の真意を、清光館没落の事実からえた新しい認識を媒介にして、はじめてつかみえたのだ。なだらかな、議論体でない随想の文章の中で、作者はぐいぐいと思考を展開している。普通の人にとってならば、清光館と踊り歌とは別々の事であったかも知れない。しかし、柳田国男はそう考えてはすまさない。

清光館の主人の遭難→一家の離散→北辺の漁村で同じことが繰り返されてきた、という生活史の認識→その歴史を生きてきた人々の心情→その中で生き抜こうとする努力としての快楽の渇望

というふうに思考していくのだ。㈠こういうある特殊現象、ひとつの事件の底に普遍を見る思考方式、㈡歓喜の踊りの奥に人間性の解放を求める願望を見、さらにその願望を生み出す酷烈な生活条件という、歓喜とはおよそ逆なものを見定める思考方式、㈢その二つの思考方式を組み合わせて、一見別事とみえる二つのことがらの底に横たわる、深層での関連を見出だす思考方式は、社会科学や文学のとる特徴的な思考方式である。主として平面的な通俗自然科学の思考方式を中心に物の考え方を育てて来ている学習者には、この「清光館哀史」の、

一　清光館の消失の発見。
二　驚いて懐旧の念しきりと湧くところへ村人の接近。
三　村人に聞いて、清光館主人の船の難破と一家の離散を知る。
四　清光館没落の意味の普遍化。

という前半と、

五　浜へ出て、娘たちを見て、踊りの晩を思い出し、未解決の宿題をも思い出す。

六　娘たちに、踊りの唄の文句を尋ねると、そのひとりが教えるともなく教えてくれる。

そこでの、四をふまえての一つの新しい発見。

という後半が、結びついて、

七　清光館のおとなしい細君の回想。

へと戻っていく繋がり方が、驚きかも知れない。そういう深みへ深みへと突き進む思考の展開が、なだらかな肩をいからせない文章の中でなされていることは、どんなに重視しても重視しすぎではないだろう。

叙情と思考は背反するか——柳田国男の文章の意義　しかし、以上のようなこの文章の読み方は、この文章の一面の強調にすぎない。この文章の大きな特色は、全体としては、詩的であり、物語的でもあるところにある。なぜか、わが国の近代散文の発達史上では、叙情と思考は二律背反的に把握されてきた。だが、叙情と思考は本来排斥し合うものなのだろうか。深い論理的思考が叙情でもありうることこそが、近代を前近代と区別しうるものであってはならないのだろうか。柳田国男の苦心した新しい文章創造の意義はその点にあるのであり、わたしたちが、四十年以前のこの企てに溯って学びとらねばならないのは、まさにこの、わたしたちの啓開・確立すべき自由な近代散文の道に関することなのであろう。

現代日本の開化

夏目《なつめ》漱石《そうせき》

現代の日本の開化は一般の開化とどこが違うか、というのが問題です。もし一言にしてこの問題を決しようとするならば、わたくしはこう断じたい。西洋の開化(すなわち一般の開化)は内発的であって、日本の現代の開化は外発的である。ここに内発的というのは、内から自然に出て発展するという意味で、ちょうど花が開くようにおのずからつぼみが破れて花弁が外に向かうのを言い、また外発的とは、外からおっかぶさった他の力でやむをえず一種の形式を取るのをさしたつもりなのです。もう一口説明しますと、西洋の開化は行雲流水のごとく自然に働いているが、御維新後、外国と交渉をつけた以後の日本の開化は、だいぶかってが違います。もちろん、どこの国だって隣づき合いがある以上はその影響を受けるのがもちろんのことだから、わが日本といえども、昔からそう超然として、ただ自分だけの活力で発展したわけではない。ある時は三韓《かん》、またある時は支那《しな》というふうに、だいぶ外国の文化にかぶれた時代もあるでしょうが、長い月日を前後ぶっとおしに計算して、だいたいの上から一瞥《いちべつ》してみると、まあ比較的内発的の開化で進んできたと言えましょう。少なくとも、鎖港排外の空気で二百年も麻酔したあげく、突然、西洋文化の刺激にはね上がったくらい強烈な影響は、有史以来まだ受けていなかったというのが適当でしょう。日本の開化は、あの時から急激に曲折しはじめたのであります。また、曲折しなければならないほどの衝動を受けたのであります。これを前のことばで表現しますと、今まで内発的に展開してきたのが、急に自己本位の能力を失って、外からむり押しに押されて、いやおうなしにその言うとおりにしなければ立ち行かないというありさまになったのであります。それが一時ではない。四、五十年前に一押し押されたなり、じっと持ちこたえているなんて楽な刺激ではない。時々に押され、刻々に押されて今日に至ったばかりでなく、向後何年の間か、または、おそらく永久に、今日のごとく押されて行かなければ日本が日本として存在できないのだから、外発的というよりほかにしかたがない。その理由はむろん明白な話で、われわれが四、五十年前初めてぶつかった、また、今でも接触を避けるわけにいかない、かの西洋の開化というものは、われわれよりも数十倍、労力節約の機関を有する開化で、また、われわれよりも数十倍、娯楽・道楽の方面に積極的に活力を使用しうる方法を具備した開化である。

そまつな説明ではあるが、つまり、われわれが内発的に展開して、十の複雑の程度に開化を漕《こ》ぎつけたおりもおり、図らざる天の一方から、急に二十、三十の複雑の程度に進んだ開化が現れて、俄然《がぜん》としてわれらに打ってかかったのである。この圧迫によって、吾人《ごじん》はやむをえず不自然な発展を余儀なくされるのであるから、今の日本の開化は、地道にのそりのそりと歩くのでなくって、「ヤッ。」と気合いをかけてはぴょいぴょいと飛んで行くのである。開化のあらゆる階段を順々に踏んで通る余裕を持たないから、できるだけ大きな針でぼつぼつ縫って過ぎるのである。足の地面に触れる所は十尺を通過するうちにわずか一尺くらいなもので、他の九尺は通らないのと一般である。わたくしの外発的という意味は、これでほぼご了解になったろうと思います。

そういう外発的の開化が、心理的にどんな影響を吾人に与うるかというと、ちょっと変なものになります。心理学の講筵《こうえん》でもないのにむずかしいことを申し上げる

三韓　朝鮮古代の三国、高句麗《こうくり》・百済《くだら》・新羅《しらぎ》のこと。

支那　現在の中華人民共和国のこと。

十尺　一尺は約三〇センチ。

講筵　講義の席。

のもいかがと存じますが、必要の箇所だけをごく簡易に述べてふたたび本題にもどるつもりでありますから、しばらくごしんぼうを願います。われわれの心は絶え間なく動いている。あなたがたは今、わたくしの講演を聞いておいでになる、わたくしは今、あなたがたを前に置いて何か言っている、双方ともにこういう自覚がある。それにお互いの心は動いている。働いている。これを意識というのであります。この意識の一部分、時に積もれば一分間ぐらいのところを絶え間なく動いている大きな意識から切り取って調べてみると、やはり動いている。その動き方は別にわたくしが発明したわけでもなんでもない、ただ西洋の学者が書物に書いたとおりをもっともと思うから紹介するだけでありますが、すべて一分間の意識にせよ三十秒間の意識にせよ、その内容が明瞭《めいりょう》に心に映ずる点から言えば、のべつ同程度の強さを有して時間の経過に頓着《とんじゃく》なく、あたかも一つところにこびりついたように固定したものではない。必ず動く。動くにつれて、明らかな点と暗い点ができる。その高低を線で示せば、平たい直線ではむりなので、やはりいくぶんか勾配《こうばい》のついた弧線、すなわち弓形《ゆみがた》の曲線で示さなければならなくなる。

　こんなに説明すると、かえってこみいってむずかしくなるかもしれませんが、学者はわかったことをわかりにくく言うもので、しろうとはわからないことをわかったようにのみこんだ顔をするものだから、非難は五分五分である。今言った弧線とか曲線とかいうことを、もそっと砕いてお話をすると、物をちょっと見るのにも、見てこれが何であるかということがはっきりわかるにはある時間を要するので、すなわち、意識が下の方から一定の時間を経て頂点へ上って来てはっきりして、〈ああ、これだな。〉と思う時が来る。それをなお見つめていると、こんどは視覚が鈍くなって多少ぼんやりしはじめるのだから、いったん上の方へ向いた意識の方向がまた下を向いて暗くなりかける。これは、実験してごらんになるとわかる。実験といっても、機械などはいらない。頭の中がそうなっているのだから、ただためしさえすれば気がつくのです。本を読むにしても、Aということばと、Bということばと、それからCということばが順々に並んでいれば、この三つのことばを順々に理解していくのがあたりまえだから、Aが明らかに頭に映る時はBはまだ意識に上らない。Bが意識の舞台に上りはじめる時には、もうAのほうは薄ぼんやりしてだんだん識域のほうに近づいてくる。BからCへ移るときはこれと同じ所作をくりかえ

もそっと　もうちょっと。

識域　意識作用が起こり、また消失する境。無意識の状態から意識が生じ、また逆に意識が消えていく心理状態の基準。

すにすぎないのだから、いくら例を長くしても同じことであります。これは、きわめて短時間の意識を学者が解剖してわれわれに示したものでありますが、この解剖は個人の一分間の意識のみならず、一般社会の集合意識にも、それからまた、一日、一月、もしくは一年ないし十年の間の意識にも応用のきく解剖で、その特色は多人数になったって、長時間にわたったたって、いっこう変わりはないこととわたくしは信じているのであります。

たとえてみれば、あなたがたという多人数の団体が、今ここでわたくしの講演を聞いておいでになる。聞いていないかたもあるかもしれないが、まあ聞いているとする。そうすると、その個人でない集合体のあなたがたの意識の上には、今わたくしの講演の内容が明らかにはいる。と同時に、この講演に来る前あなたがたが経験されたこと、すなわち、途中で雨が降り出して着物がぬれたとか、また、蒸し暑くて途中が難儀であったとかいう意識は、講演のほうが心を奪うにつれて、だんだん不明瞭、不確実になってくる。また、この講演が終わって場外に出て涼しい風に吹かれでもすれば、〈ああ、いい心持ちだ。〉という意識に心を占領されてしまって、講演のほうはぴったり忘れてしまう。わたくしから言えば、まったくありがたくない話だが、事実だからやむをえないのである。わたくしの講演を行住坐臥《ぎようじゆうざが》ともに覚えていらっしゃいと言っても、心理作用に反した注文なら、だれも承知する者はありません。これと同じように、あなたがたという、やはり一個の団体の意識の内容を検してみると、たとい一か月にわたろうが一年にわたろうが、一か月には一か月をくるべき炳乎《へいこ》たる意識があり、また、一年には一年をまとめるに足る意識があって、それからそれへと、順次に消長しているものとわたくしは断定するのであります。われわれも過去を顧みてみると、中学時代とか、大学時代とか、皆特別の名のつく時代で、その時代時代の意識がまとまっております。日本人総体の集合意識は、過去四、五年前には日露戦争の意識だけになりきっておりました。その後、日英同盟の意識で占領された時代もあります。

かく推論の結果、心理学者の解剖を拡張して、集合の意識や、また、長時間の意識の上に応用して考えてみますと、人間活力の発展の経路たる開化というものの動くラインもまた、波動を描いて弧線をいくつもいくつもつなぎ合わせて進んで行く

炳乎 光り輝き、明らかなさま。
日露戦争 一九〇四～五年に、日本とロシアの間で戦われた戦争。
日英同盟 日英攻守同盟条約。一九〇二年、締結。二三年、太平洋地域の安全保障に関する日・英・米・仏四国協定成立に伴い失効。

と言わなければなりません。むろん、描かれる波の数は無限無数で、その一波一波の長短も高低も千差万別でありましょうが、やはり、甲の波が乙の波を呼び出し、乙の波がまた丙の波を誘い出して、順次に推移しなければならない。一言にして言えば、開化の推移はどうしても内発的でなければうそだと申し上げたいのであります。ちょっとした話が、わたくしは今ここで演説をしている。すると、それをお聞きになるあなたがたのほうから言えば、初めの十分間くらいはわたくしが何を主眼に言うかよくわからない、二十分目くらいになってようやく筋道がついて、三十分目くらいにはようやく油がのって少しはちょっとおもしろくなり、四十分目にはまたぼんやりしだし、五十分目には退屈を催し、一時間目にはあくびが出る、と、そうわたくしの想像どおりいくかいかないかわかりませんが、もしそうだとするならば、わたくしがむりにここで二時間も三時間もしゃべっては、あなたがたの心理作用に反して我を張ると同じことで、けっして成功はできない。なぜかと言えば、この講演が、その場合、あなたがたの自然に逆らった外発的のものになるからであります。いくらのどを絞り、声をからしてどなってみたって、あなたがたはもうわたくしの講演の要求の度を経過したのだからいけません。あなたがたは、講演よりも茶菓子が食いたくなったり、酒が飲みたくなったり、氷水がほしくなったりする。

そのほうが内発的なのだから、自然の推移でむりのないところなのである。

これだけ説明しておいて、「現代日本の開化」にあともどりをしたら、たいていだいじょうぶでしょう。日本の開化は自然の波動を描いて、甲の波が乙の波を生み、乙の波が丙の波を押し出すように、内発的に進んでいるかというのが当面の問題なのですが、残念ながら、そういっていないので困るのです。いっていないというのは、さきほども申したとおり、活力節約、活力消耗の二大方面において、ちょうど複雑の程度二十を有しておったところへ、俄然外部の圧迫で三十台まで飛びつかなければならなくなったのですから、あたかも天狗《てんぐ》にさらわれた男のように、無我夢中で飛びついてゆくのです。その経路は、ほとんど自覚していないくらいのものです。もともと、開化が甲の波から乙の波へ移るのは、すでに甲は飽いていたたまれないから、内部欲求の必要上、ずるりと新しい一波を開展するので、甲の波の好所も悪所も、酸いも甘いもなめつくした上に、ようやく一生面を開いたと言ってよろしい。したがって従来経験しつくした甲の波には、衣を脱いだへびと同様、未練もなければ残り惜しい心持ちもしない。のみならず、新たに移った乙の波にもまれながら、毫《ごう》も借り着をして世間体を繕っているという感が起こらない。ところが、日本の現代の開化を支配している波は西洋の潮流で、その波を渡る日本人は西洋人でないのだから、新しい波が寄せるたびに、自分がその中で食客《いそうろう》をして気兼ねをしているような気持ちになる。新しい波はとにかく、今しがたようやくの思いで脱却した古い波の特質やら真相やらもわきまえる暇のないうちに、もう捨てなければならなくなってしまった。食膳《しょくぜん》に向かってさらの数を味わいつくすどころか、元来どんなごちそうが出たかはっきりと目に映じない前に、もう膳を引いて新しいのを並べられたと同じことであります。こういう開化の影響を受ける国民は、どこかに空虚の感がなければなりません。また、どこかに不満と不安の念をいだかなければなりません。それを、あたかもこの開化が内発的でもあるかのごとき顔をして得意でいる人のあるのはよろしくない。それはよほどハイカラです、よろしくない。虚偽でもある。軽薄でもある。自分はまだタバコをすってもろくに味さえわからない子どものくせに、タバコをすって、さもうまそうなふうをしたら生意気でしょう。それをあえてしなければ立ち行かない日本人は、ずいぶん悲惨な国民と言わなければならない。

　開化の名は下せないかもしれないが、西洋人と日本人の社交を見ても、ちょっと気がつくでしょう。西洋人と交際をする以上、日本本位ではどうしてもうまくいきません。交際しなくともよいと言えばそれまでであるが、情けないかな、交際しなければいられないのが日本の現状でありましょう。そして、強いものと交際すれば、どうしてもおのれを捨てて先方の習慣に従わなければならなくなる。われわれがあの人はフォークの持ちようも知らないとか、ナイフの持ちようも心得ないとかなんとか言って、他を批評して得意なのは、つまりはなんでもない、ただ西洋人がわれわれより強いからである。われわれのほうが強ければ、あちらにこちらのまねをさせて、主客の位地をかえるのは容易のことである。が、そういかないからこちらで先方のまねをする。しかも、自然天然に発展してきた風俗を急に変えるわけにいかぬから、ただ機械的に西洋の礼式などを覚えるよりほかにしかたがない。自然と内に発酵して醸された礼式でないから、取ってつけたようではなはだ見苦しい。これは開化じゃない、開化の一端ともいえないほどの些《さ》細《さい》なことであるが、そういう些細なことに至るまで、われわれのやっていることは内発的でない、外発的である。これを一言にして言えば、現代日本の開化は、皮相、上すべりの開化であるということに帰着するのである。むろん、一から十まで、何から何までとは言わない。複

ハイカラ　high collar〔英〕　もともとは、たけの高いカラー（襟《えり》）の意。転じて、西洋風を気取ったり、新しがったりすること。

雑な問題に対してそう過激のことばは慎まなければ悪いが、われわれの開化の一部分、あるいは大部分は、いくらうぬぼれてみても上すべりと評するよりいたしかたがない。しかし、それが悪いからおよしなさいというのではない。事実、やむをえない、涙をのんで上すべりにすべっていかなければならないというのです。それでは、子どもが背《せな》に負われておとなといっしょに歩くようなまねをやめて、地道に発展の順序を尽くして進むことは、どうしてもできまいかという相談が出るかもしれない。そういうご相談が出れば、わたくしはないこともないとお答えをする。が、西洋で百年かかってようやく今日に発展した開化を、日本人が十年に年期をつづめて、しかも、空虚の譏《そし》りを免れるように、だれが見ても内発的であると認めるような推移をやろうとすれば、これまたゆゆしき結果に陥るのであります。百年の経験を十年で上すべりもせずやり遂げようとするならば、年限が十分の一に縮まるだけわが活力は十倍に増さなければならんのは、算術の初歩を心得た者さえやすく首肯するところである。これは学問を例にお話をするのがいちばん早わかりである。西洋の新しい説などをなまかじりにしてほらを吹くのは論外として、ほんとうに自分が研究を積んで甲の説から乙の説に移り、また、乙から丙に進んで、毫も流行を追うの陋態《ろうたい》なく、また、ことさらに新奇を衒《てら》うの虚栄心なく、まったく自然の順序・階級を内発的に経て、しかも、かれら西洋人が百年もかかってようやく到着しえた分化の極端に、われわれが維新後四、五十年の教育の力で達したと仮定する。体力・脳力ともにわれらよりも旺盛《おうせい》な西洋人が百年の歳月を費やしたものを、いかに先駆の困難を勘定に入れないにしたところで、わずかその半ばに足らぬ歳月で明々地に通過しおえるとしたならば、吾人はこの驚くべき知識の収穫を誇りうると同時に、一敗また起《た》つあたわざるの神経衰弱にかかって、気息奄々《えんえん》としていまや路傍に呻吟《しんぎん》しつつあるは、必然の結果としてまさに起こるべき現象でありましょう。現に少し落ち着いて考えてみると、大学の教授を十年間いっしょうけんめいにやったら、たいていの者は神経衰弱にかかりがちじゃないでしょうか。ぴんぴんしているのは、皆うその学者だと申しては語弊があるが、まあどちらかと言えば、神経衰弱にかかるほうがあたりまえのように思われます。学者を例に引いたのは単にわかりやすいためで、理屈は開化のどの方面へも応用ができるつもりです。

開化というものがいかに進歩しても、案外その開化のたまものとしてわれわれの受くる安心の度は微弱なもので、競争その他からいらいらしなければならない心配

陋態　見苦しいさま。醜い様子。　**気息奄々**　呼吸が絶え絶えなこと。

を勘定に入れると、吾人の幸福は野蛮時代とそう変わりはなさそうである。今言った現代日本が置かれたる特殊の状況によって、われわれの開化が機械的に変化を余儀なくされるために、ただ上皮《うわかわ》をすべって行き、また、すべるまいと思ってふんばるために神経衰弱になるとすれば、どうも日本人はきのどくと言わんか憐《あわ》れと言わんか、まことに言語道断の窮状に陥ったものであります。わたくしの結論はそれだけにすぎない。ああなさいとか、こうしなければならぬとか言うのではない。どうすることもできない、実に困ったと嘆息するだけで、きわめて悲観的の結論であります。

とにかく、わたくしの解剖したことがほんとうのところだとすれば、われわれは日本の将来というものについて、どうしても悲観したくなるのであります。外国人に対して、おれの国には富士山があるというようなばかは今日はあまり言わないようだが、戦争以後一等国になったんだという高慢な声は随所に聞くようである。なかなか気楽な見方をすればできるものだと思います。では、どうしてこの急場を切り抜けるか、と質問されても、前申《ぜん》したとおり、わたくしには名案も何もない。ただ、できるだけ神経衰弱にかからない程度において、内発的に変化していくがよかろうというような、体裁のよいことを言うよりほかにしかたがない。苦い真実を臆《おく》面《めん》なく諸君の前にさらけ出して、幸福な諸君にたとい一時間たりとも不快の念を与えたのは重々おわびを申し上げますが、また、わたくしの述べきたったところもまた、相当の論拠と応分の思索の結果から出たきまじめの意見であるという点にもご同情になって、悪いところは大目に見ていただきたいのであります。

戦争以後　日露戦争以後の意。

※著者略歴は九二頁参照。

「現代日本の開化」は、一九一一年八月一五日に和歌山市で行われた講演で、同年一一月刊の『朝日講演集』に収められた。本文は、「明治文学全集」第五五巻（筑摩書房）によった。

叙述と注解

西尾光一

現代の日本の開化は一般の開化とどこが違うか、というのが問題です　この書き出しは、引き締ってはいるが、講演の冒頭としてはやや唐突に感じられるであろう。「素材研究」に記したように、漱石の当日の講演の前半部を省略してあるからである。漱石の講演そのものの枕はかなり長くむしろくどいものである。ついで、本論の前半部にはいるのであるが、ここには「注解」として必要な部分だけを引用する。漱石はまず、「現代と云ふ字は下へ持つて来ても上へ持つて来ても同じ事で、『現代日本の開化』でも『日本現代の開化』でも大して私の方では構ひません」と表題を規定し、ついで、「日本とか現代とかいふ特別な形容詞に束縛されない一般の開化から出立して其性質を調べる必要があると考へます」という立場で一種の文化論のような形で「開化」を論ずる。そして、「開化は人間活力の発現の経路である」と定義し、「人間の活力と云ふものが今申す通り時の流を沿うて発現しつゝ開化を形造つて行くうちに私は根本的に性質の異つた二種類の活動を認めたい」と言い、その一を積極的なもの、他を消極的なものとし、「此二つの互ひに喰違つて反《そり》の合はないやうな活動が入り乱れたりコンガラカツたりして開化と云ふものが出来上るのであります。（中略）二つの入り乱れたる経路、即ち出来るだけ労力を節約したいと云ふ願望から出て来る種々の発明とか器械力とか云ふ方面と、出来るだけ気儘に勢力を費したいと云ふ娯楽の方面、是が経となり緯となり千変万化錯綜して現今の様に混乱した開化と云ふ不可思議な現象が出来るのであります。」といって、この単元に収録した後半の本論に進むのである。また、後に大正三年一月東京高等工業学校（現東京工業大学）で「無題」として講演した折に、この和歌山での講演を引き合いに出して、開化の定義をするとともに、次のようにこの二方面の一が工学理学のようなものであり、他が文学芸術であるともいっている。

私はかつて或所（注、和歌山市）で頼まれて講演した時、日本現代の開化と云ふ題で話しました。

その講演のとき開化の definition を定めました。開化とは人間の energy の発現の径路で、この活力が二つの異つた方向に延びて行つて入り乱れて出来たので、その一つは活力節約の行動と云つて energy を節約せんとする吾人の努力、他の一つは活力を消耗せんとする趣向、即ち consumption of energy である。此二つが開化を構成する大なる factors で、これ以外には何もない。故に此二つのものは開化の factors として sufficient and necessary である。

それで第一の活力を節約せんとする努力は種々の方向へ出るが、先づ距離をつめる、時間を節約する。手でやれば一時間かゝる事も、機械で三十分でやつてしまふ。或は手でやれば一時間かかつて一つ出来る所を、十も二十もつくる。さうして吾々の生活の便を計るのです。之があなた方の専門のものであります。他の factor 即ち consumption of energy の努力は積極的のもので、或種の人達からは国力等の立場より見做して消極的なものと誤解されて居る、文学、美術、音楽、演劇等は此方面に属します。是等のものはなくてもすむものであります、しかもありたいものなのです。

なお、ここにいう「現代」が明治四四年八月における現代であることは言うまでもないし、開化ということばは、日本における近代文明の成立と置きかえても差し支えないし、その際の歪みをふくめて考えてもよい。

行雲流水 動いていく雲と流れる水と。転じて、すこしも滞ることなく、物に応じ事に従って、うつり変わっていくこと。

御維新後 明治維新から後の意。「百事一新」「御一新」「御維新」などの言い方は、明治初年に行なわれた当代的な称呼であり、そのような呼び方が漱石や彼の同時代人の中には生きて使われていたわけである。

一瞥 ちょっと見ること。ちらっと見ること。

鎖港排外の空気で二百年も麻酔したあげく 江戸幕府が第一回の鎖国令を発布したのは寛永一

○（一六三三）年であるが、その後数回にわたって禁令を強化し、寛永一六（一六三九）年七月には、キリシタン宗門を厳禁するとともに、貿易港としては長崎一港に限り、中国とオランダ以外の外国人の渡来・貿易と日本人の海外渡航をかたく禁じた。その後二百十余年、嘉永六（一八五三）年ペリーの率いる米艦の浦賀来航まで続いた江戸幕府の鎖国政策の期間における国民文化の状況を言ったのである。

不自然な発展　明治維新以来の日本の開化を、西洋の影響による不自然な外発的な余裕のない発展であるとする見方である。

西洋の学者　『文学論』第一編第一章に次のようにあり、心理学者 Lloyd Morgan のこととみてよかろう。

　意識の説明は「意識の波」を以て始むるを至便なりとす。此点に関しては Lloyd Morgan が其著『比較心理学』に説くところ最も明快なるを以て、此処には重に同氏の説を採れり。

　先づ意識の一小部分即ち意識の一瞬時をとり之を検するに必ず其うちに幾多の次序、変化あることを知る。Morgan 氏の語を以てせば「意識の任意の瞬間には種々の心的状態絶えず現はれ、やがては消え、かくの如くして寸刻と雖も其内容一所に滞ることなし。」吾人はこれを事実に徴して証すること容易なり。

Aが明らかに頭に映る時はBはまだ意識に上らない　端的な例で言えば、「赤いⒶ、小さいⒷ、かわいい花Ⓒ」と「小さい、赤い、かわいい花」を比べてみるとよい。前者は、まず「赤い」が「明らかに頭に映」り、その時は「小さい」は「まだ意識に上らない。」「小さい」が「意識の舞台に上りはじめる時には、もうA（赤い）のほうは薄ぼんやりしてだんだん識域のほうに近づいてくる。」という経過によって、ことばが「赤い、小さい……」という順序に並んで行くのである。後者は、まず「小さい」という事実が意識に上り、次に「赤い」が意識に上る。したがって、「赤い、小さい……」と「小さい、赤い……」とは、結果としては同じ意味だとは言えても、心理的には明らかに違うわけである。

きわめて短時間の意識　前項の例のように、「赤い、小さい……」と捉えるか、「小さい、赤い……」と捉えるかの意識は「きわめて短時間」のものであるから、両者は結局同じものではないか、という考え方がされがちなのであるが、「きわめて短時間の意識を」「解剖」すれば、前項の説明のような違いが存在するわけである。この短時間の意識の解剖を、拡大して「一般社会の集合意識」にあてはめ、また、明治の何十年という長時間の場合にあてはめても、「いっこう変わりはない」（四四八頁）と、漱石は言っているのである。

行住坐臥　歩くことと止まることと坐ることと寝ること。仏教では、これを人間の起居動作の根本として、修行者は常にこの四威儀を正すべきものとされた。転じて、つねづね、ふだんの意となる。

心理学者の解剖を拡張して　四四六頁二行目〜四四八頁六行目に述べられているように、漱石は個人心理学における識域その他の論を、社会意識や時代意識の分析解明にひろめている。また、かれはそれを、文学理解の基底としている。（「素材研究」参照）

ちょっとした話が　手近な例で言えば。

わたくしの講演の要求の度を経過した　あなた方が、わたくしの講演に対して要する注意力の程度を越えたの意。

一生面　一つの新しい方面。はじめてあうこと。新生面とも、単に生面ともいう。

こちらで先方のまねをする　大正二年一二月に第一高等学校で行なった「模倣と独立」と題する講演で、日本人が人まねばかりしていないで、個有な独創性を持つべきであるし、その時期に来ていると、次のように高校生に説いている。

今の日本の現在の有様から見て、何方に重きを置くべきかと云ふと、インデペンデントと云ふ方に重きを置いて、其覚悟を以て吾々は進んで行くべきものではないかと思ふ。吾々日本人民は人真似をする国民として自ら許して居る。また事実さうなつて居る。昔は支那の真似ばかりして居つたものが、今は西洋の真似ばかりして居ると云ふ有様である。夫は何故かと云ふと、西洋の方は日本より少し先へ進んで居るから、一般に真似をされて居るのである。丁度あなた方のやうな若い人が、偉い人と思つて敬意を持つて居る人の前に出ると、自分も其人のやうになりたいと思ふ——かどうか知らんが、若しさう思ふと仮定すれば、先輩が今迄踏んで来た径路を自分も一通り遣らなければ玆処《ここ》に達せられないやうな気が起るものではないかと思ふ。また事実さうである。然し考へるとさう真似ばかりして居らないで、自分から本式のオリヂナル、本式のインデペンデントになるべき時期はもう来ても宜しい。また来るべき筈である。

首肯 うなずくこと。うけがうこと。可とすること。

新奇を衒う めずらしく新しいものであるかのようにみせかけること。また、そのようなものとしてみせびらかすこと。

明々地 あきらかに。はっきりと疑わしいところがないこと。

神経衰弱にかかって 正常な神経の働かなくなるノイローゼの状態になって。明治三九年六月七日、鈴木三重吉宛書簡に、次のようにある。

　君は九月上京の事と思ふ神経衰弱は全快の事なるべく結構に候然し現下の如き愚なる間違つたる世の中には正しき人でありさへすれば必ず神経衰弱になる事と存候。是から人に逢ふ度に君は神経衰弱かときいて然りと答へたら普通の徳義心ある人間と定める事に致さうと思つてゐる。今の世に神経衰弱に罹らぬ奴は金持ちの魯鈍ものか、無教育の無良心の徒か左らずば、二十世紀の軽薄に満足するひやうろく玉に候。

言語道断　元来は仏語で、とうてい言語では言い表わせない奥深い真理の意であるが、何とも言いようのないほど甚しいの意に用いる。

わたくしの結論はそれだけにすぎない　漱石はこの講演のことを種にして、『彼岸過迄』に次のように書いている。

　僕はかつて或学者の講演を聞いた事がある。其学者は現代の日本の開化を解剖して、かゝる開化の影響を受ける吾等は、上滑りにならなければ必ず神経衰弱に陥いるに極つてゐるといふ理由を、臆面なく聴衆の前に曝露した。さうして物の真相は知らぬ内こそ知りたいものだが、いざ知つたとなると、却つて知らぬが仏で済ましてゐた昔が羨ましくつて、今の自分を後悔する場合も少なくはない、私の結論抔《など》も或はそれに似たものかも知れませんと苦笑して壇を退いた。

おれの国には富士山がある　『三四郎』に次のような叙述がある。

　すると髭の男は、「御互は憐れだなあ」と云ひ出した。「こんな顔をして、こんなに弱つてゐては、いくら日露戦争に勝つて、一等国になつても駄目ですね。尤も建物を見ても、庭園を見ても、いづれも顔相応の所だが、——あなたは東京が始めてなら、まだ富士山を見た事がないでせう。今に見えるから御覧なさい。あれが日本一の名物だ。あれより外に自慢するものは何もない。所が其富士山は天然自然に昔からあつたものなんだから仕方がない。我々が拵へたものぢやない」と云つて又にや〳〵笑つてゐる。三四郎は日露戦争以後こんな人間に出逢ふとは思ひも寄らなかつた。どうも日本人ぢやない様な気がする。「然し是からは日本も段々発展するでせう」と弁護した。すると、かの男は、すましたもので、「亡びるね」と云った。

素材研究

西尾光一

台風来襲のさなかの講演　この講演は、明治四四年八月、大阪朝日新聞社主催の講演会として和歌山市で行なわれたものであるが、一三日明石市で「道楽と職業」、一五日和歌山市、一七日堺市で「中味と形式」、一八日大阪市で「文芸と道徳」を論じたもので、暑中のことではあり、漱石としては相当な強行軍であったという他はない。妻鏡子の『漱石の思ひ出』によれば、真夏のことであるし、病弱なので、新聞社からの依頼を断わるようすすめたが、六月の長野市での講演に味をしめたわけでもないが、旅の興味や朝日への義理もあって、「行く行かせないで又言ひ争った」末、一人で出かけたのだという。

漱石の日記によると、その年は台風の当り年であったらしい。七月二六日にまず暴風雨があり、東京湾につなみが起こり、州崎の遊廓で娼妓十数名や嫖客が死んだが、さらに八月九日、一〇日、猛台風が日本に来襲して、東海道線が不通となり、漱石は西下の予定を延ばさなければならなくなって、気をもんでいる。それでも無事に一三日の明石での講演をすませて、一四日に和歌山着、電車で和歌の浦に行って泊ったが、翌一五日講演を前に和歌山に出る頃には、台風の前ぶれで風が強く高波が立っており、やがて降り出したという。一部を引用しよう。

十五日（火）

（前略）電車で和歌山へ行く途中から降る。県会議事堂は蒸し熱い事夥し。宴会を開くといふから固辞しても聞かず、已を得ず風月といふのに赴き離れで待つてゐる。宴開くる頃から風雨となる。隣席の綿ネル商望海楼は危険だといふ。芸妓の踊と和歌山雲右衛門の話を聞いて外へ出ると吹降りである。西岡君は三度も電話をかけて大丈夫かと聞いたら大丈夫と云ふ。牧君にどうしませうかと云ふと牧君は夏目さんどうしませうと云ふ。北尾君がこちらが宜しいでせうと云ふ。後醍院君は是非和歌の浦迄行くと主張する。（中略）余等は富士屋といふのに入る。電燈が消える。ランプを着ける。其ランプが又消える。惨澹たる所へ和歌の浦の連中が徒歩で引き返す、車で紀伊毎日の所迄行つて電車を待つてゐると電車は来るには来るが向へ行くのは何とかの松原迄で其先は松が倒れて行けないといふ。何時迄待つても埒が明かないので帰つて来たといふ。（中略）風雨鳴動のうちに愈十六日となる。

この和歌の浦へ帰れなくなったあたりは、大阪での経験などとともに、『行人』の素材として多分にとり入れられていることは周知の通りである。

漱石は、一六日どうやら大阪に帰りつき、大阪での講演は、薬を飲み飲みがまんしてすませたが、終ると倒れてしまい、宿へ帰るなり床についた。胃潰瘍の再発で、今橋三丁目の湯川病院に入院、九月一四日にやっと帰京することができたが、引きつづき痔疾のための入院生活がつづく。漱石の肉体のなかに、台風が襲い来りつつあるような状況の中で、それに耐えての講演であり、そのような講演旅行がその肉体をむしばむとともに、その精神生活や創作に影響したことを思わざるをえない。

文明批評家漱石の誕生　『吾輩は猫である』や『坊っちやん』をはじめとして、漱石の小説に批評の要素の多いことは、今さら言うまでもないが、「漱石全集」に収められた初期の文章や日記など、小説を書くようになる前のものにも、その傾向は著しく現われており、文明批評家夏目漱石は意外に早く誕生していたといえる。後年の諸処での講演も、文学そのものについて語ったものよりも、広く文明批評の立場に立ったものが多い。本教材もその一つである。

こうした漱石の批評の立場のいくつかの視点のうち、生涯を通じて変わらなかったもの、明治開化期に成長した彼にとって宿命的ともいえるものは、東西文化の対比の問題であった。彼は西欧の文明や思想の日本への急激な浸潤について論じ、物心両面において、にせものの文化を排撃した。教材に採ったのは、明治四四年八月一五日の和歌山市での講演であるが、三日後の大阪での講演で、自分の青年期をふりかえって、「私は明治維新の丁度前の年に生れた人間でありますから、今日此聴衆諸君の中に御見えになる若い方とは違つて、どつちかといふと中途半端な教育を受けた海陸両棲動物のやうな怪しげなものでありますが」とか「漢学塾へ二年でも三年でも通つた経験のある我々には豪《えら》くもないのに豪さうな顔をして見たり、性を矯《た》めて痩我慢を言ひ張つて見たりする癖が能くあつたものです」（「文芸と道徳」）と語っている。学生時代を回顧した談話筆記である「落第」（「中学文芸」明治三九年六月）、「僕の昔」（「趣味」明治四〇年二月）、「私の経過した学生時代」（「中学世界」明治四二年一月）などによると、東京生まれで牛込・神田などで小学校を終えた漱石は、東京府立第一中学に入学、英語をやらないで日本語で普通学をやる正則科を修めたが、一年程してやめてしまって、二松学舎に入学して漢学を学んだ。英語は、東大の化学に進んだが早世した長兄の大一に教えられた。「教へる兄は疳癪持、教はる僕は大嫌ひと来て居るから到底長く続く筈もなく、ナショナルの二位でお終ひになつて了つたが、考へて見ると漢籍許り読んでこの文明開化の世の中に漢学者になつた処が仕方なし」と思って、改めて成立学舎に入って一年ばかり英語を一生懸命に勉強し、明治一七年に大学予備門に入った。

大学予備門は第一高等中学校（後の第一高等学校）と改称されたが、在学中将来の専攻科目として漱石が最初にえらんだ志望は、工科の建築科であった。その趣意は、自分は変人だからこのままでは世の中に容れられない、建築は有用の仕事だから、自分が変人を改めなくても他人が頭を下げて頼みに来るだろうということと、それが実用とともに芸術的な仕事であるからという理由であったという。しかし、後に友人の忠告で、やはり少年時代から心ひかれていた文学に志望を変え、それも国文科や漢文科をさけて、英文科へと進むことになった。

こうした青春期における志望選定のゆれ方の中にも、東西の文明文化の間の往復振幅の幅を察することができるが、その頃親友の正岡子規にあてた手紙（明治二三年一月）に別紙として添えた文章論に見える文学のとらえ方にも、やはり同じ傾向が認められる。それは、子規との文学観の論争の一部であったらしいが、漱石文学論の根幹の成立を示すものといっていい。彼は、思想こそ文学の精髄であり、語の配列としての修辞のみにとらわれてはならないと主張し、

ソコデ此 idea ヲ涵養スルニハ culture ガ肝要ニテ次ハ己レノ経験ナリ（中略）然ラバ culture トハ如何ナル者ト云フニ knowing the ideas which have been said and known in the world.

と説明している。当時の子規としても、文章の美や修辞の末に文学の本質を見ていたわけではなかろうが、どこか国文学的な理解であったのに対し、漱石のそれには、それに反撥する漢学流の文学観とともに、広い外国の世界への視野をそなえた対処のし方があったようだ。その年の夏、子規は国文科に進み、漱石は英文科に進んだ。

大学時代から、松山・熊本での英語教師の時代、さらに英国留学時代の漱石の批評家的資質の伸長については、瀬沼茂樹『夏目漱石』（昭和三七年刊）第一章「作家以前の思想形成」がきわめて適切丹念にその概要を示している。瀬沼は、作家たるべき漱石がその青春から壮年への十数年間を、いわば文学創造のための蓄積の時期として、どのような思想形成を果たしたかという点を、特にその文学観の成立や内容解明に重点をおいて叙述しているのであるが、その場合、漱石内部における東洋的情感と西欧的思考との葛藤が、各時期

ごとに、形を変えながら常に存在していたことがうかがわれる。

東大在学中、漱石は英文学とともに西洋哲学・東洋哲学・社会学・心理学などを学んだが、森鷗外の『舞姫』『うたかたの記』『文つかひ』のような作品をほめて子規におこられたものらしく、子規宛の明治二四年八月三日の長文の書簡の一節に、鷗外の作はわずかに二短篇を見ただけだが、

結構を泰西に得、思想を其学問に得、行文は漢文に胚胎して和俗を混淆したる者と存候。右等の諸分子相聚《あつま》つて小子の目には一種沈鬱奇雅の特色ある様に思はれ候。

と評し、自分は「洋文学の隊長」となろうと思っていたが、和洋に偏らないように心がけたいと書き送っているのは興味深い。三年に進むとともに、東京専門学校の講師や哲学雑誌の編集委員となり、明治二六年卒業の後は大学院に進み、また東京高等師範学校の講師に就任した。この期間の論文や講演筆記で残っているものによってみると、その頃の傾向はやはり英文学の研究家・批評家として進むべき資質を多分に示している。が、瀬沼が言っているように、「英文学についてのエッセイは、漱石が英文学に深い先駆的理解を自力でりっぱにひらいていることを証しながら、みずからは英文学とは何か、まだわかってはいないという疑いを消すことができなかった。しかも、イギリスの学者や批評家が自己と反対の見解をみせている場合に、外国人の悲しさに、これを押しかえすだけの根拠も確信をもっていいきることができず自己を苦しめていた。漱石の厭世思想には、こういう孤独な、如何ともしがたい焦慮もあった」であろうが、そしてそれは後年、英語英文学の教授

のようなことよりも、その執筆に専心するにいたった原因でもあろうが、そのようなことよりも、漱石内部の深処に東洋的なものと西欧的なものとの悲劇的な相剋が存在していたことを、その頃からすでに示していたのだと思わざるをえない。

明治二八年、松山中学に赴任、翌年、熊本の第五高等学校教授に転じ、三三年、英国に留学するまで、英語教師として精勤した。この五年間、漱石の書いた文章はわずかに五篇に過ぎず、地方にあって漱石は久しぶりに漢詩をつくったり、俳句に熱中したりしながらも、文学的な自由な読書の生活を送りたいと考えていた。明治三一年一一月、一二月の「ホトトギス」に載せた「不言之言」に「糸瓜先生」の署名を用いて、へちまのようにぶらりぶらりとした脱俗の姿勢を示しながら、俳句と英詩を比較論評してみているのなどは、当時の心境を露呈したものであろう。

西欧との落差の体感　明治三三年、漱石は五高教授のまま英国に留学した。二年四か月にわたる留学生活が、ロンドンの場末での「下宿籠城主義」であったことは有名であるが、貧弱な留学費を節し、衣食を切りつめて高価な書籍を購入して耽読し、英文学研究についての自家の見識を養い、その成果は『文学論』その他の講義ノートとなった。しかし、それはやがて神経衰弱をつのらせ、最後には発狂説さえ伝えられるほどの苦しみを内に秘めた生活であった。もちろん、美術館その他の見学や観劇、滞欧の友人との交際、運動のための自転車乗りなどの気晴らしがなかったわけではないが、わびしい異境での生活は、西洋と英国人というものの実体について深く感得させるものが少なくなかったようである。

そうした生活体験を通して、東西文化や文明の対比とその間の大きな落差が確認され、漱石の思考や感情を脳裏胸奥の深処でゆさぶったことは、当時の日記や書簡によってもその一端をうかがうことができる。一々挙げきれないが、二、三例を掲出しよう。

明治三三年九月一二日、その乗船プロイセン号が長崎を出て、日本の島かげが見えなくなった日、持参の俳書を読もうとしたが、読む気になれず、

周囲ガ西洋人クサクテ到底俳句抔味フ余地ハナイ。芳賀（矢一）ハ『詩韻含英』抔ヲヒネクツテ居ルガ、是モ何モ出来ヌラシイ。俳句モ一二句ハ作ツテ見度ガ、一向出テ来ナイ。恐入ツテ仕舞ツタ。（九月一二日）

というところからはじまり、印度洋・スエズをへてジェノアに上陸して、グランドホテルというのに一泊、「宏壮ナル者ナリ。生レテ始メテ斯様ナル家ニ宿セリ」（一〇月一九日）とおどろき、汽車でパリに出て、エッフェル塔や繁華街を見物し、「其状態ハ夏夜ノ銀座ノ景色ヲ五十倍位立派ニシタル者ナリ」（一〇月二二日）とさらに驚き入っている。

ロンドンでの日々が数か月続いた頃の日記や、妻鏡子や友人に宛てて書き送った書簡には、外国という鏡に写った日本の姿を明らかに見知るとともに、一方では西欧文化の硬直退廃を見ぬいている点もあって、文明批評家としての基本的な思考体系が構築されおわったと見てよいのではなかろうか。三四年一月二二日に妻に出した手紙には、ロンドンの気候の不愉快から生活習慣の相違、物価高などまでこまごまと書きつづけ、

「フロック」を着ても燕尾服をつけてもつけばいの致さぬは日本人に候。日本に居る内

はかく迄黄色とは思はざりしが、当地にきて見ると自ら己れの黄色なるに愛想をつかし中候。其上脊が低く、見られた物には無之、非常に肩身が狭く候。向ふから妙な奴が来たと思ふと自分の影が大きな鏡に写つて居つたり抔する事毎々有之候。顔の造作は致し方なしとして脊丈は大きくなり度、小児は可成椅子に腰をかけさせて坐らせぬがよからんと存候。

などと書きおくっているが、二四日入れちがいに「妻ヨリ無事ノ書状」が来て、翌日返事を出すとともに、日記に次のように記している。

一月二十五日　金

妻へ返書ヲ出ス小児出産後命名ヲ依托シ来ルナリ。

西洋人ハ日本ノ進歩ニ驚ク。驚クハ今迄軽蔑シテ居ツタ者ガ生意気ナコトヲシタリ云タリスルノデ驚クナリ。大部分ノ者ハ驚キモセネバ知リモセヌナリ。真ニ西洋人ヲシテ敬服セシムルニハ何年後ノコトヤラ分ラヌナリ。土台日本又ハ日本人ニ一向 interest ヲ以テ居ラヌ者多キナリ。(下略)

さらにその後の日記や書簡に注目すべきものが少なくないが、次の二日の分だけ挙げておこう。

一月二十七日　日

大風。

夜下宿ノ三階ニテツクヾ日本ノ前途ヲ考フ。日本ハ真面目ナラザルベカラズ日本人ノ眼ハヨリ大ナラザルベカラズ。

三月十六日　土

日本ハ三十年前ニ覚メタリト云フ。然レドモ半鐘ノ声デ急ニ飛ビ起キタルナリ。其覚メタルハ本当ノ覚メタルニアラズ。狼狽シツツアルナリ。只西洋カラ吸収スルニ急ニシテ、消化スルニ暇ナキナリ。文学モ政治モ商業モ皆然ラン。日本ハ真ニ目ガ醒ネバダメダ。（下略）

ことに後者は、それから一〇年の後、声明特に高い作家として、漱石が和歌山で講演したものを採った本教材の主題とまったく一致するものであることは、改めて言うまでもあるまい。つまり、この教材の主題は漱石においてすでに一〇年前のロンドンでの切実な生活体験の中に成立しており、さらにその後の日露戦争の勝利を経て、日本が各部面で充実発展した状況の中で、漱石内面における東洋と西洋との隔絶感は深まらざるをえなかったようである。留学中、妻と別れて暮し、その妻の夫に対する心の寄せ方、妻との心理的確執が、さらに漱石の隔絶感をひろげ、神経衰弱の原因になったとして、妻あての手紙を精細に分析した荒正人の「漱石における東洋と西洋」（角川版漱石全集別巻収載）の見方もある。しかし、漱石が東西の落差の体感からくるせつないまでの孤独感の中から、日本の近代文化についてのもっともするどい懐疑をつかみとったことが、後年の旺盛な創作活動の基底となったことを何よりも第一に考えてよかろう。

このことを詳しく考察し、この講演をその意味で大きく意義づけたのは、中村光夫「漱石の文明批評」（昭和二七年刊『作家の青春』所収）である。中村は、漱石が明治の作家の中でもっともすぐれた文明批評家であり、当時の日本人の精神上の悲惨を誰よりもするどく感得して、病的な執拗さで追求したと説く。当時の人々の謳歌した日本の開化に対する漱石の懐疑と憤怒は彼の創作衝動の根底をなすものであり、彼の晩年の創作はその文明批評の深化の過程と見られる。

たしかに、中村の言うように、漱石の文明批評は彼の自己批評に通じ、開化の精神は日本の近代化の歪みとしてとらえられるし、荒の言うように、東西と男女の裂け目におちいった場所での漱石の自己発見が、その文学を生んでいるが、漱石がロンドンで身をもって感じたものは、果してその面だけだっただろうか。東西の落差は、もう一つ別の形でも存した面があったことも考慮に入れておくべきではなかろうか。

近代日本文化の位相　英国に留学した漱石において、東西の落差がするどく体感され、自分と日本とがみじめに思われ、日本の前途が憂えられ、日本の覚醒が説かれたことは、前節に引用した日記にも明らかである。荒正人は前掲論文に、これらの日記の感想について、

これが三十五歳の留学生の感慨なのである。こんにちでは新制高校の生徒でさえもこのような簡単な考え方はしないであろう。国家の運命がこのようなかたちで知識人の心をとらえていた時期は、すでに遠い地平線の下に没してしまった。ロンドンに留学しているいる漱石をとらえたのは、一種の予言者の情熱であったかと思う。

と書いている。まさにその通りであるかと思う。同じく前に引いた、『三四郎』の広田先生の、日本は「亡びるね」である。しかし、漱石はそれほど単純ではない。若い日から東洋的な文化を身につけ、東洋的なものの見方感じ方を身につけていた漱石のもう一つの目は、いわば「西洋の没落」をも見てとっている。留学中の日記や書簡のところどころに見える漱石の見たり交際したりした英国および英国人の文化・生活習慣・知識程度に関する批判や罵倒には、一種のコンプレックスから出たものもあるが、もっとするどく、西洋文明の本質を見抜いた点があることを見逃してはならない。

岳父、中根重一にあてた明治三五年三月一五日付けの手紙に、この年結ばれた日英同盟に大さわぎして喜んでいる日本人を批判し、「此位の事に満足致し候様にては甚だ心元なく被存候が」と述べ、さらに「欧州今日の文明の失敗は明かに貧富の懸隔甚しきに基因致候」と述べ、また「カールマークスの所論の如きは単に純粋の理窟としても欠点有之べくとは存候へども、今日の世界に此説の出づるは当然の事と存候」とも述べている。文明批評家としての漱石のきびしい目が、東とともに西にも向けられていることは貴重である。この単元に収録した講演は、大正三年一一月の学習院での講演「私の個人主義」とともに、講演の形で示された漱石の文明批評の双璧といっていい。

なお、こうした東西文化の対立のとらえ方や比較のし方は、その後数十年さまざまの方面のきわめて多数の論者によって発表されつづけてきているわけであるが、明治百年を通り過ぎつつある今日の「現代日本の開化」についての見方はどうなのであろうか。たまたま本稿を記していた一月三日（昭和四三年）付けの「朝日新聞」に梅棹忠夫「ヨーロッパと日本」が載った。ほんの一例に過ぎないが、現時点における興味ある一視点として概括引抄しておきたい。

梅棹は、ヨーロッパの文明は、明治以来日本文明の達成目標とされ、あこがれの的であり続けてきたが、その一方で「今日の日本人は、ヨーロッパの没落ということにもいやおうなしに気づかされてきたようである」とまず述べる。その理由として、「見かけは堂々としているけれども、つねに自己を改造しつつあたらしい文明に適応してゆく柔軟性に欠けている」ヨーロッパの都市に象徴されているように、ヨーロッパ文明が成熟しないままに老化した点を挙げている。それは、日常生活の低能率性や、我の主張や力の信奉が強すぎること、知的好奇心がすくなく、生活至上主義で自分に直接利害のないことには徹底して無関心であることなどとなってあらわれており、栄養過多が精神の成熟をさまたげていると説く。日本はうさぎを追越したかめであり、ヨーロッパと並行したレールを、ヨーロッパを追いかけて走り、今や追いつき、追いこそうとしている。これから本当の競争がはじまる。「ヨーロッパは学ぶ対象でなく、研究と調査の対象となったのである」というのである。

漱石において落差の体感としてあったものが、六〇年後の今日、このような好敵手論に置きかえられているのは、一面観には過ぎないにしても、感慨なきを得ない。

日本人総体の集合意識と日英同盟　漱石はこの講演で心理学を適用し、「心理学者の解剖を拡張して、集合の意識や、また、長時間の意識の上に応用して考えてみますと」といって、この講演の主題を展開させているが、これは実は漱石の文学論の基底をなす考え方でもあった。この講演は漱石の文学観に即応しつつ展開されているわけであるから、その『文学論』とこまかに対照される必要がある。十分な紙数がないので、ほんの要点だけ記すと、その第一章「文学的内容の形式」において、

凡そ文学的内容の形式は（F＋f）なることを要す。Fは焦点的印象又は観念を意味し、fはこれに附着する情緒を意味す

と規定して、心理学を引いて識域の焦点にあてはめる。さらに認識的要素であるFを分類して、その第三として「社会進化の一時期に於けるF」すなわち時代の集合意識（時代思潮）を重点的にとらえ、

例を我邦にとりて言へば、攘夷、佐幕、勤王の三観念は四十余年前維新のFにして、即ち当代意識の焦点なりしなり

と説明している。日英同盟成立は、傍注のように、一九〇二年（明三五）漱石英国留学中のことで、前述の同年三月一五日付けの中根重一宛書簡には、

日英同盟以来欧州諸新聞の之に対する評論一時は引きもきらざる有様に候ひしが、昨今は漸く下火と相成候処、当地在留の日本人共申合せ、林公使斡旋の労を謝する為め物品贈与の計画有之、小生も五円程寄附致候。きりつめたる留学費中、まゝ、如斯臨時費の支出を命ぜられ、甚だ困却致候。新聞電報欄にて承知致候が、此同盟事件の後、本国に

ては非常に騒ぎ居候よし、斯の如き事に騒ぎ候は、恰《あたか》も貧人が富家と縁組を取結びたる喜しさの余り、鐘太鼓を叩きて村中かけ廻る様なものにも候はん。固《もと》より今日国際上の事は、道義よりも利益を主に致し居候へば、前者の発達せる個人の例を以て、日英間の事を喩へんは妥当ならざるやの観も有之べくと存候へども、此位の事に満足致し候様にては甚だ心元なく被存候が、如何の覚召にやと、当時の国民意識を苦々しいこととしている。

教材の問題点

野本秀雄

講演者の主体性と、聞き手の主体性　講演とは、事柄の単なる解説・説明ではない。自分の意見・主張を述べると同時に、それを聞き手に納得させ、説得するという性格をもっている。したがって講演者は、自分の〈主体性〉を確立しておかなければならない。だから、時には「自己を語る」要素さえも含まれてくる。

この講演は、〈文明批評〉である。だが、最近のテレビ番組によくあるような、無責任な、放談的な〈批評〉とは、はっきりと質が異なっている。漱石の〈文明批評〉には、かれ自身の〈生活〉と〈体験〉が、常に底流をなしている。かれが、「日本の現代の開化は外発的である。」という時、「現代日本の開化は、皮相、上すべり」であるという時、それは、高見の見物ではなくて、かれの研究実践や文学実践から、特にロンドンでの生活体験の中から、静かに叫ばれた、きわめて重いことばでなければならない。あるいは、「大学の教授を十年間いっしょうけんめいにやったら、たいていの者は神経衰弱にかかりがちじゃないでしょうか。ぴんぴんしているのは、皆うその学者だと申しては語弊があるが、まあどちらかと言えば、神経衰弱にかかるほうがあたりまえのように思われます。」という批評も、皮肉な軽口ではなくて、そこにはやはり、ずっしりと重いかれ自らの体験がある。（「素材研究」参照）

そのように、あの明治の社会にしっかりと足をつけて生き、目をすえて見つめてきたところから語られる講演であるからこそ、つまり講演者の主体を貫いて語られる話であるからこそ、聴衆を納得させる力があるのであろう。この講演が、学習院での講演「私の個人主義」（大三）とともに、当時多くの人の注目をひき、講演による文明批評として現在も高く評価されているというのも、一つはそこに理由があると言ってもよいであろう。現在、ジャーナリズム的な、それこそ〈上すべりな〉文明批評が、いとも安直に耳に入り、目にうつる時代において、このことを特に生徒に注意させたい。

同時に、聞き手としての生徒にとって、この文明批評を、〈遠い明治時代のお話〉として受けとらせてはなるまい。「聞き手の主体性」とは、無批判に聞くのではなくて、自分の主体にぶっつけて聞くということである。《自分の身に引きつけて聞く》ということである。そうすることは、〈自分個人の身に〉ということに終わらず、〈自分の生きている現実の時代・社会に引きつけて聞く〉ということにもなるはずである。そうしてみれば、この講演の内容が、いかに大きな〈現代的意義〉をもっているかに気づく生徒が多いであろう。そして、「学習の手引き四・五」（未収録）のような討論を通じて、「昭和四十年代の現代日本の開化」に対する認識を明確にし、深化することができようし、ぜひしなければならないことであろう。

論理の大きな展開と小さな展開　読書の形では読み直しができるし、談話でも対話・会話や討議では聞き直しができるが、講演はその点では一回性である。それだけに話し手は、全体の話の組み立て、特に論理の展開のしかたに、聴衆にわかりやすいような配慮をしなければならないし、聞き手としても、部分的な話に気を取られないように、全体の論理の筋道を把握し、重点を聞きとろうとする態度が必要である。

収録した部分は、講演全体の一部ではあるが、この部分だけでも、右に述べた配慮のなされていることが明らかにわかる。たとえば、全体の構成は、大きくとらえると、

①現代日本の開化は外発的である。
②外発的な開化が国民思想に与えている影響。
③日本の将来に対する見通し。

ということになるが、②のことを述べるにあたって、「心理学」の問題を説いて、理論を明確にし、問題点を明らかにしようとしている。そして、この部分が全体の話の中でどういう位置を占めるか、ということを、ことばの上で明らかにしている。つまり、

「心理学の講筵でもないのにむずかしいことを申し上げるのもいかがと存じますが、必要の箇所だけをごく簡易に述べてふたたび本題にもどるつもりでありますから、しばらくごしんぼうを願います。」(四四五頁)

と、はっきりしたことわりを述べた上で心理学の説明を始める。そして、その部分がかなり長いので、それが終わったところでは、

「これだけ説明しておいて、『現代日本の開化』にあともどりをしたら、たいていだいじょうぶでしょう。」(四五一頁)

と言って、②の主題にもどっていく。聴衆に全体の筋道を誤らせないように、そうした細かい配慮がなされている。

同時に、話の一つの段落の中でも、つまり論理の小さな展開の中でも、事例や比喩を用いながら、筋道を明らかにしようとしている。たとえば、②の部分でも、心理学の説明が終わって本題にもどった所では、

㋑日本の開化は外発的であるから、新しい波に次から次へと、無我夢中で飛びついていく。

↑

【内発的な場合の新しい波への移り方は、前の波を消化しつくした上なのである。】

↑

㋺外発的の場合は、前の波を消化したわけでもなく、次の新しい波は自分の起こした波

でもないから、その中に食客をして気兼ねしているような気持になる。

㈧新しい波は、それを消化しきらないうちに捨てなければならなくなる。

←

㈡だから、外発的開化の影響下にある国民は、どこかに空虚の感や、不満・不安の念をいだく。

←

㈭ところが、この開化が内発的であるかのような顔をしてすましている人間もいる。

←

——それは〈虚偽〉であり〈軽薄〉である。

←

㈬それをあえてしなければならない日本人は悲惨な国民である。

というふうに、かなり複雑な論理を整然と展開させている。

比喩や事例とユーモアとの結合　比喩や事例が論理を具体的に理解させる働きをもつことは言うまでもないし、その働きをじゅうぶんに発揮させるには、論理に過不足なくぴったりしたものでなければならないことも言うまでもない。論理と比喩・事例との間にずれがあると、かえって論理を混乱させ、わからなくしてしまう。この講演ではそれが実にうまくいっている。

同時に、その比喩・事例がかれ独得のユーモアと結合していることが多い。これは、こ

の講演の一つの特色である。その例はあげるまでもないが、たとえば、比喩としては、

「あたかも天狗にさらわれた男のように、無我夢中で飛びついてゆくのです。」(四五一頁)

「従来経験しつくした甲の波には、衣を脱いだへびと同様、未練もなければ残り惜しい心持ちもしない。」(四五一頁)

「食膳に向かってさらの数を味わいつくすどころか、元来どんなごちそうが出たかはっきりと目に映じない前に、もう膳を引いて新しいのを並べられたと同じことであります。」(四五二頁)

などがすぐに指摘できよう。また事例のあげ方としては、

「あなたがたという多人数の団体が、今ここでわたくしの講演を聞いておいでになる。聞いていないかたもあるかもしれないが、まあ聞いているとする。(中略) 涼しい風に吹かれでもすれば、〈ああ、いい心持ちだ。〉という意識に心を占領されてしまって、講演のほうはぴったり忘れてしまう。わたくしから言えば、まったくありがたくない話だが、事実だからやむをえないのである。」(四四八頁)

のように(同じような例は四五〇頁五行以下にもある)、聴衆が体感するようなことをユーモアたっぷりに話している。ユーモアは事例などの場合だけでなく、説明そのものの中でも随所に見られる。現在、テレビやラジオなどで、特にそのコマーシャルなどで、愚にもつかない〈だじゃれ〉や軽口が氾濫し、高校生の中にも、そんなしゃべり方で得意になって

いる者が少なくないが、知性的な、ほんとうのユーモアが理解できるようにするためにも、この講演の話し方を、とくと学ばせたいと思う。

評論編

失われた両腕

清岡卓行《きよおかたかゆき》

ミロのヴィーナスをながめながら、彼女がこんなにも魅惑的であるためには、両腕を失っていなければならなかったのだと、ぼくは、ふと不思議な思いにとらわれたことがある。つまり、そこには、美術作品の運命という、制作者のあずかり知らぬ何ものかも、微妙な協力をしているように思われてならなかったのである。

パロス産の大理石でできている彼女は、十九世紀の初めごろ、メロス島で、そこの農民により思いがけなく発掘され、フランス人に買い取られて、パリのルーヴル美術館に運ばれたと言われている。その時、彼女は、その両腕を、故郷であるギリシアの海か陸のどこか、いわば生臭い秘密の場所に、うまく忘れてきたのであった。いや、もっと的確に言うならば、彼女はその両腕を、自分の美しさのために、無意識的に隠してきたのであった。よりよ

ミロのヴィーナス 古代ギリシアの大理石像で、一八二〇年にメロス島で発掘された。高さ二・〇四メートル。ヴィーナスは、ローマ神話で、愛と美と豊かさをつかさどる女神とされる。

パロス産 Páros 島産。パロス島は、アテネの東南約一六〇キロメートルにあるギリシアの島。

く国境を渡って行くために、そしてまた、よりよく時代を超えて行くために。このことは、ぼくに、特殊から普遍への巧まざる跳躍であるようにも思われるし、また、部分的な具象の放棄による、ある全体性への偶然の肉迫であるようにも思われる。

ぼくはここで、逆説を弄《ろう》しようとしているのではない。これは、ぼくの実感なのだ。ミロのヴィーナスは、いうまでもなく、高雅と豊満の驚くべき合致を示しているところの、いわば美というものの一つの典型であり、その顔にしろ、その胸から腹にかけてのうねりにしろ、あるいはその背中の広がりにしろ、どこを見つめていても、ほとんど飽きさせることのない均整の魔が、そこにはたたえられている。しかも、それらに比較して、ふと気づくならば、失われた両腕は、あるとらえがたい神秘的なふんいき、いわば生命の多様な可能性の夢を、深々とたたえているのである。つまり、そこでは、大理石でできた二本の美しい腕が失われたかわりに、存在すべき無数の美しい腕への暗示という、不思議に心象的な表現が、思いがけなくもたらされたのである。それは、確か

メロス島 Milos　パロス島の南西約七五キロメートルにあるギリシアの島。

ルーヴル美術館　フランス国立美術博物館。

に、半ばは偶然の生み出したものであろうが、なんという微妙な全体性へのはばたきであることだろうか。そのふんいきに、一度でも引きずり込まれたことがある人間は、そこに具体的な二本の腕が復活することを、ひそかに恐れるにちがいない。たとえ、それがどんなにみごとな二本の腕であるとしても。

したがって、ぼくにとっては、ミロのヴィーナスの失われた両腕の復元案というものが、すべて、興ざめたもの、こっけいでグロテスクなものに思われてしかたがない。もちろん、そこには、失われた原形というものが客観的に推定されるはずであるから、すべての復元のための試みは正当であり、ぼくの困惑はかってなものであることだろう。しかし、失われていることに、ひとたび心から感動した場合、もはや、それ以前の失われていない昔に感動することは、ほとんどできないのである。なぜなら、ここで問題となっていることは、表現における量の変化ではなくて、質の変化であるからだ。表現の次元そのものがすでに異なってしまっ

グロテスク grotesque〔仏〕奇怪な。異様な。

ているとき、対象への愛と呼んでもいい感動が、どうして他の対象へ遡《さかのぼ》ったりすることができるだろうか。一方にあるのは、おびただしい夢をはらんでいる無であり、もう一方にあるのは、たとえそれがどんなにすばらしいものであろうとも、限定されてあるところの、なんらかの有である。

たとえば、彼女の左手はりんごを手のひらの上にのせていたかもしれない。そして、人柱像に支えられていたかもしれない。あるいは、楯《たて》を持っていただろうか？ それとも、笏《しゃく》を？ いや、そうした場合とはまったく異なって、入浴前か入浴後のなんらかの羞恥《しゅうち》の姿態を示すものであるのかもしれない。さらには、こういうふうにも考えられる。実は、彼女は単身像ではなくて、群像の一つであり、その左手は、恋人の肩の上にでも置かれていたのではないか、と。——復元案は、実証的に、また想像的に、さまざまに試みられているようである。ぼくは、そうした関係の書物を読み、その中の説明図をながめたりしながら、おそろしくむなしい気持ちに襲われるのだ。選ばれた、どんなイメージも、すで

人柱像　人をかたどった柱。

笏　帝王などが権威を示すために持った金属の器具。杖《つえ》状のもの、鉾《ほこ》状のもの、形はさまざま。日本や中国のものとは異なる。

に述べたように、失われていること以上の美しさを生み出すことができないのである。もし、真の原形が発見され、そのことが、疑いようもなくぼくに納得されたとしたら、ぼくは一種の怒りをもって、その真の原形を否認したいと思うだろう、まさに、芸術というものの名において。

ここで、別の意味で興味があることは、失われているものが、両腕以外の何ものかであってはならないということである。両腕でなく他の肉体の部分が失われていたとしたら、ぼくがここで述べている感動は、おそらく生じなかったにちがいない。たとえば、目がつぶれていたり、鼻が欠けていたり、あるいは、乳房がもぎ取られていたりして、しかも両腕が、損なわれずにきちんとついていたとしたら、そこには、生命の変幻自在な輝きなど、たぶんありえなかったのである。

なぜ、失われたものが両腕でなければならないのか。ぼくはここで、彫刻におけるトルソの美学などに近づこうとしているので

トルソ torso〔伊〕頭や手足のない胴体だけの彫像。

はない。腕というもの、もっと切りつめて言えば、手というものの、人間存在における象徴的な意味について、注目しておきたいのである。それが最も深く、最も根源的に暗示しているものは何だろうか。ここには、実体と象徴のある程度の合致がもちろんあるわけであるが、それは、世界との、他人との、あるいは自己との、千変万化する交渉の手段なのである。言い換えるなら、そうした関係を媒介するもの、あるいは、その原則的な方式そのものなのである。だから、機械とは手の延長であるという、ある哲学者が用いた比喩《ひゆ》は、まことに美しく聞こえるし、また、恋人の手を初めて握る幸福をこよなくたたえた、ある文学者の述懐は、不思議に厳粛な響きを持っているのである。どちらの場合も、きわめて自然で、人間的である。そして、たとえばこれらのことばに対して、美術品であるという運命をになったミロのヴィーナスの失われた両腕は、不思議なアイロニーを呈示するのだ。ほかならぬその欠落によって、逆に、可能なあらゆる手への夢を奏でるのである。

アイロニー irony 〔英〕反語。皮肉。イロニー。

清岡卓行（一九二二〜二〇〇六）　詩人・小説家。満州の大連（現・中国遼寧省）に生まれた。東京大学仏文学科卒業。詩集に『氷った焔《ほのお》』『日常』などがあり、評論に『廃虚で拾った鏡』『手の変幻』『抒情《じょじょう》の前線』などがある。一九七〇年、小説『アカシヤの大連』によって、芥川《あくたがわ》賞を受けた。
この文章は、一九六六年に刊行された『手の変幻』に収められており、本文も同書によった。

「失われた両腕」について

現場のみなさんへ

清岡卓行

この「失われた両腕」という文章は、私の評論集『手の変幻』の最初の章となっているものです。その書物は、筆者の小さな自由において、文学、芸術、写真などの世界をのんびり散歩しながら、魅惑的な人間の手の表現にぶつかると、そこに立ち止って、いろいろ考えようとしたものです。

そこで対象とした作品や現実は、きわめて雑多です。萩原朔太郎の散文詩「この手に限るよ」、島尾敏雄の小説『出発は遂に訪れず』、コルピの映画『かくも長き不在』、広隆寺の彫像『半跏思惟像』、東京オリンピックの写真、シャガールの絵画『緑色のヴァイオリン弾き』、あるいはブルトンの詩「自由な結合」といったふうに、表面から眺めると、その題材にはほとんどまとまりがありません。

しかし、筆者にそのとき少しばかりの自負がなかったわけではなく、この書物の「あとがき」の中には次のような言葉がしるされています。

「手という奇妙な強迫観念に憑かれたようなこの追跡行に、もし一貫するなんらかの主題がありうるとするなら、それは、人間のあるときの手の表情が、その人間の全体とどのようにかかわるかという問いを、密かに持ちつづけたことをおいてほかにはないであろう。」

ここで述べられている「その人間の全体」、それを限られた肉体的部分において具体的に、それも、千変万化する状況に応じて表現するためには、手以上のものはありえないという確信は、今も揺らいでいません。

そういうわけで、「失われた両腕」という文章は、『手の変幻』の序説のような立場にあるものです。つまり、そこでは両腕の失われていることが、手のはたらきの可能性を厖大な花束のように暗示してくれるはずで、あとに続くさまざまの文章に現れる特殊な場合を、包括的に予告してくれているのではないかと思います。

それにしても、人間の手は神秘的です。

筆者は「失われた両腕」を書いたとき、それを『手の変幻』の序章であることからはずし、独立した文章、できれば一篇の散文詩として、詩の雑誌に発表してみたいという誘惑を感じました。それはたぶん、この短い文章において、人間の手の神秘性が、漠然とした形においてではありますが、未分化の状態で、最も強く意識されたためだと思います。それで、「失われた両腕」が教科書の一部となるために、『手の変幻』からぽつんと抜かれるということは、筆者にとって、その未分化の詩的燃焼を自立させたくもあったという以前の夢を、思いがけない形で実現してくれるものです。

作者・作品論

鈴木醇爾

1　要点だけ先に書けば

「失われた両腕」と書いたとき、清岡卓行の頭にあったのは、ミロのヴィーナスよりも、自分自身の運命的な人生の姿であったと思われる。彼は故郷喪失者であって、帰るべき「アカシヤの大連」は、すでに海のむこうに失われてしまっている。植民地の子は、敗戦によって本国という異郷に移住して以来、帰って行くべきところを持たない。

そして彼が稿をすすめて、次のように書くとき、それはもはや自画像である。

パロス産の大理石でできている彼女は、十九世紀の初めごろ、メロス島で、そこの農民により思いがけなく発掘され、フランス人に買い取られて、パリのルーヴル美術館に運ばれたと言われている。その時、彼女は、その両腕を、故郷であるギリシアの海か陸のどこか、いわば生臭い秘密の場所に、うまく忘れてきたのであった。いや、もっと的確に言うならば、彼女はその両腕を、自分の美しさのために、無意識的に隠してきたのであった。よりよく国境を渡って行くために、そしてまた、よりよく時代を超えて行くために。このことは、ぼくに、特殊から普遍への巧まざる跳躍であるようにも思われるし、また、部分的な具象の放棄による、ある全体性への偶然の肉迫であるようにも思われる。(四八六頁六行)

一九二二年大連で生れた彼は、まことにコロニイの子であった。敗戦によって、その居を本国に移さなければならなかった。大学一年生の彼は、その時、永遠に故郷を失い、青春を閉ざしたのである。だが彼は、いわゆる戦中派が示す無為無策の中の虚無感を体現しつづけることはなかった。やがて一九五〇年代の詩人として登場するのである。彼は、彼自身の言葉によれば、「世界観の支柱を求める立場から感受性の純粋を求める立場へ移行しようとするかのような特徴」(『抒情の前線』)を示す詩人の一人であった。故郷喪失から感受性の純粋へという精神の道程は、そこに語られるべき多くのことを秘めているのだが、今はふれないで、むしろ、この道程で結実した批評論を引用してみよう。批評論といっても、短い詩でつくされているもので、ここに示された自由自在さは、小説家であったら同年代の第三の新人に、なかんずく吉行淳之介に近い。

見知らぬ友
批評とはぼくにとって遂に対象への
そこはかとない愛を語ることであるか?

ぼくに近づくなぼくから遠ざかるな
ぼくから一番よく見える所に立ってくれ

ここには、世界観で対象を裁断することを拒絶し、あくまで対象をよく見よう、そしてそこはかとない愛を語ろうとすることに自らの立場を見出している爽やかさがある。このような爽やかさは、「失われた両腕」の中にも明白に感じられるものである。ミロのヴィーナスの失われた両腕を欠損とみないで、むしろ普遍への跳躍であり、全体性への肉迫とみなおしていく過程に、この爽やかさがある。しかし、ミロのヴィーナスの批評としての「失われた両腕」は、対象へのそこはかとない愛を語るというより、もっと熱烈な愛で対象を包んでしまっているようである。この熱烈さのゆえに、彼自身の自己表出を強く読みとることは許されてよいだろう。

実際この文章の中には、ミロのヴィーナスは両腕がないからこそ魅惑的だということが首尾一貫してくりかえされている。あたかも主旋律をくりかえし続けるある種の音楽に似ている。その変奏を支える情念は、他を語ることの中で、思わず自分を語ってしまうときの没頭に似ている。そして、その変奏を支える理念は、言ってみれば、清岡卓行という詩人の喪失の美学なのである。

2　不思議なアイロニイの中の清岡卓行

このノートは、「失われた両腕」の形成を作者の生活史、精神史の中で考えようとしている。「失われた両腕」を読む人は誰でも、眠気がいっぺんに醒めるような、心が柔らかにほぐれるような、うまい茶を飲んだときのような、柑橘類を食べたときのような、こういっても、まだぴったりこない、軽い驚き、啓発される喜び、やさしさ嬉しさにつつまれるだろう。独特の持味に酔わされるだろう。独特の持味の発生源は、このエッセイの場合どこにあるのだろうか。考えるまでもなく、それはミロのヴィーナスは両腕が失われているから、かえって、可能なあらゆる手への夢を奏でて、魅惑的だということにある。作者自身「不思議なアイロニイ」と呼ぶこの発生源は、偶然見出されたものであったろう。「不思議な」ということばが、この小エッセイの中に二度も使われていることを知れば、作者は、偶然の発見にみずから驚き、不思議の感にとらわれたのが嘘でないことがわかる。作者は、その驚きと不思議の感で、それで、全文を書ききっている。こうして、文章中の独特の持味が生じて来ている。

そこで問題にしたいのは、作者はなぜ「不思議なアイロニイ」を見出し得たか、ということ。それは偶然であったにしろ、巨視的に作者の人生を見たら、ミロのヴィーナスとのこのような美しくもやさしい出会いを、いやでも可能にする何かがあるのではないか、と思われるからである。

伝記的資料からの展望　彼の伝記的事項は必ずしも明らかでない。今日、それを明らかにしようとしたら次のようなものしか、私は知らない。

1　詩集「日常」付の年譜（全詩集・思潮社）

2　「自伝の中の一章——阿藤伯海先生の思い出——」（現代詩文庫）
3　「奇妙な幕間の告白」（現代詩文庫）
4　「僕にとっての詩的な極点」
5　「朝の悲しみ」「アカシヤの大連」などの小説五部作（講談社）
6　小説「海の瞳」（文藝春秋社）
7　随筆集「サンザシの実」（毎日新聞社）

このうち、4、5は、なにしろ小説で、どこが真実で、どこが嘘なのか不分明であり、6はごく断片的。2、3もある部分の拡大図である。

してみれば、1がいちばん好資料たりうるはずであるが、これも大まかすぎて、それがあのアイロニイとどうかかわるか、明白にはとらえがたい。ともかく、この「年譜」を、二行だけ残して全文引いてみよう。

十九歳の頃のぼくの夢は、先ず詩集を作ること、次に、大学へ行ったらフランスの高踏派の誰かを研究すること、そして卒業したら、どこかで語学の教師でもやり、生活が安定したら、自分の主観に誓って美しい女性と結婚することであった。昭和十七年頃の話である。戦争中の愚かな高校生が思い描いたこののどかな生活設計、詩集—卒業—就職—結婚というコースは、今から考えてみると、どうしてこうも逆さまに予想したのだろうと、苦笑を禁じ得ないものなのである。

事実はどうであったか。先ず、結婚した。自分の主観に誓って美しい女性が眼の前に現れたら、そうならざるを得ないではないか。しかし、驚いたことには、結婚は到達点ではなくて出発点なのであった。子供ができて、どうしても金を稼がなければならなかったのである。そのためには、就職しなければならなかった。しかし、就職してみると、学校を卒業していなければ損であった。大学を出たのが昭和二十六年、長い学校時代である。その次がようやく一冊の詩集で、昭和三十四年のことである。実際の順序は、結婚―就職―卒業―詩集なのだ。

ぼくのコースを狂わせたものは、言うまでもなく戦争や戦後の現実である。しかし、ぼく自身に、そうした過程を逆に生きてみたいような衝動がなかったわけでもなさそうだ。それは、ぼくにとって詩が何であったか、それがどう変化したかということにもかかわっている。おかげで、フランス語とは縁のない就職をしたり、詩以外の音楽や映画に熱中したりした。

この散文詩のような「年譜」から、「不思議なアイロニイ」を導くとすれば、「戦争や戦後の現実」が、彼の「コース」を逆に歩ませたということであろう。戦争や戦後の体験の持つ意味に、焦点を合わせてみたら、何か出てくるかもしれない。もうひとつは、彼の「コース」の到達点としての結婚が、そうではなくて「出発点なのであった」というアイロニイである。以上二点から考えてみることにしよう。

戦争体験が含むアイロニイ　このことについては「奇妙な幕間の告白」が十分に語っている。戦争責任論争の幕間で行なわれたこの告白は、攻め手の吉本隆明をもっとも感動させ、誰よりも責任を問われた壺井繁治らをやさしくかばった文章であるが、そうした戦後思想史上の意味は、あとまわしにして、彼の体験を追ってみよう。

昭和十九年の話である。ぼくは二十一歳であった。大学の文学部の一年生、フランス文学という、高等学校を一度変えてまで勉強したかったものが、ようやく、本式にならえるはずであった。ぼくは新しく買ったノートの扉にエピグラフを書きつけた。萩原朔太郎の詩句である。

僕は人生に退屈したから
大工の弟子になって勉強しよう

しかしそのころ、ぼくは、どうやら自分だけは助かったらしいという、エゴティズムの満足と、そして、一種の名状しがたい後めたさのなかで生きていた。

「どうやら自分だけは助かったらしい」というのは、彼が「召集の日、ぼくは、肺患があると診断されて、即日帰郷を命ぜられた」ことを意味している。「肺患」という戦前戦中にあっては、死につながるべき病気が、かえって生をもたらす戦争のアイロニイを、彼は生きていたわけである。

「しかし、ぼくにとっては新しい心の内がわのたたかいが、そのときから開始されていた。「人生二十三年！」というスローガンのもとに、かつてのクラスメートたちはほとんど動員されていた。ぼくは、どうしようもない厭戦の気分のなかで、自分の行為を正当化するために、異常に焦っていた。」

「ぼくは、ランボーのなかに、いわば宇宙の認識形式そのものを人間として拒否しようとする怒り、──最も強烈に生きようとする意志は皮肉にも生の原理にも耐えることができないものであるという悲劇を、見たと信じた。」

彼は、クラスメートが召集されて行く中で、かえって生きる苦闘を持ったわけで、そのあげくが、ランボーというわけである。「最も強烈に生きようとする意志は皮肉にも生の原理にも耐えることができないものであるという悲劇」にたどりつく。生の純粋燃焼としての死というアイロニイを、彼は生きることになるのである。戦争から肺患のゆえに解放された彼は、その生を純粋に過ごそうとして、かえって死を見出すことになった、そういう逆説をもって、彼の魂は、召集されたクラスメートと一体になろうとしたものかもしれない。

「そのころであった。ぼくの魂にいつのまにかふしぎなひびわれが生じはじめたのは。──ぼくは、今はどうにも名前も内容も思い出せないある劇映画を見るために、本郷の薄汚い三番館のガラ空きの中で坐っていた。面白くもおかしくもない戦意昂揚の漫画が終り、次にニュース映画が、相も変らぬ敗けいくさをうつしていた。ところが、新聞でようやく知った特攻隊のカットが現れはじめた。そのとき、ぼくはぼくなりに異様に緊張していたにちがいない。

一人の中尉が、上官や仲間と別れの挨拶を交し、飛行機の梯子を昇った。飛行機が滑走しはじめる。機上から、その中尉が、訣別の白いハンカチを振っている。飛行機は、やがて、画面の枠を越えて飛び去ってしまった、そこで、ニュースは終った。

これだけの短い画面が、しかし、ぼくに衝撃を与えたのである。小さいと思われたその傷口は、それからもいやされることなく、じつに、戦争が終って十年になる今日においてさえ、いまだにぼくの魂をひきさいたままなのである。ぼくの正義はいわばそのときから失われた。」

「ぼく自身が、戦争の共犯者であるという、生々しい意識が、それに抵抗するすべもない惨めさが、そして、現実の死だけは取り返すことができないという、どうしようもない論理が、今日もなお、時として、反芻されるばかりである。

戦争の共犯者であり、かつ同時にその犠牲者であるという意識、それこそ、ぼくの胸を今もなおつらぬいている短刀である。この欺瞞、この矛盾、しかしそれは、戦争への協力と抵抗という明確な図式で裁断され得るものではあるまい。」

彼の生きていた地獄がここには示されている。正義が失われていながら、なお生きていること。戦争の共犯者でありながら、抵抗できないまま、ずるずると犯し続けること、そういう形で犠牲者であること、その苦い二律背反。この彼の地獄もまた、二つのアイロニイを持っているといってよい。ひとつは、さいわいに拾った生が、すでに正義が失われていること、失われた当為を生きるというアイロニイ。もうひとつは、戦争が強いるもので、加害者であると同時に被害者であること。

大連への帰郷　彼が、原口統三とつれだって、故郷大連へ帰ったのは、昭和二〇年、敗色こくなった時であった。食糧事情の悪い東京より、もっと条件のよい、それに父母も住んでいるところへ赴いて、一息つきたい、そんな事情もあったろうが、それだけではないようだ。安部公房も無理して父のもとに帰るのだが、清岡卓行も、ただごとならない様子で帰って行った。故郷が失われてしまう予感が、彼をせきたてたのであろうか。あるいは、戦争がもたらした逆説的な生を、故郷に運ぶことで何かの解決がえられるというような予感があったのであろうか。

いかなれば道連れの
わがふるさとの人にして
わが捨て去りし
父母の住むアカシヤの町を説かむとするぞ（「商船の夜」）

彼は、捨て去った生れ故郷に、ともかく、再び帰って行くのである。しかし、故郷で彼が得るものは、暖かい家族のぬくもりだけではなく、むしろ、植民地の子、コロンの子としてのコムプレックスであった。

わが湿潤の故国は
コガネムシ科の昆虫どもと同じく
はるか海のかなたの列島なるに
わが生れしところは
このさびしき乾燥の土地なりき

ああ　この懐かしき大陸の一突端には
なにゆえに
とつくにびとたる土着のひとの墓場のみ
暗くひろごるや
われはこの愚かにもふしぎなる問ひに
孤独の外套の襟を立て
まろき月凍てつきし赤煉瓦の街を帰りぬ
われはコロンの子
しかも　やくなき地球の裏の言葉を学び
自らの命断たむ思ひに遊びほけたり
わが墓場はいづこ
氷のごとく美しきわが夢に
われはかく訊ねき（「土」）

彼は、この詩から二十数年たって、故郷について次のように書く。

高知県は私にとってふしぎな場所だ。それは父母が生れて育ったふるさとであるが、私にとっては住みついたことのない本籍地である。

私が生れて育ったところは別にある。それはかつての日本の租借地関東州の大連で、私はそれを心の中で〈風土のふるさと〉と呼んでいる。しかし、それはすでに幻の都会で、現実の生活をときたまでも支えてくれる地盤ではない。そのためか、私は一方において〈言語のふるさと〉を意識してきた。それは断るまでもなく、生活のよりどころとしての日本語である。(『サンザシの実』所収「ふるさと土佐」)

例えば、島崎藤村が「血につながるふるさと　心につながるふるさと　言葉につながるふるさと」と言って馬籠を、なにかの支えや慰めにする。それが、彼には出来ないのである。彼には、故郷がないのである。先ばしっていえば、故郷喪失に耐えて、血縁、風土、ことばという三つの故郷を想定してゆくところに、「失われた両腕」と同じ発想があるのだが、今は、もっと、コロンの子の孤絶に思いをひそめよう。

生の獲得が死を呼び込むというランボー体験がある。戦争に行かないでいいことが、正義と感じられない状況がある。加害と被害の背中合わせ。捨てた故郷に帰らざるをえない事情がある。コロンの子であるために故郷が失われているという現実がある。彼はいったいどう生きのびて行くのか。「扼殺し得ない絶対と、回避し得ない状況との二律背反的な関係」(詩集『氷った焔』)と彼が名づける孤絶、それをどう生き切るのか。すべてが死への親愛になる。

動物的本能の導くもの

このような死への親愛感は、どの角度からでも切り取ることができるだろう。怒りが支配する場合もあれば、優しさがつらぬかれる場合もある。あるいは、自由という観念がどこまでも拡大される場合もある。ぼくは、近道に、ぶっきらぼうに、いわばメタフイジックな純潔を焦点にしながら語ろうとしただけだ。ひとはやがて、その場合には、宇宙を認識する原理、時間と空間の形式を拒否しようと白熱するに至るだろう。この生命の逆説の行手には必然的な帰結として自殺しかあり得ない。(中略)しかし、ぼくに問題は残った。というよりも、ぼくは自分の論理に誠実であり得なかったのかも知れない。前に書いた言葉を用いれば「恐らく本人にもそれが生の倒錯であることを漠然と意識させている」何ものか、単純に動物的な本能がたちはだかったのである。ここに論理のきびしい美しさはつらぬかれない。生ぬるく物質化して行く、最初の自己放棄がある。ぼくはその触感をまだ覚えている。(「僕にとっての詩的な極点」)

「単純に動物的な本能がたちはだかった」とき、彼は、その本能の導くものにしたがうことになる。それは官能的な女のイメージであったり、内発的な欲望であったりした。そして、この女のイメージとの愛を重ねる中で、彼は、死から引き離され、芳潤な生の方に連れられることになる。

コロンの子の恋　広島・長崎と原子爆弾が投下され、やがて敗戦をむかえたとき、大連にいた彼が抱いた感慨は何であったろうか。小説『アカシヤの大連』で空想してみよう。敗戦につづく、一年八ケ月、彼は外部世界のめまぐるしい変化を、なかば茫然と見つづけ、その中で、いったんは、孤独な憂鬱の哲学を忘れてしまう。しかし、それは、戦争という特殊な状況の下でだけ紡がれる哲学ではなかった。彼が、沢田真知と出会い、恋を生きる中で、よみがえって来て、二人の恋を不思議に色どることになるのである。

彼女の出現は、急激に、彼の心の奥底に眠っている何かを揺さぶり起したようであった。彼はやがて、それが何であるかをさとった。それは、めまぐるしく変化する外部の現実への関心のうちに、久しく忘れ去っていたあの懐かしい憂鬱の哲学、——不定形な女のイメージと自殺の不可能の意識による生への傾きが、なお優勢を保つ甘美な死への傾きにようやく拮抗したまま進展しなくなっていた、あの心の中のどらまであった。(『アカシヤの大連』)

彼の内部によみがえった、観念としての、甘美な死と芳潤な生の対峙は、彼女の出現によって生に大きな重味が加わり、その拮抗はまったく安定したものとなっていた。「彼女と一緒なら、生きて行ける」という思いが、彼の胸をふくらませ、それは、やがて、魅惑の死をときどきはまったく忘れさせるようになっていた。(同)

こうして彼の青春は閉ざされることになるのだが、その閉ざし方に不徹底さがなかったわけではない。この引用だと、彼女はまるで救世主のようである。『朝の悲しみ』では、この不徹底さにふれて、次のように考えている。

荒寥とした世界から、彼を生きることへ招いたのが、妻の若い美しい魅力であった。承認することができない不条理やみじめな限界に満ちたこの世界と、彼が妥協したのは、妻のためであったのだ。そう、それは世界の受容ではなくて、世界とのやむをえない、甘ったるい妥協であった。

ともあれ、彼は結婚し、懐妊中の彼女と引揚げてくる。

引揚者たちの海
とある大陸によみがえる解氷の季節
引揚者収容所からの行列は　一瞬
はるかな海へ歩きはじめる　一歩　一歩
罪障の道を　逆に　たどりはじめる
――どうしてきみは　そこにいたのか（以下略『氷った焰』所収）

終末と出発のアイロニイ　引揚船の中で彼が抱いた感慨はなんであったろうか。それはさまざまなことのおわりであり、喪失であったろうし、生きることのさまざまなはじまりであったろう。「年譜」の中に述べられているように、「結婚は到達点ではなく、出発点なのであった」わけである。終末が出発というアイロニイを彼は、どのように味わったのであろうか。

青春は、生と死が、なんという背中合わせでみちていたことであったろう。戦争は、正義を彼から奪ったまま終りをとげ、平和の中に正義を奪われた彼は、どのようにかして正義を実現しなくてはならない。妻と一緒にいるために彼が選びとった行為は、ほとんど、観念の中の純粋さを裏切り続けることであったはずだし、そのことがもたらす痛みの予感が、心に湧いてこなかったであろうか。「罪障の道を逆にたどりはじめる」彼は、つぐないのために、異郷へ旅立たなければならないのである。

比喩的に言って、彼は、両腕を失って、いま船上にいるのである。しかし、彼の失われた両腕が、かえって変幻自在な手を感じさせるかというと問題はおのずから、別である。むしろ、対象化し、思索の範疇にとらえるには、あまりに痛々しく、生々しい喪失として記憶にとどめておくべきであろう。

3　転生のための日々の中の清岡卓行

ミロのヴィーナスが、故郷であるギリシアの海か陸のどこか、いわば生臭い秘密の場所に、うまく忘れてきた、ように、清岡卓行が、自らの生臭い秘密の日々を経過し、喪失そのものを、自分の美しさのために、逆に使いこなすという、彼のもっとも劇的な日々を、明確に追跡することは、今はできない。

ただ、次のような引用で、そのスケッチを行なって、先を急ごうと思う。

ぼくは詩を捨てた。北向きの五帖の部屋で女房と長男と三人で仲よく暮した。勤めに出かけ、時たままだ卒業していない大学の仏文科に通い、酒を飲み、そして寝るだけであった。昔の友人や先生に会っても、言葉がうまく通じなかった。「あいつは美人と結婚してダメになった」と友達仲間で言われていることを、後輩の村松剛が慰めるように教えてくれた。文学批評にタンランたる瞳を燃やしていた彼から見ても、ぼくはダメになった詩人であったかもしれない。同じ後輩の中村稔の処女詩集『無言歌』を、仏文学の研究にいそしむ橋本一明の称讃を通じて受け取っても、ぼくは読まなかった。(現在はそれを何回読み返していることだろう！)　ぼくはとにかく自分で考えてもダメになり、そして悲しくも肥りはじめた。(「僕にとっての詩的な極点」)
かつての彼と原口統三を、自殺という問題において分つものは、ただ、実行という一線である。ところで、それは断るまでもなく、真に決定的な一線である。戦争に行ったか行かなかったか、結婚したかしなかったか、あるいはなんらかの革命運動に参加したかしなかったか、そうした違いもまた、人間たちをかなり鮮明に分つものかもしれない。しかし、それらはすべて、現実内部の相対的な対応に過ぎまい。この世ならぬ視点から眺めたら、ひとつ穴の狢である。それらに対して、自殺するかしないかは、現実そのものを取り返すすべもなく喪失するか、それとも、それをともかくも全的に受け容れるかということを意味するのである。(『海の瞳』)

彼は、帰国早々原口統三の自殺を知らされそれを含みこむ生き方を求めていたのであろう。彼の青春が、生において死を考えることにあったのは、すでに述べて来たのだが、戦後の姿は、死において生を考えるように逆転している。それは、「ともかくも全的に受け入れる」現実の中で、原口統三という純粋な生の果ての死をもって、妻との間の妥協を洗いあげる形をとらざるをえなかったのであろう。

そのとき　ふと吹き抜けて行った
競馬場の砂のように埃っぽく
見知らぬ犯罪のように生臭い
季節はずれの春。

それともそれは　秋であったか？
風に運ばれながらぼくの心は歌っていた
――もう　愛してしまったと。（「思い出してはいけない」）

かれはふと、かすかな神秘を感じる。かれと同じ土地で生れ、かれと同じ土地で育った妻と、その同じ土地で出会った偶然について。それは、戦争の終ったあとだった。明るい混乱が、二人を出会わせた。二人は、植民地から追われる敗戦国民の子供たちだった。二人の名前をはめこむ、建物も、書物も、機械もない気やすさが、二人を自然に結びつけた。それは、素晴らしい気まぐれだった。彼女は何と美しかったか。何かが一秒、何かが一メートルちがっていたら、とかれは、今でも身ぶるいするのだ。（「地球儀」）

一方に親しい半身の死による自己貫徹があり、一方にもうひとつの半身の、偶然もたらされた愛、そしてそれへの没入。

このような構造の中から生れるであろう羞恥の感情を、清岡卓行の基本的な生活感情ととらえるのが吉野弘である。

この羞恥の感情は、生存の拒絶では勿論ありませんが、そうかといって、全面的な受容というのでもありません。いわば、拒絶と受容の中間に位するものでしょう。その意味では、随分、消極的な感情で、もっと痩せている筈ですのに、清岡さんの場合は、不思議にうるおいを感じさせるのです。生命に背を向けているのではなくて、手を差しのべているような、そんな人間くささがあるのです。ニヒルといった感情と結合しそうなものなのに、そういった気配がないのです。(「清岡さんの『羞恥』について」)

吉本隆明は、次のように言っている。

かれは、わたしとおなじように日常世界に生きているのだが、かれのこころは、また思想は、いつも日常世界の下をあるいている。そこから問いかけ、やさしいゆきとどいた神経を発揮する。かれの声は日常生活人の声のようにみえながら、日常生活の下方にある世界から発せられているから、音もなく痛みもなく滲みとおるのである。(「清岡卓行論」)

彼は、原口統三の死に追われ、戦争の痛みや、故郷の喪失感に耐えるべきものとして、その愛妻、子供しか持たなかったのである。そして、生活人にあえてなり、残余のエネルギーで、生活の下に沈潜したのである。羞恥に頬を染めながら……。

生活の下に沈潜するというのは、この場合、無為というよりも、限りない思索の蓄積を意味する。「恋愛詩のメタフィジックをめぐって」という論文があって、この表題自体が、彼の生活の下への沈潜を示している。また、次のような部分もまた、沈潜の中での彼のあるドラマを示している。

人間は、恋愛体験において、日常的・社会的な現実の枠を超えようとする永遠の生命感に似たものを味わう。その意識は、それまでとは違ってしまった世界の構造に直面する。具体的で有限であるさまざまな境界線がぼやけ、それらが、無限であるものとつながっているように生き生きと感じられたりする。しかし、その充溢する虚無は認識できない。しかも、認識できない宇宙の全体性そのものの中心に、恋人が位置しているかのようである。詩人とは、そのような場合、その捉えがたい構図を言葉で定着しようと焦るものなのだ。

それは、世間的にダメになったと言われ、自分でもダメになったと認める彼が、その中で、再び詩に意欲を燃やすきっかけを、ここではすでにつかんでいるということである。

詩集『氷った焰』の誕生はこうして約束されるのである。この中のメタフィジカルな恋愛詩のかずかずは、自らの恋を唯一の鏡として、世界を、また人間の深みを映じだそうという努力によって生れる。彼は、このようにして、日常の生活の下から、声を発することに成功する。

すでに、失われた両腕は、その喪失に耐えて、可能なあらゆる手への夢を奏ではじめるのである。

4　書誌的なこと

「失われた両腕」は一九六六年に刊行された『手の変幻』(美術出版社)に収められている。目次をおいながら『手の変幻』の内容を紹介していこう。

はじめに出てくるのが「失われた両腕」であって、「ミロのヴィーナス」という別題もある。これ自体独立した評論であるが、これ以降に続くエッセイの序章の作用もしている。つまり、「失われた両腕」の中には、手についての定義(清岡卓行の立場での)が示されているし、「可能なあらゆる手への夢」が喚起されていて、総表題『手の変幻』の出発点として、充分に配慮されているのである。

次は「思惟の指」別題「半跏思惟像（広隆寺）に」である。八ページに及ぶ長詩。この詩は詩集『四季のスケッチ』にも収められている。

「映像と心像」（アンリ・コルピ『かくも長き不在』）は三番目。清岡卓行は一九六〇年に映画論などをまとめた『廃虚で拾った鏡』（弘文堂）を出版している。

そして「指の先の角砂糖」、副題「萩原朔太郎『この手に限るよ』」。このエッセイは、抄ではあるが、『清岡卓行詩集』（現代詩文庫、思潮社）に収められている。

次は「勝利の羞恥と儚さ」で副題は「東京オリムピックから」。

そして「演奏の手」。ここには三つおさめられていて「1求心と遠心。2詩の中のオーボイスト。3絵画の中の演奏」がこれ。「絵画の中の演奏」は古代と中世のものにふれたのち、ジョルジョーネ、カラヴァッジオ、ドラクロア、コローから、現代のシャガール、ピカソ、シャーンなどのものに及んでいる。

七章とも言うべきは「決死の手の蘇生」で島尾敏雄『出発は遂に訪れず』論である。

最後は「女の手の表情」であり、一一篇の文章で女の手の表情が述べられている。「ヴィーナスの誕生」（ボッティチェリ）、「キリストの磔刑」（グリューネヴァルト）、「ユダヤの花嫁」（レンブラント）、「物思恋」（喜多川歌麿）、「読みさして」（コロー）、「ジャンヌ・エビュテルヌの肖像」（モジリアニ）、「バラ色の裸婦」（マチス）、「昼食」（レジェ）、「佃渡しで」（吉本隆明）、「麗子像」（岸田劉生）、「母と娘」（国吉康雄）、アントニオーニの作品、ラングとキャパの写真、シュールレアリストの詩作品などがとりあげられている。

この本のあとがきを見ると、「人間の手の表情を、美術、文学、音楽、映画、写真などの世界を気ままに散歩しながら、少しばかり眺めたものである」と書いてある。また「手という奇妙な強迫観念に憑かれたようなこの追跡行に、もし一貫するなんらかの主題がありうるとするなら、それは、人間のあるときの手の表情が、その人間の全体とどのようにかかわるかという問いを、密かに持ちつづけたことをおいてほかにはないであろう。」ともある。

さて、書誌からやや離れるが、『手の変幻』の造本の行きとどいた清潔さにもふれておこう。おそらくこの造本は出版社の担当者の熟達度や熱心さをこえている。上品な手仕事という印象があって、この印象は、他の本、『アカシヤの大連』（講談社）『清岡卓行詩集』（思潮社・全詩集）『ひとつの愛』（講談社）『海の瞳』（文藝春秋社）『鯨もいる秋の空』（講談社）『サンザシの実』（毎日新聞社）に至っても、ひとすじにながれて変らない。清岡卓行は、造本などにも神経を行きわたらせ、自らの清潔で行きとどいた好みを示さずにいられない人のようである。そういえば『鯨もいる秋の空』の宣伝文に「純粋に手造りの感動の世界」とあり、この文の筆者も、清岡卓行の品のいい手仕事への嗜好を感じたようである。ただ、それを造本よりべつな、文章そのものの中に見出したのである。

5　『手の変幻』が奏でる世界

この本の世界を貫くものは、戦争がもたらす荒廃の姿と、その中からこそもたらされる愛の姿である。その荒廃に芽吹く愛の姿を、手の表情を通して、人間の全体とかかわらせながら描き上げているのである。場合によっては、戦争とは無縁な現実がとらえられているようにも見えるが、その場合もやはり、現実を荒廃と見定めて行く詩人の目はくもらないのである。

だから　ぼくは
ときたま荒れ狂う　ぼくなりの
すさまじい記憶の台風の眼の中で
何の前提もなしに
ふと　思ったりするのだろうか?
きみの思惟の指は
それよりも高くあっても　また
それよりも低くあってもならない位置で
実は　感覚的に
この地上の人間の高貴を
示しつづけているのではないかと。
しかし　それはおそらく
忘れがたい醜悪と無残の中の
気が遠くなるほど長く絶望的な忍耐。

そして
死ぬほどさびしい安らぎ。(「思惟の指」半跏思惟像に)

こうした詩に示されている暗部は、言うまでもなく戦争の影ではなく、もっと奥深い、時代や歴史の暗部であるものであろう。そのような暗部の中に清岡卓行は踏み込み、そこから、思惟の指のもつ意味を読みとるのである。

「盲のアコーディオン弾き」の場合、手の余剰な大きさは、失われた相応しい職業への心の疼きと、演奏そのもののドラマとの共鳴を、見事にかたどっているもののようにぼくには思われてならないのである。もちろん、すべての職業は滑稽であるかもしれない。しかし、可能な職業が多い場合の選択の苦悩は、むしろ人間的に恵まれたものであり、可能な職業が乏しい場合に比較するならば、やはりより幸福なものと言わなければならないであろう。盲目の人間の演奏の手の逞しさは、極度にせばめられたその可能性の不幸を思わせるのである。そして、熟練のイメージを通じて、やがて、すべての職業のいわば形而上的不幸をも象徴しはじめるのである。(「演奏の手」)

ここでも戦争と直接関係のない、職業の不幸が語られているのだが、職業が内包している本質的な荒廃が、やはり、示されている。いぜんとして、荒廃の中に芽吹く愛という構造は変化していないのである。

しかし、この主題は、もっと突込んで、生と死のアイロニイと言ってしまってよい。生は、愛の姿をとったり、悲しみの発見そのものが愛の発見であるといったことになる。死は、戦争であり、不在であり、盲目であり、おしなべて不幸なもの、しかし不幸の発見そのものがより不幸を深める、といったことになる。それはまた、生と死の同時存在という認識に支えられているものであり、おそらく、生活が総体としてアイロニカルな面貌を見せているという、作者自身の生活の核とかかわっているのである。

一九六三年に発表された論文「戦後詩への一視点――生へのリズムと死へのリズム」は『手の変幻』執筆当時の関心のありようを、明白に示している。表題が示しているように、生と死の比較の中から、戦後詩への新しい視点を見出したのである。生と死の比較といったのは、べつに、生と死のアイロニイと言ってもよい。

すでに述べたように、死の二つの面貌を知っている作者が、新しい論理展開を見せる一瞬の姿が、この論文の中にはある。「人間は現実の底辺に近づくとき、より多く死に敵対し、それとは逆に、現実の上辺に近づくとき、より多く死に親愛するだろう。」という、死についての二重把握が、作者にはあった。それは、あのニュースの中に現われた特攻隊の姿が底辺の死であり、原口統三の死は、上辺の死である、と考えることで、よりよく了解されるであろう。

しかし、ぼくは死という観念のこうした二重構造に、あるとき戦慄的なショックを覚えた。それは、二つの死がその内容とする生の意味において相反するとしても、若しそれら二つの場合の死体がともに実際に横たわるならば、それら二つの結果は、死体であるということにおいてまったく相等しいということに思い至ったときであった。つまり、現実の底辺と上辺という図式によって、いわば個人的な一つの直線の両端に二つの死が設定されていたのに、二つの死体が死体としてはまったく相等しいということになれば、それらの両端はどこかしら秘密の場所で究極的には合致してしまい、そこに、生の微妙な、厳粛であると同時にグロテスクでもある円環が成立することになったからである。そして「このような、生の鋭いアイロニイを含んだ名状しがたい経験は、自分なりの詩学の再編を促してくるものであった。」ということになれば、もうわかってしまうであろう。生と死の問題を、作者は、作者なりに解きえたのである。

すなわち「死の観念の二重の構造が、なんらかの形において生の現実の中で統一されている」という世界に、作者自身生きはじめ、その世界から、もういちど現実を見定めようとしているのである。かれは、黒田三郎の詩を「優しい心情の自己証明にほかならぬ恋愛詩が、実は戦争を通過した一つの地獄をかくしている」と読むことになる。また、吉野弘の詩に「生と死は、本質的にわかつことができない。この素朴な認識は、同時にこよなく美しいものであろう。」と感嘆することにもなる。さらに「吉岡実は、死のプリズムによる生の表現を」という発見。吉本隆明をとらえ、「生の論理と死の論理がやがて一貫して体系的に組織されるだろうという期待」を感じとる。

ここでは、作者は、戦争体験に沈潜しつづける虚無から抜け出している。むしろ、その虚無ゆえのやさしさを、羞恥にみちて、現実に放射しているのである。

「失われた両腕」のかなでる「手の変幻」そのものの世界である。

教材の分析・教材の生かし方

鈴木醇爾

読後の疑問・問題点　やや高校一年生にはむずかしいのではないか、とくに用語などの上で……。きわめて整然とした論の展開であり、正確な表現の中に、鮮やかな切り口を示している。静かな中に、たおやかな想像力の羽搏きを感じさせるこの評論の、こまかい読み取りを、生徒達に行なわせるのは、相当な努力が必要だろう。ミロのヴィーナスの両腕は、失われていることによってこそ、魅惑的であるという価値づけに、一読充分な理解を得させることは、出来る。だが、文章表現の細部をさほど綿密におさえないままに、全体の最大の価値づけさえ読み取らせれば、それでこの評論の学習は終っていいのであろうか。

国語教材として教科書などに採用される文学世代としての清岡卓行、またその評論。この教材を、年間学習計画の中でどう位置づけるか。いやもっとたわいなく、こんなものは、いいかげんに読みとばすことにして、あっさりと読みあげて、ミロのヴィーナスの呈示する不思議なアイロニーを感じとるだけにしてしまうか。あるいは、この教材にホレてしまったであろう情念の深みまで生徒を導入すべきであるか。いわば清岡卓行論として、この教材を活用し、戦後詩の世界を構成したり、青春論の一変形として考えるべきか。茨木のり子、石垣りん、谷川俊太郎、そして清岡卓行と並べれば、「荒地」以後のある戦後詩の見取図があるわけだし、羽仁進からはじまる青春論も、「小説㈠」、「随想」、「短歌」などの単元のある集約として、この教材をとらえ、青春の象徴であるヴィーナスの両腕を切り捨てて、逆に可能なあらゆる手への夢を奏でるように生きた清岡卓行を見出していくことも可能である。

あっさり扱うべきか、深みまでおりて行くべきか、あらゆるべきは、現場の状況と実力にかかっている。それにしても、行事や私的な事どもに心身を誘われてしまう生徒を前にして、教師のなしうることは常に、短時間に密度の高い授業をすること、すなわち、ともどもに授業が高揚の時であるべく工夫することでしかないのは言うまでもないだろう。

三段落の要旨と関連　「失われた両腕」は三つの段落によって論旨が展開されている。一行ずつとんでいるところが二箇所あるから、そこが段落の切れ目であることは、おのずから明らかである。

第一段落は、ミロのヴィーナスが「こんなにも魅惑的であるためには、両腕を失っていなければならなかった」ということを、くりかえし言っている部分である。この主張ないし、感想は、この段落中で、あと二回くりかえされ、ふくらみが与えられ、印象的に、鮮明に説かれる。「彼女は、その両腕を、故郷であるギリシアの海か陸のどこか、いわば生臭い秘密の場所に、うまく忘れてきた」「彼女はその両腕を、自分の美しさのために、無意識的に隠してきたのであった。よりよく国境を渡って行くために、そしてまた、よりよく時代を超えて行くために。」このような美しい表現で鮮明にくりかえされたのち、さらに、もういちど印象的に変奏される。「失われた両腕は、あるとらえがたい神秘的なふんいき、いわば生命の多様な可能性の夢を、深々とたたえているのである。つまり、そこでは、大理石でできた二本の美しい腕が失われたかわりに、存在すべき無数の美しい腕への暗示という、不思議に心象的な表現が、思いがけなくもたらされたのである。」

第二段落は、両腕がないからこそ魅力的であるという感想をうけて、「ミロのヴィーナスの失われた両腕の復元案というものが、すべて、興ざめたもの、こっけいでグロテスクなものに思われてしかたがない」ということになっている。前段の終りでチラと述べたことを、ここで取り上げ、明確に復元案が芸術の名において、どんなものでも認めがたいことを強く訴えている。「失われていることに、ひとたび心から感動した場合、もはや、それ以前の失われていない昔に感動することは、ほとんどできない」「一方にあるのは、おびただしい夢をはらんでいる無であり、もう一方にあるのは、たとえそれがどんなにすばらしいものであろうとも、限定されてあるところの、なんらかの有である。」作者は、このような理由づけを行なっている。

第三段落では、少し論点が移動して、「なぜ、失われたものが両腕でなければならないのか。」ということになる。そして、手が「世界との、他人との、あるいは自己との、千変万化する交渉の手段」「言い換えるなら、そうした関係を媒介するもの、あるいは、その原則的な方式そのもの」であるから、それゆえに、失われた両腕が「可能なあらゆる手への夢を奏でるのである。」として、この論を閉ざすのである。

三つの段落の関係は、単純で、二、三段落は、最初の段落の補足である。すなわち、ミロのヴィーナスは「失われた両腕」のゆえに魅力的であるという主題が第一段落で述べられる。次に、「失われた」ことの魅力が説かれて、第二段落をなし、第三段落は、「両腕」の意味について考察する、というふうになっているのである。

全体として、主題が展開され思いがけない結論がやがて引き出されるといった文章ではなく、単一の結論が初めから提示され、終りまでくりかえされるという叙述法がとられている。感動そのものをもっとも直截に語るものとして、直観的に手がないからいいということをつかんだ作者が、その感動を具体化し、論理化した文章なのである。

以上、「予習ノート二」、「学習の手引き二」〔以上二篇未収録〕の答えとして書いて来たが、念のため、三〇字以内で、各段落の要旨をまとめておこう。

第一段落（四八六頁～四八八頁）

ミロのヴィーナスは両腕を失っているので時空をこえて魅惑的だ。

第二段落（四八八頁～四九〇頁）

失われている点に感動があるので、両腕の復元案は興ざめだ。

第三段落（四九〇頁～四九一頁）

交渉手段としての手が失われているのであらゆる手が想像される。

なお、要約というと、引用ばかりしたがる受身の生徒では、このように字数制限をして出題すると、多少積極性や創造性が喚起されるだろう。

方法意識の露出部としての語句　文中の語句をただ単に辞書的な意味理解にとどめてはならないだろう。語句は文の中で互いに重なりあい、ひびきあいながら光を発している。また、その文の作者の生活の中で、みがきあげられている。辞書的な意味から出発しながら、文中のひびきあいの中で、作者の生活がみがきあげている輝きとともに把握したいものである。そのためには、文章中の決定的な語句をつかまえて来て、他の語句との関連、作者の生活を背景におくなどの作業を試みなければならないだろう。このような作業を生徒個々に課そうとしたのが、「予習ノート三」(未収録)である。ここに並べた三つの語句以外にも、考えられるが、当面この三つを通して真にそれらが意味するものを考えておこう。この作業は、終局的には、作者の方法意識を浮かびあがらせるだろうと思う。

「特殊から普遍への巧まざる跳躍」(四八七頁)　両腕の復元案が文中に四系統示されていて、作者のヴィーナス研究の奥深さがよくわかるのだが、そのことはともかく、これらの復元案はいずれも「特殊」なものである。特殊とは、目に見える具体的な形を意味している。普遍とは、目に見えないで、可能なあらゆる手を想像させるものである。作者は両腕が失われたとは感じていない。無数の手が、千変万化しながら、手の普遍的な交渉手段として、そこにあると感じたのであろう。もっと作者の内面の感動を想像すれば、はじめ欠如への不満があったものの、ミロのヴィーナスが引きおこす感動そのものが、両腕の欠如への不満を、巧まずに跳躍させて、深い感動に連れ去ってしまったのである。二本腕の像、六本腕の阿修羅、千手観音、さらに、目に見えないほど無数の腕を、結果的に持つことになったミロのヴィーナスというふうな連想が働いたと想像するならば、失われたものの豊饒さに作者は至りついたのである。このような理解は、作者の生そのもののたおやかな跳躍なしには考えつかないものであるが、しかし、このような発想こそ、作者の方法意識そのものであることは、すでに「作者・作品論」で述べて来たことである。

文中の脈絡でとらえれば、特殊が内包する語群として、「故郷であるギリシアの海か陸のどこか、いわば生臭い秘密の場所」「国境」「時代」「部分的な具象」がある。一方「普遍への巧まざる跳躍」は「うまく忘れてきた」「自分の美しさのために、無意識的に隠してきた」「渡って行く」「超えて行く」「全体性への偶然の肉迫」などが内包されている。

このような言いかえは、単なる言いかえでなく、詩的イメージの羽搏きと言うべき**「生命の多様な可能性の夢」**(四八七頁)この語句は、「(ほとんど飽きさせることのない)均整の魔」と対になっている。さらに「均整の魔」は「高雅と豊満の驚くべき合致」を言いかえ、より感動にそくした表現として提示されている。「生命の多様な可能性の夢」は、「均整の魔」と対比することで生れた表現であり、さらになだらかな言い方で「存在すべき無数の美しい腕への暗示」と説明されている。さらに「微妙な全体性へのはばたき」とも付け加えられている。

ここにも詩的イメージの鮮烈な連なりがあるわけだが、作者の詩的発想の根本とも深くかかわっていることにも理解を及ぼしておきたい。すなわち、失われたものを逆手にとって生きるという詩的発想の中でこそ、「生命の多様な可能性の夢」がつむがれているのである。この発想もまた清岡卓行的なるものであるが、これについても「作者・作品論」で述べたところである。

さらに、均整と欠如（不均整）、実在と夢という対立概念の巧みな組合せを用意しながら、むしろ欠如を夢で可能性に転化する論述方法にも注意しよう。清岡風の生のアイロニーがここにあるのだから。

「不思議なアイロニーを呈示する」（四九一頁一四行）　辞書的な意味よりも、内容的に本文にそくして理解を深めておきたい。この語句のすぐ後にある一文が、十分にこの内容を説明している。「ほかならぬその欠落によって、逆に、可能なあらゆる手への夢を奏でるのである。」

「不思議」という語は、説得的に付加されたものであって、作者自身が、不思議の感に耐えないのではない。すでに、作者自身は戦後の生活で、このようなイロニカルの生を耐えぬいているのである。

手なれた言葉の表現　この教材の文体上の特色は、無数の言いかえがあるということで、それは、単なる説明のための言いかえではなく、詩的イメージの羽搏きのようにくりかえされるのである。あるいは、音楽の変奏のように、小さなメロディが対になりながら、くり返されることによって、全体として一貫した主題を組みたてていると言ってもよい。こうした文章にふれると、つい自分の言葉の貧弱さを恥じて、死んだようになってしまうのが生徒の通弊である。自分たちの言葉で、文章の内容を追跡することなど思いつかないで、むしろ、作者の表現や用語をオウムのようにくりかえすだけで、理解はけっきょくのところ浅薄になってしまう。

このような場合、教師は実にいらだたしく口惜しいのであるが、そんなことにならないようにというねらいで、「学習の手引き一」〔未収録〕のような設問がなされている。「文中の語をなるべく用いないように注意しながら」という言い方に、このねらいを託している。

三つの問いはそれぞれ、三段落の全体にかかわるように工夫されている。

㋐ミロのヴィーナスが実感として美しい理由は、ひとくちにいえば両腕がないことである。両腕がないのは欠点には思われずに、かえって、抽象的な腕を感じさせる。そんな効果を考えて、腕は作られなかったわけではなく、またわざともぎ取られたわけでもなく、何かの事情でなくなってしまったのであるが、それが結果的には、なくなった両腕についてかえってさまざまなことを想像させる。腕について考えるうち、ミロのヴィーナスの全体についても思索をのばすことになる。

㋑ミロのヴィーナスの失われた両腕の復元案は、つまらなく、嘲笑的な気分を誘い、奇怪に思われる。なぜならば、なくなってしまっているのが感動的なのだから。ないことの魅力は、あることのそれとは、質的に異なっている。そこからうまれる無限定の夢と限定の実在とも、質がちがっている。

㋒なぜ、失われたものが両腕でなければならないかに対して筆者が用意している答えは、手というものの根本的なはたらきによるというものである。すなわち、手は人間にとって、諸関係のなかだちであり、世界や、他人、さらには自分内面との関係をとりもつものである。例えば機械文明は手のはたらきそのものを取り出して発達させたものであり、恋も手をとりあうことからはじまっていくが、そこでもまた二個の人間をとりもつものは、手なのである。両腕は失われているが、両腕のはたらきそのものは決して失われていないわけで、無限定の無数の手のはたらきを、見出しうるのである。夢のようにどんな手を想像してもよいわけであるが、失われたものが腕でなく足や首であったら、こうはいかないのである。

どんな感想も認めたいのだが　そうはいかない。感想文を書かせた場合の問題のひとつはここにある。この教材でも、「予習ノート四」〔未収録〕で、四百字程度の感想を書かせ、この一次感想にもとづいて、「学習の手引き三」〔未収録〕で、グループ学習による第二次感想の深化を試みている。この過程でどんな感想も認めたいのだが、そうはいかないという問題を解いていこうと思う。

元来、感想は感想であって、感じない対象に感想文を書くなどということは土台無理な注文である。しかし、教室は、何も感じないことを許さない場であって、その上、感じたことの適否まで決定づけようというのである。このような暴挙をあえて可能にするものは、教材に生徒を少しでも近づけようという教師の具体的な情熱でしかない。作者の述べていることを過不足なく理解させようという熱心さが、生徒達に通じて出来上る微妙な創造的な場があってはじめて、暴挙が暴挙でなくなるのである。しかも、暴挙は暴挙であることを心中に認めつつ指導にあたるとき、はじめて、生徒の個性的な開花が保証されるのである。

第一次感想の実態はどのようであろうか。読んでうれしくなるものもあろうし、いらだたしくなるものもあろう。多くの場合、生徒達は心の中に起きつつある出来ごとを取り出すことが、不得手である。何が心の中に起っているか見定めることさえ容易ではない。したがって、感想は、行方もわからない渦状星雲に流星が飛びこんだ場合に似て、一瞬のスパークがかろうじてとらえられるかどうか、という点からまず批評されなければならないだろう。すなわち、教材のどの部分に対して、どういう感想を抱いているかということである。そして次の批評の観点は、筆者がある感想を持った箇所が、教材全体の中でどのような位置にあるかということ。教材の枝葉末節にかかずらっているのか、根幹部分とわたりあっているのかということ。

さらに、教材そのものの過不足ない理解にもとづいて感想が述べられているか、ということが、第三の批評の視点として設定されるだろう。

「失われた両腕」の場合、作者のもっともわかって欲しいこと、すなわち、手が失われているのがかえっていい、という飛躍を、どこまで共感できるのであろうか。復元案はみなだめだということで納得がいくだろうか。あるいは、かえって、反撥をよぶのだろうか。手の定義に賛成してくれるだろうか。そしておもむろに、感動するだろうか。こうしたことが、もっとも主要な問題点であろう。

このような問題点を指摘しながら、「学習の手引き三」〔未収録〕の作業を進めさせたい。

理解を深めふくらませるための註

ついて ある説によれば、「左手に林檎をささげていたことは今日大多数の人がこれを認めている」そうである。いっぽう、別の説もあって、それによれば、いっしょに発見されてしかも後の補助と考えられている手はさておき、彼女の右手はからだの前を横ぎり、左手は少し上にあげられていたらしい。このアフロディテはヘレニズムの他のプレクシテレス系の作品とは異なった古典的な要素をもち、原型としては、たとえば前四世紀のスコパス系の作品「カプアのアフロディテ」などが考えられている。しかし、軍神アレスのかぶとの上に左足を載せ、両手で楯を持ってそれに映る自分の姿に見入っているカプアのアフロディテとは、ミロのヴィーナスの高くかかげた顔のポジションは異なっていて、納得のいく説明はまだだれによっても与えられていない、のだそうである。

「機械とは手の延長であるという、ある哲学者」（四九一頁八行） マルクス「資本論」の中の比喩。第五章第一節にも、これに似たものがあるようだが、第一三章第二節には、次のような記述がある。「呼吸するために肺を要するのと同様に、人間は、自然諸力を生産的に消費するためには『人間の手の形成物』を要する。」（長谷部文雄訳） マルクスは機械は手の延長という比喩によって、機械のもつ意味を明らかにしたものである。が、今のところ、そのように明言している場所はみつからない。

「恋人の手を初めて握る幸福をこよなくたたえた、ある文学者」（四九一頁九行） スタンダール「恋愛論」第一部第三二章「親しさについて」に、こうした記述がある。

ラムネ氏のこと

坂口安吾《さかぐちあんご》

上

小林秀雄《ひでお》と島木健作が小田原へあゆつりに来て、三好《みよし》達治の家であゆをさかなに食事のうち、談たまたまラムネに及んで、ラムネの玉がちょろちょろと吹き上げられてふたになるのを発明したやつが、あれ一つ発明しただけで往生を遂げてしまったとすればおかしなやつだ、と小林が言う。

すると、三好が居ずまいを正してわれわれを見渡しながら、ラムネの玉を発明した人の名まえはわかっているぜ、と言いだした。ラムネは一般にレモネードのなまりだと言われているが、そうじゃない。ラムネは、ラムネー氏なる人物が発明に及んだからラムネという。これはフランスの辞書にもちゃんと載っている事実

小林秀雄　一九〇二～八三。評論家。『私小説論』『無常といふ事』『本居宣長』などがある。

島木健作　一九〇三～四五。小説家。『癩《らい》』『生活の探求』『赤蛙《あかがえる》』などがある。

小田原　神奈川県小田原市。

三好達治　一九〇〇～六四。詩人。詩集

なのだ、と自信満々たる断言なのである。さっそくありあわせの辞書を調べたが、ラムネー氏は現れない。ラムネの玉にラムネー氏とは話がうますぎるというので三人は大笑いしたが、三好達治は憤然として、うちの字引が悪いのだ、『プチ・ラルッス』に載っているのを見たことがあると、決戦を後日に残して、いきまいている。

後日、このことを思い出して、『プチ・ラルッス』を調べてみたが、ラムネー氏はやはり登場していなかった。

フェリシテ・ド・ラムネー氏というのは載っている。その肖像も載っているが、頭が異常に大きくて、眼光鋭く、悪魔の国へ通じる道をながめつづけているようで、おかしな話だが、小林秀雄によく似ている。一七八二年生誕、一八五四年永眠の哲学者で、絢爛《けんらん》にして強壮な思索の持ち主であったそうだ。しかし、ラムネを発見したとは書いてない。

もっとも、この哲学者が、その絢爛にして強壮な思索をラムネの玉にもこめたとすれば、ラムネの玉は、ますますもってあいき

『測量船』『駱駝《らくだ》の瘤《こぶ》にまたがつて』などがある。

レモネード lemonade〔英〕 レモンの果汁に甘味を加え、水で割った飲料。

プチ・ラルッス Petit Larousse フランスの『ラルース小百科辞典』のこと。

フェリシテ・ド・ラムネー Félicité Robert de Lamennais フランスの哲学者。『宗教無関心論』『一信徒の発言』などの著書がある。

ょうのある品物と言わねばならない。

まったくもって、われわれの周囲にあるものは、たいがい、天然自然のままにあるものではないのだ。だれかしら、今あるごとく置いた人、発明した人があったのである。われわれは事もなくふぐ料理に酔いしれているが、あれが料理として通用するにいたるまでの暗黒時代を想像すれば、そこにも一編の大ドラマがある。幾十百の斯道《しどう》の殉教者が血に血を注《つ》いだ作品なのである。

その人の名は筑紫《つくし》の浦の太郎兵衛《たろべえ》であるかもしれず、玄海灘《なだ》の頓兵衛《とんべえ》であるかもしれぬ。とにかく、この怪物を食べてくれようと心を固め、たちまち十字架にかけられて天国へ急いだ人があるはずだが、その時、子孫を枕頭《ちんとう》に集めて、爾来《じらい》この怪物を食ってはならぬと遺言した太郎兵衛もあるかもしれぬが、おい、おれは今ここにこうして死ぬけれども、この肉のうまみだけは子々孫々忘れてはならぬ。おれは不幸にして血をしぼるのを忘れたようだが、おまえたちは忘れず血をしぼって食うがいい。ゆめゆめ勇気をくじいてはならぬ。こう遺言して往生を遂げた頓兵衛がいたに

筑紫 筑前《ちくぜん》・筑後（福岡県）の古称。
玄海灘 玄界灘。福岡県の北西に位する海。

相違ない。こうしてふぐの胃袋について、肝臓について、また臓物の一つ一つについて、おのおのの訓戒を残し、みずからは十字架にかかって果てた幾百十の頓兵衛がいたのだ。

中

わたしはしばらく、信州の奈良原《ならはら》という鉱泉で暮らしたことがある。信越線小諸《こもろ》を過ぎ、田中という小駅で下車して、地蔵峠を越え鹿沢《かざわ》温泉へ赴く途中、雷に見舞われ、密林の中へ逃げた。そこで偶然この鉱泉を見つけたのだ。海抜一、一〇〇メートル、戸数十五戸の山腹の密林にある小部落で、鉱泉宿が一軒ある。

わたしは雷が消えてから、一応、鹿沢へ赴いたが、そこが満員に近かったので、そこでぼくを待ち合わしていた若園清太郎を促して、奈良原へもどったのである。しかし、この鉱泉で長逗留《とうりゅう》を試みるには一応の覚悟がいる。どのような不思議な味の食物でものどを通す勇気がなくては泊まれない。尋常一様の味ではないのである。わたしは与えられた食物について不服を言わぬたちであ

奈良原　長野県東御《とうみ》市に属する。
小諸　長野県小諸市。
地蔵峠　長野・群馬の県境にあり、海抜一七三三メートル。
鹿沢温泉　長野県との県境に近い、群馬県吾妻《あがつま》郡嬬恋《つまごい》村にある。
若園清太郎　一九〇七〜九一。仏文学者。

るが、この鉱泉では悲鳴をあげた。若園清太郎にいたっては、東京のかんづめを取り寄せるために、終日手紙を書き、東京と連絡するに寧日《ねいじつ》ないありさまであった。

また、こいときのこがきらいでは、この鉱泉に泊まられぬ。毎日毎晩、こいときのこを食わせ、それ以外のものはまれにしか食わせてくれぬからである。さて、こいはとにかくとして、きのこについての話であるが、まつたけならば、だれしも驚くはずがない。この宿屋では、けっして素性あるきのこを食わせてくれぬ。現れたきのこをにらむや、まず腕組みし、一応はうなってもみて、植物辞典があるならば、はしより先にそれを執ろうという気持ちに襲われるきのこなのである。

この部落にはきのこ採りの名人がいて、この名人が採って来たきのこであるから、絶対にだいじょうぶなのだと、宿屋の者は言うのである。夜になると、十五軒の部落の総人口が一日の疲れを休めにこの鉱泉へ集まって来るが、なるほど、きのこ採りの名人と呼ばれる人もやって来る。六十ぐらい、ぼくとつな好々爺《こうこうや》であ

寧日　安らかな日。

る。おれのきのこはだいじょうぶだと、みずから太鼓判を押している。それゆえわたしも、幾度となくきのこにはしを触れようとしたが、植物辞典に触れないうちは安心ならぬという考えで、この恐怖を冒してまで、食欲におぼれる勇気がなかったのである。

ところが、現にわたしたちが泊まっているうちに、この名人が、自分のきのこにあたって、往生を遂げてしまったのである。

それとなく臨終のさまを尋ねてみると、名人は必ずしも後悔してはいなかったという話であった。こういうこともあるかもしれぬということを思い当たった様子で、すなおな往生であったという。そうして、この部落では、その翌日にもう、人々がきのこを食べていたのであった。

つまり、この村には、ラムネ氏がいなかった。絢爛にして強壮な思索の持ち主がいなかったのだ。名人は、ただいたずらに、静かな往生を遂げてしまった。しかしながら、ラムネ氏は必ずしも常に一人とはかぎらない。こういう暗黒な長い時代にわたって、何人もの血と血のつながりの中に、ようやく一人のラムネ氏が潜み、そうして、常に潜んでいるのかもしれぬ。ただ、確実に言えることは、わたしのように恐れて食わぬ者の中には、けっしてラムネ氏が潜んでいないということだ。

下

今から三百何十年前の話であるが、キリシタンが渡来の時、来朝のバテレンたちは、日本語を勉強したり、日本人に外国語を教えたりする必要があった。そのために辞書も作ったし、対訳本も出版した。その時、「愛」という字の翻訳に、かれらはほとほと困却した。

不義はお家の御法度《ごはっと》という不文律が、しかし、その実際の力においては、いかなる法律も及びがたい威力を示していたのである。愛はただちに不義を意味した。もちろん、恋の情熱がなかったわけではないのだが、そのシンボルは清姫であり、法界坊であり、終わりを全うするためには、天の網島や鳥辺山《とりべやま》へ駆けつけるより道がない。愛は結合して生へ展開することがなく、死へつながる

キリシタン cristão〔ポルトガル〕一五四九（天文一八）年、耶蘇《ヤソ》会士フランシスコ・デ・シャビエル（一五〇六～五二）らがわが国に伝えた天主公教。

バテレン padre〔ポルトガル〕の転。神父。

清姫 道成寺縁起伝説の女主人公。へびになって恋人の安珍を追い、道成寺のつり鐘の中に隠れた安珍に、鐘の外側から巻きついてこれを焼き殺した。

法界坊 歌舞伎《かぶき》狂言『隅田川続俤《すみだがわごにちのおもかげ》』

のが、せめてもの道だ。「生き、書き、愛せり。」と、アンリ・ベール氏の墓碑銘にまつまでもなく、西洋一般の思想から言えば、愛は喜怒哀楽とともにいきいきとして、おそらく、生存というものに最も激しく裏打ちされているべきものだ。しかるに、日本の愛ということばの中には、明るく清らかなものがない。愛はただちに不義であり、よこしまなもの、むしろ死によって裏打ちされている。

そこでバテレンは困却した。そうして、日本語の「愛」には西洋の愛撫《あいぶ》の意を当て、「恋」には、邪悪な欲望という説明を与えた。さて、アモール（ラブ）に相当する日本語として、「御大《ごたい》切《せつ》」という単語を編み出したのである。けだし、「愛」ということばのうちに清らかなものがないとすれば、この発明もまた、やむをえないことではあった。

「御大切」とは、たいせつに思う、という意味なのである。余はなんじを愛す、という西洋の意味を、余はなんじをたいせつに思う、という日本語で訳したわけだ。神の愛を「デウスの御大切」、

の主人公で、愛欲に苦しむ托鉢《たくはつ》僧。

天の網島　近松作浄瑠璃《じょうるり》『心中天の網島』で、紙屋・治兵衛と曾根崎《そねざき》新地の紀《き》伊国《のくに》屋・小春とが心中する場所。網島は大阪市都島区にある実在の地名だが、外《げ》題《だい》にかけて「天の網島」といった。

鳥辺山　侍《さむらい》・菊地半九郎と茶屋女お染とが鳥辺山で心中したという事件に取材した戯曲・歌謡などがある。鳥辺山は京都市東山区にある。

アンリ・ベール
Marie Henri Beyle

キリストの愛を「キリシトの御大切」というふうに言った。

わたしはしかし、昔話をするつもりではないのである。今日もなお、恋といえば、邪悪な欲望、不義と見る考えが、生きてはいないかと考える。昔話として笑って済ませるほど無邪気ではありえない。

愛に邪悪しかなかった時代に、人間の文学がなかったのは当然だ。勧善懲悪という公式から人間が現れてくるはずがない。しかし、そういう時代にも、ともかく、人間の立場から不当な公式に反抗を試みた文学者はあったが、それは戯《げ》作者《さくしゃ》という名で呼ばれた。戯作者のすべてがそのような人ではないが、少数の戯作者にそのような人もあった。

いわば、戯作者もまた、一人のラムネ氏ではあったのだ。ちょろちょろと吹き上げられてふたとなるラムネ玉の発見は、あまりにたあいもなくこっけいである。色恋のざれごとを男子一生の業とする戯作者もまた、ラムネ氏に劣らぬこっけいではないか。しかしながら、結果の大小は問題でない。ふぐに徹しラムネに徹す

一七八三～一八四二。フランスの小説家スタンダールの本名。『赤と黒』『パルムの僧院』などの作品がある。

アモール amor〔ポルトガル〕愛。

デウス Deus〔ポルトガル〕神。

戯作者 江戸時代、和漢の伝統的な文学に対して小説類を戯作といい、その作者を戯作者と呼んだ。

る者のみが、とにかく、物のあり方を変えてきた。それだけでよかろう。

それならば、男子一生の業とするに足りるのである。

坂口安吾（一九〇六～一九五五）小説家。新潟県に生まれた。東洋大学印度哲学科卒業。虚無的な、あるいは逆説的な発想と、その底にある強い合理主義の精神によって特徴づけられる、多くの作品を残した。『吹雪《ふぶき》物語』『白痴』『道鏡』などの小説、『日本文化私観』『青春論』『堕落論』などの評論がある。

この文章は、一九四一年一一月二〇、二一、二二日の「都新聞」に発表されたものである。本文は『坂口安吾全集』第二巻によった。

叙述と注解

益田勝実

あゆをさかなに　小田原は、近くの酒匂《さかわ》川でよいあゆが採れる。

ラムネ　ラムネ水。甘味・香料などで味つけした水に炭酸ガスを融かした清涼飲料水で、厚手のガラスびんにつめ、ガラス玉を用いて密栓してある。ラムネは、同じ飲料水でも、サイダーよりも廉価で、庶民的な飲み物である。ちゃんとしたレストランでは売っていない。のれんをくぐって入る氷店の売り物である。「あゆをさかなに食事のうち、談たまたまラムネに及」ぶところに、この文士たちの人柄のよさも、この文章のおもしろさもある。高級魚香魚《あゆ》と対照的な形で登場して来るのが、この場合のラムネ水である。

往生を遂げてしまった　本来なら、「往生を遂げる」と「遂げる」までいえば、極楽浄土へりっぱに転生することになるが、ここでは別に仏教的な用法ではなくて、単に死ぬというほどの意味にすぎない。それが、ちょっとぎょうさんな言いまわしで、「あれ一つ発明しただけ」と対照的な軽重関係になる。

居ずまい　居ずまいを正すほどのことではないのに、居ずまいを正した、というのがおもしろい。

ふぐ料理　「ふぐ」は、河豚とも鰒とも書く。硬骨魚綱フグ目フグ科の魚で、いろいろな種類があるが、ふぐ料理に使うのは、その中の「まふぐ」である。もっとも、これを賞美して食べるのは、関門・北九州地方だけで、その地方では、ふぐ（不具）という語を嫌い、ふく（福）と呼ぶから、「ふく料理」といわれて、「ふぐ料理」ということはない。こう呼ぶのは、他地方の人の呼び方である。まふぐの料理は、さしみ・ちり・煮こごりの三種である。最近では、昭和三八（一九六三）年の大相撲九州場所の際、若い相撲取り二人がふぐの毒にあたって死亡した。たいてい、内臓を食べて、毒にあてられるのである。また、ふぐの身の乾物《ひもの》も食料にするが、まふぐは高価なので用いない。フグ科の他のふぐの身である。

斯道　この領域。

食べてくれよう　食べてやろう。

十字架にかけられて　ふぐの毒にあたったことをいう。前に「殉教者」といったのと、あい応じての用法。

血をしぼる　ふぐの毒は肝臓・卵巣などにあり、テトロドトキシンという猛毒素が血管運動中枢・呼吸中枢を麻痺させ、死にいたらせることがある。ふぐを食用とする地方では、毒は血液中にある、と伝承されており、料理の時、骨の中の血をしぼり捨てるようにしている。

幾百十　幾百幾十。

長逗留《なが》　長期滞在。

寧日ない　のんびりとする日がない。「寧」は、やすらか、という意。

素性ある　きちんとした家柄、血筋を受けている。きのこにこんなことをいうのが、おどけた話だが、ちゃんと名まえのわかった、くらいの意となろう。

好々爺　人のよいおじいさん。

太鼓判を押している　絶対保証している。太鼓ほどの大きな判を押して、保証する、ということから出ている。

ラムネ氏　ほんもののラムネー氏ではなく、ラムネの発明家とおぼしき人を、こう呼んでいる。ラムネ作り氏が哲学者ラムネー氏かもしれぬという空想を、五三二頁一五行あたりで楽しんでいるが、それをふまえて、ラムネ作りのラムネ氏とラムネー氏、ラムネ氏とふぐで死んだ頓兵衛をみなイメージとして重ね合わせているのである。

絢爛にして強壮な思索　ここでは、前項のようなイメージを重ね合わせたので、「おれは不幸にして血をしぼるのを忘れたようだが、おまえたちは忘れず血をしぼって食うがいい。」（五三三頁一四行）という、頓兵衛の最期の推測をさしている。

一人のラムネ氏　一人のラムネ氏分に相当する追求、思索。

来朝　来国。国といわず朝廷といったのは、この語が、古代の貢献貿易時代の考え方の遺物だからである。「本朝」＝自国、「来朝」「帰朝」

など一連の語がある。

戯作者もまた　小林秀雄と島木健作と三好達治という、三人の最初の登場人物のことを、ここで受けとめている。かれらは何者か。文学の徒だ、戯作者だ。ラムネ氏のことを言いだした小林が、またひとりのラムネ氏以外ではないから、ラムネ氏のことを考えたのだ、という筆法になるのである。

素材研究

益田勝実

小田原時代　坂口安吾が小田原に住んだのは、昭和一五（一九四〇）年から一六年へかけてである。「坂口安吾選集」の年譜によると、

昭和十五（一九四〇）年　三十五歳

取手の寒さに悲鳴をあげ、三好達治の誘いに応じて小田原に移り住む。三好達治にすすめられ、切支丹の書物を読み、その面白さに惹かれる。『イノチガケ』を「文学界」七月号、九月号の二回に分けて発表、『篠笹の陰の顔』を「若草」四月号に、『風人録』を「現代文学」（大観堂発行）十二月号に発表。「現代文学」同人は大井広介、坂口安吾、井上友一郎、南川潤、野口富士男、平野謙、高木卓、宮内寒弥、檀一雄、佐々木基一、赤木俊（荒正人）、杉山英樹等であった。

昭和十六（一九四一）年　三十六歳

夏頃、小田原より蒲田の安方町に移る。「現代文学」五月号に『死と鼻唄』、六月号に『作家論について』、八月号に『文学のふるさと』、九月号に『波子』、十二月号に『新作いろは加留多』を発表、その他『孤独閑談』を発表、四月『炉辺夜話集』をスタイル社より刊行。

とある。「ラムネ氏のこと」が「都新聞」に掲載されたのは、昭和一六年一一月二〇〜二二日の間であるから、そのころはもう小田原を去っていたわけである。

この時期の状況については、その暗黒さ加減は、今あらためていう必要もなかろう。平野謙が、「文学者は満州、中国に旅行し、内地の工場、農村を視察し、昭和十五年末にはとおく外地にまで徴用されることとなる。騒然たるその往来は、もはや文学者をしてむかしふうの明窓浄机《じょうき》によらしめることを不可能にした。書斎で深刻面している文士という概念は内的にも外的にも全く破壊されたのである。」(『昭和文学史』)とスケッチしているのは、簡にして要をえている。かれは、こうもいう。「巷には「ぜいたくは敵だ」というスローガンがばらまかれ、パーマネントや長袖の禁止が街頭運動として展開されるていたらくだった。『右大臣実朝』という小説のタイトルが『ユダヤ人実朝』と訛伝され、そのために作者が弾圧されかかった狂気の事態にいたる一歩手前の段階であった。現に、アヴァンギャルドの絵画を描いただけで、検挙された画家もいたのである。蓑田胸喜の名が文化人の恐怖と憎悪の的となった。そのような空気のなかで、芸術派の抵抗をつらぬくことは、実に実に困難であった。」——坂口安吾がこの時期に書いた評論「ラムネ氏のこと」や

『日本文化私観』（「現代文学」昭一七3）などは、その芸術抵抗派の屈せざる仕事として記憶されるものである。

一九五五年になって、花田清輝・佐々木基一・杉浦明平が、「日本抵抗文学選」（三一書房）を編んだ時、編者たちは、「ラムネ氏のこと」を想起して、坂口の抵抗の文章の代表として収録した。

ラムネ氏の発見　文壇からみれば、坂口安吾がその中央に躍り出るのは、敗戦後、昭和二一（一九四六）年四月の「新潮」の『堕落論』によってである。「ラムネ氏のこと」を書いたころのかれは、一種の彷徨時代であった。新潟県の、県下で名を知られた第一級の地方政治家代議士坂口仁一郎の五男（本名炳五）に生まれ、あらゆる学校教育の羈絆《きはん》を嫌って、自由奔放に学校を休んではさまよっていた少年時代とは、まるで違った孤独を抱きしめていたようだ。かれが最初に文壇に認められたのは、二六歳の昭和六（一九三一）年の頃、『風博士』と『黒谷村』によってであるが、その頃から三一歳の昭和一一年の末まで と、一二年以後とには、生活と心境の上で大きな違いがあるように思える。永年の恋人であった女流作家の矢田津世子と絶交し、京都へさまよっていった一二年から、京都─東京─取手─小田原と転々としていた。「僕はもう、この十年来、たいがい一人で住んでゐる。東京のあの街や、この街にも一人で住み、京都でも、茨城県の取手といふ小さな町でも、小田原でも、一人で住んでゐた。ところが、家といふものは（部屋でもいいが）たった一人で住んでゐても、いつも悔いがつきまとふ。暫く家をあけ、外で酒を飲んだり女に戯れたり、時には、ただ何もない旅先から帰つて来たりする。すると、必ず、悔いがある。叱る母もゐないし、怒る女房も子供もない。隣の人に挨拶することすら、いらない生活なのである。それでゐて、家へ帰る、といふ時には、いつも変な悲しさと、うしろめたさから逃れることが出来ない。帰る途中、友達の所へ寄る。そこでは、一向に、悲しさや、うしろめたさが、ないのである。さうして、平々凡々と四五人の友達の所をわたり歩き、家へ戻る。すると、やつぱり、悲しさ、うしろめたさが生れてくる。……叱る母もなく、怒る女房もゐないけれども、家へ帰ると、叱られてしまふ。人は孤独で誰に気がねのいらない生活の中でも、決して自由ではないのである。さうして、文学は、かういふ所から生れてくるのだ、と僕は思つてゐる。……誰に気がねがいらなくとも、人は自由では有り得ない。……社会改良家などと言はれる人の自由に対する認識が、やつぱり之《これ》(遊んで暮らしていられたら、自由で楽しいだろうという考えのこと。)と五十歩百歩の思ひつきに過ぎないことを考へると、文学への信用を深くせずにはゐられない。僕は文学万能だ。なぜなら、文学といふものは、叱る母がなく、怒る女房がゐなくとも、帰つてくると叱られる。さういふ所から出発してゐるからである。だから、文学を信用することが出来なくなつたら、人間を信用することが出来ないといふ考へでもある。」(『日本文化私観』)かれを攻めて来るのは、外的なアンチ芸術の嵐だけではない。かれの内部からたえずかれを攻めて来るものもある。かれを自由に解放してくれないものに待ち受けられながら、かれは自分の文学の仕事の意味を考えざるをえないのである。

おそらく、この「ラムネ氏のこと」も、この〈帰ってきた家〉で書かれたものに違いない。そのしゃれのめし、ざれるだけざれた文章は、〈うしろめたさ〉いっぱいの心の世界が生み出したものだろう、ということに注目したい。「そこでは、一向に、悲しさや、うしろめたさが、ない」という〈友達の所〉で起こったことを、坂口があとになって、〈家〉でどう噛みしめているか。「ラムネ氏のこと」は、それを証明する文章かもしれない。「小林秀雄と島木健作が小田原へあゆつりに来て、」と、世上が非常時だというのに、太平楽そうなことから書きはじめる。「三好達治の家であゆをさかなに食事のうち、談たままラムネに及んで、」と、高級な食べ物であるはずのあゆを箸で挟みながら、唐突にも、およそ似つかわしくない庶民的な飲み物ラムネの話が飛び出して来る話の趣向である。そして、吹き上げられるラムネの玉を「ちょろちょろ」と形容するあたり、「あれ一つ発明しただけで往生を遂げてしまったとすればおかしなやつだ、」と小林にいわせ、三好に「居ずまいを正して」「ラムネの玉を発明した人の名まえはわかっているぜ、」といわせるあたり、小林にせよ、三好にせよ、そう書くかれ自身にせよ、戯作者でしかないことを印象づけている。たわいもないこと、くそおもしろくもないことに打ち興じているのだ。

小林のいう「おかしなやつ」が、ラムネー氏でなさそうだ、とわかって来るのと逆に、「おかしなやつ」と、かれをめぐるざれごとがかれの体内で意味を持って来はじめる。坂口は、その「おかしなやつ」を、ラムネー氏でなくて、ラムネ氏と呼ぶ。ラムネを作った男は、いつか、ラムネー氏に関しての辞典の「絢爛にして強壮な思索の持ち主」という評価だけを横すべりに頂戴する。頭が異常に大きくて、眼光鋭く、悪魔の国へ通じる道をながめつづけているような風丰《ふうぼう》が、小林秀雄に似ているラムネ氏が、真に絢爛にして強壮な思索の持ち主であろうがなかろうが、それはもはや問題ではない。〈友達の所〉で小林が「おかしなやつ」と評した人物が、〈帰ってきた家〉で、日数を経て、絢爛にして強壮な思索の持ち主となっていくのである。

坂口は、ラムネー氏ではないその人物、ラムネ氏が、フランス人であることに満足できない。ラムネ氏は日本にいないか。筑紫の浦の太郎兵衛は？　玄海灘の頓兵衛は？——ふぐの試食に殉じた無名のパイオニアの歴史が、かれの想念に渦巻きはじめると、坂口は、その頓兵衛たりえぬ自分のことも考えはじめる。

二流の頓兵衛　「ふぐの胃袋について、肝臓について、また臓物の一つ一つについて、おのおの訓戒を残し、みずからは十字架にかかって果てた幾百十の頓兵衛がいたのだ。」というふうに日本のラムネ氏のことを考えてみても、事はあくまで想像にすぎない。復活のキリストを、その使徒たちが信ずるには、十字架にかかった傷口が示される必要があったように、坂口は、日本のラムネ氏、ふぐ食い頓兵衛のイメージを、「おい、おれは今ここにこうして死ぬけれども、この肉のうまみだけは子々孫々忘れてはならぬ。おれは不幸にして血をしぼるのを忘れたようだが、おまえたちは忘れず血をしぼって食うがいい。ゆめゆめ勇気をくじいてはならぬ。」などと、痛快なまで鮮かに描き出してみても、ほんとうは不安である。この眼で見ることのできる実在としてのラムネ氏はいないか。いなかったか。かれが、話題を一転して、信州奈良原の鉱泉に逗留した時の体験談に移るのは、そのためである。

大体、新聞記事だから、「上」「中」「下」というような大げさな分け方になるが、一節一節はごく短い文章である。その一回ごとに文章のスタイルが少しずつ変わっていくのは、単に話題が変わるせいだけではない。第一回の文章には、ラムネー氏じゃあないが、「絢爛」たるところがあった。たとえば、「上」で、

(A)さっそくありあわせの辞書を調べたが、ラムネー氏は現れない。ラムネの玉にラムネー氏とは話がうますぎるというので三人は大笑いしたが、(B)三好達治は憤然として、うちの字引が悪いのだ、『プチ・ラルッス』に載っているのを見たことがあると、決戦を後日に残して、いきまいている。

(C)後日、このことを思い出して、『プチ・ラルッス』を調べてみたが、ラムネー氏はやはり登場していなかった。

というふうに、三好を(A)→(B)→(C)と隙間ない文章で追いこんで、根も葉もないことをいうこの詩人の、負けずぎらいのからいばりの敗残の姿を、とことん戯画化しながら、一転して、自分はぽんと、根も葉もないはずのそのラムネー氏の上にのっかって、「絢爛にして強壮な思索をラムネの玉にもこめた」ラムネ氏の実在を確信して、議論をとんとんと進めていったようなところは、「中」にはない。

若園清太郎にいたっては、東京のかんづめを取り寄せるために、終日手紙を書き、東

京と連絡するに寧日ないありさまであった。

というようなふざけた文はあっても、そういう文が、文から文へと息もつかせずつながっていく絢爛さはない。そこが、奇妙に、「中」の文章の内容とマッチしていないだろうか。

若園清太郎は坂口とはアテネ・フランセのなかまで、「言葉」という同人誌を出した時(昭和五〜六年、二号で廃刊)の同人である。ここに登場するのは、かれと「わたし」である。そして、このふたりは、さきの「上」の文章で活躍した小林秀雄や三好達治とは違うのだ。小林は、「ラムネの玉がちょろちょろと吹き上げられてふたになるのを発明したやつが、あれ一つ発明しただけで往生を遂げてしまったとすればおかしなやつだ」という絢爛たる思索者であり、三好達治は、「ラムネの玉を発明した人の名まえはわかっているぜ」と揚言し、「フランスの辞書にもちゃんと載っている事実なのだ」と断言できる。しかも、かれの辞書を調べても載っていないといっても、「うちの字引が悪いのだ」とうそぶける強壮な思索者である。一代の戯作者たりうる資格者といえよう。ところが、この「中」の文章の登場者ふたりは、どうひいき目にみても比べものにならない。食物の内容よりも何よりも、味ですでにまいった若園にせよ、素性のわからないきのこの毒を恐れて、「植物辞典があるならば、はしより先にそれを執ろうという気持ちに襲われ」「この恐怖を冒してまで、食欲におぼれる勇気がなかった」坂口にせよ、およそ絢爛にも強壮にも思索しない人物である。この「ラムネ氏のこと」や『日本文化私観』の後に、坂口は歴史小説に力を入れる時期を持つ。昭和一九(一九四四)年の正月の「現代文学」の『黒田如水』

は、前年書かれ、発表後、さらに書き継いで、『二流の人』となる。「安吾氏は東洋大学在学中に喜田貞吉博士の著書に興味をもち、小田原、蒲田時代に専ら史書を読破しておられた由であります。」(「坂口安吾選集」月報1編集後記) という聞き込みがあり、『黒田如水』、後の『二流の人』の冒頭が、

天正十八年、真夏のひざかりであった。小田原は北条征伐の最中で、秀吉二十六万の大軍が箱根足柄の山、相模の平野、海上一面に包囲陣をしいている。

とはじまるのと思い合わせると、「執筆当時、安吾は、戦国時代の武将に取材する小説を書きたいから、手元にある文献的なものを貸してもらいたいといって私を訪ねてきたことがある。」(角川文庫『道鏡・二流の人』解説) という尾崎士郎に、それは一八年だったか、ひょっとすると一九年じゃなかったかなどと、年月をせんさくしてみたくなる (その尾崎も今やいない)。わたしは、小田原時代のかれの念頭に、尾崎に文献を借りる借りないにかかわりなく、小田原攻めの日の一流の人家康と、二流の人如水黒田官兵衛のことが浮かんだ折があった、と考えたいが、それはどうでもいい。『黒田如水』を書く一、二年前、すなわち小田原・蒲田時代にすでに自己の内部に〈二流の人意識〉を抱いていたのではないか、と思う。そして、その二流の人意識は、小林や三好に対するコンプレックスとして形成されたものではなかろうか。

が、そういう深層心理的分析はやめにしても、坂口が日本のラムネ氏の実在を自分に問いはじめた時、かれが、典型的ラムネ氏を指摘できなかったことは大切だろう。かれは奈

良原鉱泉のきのこ採りの名人、きのこの毒にあてられて「ただいたずらに、静かな往生を遂げてしまった」人の思い出を蘇らせる。「この部落では、その翌日にもう、人々がきのこを食べていた」という記憶を蘇らせる。部落の人々は、あのきのこで死んだきのこ採りの名人同様、「絢爛にして強壮な思索の持ち主」ではない。きのこの毒のあり方を知識的につかみとることができない。かれらひとりびとりはラムネ氏ではない。しかし、かれら全体は、若園や坂口とちがって、きのこのラムネ氏なのだ。「こういう暗黒な長い時代にわたって、何人もの血と血のつながりの中に、ようやく一人のラムネ氏が潜み、そうして、常に潜んでいるのかもしれぬ。」――日本の実在のラムネ氏を、そういう二流の人としてのラムネ氏群として発見できた時、二流の戯作者坂口安吾は、きのこのラムネ氏群たりえなかったことの代償において、ようやく、自己の本業である文学と自己の結びつき方を論じることができるようになる。

奴隷のことば　しかし、この文章の中核はこれらの活気と諧謔に満ちた二節ではない。それらは前提にすぎない。前提が本論よりも大きく、本論よりも絢爛としている文章は、どうみても古典的ではない。そういう文章としての不整い、不釣合いに擁護されねばならないところに、暗黒時代の戦いのむつかしさがある、とみてよかろう。長い長い前置きの中での積み上げの果てに、さっとのぞかせる正体。およそ時代の暗黒さと不似合いに展開される太平楽な諧謔、笑い話まがいの見聞談は、ただひとつのことのために配置されている。

しかし、本論である「下」の文章もまた迂路をとる。坂口はにわかに文学を論じない。かれは、〈愛〉の観念が育たなかったこの国の状況を語る。「愛はただちに不義を意味した」この国の社会状況の中で、清らかな愛をことばとして打ち建てるために、南蛮渡来の碧眼のバテレンたちは、どういう発明をよぎなくさせられたか。かれらは「キリシトの御大切」といった。大陸進出を描き、聖戦を描き、大東亜建設の理念を綴るまえに、より人間的な問題を対象にすえよ、と直接にいえない坂口は、「わたしはしかし、昔話をするつもりではないのである。今日もなお、恋といえば、邪悪な欲望、不義と見る考えが、生きてはいないかと考える。」と一度現代にひきつけながら、また、くるりと転じて、戯作者に筆をもどすのである。その小さなレトリックの鮮かさによって、「しかし、そういう時代にも、ともかく、人間の立場から不当な公式に反抗を試みた文学者はあったが、それは戯作者という名で呼ばれた。戯作者のすべてがそのような人ではないが、少数の戯作者にそのような人もあった。いわば、戯作者もまた、一人のラムネ氏ではあったのだ。」という議論が、現代の状況と直結しつつ、間接的な現代批判となる。かれが〈国策文学〉の底の浅さ、〈国策文学〉の買弁性を直接攻撃せず、

ちょろちょろと吹き上げられてふたとなるラムネ玉の発見は、あまりにたあいもなくこっけいである。色恋のざれごとを男子一生の業とする戯作者もまた、ラムネ氏に劣らぬこっけいではないか。

と自嘲的に、少数の戯作者の伝統につづこうとするのは、奴隷のことばによる抵抗以外で

はない。しかし、その抵抗のいかに根性があり、しぶといことか。

また、かれのレトリックとしての型はずれの文章の構造が、型はずれのゆえに、そういう抵抗の切実に必要であった時代を遠ざかっても、芸術の革命のための、文章の発想と様式の上で、ひとつの前衛的遺産でありえていることも、同時に認めてよいことではなかろうか。

教材の問題点

益田勝実

レトリックを軽蔑するな　今日までの国語教育は、現代文のほうでは、およそまともきわまる国語の表街道ばかりをつっぱしっていた。一方では、古文で、いやに〈風流〉なんぞを教えこんだ。そして、時に、〈ことばの魔術〉にかけられないように、というような警告の文章を学ばせたりした。ことばが、その魔術を発揮して、眼に見えない巨大な圧力に毅然として立ち向かうことがある。そういうことができるものだなんぞということは、どうでもよかったのだ。
しかし、もう、わたしたちはそういう迷いから醒め、学習者である若者たちとともに、ことばの持つそういう力を探索することを、学校での学習のひとつの大切な事柄にすえなければならない。強烈な思考、奔放な摸索、頑強きわまる批判などは、みな、その内容を有効に吐き出し、たたきつけるためのことばを求める。その時、求められているのは、断片的な新しい表現ではなくて、表現の体系であり、体系としての表現である。部分的レトリックではなく、文章の展開全体がそれであるレトリックである。力としての文章の教育をどう進めるかが、なによりも、問題であろう。

小さいレトリックと大きいレトリック　この「ラムネ氏のこと」という文章にしても、この文章を貫いている坂口の文章法を、若い学習者に理解させるのは、そう簡単ではない。すでに素材研究のところで分析を試みたように、この文章の発想と構造自体が、すでに既成の文章のわくから大きくはみ出ている。小さなレトリックがどのように大きなレトリックをささえ、一見、文章の破綻かと見えるもので、いかにみごとに抵抗の姿勢をとりえているか、わたしたちは追求しなければならない。

たとえば、坂口が、

1　つまり、この村には、ラムネ氏がいなかった。（五三六頁一二行）

2　ただ、確実に言えることは、わたしのように恐れて食わぬ者の中には、けっしてラムネ氏が潜んでいないということだ。（五三七頁一行）

といっても、この村にラムネ氏はいない、わたしの中にもラムネ氏はいない、というような等価値の否定でないこと――かれは、実は村の多くの人々の代々のつながりの中にラムネ氏の潜在を認めるために、はじめの否定をしていることは、説明すれば、だれにでもわかる。しかし、そうして、自分がきのこに関してラムネ氏でないということを、明らかにした時、実は、かれが〈姿の見えないラムネ氏の実在を確認した。〉と叫び、強烈に、その見えざるラムネ氏に対する敬意と憧憬の情を表白していることは、わかりにくい。自分はラムネ氏でない、という形でラムネ氏でありたいと叫ぶ姿勢が、「中」の話柄が何であれ、「下」の文章へまっすぐにつづいていくのである。そういうレトリックの構造を、わたしたちは、学習者に指標を与えては、発見させていかねばならない。

評論の精神の潑剌さを知らせる　こうしたことばを紡ぎ出す精神の営みが、いかに潑剌としているか。いかに自在に次々と話題を変えつつ、その変り身の速さによっても、化石しかけるわたしたちの心の動きを蘇らせていくか。高校二年の終わり近くになったかれらには、このことを理解させなければならない。また、わたしたちは、その潑剌さを生み出しているものが、自分をはるかに凌駕する巨大な圧力への批判・抵抗の精神であり、評論の精神とは、究極において、なるようになってしまわない、アンチ大勢順応の精神であることを、理論としても教えるべきであろう。

無常ということ

小林秀雄《こばやしひでお》

「或《あ》るひと云《いは》く、比叡《ひえい》の御社に、いつはりてかんなぎのまねしたるなま女房の、十禅師《じふぜんじ》の御前にて、夜うち深《ふ》け、人しづまりて後、ていとうていとうと、つづみを打ちて、心すましたる声にて、とてもかくても候《さうらふ》、なうなうとうたひけり。その心を人にしひ問はれて云く、生死《しやうじ》無常のありさまを思ふに、この世のことはとてもかくても候。なう後世《ごせ》をたすけたまへと申すなり、云々《うんぬん》。」

これは、『一言芳談抄《いちごんほうだんしょう》』の中にある文で、読んだ時、いい文章だと心に残ったのであるが、先日、比叡山に行き、山王権現《さんのうごんげん》のあたりの青葉やら石垣《いしがき》をながめて、ぼんやりとうろついていると、突然、この短文が、当時の絵巻物の残欠でも見るようなふうに心に浮かび、文の節々が、まるで古びた絵の細勁《さいけい》な描線をたどるように心にしみわたった。そんな経験は初めてなので、ひどく

比叡の御社　比叡山の東麓《とうろく》、滋賀《しが》県大津市坂本にある日吉《ひえ》神社。古来、山王権現または山王二十一社と称される。

かんなぎ　巫女《みこ》・神《かみ》子《こ》などともいう。神に仕える未婚の女性。神楽・祈禱《きとう》を行い、また、神託を伺いなどする者。

なま女房　まだ不慣れな宮仕えの女性。また、若い未熟な女性。

心が動き、坂本《さかもと》でそばを食っている間も、あやしい思いがしつづけた。あの時、自分は何を感じ、何を考えていたのだろうか、今になってそれがしきりに気にかかる。むろん、取るに足らぬある幻覚が起こったにすぎまい。そう考えて済ますのは便利であるが、どうもそういう便利な考えを信用する気になれないのは、どうしたものだろうか。実は、何を書くのか判然しないままに書きはじめているのである。

『一言芳談抄』は、おそらく兼好《けんこう》の愛読書の一つだったのであるが、この文を『徒然草《つれづれぐさ》』のうちに置いても少しも遜色《そんしょく》はない。今はもう、同じ文を目の前にして、そんなつまらぬことしか考えられないのである。依然として一種の名文とは思われるが、あれほど自分を動かした美しさはどこに消えてしまったのか。消えたのではなく現に目の前にあるのかもしれぬ。それをつかむに適したこちらの心身のある状態だけが消え去って、取りもどす術《すべ》を自分は知らないのかもしれない。こんな子どもらしい疑問が、すでにぼくを途方もない迷路に押しやる。ぼくは押されるままに、べつ

十禅師　日吉山王七《しち》社《しゃ》権現の一つ。十禅師社。

とてもかくても候　どうあってもよろしゅうございます。

しひ問はれて　むりに聞かれて。

『一言芳談抄』　著者不明。鎌倉時代初期の念仏者の言行がまとめられている。

兼好　一二八三？〜一三五二？　俗名、卜部《うらべ》兼好《かねよし》。鎌倉《かまくら》時代末期の歌人・随筆家。随筆『徒然草』がある。

だん反抗はしない。そういう美学の萌芽《ほうが》とも呼ぶべき状態に、少しも疑わしい性質を見つけ出すことができないからである。だが、ぼくはけっして美学には行き着かない。

確かに空想なぞしてはいなかった。青葉が太陽に光るのやら、石垣の苔《こけ》のつきぐあいやらを一心に見ていたのだし、鮮やかに浮かび上がった文章をはっきりたどった。よけいなことは何一つ考えなかったのである。どのような自然の諸条件に、ぼくの精神のどのような性質が順応したのだろうか。そんなことはわからない。わからぬばかりではなく、そういうぐあいな考え方がすでに一片のしゃれにすぎないかもしれない。ぼくは、ただある満ち足りた時間があったことを思い出しているだけだ。自分が生きている証拠だけが充満し、その一つ一つがはっきりとわかっているような時間が。むろん、今はうまく思い出しているわけではないのだが、あの時は、実に巧みに思い出していたのではなかったか。何を。鎌倉《かまくら》時代をか。そうかもしれぬ。そんな気もする。

歴史の新しい見方とか新しい解釈とかいう思想からはっきりと

逃れるのが、以前にはたいへんむずかしく思えたものだ。そういう思想は、一見魅力あるさまざまな手管《てくだ》めいたものを備えて、ぼくを襲ったから。一方、歴史というものは、見れば見るほど動かしがたい形と映ってくるばかりであった。新しい解釈なぞでびくともするものではない。そんなものにしてやられるような脆弱《ぜいじゃく》なものではない。そういうことをいよいよ合点《がてん》して、歴史はいよいよ美しく感じられた。晩年の鷗外《おうがい》が考証家に堕したというような説は取るに足らぬ。あの膨大な考証を始めるに至って、かれはおそらくやっと歴史の魂に推参したのである。『古事記伝』を読んだ時も、同じようなものを感じた。解釈を拒絶して動じないものだけが美しい、これが宣長《のりなが》の抱いたいちばん強い思想だ。解釈だらけの現代にはいちばん秘められた思想だ。そんなことをある日考えた。またある日、ある考えが突然浮かび、たまたまそばにいた川端康成《かわばたやすなり》さんにこんなふうにしゃべったのを思い出す。かれ、笑って答えなかったが。「生きている人間などというものは、どうもしかたのない代物《しろもの》だな。何を考えているのやら、何を言い出

鷗外　三〇四ページ参照。

考証家　古い文書を調べ、それを証拠として物事を説明する人。

『古事記伝』　本居《もとおり》宣長が著した『古事記』の注釈書。四十四巻。一七九八年完成、一七九〇〜一八二二年刊。

宣長　本居宣長。一七三〇〜一八〇一。江戸時代中期の国学者。『古事記伝』のほか、研究・注釈書『古今集遠鏡《とおかがみ》』『源氏物語玉の小櫛《おぐし》』『新古今集美濃《みの》の家つと』、随筆集『玉勝《たまかつ》

すのやら、しでかすのやら、自分の事にせよ他人事にせよ、わかったためしがあったのか。鑑賞にも観察にも耐えない。そこにゆくと、死んでしまった人間というものはたいしたものだ。なぜ、ああはっきりと、しっかりとしてくるんだろう。まさに人間の形をしているよ。してみると、生きている人間とは、人間になりつつある一種の動物かな。」

この一種の動物という考えは、かなりぼくの気にいったが、考えの糸は切れたままでいた。歴史には死人だけしか現れてこない。したがって、のっぴきならぬ人間の相しか現れぬし、動じない美しい形しか現れぬ。思い出となれば、みんな美しく見えるとよく言うが、その意味をみんながまちがえている。ぼくらが過去を飾りがちなのではない。過去のほうで、ぼくらによけいな思いをさせないだけなのである。思い出が、ぼくらを一種の動物であることから救うのだ。記憶するだけではいけないのだろう。思い出さなくてはいけないのだろう。多くの歴史家が、一種の動物にとどまるのは、頭を記憶でいっぱいにしているので、心をむなしくし

間《ま》』、国学入門書『うひ山ぶみ』などがある。

川端康成　五六七頁参照。

て思い出すことができないからではあるまいか。

じょうずに思い出すことは非常にむずかしい。だが、それが、過去から未来に向かってあめのように延びた時間という青ざめた思想（ぼくには、それは現代における最大の妄想《もうそう》と思われるが）から逃れる、唯一のほんとうに有効なやり方のように思える。成功の期はあるのだ。この世は無常とは、けっして仏説というようなものではあるまい。それは、いついかなる時代でも、人間の置かれる一種の動物的状態である。現代人には、鎌倉時代のどこかのなま女房ほどにも、無常ということがわかっていない。常なるものを見失ったからである。

仏説 仏教の教え。

小林秀雄（一九〇二～一九八三）文芸評論家。東京に生まれた。東京大学仏文学科卒業。一九二九年、雑誌「改造」の懸賞文芸評論に当時の文壇現象を批判した「様々なる意匠」が当選し、文芸評論家としての地位を確立した。以来、プロレタリア文学に対抗して論陣を張り、次々に問題作を発表した。その期の著作には、『文芸評論』『私小説論』『現代小説の諸問題』な

どがある。しかし、第二次世界大戦の進展に伴い、日本の伝統的美の世界に沈潜するに至った。「無常ということ」は、その期の作品であり、『無常といふ事』(創元社、一九四六年)に収められた。戦後の著作としては、『モオツァルト』『ゴッホの手紙』『考へるヒント』などがある。創造的批評を唱えて実践し、日本文学に近代批評を確立したかれの業績は、高く評価されている。

本文は、『現代日本文学大系』第六〇巻(筑摩書房)によった。

叙述と注解

分銅惇作

比叡の御社　日吉《ひえ》神社。別称は山王《さんのう》。滋賀県大津市坂本本町《ほんまち》にある。大山咋神《おおやまくいのかみ》と大己貴神《おおなむちのかみ》を祭る。延暦年間に最澄が延暦寺創建のとき、同寺の守護神としたのに始まるという。朝廷の尊崇が厚かった。

いつはりてかんなぎのまねしたるなま女房　まだ年も若いし、人に仕える程度の身である。それが何の事情あってか、どこからか日吉神社へ来て、夜半に人目をぬすみ、十禅師社の神前で祈ったのである。むろん巫子《みこ》でない。だから我流の祈りだ。祈りのことばも心得てはいまい。「いつはりてかんなぎのまね」をしていた事はその風態の異様からたちまち見てとれたはずである。にもかかわらず、なま女房の祈りは美しかった。「ていとうていとう」と打つつづみの音は冴え、「とてもかくても候、なうなう」という祈りのことばは、美しい。この話は、まず女房の風態の異様と美しさとを鮮明に描き、告白のためらい、ついでその心根のあわれさを一気に記して終わる。「なう後世をたすけたまへ」という最後の訴えは、読む者の心にしみ入るものがある。この「なま女房」の姿には、筆者が宣長のいだいたいちばん強い思想とする「解釈を拒絶して動じないもの」の美しさがあると言えよう。

人にしひ問はれて 強いて問われての意。単なるしひの一言によって、この女房の私心をむなしくした心根がクッキリと浮彫りにされている。

後世 後の世、あの世、来世。単行本『無常といふ事』に収められている「当麻」には、「室町時代といふ、現世の無常と信仰の永遠とを聊かも疑はなかつたあの健全な時代」という表現がある。

『一言芳談抄』 二巻または三巻。著者不明。浄土宗の高僧の法語一六〇余条をあつめたもの。南北朝以前に成ったものと考えられており、『徒然草』三九段・四九段・九八段は本書を引いている。現在、刊本としては『仏教古典叢書』、『続群書類従』釈家部、『大日本仏教全書』等に収められている。

古びた絵の細勁な描線 前の行で「当時の絵巻物の残欠でも見るようなふうに」とあるところから、鎌倉・室町期の絵巻、すなわち信貴山縁起・伴大納言絵詞《えことば》・吉備《きび》大臣入唐《だいじんにっとう》絵巻・一遍《いっぺん》聖《ひじり》絵巻などの描線を思い浮かべればよかろう。「細勁な描線をたどるように」とは、『一言芳談抄』の文体の特質を摑んでいる。

そんな経験 後出の「ある満ち足りた時間」、「自分が生きている証拠だけが充満し、その一つ一つがはっきりとわかっているような時間」(五五九頁一一行)の体験。筆者が青春時代からベルグソン Henri Louis Bergson (一八五九〜一九四一)の哲学に親しみ「純粋持続」としての体験的時間に思いを及ぼしている点を考えあわせるべきだろう。

便利な考え 後出の「そういうぐあいな考え方」、「一片のしゃれ」、「歴史の新しい見方とか新しい解釈とかいう思想」(五五九頁)、「過去から未来に向かってあめのように延びた時間という青ざめた思想」(五六二頁三行)に類する考え方。人間の当座の利害をつごうよく処理するには適していても物事の真にふれてはいない考え方。

一種の名文　『徒然草』については、「比類のない名文」と小林秀雄は言っている。

それをつかむに適したこちらの心身のある状態　たとえば山王権現の時の状態。後出の「心をむなしくして」(五六一頁一六行)いる状態。

取りもどす術　後出の「うまく思い出」(五五九頁一三行)す術。

途方もない迷路　「自分を動かした美しさ」は消えたのではなく、目の前にあるのかも知れぬが、それを「取りもどす術」がなくて、「今はもう、同じ文を目の前にして、そんなつまらぬことしか考えられない」とすれば、美の体験とは何か、美の普遍性云々を軽々しく言えるだろうか、というような疑問を探りたい気持――美学の萌芽――に誘われる。

だが、ぼくはけっして美学には行き着かない　「行き着くつもりはない」という意志をも兼ねた言い方であろう。筆者に美学的理論を展開する気はない。「美」ではなく「美しいもの」があるということが大事なのだとする。「当麻」には「美しい「花」がある、「花」の美しさという様なものはない。」とある。

自分が生きている証拠　すぐ前の行の「ある満ち足りた時間」をもったことが、この場合の「生きている証拠」ということになるが、それは言い換えれば、後に出てくる「心をむなしくして思い出す」(五六二頁一六行)ことに没入している状態である。そしてその時、人間は「一種の動物」であることを止めて、「無常」から免れる。それがこの文章のテーマでもある。

何を。鎌倉時代をか。そうかもしれぬ。そんな気もする。　「鎌倉時代を思い出していたのかも知れない。」というふうに書きなおして比べて見れば、筆者がこうした表現をとらざるを得なかったことの意味がわかってこよう。ここにあるのは、強い倒置法を交えながらの自己問答である。自己の内部経験をたしかめようとする心、いっさいの外的なことを排除して、純粋に思い出をたどろうとする自意識が、この表現をとらせたのだろう。

歴史の新しい見方とか新しい解釈とかいう思想たとえば唯物史観など。「嘗て唯物史観といふものが、思想界を非常な勢ひで動かした事があつた。歴史といふ言葉が、世間で急に有難がられ出したのはその時以来の事です。物を歴史的に見ない者は馬鹿だといふ事になつたわけで、世人の歴史的関心が高まつたなどとしきりに言はれたものですが、歴史に対する健全な興味が、決して人々の間に喚起されたわけではなかつた。いや、却つて、歴史々々といふ呼び声の陰に、本当の歴史は紛失して了つた、と言つた方がよいかも知れぬ。」「人間がゐなければ歴史はない。まことに疑ふ余地のない真理であります。ところが、不思議なことには、僕等は、この疑ふ余地のない真理を、はつきり眼を覚まして、日に新に救ひ出さなければならないのである。唯物史観に限らず、近代の合理主義史観は、期せずしてこの簡明な真理を忘れて了ふ傾きを持つてゐる」（「歴史と文学」）。

晩年の鷗外が考証家に堕したというような説は取るに足らぬ。あの膨大な考証を始めるに至って、かれはおそらくやっと歴史の魂に推参したのである。　鷗外が最初の本格的な史伝『渋江抽斎』にとりくんだのは、陸軍省医務局長の退官を前にひかえたころで、大正五年一月より、「東京日日新聞」「大阪毎日新聞」に連載されたが、一見瑣末な考証に見え、あるいは塚原渋柿《つかはらじゅうし》園《えん》ばりの歴史小説にも見えるところから世評はかんばしくなく、第一回の鷗外全集において、はじめて収録・刊行され、死後、認められるに至った。『伊沢蘭軒』（大五〜六）『北条霞亭』

（大六〜九）等がつづくが、一般には『渋江抽斎』が第一の作とされている。「無常ということ」発表の前年、すなわち昭和一六年に、石川淳が『森鷗外』を刊行、そこで鷗外の史伝を熱烈に称讃し、『渋江抽斎』を鷗外作中第一のものと説いた。

「文章のうまい史伝なるが故に、人はこれに感動するのではない。作品の世界を自立させてゐるところの、一貫した努力が人を打つのみである。これらの作品が尋常史書の固陋に止まらず、考証学の日向水をも脱してゐることなど断るまでもあるまい。」ともあるが、「考証学の日向水をも脱し」、「未知のものに肉薄しようとする努力」を評価するのは、小林秀雄が「考証家に堕したというような説」をしりぞけ、「歴史の魂に推参した」と言うのと、ほとんど一致している。軍医と文学者というこれまでの二元的生活から、退官を機に新しい一元的な生活に入って行こうとするとき、同じく医者であり官吏であり、詩文を好んだ渋江抽斎を、鷗外は自己の映像と見、心からのシンパシーを抱いて、抽斎追求に入っていったのである。

『古事記伝』 注釈書。四四巻四四冊。本居宣長著。明和元（一七六四）年三五歳のときに起稿し、三五年後の寛政一〇（一七九八）年六月一三日完成。六九歳のときであった。『古事記』の注釈書として空前絶後の大著であり、自由な研究態度にもとづく実証主義をつらぬき、校訂・訓点・語釈にわたって前人未踏の境地をひらいた。

川端康成 この作家の名がここに書かれたのは偶然でないだろう。筆者は前年の昭和一六（一九四一）年六月に「川端康成」を「文藝春秋」に発表し、この作家の弱年の文章「十六歳の日記」にふれてすでにつぎのように述べている――。「ちなみにこれは尋常の日記でない。幼くして父母に死別し祖母を失ひ唯一の姉とも生別した少年が、最後の肉親である祖父の死を凝視した日記であつて、後年の当人がたまたま発見して公表したとき、成熟した作家の眼をもつてしても筆を加えることのなかつた文章である。少年が、ただ真率に生きてゐるといふ最少限度の才能を以て描き出したものが人間の病や死や活計の永遠の姿であるとは驚くべき事ではないか。そして、何故この少年の世界が、あらゆる意見や理論や解釈や批評の下に、理想と幻滅とが乱れ合ふ大人の複雑に加工された世界に抗議して立ち上つてはいけないのか。」(「川端康成」)

思い出　すでに本文冒頭で、『一言芳談抄』の「短文が、当時の絵巻物の残欠でも見るようなふうに心に浮かび、文の節々が、まるで古びた絵の細勁な描線をたどるように心にしみわたった。」(五五七頁一〇行)とあり、これが「思い出」にほかならない。「鮮やかに浮かび上がった文章をはっきりたどった。よけいなことは何一つ考えなかったのである。」、(五五九頁五行)「あの時は、実に巧みに思い出していたのではなかったか」(五五九頁一四行)ともある。ここに出てくる「よけいなこと」は、「ぼくらが過去を飾りがちなのではない。過去のほうで、ぼくらによけいな思いをさせない」(五六二頁一一行)とも出てくるが、「よけいなこと」「よけいな思い」、いいかえれば「記憶」(「歴史の新しい見方とか新しい解釈とかいう思想」をさしていると見てよい)をすてて、「心をむなしくして思い出すこと」(五六二頁一六行)が、「歴史の魂に推参」することなのである。「心をむなしくして」ということと、「思い出すこと」とは実は同義なので、筆者の自己否定的な主体のあり方と、対象としての歴史は、「思い出」によって完全に一体となる。そこに動かしがたいこの文章の力も生まれてきている。

歴史は思い出である、というのは本文のみならず、筆者の思考の特徴ともなっており、さらに「教材の問題点」参照。

過去から未来に向かってあめのように延びた時間という青ざめた思想（ぼくには、それは現代における最大の妄想と思われるが）　人間を離れて歴史はないと思うのに、その人間のいまの思い出や希望を抜きにした無機的な時間、過去から現在を素通りして未来へとけじめもなく延長させている時間概念。これは「歴史の発展」という思想をさしていると見てよい。「歴史は物の発展が土台だとする説もあり、心の発展が本質だとする説もあるし、現代は様々の史観を競つてゐるが、それぞれの歴史現象は、どういふ作用を受けて起り、どういふ作用を及ぼすかといふ、因果的発展にせよ、弁証法的発展にせよ、要するに合理的な発展の過程だ、とする考へがなくては、凡そ現代の史学はないといふほどの事になつた。従つて、現代人の常識も合理的発展といふ事を考へずには、凡そ歴史といふものを知る事が出来ないといふ始末になつた。人間の果敢無い思ひ付きが、だんだん繁昌いたしまして、一世を覆ふ妄想となつた。」「あらゆる歴史事実を、合理的な歴史の発展図式の諸項目としてしか考へられぬ、といふ様な考へが妄想でなくて一体何でせうか。」（「歴史と文学」）。

右の発展史観は、「歴史の新しい見方とか新しい解釈とかいう思想」（五五九頁一六行）にほかならず、「多くの歴史家が、一種の動物にとどまるのは、頭を記憶でいっぱいにしている」（五六一頁一五行）からだという指摘もこれと重なる。「過去から未来に向かってあめのように延びた時間」とは、「歴史の発展」の意であり、筆者から見れば、それは「青ざめた思想」であり、「現代における最大の妄想」だったのである。「よけいな思い」「よけいなこと」を考えずに、「心をむなしくして思い出すこと」、それ以外に、この「妄想」からのがれるすべはないのだと筆者は言う。

無常　仏説のごとき意でなく、「何を考えているのやら、何を言い出すのやら、しでかすのやら、自分の事にせよ他人事にせよ、わかったためしがあった」ことのない、生きている人間の状態、つまり「人間の置かれる一種の動物的状態」、これが「無常」ということである。そのような「無常」のなかにあって、一心に後世を祈るなま女房には「解釈を拒絶して動じないもの」がある。その姿は、「はっきりと、しっかりとしてくる」のであり、「まさに人間の形をしている」のであった。なま女房は、「無常」を真に知る故に、「心をむなしくして」祈ったのであり、「心をむなしくして思い出すことができない」、言いかえれば「常なるものを見失った」現代人は、「なま女房ほどにも、無常ということがわかっていない」ということになるのである。

素材研究

分銅惇作

口ごもる文章　四百字詰め原稿用紙六枚に足りないこんな短い文章だが、ひどくわかりにくい。いわゆる良文ではない。良文ではなくて名文なのだ。

四百字詰め原稿用紙でせいぜい六枚、と言ったが、これは一時間あれば書き上げられる分量ということである。しかし筆者は、この文章にたっぷりと時間をかけたふしがある。いや、長いこと口ごもらざるをえなかった、という跡がある。

たとえば、書き出しが『一言芳談抄』からの引き写しに始まる。百六十字程度だから、原稿用紙に八行も書けば終わってしまう作業なのだが、一度はその美しさに打たれたという物について最初にこんな作業などをやってしまうと、自分の生ぐさい文をそのあとに書き継ぐのに困ることがある、という事情は考えてみたほうがいい。引き写される『一言芳談抄』のほうは確かな姿をもっている。簡明だ。動かない。その一文字一文字を原稿用紙のマス目に写すという作業は、だから、字義どおり物を扱う手の作業なのであって、写す当人の勝手を許さない。が、そうした手業のあとで、さてその美しさについて何か述べようとするのは、自らに困難を課すことであるとも言える。「実は、何を書くのか判然しないままに書きはじめているのである。」(五五八頁六行)という筆者のつぶやきは、この前後のむずかしさを白状している。と同時に、しかし、それ故にいっそう、筆者を表現へとかりたてる心のたかぶりを感じさせる。『一言芳談抄』のほうは確かな姿をとっている。動かない。動かされ、動いているのは、もっぱら筆者である。が、今こうして自分を動かしているものについては、もう思い出しにくくなっているのだ。

今はもう、同じ文を目の前にして、そんなつまらぬことしか考えられないのである。依然として一種の名文とは思われるが、あれほど自分を動かした美しさはどこに消えてしまったのか。消えたのではなく現に目の前にあるのかもしれぬ。それをつかむに適したこちらの心身のある状態だけが消え去って、取りもどす術を自分は知らないのかもしれない。(五五八頁九行)

つまり、手ごたえのある姿の前で筆者は表現への衝動を感じながら、表現の糸口が見つからぬ。当人にとってはひどくつらいことなのだ。たとえば、大岡昇平は『再会』（昭二六）の中でこのへんの事情を照らし出す。むろん、ある脚色を伴ってではあろうが。

私を除いて酔つて来た。Y先生がX先生にからみ出した。

「お前さんには才能がないね」

「えつ」

とX先生はどきつとしたやうな声を出した。先生は十何年来、日本の批評の最高の道を歩いたといはれてゐる人である。その人に「才能がない」といふのを聞いて、私もびつくりしてしまつた。

「お前のやつてることは、お魚を釣ることぢやねえ。釣る手附を見せてるだけだ。（Y先生は比喩で語るのが好きである）そうら、釣るぞ。どうだ、この手を見てろ（先生は身振りを始めた）ほうら、だんだん魚が上つて来るぞ。どうぢや、頭が見えたらう。途端、ぷつつ、糸が切れるんだよ」

しかしY先生は自分の比喩にそれほど自信がないらしく、ちよろちよろ眼を動かして、X先生の顔を窺ひながら、身振りを進めている。「遺憾ながら才能がない。だから糸が切れるんだよ」

X先生が案外おとなしく聞いてるところを見ると、矢は当つたらしい。Y先生は調子づいた。

「いいかあ、こら、みんな、見てろ。魚が上るぞ。象かも知れないぞ。大きな象か、小さな象か、水中に棲息すべきではない象、象が上つて来るかも知れんぞ。ほら、鼻が見えたろ。途端、ぷつつ、糸が切れるんだよ」

「ひでえことをいふなよ。才能があるかないか知らないが、高い宿賃出してモツアルト書きに、伊東くんだりまで来てるんだよ」

「へつ、宿賃がなんだい、糸が切れちやあ元も子もねえさ。ぷつつ」

かうなるとY先生は手がつけられない。私も昔は随分泣かされたものである。

私はいいが、驚いたことに、暗い蠟燭で照らされたX先生の頰は、涙だか洟だか知らないが、濡れてゐるやうであつた。

たぶん昭和二一年の一月はじめのころを回想したものだろう。むろん「当麻」も「無常ということ」も「西行」も「実朝」も二、三年前に書いたあとの話だ。当時「たしかな美の形式」としての批評をめざし、それを確立したといわれるX先生。からんでいるのはY先生で、陶器の本物、にせ物を見る目が、はたち前にできてしまったといわれている人だ。それが「お魚」のたとえを持ち出した。「無常ということ」の場合でいえば『一言芳談抄』のなま女房の祈りの美しさ、ということになるだろうか。それがさっぱり出ていない、書けてないじゃねえかと言われてX先生は頰をぬらした——。X先生の頰をぬらしたのが涙であったかどうか、真実頰がぬれていたものかどうか。それは大岡昇平の脚色であってかまわないことである。「お魚」を釣ろうとするが、いつもぷつっ、「釣る手附」しか見せられない、ということだけは、しかし何としてもつらい。一度はありありと物が見えたのに、ことばが役に立たない。立たないどころか物の前に立ちふさがって、邪魔をする。で、見とどけるかわりにしゃべってしまう。「釣る」かわりに「釣る手附」ばかり見せてしまうとは。その「手附」が当人に見えなければまだしもだが、X先生にはわかっている。物の美しさのほうは思い出せなくなっているのに、見る「手附」のほうはあいかわらず。中学以来の友だちにからまれるまでもなく、それがわかっているから、つらいのだ。

たしかに一度は釣り上げかけた。「無常ということ」の場合でいえば、比叡の山王権現のあたりで。以前に読んでいい文章だと心に残った『一言芳談抄』の一節。それが――「当時の絵巻物の残欠でも見るようなふうに」、「まるで古びた絵の細勁な描線をたどるように」(五五七頁) 見えたのだ。つまり、ありありと釣ったのだ。それが今となってはもう見えてこない――。筆者はまず搦め手から攻めようとする。

『一言芳談抄』は、おそらく兼好の愛読書の一つだったのであるが、この文を『徒然草』のうちに置いても少しも遜色はない。今はもう、同じ文を目の前にして、そんなつまらぬこととしか考えられないのである。(五五八頁九行)

いかにも詮ないことである。かつての「満ち足りた時間」――それを追体験しようとして思い悩んでいると、「美学の萌芽」(五五九頁一行) に導かれるかもしれない。しかし筆者は今、そんな方向に深入りすることは望んでいない。「釣る手附」を見せて何になろう。「便利な考え」(五五八頁五行) も「しゃれ」(五五九頁一〇行) も「歴史の新しい見方とか新しい解釈とかいう思想」(五五九頁一六行)も、要するにみんな「歴史の魂」(五六〇頁九行)に一指も加え得ないのではないか。いずれ「よけいな思い」(五六二頁一二行)であり、「記憶」(五六一頁一四行)であり、「妄想」(五六二頁四行)ではないか。

どうやら、筆者を苦しめたものは、人間のなまぐさいことば、人間のさかしらといったものらしかった。見方だとか解釈だとか、記憶でいっぱいになって身動きならない知識だとか。およそ不安定なもの、常ならぬもの、そんなやわな、生ぐさいものが、すなおに物に感ずることを妨げる。本来すなおに見えるはずなのだ。それが見えなくなっている。そんな無常の境涯から身をふりほどこうとして筆者は口ごもる。

筆者とすれば、たしかに一度は比叡山の山王権現のあたりで、ふとことばを突き抜けていた、あの「時間」。現代人のさかしらをふり捨てて、実にすなおに鎌倉時代に推参し、なま女房の祈りの舞い姿を見とどけた、と今にして思う。が、いま口をつぐんだままでは、もうその純粋な「時間」が思い出せなくなっている。それほどまでに、筆者の「教養」が邪魔をしている。もはやこの「教養」から身を振りほどくためには、ことばによってことば自身を徹底的に突き抜ける以外に途はなくなっている。そのためらい、その口ごもり、それがなまなかな「読解力」をことごとく拒否している。なまじ良文が書けなくなってしまっているところに、この文章のせっぱつまった美しさがあるのかもしれない。

当時筆者は満四十歳、前年の昭和一六(一九四一)年あたりから陶器・土器・仏画など古美術に近づき、この年になると日本古典とくに中世の思想や美意識に目を向け、発表の場は『文学界』にほとんど限られる。筆者がいわゆる文芸評論から遠ざかり、古美術や古典に近づき、ことば少なになったという事情については、どう考えるべきか。「無常ということ」の一文に接したあとでは、いろいろの解釈もしょせん空しいことのように思われる。しかし、この一文に、筆者のことばに寄せる愛と「物」へ寄せる愛とが、きわどく釣り合っている事だけは見とどけておきたい。筆者はことばをかならずしも信じきってはいない。と同時に、「物」と自分とをへだてる距離にも気づかずにおれない。緊張をはらんだこの釣り合いの上に、この文章の美しさが成り立っているのだろうか。

こんな文章を書くのは決して楽しいことではない。この文章は、筆者の内面である劇が演じられたことを証しだてている。現代詩で批評精神が近代詩との転回点を作り出したように、日本の散文もここに至って、表現の主体が批評の矢を自らに向け、その果てに表現を獲得しようとする力技を敢行したと言えるであろう。この間の事情を、小林秀雄自らは次のように言っている——。

生活してゐるだけでは足りぬと信ずる処に表現が現れる。表現とは認識なのであり自覚なのである。いかに生きてゐるかを自覚しようとする意志的な意識的な作業なのであり、引いては、いかに生くべきかの実験なのであります。(「表現について」)

ことばと物と　筆者小林秀雄氏については、すでに多くの論がある。しかし、ここでは、ことばと物とにかかわる氏の劇をかいま見るにとどめたい。氏は明治三五(一九〇二)年四月、東京府神田区に父豊造・母精子の長男として生まれた。芝白金小学校・東京府立第一中学校を経て、大正一〇（一九二一）年四月、第一高等学校文科丙類に入学したが、その三月、父を失った。大正一四年四月、東京帝国大学仏文科に入学、昭和三（一九二八）年三月に卒業した。この間に志賀直哉ら白樺派の作品から、ベルグソンの哲学や現代物理学に及ぶ幅広い濫読の時期を経験したのは、大正期に成長した青年の教養として、まともなコースではあるが、注意しておいてよいであろう。しかし、氏自身のことばによれば、詩人ランボオとの出会いが決定的な事件であったようである。

僕が、はじめてランボオに、出くはしたのは、廿三歳の春であつた。その時、僕は、神田をぶらぶら歩いてゐた、と書いてもよい。向うからやつて来た見知らぬ男が、いきなり僕を叩きのめしたのである。僕には、何の準備もなかつた。ある本屋の店頭で、偶然見付けたメルキュウル版の「地獄の季節」の見すぼらしい豆本に、どんなに烈しい爆薬が仕掛けられてゐたか、僕は夢にも考へてはゐなかつた。而も、この爆弾の発火装置は、僕の覚束ない語学の力など殆ど問題ではないくらゐ敏感に出来てゐた。豆本は見事に炸裂し、僕は、数年の間、ランボオといふ事件の渦中にあつた。それは確かに事件であつた様に思はれる。文学とは他人にとつて何であれ、少くとも、自分にとつては、或る思想、或る観念、いや一つの言葉さへ現実の事件である。と、はじめて教へてくれたのは、ランボオだつた様にも思はれる。（「ランボオの問題」、「展望」昭二三・3、のち「ランボオⅢ」）

奇妙な事件といわなければなるまい。「或る思想、或る観念、いや一つの言葉さへ現実の事件である。」と後年、氏が語ったこの事件は、ことばの空しさと美しさとをこの青年に刻印してしまった。

芸術といふ愚かな過去を、未練気もなくふり捨てて旅立った彼の鬼の無垢を私が今何としよう。彼の過去は、充分に私の心を攪拌した。そして、彼は私に何を明かにしてくれたのか。たゞ、夢をみるみじめさだ。だが、このみじめさは、如何にも鮮やかに明かしてくれた。私は、これ以上の事を彼に希ひはしない、これ以上の教に、私の心が堪へない事を私はよく知つてゐる。以来、私は夢をにがい糧《かて》として僅に生きて来たのかもしれないが、夢は、又、私を掠め、私を糧として逃げ去つた。(「ランボオⅡ」、『地獄の季節』所収、昭五10)

周知のようにランボオは一六歳から一九歳までに詩編二五〇〇行、それとほぼ同量の散文詩を書き、以後は芸術に訣別してその短い後半生をアフリカやアデンの蕃地に旅立った人である。この早熟の少年は、ことばも観念も及ばぬ「他界」をありありと見て詩にうつしたが、かれにとっては、夢みることも、夢を語ることも、「他界」を述べることも、すでに若気の過ちでしかなかったようである。ほどなく芸術に別れを告げようとするが、なおしばらくはことばと戯れて無類に美しい詩編を残す。ことばと観念とをふり捨てようとする、そのことばの美しさとみじめさに、どうやら氏はしたたかに打ちのめされたもののようである。ことばの空しさを思い知らされれば思い知らされるほど、いよいよことばの美しさが見えてくるという奇妙な事件は、まさに事件とでも言うよりしようのないものであったろう。

それは氏の青春の教養を、ある意味ではことごとく拒絶し空しくするものであり、ある意味ではいよいよ鮮かにきわだたせるものでもある。ひとしくランボオに傾倒した友人、富永太郎も中原中也も早世したのに、氏だけが生き永らえた。そのかわり氏は二三歳以後のいわゆる「衰運」に堪えなければならなかった。ランボオに関する卒業論文によって東大を卒業した氏は、東京を去る。奈良に住まい、同地で志賀直哉に知られ、昭和四（一九二九）年四月、雑誌「改造」の懸賞論文第二席として「様々なる意匠」が当選し、ついで「文藝春秋」に文芸時評を連載する。マルクス主義文学も、新旧の芸術主義も、大衆文芸の繁栄も、すべてさまざまな意匠と見る氏の姿勢は、ランボオ以来の逆説と自己否定とに貫かれていはしないか。氏は抽象的なもの、観念的なものが「一つの事件」たり得ることを信じているが、また、それらのものへの警戒の心をも怠らない。「抽象的思想というものに対する無意味な嫌悪」（「文学者の思想と実生活」）を持ちつづけて来た自然主義文学観を排して、次のように論ずる。

——かういふ作家等（フローベール、ゾラ、モーパッサンなど——引用者——）の思想上の悪闘こそ、自然主義を輸入したわが国の作家等に最も理解し難いものであつた。「徳川文学の感化も受けず、従来我文壇とは殆ど全く没関係の着想、取扱、作風を以て余が制作を始めたことに就ては、基本源は何であるかと自問して、余はワーズワースに想到したのである」と独歩は書いた。少なくとも明治後半以来のわが作家等はみな自分のワーズワースによつて仕事をしたのである。めいめいが違つたワーズワースを持つてゐた。ゾラをモオパッサンをフロオベルを。これはくどい様だが、次の様な事を意味する。わが国の作家達は、西洋作家等の技法に現はれてゐる限りの思想を、成る程悉く受入れたには違ひなかつたが、これらの思想は、作家めいめいの夢を育てたに過ぎなかつた。めいめいの夢から脱して社会化しようにも、その地盤がなかつた。外来思想が作家達に技法的にのみ受入れられ、技法的にのみ生きざるを得なかつた所以だ。(「私小説論」、「経済往来」昭和一〇5〜8)

いわゆる「思想と実生活」論争において正宗白鳥と渡りあった時も、この事情についは変わっていない。白鳥は、トルストイの未発表日記の翻訳を読んで、トルストイの家出は人生に対する抽象的煩悶どころか、実際は妻君をおそれて逃げたにすぎなかったと述懐した。が、氏は真向から反対し、たとえば次のように説く。

実生活を離れて思想はない。併し、実生活に犠牲を要求しない様な思想は、動物の頭に宿つてゐるだけである。社会的秩序とは、実生活が、思想に払つた犠牲に外ならぬ。その現実性の濃淡は、払つた犠牲の深浅に比例する。(「思想と実生活」、「文藝春秋」昭一一4)

まさに思想と実生活との間のきわどいバランスの上に、氏は自らも「十九世紀自然主義思想の重圧の為に解体した人間性を再建」(『私小説論』)しようとして、たとえばジイド、ヴァレリー、アランなどの評論・翻訳に従い、ドストエフスキーの評伝・批評に没頭する。

が、程なく沈黙がちになる。むろん太平洋戦争下にあって言論活発というわけにはいかなかったろう。しかし、この間の事情は単に外的な状況にのみ帰せられるものではなかろう。文明開化以来、文化を創造する一つの主要な場であったジャーナリズムが、「文化文化とウハ言を言つて」来て、その実、「新しい価値ある形」を創り出すことが極めて稀で、「精神消費の形式の中に、文化の花が咲いてゐると思ひ込むやうになつて」いる現状に対する反省、「暇と忍耐と熟慮」によって、「単なる観念ではない」「人間の精神の努力を印した〈物〉」を創り出そうとする決断をも示していると言えよう。従ってこの期に太平洋戦争下の非常時に際会したことは、ある意味では、筆者にとって、幸いであったとすら言える(新潮社版「小林秀雄全集」第六巻「解説——河上徹太郎」参照)。そして、「僥倖」として得られ獲得した「暇と忍耐と熟慮」の中で、「解釈を拒絶して動じない」ものの持続する古典・歴史の世界へと沈潜してゆく。この期の小林秀雄にとっては、『徒然草』『平家物語』『一言芳談抄』などの古典は、「人間の精神の努力を印した〈物〉」であったのだ。

しかし、それでは何故、そのような「物」が「十九世紀自然主義思想の重圧の為に解体した人間性を再建」する一つのよすがとして、氏によって考えられるに至ったのであろうか。

その間の事情について、越知保夫氏は次のように言っている。

リルケは、その書簡の中で、人間がいつまでもつれなく見えた時、自分は人間を離れて物に近づいて行った。するとその物から、一つの喜びが、「存在する喜び」がやって来たと言っている。この「存在する喜び」こそ小林の倫理なのである。小林はリルケについては余り多くは語っていないが、リルケが物を通じて体験したものはすべてよく理解することが出来たと思う。リルケは先の言葉につづけてこうも言っている。さらに後になって、物の忍耐づよい持続から、新しい愛とおそれをしらぬ大きな信仰がやって来たと。そしてこの信仰は生すらもその一部であるような信仰なのである。人間は物と共にある時、人間の間ではさけがたい虚栄も入る余地がない。死の恐怖すらも超え得るものがそこにあるのである。だが、それにしても、何故人間が、人間同士の間で失ったものを、否、人間が与え得ないものを、「物」があたえてくれるのか。何故、存在する喜びを、生への信頼を、愛を「物」に求めて行かねばならないのか。ここに人間と人間の関係についての深い意味がかくされているように思われる。（「好色と花」昭三八3）「自分が生きている証拠」（五五九頁一一行）とは、「心をむなしくして思い出す」（五六一頁一六行）ことによって、「物」と出会ったときの「存在する喜び」「生への信頼」に満たされたことであると言うことが出来よう。

この文章は、そのような「物」との出会いによって与えられた、「存在する喜び」を追体験し、それを空しくまたそれ故に美しいことばによって、とらえ、人々と分ち合おうとする精神の努力とみなしてよいであろう。

歴史について　一方において氏は、「人間の精神の努力を印した〈物〉」としての形をとらぬ単なる抽象的なものや観念的なものには信をおかない。そこから、小林秀雄の「物」

に寄せる愛情が生まれて来る。が、同時に物象（体）に直面したときの氏の当惑を見逃し
ては いけないだろう。これらの相矛盾するものの上に奇妙なバランスを保っているもの、
それが氏の「歴史」ではないだろうか。「死体写真或は死体について」という文章がある。
氏が人出の多い正月の、鎌倉八幡の参道をぶらついた折、「犯罪実相展覧会」なるものを
見物した。その時の当惑が書かれていると言ってもよいだろう。

子供をおぶつた女の人が、写真を見ながら、ホーラ、絞め殺されたんだよ、絞め殺さ
れたんだよ、と背中の子供の尻を叩いてゐる。彼女の顔には何んの表情も現れてをらず、
眼はうつろの様であつた。明らかに、彼女は、凡ての見物人達の代表者だ。他にどう仕
様があつたらうか。（中略）私が会場で出会つたものは、もつと別な不思議であつた。
陳列されてゐる物は、嘗て人間であつた一種の物体の写真である。成る程、見れば見る
ほど、物体とさへ呼べぬほど低級な一種の物体である。凡そ私達の日常生活で知覚する
物体で、私達の生活感情で色どられてゐない物体はない。その形は親しく、その名は親
しい。それは生きてゐる。画家は、これを静物と名付けて、見ても見ても見飽きないの
である。科学者の所謂物体は、死んでゐるが、嘗て生きた事もない。幸ひにしてそんな
ものは私達の肉眼に映ずる事がない。私達の鑑賞を強要してゐるらしい、壁間の写真は、
こんな事を語りかけてゐる様に思はれる――扨て、こゝに嘗て生きてゐたが、現に死ん
でゐる一種特別な物体がある。人間どもは、これを死体と名付けてゐるらしいが、如何
がなものか。ごまかしてはいけない。君等が物に名付けるとは、その物に、君等が生き

るよすがが求められゝばこそだ。こんなものに何が見附かつたといふのかね。失敗さ。死体といふ名は失敗さ。よく見給へ、はつきり見られると思ふならはつきり見てみ給へ、と。写真の囁きは、どんな迂闊な見物の心にも、それとなく、感じられた筈なのである。憐れな好奇心は、この全く無意味な形の前でへたばる。外らす事の出来ない眼がうつろになる。ホーラ、絞め殺されたんだよ、と女の人がわれ知らず歌ふ様に言ふ。実際、歌かも知れない。大人の為の子守歌か知れないのだ。いや、寧ろ一種の呪文であらう。この呪文の起源は、私達の歴史の何んと遠いところにあるか。私達の内の何んと深い処にあるか。むかつく胸が、私にそれを教へた。（「作品」昭二四3）

物はことばに色どられなければなるまい。ことばは物にまで近づかなければなるまい。人が「生きるよすがが求められ」ぬ物に対したとき、「呪文」が現われるのか。「私達の歴史」の遠いところ、「私達の内」の深い処にあって、ことばと物が出会ったところ、それを思い出さなければいけないのだろう。それがうまく思い出された時、「満ち足りた時間」が現われるのではないか。氏の場合、しかしそれは青春を思い出すことでなかったか。東京生まれの氏は、自分の中に物とことばとが結びつく処が見つけられなかった。およそ見つけられなかった。

いつだつたか京都からの帰途滝井孝作氏と同車したをりだつたが、どこかのトンネルを出たころ、窓越しにチラリと見えた山際の小径《こみち》を眺めて滝井氏が突然ひどく感動したので驚いた。あゝいふ山道をみると子供の頃の思ひ出が油然《いうぜん》と湧《わ》いて来て胸一杯になる、云々と語るのを聞き乍ら、自分にはわからぬと強く感じた。自分には田舎《ゐなか》がわからぬと感じたのではない、自分には第一の故郷も、第二の故郷も、いやそもそも故郷といふ意味がわからぬと深く感じたのだ。思ひ出のない処に故郷はない。確乎たる環境が齎《もたら》す確乎たる印象の数々が、つもりつもつて作りあげた強い思ひ出を持つた人でなければ、故郷といふ言葉の孕《はら》む健康な感動はわからないであらう。さういふものも私の何処を捜《さが》しても見つからない。振り返つてみると、私の心なぞは年少の頃から、物事の限りない雑多と早すぎる変化のうちにいぢめられて来たので、確乎たる事物に即して後年の強い思ひ出の内容をはぐくむ暇がなかつたと言へる。思ひ出はあるが現実的な内容がない。殆《ほとん》ど架空《かくう》の味ひさへ感ずるのである。(「故郷を失つた文学」、「文藝春秋」昭八5)

若いころのこの考えは変わっていない。氏はのちに「栗の木」(「朝日新聞」昭二九11)という文を書いている。「何等かの粉飾、粉飾と言つて悪ければ意見とか批評とかいふ主観上の細工をほどこさなければ、自分の思ひ出が一貫した物語の体をなさない、どう考へても正道とは言ひ難いといふ風に考へ込んで了ふ。」(「故郷を失つた文学」)という状況は、すでに近代のぼくら日本人のひとしく落ちこんでいる状況ではないだろうか。後年の氏によれば、これが「無常ということ」であったはずである。しかも、氏は故郷も父も失った都会人であった。確乎たる事物に即しようにも即しようがなかった。氏の青春があれほどまでにランボオの土足に踏み乱されたのは、架空のことばを信じるより生きる方途のなかった大正期の都会育ちの秀才にとって、おそらく避けられないことであったろう。反面、氏は志賀直哉や菊池寛に惹かれた。確乎たる事物に即してたじろがぬものを、両者の裡に見出したせいかと思われる。昭和一三（一九三八）年、昭和一五年、昭和一八年と大陸を旅して氏が見たものについても、注意すべきであろう。友人に青山二郎のような鑑識家がいたこともあろう。およそ空疎なかけ声が行き交う中で、氏は以後ほとんど語らなくなる。

外発性から内発性へ

「満ち足りた時間」とは、要するに、氏の若い時にはやったベルグソンのいわゆる純粋持続の体験、西田哲学のいわゆる純粋経験に近いものかもしれない。してみれば、氏が比叡の山王権現のあたりで体験したものも、梅若の能楽堂で万三郎の当《たえ》麻《ま》を見て体験したもの（「当麻」、「文学界」昭一七4）も、つまりは青年時代に予感されたものの追体験であったと言えるかもしれない。にもかかわらず、氏が大正期のいわゆる教養主義の中で濫読したことは、ただの「外発的」な知識吸収などというものにとどまっていなかった。それは氏の内面の劇として、いわゆる漱石の「内発的」な課題にまで醱酵させられていった。いまぼくらは、氏の文章について典拠を探り、影響や異同を論ずることはできるだろう。しかし、外発的な「様々なる意匠」を内発的な課題にまで切り換えていったこの半生の劇を、たやすく論ずることはできまい。自分の境涯について真に思いめぐらすところから、氏の文章は出発している。それが見えるかどうかが問題だからだ。

教材の問題点

平岡敏夫

創り出す文章　『一言芳談抄』の「短文が、当時の絵巻物の残欠でも見るようなふうに心に浮かび、文の節々が、まるで古びた絵の細勁な描線をたどるように心にしみわたった。」（五五七頁一〇行）という「思い出」は非常に美しい。右の文は、実に確実な詩的イメージを創り出していると言ってよい。この「思い出」は筆者にとってはじめての経験であり、ひどく心が動き、あやしい思いがしつづけたとも言っている。いま、それについて書こうとするとき、「あの時、自分は何を感じ、何を考えていたのだろうか、今になってそれがしきりに気にかかる。」（五五八頁二行）とあるように、それは明瞭なかたちとはなっていない。「取るに足らぬある幻覚が起こったにすぎまい。」として、済ませるのは簡単だが、そういう「便利な考えを信用する気になれない」自分というものが一方にある。とにかく、はっきりしないことなのだが、筆者は書くことで、それがはっきりするかも知れぬという期待を抱いてはいるらしい。

「実は、何を書くのか判然しないままに書きはじめているのである。」（五五八頁六行）と言うが、このことが重要で、「わかっていることはけっして書こうとは思わない。」という信条の実践でもあると言える。わかっていないからこそ書くのであり、書く過程がとりもなおさず新しく創り出す過程であると言えるわけである。筆者は自己の思いに忠実に、「便利な考え」などにたよって簡単に解決・結論を導いたりすることなく、ただ書き進めて行く。

青葉が太陽に光るのやら、石垣の苔のつきぐあいやらを一心に見ていたのだし、鮮やかに浮かび上がった文章をはっきりたどった。』よけいなことは何一つ考えなかったのである。どのような自然の諸条件に、ぼくの精神のどのような性質が順応したのだろうか。そんなことはわからない。わからぬばかりではなく、そういうぐあいな考え方がすでに一片のしゃれにすぎないかもしれない。(五五九頁四行)』

右の部分は冒頭に引いた部分と比べてどうだろうか。』をつけた部分までは、だいたいそれ以下の部分である。「よけいなことは何一つ考えなかったのである。」という情況の判断が加えられている。詩的イメージをただつきつけるだけだったのが、ここで散文的説明にはいり、読者の説得に赴きはじめていると言ってよい。つまり、ここまで書きすすめて来て、そのことがはっきりしはじめたのである。さらに具体化して、自然の諸条件と精神の性質の呼応といったところまで行くが、それはひとつの「解釈」にすぎず、無意味な「一片のしゃれにすぎない」と筆者は思う。

よけいなことは考えなかったということ、「思い出」が成立したときの外的条件について考えるということなどは、無意味なことなのだが、筆者は決して断定はしない。やはり、「……わからない。」「……かもしれない。」と、思いをたどって行く。しかし、すでに、ここに至って、冒頭の「思い出」の成立に関して、そのあり方がたずねられて来ていることを知り得る。

ぼくは、ただある満ち足りた時間があったことを思い出しているだけだ。自分が生きている証拠だけが充満し、その一つ一つがはっきりとわかっているような時間が。むろん、今はうまく思い出しているわけではないのだが、あの時は、実に巧みに思い出していたのではなかったか。何を。鎌倉時代をか。そうかもしれぬ。そんな気もする。(五五九頁一〇行)

「今はうまく思い出しているわけではない」とあるが、冒頭のあの「思い出」を問いつづけて来た筆者は、「満ち足りた時間」「生きている証拠」「その一つ一つがはっきりとわかっているような時間」というふうに書きとめることができている。思い出して行く過程(考えて行く過程)と文章が書き進められて行く過程とが、これほどぴったりしている部分(そして、ぴったりしていることが明瞭にわかる部分)はない。むろん、他の部分もふくめて全文がそれなのだが、右の部分の、「何を。鎌倉時代をか。そうかもしれぬ。そんな気もする。」などは、自己問答のかたちでの思索過程が、倒置法をとらざるを得ないほど強く、また実感的に、表現されていると言えよう。考え進む主体と文章は、まさに一体となっている。それが文章に迫力を与え、美しさを与えているのだ。

「よけいなことは何一つ考え」ずに、「実に巧みに思い出」すこと、そこから、前掲の冒頭及び五五九頁の美しい詩的イメージが生まれたのだが、その「思い出」を思い出して行く過程もまた、それと同じ構造により、一見、悪文に見えようとも、迫力ある美しい文章となっているのである。

「思い出」と文章

「無常ということ」では、「思い出」ということがくり返して出てくる。冒頭の『一言芳談抄』の話が「思い出」であり、それをめぐって、文章が展開して来ていることはすでに見たが、さらにもう少し確かめておきたい。

思い出となれば、みんな美しく見えるとよく言うが、その意味をみんながまちがえている。ぼくらが過去を飾りがちなのではない。過去のほうで、ぼくらによけいな思いをさせないだけなのである。思い出が、ぼくらを一種の動物であることから救うのだ。記憶するだけではいけないのだろう。思い出さなくてはいけないのだろう。多くの歴史家が、一種の動物にとどまるのは、頭を記憶でいっぱいにしているので、心をむなしくして思い出すことができないからではあるまいか。（五六一頁一〇行）

世間でいう「思い出」の逆説が述べられているように見える。逆説とは、一見、真理に反しているようで、実は根底で真理にかなっていることを言うのだが、「思い出となれば、みんな美しく見える」という世間常識に対して、まちがえていると断じておいて、過去をわれわれが美化するからではなく、「過去のほうで、ぼくらによけいな思いをさせないだけ」とするのは、筆者にとって見れば、逆説でも何でもなく当然の真理と言うことになるのだろう。逆説的に見えるところに、独得の文体が感じられるが、「……まちがえている。」と断定しておどろかし、「……なのではない。」と否定して「……だけなのである。」と結論をくだす。ここには一種のリズムがある。「……救うのだ。」とひきしめ、「……のだろう。」「……のだろう。」とくり返すところにもリズムを感じとれるが、筆者は「思い出」をめぐって確信的であり、述べようとする主題と主体はむろん一致している。「過去のほうで、ぼくらによけいな思いをさせない」から、美しい、ということになるが、それはどういうことか。歴史には「動じない美しい形しか現れぬ。」（五六一頁九行）とあったが、思い出す以外に歴史に推参する手はないのであり、「よけいな思い」「よけいなこと」を考えずに歴史に向かうときに、「歴史はいよいよ美しく感じられ」るのであり、逆に言えば、歴史・過去は、「よけいな思い」をしない人間にしか見えてこない、ということになる。よけいなことを考えずに、言い換えれば「記憶」を無にして、必死に思い出すところに歴史・過去は、「のっぴきならぬ人間の相」「動じない美しい形」としてあらわれてくる。

「思い出」という、自己否定による歴史への憧憬を語っている筆者の文章は、それ自体が「よけいなこと」のない、歴史と自己の緊密な一体感を示し、独得な文体美を生み出していると言える。誤解を恐れずに別な例をあげてみよう。

歴史は決して二度と繰返しはしない。だからこそ僕等は過去を惜むのである。歴史とは、人類の巨大な恨みに似てゐる。歴史を貫く筋金は、僕等の愛惜の念といふものであつて、決して因果の鎖といふ様なものではないと思ひます。それは、例へば、子供に死なれた母親は、子供の死といふ歴史事実に対し、どういふ風な態度をとるか、を考へてみれば、明かな事でせう。母親にとつて、歴史事実とは、子供の死といふ出来事が、何時、何処で、どういふ原因で、どんな条件の下で起つたかといふ、単にそれだけのものではあるまい。かけ代へのない命が、取返しがつかず失はれて了つたといふ感情がこれに伴はなければ、歴史事実としての意味を生じますまい。若しこの感情がなければ、子供の死といふ出来事の成り立ちが、どんなに精しく説明出来たところで、子供の面影が、今もなほ眼の前にチラつくといふわけには参るまい。歴史事実とは嘗て或る出来事が在つたといふだけでは足りぬ、今もなほその出来事が在る事が感じられなければ仕方がない。母親は、それを知つてゐる筈です。母親にとつて、歴史事実とは、子供の死ではなく、寧ろ死んだ子供を意味すると言へませう。(「歴史と文学」)

右の文章で、「愛惜の念」とあるのが、「思い出」にあたると見てよく、母親の例で言えば、「かけ代へのない命が、取返しがつかず失はれて了つたといふ感情」、これが歴史に、すなわち「死んだ子供」に推参する唯一の方法ということになるわけである。「頭を記憶でいっぱいにしている」(五六一頁一六行)歴史家は、「嘗て或る出来事が在つた」という意味の歴史事実しかとらえ得ず、そこでは「子供の死」があるばかりとなるのである。あらゆる「よけいなこと」をしりぞける、言い換えれば、歴史の一切の近代的解釈を拒否すると言っても、拒否すること自体がひとつの解釈、その人間の主観の表白ではないかという反論が出てくるかも知れない。ここでは、そういった、一切を拒否して直接、歴史(もしくはさまざまな対象)に推参しようとする姿勢から生まれた、文章の魅力について考えればいいことであるが、次のような見解は参考になるかも知れない。

小林秀雄は、歴史はつまるところ思い出だという考えをしばしばのべている。それは直接には歴史的発展という考え方に対する、あるいはヨリ正確には発展思想の日本への移植形態にたいする一貫した拒否の態度と結びついているが、すくなくとも日本の、また日本人の精神生活における思想の「継起」のパターンに関するかぎり、彼の命題はある核心をついている。新たなもの、本来異質なものまでが過去との十全な対決なしにつぎつぎと摂取されるから、新たなものの勝利はおどろくほどに早い。過去は過去として自覚的に現在と向きあわずに、傍におしやられ、あるいは下に沈降して意識から消え「忘却」されるので、それは時あって突如として「思い出」として噴出することになる。

（丸山真男『日本の思想』）

丸山氏はここで、日本人の精神生活における思想の「継起」のパターンを分析し、意図としては、そのパターンをとがめようとしている。過去は自覚的に対象化されて現在のなかに「止揚」されることがなく、そのために「伝統」思想が近代においてズルズルべったりに潜入してくると言うのである。丸山氏は、日本が真に近代化し得ない理由、前近代と連続する近代といった状況、それを説明するのに小林秀雄の「思い出」ということばを借りた。比喩としては当たっていると言えようが、小林秀雄は、思い出すことによって歴史の魂に推参し得ると考えている。丸山氏は、「思い出」というのは、過去・歴史を自覚的に対象化しないところに生じてくるものだとする。過去を現在に止揚して行こうとする丸山氏が発展思想に立っていることは明らかだが、氏は機械的、教条的に発展思想を説いているのではなく、むしろ発展思想たり得ていない日本人の精神生活を批判しようとしているので、その欠陥を小林秀雄が真実語っているということになるのである。

安易な発展思想に立つ者には、真実の歴史は見えてこないはずであり、その人間不在の空転を批判し得るのが、「思い出」という思想とみてよい。だが、「思い出」によってとらえた歴史の魂が、丸山氏の言うごとく、自覚的に対象化されて現在のなかに止揚されるかどうかは問題であり、「よけいな思い」を捨てても、捨てた時点で、また「よけいな思い」に出会っているとも限らないのである。発展思想・史観の問題はやはり残るだろう。しかし、「無常ということ」における筆者の主体は、他のすべての解釈をしりぞけて直接歴史の魂に向かおうとする強い緊張感によって支えられており、そこには「心をむなしくして思い出すこと」による自己否定と、それとうらはらに歴史に推参しようとする自意識とその両者がひとつに結晶したところからくる「文体の絶対的な美しさ」(江藤淳『小林秀雄』)とも言えるものがあるということを、くり返し注意しておきたい。

「である」ことと「する」こと

丸山真男《まるやままさお》

「権利の上に眠る者」

学生時代に末弘厳太郎《すえひろいずたろう》先生から民法の講義を聞いた時、「時効」という制度について次のように説明されたのを覚えています。金を借りて催促されないのをいいことにして、ねこばばをきめこむ不心得者が得をして、気の弱い善人の貸し手がけっきょく損をするという結果になるのは、ずいぶん不人情な話のように思われるけれども、この規定の根拠には、権利の上に長く眠っている者は民法の保護に値しないという趣旨も含まれている、というお話だったのです。この説明に、わたしはなるほどと思うと同時に、「権利の上に眠る者」ということばが妙に強く印象に残りました。いま考えてみると、請求する行為によって時効を中断しないかぎ

末弘厳太郎　一八八八〜一九五一。法学者。東京大学教授・中央労働委員会会長を務めた。『債権各論』『物権法』『労働法研究』『日本労働組合運動史』などの著書がある。

時効　ある事実状態が法律の定める一定の期間継続した場合、それが真実の法律関

り、単に自分は債権者であるという位置に安住していると、ついには債権を喪失するというロジックの中には、一民法の法理にとどまらないきわめて重大な意味が潜んでいるように思われます。たとえば、日本国憲法の第十二条を開いてみましょう。そこには、「この憲法が国民に保障する自由及び権利は、国民の不断の努力によって、これを保持しなければならない。」とされてあります。この規定は、基本的人権が「人類の多年にわたる自由獲得の努力の成果」であるという憲法第九十七条の宣言と対応しておりまして、自由獲得の歴史的なプロセスを、いわば将来に向かって投射したものだと言えるのですが、そこにさきほどの「時効」について見たものと、著しく共通する精神を読み取ることは、それほど無理でも困難でもないでしょう。つまり、この憲法の規定を若干読み替えてみますと、「国民はいまや主権者となった。しかし主権者であることに安住して、その権利の行使を怠っていると、ある朝目ざめてみると、もはや主権者でなくなっているといった事態が起こるぞ。」という警告になっているわけなのです。

係と一致するか否かにかかわらず、事実上の状態に適合した法律効果を発生させる制度。

ロジック logic〔英〕論理。論理学。

プロセス process〔英〕過程。経過。手順。

これは大げさな威嚇でもなければ、空疎な説教でもありません。それこそ、ナポレオン三世のクーデターからヒットラーの権力掌握に至るまで、最近百年の西欧民主主義の血塗られた道程がさし示している歴史的教訓にほかならないのです。

アメリカのある社会学者が、「自由を祝福することはやさしい。それに比べて、自由を擁護することは困難である。しかし自由を擁護することに比べて、自由を市民が日々行使することはさらに困難である。」と言っておりますが、ここにも、基本的に同じ発想があるのです。わたしたちの社会が、自由だ自由だと言って、自由であることを祝福している間に、いつのまにかその自由の実質はからっぽになっていないともかぎらない。自由は、置き物のようにそこにあるのでなく、現実の行使によってだけ守られる、言い換えれば、日々自由になろうとすることによって、はじめて自由でありうるということなのです。その意味では、近代社会の自由とか権利とかいうものは、どうやら生活の惰性を好む者、毎日の生活さえなんとか安全に過ごせたら、物事の判断などはひと

ナポレオン三世 Charles Louis Napoléon Bonaparte 一八〇八～七三。フランスの皇帝。ナポレオン一世の甥《おい》。一八五一年、クーデターによって独裁者となり、翌年国民投票によって皇帝となり、第二帝政を開いた。一八七〇年、普仏戦争に敗れて退位、英国に亡命して没した。

クーデター coup d'État〔仏〕 政権保持者または権力階級が、その権力を拡大し、あるいは新たに政権を握るために行なう、急激な、非

にあずけてもいいと思っている人、あるいは、アームチェアから立ち上がるよりも、それに深々とよりかかっていたい気性の持主などにとっては、はなはだもって荷やっかいなしろものだと言えましょう。

近代社会における制度の考え方

自由人ということばがしばしば用いられています。しかし、自分は自由であると信じている人間は、かえって、不断に自分の思考や行動を点検したり吟味したりすることを怠りがちになるために、実は自分自身の中に巣食う偏見から最も自由でないことがまれではないのです。逆に、自分が「とらわれている」ことを痛切に意識し、自分の「偏向」性をいつも見つめている者は、なんとかして、より自由に物事を認識し判断したいという努力をすることによって、相対的に自由になりうるチャンスに恵まれていることになります。制度についても、これと似たような関係があります。

合法的手段による急襲。

ヒットラー Adolf Hitler 一八八九～一九四五。ドイツの総統。独裁的なナチス政権を保持し、各国に進駐、第二次世界大戦を引き起こしたが、一九四五年、ドイツ降伏の直前に自殺した。

アームチェア armchair〔英〕ひじ掛けいす。

民主主義というものは、人民が、本来、制度の自己目的化──物神化──を不断に警戒し、制度の現実の働き方を絶えず監視し批判する姿勢によって、はじめて生きたものとなりうるのです。それは、民主主義という名の制度自体についてなによりあてはまる。つまり、自由と同じように民主主義も、不断の民主化によってかろうじて民主主義でありうるような、そうした性格を本質的に持っています。民主主義的思考とは、定義や結論よりもプロセスを重視することだと言われることの、最も内奥の意味がそこにあるわけです。

このように見てくると、債権は行使することによって債権でありうるというロジックは、およそ近代社会の制度やモラル、ないしは物事の判断のしかたを深く規定している「哲学」にまで広げて考えられるでしょう。

「プディングの味は食べてみなければわからない。」という有名なことばがありますが、プディングの中に、いわばその「属性」として味が内在していると考えるか、それとも、食べるという現

物神化　物が、霊力を持つとして崇拝されるようになること。ここでは、物や制度が非常に大きな権威を持つようになること。

プディング　pudding〔英〕　洋菓子の一種。プリン。

実の行為を通じて、美味かどうかがそのつど検証されると考えるかは、およそ社会組織や人間関係や制度の価値を判定する際の二つの極を形成する考え方だと思います。身分社会を打破し、あらゆるドグマを実験のふるいにかけ、政治・経済・文化などいろいろな領域で「先天的」に通用していた権威に対して、現実的な機能と効用を「問う」近代精神のダイナミックスは、まさに右のような「である」論理・「である」価値から、「する」論理・「する」価値への相対的な重点の移動によって生まれたものです。もし、ハムレット時代の人間にとって〝to be, or not to be〟が最大の問題であったとするならば、近代社会の人間には、むしろ〝to do, or not to do〟という問いが、ますます大きな関心事になってきたと言えるでしょう。

もちろん、「『である』こと」に基づく組織（たとえば、血族関係とか、人種団体とか）や価値判断のしかたは、将来とてもなくなるわけではないし、「『する』こと」の原則があらゆる領域で無差別に謳歌《おうか》されてよいものでもありません。しかし、わたしたち

ドグマ dogma〔英〕教義。教理。

ダイナミックス dynamics〔英〕力学。原動力。

ハムレット Hamlet シェークスピアの四大悲劇の一つ『ハムレット』の主人公。〝to be, or not to be〟は、劇中の台詞の一部。

はこういう二つの図式を想定することによって、そこから、具体的な国の政治・経済その他さまざまの社会的領域での「民主化」の実質的な進展の程度とか、制度と思考・習慣とのギャップとかいった事柄を測定する一つの基準を得ることができます。そればかりでなく、たとえば、ある面ではははだしく非近代的でありながら、他の面ではまた、おそろしく過近代的でもある現代日本の問題を、反省する手がかりにもなるのではないでしょうか。

「である」社会と「である」道徳

次に、右のような典型の対照をより明瞭《めいりょう》にするために、徳川時代のような社会を例にとってみます。いうまでもなく、そこでは出生とか家柄とか年齢（年寄）とかいう要素が、社会関係において決定的な役割をになっていますし、それらはいずれも、わたしたちの現実の行動によって変えることのできない意味を持っています。したがって、こういう社会では、権力関係にも、モラルにも、一般的な物の考え方の上でも、何をするかということよりも、何であるかということが、価値判断の重要な基準となるわけです。大名や武士は、一般的に言って、百姓や町人に何かをサービスするから、かれらに対して支配権を持つとは考えられないで、大名であり武士であるという身分的な「属性」のゆえに、当然――先天的に――支配するというたてまえになっています。譜代の臣とか株仲間とか家元とかいうのは、いずれもこうした意味での「である」価値であって、具体的な貢献やサービスによって、はじめてその価値が検証されるものとはされていないわけです。

人々のふるまい方も交わり方も、ここでは、かれが何であるかということから、いわば自然に「流れ出て」来ます。武士は武士らしく、町人は町人にふさわしくというのが、そこでの基本的なモラルであります。「権利のための闘争」どころか、各人がそれぞれ指定された「分」に安んずることが、こうした社会の秩序維持にとって生命的な要求になっております。こういう社会では、同郷とか同族とか同身分とかいった既定の間柄が人間関係の中心になり、仕事や目的活動を通じて未知の人と多様な関係を結ぶと

株仲間　江戸時代、江戸・京都・大阪などで、商工業者が官許を得て結成した同業組合。

「権利のための闘争」　ドイツの哲学者・法学者イェーリング（一八一八～九二）の著書名。

いうようなことは、実際にもあまり多くは起こりませんが、そういう「『する』こと」に基づく関係にしても、できるだけ「である」関係をモデルとし、それに近づこうとする傾向があるのです。

徳川時代のような社会では、大名であること、名主であることから、その人間がいかにふるまうかという型がおのずから決まってきます。したがって、こういう社会でコミュニケーションが成り立つためには、相手が何者であるのか、つまり、侍か百姓か町人かが外部的に識別されることが第一の要件となります。服装・身なり・ことばづかいなどで一見して相手の身分がわからなければ、どういう作法で相手に対してよいか見当がつかないからです。しかし逆に言えば、こういう社会では、人々の集まりで相互に何者であるかが判明していれば、――また、事実、そこでは未知の者の集会はまずあまり見られないのですが、――べつだん討議の手続きやルールを作らなくても、また、「会議の精神」を養わなくても、「らしく」の道徳に従って、話し合いはおのずから軌道に乗るわけなのです。

言い換えるならば、あかの他人の間のモラルというものは、ここではあまり発達しないし、発達する必要もない。いわゆる公共道徳、パブリックな道徳といわれているものは、このあかの他人どうしの道徳のことです。たとえば、儒教の有名な五倫という人間の基本的関係を見ますと、君臣・父子・夫婦・兄弟・朋友《ほうゆう》であります。このうち初めの四つの関係は縦の上下関係とされ、朋友だけが横の関係です。そうして、友だち関係をさらに越えた、他人と他人との横の関係というものは、儒教の基本的な人倫の中にはいって来ない。つまりこれは、儒教道徳が典型的な「である」モラルであり、儒教を生んだ社会、また、儒教的な道徳が人間関係のかなめと考えられている社会が、典型的な「である」社会だということを物語っております。

「する」組織の社会的擡頭《たいとう》

これに対して、あかの他人どうしの間に関係を取り結ぶ必要が増大してきますと、どうしても組織や制度の性格が変わってくるし、またモラルも、「である」道徳だけでは済まなくなります。それは、一方では、社会の政治とか経済とか教育とか、いろいろの作用の間に分業を生んでゆくと同時に、おのおのの分野の組織や制度の内部が、またその活動に応じて、何々局とか何々部というように分化してゆきます。そうすると、同じ人間が同時に多様な関係の中にあり、状況によっていろいろ違った役割を演じなければならなくなる。つまりそれだけ、人間関係がまるごとの関係でなしに、役割関係に変わってゆきます。現代では、わたしたちは知っている人のところに尋ねた場合でも、まず自分の役割を言います。「きょうは友人として話そう。」とか「きょうは部長の代理で来ました。」とか言わないと、何の用件で、どういう役割や資格で来たのかわからなくなる。

「である」論理から「する」論理への推移は、必ずしも、人々がある朝目ざめて突如ものの考え方を変えた結果ではありません。これは、生産力が高まり、交通が発展して、社会関係が複雑多様になるにしたがって、家柄とか同族とかいった素姓に基づく人間関係に代わって、何かをする目的で——その目的の限りで取り結ぶ関係や制度の比重が増してゆくという、社会過程の一つの側面にほかならないのです。近代社会を特徴づける、社会学者のいわゆる機能集団——会社・政党・組合・教育団体など——の組織は、本来的に「すること」の原理に基づいています。そうした団体の存在理由が、そもそもある特定の目的活動を離れては考えられないし、団体内部の地位や職能の分化も、仕事の必要から生まれたものであるからです。封建社会の君主と違って、会社の上役や団体のリーダーの「偉さ」は、上役であることから発するものでなくて、どこまでもかれの業績が価値を判定する基準となるわけです。

武士は行住坐臥《ぎょうじゅうざが》つねに武士であり、また、あらねばならない。しかし、会社の課長はそうではない。かれの下役との関係は、まるごとの人間関係でなく、仕事という側面についての上下関係だけであるはずです。アメリカ映画などで、勤務時間が終わった瞬間に、社長と社員あるいはタイピストとの命令服従関係が、普通の市民関係に一変する光景がしばしば見られますが、これも、『「する」こと』に基づく上下関係からすれば、当然の事理にすぎないのです。もし日本で、必ずしもこういう関係が成立していないとするならば、――仕事以外の娯楽や家庭の交際にまで会社の「間柄」がつきまとうとするならば、――職能関係がそれだけ「身分」的になっているわけだと言えましょう。

こういう例でおわかりになりますように、「する」社会と「する」論理への移行は、具体的な歴史的発展の過程では、すべての領域に同じテンポで進行するのでもなければ、また、そうした社会関係の変化が、いわば自動的に、人々のものの考え方なり価値意識なりを変えてゆくものでもありません。そういう領域による落差、また、同じ領域での組織の論理と、その組織を現実に動かしている人々のモラルとのくいちがいということからして、同じ近代社会といっても、さまざまのバリエーションが生まれて来るわけです。

バリエーション variation〔英〕 変化。変型。変種。

日本の急激な「近代化」

世の中にむつかしきことをする人を貴《たふと》き人といひ、やすきことをする人を賤《いや》しき人といふなり。本を読み、物事を考へて、世間のために役に立つことをするはむつかしきことなり。されば人の貴きと賤しきの区別は、ただその人のする仕事のむつかしきとやすきによるもののゆゑ、いま、大名・公卿《くぎやう》・さむらひなどとて、馬に乗りたり、大小を差したり、形はりつぱに見えても、その腹の中はあきだるのやうにがらあきにて……ぽかりぽかりと日を送るものはたいそう世間に多し。なんと、こんな人を見て貴き人だの身分の重き人だのいふはずはあるまじ。ただこの人たちは先祖代々から持ち伝へたお金やお米があるゆゑ、あのやうにりつぱにしてゐるばかりにて、その正味は賤しき人なり。

これは、福沢諭吉が維新のころ、幼児のために書き与えた『日々

福沢諭吉 一八三四〜一九〇一。思想家・評論家・教育家。幕末に蘭《らん》学・英語を学んで、幕府から米・欧に派遣され、明治にはいって啓蒙《けいもう》的な思想指導者として活躍した。慶應義塾を開き、『西洋事情』『学問のすすめ』『文明論之《の》概略』『福翁自伝』などの著書がある。

のをしへ』の一節であります。

ここには、家柄や資産などの「である」価値から「する」価値へという、価値基準の歴史的な変革の意味が、このようなそぼくな表現の端にも、あざやかに浮き彫りにされております。近代日本のダイナミックな「躍進」の背景には、たしかにこうした「する」価値への転換が作用していたことは疑いないことです。けれども同時に、日本の近代の「宿命的」な混乱は、一方で「する」価値が猛烈な勢いで浸透しながら、他方では、強靱《きょうじん》に「である」価値が根を張り、そのうえ、「する」原理をたてまえとする組織が、しばしば「である」社会のモラルによってセメント化されてきたところに発しているわけなのです。

伝統的な「身分」が急激に崩壊しながら、他方で、自発的な集団形成と自主的なコミュニケーションの発達が妨げられ、会議と討論の社会的基礎が成熟しない時にどういうことになるか。続々とできる近代的組織や制度は、それぞれ多少とも閉鎖的な「部落」を形成し、そこでは、「うち」のメンバーの意識と「うちら

『日々のをしへ』一八七一年、二子、一太郎・捨次郎に書き与えたもの。

しく」の道徳が、大手を振って通用します。しかも、一歩「そと」に出れば、武士とか町人とかの「である」社会の作法はもはや通用しないような、あかの他人との接触が待ち構えている。人々は、大小さまざまの「うち」的集団に関係しながら、しかも、それぞれの集団によって「する」価値の浸潤の程度はさまざまなのですから、どうしても、同じ人間が「場所がら」に応じて、いろいろにふるまい方を使い分けなければならなくなります。わたしたち日本人が、「である」行動様式と「する」行動様式とのごった返しの中で、多少ともノイローゼ症状を呈していることは、すでに明治末年に漱石《そうせき》が鋭く見抜いていたところです。

ノイローゼ Neurose〔独〕 神経系統に器質的変化が見られないのに起きる神経機能の疾患。

漱石 九二頁参照。

丸山真男（一九一四〜一九九六）政治学者。大阪府に生まれた。東京大学法学部卒業。東京大学教授。政治思想史を専攻し、現代の社会・政治や、文化・文学などの問題についても、多くの論考や評論を発表している。著書に、『日本政治思想史研究』『政治の世界』『現代政治の思想と行動』『日本の思想』などがある。この文章は、『日本の思想』（岩波新書）から採った。

叙述と注解

平岡敏夫

末弘厳太郎　明治二一（一八八八）年山口県に生まれた。末広厳石の長男。明治四五（一九一二）年東大独法科卒。大正三（一九一四）年東大助教授となり、欧米留学ののち、教授に進む。昭和八（一九三三）年から一一年まで東大法学部長。大正七年法学博士。民法・労働法の権威で、社会評論・体育協会・水上競技連盟等の分野でも活躍。戦後は中央労働委員会の初代会長として、中労委の地位確立のため努力した。昭和二六（一九五一）年没。なお、丸山真男氏は昭和一二年東大法学部卒。

民法　ひろくは公法に対して私法一般をさす（公法とは権力、公益等に関する法で、憲法・行政法・刑法・訴訟法・国際公法など）。あるいは、せまく特別私法を除いた普通私法の全体を意味する。物権・債権・親族・相続など。昭和二二（一九四七）年一二月に親族・相続に関して大改正が行なわれ、二三年一月より施行された。

ねこばば　悪いことを隠して知らぬ顔をすること。猫が脱糞後、脚で土砂をかけて糞を隠すことからいう。傍点はひらがなの表記を前後と区別するため。

請求する行為によって時効を中断しないかぎり貸し手が借り手に請求することによって時効（脚注参照）は成立しないことになる。ここでは「請求する」の「する」が重要で、筆者は傍点によってそれを強調している。

単に自分は債権者であるという位置に安住していると　相手に請求する権利を持っているとい

う位置にあまえて実際に請求しないでいると、の意。「である」に傍点をつけて強調している。

憲法第九十七条　「第九十七条〔基本的人権の本質〕この憲法が日本国民に保障する基本的人権は、人類の多年にわたる自由獲得の努力の成果であつて、これらの権利は、過去幾多の試錬に堪へ、現在及び将来の国民に対し、侵すことのできない永久の権利として信託されたものである。」

自由獲得の歴史的なプロセスを、いわば将来に向かって投射したもの　「自由獲得の歴史的なプロセス」は「人類の多年にわたる自由獲得の努力」をさし、「将来に向かって投射したもの」は「国民の不断の努力によつて、これを保持しなければならない。」をさす。基本的人権は、人類の多年にわたる自由獲得の不断の努力によって得られたものであるから、今後も不断の努力によって、これを保持して行かなければならない――というようにつづく。「投射」とはわれわれの感官的知覚の対象を外界にあるものとみなすこと。

そこにさきほどの「時効」について見たもの　「そこに」は「この規定」（五九六頁七行）をさす。つまり「第十二条の上に」の意。「時効」について見たもの、とは「権利の上に長く眠っている者は民法の保護に値しないという趣旨」を主としてさしている。

つまり、この憲法の規定を若干読み替えてみますと　これ以下は「請求する行為によって時効を中断しないかぎり、単に自分は債権者であるという位置に安住していると、ついには債権を喪失するというロジック」（五九五頁一〇行）と同様のもので、民法上のことを憲法上に適用して説いていることになる。

威嚇　イカク。威はおどす。嚇は怒り叱る、の意。

クーデター　coup d'Etat〔仏〕　直訳すれば「国家の打撃」。武力など非合法的手段によって支配者を倒し、国家権力を奪い、新たに政権を握ること。革命とよく対比されるが、革命が階級と階級との間に権力の奪取が行われるのに対し、クーデターは同一支配階級内部で権力の奪取が行なわれる。民主主義の発達していない地域で起こることが多い。

西欧民主主義の血塗られた道程　主権者であることに安住して、その権利の行使を怠っていたために、いくたびか危機にさらされ、それを守るために血を流した西欧の民主主義の歩み。敗北を含めての独裁主義との激しいたたかいを、「血塗られた」と形容した。

基本的に同じ発想があるのです　「発想」は思想を発しあらわすこと。あることに対する主体の姿勢。この場合、「自由を市民が日々行使すること」が、「……自由及び権利は、国民の不断の努力によつて、これを保持しなければならない。」や、「権利の行使」（五九六頁一四行）などと同じだというのである。

自由は、置き物のようにそこにあるのでなく、……はじめて自由でありうるということなのです　「現実の行使によってだけ守られる」というのは、現実の自由の行使によってのみ自由は守られる、の意。「日々自由になろうとすることによって」が、「現実の（自由の）行使によって」に相当し、「自由でありうる」が「（自由は）守られる」にあたる。だから「言い換えれば」ということになる。

物事の判断などはひとにあずけてもいい　自分で物事の判断をせず、人の判断にそのまま従う、の意。

それに深々とよりかかっていたい　「生活の惰性を好む」「毎日の生活さえなんとか安全に過ごせたら」などの意を、アームチェアによりかかる、という比喩で表現したもの。

自由人　リベラリスト（liberalist）の訳語からきたものであろうが、戦後よく用いられた。戦後の一種の解放期に、自己が自由であると信じ得た知識人の意識が、戦前のリベラリストの概念と結びついて生まれたものと思われる。現在の状況ではこの語はほとんど用いられていないようである。筆者は以下でその欺瞞を指摘しようとしている。

自分自身の中に巣食う偏見から最も自由でないことがまれではない　自分自身が持っている偏見にとらわれていることがかなり多い、の意。「の中に」の傍点は、内部のうちに無意識に持っているという事実を強調するため。

「とらわれている」こと　偏見にとらわれているということ。すぐ前の「……偏見から最も自由でないこと」を言いかえたもの。「　」はその意の含まれていることを強調するため。

「偏向」性　自由ではなく偏見にとらわれているというあり方。「偏向」としたのは、この文脈における偏向という意で、現実にそれが偏向であるかないかは問題外であるとするため。強調とみてもさしつかえはない。

相対的に　他との関係において。ここではその偏見との関係においてそれだけ自由であることができる、の意。絶対的に自由でありうることはできない。

制度の自己目的化——物神化——　制度は本来人民のためにあるにもかかわらず、制度それ自体が主目的とみなされるようになること。物が霊力を持つとして崇拝されるように、制度それ自体が大きな権威を持つとみなされ、本来の目的としてあがめられるようになること。

民主主義という名の制度自体　「という名の」として傍点を打つことによって、それはあくまで名にすぎず、実は不断の努力にかかっているということを注意させるため。あとにくる「定義や結論」が、いわばこの「民主主義という名」である。

定義や結論よりもプロセスを重視する　さきの「不断の民主化」という努力の継続が「プロセス」にあたる。

債権は行使することによって債権でありうるというロジック 「自分は債権者であるという位置に安住していると、ついには債権を喪失するというロジック」（五九六頁一行）を言いかえたもの。債権者であるという位置に安住せず、債権を行使することによって、債権は喪失しない、つまり債権でありうるのである。傍点をほどこしてあるが、これによって主題が明確になる。

「哲学」 学的体系の一としての哲学、すなわち人生・世界の根本原理を追求する学問としての哲学の意ではなく、「」でかこまれているように、広く人生観・世界観、あるいは深い考え方の意に用いている。欧米の日常用いられるPhilosophyという用語にはこの種のものが多い。

「プディングの味は食べてみなければわからない。」 "The proof of the pudding is in the eating." 日本のことわざの「論より証拠」にあたる。

「属性」 事物の特徴・性質。哲学上の概念としては、物がそれなしには考えられないような性質。物の本質をなす性質。ここでは「いわば」とあることからも知れるように、本来の哲学上の概念として使用してはいないことを示している。「」をつけたのはそのため。特徴・性質の意。

内在している ある事物またはある性質が他のものの中に含まれてあること。傍点は、つぎの「そのつど」との対比を注意させるためのもの。

そのつど検証される そのたびごとに調べられて証明される。「そのつど」に傍点があるのは、つねに不断の検証を行なうという意を強調するため。「……内在していると考えるか」「……そのつど検証されると考えるか」という対比において、前者が「である」ことであり、後者が「する」ことであるという意を両者の傍点によって強調している。筆者のこうしたレトリック（修辞法）は随所にあり、特有の文体をかたちづくっている。

「先天的」　哲学用語で、アプリオリ（a priori ラテン語）の訳語。「前のものから」の意で、経験と無縁であって経験に先行する概念。生まれてくる以前からそなわっていること。「後天的」に対する。ここでは、こちらで作りあげるとか認めるとかする以前にすでに存在しているもの、の意。哲学用語を借りた一種の比喩的表現であるため「」をつけた。

「問う」　単に問う、問題にするという意ではなく、今まで論じてきた「現実の働き方を絶えず監視し批判する」（五九九頁二行）という意が含まれている。「」をつけたのはそのためであるが、同じ表現をくり返さずに単に「問う」としてその意をもたせたところにこの文体のスマートさがある。一種のレトリックである。

ダイナミックス　力学。動的なはたらき。スタティックス（静力学 statics）に対する。「である」は静的であるが、「する」は動的である。

「である」論理・「である」価値　「先天的」に通用していた権威のもとでの論理・価値。さきの例でいえば、自分は自由であると信じるのは「である」論理に基づく「である」価値の信奉であるといえよう。

「する」論理・「する」価値　「先天的」に通用していた権威に対して、その現実的な機能・効用を絶えず監視し批判することのできる論理。またそれによって得られた価値。

相対的な重点の移動　「である」論理・「である」価値との関係において、「する」論理・「する」価値へ重点が移動する。「である」の方を全くはなれて、完全に、あるいは絶対的に「する」の方へ移動するということではない。一方だけの存在ではダイナミックスは生まれない。「である」ではむろんダイナミックスは生まれないが、「である」が全くないところでは、それを監視し批判するといった「する」もまた「する」であることができず、ダイナミックスはあり得ない。

ハムレット時代　シェークスピアの『ハムレット』に描かれた時代。あるいは『ハムレット』が上演された時代。この戯曲の初演は一六〇二年であるが、筆者は『ハムレット』の心が観客にうけとめられるこの一七世紀をハムレット時代としているものと思われる。『ハムレット』はデンマークのハムレット伝説に基づくもの。

“to be, or not to be”が最大の問題であったとするならば　ハムレットの独白。第三幕第一場にある。父の亡霊に復讐を命ぜられ、苦悩するところ。“To be, or not to be, that is the question”「存《ながら》ふる？　存《ながら》へぬ？　それが疑問ぢゃ」（坪内逍遥訳）あるべきか、あるべきでないか（生きるべきか、死すべきか）、ということから「である」の例とした。

“to do, or not to do”　するべきか、するべきでないか。「である」(to be)から「する」(to do)への移動を、『ハムレット』の有名な独白をもじることで表現した。

「『する』こと」の原則があらゆる領域で無差別に謳歌されてよいものでもありません　「謳歌」は、声をそろえてほめたたえること。「する」ということだけが強調されて、「である」ということが全く否定されてはならない。「相対的な重点の移動」（六〇〇頁八行）とあったことに注意。前注参照。

二つの図式　「である」ことと「する」ことの二つ。

実質的な進展　表面的な形の上での進展ではないことを「実質的な」と傍点を打つことで強調している。

過近代的　「非近代的」に対比させて用いている。行き過ぎた近代の意。表面だけ近代の尖端を行っているとする批判的意味がこめられている。筆者の造語とみられる。

右のような典型の対照を……　「である」ことと「する」ことという二つの図式の対照。以下は徳川時代のような社会を例にとったその応用編である。

百姓や町人に何かをサービスするから、かれらに対して支配権を持つとは考えられないで　ここの文脈は、読み方によって微妙な差違が起こる可能性があるので注意したい。「〈……百姓や町人に何かをサービスするから、かれらに対して支配権を持つ〉とは考えられないで、」の意。大名・武士が百姓・町人に何かをサービスすることが、かれらに支配権を持たせる理由となっているのではないとする意見。サービスすることによってではなく、大名であり武士であるということによって支配しているのだとする。

譜代の臣　フダイ。代々その主家に仕えてきた家臣。

家元　イエモト。芸道でその流派の正統を伝える家。宗家《そうけ》ともいう。その流派の正統であるという理由で重んぜられていることをさす。

ここでは　「徳川時代のような社会」では。

「流れ出て」　水が流れ出るように自然にそうなってくる、の意。比喩的表現で「 」につつんだとできるが、すぐあとの「権利のための闘争」はイェーリングのことば（著書名）を引いたための「 」である点から考えると、これもだれかの用語かも知れない。しかし「権利のための闘争」の方は原文では、（イェーリング）と注記されており、「流れ出て」の方にはないので、世間によく言うといった程度の意味で、「いわば自然に『流れ出て』来ます。」としたものとみられる。

「権利のための闘争」　原文では（イェーリング）という注記がある。イェーリング（Rudolf von Jhering 1818 - 92）はドイツの哲学者・法学者で、目的法学あるいは利益法学と呼ばれる立場をとり、歴史法学・注釈法学に反対した。「権利のための闘争」（"Der Kampf ums Recht"）は書名。

「分」　身分。分際。身のほど。

そういう「『する』こと」に基づく関係　前の

行の「仕事や目的活動を通じて未知の人と多様な関係を結ぶ」をさす。「未知」「多様」と傍点があるのは、既知の人と単純な関係を結ぶというのであれば、封建社会においても当然のことであり、未知・多様という点こそが重要だからである。

名主　ナヌシ。徳川時代、幕府直轄の都市で町奉行・町年寄の下で町の民政を行なったもの（町名主）。あるいは、幕領内で郡代・代官の下で地方の民政を行なったもの（関東では名主、北陸・東北では肝煎《きもいり》、関西では庄屋。）ミョウシュと言う場合は、中古・中世において荘園領の下で名田《みょうでん》を支配し収税などをつかさどったものをさす。

コミュニケーション　Communication〔英〕思想伝達。言語・文学をはじめ視聴覚を通して行なわれる。

「らしく」の道徳　「武士は武士らしく、町人は町人にふさわしくというのが、そこでの基本的なモラルであります。」（六〇二頁一〇行）とある。

人倫　人の尊卑の順序。これが五つあって五倫という。人のふみ行なうべき道の意もある。『孟子』（滕文公）「使㆔契為㆓司徒㆒、教以㆓人倫㆒、父子有㆑親、君臣有㆑義、夫婦有㆑別、長幼有㆑序、朋友有㆑信」。

擡頭　頭をもたげること。起こってくること。

まるごとの関係　その人間のすべてをもってする関係。全人的関係。ここで問題になっているのは、同じ人間がそのときそのときの役割に応じて他とちがった関係に立つということであり、まるごとの関係の場合ではそういう多様な関係はあり得ない。

そもそもある特定の目的活動を離れては考えられないし　「そもそも」は物事を説き起こすときに用いる接続詞であるが、「いったい」というような意味ではこの場合適当ではない。はじめに説き起こすというはたらきから転じて、

「はじめから」「もともと」などの語に近い意味に用いられているといえよう。

職能　分業組織における機能的単位。または職業によって異なる機能。ここでは前者。

仕事　傍点をつけたのは、仕事ということに「する」の意が含まれていることを注意させるため。あとにくる「業績」も同様。

「偉さ」　「　」をつけたのは、実際に偉いかどうかということとは無関係であることを示す客観的叙述のため。

行住坐臥　行く・とまる・すわる・ふす。つまり日常の起居動作。つねづね。ふだん。もともと仏教用語で、修行者はこの四つの場合を通じて心と形を正すので、四威儀という。

当然の事理　あたり前の道理・すじみち。

すべての領域に同じテンポで進行するのでもなければ　どこの領域においても同じ速さで「である」ことから「する」ことへ移行するというわけではない、の意。こういう移行の不均等性ということから、さまざまのバリエーションが生まれてくるということにつなぎ、ついでその具体例として日本の「近代化」をあげようとしている。

世の中にむつかしきことをする人を貴き人といひ、やすきことをする人を賤しき人といふなり　貴賤の判断の基準を「する」に置いている。どういうことをするかによって区別しているのである。

なんと、こんな人を見て貴き人だの身分の重き人だのいふはずはあるまじ　ねえ、こんな人を見て貴い人だの身分の重い人だのいうはずはないでしょう。「なんと」は話しかけて同意を求める場合に用いる感動詞。「まじ」は打消推量。福沢は話しかけるようなやさしい文体で書いている。筆者は「そぼくな表現」（六〇九頁三行）と言っている。

ダイナミックな　dynamic〔英〕動的な。スタティック（静的な）に対する。

「躍進」　「 」をつけたのは文字どおりの躍進として手ばなしでそれを肯定することをすまいとする意識がある。つまり近代日本の躍進に対して批判的な見地も有しているからである。

「宿命的」な　さけることのできない運命のような。「 」をつけたのは、日本の近代においてその混乱が宿命的なものだと言われていることがあり、筆者はそれに対し、賛否をぬきにして一応その表現を借りて置くという意識にあるためかと思われる。とにかく簡単に「宿命的」ということばを文字どおり使いたくなかったのである。

強靭に　強くてねばりのあること。

セメント化　cement〔英〕　固められること。接合されること。

「うち」　閉鎖的な「部落」をさす。この場合は、狭い仲間意識の基盤を意味する。「そと」に対している。

「うちらしく」の道徳　「うち」のメンバーを支配している道徳で、それがメンバーに「うちらしく」ふるまうことを求める。「うち」のメンバーであるという意識の基礎をなすもの。

すでに明治末年に漱石が鋭く見抜いていたところです　具体的には明治四四年（一九一一）八月、和歌山での講演「現代日本の開化」に明瞭にうかがわれる。西欧より遅れて近代化のスタートをきった日本では、短時間で西欧近代に追いつこうとするため、外側だけ近代化され、内側はそれについて行けない。漱石のことばで言えば、開化の推移はどうしても内発的でなければならないのに、「現代日本の開化は、皮相、上すべりの開化である」。「それでは、子どもが背《せな》に負われておとなといっしょに歩くようなまねをやめて、地道に発展の順序を尽くして進むことは、どうしてもできまいかという相談が出るかもしれない」が、西洋で百年かかってようやく今日に発展した開化を、日本人が十年に年期をちぢめて、しかも内発的であるような推移をやろうとすれば「神経衰弱」にならざるを得ない。漱石はだいたい以上のようなことを述べて、「ただ、できるだけ神経衰弱にかからない程度において、内発的に変化していくがよかろうというような、体裁のよいことを言うよりほかにしかたがない。」と結んでいる。「神経衰弱」が今日でいうノイローゼ症状をさすことはいうまでもない。

筆者研究

平岡敏夫

丸山真男は、大正三（一九一四）年三月二二日、大阪市に生まれた。父は政論記者として名のあった丸山幹治で、氏はその次男である。兵庫県芦屋村の精道尋常小学校に入学したが、二年生のとき東京四谷第一尋常小学校に転校。大正一二（一九二三）年、四年生のとき、関東大震災にあい、長谷川如是閑宅に避難したりしたが、この歴史的にも社会的にも大きな事件は、少年時代の氏に強い印象を与えた。東京市学務課編『震災記念文集――尋四の巻二』に「大震火災中の美談・尋四・丸山真男」という文章がのせられている。東京府立一中（現在の都立日比谷高校）を経て、昭和六（一九三一）年第一高等学校に入学。高等学校二年の時、思想犯の嫌疑を受けて検挙されたが、このことであとあとまで警察・憲兵に監視されることになった。高等学校から大学にかけて、哲学・経済学・歴史を学び、音楽にも強くひかれていた。

昭和九年、東京大学法学部入学。三年のとき南原繁教授の演習「ヘーゲル『歴史哲学』」に参加、南原教授の影響もあり、政治・思想への関心は深まっていたが、これには家庭環境・家系の方からの影響も大きいと思われる。父は硬骨のジャーナリストであり、また母方の伯父に、政教社社主であった井上亀六がおり、雑誌「我等」の同人や日本主義の人々とも接する機会が多かったのである。（『丸山真男著作ノート』今井寿一郎編著所載の「略歴」による。）

日本政治思想史研究　丸山氏は昭和一二（一九三七）年三月、東京大学法学部政治学科を卒業。ひきつづき同学部助手として研究室に残り、政治思想史の研究に従ったが、昭和一五年から一九年にかけて「国家学会雑誌」に近世儒教史を中心とするいくつかの論文を発表。これを編んだものが今日、氏の主要著作の一である『日本政治思想史研究』（昭二七、東京大学出版会）である。三章からなり、第一章「近世儒教の発展における徂徠学の特質並にその国学との関連」、第二章「近世日本政治思想における『自然』と『作為』――制度観の対立としての――」、第三章「国民主義の『前期的』形成」という内容であるが、個々の論文の意義について述べることはこの文章の範囲内ではない。ただ、これらの論文執筆のモチーフに、丸山氏の姿勢を読みとっておきたいと思う。氏は本書の「あとがき」にいう。

本書執筆当時の思想的状況を思い起しうる人は誰でも承認するように、近代の「超克」や「否定」が声高く叫ばれたなかで、明治維新の近代的側面、ひいては徳川社会における近代的要素の成熟に着目することは私だけでなく、およそファシズム的歴史学に対する強い抵抗感を意識した人々にとっていわば必死の拠点であったことも否定できぬ事実である。私が徳川思想史と取り組んだ一つのいわば超学問的動機もここにあったのであって、いかなる磐石のような体制もそれ自身に崩壊の内在的な必然性をもつことを徳川時代について——むろん思想史という限定された角度からではあるが——実証することは、当時の環境においてはそれ自体、大げさにいえば魂の救いであった。

徳川幕藩体制の内部崩壊の必然性を探り求めることは、それは軍部独裁のファシズム体制の崩壊の必然性を確認することでもあったわけで、本書の意味も右のことばでうかがわれるであろう。むろん、それはあくまでも思想史研究という学的作業のなかでなされたもので、直接、現実への抵抗をめざしたものではない。『日本政治思想史研究』においてもっとも注目されるのは荻生徂徠であると思われるが、丸山氏は、人格的・倫理的にのみ理解されていた儒教を現実政治救済の学として、すなわち本来の治国平天下の学としての儒教としてとらえなおしたという点に徂徠を評価している。氏は、そこにはじめて「政治学」の生誕を見ることができたのである。吉本隆明氏のことばを借りていえば、「丸山真男にとって荻生徂徠の『発見』は、いわば『青春の発見』であった。徂徠学の中に、日本ではじめて科学としての『政治学』の成立する契機を見たとき、丸山は『政治学』者としての自己の出発が、明確な根拠を持つことを知ったのである。」(『丸山真男論』)ということになる。丸山氏の青春がこの処女著作にすべての意味でもかけられているわけだが、氏はこの第三章を昭和一九（一九四四）年、応召を受けて出発するその朝までかかってまとめあげた。「机に向って最後の仕上げを急いでいる窓の向うには国旗をもって続々集って来る隣組や町会の人々に亡母と妻が赤飯の握りを作ってもてなしている光景は今でも髣髴として浮んでくる。」（「あとがき」）と回想しているが、この論文には、戦後いちはやくとりあげることになる超国家主義（ウルトラ・ナショナリズム）への鋭い分析の眼がすでに光っている。徳川封建社会の内部的崩壊過程を、その正統的世界観であった儒教（朱子学）を通して明らかにしつつ、幕末の外患を契機とする国民主義（ナショナリズム）の形成を描き、今日なお維新評価を含めて深い示唆を与えているものである。本書は第三回毎日出版文化賞を受賞している。

現代政治の思想と行動　敗戦の翌年の昭和二一（一九四六）年五月、丸山氏は画期的な論文を発表した。「超国家主義の論理と心理」（「世界」）がそれである。第二著作『現代政治の思想と行動』（上下、昭三一〜三二、未來社）の巻頭に収められているこの論文の与えた衝撃については、最近「中央公論」（昭三九10）が戦後日本を代表する論文を再掲したときの萩原延寿氏の解説にも述べられている。当時、一枚の紙切れのような「朝日新聞」の裏の片すみの小さな学芸欄の匿名批評でこの論文の所在を知った萩原氏は言う。

……私たちの精神の飢餓をみたしてくれるのかもしれぬ、新しい思想家の存在を識ったのである。そして、この期待は全く裏切られなかった。丸山氏の論文の載った雑誌『世界』を手に入れることは容易ではなかった。それは本屋の店頭からはすぐに姿を消した。あのザラ紙に印刷された雑誌を、友人や知人の間で回覧しながら、私たちはこの論文を読んだ。そして眼から鱗が落ちるという言葉通りの、衝撃と戦慄を味わった。昭和二十年八月十五日以後も、私たちの裡に残存していた大日本帝国の精神が、いまや音を立てて崩れはじめるのを感じたからである。かくして、私たちの精神にとっての「戦後」が始まった。

悲惨な戦禍をひきおこした奇怪な超国家主義に対する分析が、いかに独創的・画期的であったかは右の感想で明らかである。日本の社会構造・人間関係を見事に分析する眼はすでに戦争の「暗い谷間」で得られていたものであり、少年時代からの性向・生活・感情が、当時の南原教授下の「東大法学部のリベラルな雰囲気」(「あとがき」)の中で学問的にきたえられたことによるものと思われる。

『現代政治の思想と行動』は戦後発表された、現代政治の問題に関連の深い論文を集めたもので、三部から成っている。第一部「現代日本政治の精神状況」(上巻)、第二部「イデオロギーの政治学」、第三部「『政治的なるもの』とその限界」(下巻)の三部であるが、日本ファシズム・ナショナリズムの考察が中心をなしており、とくに第一部の巻頭にある前述の「超国家主義の論理と心理」は本書全体を象徴するものともいえる。

文章やスタイルがいかにも古めかしく、しかも極度に問題を圧縮しているので、どう見てもあまり分りのいい論文ではない。にも拘らずこれが発表されるとすぐさま当時まだ半ピラの朝日新聞に批評が載り、それをきっかけに自分ながら呆れるほど広い反響を呼んだ。それは恐らく当時の緊張した精神的雰囲気や読者のいわば積極的な精神的姿勢と関連していることであろう。それと、もう一つは終戦直後に輩出した日本の天皇制国家構造の批判は殆んどみなコンミュニズムか少くもマルクス主義の立場から行われたので、自から経済的基盤の問題に集中されるか、でなければ「政治的」な暴露に限られていた。それが氾濫して千遍一律の感を呈していたときであったために、こうした精神構造からのアプローチがひどく新鮮なものに映じたわけである。（「追記および補註」）

右の文章ではとくに後半が重要であろう。下部構造から説明するか、政治的暴露をやるか以外に方法をもたなかったマルクス主義的な考察に対し、精神構造に分け入り、内部的な分析を行なった点に、「呆れるほど広い反響」をひきおこした理由があるのであり、それはとりもなおさず丸山氏の方法自体の独創性を示すものでもあった。

日本の思想　昭和二五（一九五〇）年七月、東京大学法学部教授に就任して間もなく、氏は肺結核で入院療養するという生活を再度くり返しており、それが昭和三〇年までつづいている。しかし、論文・書評・感想などの執筆、対談・座談会への参加など、やすみなく活動を続けたのち、病癒えた昭和三二年ごろから本格的な論文を発展しはじめるが、その中から四つ選んで一本にまとめたものが、『日本の思想』（岩波新書、昭三六）である。この本は、Ⅰ「日本の思想」、Ⅱ「近代日本の思想と文学」、Ⅲ「思想のあり方について」、Ⅳ「『である』ことと『する』こと」の四章からなっている。

第一論文「日本の思想」は氏もいうように本書の骨子となっているが、近代日本の思想の構造を分析しているにしても、問題を近代からとるというだけであって、対象となるイデオロギーについては明治維新以前にもさかのぼらねばならぬ以上、「日本の思想」と題されたわけである。

本書の内容について氏は次のように述べている。

「日本の思想」は、……われわれの現在に直接に接続する日本帝国の思想史的な構造をできるだけ全体的にとらえて、現にわれわれの当面しているいろいろな問題——知識人と大衆・世代・思想の「平和共存」・伝統と近代・転向・組織と人間・反逆や抵抗の形態・責任意識・社会科学的思考と文学的思考など——がそのなかで発酵し軌道づけられてゆくプロセスなり、それらの問題の「伝統的」な配置関係を示そうという一つの文字通りの試図にすぎない。(「あとがき」)

内容と意図は右によって明らかだと思われるが、このあたりで丸山氏の理論に対する反響を、『日本の思想』のそれをも含めてとりあげてみたい。そのことによって氏の理論はより明らかにされるはずだからである。丸山氏の分析は、だいたい日本の精神構造・日本人の行動様式等の欠陥・病理の診断として受けとられてきたことは氏自身も認めているところである。その欠陥・病理の診断については、西欧的近代を理想ないし基準として日本近代を批判したという意見、手際よく解釈してみせているだけで実践への指針がないなどの意見が多く聞かれる。丸山氏はこれに対し、日本の「良き」思想的伝統を発掘する意識は十分あることを言い、「陸羯南と国民主義」「明治国家の思想」などの論文をあげているが、現実の政治的課題に直接適合するものを恣意的にひろいあげようとするような肯定的評価には反対している。それは何よりも歴史的認識としてあやまりだからであるが、氏自身の学問がつねに内部的な構造連関の分析をねらいとしているという性格であることからもきている。外在的な地点から断截することとは反対に、氏は一貫して対象内部のダイナミズムを描きつづけてきているからである。「「反動」的なもののなかにも「革命的」な契機を、服従の教説のなかにも反逆の契機を、諦観のなかにも能動的契機を、あるいはそれぞれの逆を見出していくような思想史的方法」(『日本の思想』あとがき)を氏はめざしているのである。

『戦後日本の思想』(昭三四、中央公論社)における藤田省三氏の報告(「社会科学者の思想——大塚久雄・清水幾太郎・丸山真男——」)は丸山理論をたくみにとらえていると思われるが、その「近代」の意味について、それを単なる西欧的近代をモデルとする近代主義とはせず、「ある要求としての仮定につけた名前なんだから、彼らがそれに与えている中味が問題にされるべきで」あるとしている。ついで、さきほどの実践への指針がないという批判に応じるかと思われるが、「科学的記述と評価を決して一枚化しない。両者を区別する意識が強烈なわけです。そこが科学の中に目的や価値の考え方を押しこめるマルクス主義と、また対抗するわけです。」という重要な指摘を行なっている。対象を客観的に分析するのが科学であり、それにもとづいてどう行動を起こすかは別な問題であるとする徹底した科学的認識——学問の態度があるわけである。このことと、現実に対して働きかける批判的精神がないということとは別物であって、それは戦争中の『日本政治思想史』著述の中でもすでに見たとおりである。このことは教科書採録の「「である」ことと「する」こと」の把握にも重要であろう。

さらにもう一つの注目すべき指摘として、藤田氏はレトリックの問題を出している。丸山氏の論文が巧緻な論理と論理のつながりで構成され、主観的な思い入れや詠歎的感想など「詩」的な文脈を潔癖に排していることは明らかであるが、これが無味乾燥な論理主義とならないためにはやはりレトリックが必要である。藤田氏は具体的な事例をあげていないが、教科書本文を見ても無視し得ないのは、「 」の使用、傍点の複雑な用法であり、これはほとんど丸山氏の創始にかかわるといってよいほど、以後の論文文体に影響を及ぼしている。感歎符（！）の使用などを含め、従来、無意識的にかあるいはごく平面的意味においてしか使用されなかったこれらの表記がきわめて複雑な意味あいをおびたものとして意識的に用いられているのである。

以上のような丸山氏の評価にもかかわらず、なお、根源的に氏の思想構造をつこうところみた批判に、前掲吉本隆明氏『丸山真男論』（昭三八、一橋新聞部）がある。これをくわしく紹介する余裕はないが、結局において吉本氏は、丸山氏が幻想の「西欧」によって日本の精神構造を批判している点をなおもつき、存在としての大衆との絶縁をきびしく指摘している。丸山批判の極北ともいうべきものである。しかし「通俗「マルクス主義」の方法では、まったく不可能だった日本の近代思想と封建思想の、実体にまでおりた構造的な解析は、ただ丸山によってのみ原理的に把握される道がひらかれたからである。」とする評価はなされている。

とりあげるべきことは多いが、丸山氏の生な思考（生活感情を含めて）は対談・座談会などにむしろよくうかがわれる。以上の三著に収録されていないこれらの文献の所在は、『丸山真男著作ノート』（今井寿一郎編著、昭三九、図書新聞社）に示されている。ここでは、その巻頭にある家永三郎氏の、「西欧の伝統を基盤とする政治学の畑の出身でありながら、進んで日本学の研究者となり、洋の東西にわたる広大な学殖の所有者——森鷗外のいわゆる「二本足の学者」の名を受ける資格をそなえているのであって、それだけでも、今日では稀有の存在と言えるのに、それに加えて芸術の領域でも、自らピアノを演奏する一事に象徴されるとおりの、高度の享受力の所有者であって、そういった広汎な文化的蓄積がおそらく君の凝滞することのない思想的柔軟性と包容力との一つの根源になっているのではないか」（「思想家としての丸山真男」）ということばを掲げてこの文の結びとしたい。

若き日の彼の片影

猪野謙二

私のアルバムの中に、もう大半がセピア色に変色した古い一葉の写真がある。その頃の旧式なカメラで私がうつしたものだが、そこには白絣の着物を着流し、ピケ帽を斜めにかぶった若き日の丸山真男が、やや小首をかしげた例のポーズで立っている。傍には目のくりくりした一二、三の少年が親しそうに寄り添い、背景の用水池は真夏の日ざしにうっすらと光っている。——それはたぶん昭和九年、同じ高校から大学に進んだ年だったと思う。私たちは、宮城と福島の県境にある何の変哲もないその寒村の寺でひと夏を送っていた。本を読むことと議論をすること以外にはほとんど何ひとつたのしみもないようなところで、それに疲れると唯一人の友だちであった寺の小坊主を連れ、裏山への木下道や田んぼの畦道を、あるいは紡績工場帰りの胸を病む少女がぼんやりとたたずんでいる貧しい農家の庭先などを、ただむやみに歩きまわった。その少年は、細かく気を使って親切にしてくれる丸山によくなついていた。……ところで、いまこの写真を眺めながら私が思うのは、やはり、あの時丸山はどんな本を読んでいたかしら、というようなことだ。それも大方は三〇年という歳月の彼方にかすんでしまっているのだが、ただひとつはっきりと思い当るのは、たとえば午前中はブライスの「モダン・デモクラスィズ」を繙き、午後は井上哲次郎の『日本朱子学派之哲学』を読む、といったその読書法のことである。文学を志す私が、その文学について彼から教えられるところもひじょうに多かった。だがそれよりも、こんな書物の名がまっさきに思い浮んでくるのは、おそらく、当時の私が残念にも井上哲次郎の本などにはまったく食指が動かなかったということとともに、こういうまったく異質な二つの本を同時にこなしてゆく、彼の能力や関心のありかたがよほど印象的だったからにちがいない。

森鷗外が明治の碩学田口鼎軒について書いた文章の中で、「東洋学者に従へば保守になり過ぎる。西洋学者に従へば、急激になる。」「そこで時代は二本足の学者を要求する、東洋西洋の文化を、一本づつの足で踏まへて立つてゐる学者を要求する。」と述べているのは有名だが、その後の日本にもこの「二本足の学者」はきわめてすくない。ことにその時分はあたかもあの軍閥支配下の思想統制が強化されつつあった頃で、私たちがそういう時流に抗しようとすればするほど、ひたすら「西洋学者」に従うのが一般だった。もっとも、東洋の学問や日本の文学を対象として、これをたとえば唯物史観の公式によって浅く処理するような研究は輩出していたが、丸山の場合、ことさらそれらに傾倒してゆくような気配はなかったようだ。当時私は彼にすすめられて竹越与三郎の『二千五百年史』を繙読した記憶もあるが、ひろくそれら旧派の在野的な学問にも学びつつ、まずあくまでも自由にかつ具体的に、さまざまの思想や思想家の内部構造そのものに立ち入ってゆこうとするところに、時流を超えたその学習態度の特徴があったのだと思う。

要するに彼の方向は、すでに早くから新らしい「二本足の学者」の生誕へと向っていたのだ。そのことに私は、その後の長い軍隊生活から解放された戦後になって——ことに「日本政治思想史研究」一巻を通読したときに——はじめてはっきりと思い当ったのである。むろんその間に、彼の「西洋学」はかつてのブライスなどからマンハイム、ウェーバー、ボルケナウへと進み、「東洋学」の方も近世儒教の全体から宣長らの国学や安藤昌益に、さら福沢諭吉や陸羯南ら明治の思想家たちに深まっていた。そして彼の思想形成にとっては、この昭和一〇年代の戦争体験こそがもっとも注目さるべきだと思うが、ただその原型は、早くも旧制高校から大学への前後にうち出されていたのである。

近頃はおそらく丸山自身の影響もあって、思想界にもようやくいわゆる「二本足の学者」が多くなった。しかし、彼の場合はたんに学問研究の領域だけでのことではない、という意味でやはりそれらの弟子筋とは異っているようだ。その点は何よりもまず、彼の文体そのものがもつ魅力にあらわれている。寸分の狂いもないその論理性が、決してスタティックな、それ自体としての完結性には終っていない。絶えず相手に語りかけてくるような、時には機智にあふれた比喩によって、いきなり相手の感性に訴えてくるような、パセティックな調子をひそめている。文体それ自体が論理の国際性と心情の国民性とを高度にアマルガメートした、それゆえにこそあの明治の「自由民権調」にも比せられる、気骨にみちた雄勁さと精神の能動性とを感じさせるものになっている。

そういえばあの頃から、彼は決してとりすましたいわゆる秀才型の学生ではなかった。一高の寮にいた頃も、当時一高オンチといわれた硬派の連中などとも心おきなくつきあい、誰とでもよくダべった。夕暮れの寮庭の草野球に夢中になったり、創設期のホッケー部の選手になったりもした。むろんお世辞にも上手とはいえなかったが、それはなかなかファイトにあふれた演技ぶりだった。

教材の問題点

平岡敏夫

丁寧体で書かれた明晰な文章　まず注意されるのは丁寧体（「ます」体）の文章だということである。本文は昭和三三年一〇月の岩波文化講演会の筆記にもとづいている。その講演を大幅に要約した上に加筆したものを、昭和三四年一月九日より一二日まで「毎日新聞」に連載したが、さらにその連載原稿を講演体に復元したのがこの文章である。講演は直接聴衆を前にしての会話（一方的）である。つまり直接二人称を対象にした会話であるゆえに、二人称に対する敬意としての丁寧表現がとられるのである。講演体は丁寧体と言ってもよかろうが、講演・会話でないにもかかわらず、意識的に丁寧体をとる、例えば中村光夫氏の文章の如きものは、講演体とは言えない。講演の場合は丁寧体をとっていても直接聴衆を前にしての話であるために、くり返しが多かったり、主語・述語の関係があいまいだったり、次から次へと文が連鎖していたりすることが多いものである。本文の場合は、講演に加筆された新聞連載文を講演体に改めたものである関係か、そういう錯綜がなく、明晰な文章となっているようである。

文章の論理性をどう読みとるか　評論文である以上、むろん論理が重要であり、個々の文と文との関係、段落と段落との関係、節と節との関係というかたちで、文章の論理性が考えられなければならない。「学習の手引き」〔未収録〕にはとくに節と節との関係についても必ず注意がはらわれている。しかし、それが理解されるためには段落相互の関係も考えなければならないのであって、この点についても本文は明確なものとなっている。たとえば、冒頭第一段は、末弘先生の民法講義の思い出からはじめながら、最後の一文で「いま考えてみると……」として以上をまとめ、「自分は債権者であるという位置に安住していると、ついには債権を喪失するというロジック」というふうに命題化して、「一民法の法理にとどまらないきわめて重大な意味が潜んでいる」と主張する。その証明が第二段の「たとえば、……」以下の日本国憲法を例にとった説明であり、さきの「ロジック」が「主権者であることに安住して、その権利の行使を怠っていると、ある朝目ざめてみると、もはや主権者でなくなっているといった事態が起こるぞ。」という、具体的な警告にかえられ、その「重大な意味」を持つことが証明されているわけなのである。

評論文のレトリック――符号の複雑な意味あい　とくに問題点としては、傍点や「　」の頻繁な使用ということがある。「筆者研究」の項で、それを一種のレトリックであると見たのだが、複雑な意味あいを帯びている場合が多く、「叙述と注解」の項で示したものも一応の説明である。傍点はむろん読者の意識にアクセントを置くためであるが、それが何のために強調せられているのかをとらえていく必要がある。たとえば、「こういう社会では、同郷とか同族とか同身分とかいった既定の間柄が人間関係の中心になり、仕事や目的活動を通じて未知の人と多様な関係を結ぶというようなことは、実際にもあまり多くは起こりませんが、……」（六〇二頁一四行）のような場合の「既定の」「未知」「多様」の傍点にこめられた意味は、主題と直接的につながっているものである。封建社会の人間関係はほかならぬ「既定の」ものであり、「未知」でなく、「既知」であり、とり結ぶ関係は「多様」ではなくて「単純」なものである、ということが強く印象づけられることになっている。これは一種のレトリックといわざるを得ない。これを意識的に活用しているところに丸山氏の論文文体の特色の一があり、あまりにも論理的であるがゆえに、論理主義への傾斜を防ぐべく、レトリックが生まれ出る、といったことについてはすでに「筆者研究」の項でふれた。ここまで生徒の理解を求める必要はさらにないが、なぜに傍点があり、「　」が付せられているかは素通りにできないのである。

厳密な客観主義の立場　「学習の手引き」（未収録）の解説でもふれたところだが、本文があからさまに主張を述べたり、直接生な主観的感情を吐露したりすることのない文章であることにも注意したい。評価とか目的とかに関する議論を抑制したところでなければ科学的認識は起こらないとする厳密な客観主義の立場が本文にもうかがわれるのである。そのことをもって、ただ解説してみせているだけであるとか、分析だけしかないなどということはできないのである。客観的な分析を示すということが、実は何をなすべきかを逆に鋭く示すことでもあるのである。

詩歌編

永訣《えいけつ》の朝／一本木野

宮沢賢治《みやざわけんじ》

永訣の朝

けふのうちに
とほくへいつてしまふわたくしのいもうとよ
みぞれがふつておもてはへんにあかるいのだ
（あめゆじゆとてちてけんじや）
うすあかくいつさう陰惨《いんざん》な雲から
みぞれはびちよびちよふつてくる
（あめゆじゆとてちてけんじや）
青い蓴菜《じゆんさい》のもやうのついた
これらふたつのかけた陶椀《たうわん》に

いもうと　作者と二つ違いの妹、トシ。一九二二年一一月二七日死亡。

あめゆじゆとてちて「雨雪を取って来てください」の意。

蓴菜　スイレン科の多年生水草。若芽・若葉を食用にする。

おまへがたべるあめゆきをとらうとして
わたくしはまがつたてつぽうだまのやうに
このくらいみぞれのなかに飛びだした
（あめゆじゆとてちてけんじや）
蒼鉛《さうえん》いろの暗い雲から
みぞれはびちよびちよ沈んでくる
ああとし子
死ぬといふいまごろになつて
わたくしをいつしやうあかるくするために
こんなさつぱりした雪のひとわんを
おまへはわたくしにたのんだのだ
ありがたうわたくしのけなげないもうとよ
わたくしもまつすぐにすすんでいくから
（あめゆじゆとてちてけんじや）
はげしいはげしい熱やあえぎのあひだから
おまへはわたくしにたのんだのだ

あめゆき　みぞれ。

蒼鉛　ビスマス。金属元素の一つ。灰白色で赤みを帯びている。

銀河や太陽　気圏などとよばれたせかいの
そらからおちた雪のさいごのひとわんを……
…ふたきれのみかげせきざいに
みぞれはさびしくたまつてゐる
わたくしはそのうへにあぶなくたち
雪と水とのまつしろな二相系をたもち
すきとほるつめたい雫《しずく》にみちた
このつややかな松のえだから
わたくしのやさしいいもうとの
さいごのたべものをもらつていかう
わたしたちがいつしよにそだつてきたあひだ
みなれたちやわんのこの藍《あい》のもやうにも
もうけふおまへはわかれてしまふ
(Ora Orade Shitori egumo)
ほんたうにけふおまへはわかれてしまふ
あぁあのとざされた病室の

気圏　地球を包む大気のある範囲。大気圏。

みかげせきざい　みかげ石（花《か》崗岩《こうがん》）の石材。

二相系をたもち　ここでは、水が液体と固体の二つの状態で共存すること。

Ora Orade Shitori egumo　「わたしはわたしで一人行きます」の意。

くらいびやうぶやかやのなかに
やさしくあをじろく燃えてゐる
わたくしのけなげないもうとよ
この雪はどこをえらばうにも
あんまりどこもまつしろなのだ
あんなおそろしいみだれたそらから
このうつくしい雪がきたのだ
（うまれでくるたて
　こんどはこたにわりやのごとばかりで
　くるしまなあよにうまれてくる）
おまへがたべるこのふたわんのゆきに
わたくしはいまこころからいのる
どうかこれが天上のアイスクリームになつて
おまへとみんなとに聖い資糧《きよいかて》をもたらすやうに
わたくしのすべてのさいはひをかけてねがふ

うまれでくるたて……「また人に生まれてくる時は、こんなに自分のことばかりで苦しまないように生まれてきます」の意。

一本木野

松がいきなり明るくなつて
のはらがぱつとひらければ
かぎりなくかぎりなくかれくさは日に燃え
電信ばしらはやさしく白い碍子《がいし》をつらね
ベーリング市までつづくとおもはれる
すみわたる海蒼《かいさう》の天と
きよめられるひとのねがひ
からまつはふたたびわかやいで萌《も》え
幻聴の透明なひばり
七時雨《ななしぐれ》の青い起伏は
また心象のなかにも起伏し
ひとむらのやなぎ木立は
ボルガのきしのそのやなぎ

一本木野　岩手山東北の山麓《さんろく》にある原野。
ベーリング市　作者が想定した極北地方の幻想の都市。
七時雨　岩手山の東北二〇キロにある山名。北上川・馬淵《まぶち》川の分水嶺《ぶんすいれい》。標高一、〇六三メートル。
ボルガ　ヨーロッパ・ロシアの東部を流れるヨーロッパ第一の大河。
天椀　視点を天心に置いて見た天空のドーム。賢治愛用の表現。

天椀《てんわん》の孔雀石《くじやくせき》にひそまり
薬師《やくし》岱赭《たいしや》のきびしくするどいもりあがり
火口の雪は皺《しわ》ごと刻み
くらかけのびんかんな稜《かど》は
青ぞらに星雲をあげる
（おい　かしは
　てめいのあだなを
　やまのたばこの木つていふつてのはほんたうか）
こんなあかるい穹窿《きうりう》と草を
はんにちゆつくりあるくことは
いつたいなんといふおんけいだらう
わたくしはそれをはりつけとでもとりかへる
こひびととひとめみることでさへさうでないか
（おい　やまのたばこの木
　あんまりへんなおどりをやると
　未来派だつていはれるぜ）

孔雀石　青緑色の光沢を持つ鉱石の一種。装飾品や顔料などに用いる。
薬師岱赭　「薬師」は複式火山岩手山の最高峰。東岩手火山の外輪山の一峰で、標高二、〇三八メートル。盛岡《もりおか》市の北西約二二キロ。「岱赭」は茶色がかっただいだい色。
くらかけ　岩手山東南の山麓にある山。標高八九七メートル。
穹窿　半球形のこと。天の異称。
未来派　二〇世紀初頭の芸術（絵画・彫刻・文学）上の運動。

わたくしは森やのはらのこひびと
芦《よし》のあひだをがさがさ行けば
つつましく折られたみどりいろの通信は
いつかぽけつとにはいつてゐるし
はやしのくらいとこをあるいてゐると
三日月《みかづき》がたのくちびるのあとで
肱《ひじ》やずぼんがいつぱいになる

イタリアのマリネッティが主唱。日本では大正一〇年平戸廉《れん》吉《きち》が「日本未来派」を宣言し、従来の詩に対する革命的な表現を主張した。

宮沢賢治（一八九六〜一九三三）詩人・童話作家。岩手県に生まれた。盛岡高等農林学校卒業。農業学校教員・農村指導者として活躍しながら、詩や童話の創作に励んだ。一九二四年に詩集『春と修羅《しゅら》』、童話集『注文の多い料理店』が刊行されたが、生前は無名に近い一地方詩人にすぎなかった。死後、多くの未発表の作品が世に知られるにつれて、高く評価されるようになった。その文学の基底となっているのは宗教・自然・科学の一体となった宇宙感覚で、郷土的色彩にもあふれている。作品には、多くの詩稿のほか、童話『オツベルと象』『風の又三郎』『銀河鉄道の夜』などがある。「永訣の朝」「一本木野」は、ともに『春と修羅』に収められている。前者は、一九二二年の作で、

妹トシの死にあい深刻な衝撃を受けて書いたものであり、後者は翌年の作で、自然との交感の喜びを歌ったものである。本文は、『校本 宮澤賢治全集』第二巻（筑摩書房）によった。

作者・作品論

小沢俊郎

宮沢賢治　宮沢賢治研究会発行の雑誌『賢治研究』の「資料室」という欄には、発表される賢治研究文献のリストが掲げられているが、それによれば一月平均一〇件ないし一五件ぐらいの研究文献が、現在、賢治について書かれている。いかに、賢治文学が汲み尽しえない泉を所有しているかを語っていると思う。賢治は、飽きの来ない作家として、年を追って読者を増しつつある特異な存在である。

詩人・科学者・教師・技術者・社会運動家・宗教人を一身に兼ねる多面性を、百科辞書的な多様性としてでなく、一生命体として収斂しているのが彼の生涯であり、その激しい生命の燃焼の相が作品となって読者に訴える。人類共生への強い希いと、実存の深淵に臨む深いおそれ、その両極に引き裂かれようとしてもがきながらいちずに己が道を求める姿が、問題解答者としてでなく問題提出者として示される。触発されて、読者も問題意識を持ち、既成観念を再検討し、発想の転換の契機を得る。賢治文学が常に新しい読まれ方を生んで来た理由と、時とともに読み広められてゆく理由を、私はそこに考えている。

その生涯について詳しい年譜を示すことは紙幅の関係上省略し、教材作品と関わり深い部分だけを示すこととする。（教材作品中の表記は「とし子」であるが、以下戸籍の表記に従い「トシ」を用いる。）

大正四年（一九歳）盛岡高等農林学校入学。トシ（一七歳）も日本女子大学入学。

大正六年　級友たちと文芸同人誌『アザリア』を発刊。短歌・短篇等を発表。なお、短歌は中学三年（一五歳）頃から制作していた。

大正七年　盛岡高等農林学校卒業。職業・信仰について父との対立激化。夏、童話処女作を弟らに聞かせた。一二月末、トシ肺炎となり、東大病院小石川分院に入院。賢治は上京して附近に下宿し、看護に当る。

大正八年　二月上旬トシ退院し、共に帰郷。以後家業（質商）手伝い。その間に短篇創作。トシ兄の短歌を清書、「歌稿」としてまとめる。

大正九年　九月トシ花巻高等女学校に勤める。

大正一〇年　一月突然上京。自活をはかり、布教活動に従いかつ短篇・童話を書く。八月末トシ発病の報せを機に帰郷。「かしはばやしの夜」等の童話を作る。一方で短唱を作り始めたのもこの頃らしい。一二月稗貫農学校教諭となる。

大正一一年　一月「屈折率」を書く。『春と修羅』の起稿に当る。童話・詩を多作し、六月には戯曲も書く。一一月二七日トシ死亡。

大正一二年　八月上旬北海道・樺太へ旅行し、その間妹の死について思索する。

大正一三年　四月『春と修羅』、一二月『注文の多い料理店』を出版。

右の年譜でも多少はうかがわれようが、賢治とトシは、深い兄妹愛に結ばれていた。のみならず、信仰を共にするという強い絆でつながれていた。

さて、あまりに多様な見解のある賢治論に入ることはできないので、さし当っては教材中心に問題をしぼってゆこう。

詩集『春と修羅』　教材はともに『春と修羅』から取ってある。大正一三年自費出版の、作者生前唯一のこの詩集は、作者の期待に反して、全くといってよいほど売れなかったけれど、辻潤・佐藤惣之助・高村光太郎・草野心平らに高く評価され、評価は時とともに高くなり、生前は詩壇・詩の流派の中で占める座を持たなかったにもかかわらず、今日強い影響を詩人たちに与えている。簡単な話が、「修羅」とか「心象」とかいうことばの通用のしかたが、賢治の影響なしには考えられない。

先に「詩集」と書いたけれども、賢治自身は、「心象スケッチ」と自分の作品を呼んでいる。とうてい詩と呼べるものでない、と謙遜しているけれども、それは在来の詩とは別だという謙虚だが自信に満ちた主張にも連なっていた。大正一四年二月九日付森佐一あての書簡で「私はあの無謀な『春と修羅』に於て、序文の考を主張し、歴史や宗教の位置を全く変換しやうと企画し、それを基骨としたさまざまの生活を発表して、誰かに見て貰ひたいと、愚かにも考へたのです」と述べているが、発刊時の抱負と刊行後反響の乏しさに控え目な気持になっていることとがうかがわれる。

また、一方、童話集『注文の多い料理店』の新刊案内ちらしでは、その童話をも「心象スケッチ」と呼び、「著者の心象中に、このような状景をもって実在した」世界を描いたと述べている。詩と童話の垣根にとらわれず、それまでの詩とは異なった世界を、虔ましく構築したかったのである。ただし、後には詩だけに「心象スケッチ」が用いられており、「心象」の枠が狭められている。

草野心平の解説によって「心象スケッチ」と、詩史上の位置とを示しておこう。

「では心象スケッチとはなんだろう。心象をスケッチすることだろうが、その心象とはなんだろう。賢治の心象にほかならないが、それは一個の独立体であると同時に外界と接触の絶えない複合体でもあったろう。賢治の心眼に映った外部の万象、また外界に投影する賢治の内部、外部と内部との交流や融合（中略）をそのまま記録するのが、彼の詩の方法なのである。心象スケッチという言葉は賢治によって発明されたものだが、藤村にはじまる近代詩の歴史のなかでそのような方法はなかった。全く勃発的事件だった。」（新潮文庫『宮沢賢治詩集』）

補説すれば、心象スケッチは、外景・内景を同時に捉えようとする方法であると同時に、時間とともに刻々移りゆく心象を動的に捉えようとする方法であり、視点の自由な移動によって内外世界を立体的に把握しようとする方法であった。

具体的な表現上の特色としては次の諸点を挙げたい。(1)六二七行の長詩から二行の短詩まで長短自在に詩形が選ばれている、(2)定型に近い韻律のものと自由律のものとがある、(3)詩句行頭の活字の位置に段差をつけたり、括弧を用いたりすることで、外景や心の動きを立体的重層的に表現している、(4)詩句の上げ下げによる視覚的リズム（例「春と修羅」）とか、二種類の詩句の同時的併記（例「習作」）による重唱的表現のような試みがなされている、(5)一見反詩語とも思われる科学用語・宗教用語・方言などを内的必然性に応じて豊かに使用している、(6)漢字・かなの使い分けに留意しているだけでなく、ローマ字の新しい使用法を開いている。

挽歌と「永訣の朝」　『春と修羅』は、「春と修羅」「真空溶媒」「小岩井農場」「グランド電柱」「東岩手火山」「無声慟哭」「オホーツク挽歌」「風景とオルゴール」の八誌篇群と序詩から成っている。

妹の死を詠んだ作品は、「無声慟哭」「オホーツク挽歌」の詩篇群である。次にそれらの詩題と行数と制作年月日とを示す。

「無声慟哭」

永訣の朝	（五六）	大11・11・27
松の針	（三〇）	大11・11・27
無声慟哭	（三四）	大11・11・27
風林	（六一）	大12・6・3
白い鳥	（五七）	大12・6・4

「オホーツク挽歌」　青森挽歌（二五三）　大12・8・1
オホーツク挽歌（一一九）　大12・8・4
樺太鉄道（七二）　大12・8・4
鈴谷平原（四三）　大12・8・7
噴火湾（六一）　大12・8・11

この他に、『春と修羅』へ所収しなかった作品として、「青森挽歌 三」（所収の「青森挽歌」と別）「津軽海峡」「駒ケ岳」「旭川」「宗谷挽歌」が全集に残されている。

各詩篇の長さといい、内容といい、また、この間、他の詩作が発表されないことといい、妹の死の与えたショックの激しさと、その痛手を超えようとする心の闘いの苦しさとがうかがわれる。今、そのおのおのについて触れる紙幅はないが、ぜひ通読を試みていただきたい。「オホーツク挽歌」詩篇群は、死後約八カ月目の北の旅の中で、トシを思い切れない感情と思い切らねばならぬ理性の命令とのストラグル、そして、個への愛惜を普遍への愛とすることで乗り超えようとする宗教的心情と、なお個に執着する感情の相剋の、苦しくも美しい真摯さに満ちた作品群である。

一一月二七日、死の当日付の作品は三篇ある。「永訣の朝」「松の針」「無声慟哭」で、それぞれ独立してはいるけれども、連続して読みたい作品である。ぜひ、プリントして生徒へ与えたい。「永訣の朝」と相補して、妹のけだかさ、賢治の自分を見つめる苦しさの対比が胸を打ち、詩中の自然の清らかさと相俟って人の心を浄化する作品である。

ところで、「制作年月日」は果して正確だろうか。書き誤りを考えているのではない。その日付がすべて詩を作った日といえるのかという疑問である。日付の中には詩の素材となったことがらの起った日の場合もあるらしいのだ。とすれば、一一月二七日付の三篇の場合はどちらか。複製本『春と修羅』を手にしてみると、日付は、大部分（　）の中に記されているのに、この三篇は《　》の中に書き込まれている少数派に属する。その《　》の意味を、私は、素材としての日付と考えている。その日、一部をメモしたにしても、詩の形にまとめたのは、その当日より後だった、ということをこの《　》と（　）の区別が示していると考える。それがこれらの詩の作品価値を変更するものではないが。

ここで、テキストについて附言しておかなければならない。

賢治は生前無名だったため、詩集・童話集各一冊の自費出版があるのと、雑誌（詩の同人誌が多い）・地方新聞に発表したあまり多くない作品が活字になったぐらいで、大部分の原稿は生原稿として残っており、それらには推敲の記入が多く、そのため本文校異は刊本ごとにかなりの食い違いがあり、現代作家としては珍しいほどテキスト・クリティークの必要な作家だった。昭和四八年から五年がかりで筑摩書房から発行された『校本 宮澤賢治全集』（全一五冊）は、厳密な本文批評に立って原稿上のすべての文字を活字化したもので、研究の基礎資料として不可欠のものとなった。本教科書も、本文を右の全集によった。そのため、従来の教科書本文と違った箇所がある。次の四箇所である。

(1) 旧版（Ora Ora de shitori egumo）→新版（Ora Orade Shitori egumo）

(2) 旧版「くるしまなぁよにうまれでくる」→新版「くるしまなあよにうまれてくる」

(3) 旧版「どうかこれが兜率の天の食に変わって」→新版「どうかこれが天上のアイスクリームになつて」

(4) 旧版「やがておまえとみんなとに聖い資糧をもたらすやうに」→新版「おまへとみんなとに／聖い資糧をもたらすことを」

関係資料は三つある。(a)印刷に使った原稿、(b)初版本、(c)宮沢家に保存された初版本へ賢治自身が後に加筆した手入本。旧版教科書の本文は昭和四二年版宮沢賢治全集によったものであるが、校本全集によって調べると、右の四箇所はそれぞれ次のものに依拠していた。

(1)a (2)a (3)c (4)c

これに対し、新版が依拠した校本全集は、すべてbで統一されている。新版の方がすっきりしているわけで、本文批評として評価できる。しかし、そのことは作品価値とは別である。特に(3)の「兜率の天の食」と「天上のアイスクリーム」については、旧版の形（つまり賢治が推敲した形）の方がよいと考える人は少くないだろう。その優劣を生徒にも考えさせてみたいものである。その際、賢治の「永久の未完成これ完成」という考えによれば、作品形成過程のどの段階にもそれぞれに存在意義があると見るべきで、最終稿だから可とするという考え方は避け、詩としての良し悪しで判断することとしたい。

なお、前述の違いの他に、「銀河や太陽……」の行が旧版では他行と同じ高さ、新版ではｂに従って一字下げになっているが、この場合の字下げは印刷所のミスらしい。

また、初版本では、方言詩句に対し、作者の原註が付けられている。次のとおりである。

「あめゆじゆ……」に対し「あめゆきとつてきてください」

「Ora Orade……」に対し「あたしはあたしでひとりゆきます」

「うまれでくるたて……」に対し「またひとにうまれてくるときは／こんなにじぶんのことばかりで／くるしまないやうにうまれてきます」

一本木野　『春と修羅』の詩篇群では最後の「風景とオルゴール」に属し、制作日付は大正一二年一〇月二八日となっている。トシ臨終に際しての三篇の他は、死の翌年六月まで作品がなく、六月作の二篇、さらに八月の北海道・樺太旅行の各篇ともすべて亡妹への挽歌であった。挽歌を作ることでカタルシスを得たのか、八月末から再び詩作が始まったのが「風景とオルゴール」詩篇群であり、妹の死からの立ち直りが見られる。
その中で、「一本木野」はそれに続く詩篇「鎔岩流」と同じ日の作である。初冬の日曜日にひとりで岩手山麓を歩いた時の心象をスケッチしたものである。明るい野原の中で思い切って自己を解放し、「わたくしは森やのはらのこひびと」とまで自然の中にある喜びを感じているのである。同じ日のことなのに「鎔岩流」では、自然の恐ろしいまでの厳しさに接している。「一本木野」の開放的な自然交流に対し、「鎔岩流」の緊迫した自然との交流は対照的である。「鎔岩流」もプリントして読ませたいと思う。

「永訣の朝」と「一本木野」の二篇を並べてみることで、賢治心象の明暗二極をうかがうことができる。暗も明もともに純粋に心情が極まっているところに、みずみずしい青春性が感じられよう。

教材の分析・教材の生かし方

永訣の朝

◇鑑賞のポイント

「いもうと」への形容語　六四二頁一二行「けなげな」、六四二頁九行「やさしい」、六四三頁二～三行「やさしく……けなげな」。つまり、やさしさとけなげさで妹の性格を表わしている。それが賢治のとらえる妹の特質である。同時に、賢治自身の特質の反映でもあり、二人の共通性でもある。それは、「松の針」「無声慟哭」の場合にも共通していえることである。

四つの「あめゆじゆとてちてけんじや」　この方言の意味は作者原註のとおり。旺文社文庫で山本太郎が「あめゆきとってきてください。賢さ。トシは兄のことを『けんじゃ』と呼んでいた」と註をつけたが、無理である。

臥床している眼にみぞれを認めたトシが、それを取ってきてほしいと、ささやかな、そして切な願いを述べたとき、その願いは単に渇えを癒すためだけであったとは思えない。幼い日への郷愁、大きな自然への同化を求める気持などが働いていたであろう。そこでこのことばとなるのだが、四つのうち最初のものは、直接妹の口を洩れたことば。二つ目のものは、妹が重ねて言ったとも、賢治が心の中に繰り返してみたともとれよう。三つ目・四つ目は、既に戸外にある賢治の耳底に響くことばである。三つ目のそれは賢治を駆り立て、四つ目のそれは妹の依頼の深い意味を賢治に感得させる。

わたくしをいつしやうあかるくするために　私の授業経験では、「死んでゆく妹に何かしてやりたいと思っている兄の心を汲んで、妹が雨雪を頼んでくれた」という類の解釈が多かった。依頼するということに重点を置き、依頼内容は考えない説である。何でもいいから頼まれることで兄は明るくなれたのだろうか。そうではあるまい。依頼の内容が浄らかだったから明るくなったのだ。六四一頁に繰り返される「おまへはわたくしにたのんだのだ」の頼みの目的語を考えれば、あかるくなる理由がわかる。目的語は、「こんなさつぱりした雪のひとわん」であり、「銀河や太陽　気圏などとよばれたせかいの／そらからおちた雪のさいごのひとわん」である。妹が最後に求めたものが銀河世界からの雨雪であったことによって、妹の心情が高遠広大な世界に寄せられていることを感じ、「わたくし」は明るくなれたのだ。

賢治が「銀河」「宇宙」「太陽」「気圏」などのことばを、宗教的感情をもこめて愛用し

たことは周知のとおりである。例えば、

正しく強く生きるといふことは
みんなが銀河の全体を
めいめいとして感ずることだ（「産業組合青年会」草稿）

という詩句がある（妹の死から約二年後である）。今、死の床で遠い天の彼方からの贈り物を求めたことばの中に、小我を超え無辺際の銀河へつながろうとする思いを読みとったのだ。死という問題を見つめぬいた童話「銀河鉄道の夜」が後に生れることが「永訣の朝」と無関係ではあり得ない。

Ora Orade Shitori egumo　この方言だけローマ字表記にしたのはなぜだろうか。私解を試みよう。

ローマ字ということは、そのことばが音としてだけ響いたことを示す。最初聞いたとき意味がピンと来なかったほどその時の聞き手（賢治）の心境と異質だったということであろう。他のひらがな表記のトシのことばが、賢治の心へ素直に入って来たのに、この一句はそうでなかった。どういう点が異質だったのか。

妹は、自分の死をはっきり見つめ、正面から対峙している。周囲の一人だって回復の見込みがないなどと言いはしなかったのに、どう直覚したのか、死を感じている。しかも怖れてはいない。自己放棄もしない。最愛の兄や家族たちと別れて、一人だけ死んでゆく外ない事実を肯定している。その妹の凛とした気持が、人間の究極の孤独を直視した Shitori にこめられ、己が死を egu（行く）と表わすことに示されている。

「永訣の朝」の次の詩篇「松の針」でも、なお、

　ああけふのうちにとほくへさらうとするいもうとよ
　ほんたうにおまへはひとりでいかうとするか
　わたくしにいつしよに行けとたのんでくれ
　泣いてわたくしにさう言つてくれ

と呼びかけている賢治は、どうしても妹が自分と別れて逝ってしまうことを肯んじられない。妹と一体になり、いっしょに死んでゆきたい思いで一杯だった。死んでゆく妹を思って、切なくてたまらない。いわば、トシを思う自分の感情に溺れようとしていた。

そのとき、トシの Ora Orade といい、Shitori ということばが聞えたのだ。それは、賢治の感情に溺れようとしている心情への拒否に外ならなかった。異様な一句と賢治の耳にささったのだ。

この詩では、Ora……の一句は、松の雪を取ろうとしている場面に入っている。ということは、枕辺であまりにも異様に聞いたその一語が、その時もう一度思い返されたということだろう。そこで、詩の中での、この一句までの賢治の思いを読み直してみる。冒頭「けふのうちに／とほくへいつてしまふ」と二人の別れを考えつつも、「おまへがたべるあめゆきをとらうとして」「おまへはわたくしにたのんだのだ」「ありがたう……わたくしも」「わたくしたちがいつしよにそだつてきたあひだ／みなれた……」と、トシといっし

ょにある感じを捨て切れないでいた。そのとき Ora Orade……という異様に聞こえたことばが再び聞こえ、愕然とする。

耳底に響くそのトシのことば。人間は究極一人で死んでゆかねばならぬという絶対的な事実の重みをずっしりと荷ったそのことばが、もう一ぺん耳の底に響いたとき、それは新たな意味を持つ。

いっしょに、という願い、感情への溺れは拒否され、その拒否の正しいことを認識しなくてはならなかった。妹の気持を思いやるなどといういい気は許されない。どんなに愛し合っていても二人は別々の存在であり、妹は Shitori egu しかなく、兄はその妹を見送るしかない。Ora Orade……の一行を間に挟んで、ほとんど同じことばがくりかえされている。「もうけふおまへはわかれてしまふ」と「ほんたうにけふおまへはわかれてしまふ」である。一見似ているこの二句が、その意味は大差なくとも気持の上では大きな隔りを持つ。「もう……」は、この蓴菜のもようの茶碗も見られなくなってしまういもうとの気持を思いやる嘆きである。「ほんたうに……」は、死別の厳しさを改めて認識した詩句である。「ほんたうに」をつけて、同じことばを繰り返さなければならなかったのは、聞いた瞬間には意味もわからなかった Ora Orade……という妹のことばの持つ深い意味を認めなければならなかったからである。

「天上のアイスクリーム」と「兜率の天の食」 テキストのところで述べたように、初版本形と手入れ本形の一番大きい違いがここである。それぞれの意味を見ることとする。

アイスクリームは、形態的に雨雪から連想したものであろうが、体験につらなる思いもこめられている。その思い出とは、大正七年一二月、日本女子大学在学中のトシが発病したのを、母と賢治とが上京して看護した日々である。この時の賢治の看護の手厚さは、一日平均一通以上父宛にトシの病状を報告していることからも知られるが、その中の一日、大正八年一月六日付の父あての手紙に「アイスクリーム」が出てくる。その部分を引いてみよう。

拝啓

一昨日及昨日の手紙にて折角御心配の御事と存じ候　然るに昨夜は体温も三十八度二分食慾無く渇き甚しき様には御座候へども元気変りなく医師より許可を得て、《寧ろ重湯の代りとして》アイスクリームを食し候。右牛乳、卵、塩等は差し入れ、氷及器械は病院の品を用ひ附添の者之を作り今後も毎日之を取るべく候。

外に苹果を折角望み候へども、蓮根水と共に之は尚許可を得る迄に至らず候。

右の手紙の通り毎日続けたのかどうか、この後の手紙にアイスクリームは出て来ないので断定しかねるが、当時にあっては容易に口にしがたい珍しい貴重な食品だっただけに、病院の器械を借りて作ってやり、それを嘗めるトシの顔を見守る時の嬉しかった経験が、「アイスクリーム」の語とともに思い出されたのはほぼ間違いないだろう。今日のような大衆の嗜好品とは程遠かった頃のことである。

初版本原稿を書いた時、「天上のアイスクリーム」には、なつかしい個人的な思い出を理念的なものに昇華するという気持がこめられていたと思われる。が、後になって読み直してみたとき、「アイスクリーム」の語感の持つ軽さ、甘さが気になったのか、個人的な思い出に頼る弱みを感じたのかして、「兜率の天の食」に改めたのだ。「兜率天」は仏教語で、人間界より上の六天の第四天をいう。七宝の宮殿で、内・外二院から成り、内院には弥勒菩薩が住み、衆生済度の説法をし、外院《げいん》には天衆が遊楽する。「兜率の天の食」とは、弥勒の衆生済度の意志のエネルギー源の意であろう。

それは、一読では意味もわかりにくいが、それだけにかえって疑問として、何となく荘重なその語感とともに、読み手の心に残ることばである。「天上のアイスクリーム」と比べ、詩句としてどちらがよいか考えてみたい。

わたくしのすべてのさいはひをかけて　例えば、「銀河鉄道の夜」のさそりのことば「どうか神さま。……まことのみんなの幸のために私のからだをおつかひ下さい」に見られるような衆生の幸福のための献身という考えは賢治文学の主旋律の一つである。その考えが明確に意識化されたのが、この時と見られる。最愛のものの死に接した悲しみを克服する道として、個愛の止揚という宗教的理念を自らの生きる道とする方向へ進んでいったのだ。会田綱雄が、旺文社文庫解説で、この終行のいのりが弱々しい、ということを鋭く指摘している。この時のいのりは悲しみ克服のために概念的に努めたものとしての弱さを持っていたというのだ。だが、その弱々しいいのりが出発点で、賢治のやさしくけなげな生きざまが生れたのだ、やや誇張していえばこの詩を作ったことが賢治のその後の生き方を決めていったのだ、と私は考える。

宮沢とし子　戸籍面は「トシ」。明三一・一一・五〜大一一・一一・二七。賢治には妹三人弟一人があるが、年齢の一番近い妹である。花巻川口小学校から花巻高等女学校を経て日本女子大学校家政科予科へ。淑徳型の内向的な学生だった。大正七年、本科三年の一二月病み、入院。チブスの疑いで後肺炎と判定。このとき、母と賢治が上京して看護した。賢治の看護ぶりは手厚く、病状を父へ報ずる現存書簡が、一二・二七から翌年の二・六まで四六通（つまり一日平均一通よりも四通多い）というのを見ても、父への孝心以上に妹への気遣いが感じられる。二月上旬に退院、花巻へ帰る。三月、女子大から卒業証書を送られた。一年半の自宅静養後、大正九年九月から母校花巻高女の英語担当教師となったが、一年後健康を害して退職。以後臥床。大一一・一一・二七・午後八時半死去。享年二四。

短命であったこの妹が賢治にとってどれほど大切な存在だったかについては、別記詩篇群や書簡集を中心にうかがえるが、「手紙　四」（「チュンセ・ポーセの手紙」と通称される）として全集第六巻に載っている文章も見落せない。印刷した手紙で、匿名で人々に送られたというものである。紙幅の都合で引用できないのが残念である。

その他、トシについては、「ユリイカ」昭和四五年七月臨時増刊号の「トシ書簡集」堀尾青史「宮沢トシ　その生涯と書簡」が参考になる。

◇語釈

永訣の朝　「永訣」は永別、死別。この朝、トシがこの一日を越せないだろうと医師に宣告されたという。

まがつたてつぽうだまのやうに　奇妙な表現である。「鉄砲玉のように」「弾丸のように」というとき、一般には、「物すごいスピードで一直線に」と取る。この場合、作者の行動の速さだけは「てつぽうだまのやうに」以外で表わせず、しかも動線は「まがつた」ものだった。その曲りは、病室から庭へ、庭から松の枝へと急いだ作者の行動自体でもあり、妹が雨雪を求めたことを意外とも嬉しとも悲しとも受けとめ切れぬまま、あわてて戸外へ飛び出す作者の心の動揺でもある。

蒼鉛いろ　「蒼鉛」（Bismuth ビスマス）は、原子番号83、原子記号Bi、原子量208の金属元素。「蒼」は青よりも濃く暗い色で、文字面からは、暗い青味を帯びた灰色などを想像させられるが、蒼鉛は、うす赤い灰色。賢治の科学用語の使用は非常に多彩であると同時に正確であるから、ここも、うすら赤さを含んだ雲の色と考える。そうすると、

　おもてはへんにあかるいのだ
　うすあかくいつさう陰惨な雲

という前出二行も同じように理解できよう。みぞれの空の暗い雲が、どういう光線の工合か、わずかな赤味を帯びており、そこに不安な、不吉な感じが漂っている。

みぞれはびちよびちよ沈んでくる　前には、「みぞれはびちよびちよふつてくる」とあった。「びちよびちよ」という、口語的な擬態語が、トシの使う方言と呼応して、この詩の地方性を強めている点にも注目したいが、「ふつてくる」と「沈んでくる」の使い分けにも注意した

い。家の中にいて軒先を見ている場合と、庭へ飛び出して、落ち来るみぞれの真下に身を置いた場合との違いである。てっぽうだまのように庭へ飛び出しはしたものの、庭下駄をつっかけてみぞれの中に一瞬賢治は立ち止って空を仰ぎ、雪片の暗く沈んでくるのを仰いだのだ。そして、後から後からと降り継ぐ雪片を仰いだとき、それが降ってくる国——「銀河や太陽 気圏などとよばれたせかい」を直観的に思い浮べずにはいられなかった。

ああとし子 ここでは胸が迫ってきて、「いもうとよ」と客観的に叙述する気持の余裕がない。激情を噴出させている。

銀河や太陽 気圏などとよばれたせかい 鑑賞のポイント「わたくしをいつしやうあかるくするために」の項(六五七〜六五八頁)参照。

ふたきれのみかげせきざい 「みかげ」は花崗岩、御影石。この前後つとめて漢字を避け、雪のやわらかい感じを字面が壊さないよう苦心してある。花崗岩は、門柱・石垣等の上質石材であるが、この場合は松の根方にあったわけだし、「ふたきれ」という言い方から見て、例えば石垣とか門柱という形の既設のものというよりは、建設用材または残材として置いてあった感を受ける。

雪と水とのまつしろな二相系をたもち 「ある物質のどの部分をとっても同様の物理学的性質を示すとき、この物質は一つの相をなすという。相には固相、液相、気相がある。ここは固相(雪)と液相(水)の二相から成っている状態(系)」(全集語註)。「たもち」は、二相の均衡状態をいう。「みぞれの美しさは、自然の持つ均衡と秩序、神聖な緊張と調和をも感じさせる」(分銅)

さいごのたべものをもらつていかう 「取っていかう」でなく「もらつていかう」に、賢治の、自然に対する敬虔な気持が出ている。人はもちろん、小動物や一木一草のささやかないのちへも濺がれる賢治の愛情は、自然への謙虚な気持と深く関わっている。

みなれたちやわんのこの藍のもやう 前には「青い蕁菜のもやうのついた／これらふたつのかけた陶椀」とあった。兄妹いっしょに食事して来た日々が思い浮べられ、永訣を前に作者の感情は昂らずにいられない。

あのとざされた病室の／くらいびやうぶやかやのなか 旧家であった宮沢家の建物自体が大きく暗かったらしい。その上外気を防ぐために閉め切ってある。ところが、それだけでなく、びょうぶを立て、かやをつっていたのだ。「当時、肺炎・結核などの場合、暖かい空気が逃げないように冬でもかやをつり、火鉢を入れた」(語註）そうで、後の外気療法と比べると嘘のようだが、大正年間の医学では精一杯の闘病法だった。かえって病気に悪かったことは今となっては明白だが。

あんなおそろしいみだれたそらから／このうつくしい雪がきたのだ 重苦しい不安な雲は、ここに至って「あんなおそろしいみだれたそら」と主観の強い表現になっている。その暗い雲から、正反対にまっ白の美しい雪が降ってくる意外さ。自然の神秘というか、不可思議な真実を痛感したのだ。仏意とか、哲理とかいわないまでも、苦悩悲哀をつきぬけたところに清浄澄明な世界の生れることを感じさせる。

うまれでくるたて…… 意味は作者原註がある。もう一度生れるときは、こんなに自分のことばかりで苦しまないように、もっとみんなのことに生きられるように生れてくる、というので、今の生があまりにも自分の苦しみで一杯だったことを残念に思っている気持。一切衆生のため、世界ぜんたいの幸せのために生きたい、という願いをトシは賢治と共有した。「無声慟哭」の「信仰を一つにするたつたひとりのみちづれのわたくし」が考え合せられる。

おまへとみんなとに聖い資糧をもたらす 恩田

逸夫は『日本近代文学大系』で「『青森挽歌』以降において追求される重要な課題の一つは、「おまへ」（個）と「みんな」（全）との対立と調和ということである。この課題が、この詩句に暗示されている。」「賢治において、資糧や食物は、人間の生存の機構や、生活の理想にかかわる根本的な要因としての意味を担っている。」と述べている。参考にしたい。

一本木野

◇鑑賞のポイント

叙景と叙情　「心象」は心の内景と外の景を同時に捉えたものと考えられるが、単に叙景と見えるものが、じつは叙情にもなっていることに注意したい。それも、この作品では、叙景中心の叙述から叙情中心の叙述へと漸層的に高調している。

ベーリング市　現在ベーリング市は実在するそうだが、賢治が考えたのは極北地方の幻想都市としてであろう。『注文の多い料理店』の新刊案内ちらしにも、「不思議な都会、ベーリング市まで続く電柱の列」を童話世界の「まことにあやしくも楽しい国土」として挙げており、この詩のイメージと重なっている。北方風土への賢治の憧憬が生んだ都市である。北国の人に多い南方志向、太陽憧憬の枠を外れた賢治の心性がこの一語にうかがわれる。

こひびと　この詩には二度「こひびと」が出てくる。六四五頁と六四六頁である。それぞれの文脈で考えるとき、賢治が恋愛中だったということにはならない。にもかかわらず、当時思慕の対象となる女性がいたのではないかという感じがこの語から漂ってくる。論理を越える語感の働きによる。（まだ伝記的に明らかにされたわけではないが、一連の詩作品から考えて当時賢治に意中の人が実在したろうという推定を私はしている。『薄明穹を行く』中の「森やのはらのこひびと」参照。）

さて、文脈に戻ろう。作者は半日の逍遥が許されるならはりつけになってもいいという。「こひびととひとめみることでさへさう（はりつけになってもいい）でないか」とつづける。恋人と一目会えさえすればはりつけになってもいいというのではない。恋人と一目会うのさえはりつけと引替えていいことだ、ましてこんな野歩きは……という構文である。常識的にはおかしい。命がけで人は恋する。古来一目会うために死んだ人が文学の種になっている。それなのに、賢治は恋を比喩の具にした。これは、常識的に誰もが肯う恋人に対する思慕以上に激しく自然を恋したかを語っている。今、何人に死を賭した恋ができようか。まして、自然への恋を。

六四六頁の場合、賢治は自分を森やのはらの恋人に擬している。あれだけ激しく自然を恋した賢治が、こんどは自然に恋されていると感じ得た喜びはどんなに強かったか。恋し恋される感動を自然との間に持てたのだ。

なぜそれほどまでに自然を恋したのか、なぜ異性への思慕をそんなに抑制したのか、この二つの問に対する答は底でつながっているのかもしれない。愛を遊びに近く考える人にはけっして答えられない問であろう。

みどりいろの通信・くちびるのあと　詩では、何のことをいっているかが問題でなく、どういっているのかが問題なのである。芦の葉やぬすびとはぎをこのようにとらえることに詩がある。

漢字とひらがな　前半は漢字を多く用い、後半はひらがなが主になっていることに気が付く。表意文字である漢字は視覚的に場面を描くのに適している。松・日・電信・碍子というような具体物、白・海蒼・透明・青のような色彩、いずれも視覚的である。同時に、字画の持つ硬い感じが、引き緊った初冬の朝の状景にふさわしい。これに対し、後半に多いひらがなは、表音文字として抽象的であり、聴覚的である。さらに、漢字やかたかなに比べてやわらかい感じを与える。例えば、六四五頁一〇～一三行では意識的に漢字を排したと思われる。半日・歩・恩恵・恋人・一目、どの語に漢字を用いても意味上はおかしくないのに、字面を重んじてあえて一字も使っていない。具体的な景でなく、心の中の思いを描いているのであるし、その思いもゆったりと、やわらかい気分の中に浸っているからである。「恋人」と書けば具体的な存在としての相手が思い浮ぶが、「こひびと」は抽象的な思慕の対象という精神的、ムード的な感じが浮ぶ。漢字とひらがなの使い分けが、この詩の流れを反映している。

列車時刻表　あくまでおまけだが、当時の時刻表を写しておく。時刻表好き、地図好きの生徒なら喜ぶであろう。地図を見ればすぐわかるが、下車駅は滝沢、柳沢から一本木野へ向ったと考えられる。滝沢に止る列車は、次の四本だけだった。

花巻	3:47	7:11	10:31	17:13
盛岡	4:51	8:03	11:52	18:24
滝沢	5:30	8:33	12:54	19:03

したがって、賢治が滝沢へ下りたのは八時三三分という時刻と推定できる。それからはすべて歩きと見ていい。

◇語釈

海蒼　海の色のように蒼い。

きよめられるひとのねがひ　もやもやした気分が野を歩いてすっきりし、みんなの幸せに力になりたいという賢治の抱く願いを新たにした。

からまつはふたたびわかやいで萌え　季節からいえばからまつは枯れている。「萌え」は、萌えるように感じられたということ。明るい心の反映である。この「ふたたび」は、単に春に萌え今も又、の意でなく、賢治が前に岩手山麓のからまつの萌えを見た経験を思い出している、と取りたい。具体的には前年五月小岩井農場を歩いたことを指す。長詩「小岩井農場」に、からまつの萌えとひばりが出ており、ここの二行と対応する。それは又「小岩井農場」の結びにある宗教・恋愛・性欲観も思い出させる。

幻聴の透明なひばり　手入本の一つに「透明な風のひばり」とある。風をひばりと聞いたことがわかる。

心象のなかにも起伏し　心にくっきり刻みつけられ。

天椀　賢治愛用語。現在の立脚点に固執せず、視点を自分と離れたところに移してものを見ることのできる自由な精神が感じられる。

皺ごと　「雪が山襞山襞に皺のように残っていて」と「ごと」を「毎」に解する考え方と、「雪が山襞の皺そのままにそっくり」と「ごと」を「共」に解する考え方とが可能。私は後者をとりたい。

星雲をあげる　「星雲」のイメージは宇宙的で広大だが、具体的に何をさすのか不明。かすかな刷け雲でもあって、それによって星雲の天文写真を思い浮べたのであろうと私は考えている。

てめい　親愛をこめた呼びかけ。

やまのたばこの木　岩手にかしわをそう呼ぶ習慣があったかどうかは不明。かしわの広葉をたばこの広葉に見立てたものか。本人に向って仇名をきくのは、相手に心を許しているからである。

はんにち　せめて半日でも、と言わず、自分から半日に限定している。謙虚な考え方がにじんでいる。

未来派　かしわに対し、皆から変った奴だといわれるぜ、とからかってはいるのだが、変っていることや未来派を否定する気持は入っていない。

「ネロ」について

谷川俊太郎《たにかわしゅんたろう》

わたしはどんな詩を作るか

詩人が生き物であるかぎり、詩も生き物である。どんな詩を作るかということを、前もって決めこむわけにはいかない。また、将来どんな詩が作れるか、作者といえども予見することはできない。一つの詩は、その詩を作った詩人の生き方に深くかかわっているものだ。詩人はただ、かれがほんとうに詩だと思っているものを、常にめざしていることができるだけではないだろうか。一行の詩句がかれの心に浮かぶまでは、詩はかれにとって、たいへんつかみどころのない不安なものなのだ。具体的なことばをたった一つでもつかみえて、はじめてかれは詩人として生きはじめられるのである。あなたはどんな詩を作るか、という問いに対しては、詩人は作品でしか答えられない。

ネロ ――愛された小さな犬に――

ネロ
もうじきまた夏がやって来る
おまえの舌
おまえの目
おまえの昼寝姿が
今はっきりとぼくの前によみがえる
おまえはたった二回ほど夏を知っただけだった
ぼくはもう十八回の夏を知っている
そして今ぼくは自分のやまた自分のでないいろいろの夏を思い出している
メゾンラフィットの夏
淀《よど》の夏
ウィリアムスバーグ橋の夏
オランの夏
そしてぼくは考える
人間はいったいもう何回ぐらいの夏を知っているのだろうと
ネロ
もうじきまた夏がやって来る
しかしそれはおまえのいた夏で

はない
また別の夏
まったく別の夏なのだ
新しい夏がやって来る
そして新しいいろいろのことを
ぼくは知ってゆく
美しいこと　醜いこと　ぼくを
元気づけてくれるようなこと
ぼくを悲しくするようなこと
そしてぼくは質問する
いったい何だろう
いったいなぜだろう
いったいどうするべきなのだろうと

ネロ
おまえは死んだ
だれにも知れないようにひとりで遠くへ行って
おまえの声
おまえの感触
おまえの気持ちまでもが
今はっきりとぼくの前によみがえる
しかしネロ
もうじきまた夏がやって来る
新しい無限に広い夏がやって来る
そして
ぼくはやっぱり歩いて行くだろ

う
新しい夏を迎え　秋を迎え　冬
を迎え　春を迎え　さらに新
しい夏を期待して
すべての新しいことを知るため

に
そして
すべてのぼくの質問にみずから
答えるために

——一九五〇——

わたしはこのように詩を作る

ネロはぼくの隣家で飼っていた犬だった。かわいい犬で、かきね越しにぼくの家にもしょっちゅう遊びに来ていて、うちでもまるで家族のように愛されていたが、この詩を作った前年の冬に病気になり、死期を悟ってからは、みずからどこかへ死に場所を選びに出て行き、なきがらを人目にさらさなかった。ネロが死んでからもう半年ほどたった六月のある日、ぼくは机にもたれて庭石に照りつける六月の日ざしを見ていた。その日ざしはその年のはじめての夏の日ざしだった。新しい季節が来るという強い感動は、同時にぼくの中に、生の大きな流れに対する感覚を呼びさました。

季節の流れ、時の流れ、そして生と死。そしてその時、自分でも気づかぬうちに、ぼくはぼくの愛していたものの死に向かって呼びかけていたのだ。ぼくはある大きなリズムの中にいた。そしてそのリズムは、限りないものでありながら、ある完結の感じを伴っていた。ぼくの中でその時、生は死に呼びかけることで、かえってその輝きを増し、あたかも死にはばまれぬもののように全く感じられた。そしてその感じがあまりに完全なものだったので、ぼくには最初の行を書きはじめる前に自分の書くことがすっかり見えていた。ぼくはただ、季節の最初の日ざしから受けた感動を、最も動物的な、最もすなおな、最もあたりまえな形で、すなわち、生きたいという欲望と生きようとする決意として書きつけたまでなのだ。生きようとする決意を、なぜ死者に呼びかける形で書いたのか、それはぼくにもわからない。結果的にはその形が効果的であったのは確かなのだが、その時にはけっして効果を計算したわけではなかった。おそらくこんなところに、詩作の、けっしてだれも解き明かすことのできぬ秘密があるのだろう。これはむし

メゾンラフィット Maison-Laffitte　パリ郊外の町。

マルタン・デュ・ガール Roger Martin du Gard 一八八一～一九五八。フランスの小説家。代表作に、『ジャン・バロア』『チボー家の人々』などがある。

『チボー家の人々』 一九二二年から書かれ、一九四〇年に完成した長編小説。第一次世界大戦の混乱期に生きた一世代の人間像を描いている。

『裸の町』 一九四八年、ジュールズ・ダッシン監督が、ニュ

ろ芸術の問題というよりも、生自身の秘めている不思議なしくみによるものなのではないだろうか。
ぼくは夏という季節が好きなので、自分の体験の中でも夏は大きな位置を占めている。「メゾンラフィットの夏」は、マルタン・デュ・ガールの『チボー家の人々』に出て来る夏、「淀の夏」は、ぼくの母のさとである京都府淀町の夏で、敗戦をぼくはそこで迎えた。関西地方特有の白い反射の激しい砂地や、中学校の体操の時間の少年たちの裸身が、今も記憶に残っている。この「淀の夏」だけが自分の夏で、あと、「ウィリアムスバーグ橋の夏」は、アメリカ映画『裸の町』に出て来るニューヨークの夏、「オランの夏」は、カミュの『ペスト』にあるアフリカの町の夏である。映画を見たり、本を読んだり、実際に生活したりして経験したこれらの夏に、ぼくはそれぞれに感動してきたのだが、ここでは、それらの感動が一つの大きな夏という季節、すなわち、生の流れの中で新しくとらえられ、それがことしのもうすぐやって来る夏と比べられている。そうすることで、ぼくは生の刻々の

ーヨークの町の写真を使って殺人犯の追跡を描いたセミ・ドキュメンタリー（半記録映画）の作品。

オラン Oran　アフリカのアルジェリアの北西部にある港市。

カミュ Albert Camus 一九一三〜六〇。アルジェリア生まれのフランス人作家。第二次世界大戦中、レジスタンス運動に参加。不条理の哲学を追求。小説に『異邦人』『ペスト』、エッセイの中に『シジフォスの神話』もある。

『ペスト』 一九四七

新しさ、すなわち、未来というものの広がりを確かめている。ぼくは人間にとって最も根源的だと思われる三つの問いをするが、この問いは、必ずしも答えられることを予期してはいない。むしろこれは、作者の未来へ向かったやや性急な意志の姿勢だと見ていただいていいようだ。今になってみると、この詩の全体のリズムも、そのような若い性急さというようなものを持っているようである。しかし、けっきょくそれが、この詩でぼくの自負できる唯一の点かもしれない。この詩をほんとうに支えているものは、技術や思想ではない。この詩は、六月のあの日の、幼いかもしれないが、強い、ほんとうの感動によって支えられているとぼくは言うことができる。

　この詩の場合には、その感動があまりに突然で、激しくはっきりしたものだったので、技術的な配慮は意識的にはほとんどなされなかった。推敲《すいこう》も二、三の細かい箇所にとどまったと記憶している。その点、これはやや特殊な場合に属する。感動がもっと複雑な形を取ることもある。また、もしネロという犬がいなかった

年の作。ペストの流行するオラン住民の深刻な体験を描きながら、不条理の思想を述べている。

ら、この詩の感動はこのようにすなおにことばにならなかったであろう。この詩はむしろ、詩の発生のしかたの例だと考えていただいたほうがいいかもしれない。「このように詩を作る」という問題は、むしろこのあとで、ますます難しくなってゆく。ただ、ここではぼくは、この「ネロ」を例にすることで、感動というものにちょっと触れておきたかったのだ。それがどんな場合にでも、「このように詩を作る」ということの最も根本にあるものだということを、もう一度確かめておきたかったのだ。

谷川俊太郎（一九三一〜） 詩人。東京に生まれた。都立豊多摩《とよたま》高等学校卒業。戦後、詩誌「櫂《かい》」の同人として活躍し、知的で清新な感受性に富んだ叙情で注目された。詩集に『二十億光年の孤独』『六十二のソネット』『愛について』『絵本』などがある。
「ネロ」は『二十億光年の孤独』に収められている。この文章は、一九五五年に刊行された『私はこうして詩を作る』に収められており、本文も同書によった。

「ネロ」前後　現場のみなさんへ

谷川俊太郎

私の前に今、三冊の大学ノートがある。一冊は「傲慢ナル略歴」、もう一冊は「電車での素朴な演説」と題され、最後の一冊には題がない。一九四九年一〇月から一九五二年二月に至る日付をもつ約百七十篇の作品が、その三冊に生真面目に清書されている。第一詩集『二十億光年の孤独』に収められた作品のすべてはそこに含まれているが、今日まで全くどこにも発表していない作品も少なくない。

日日

ぶらんことつみきの世界
いぬころとビスケットの世界
明るい色にとけ合い――
只《ただ》　幼かった

隣にやはり幼い少女がいて
その少女の死を知ったときにも
遺された玩具のみ悲しく

死とは何かも知らずにいた
とんぼとりと幼稚園のクリスマス
小さい長靴とカルタ遊び
　思い出の中に明るくさえ――
只　幼かった

1949-10-12

只、幼かったという言葉を、当時の私に向かって今の私がまたもくり返さねばならない。私は十八歳になっていたが、何の苦労もしらぬ幸福な少年だった。高校がいやで、教師とけんかし、数学には白紙の答案を出し、とうとう卒業がおぼつかなくなって、定時制に転学することでとにかく免状だけはもらっておこうというような日々だった。親の手前、大学の受験勉強は一応してるふりはしていたが、もとより大学へ進む気はなかった。人並みにいかに生くべきかについて悩んではいたが、私は文学青年ではなかったようだ。志を立てて詩を書き始めたわけではなく、心にあふれてくるものを、どうしようもなく言葉にしたのでもなかった。友人に誘われるままに私はひとつの遊びとして、また若さの一種のおしゃれとして、ピンポンにでもつきあうように気軽に詩を書き始めていたようだ。文学としてというよりも、幼い自分の生そのものとして自己表現という行為に親しみ始めた私には、詩を書くことを天職と感ずるような運命的なものは何ひとつなかったけれど、おかげで私は詩を書いてゆく過程で徐々に自分で自分を詩人として創ってゆくことができたようだ。

詩人として生れたのではなく、詩人になっていったのだという自覚は、今日でもなお私の中心をなす観念のひとつであって、それは私が自分と詩との出会いに、ほとんど何の必然性も感ずることができなかったという事実によるところが大きいと思われる。

けれどそういう私も、いつかは成人としての生活に入って行かざるを得ず、その時にはすでに私と社会との間には、詩、もしくは物を書くというきずなしかなかったのだ。私はだんだんに詩を遊びと考えることをやめるようになった。特に自分の作品が、鉛筆書きのノートから印刷された雑誌の頁にいつのまにか転移するのを見るようになってからは。

海

そこで地球は終っていた。
上下の長い無限……

僕はぎらりと再武装した
更にきびしい生を感じて。

1950-4-23

その年の六月には、朝鮮戦争が始まっていたが、私の感受性はその危機をさえ全的なものとしてよりも、何かの部分として受け取っていた。その現実認識の甘さを責めるのは容易だが、そういう感じ方は今もなおひとつの原型として私の中にあることを、私は認めざるを得ない。

焦躁

一日に閉じる扉の数はいくつか
一日に開く扉の数はいくつか
一日にどれだけ待たねばならないか
影の住所はどこなのか

興味は戦争よりも大きい
僕は罪を恐れてはならぬ
僕の眼は乾いていなければならぬ

期待の中の雪の重さ
未来の中の時の速さ
僕は押される焦躁から

水のような祭を想う
永さはほんとうに忘れられぬか
深さはほんとうに量られぬか

1951-12-18

親のすねをかじりながら、私は気ままな生活を送っていた。若い感受性だけを武器にして、私は世界に向かいあっていた。その恥も誇りも、今なお私のものだ。

作者・作品論

分銅惇作

谷川俊太郎の詩的出発と『二十億光年の孤独』 戦後詩の運動が出発当初の混迷から脱して、新しい展望を開くようになったのは一九五〇年代にはいってからである。この時期に登場した多くの新人たちのなかで、際立って清新な印象を与えたのは谷川俊太郎である。彼の処女詩集『二十億光年の孤独』(昭二七)は、清潔で明るい知性と、柔軟で澄んだ感性とが結びついて、恵まれたユニークな才能を示していた。この詩集に寄せた三好達治の詩「はるかな国から——序にかへて」によると、「この若者は/意外に遠くからやってきた/してその遠いどこやらから/彼は昨日発ってきた/十年よりもさらにながい/一日を彼は旅してきた……（中略）……風にもゆらぐ孤独をささへて／誇りかにつつましく／折から彼はやってきた／一九五一年／穴ぼこだらけの東京に／若者らしく哀切に／悲哀に於て快活に／――げに快活に思ひあまった嘆息に／ときに嚏を放つのだこの若者は／ああこの若者は／冬のさなかに永らく待たれたものとして／突忽とはるかな国からやってきた」ということになる。詩壇の大先輩からこのように迎えられた若者はまことに幸運であったと言わねばならない。が、三好のことばは、この詩集の特質を的確にとらえている。「はるかな国から」というのは、谷川の〈宇宙感覚〉とでもいうべき特異な資質を評しているのである。「悲哀に於て快活に」というのは、次の短い詩を読めば、明らかになろう。

かなしみ

あの青い空の波の音が聞えるあたりに
何かとんでもないおとし物を
僕はしてきてしまったらしい
透明な過去の駅で
遺失物係の前に立ったら
僕は余計に悲しくなってしまった。

「青い空の波」をかきわけてやって来た旅人の悲哀を歌っているが、「駅」や「遺失物係」の比喩の新鮮な感覚は、この詩の叙情を快活な明るいものにしている。

大岡信は谷川との出会いを回想して、「谷川俊太郎といういかにも響きのいい名前をもった、ぼくと同い歳の青年の詩をはじめて読んだのは、たしか一九五〇年の初冬のことだった。『文学界』に三好達治の推薦文とともに、彼の詩（『ネロ』その他）が掲載されたのである。ぼくは本屋の店頭で読んだ。なるほど、こいつは切れ味のいい詩だな、と思い、おれはこういう風には書けない、と思った記憶がある。『ネロ』にも出てくるように、谷川は当時十八歳だったわけだが、十八歳の青年にしては、彼の詩はすでに明らかなスタイルをもっていた。それは、もっとも目立つ特徴として、じめじめしたところ、感傷的なところのまるでない、一種幾何学的な清潔さ、無駄のなさという性質をもっていた。この特徴はその後今日に至るまで、谷川俊太郎の詩の大きな特徴でありつづけている。」（『現代詩人論』）と語っている。さらにことばを続けて、『二十億光年の孤独』について、次のように述べている。

谷川の詩にも感傷性がないとはいえないが、『二十億光年の孤独』の中の、短いがいつまでも記憶にのこる佳品「かなしみ」にあらわれているような感傷は、たとえば萩原朔太郎、たとえば三好達治、たとえば中原中也、たとえば立原道造といった詩人たちの詩にみられる感傷とは、非常に質の違ったものである。それはいわば、自分はひょっとしたら、地球という小さな惑星へ置き去りにされた別の天体のみなし児ではないのか、というような、少年にある時期訪れるあのふしぎな遠さにみちた孤独感といったものにちかい。社会の仕組みを知る前に、深く、天体の、あるいは宇宙の仕組みを感じとってしまった少年の、愁いを帯びつつ、しかしけっして涙で曇ったりしてはいない、孤独でしかも明るい眼差しが、谷川の『二十億光年の孤独』から『六十二のソネット』のころの詩編に感じられる。「孤独」といっても、それは身近な人間同士のあいだに生じる苦悩、迷い、悔恨、愛への渇きにみちた孤独ではない。宇宙の広漠たるひろがりの中に浮かんでいる地球という天体、その上で愛しあったり戦争したりして、石器時代から今に至るまで、とにかく繁殖しつづけてきた人類という種の、時あってふと気づく、種全体としての孤独というようなもの、それが谷川の初期の詩の根本的なモチーフのひとつである。二十億光年の孤独という言葉の意味も、単に少年期から青年期に移りつつある谷川俊太郎個人の孤独ということではなかろう。むしろ地球人なるものが、この二十億光年のひろがりをもつ大宇宙の片隅で、ときおり感じとる、人類的な孤独感をさしているだろう。谷川俊太郎は、あれらの詩を書きながら、いわば人類を代表して宇宙に相対しているような、心の昂揚を感じていたはずである。そういう点で、彼は過去の日本の著名な抒情詩人たちとは、かなり違った精神的出発点をもっていたとぼくには思われるのである。

谷川がこういう精神的出発をしたことについて、大岡信は哲学者谷川徹三の一人息子として育った生活環境とその離群的な性格を重視し、敗戦後の日本に芽生えた新しい人類意識や現代科学の発展と結びつけて考察している。谷川は昭和六年生まれで、東京都立豊多摩高等学校を卒業しているが、本書前掲の文章「『ネロ』前後」には、「私は十八歳になっていたが、何の苦労もしらぬ幸福な少年だった。高校がいやで、教師とけんかし、数学には白紙の答案を出し、とうとう卒業がおぼつかなくなって、定時制に転学することでとにかく免状だけはもらっておこうというような日々だった。親の手前、大学の受験勉強は一応してるふりはしていたが、もとより大学へ進む気はなかった。人並みにいかに生くべきかについて悩んではいたが、私は文学青年ではなかったようだ。志を立てて詩を書き始めたわけではなく、心にあふれてくるものを、どうしようもなく言葉にしたのでもなかった。友人に誘われるままに私はひとつの遊びとして、また若さの一種のおしゃれとして、ピンポンにでもつきあうように気軽に詩を書き始めていたようだ。文学としてというよりも、幼い自分の生そのものとして自己表現という行為に親しみ始めた私には、詩を書くことを天職と感ずるような運命的なものは何ひとつなかったけれど、おかげで私は詩を書いてゆく過程で徐々に自分で自分を詩人として創ってゆくことができたようだ。」と書いている。

「ネロ」と詩的感動のリズムについて

詩「ネロ」は『二十億光年の孤独』に収められ、作者の詩的出発期の代表作の一つに数えられているが、この作品の書かれたのは一九五〇年の六月、作者が一八回目の夏を迎えたころである。教材「『ネロ』について」は、この詩がどのように作られたかを説明した作者自身の解説文であるが、『私はこうして詩を作る』（ポエム・ライブラリイ2、昭三〇、東京創元社）に書かれた詩論「詩人とコスモス」から採ったものである。

「ネロ」という作品は、愛していた一匹の犬の死から逆照射された生の意識を深い感動で歌っているが、作者は次のように説明している。

ネロが死んでからもう半年ほどたった六月のある日、ぼくは机にもたれて庭石に照りつける六月の日ざしを見ていた。その日ざしはその年のはじめての夏の日ざしだった。新しい季節が来るという強い感動は、同時にぼくの中に、生の大きな流れに対する感覚を呼びさました。季節の流れ、時の流れ、そして生と死。そしてその時、自分でも気づかぬうちに、ぼくはぼくの愛していたものの死に向かって呼びかけていたのだ。ぼくはある大きなリズムの中にいた。そしてそのリズムは、限りないものでありながら、ある完結の感じを伴っていた。ぼくの中でその時、生は死に呼びかけることで、かえってその輝きを増し、あたかも死にはばまれぬもののように全く感じられた。そしてその感じがあまりに完全なものだったので、ぼくには最初の行を書きはじめる前に自分の書くことがすっかり見えていた。ぼくはただ、季節の最初の日ざしから受けた感動を、最も動物的な、最もすなおな、最もあたりまえな形で、すなわち、生きたいという欲望と生きようとする決意として書きつけたまでなのだ。（六七五頁一〇行）

作者はここで自分の詩的感動を説明するのに、「流れ」と「リズム」ということばを繰り返して使っているが、詩の主題を展開させる感動体験の特質がきわめて音楽的であることに注意させられる。前掲の「『ネロ』前後」では、「若さの一種のおしゃれ」として詩を書き始めたと語っていたが、「おしゃれ」から「ネロ」のような生命感にあふれた詩が生まれてくるとは考えられない。たとえ、詩は「おしゃれ」のような気持ちで書き初めたとしても、その基盤には強烈な芸術的な原体験があったものと推定される。と考えて、せんさくすると、谷川俊太郎の芸術的な原体験は彼が中学時代から熱中していた音楽、ベートーヴェンへの惑溺であろう。彼はエッセイ集で、「音楽によって、私は初めて生というものに目を開いた。そしてその音楽は、一連のベートーヴェンの作品であった。その初めてのものが『第五』だった。私は毎日のように、くり返しくり返しそれを聞いた。私はただ感動していた。私は生れて初めて感動ということを知ったのだった」（「ベートーヴェン」）、「ベートーヴェンに没頭していた十代の頃、ぼくは自分が音楽に溺れすぎているのではないかと、真剣に反省したものでした。音楽には、若い人間の内部の混沌に、或る秩序を与える力があると同時に、自分の内部で論理化すべきものまで、正にその力によって押し流してしまうという面もあると思えるのです。」（「音楽」）「不思議なことだが、ぼくがベートーヴェンから受ける感動は常にひとつのものに限られていた。〈ぼくは生きられる。〉自分の感動をぼくはそのように言葉にすることしか出来なかった。」（「手帖1」）などと、ベートーヴェンとの出会いの体験について語っている。

音楽的感動が生の意識を触発し、表現の出口を言葉に求めるというのが、彼の芸術的な原体験で、それがもっとも素直な形で詩へ発展していっているのである。したがって彼の詩作は、音楽的な詩的感動のリズムが根源になっている。教材「『ネロ』について」で、「今になってみると、この詩の全体のリズムも、そのような若い性急さというようなものを持っているようである。しかし、けっきょくそれが、この詩でぼくの自負できる唯一の点かもしれない。この詩をほんとうに支えているものは、技術や思想ではない。」（六七八頁五行）と書いているのは、こうした詩作の秘密である。

「ネロ」について、清岡卓行は「この詩において歌われているものは、茫洋とした前途に大きな期待を感じている若い生命力であろう。夏の近い自然の沈黙の中で、自分に親しい四季の移り変りや、社会における他人の夏などを思い描きながら、『ぼくは生きられる』と感じているのである。そして、この明るさの背景となる影の部分として、『愛された小さな犬』の死への悲しみが綴られている。明暗の対照は鮮やかである。ここで注目しておいていいことは、その悲しみが濁っていないということであろう。」と言い、「ところで、この詩においては、もっと注目するに足ることがあるように思われる。ぼくが見るところでは、谷川俊太郎は自然の大いなる沈黙の中で、はじめて彼自身の言葉のふしぎな高揚であるところの感動のリズムを発見し、それを見事に定着している。その感動のリズムとは何か？　簡単に、そして表面的に現われることについて言えば、それは、作品中の重要な単語、句、あるいは文の繰返しである。」と述べて、「谷川俊太郎のこうした感動のリズムは、自由詩という形式における一つの優れた達成ではないかと思われる。」（『抒情の前線』）と評している。

また鮎川信夫も、この詩を戦後詩中の有数の秀作であると評価して、「新しい生命の季節がくるという感動が、死んだものへの記憶を呼びさまし、世界全体が、生と死の大きなリズムにつつまれて流動していく——そのなまなましさを直接的に捉えることに成功した『ネロ』は、『愛について』の諸篇よりも、愛をとおして世界を知っていく人間の生命の驚きを見事に表現しているのです。」(『日本の抒情詩』)と述べている。

ところで『二十億光年の孤独』で出発した谷川の詩の歩みは、翌二八年には第二詩集『六十二のソネット』を刊行し、若々しい生命のうねりをソネット形式の秩序で抑制しながら、愛と孤独の主題を追跡し、第三詩集『愛について』(昭三〇)で高い思想的成熟を示している。詩誌「櫂」(昭二八創刊)の同人として、川崎洋、大岡信、茨木のり子、吉野弘、水尾比呂志らと交友を深めながら、戦後の新しい叙情詩運動を推進し、詩人としての職業意識、実験意欲、社会的関心を拡げつつ、自己の生を着実に形成し続けている。詩集『絵本』(昭三一)、『あなたに』(昭三五)、『21』(昭三七)、『落首九十九』(昭三九)、『旅』(昭四三)などを相次いで刊行し、旺盛な詩作活動を続けているが、シャンソン、詩劇、ラジオ・ドラマ、コマーシャル・ソングなどの各分野でも多彩な才能を発揮している。

彼は「我々は詩が売れるように努力すべきである。何故なら詩が売れるということは、人々が詩を享受するということであり、それは同時に、我々が詩人になれる唯一の途だからだ。私は享受すると云った。何も詩は読まれるに限ったことはない。歌の中にも、スリラー映画の中にも、ストリップショウの中にさえ詩をすべりこませることは出来るのである。我々がソネットや、散文詩や、活字や同人雑誌に固執する理由は全くない筈だ。今日、月に一、二篇、二〇行ばかりの詩を書いている詩人などは、彼が如何にいわゆる社会的な詩を書いているにせよ、社会から逃避していると言われても仕方がない。」(「世界へ!」)と気負った発言をしているが、マス・コミ時代への積極的な姿勢と意欲を示しながら、ふしぎに俗化した印象を与えないのは、「詩人は感動によって詩を生み、感動によって人々とむすばれて詩人になるのである。」という信念に近い考えを持っているからであろうか。教材文の出典である「詩人とコスモス」の〈なぜ私は詩をつくるか〉の章では、「つくりたい、という気持は、詩人の情熱なのだ。そして、つくらねばならぬ、という気持は、詩人の広い意味で云って道徳《モラル》である。前者は詩人の宇宙的《コスミック》な生命のあらわれであり、後者は詩人の社会的《ソシャル》な人間のあらわれであると考えていいとぼくは思う。」、「詩をつくるということは、個人的な情熱のはけ口ではない筈だ。それを一個の商品と考えていい程、詩は社会的なものである筈だ。ぼくらは云いたい放題を云えばいいのではない。ぼくらは常に自己への誠実と、社会への誠実との間で苦しまねばならないのだ。詩の技術の問題もそこにあるのではないだろうか。」などと述べている。

教材の分析・教材の生かし方

分銅惇作

主題と構成をめぐって　従来、高等学校の詩の学習では、作品の享受と鑑賞のみに終わりがちであったが、この教科書では、各学年ごとに学習者の発達段階に即して、すぐれた詩論を発展的に学習できるように体系化している。というのは、現代詩は詩論を持たない精神からは生まれないと言ってもよいほど、理論的な自覚にささえられた創造であるからである。しかし詩人のそれぞれよって立つ詩論は一様ではない。現代詩の混乱だと言われているほど、複雑であり、多岐である。さらに、方法論的には各人各様といってもよい違いがあるが、その出発点である詩の本質についての考え方には共通性があるので、一年ではまずそうした詩の本質的な理解に重点が置かれるべきであろう。そうした観点から、教材『「ネロ」について』が選ばれている。

この文章は、作者が、どのようにして詩を作るか、という問いに答えて、自作「ネロ」を具体例として、〈わたしはこのように詩を作る〉と詩作の根本的な態度・方法を明らかにし、詩的感動の本質に触れている。すなわち、この作品が夏の季節感に触発され、愛していた犬の死の追憶にゆり動かされた生の意識、その大きな感動のリズムにささえられていることを説明している。

詩論を読むむずかしさは、文章全体は論理的に構成されているが、詩の本質が論理以前の感動に根ざしているので、ふつうの評論文を読むように、主題をはっきりと深く理解しにくいということである。この教材では、作品例に即して説明されているので、非常に理解しやすくはなっているが、作品の形象を追跡しながら、詩的感動がことばの表現として展開される創作のいとなみについて考え、説明文の要点を整理しながら、作者の主張を明確に読み取りたい。

㈠　文章全体の構成は次のようにまとめられる。

わたしはどんな詩を作るか〔六七二頁〕

「どんな詩を作るか」という問いに対しては、詩人は作品でしか答えられない。なぜなら、詩は詩人の生き方に深くかかわっているもので、予見することができない。詩人は、かれがほんとうに詩だと思っているものを常にめざし、その結果として一行の詩句でもつかみえて、はじめて具体的な詩が生まれるものである。この立場から、作者は自作を示す。

㈡ 〔六七三〜六七五頁〕作品「ネロ」を掲げている。

㈢ わたしはこのように詩を作る〔六七五〜六七九頁〕

ここでは「ネロ」を書いた事情を述べているが、三つにまとめて考えることができる。

(1)〔六七五〜六七七頁〕「ネロ」を書いた事情。ネロという隣家の飼い犬が姿を隠して死んでから半年ほどたった六月のある日、作者は、生の大きな流れに対する感動に襲われた。そのリズムを、愛していたものの死に呼びかける形で表わし、生きたいという欲望と生きようとする決意として書きつけた、と詩作の契機を説明している。

(2)〔六七七〜六七八頁〕表現上の説明。――作者は夏という季節が好きだが、今まで実生活や小説や映画で体験して来た夏を、生の大きな流れの中で新しくとらえた。また、詩の中の三つの問いは、未来へ向かった、やや性急な意志を示していると説明する。しかし、技術や思想よりも、六月のある日の感動こそがこの作品をささえていると述べる。

(3)〔六七八〜六七九頁〕詩をささえている感動について。――以上の説明の結びとして、感動というものが、いつも詩作の根本にあるのだということを主張している。

㈠の〈わたしはどんな詩を作るか〉では、「詩も生き物である。」「作者といえども予見することはできない。」という考え方に注意し、「一行の詩句がかれの心に浮かぶまでは、詩はかれにとって、たいへんつかみどころのない不安なものなのだ。」という、「一行の詩句」が、「ネロ」ではどのことばがそれにあたるかたしかめさせたい。詩の第一節の「もうじきまた夏がやって来る」をそうみることができよう。

㈢の〈わたしはこのように詩を作る〉では「その日ざしはその年のはじめての夏の日ざしだった。新しい季節が来るという強い感動は、同時にぼくの中に、生の大きな流れに対する感覚を呼びさました。」と説明されている。全く予見できない形で、夏の日ざしが作者の生の感覚を呼びさまし、詩的感動のリズムが生まれている。「もうじきまた夏がやって来る」という一行の詩句がとらえられたとき、そのリズムは主題の方向に流れ、構成される。詩を読みながら、「夏」ということばが、どのように位置づけられながら反復使用されているかに注意すれば、詩の全体の構成がはっきりしてくる。作者は死んだネロの二回の夏と自分の十八回の夏を対比し、これまでに経験して来たさまざまの夏を思い起こし、「それらの感動が一つの大きな夏という季節、すなわち、生の流れの中で新しくとらえられ、それがことしのもうすぐやって来る夏と比べられている。そうすることで、ぼくは生の刻々の新しさ、すなわち、未来というものの広がりを確かめ」、根源的な三つの問いを発することになる。

このように、この詩では、「夏」が反復使用され、そのたびごとに意味を変化され、それまでの意味がたえず累積されながら、感動のリズムを形づくって流動している。詩の本質が感動の表現であるというのは、表現にやたらと感動表現を用いることではなく、感動のリズムを形象化することであることを理解させたい。このような作業の検証なしに、概念的に詩は感動の表現であると、うのみしたのでは、詩論の深い読みは達成されない。

叙述と注解

分銅惇作

詩人が生き物であるかぎり、詩も生き物である 一見飛躍した言い方のようであるが、作者の言おうとすることは、感動について確かめたいということであろう。詩人という特殊な技術屋があるわけではない。詩人も人間である。人間である以上に大きな生の中に生きるものである。そうした生が、たまたま形をとって詩となる、というのである。「どんな詩を作るか」という問いかけは、詩人への問いかけとしては、ごくまっとうな、やむをえない言い方であるが、問いかけ自体に一つの落とし穴がひそんでいる。それは、詩の感動を意図的に技術的に処理しつくそうとする誘惑である。筆者は、実作の体験から考えて、この問いかけにひそむ誘惑を避けようとしたのであろう。

どんな詩を作るか これは詩人自身の意図。しかし、うっかりすると技術だけに流れる。

将来どんな詩が作れるか 詩人自身の予想や抱負。

予見 事の起こる前に、あらかじめ知ること。

詩人はただ、かれがほんとうに詩だと思っているものを、常にめざしていることができるだけではないだろうか　人によって、詩というもののとらえ方はさまざまであろう。しかし共通して言えることは、ある種の感動が詩のささえとなっていることである。惰性で生きているような時には、そうした感動は出て来ないだろうし、いつも新鮮な感動に生きることもむずかしい。しかし、詩人は、そういう感動をとらえようとして自覚的に生きることができるわけである。ここにいう「詩」とは、既成の詩や個々の詩形をさすのではなく、詩的感動とでもいうべきものをさしているのである。「常にめざしていることができるだけではないだろうか」と言ったのは、そうした感動に対する謙虚な気持から出たことばである。

具体的なことばをたった一つでもつかみえて、はじめてかれは詩人として生きはじめられるのである　詩的感動が具体的なことばで把握されることが、何よりも詩作の前提である。過去にどれほど多くの詩を作っても、新しい詩的感動については、やはり初心の態度で臨まざるをえない。その意味でも、予定なり抱負なりを言うことはむずかしいのである。もっとも、ほかにいろいろの事情が考えられる。詩の感動は理論で説明してしきれないそれ以上のものがあり、たとい説明してみても、それで詩作の秘密がわかってもらえるものでもない。むしろ詩作の過程をそのまま示したほうがよいと言える。だいいち、詩人の技術やもくろみに合わせて感動をこしらえたり限定したりすることは無意味だし、理論で説明のつくものをわざわざ詩の形にわかりにくく作り直すのも、当の詩人としては気がきかないことである。

ネロ／もうじきまた夏がやって来る　犬に対する呼びかけ。これが主旋律のように一聯《れん》おきに現われ、変化してゆく。「また」といったのは、副題の中の「愛された」で感じられるように、この犬にとっての最後の夏だった去年の夏を回想しているのである。なお、舌を出している犬の姿と夏という季節、それに「ネロ」という印象の重なりもみごとである。

以下七行で一聯をなすわけだが、この聯がごく視覚的にくっきりと表現されていることに気づく。人間から動物への呼びかけ、大きな時間の回帰、そして死んだものの姿が逆に生命の充実という形で「よみがえる」。きわめて明るく、即物的に表現されている。**おまえはたった二回ほど夏を知っただけだった**犬の生涯を最も生の充実した夏を頂点としてとらえた。「二回」という言い方によって、一年、二年という日めくりじみた誘惑を避けることができた。こうして無限に回帰する時間、生の周期が印象づけられている。「知った」という表現が、「おまえ」、つまり犬に用いられている。まことに理性的なとらえ方であり、あくなき好奇心と生命力とを感じさせる表現である。

以下一四行（一行で次行以降にまたがっているものもあるから実際には九行）が、第二聯である。第一聯以下の奇数の聯が、死んだ「ネロ」に対する呼びかけを中心にしているとすれば、第二聯以下の偶数の聯は、未来に対する強い意欲である。しかしこの聯では、これまでの夏をまず思い出す。「自分のやまた自分のでないいろいろの夏」がそれである。すなわち、「メゾンラフィットの夏／淀の夏／ウィリアムスバーグ橋の夏／オランの夏」であり、このうち「自分の」夏は「淀の夏」だけで、あとは書物や映画から受けた感動をもとにしている。六七七頁に作者自身の説明があるとおりである。この聯の一三行目の「人間」は、人類といったほどの広い意味である。「ネロ」という犬と対比したところに、そうした大きな時間、歴史のリズムが生まれたわけであろう。そしてこの行にわずかに出ている問いかけが、次の聯でさらに高まって大きな質問にまでなっていくのである。

ともあれ、この聯は美しい。夏を列挙してゆく時の長短のリズムの交替が快く、ことに「淀の夏」という一行は、古雅なイメージをさそうものである。

しかしそれはおまえのいた夏ではない　この第三聯の最初の二行は第一聯の出だしとまったく同じであって、回帰の感を印象づけて快いが、この三行目に至って転調し、はっきりと第一聯、そして第二聯とも別れるのである。強烈な断定である。死者の側から身をひるがえし、未来へ向かって立ち上がり、未知への意欲のために、いくぶんもどかしげにくりかえす。「また別の夏／まったく別の夏なのだ」――「また」「まったく」という吃気味とも思えるくりかえしを重ねて、そのまま次の第四聯になだれ込んでゆく。

新しい夏がやって来る　感動をこめた一行である。いっさいの未知に立ち向かう意欲と期待におののいている。この第四聯では、そうした未知の世界を列挙する、「美しいこと　醜いこと……」以下の体言止めが快い。次の行の「そして」という接続詞が、第二聯同様この偶数聯でも用いられる。ただし、列挙するものは抽象の世界である。つまり、わからない未知である。第二聯の終わりの問いかけは、ここに至って高まって、第三聯の終わりのように、もどかしげにくりかえされる。「いったい何だろう／いったいなぜだろう／いったいどうするべきなのだろうと」。

ネロ／おまえは死んだ　第三聯の「しかしそれはおまえのいた夏ではない」という言い方が、ここではっきりと「死んだ」という形で確かめられる。前の第四聯のたかぶりが、いったん行きつくところまで行ったあとの、やや後退したところで、しみじみと「死」の事実を思うのである。「だれにも知れないようにひとりで遠くへ行って」という三行目は、二行目と倒置になっているが、この「行って」という語は「夏がやって来る」「ぼくは知ってゆく」などの表現と関係がある。つまり、「ネロ」は地上のどこかを歩いて行ったというよりも、大きな広い時間の流れの中へと「行った」のである。この第五聯が第一聯に似た形であることはすぐ気づくだろうが、第四聯のあとだけに、第一聯とは違った感じを与える。

しかしネロ／もうじきまた夏がやって来る／新しい無限に広い夏がやって来る　前の聯からこの聯への展開は、第一聯から第二聯への場合とは異なって、同じしみじみした感動でありながら、未来への生の充足感でおおわれている。「しかし」とは、前の聯の「おまえは死んだ」を受けたことばである。最後の行の「すべてのぼくの質問」とは、第四聯の最後の三行の問いをさしている。この聯に至って作者は、「新しい無限に広い夏」、つまり生の大きな流れにいっそう近づく。それだけに、第四聯の性急さはおさまり、ゆったりとした広やかなリズムをもって詩が終わっていると言えるだろう。

死期　死ぬ時期。命の終わる時。

なきがらを人目にさらさなかった　このことが詩の性格に大きく影響しているようである。なきがら、すなわち死がいが作者の目に触れていれば、ネロの死について思い出す時、「ひとりで遠くへ行った」というイメージは浮かばなくなるだろう。ネロが弱って死んだ印象が強く残り、生の充実感は乏しくなったであろう。

生の大きな流れに対する感覚を呼びさました　この感覚については、第三者があれこれ臆測するのもおかしなことだが、あえて言えば、夏という盛んな季節を迎えた青年の生の充足感から来たものであろう。心身と周囲との調和がとれて、自然の生成発展とともにあるという感覚であろう。ちょうどそこへ、ネロという愛すべき小動物の存在が大きくよみがえったと言ってよかろう。それまでは、ネロの不在という分だけ、作者の心にはうつろな感覚が残っていたであろうが、ネロの不在のまま時が大きく移って壮大な夏を迎えた時、その不在が逆に生全体の輝かしさをきわ立たせる意味へと変化したものと思われる。

ぼくはある大きなリズムの中にいた　生の充溢感が、周囲の広大な自然の動きと調和した状態であろう。したがって、過不足のない宇宙感覚といってよいかもしれない。

生は死に呼びかけることで、かえってその輝きを増し　生が、死というまったく相反するものに呼びかけることで、かえって生自体の意義を確かめると感じた。具体的には、生者である作者が死者であるネロに呼びかけることで、生の充実を感じたのである。

けっして効果を計算したわけではなかった　「計算」とは、この場合、あらかじめ見通しをつけて、そうなるように予想したり設計したりすること。「どんな詩を作るかということを、前もって決めこむわけにはいかない。」（六七二頁一行）と述べたのと合致する。

こんなところに　前の行の内容をさす。

生自身の秘めている不思議なしくみによるものなのではないだろうか　この辺の事情については、この文章の冒頭「詩人が生き物であるかぎり、詩も生き物である。」以下の、最初の段落ですでに述べられている。詩的感動が具体的なことばとして把握されてはじめて詩ができるわけだが、その際、詩的感動がどういう形で、どういうことばを選び取っていくかは説明不能な事柄であって、それは詩人の生き方と深くかかわるものなのである。

メゾンラフィットの夏　メゾンラフィットは、パリ郊外の町。マルタン・デュ・ガールの長編小説『チボー家の人々』に、この町の名が出て来る。チボー家の別荘やフォンタナン家の別荘があって、第三部「美しい季節」（La Belle Saison, 1923）では、この土地が舞台になる。すなわち、名門チボー家の次男であるジャックは、かつて中学時代ダニエルという親友と、教室で「灰色のノート」で文通をかわしていたが、それが教師に知られて疑われるや、ダニエルと家出を企てて失敗したことがある。これを知った父は激怒して、ジャックを自分の経営する不良少年矯正院に入れてしまったが、兄アントワーヌの尽力でジャックはふたたびパリの自宅に帰ることができ、やがて五年の歳月がたつ。ジャックは二〇歳になり、秀才のはいるエコル－ノルマル（École normale supérieure 高等師範学校）の試験に三番で合格する。その夏、ジャックは、メゾンラフィットの別荘で避暑している家族のもとにやって来て、父親たちから祝福を受けるのである。この「メゾンラフィットの夏」こそは、ジャックにとっては難関エコル－ノルマルを突破した解放感と、ジゼールやジェンニーに対する愛情にめざめてゆく、画期的な体験の日々となった。いわば、少年から青年へと脱皮してゆく美しい季節となったのである。

ちなみに、『チボー家の人々』について、その後のあらすじを述べておこう。――ジャックはふたたび家出して、スイス国内を転々としながら小説家として知られるようになる。兄アントワーヌは医者として名を成したが、消息不明の弟を尋ねあて、父の臨終にともに侍《はべ》った。一九一四年の夏以来、第一次世界大戦は、かれらの青春を根こそぎゆがめてしまう。ジャックは反戦運動の最中、飛行機事故に遭い、スパイ視されて射殺され、旧友ダニエルは下半身不随の戦傷を受け、アントワーヌは毒ガスで肺をやられて療養所を転々とする。アントワーヌは、ジャックの死とその愛人ジェンニーの妊娠を知る。ジゼールはジェンニーたちの幸福を見つめることに生きがいを感じている、未婚の美しいあわれな女性であった。手記を残して死んでいったアントワーヌの、むなしい心境にわずかに感動をわきおこらせていたものは、ジャックの遺児ジャン・ポールの小さな生命とその未来とであった。

マルタン・デュ・ガール　脚注参照。フランスの小説家・劇作家。一八八一年三月二三日、パリの旧家に生まれた。一八九二年フェネロン小学校入学、次いでコンドルセ高等中学校、ジャンソン・ド・サイイ高等中学校に学んだ。一八九八年、大学入学資格《バカロレア》試験合格。一八九九年、古文学書院入学、一九〇五年卒業。この間、一年間の兵役に服している。翌年結婚。このころから創作を始めた。一九〇八年、『生成』を発表。これは『チボー家の人々』の原型ともいうべき作で、今世紀初頭の、青年たちの内面的苦悩を書いたものである。一九〇九年、『マリーズ』の執筆を始めた(未完)。一九一三年、雑誌「新フランス評論」に参加。同年、『ジャン・ヴァロア』を出版。これは、一九世紀末のドレフュス事件をめぐる青年たちの思想的不安を中心にした小説である。『生成』から『チボー家の人々』へと主題を一歩進めた意欲的な作であった。一九一四年、第一次世界大戦によって、かれは動員されて自動車輸送班に編入され、一九一九年二月に復員。大戦の体験を経て『チボー家の人々』の構想は完成し、一九二〇年秋、パリ郊外に居を移して畢生の大作にとりかかった。すなわち一九二二年四月、第一部「灰色のノート」を発表して以後、第八部「エピローグ」脱稿の一九四〇年一月までに、一八年を費やしている。この間、第七部「一九一四年の夏」は一九三七年度ノーベル賞を受け、世界に名を知られた。しかし文壇にはまったく交渉を持たず、わずかにアンドレ・ジイドと知友の交わりを続けていた。第二次世界大戦以後は各地を転々とし、妻ともこの友とも死別したが、社交ぎらいで通し、一九五八年没した。かれの作風は、フランス小説の伝統である心理主義をふまえており、大河小説の趣きがある。個人・家族・社会を含めて一時代の動向を描きつくしている。

『チボー家の人々』 Les Thibault 全一八巻一一章。ガリマール書店刊。一八巻の内容は、「灰色のノート」「少年園」「美しい季節（二巻）」「診察」「ラ・ソレリーナ」「父の死」「一九一四年の夏（三巻）」「エピローグ」。わが国では、昭和一三年より、山内義雄氏の訳が出て、第七巻まで紹介されたが、昭和一五年で中断。戦後は、二四年から改訳によって第一部から出版され、二七年に最終巻「エピローグ」が刊行された。詩人谷川俊太郎は、おそらくこの版を通して『チボー家の人々』に接したものであろう。

淀 京都府久世《くぜ》郡の地域。もっとも、一部は京都市域に編入されている。京都市南郊の桂川と宇治川にはさまれた低地帯に位置する。面積わずかに五・二平方キロで、現在は京阪電車や京阪バスの便がよく、郊外化している。鉄道開通以前は、城下町兼淀川の河港として栄えた地である。すなわち、一五八七年、豊臣秀吉が愛妾浅井氏の住城として淀城を築かせて以来、特に知られている。作者は、戦争末期をこの母の里に疎開して送り、昭和二〇年八月一五日の敗戦をここで迎えたのである。「淀の夏」とは、そうした異常な体験のあった夏をさしている。

ウィリアムスバーグ橋 Wiliamsburg Bridge ニューヨーク市のマンハッタン地区とクイーンズ地区とを結び、イースト川に架せられている。

アメリカ映画『裸の町』 一九四八年、ジュールズ・ダッシン監督が、ニューヨークの町の写真を使って殺人犯の追跡を描いたセミ・ドキュメンタリーの映画であり、この種の手法による最も初期の作品とされている。なお、追跡されて追いつめられ逃げ場を失った犯人が、ウィリアムスバーグ橋の橋梁を登りつめ、イースト川に転落する終末は、ニューヨークの夏の熱っぽさとともに印象に残るものである。

オラン アフリカのアルジェリアの北西部にある港市で、オラン県の首都。カミュは、もともとフランス領アルジェリアの出身であるが、第二次世界大戦中ドイツ軍の占領をさけて、パリからオラン市にのがれ、二年ほど、ある私立学校で教えながら、ジイドを中心にしたグループで文学的意欲をみがいていたことがある。後年発表した代表作『ペスト』は、この町にペストが流行したという極限状況を設定して書かれている。

カミュ　脚注参照。フランスの小説家・劇作家・評論家。一九一三年一一月七日、仏領アルジェリアのコンスタンチーヌ県モンドヴィに生まれた。母はスペイン系、父はアルザス出身のフランス人で出かせぎの労働者だったというが、カミュの出生の翌年になくなっている。おそらく貧窮の中に成長し高等学校まで出たのであろうが、アルジェ市の国立大学文学部に給費生として入学を許され、土地の新聞社の仕事などで学費を補いながら哲学を専攻し、一九三六年に卒業。自動車部品販売人・船舶仲買人・市庁吏員・測候所員等を転々とした。一九三七年、エッセー『裏と表』、翌年、『結婚』を出版。いずれもカミュ理解の上に重要なエッセーである。一九三八年、アルジェ市の地方新聞の記者としてようやく安定した地位を見いだした。しかも、有能なジャーナリストとして認められ、一九四〇年、パリの夕刊紙「パリ－ソワール」紙の記者に転じてパリに出た。この年ドイツの侵入により、ふたたびアルジェリアにのがれ、オランに居を定め、ジイドを中心とするグループの中で資質をみがいた。二年後の一九四二年の秋、「作家全国委員会」の一員としてレジスタンス運動のためにパリに潜入。同年、小説『異邦人』と、エッセー『シジフォスの神話』をガリマール書店から刊行。前者は諸家の一致した賞賛を受け、さらにサルトルの克明な論評が出るに及んで、一躍、最も注目すべき作家となった。一九四四年、戯曲『誤解』が初演された。同年八月二一日、パリ解放のさなかに創刊の新聞

「闘争《コンバ》」紙の主筆に推され、以来三年余り、時事論説を続けた(一九五〇年、これらを収録して『時事論集』を刊行)。一九四五年、評論『あるドイツ人の友への手紙』を発表。同年より翌四六年にかけて、戯曲『カリギュラ』が初演された。一九四七年、『ペスト』によって、かれの声価は世界的なものになった。ここには、かれの言う「不条理の哲学」と、「死に対する不断の反抗」が完全な文学的表現を得ているといわれる。永遠と絶対を求める人間精神と、すべてが死に帰着するこの世界の間には、ただ不条理な関係しかありえない。しかし、人間は神と永生を拒否し、この世界との「結婚」をすべきである。自己が自己にとってもまったく「異邦人」に見えるほどに。そして、「シジフォスの神話」の王のように、夜見の国でたえず転落する大岩を丘の上に押し上げる仕事にも似た、無限の敗北の努力を続け、そこに刻々の歓喜と幸福とが見いだされるのである――こうした信条に貫かれた作品として、『ペスト』は理解されている。閉鎖された一都市オランの、「不条理」にめざめた人たちが、見えぬ敵と九か月余にわたって戦いを続ける記録の形をとっている。カミュの以後の作品には、戯曲『戒厳令』『正義の人々』、評論『反抗的人間』などがある。一九四八年末、健康上の理由で「闘争」紙を退き、ガリマール書店の「希望叢書」の監修者となったが、一九六〇年一月交通事故のために急逝した。

『ペスト』 La peste　「カミュ」の項を参照。この小説は、一九四〇年四月一六日のころから翌年一月二五日の解放に至るまでのオラン市民の深刻な体験を描きながら、ペストと戦う「不条理」人のモラルを述べている。医師リウーの記述という形をとって、まずネズミの膨大な死がいに始まり、「オランの夏」の戦慄すべき死者増加を経て、タルー(手帳の記録者)、記者ランベール、パヌルー神父、市役所下級吏員、オトン判事らが保健隊に参加して、ペストとの一進一退の戦いを続け、翌年一月に至って流行の終わるまでを描いている。

人間にとって最も根源的だと思われる三つの問い　「ネロ」第四聯の最後の三行、「いったい何だろう／いったいなぜだろう／いったいどうするべきなのだろう」（六七四頁）をさす。

未来へ向かったやや性急な意志の姿勢　未来に向かって気負い込んでいる、ややせっかちな意欲の現われである。

この詩の全体のリズム　はっきり指摘することはもちろんできないが、名詞のくりかえしや、長短の行の交替、倒置などに見られる調子のことである。ここでは、いわゆる音数律をさすのではない。

自負できる唯一の点かもしれない　「自負」は、自分の能力を信じ誇ること。うぬぼれ。作者はこうした謙虚な表現をとっている。

この詩はむしろ、詩の発生のしかたの例だと　作者自身の力で「作った」のではなくて、自然なうちに「生まれた」からこう言って、「むしろ」と言い添えた。

「このように詩を作る」という問題は、むしろこのあとで、ますます難しくなってゆく　「このあとで」とは、「詩の発生」のあとで、の意。全体の意味は、詩の発生が感動に大きく影響されることがはっきりした以上、技術や思想というものが一見それと無縁な感動をどのように御してゆくかは、前に考えた以上にむずかしくなる、ということであろう。

詩論の主張を読み取るむずかしさ　この文章は、詩の本質論をめぐっての体系的な考察ではなく、作者の詩作経験に基づいて、自分の詩の発想や作詩法について語ったものである。出典は、『私はこうして詩を作る』（ポエム・ライブラリイ2、昭三〇、東京創元社）で、執筆家諸氏が出版社から与えられた課題に答える形で、それぞれの主張や考えを述べているが、この文章でも、「わたしはどんな詩を作るか」「わたしはこのように詩を作る」と小見出しを用いて論を進めている。したがって各節の要旨を読み取ればよいということになるが、詩論の特色の一つは、問題の追求が深く詩の本質に迫れば迫るほど、論理的に明快に割り切った形で論を進めにくくなるということである。

作者は、「わたしはどんな詩を作るか」では、「詩人が生き物であるかぎり、詩も生き物である。」と述べ、「一つの詩は、その詩を作った詩人の生き方に深くかかわっているものだ。」と言い、「詩人は作品でしか答えられない。」（六七二頁）として、自作「ネロ」を例にあげてその作詩過程を説明する方法で、具体的に論を進めようとしている。

この文章の大半は「ネロ」の引用とその解説についやされているので、教材の取扱いが横道にそれて、詩の鑑賞文の読解に終わるという危険性が多分にある。「ネロ」の作品鑑賞ものぞましい学習活動の一つであるが、肝心なのは、詩論の学習としての本筋を見失わないようにすることである。

「わたしはこのように詩を作る」の最後で、「この詩はむしろ、詩の発生のしかたの例だと考えていただいたほうがいいかもしれない。『このように詩を作る』という問題は、むしろこのあとで、ますます難しくなってゆく。ただ、ここではぼくは、この『ネロ』を例にすることで、感動というものにちょっと触れておきたかったのだ。それがどんな場合にでも、『このように詩を作る』ということの最も根本にあるものだということを、もう一度確かめておきたかったのだ。」と、結論となる考えを明らかにしているが、「ネロ」についての解説は、感動なくしては詩作はありえないという作者の主張・見解を導き出すための具体例なのである。したがって、解説部分の取扱い方は、鑑賞文一般の読解とは違った観点から問題点を拾い上げなければならないことになる。詩論としての全体の論理構成の場に位置づけながら、作者の作詩過程の中から詩のありようを学ばなければならないのである。

「ネロ」の問題点をめぐって　説明文では、詩作のモチーフとなる感動がどのように発生し、どのように成長し、詩の形に定着したかという過程をたどっているが、詩を生む心の内部の光景が鮮やかに照し出されている。そして詩的感動が生の流れ、リズムであることを知らされる。初めに筆者が、「一つの詩は、その詩を作った詩人の生き方に深くかかわっているものだ。」と言った真意を、改めて考えてみることができよう。

「ぼくはただ、季節の最初の日ざしから受けた感動を、最も動物的な、最もすなおな、最もあたりまえな形で、すなわち、生きたいという欲望と生きようとする決意として書きつけたまでなのだ。」（六七六頁九行）と言い、この詩をささえているのは、「技術や思想」ではなく、「幼いかもしれないが、強い、ほんとうの感動」（六七八頁九行）だと述べているが、詩を作るということは、なによりも生きるということと深くかかわり合っており、人生の第一義的意味を持っていることを理解させたいものである。詩の、人生における意義や効用をことさらに述べるよりも、詩による自己表現がいかにすばらしいものであるかを実感させるほうがたいせつである。

「ネロ」は一見技巧的な感じさえするが、説明文を読むことによって、モチーフがテーマとして発展し、表現の形をとっていく過程を理解すると、きわめて自然な真率な感情の表白であることがわかる。「若い性急さ」の美しさというものを汲み取って、読み味わっていきたい。

I was born

吉野《よしの》 弘《ひろし》

確か　英語を習い始めて間もない頃《ころ》だ。

或《あ》る夏の宵《よい》。父と一緒に寺の境内を歩いてゆくと　青い夕靄《ゆうもや》の
奥から浮き出るように、白い女がこちらへやってくる。物憂げ
に　ゆっくりと。

女は身重らしかった。父に気兼ねをしながらも僕《ぼく》は女の腹から
眼《め》を離さなかった。頭を下にした胎児の　柔軟なうごめきを　腹
のあたりに連想し　それがやがて　世に生まれ出ることの不思議
に打たれていた。

女はゆき過ぎた。

少年の思いは飛躍しやすい。その時　僕は〈生まれる〉ということが　まさしく〈受け身〉である訳を　ふと諒解《りようかい》した。僕は興奮して父に話しかけた。

――やっぱり I was born なんだね――

父は怪訝《けげん》そうに僕の顔をのぞきこんだ。僕は繰り返した。

――I was born さ。受け身形だよ。正しく言うと人間は生まれさせられるんだ。自分の意志ではないんだね――

その時　どんな驚きで　父は息子の言葉を聞いたか。僕の表情が単に無邪気として父の眼にうつり得たか。それを察するには僕はまだ余りに幼なかった。僕にとってこの事は文法上の単純な発見に過ぎなかったのだから。

父は無言で暫《しばら》く歩いた後　思いがけない話をした。

――蜉蝣《かげろう》という虫はね。生まれてから二、三日で死ぬんだそうだが　それなら一体　何の為《ため》に世の中へ出てくるのかと　そんな事

蜉蝣　カゲロウ目の昆虫の総称。弱々しい翅《はね》と体で飛ぶ様子が、陽炎《かげろう》のひらめくように見えるため、こう呼ばれる。

がひどく気になった頃があってね——

僕は父を見た。父は続けた。

——友人にその話をしたら　或る日、これが蜉蝣の雌だといって拡大鏡で見せてくれた。説明によると　口は全く退化して食物を摂《と》るに適しない。胃の腑《ふ》を開いても　入っているのは空気ばかり。見ると、その通りなんだ。ところが　卵だけは腹の中にぎっしり充満していて　ほっそりした胸の方にまで及んでいる。それはまるで　目まぐるしく繰り返される生き死にの悲しみが　咽喉《のど》もとまでこみあげているように見えるのだ。淋《さび》しい　光の粒々だったね。私が友人の方を振り向いて〈卵〉というと　彼も肯《うなず》いて答えた。〈せつなげだね。〉そんなことがあってから間もなくのことだったんだよ。お母さんがお前を生み落としてすぐに死なれたのは——。

父の話のそれからあとは　もう覚えていない。ただひとつ痛みのように切なく　僕の脳裡《のうり》に灼《や》きついたものがあった。

—ほっそりした母の　胸の方まで　息苦しくふさいでいた白い
僕の肉体—。

吉野　弘（一九二六〜）詩人。山形県に生まれた。酒田市立商業学校卒業。戦後の若い詩的世代の叙情的傾向を代表する詩誌「櫂《かい》」同人として活躍し、庶民的な生活感情に根ざして、人間性への深い理解と社会的な批評精神を示した作風で注目されている。詩集に、『消息』『幻・方法』、詩画集に、『10ワットの太陽』などがある。
「I was born」は、一九五七年に発表された第一詩集『消息』に収められており、本文は、『吉野弘詩集』によった。

「I was born」について　現場のみなさんへ

吉野　弘

「I was born」については、既に他のところで書いています（筑摩書房・詩の本1「詩の原理」及び有斐閣・「現代の詩と詩人」）。同じようなことを書くのは、いかにも芸のない話ですので、ここでは少し違った観点から感想を述べてみます。

唐突と思われるかも知れませんが、この詩の創作衝動の一つは、人間の誰もが免れることのできない性愛に、親と子の間柄が絡んでくることのいたましさのようなものだったと思います。

身重な女の人の腹に胎児を透視して「やっぱり I was born なんだね」という少年は、女の性を通じて、その先に男の性の働きかけを見ていますし、同時に、自分を生んだ父の性というものを見抜いています。敢えて「文法上の単純な発見にすぎなかった」と自分に言いきかせながらも……です。

少年のこの発見は、この詩の場合（自覚的ではありませんが）自分を生んだ者への屈折した糾弾の意味を持っていることを、父親は敏感に洞察しています。

父はその息子の糾弾に対して納得のゆく答を与えることができません。そこには、父親自身どうすることもできない性の領域が介在しているからです。この詩の場合は、蜉蝣の雌が抱いている卵の、一種盲目的な誕生の意志の中に、性というものを昇華してはいますが、実は、生んだ者としての父が、生まれた者としての子に許しを求める立場にいるのです。

この詩を作ったのは私が二六歳の時ですが、まだ結婚前です。或る女性を愛していて、やがて結婚して人の子の親になるということが、当時の私の念頭から離れませんでした。一組の男女の関係が親子の関係に転ずるということに、なんとも言いがたい負い目を、あらかじめ感じていたようです。

人の父になるということが現実になる前にそれを意識の上で先取りしておきたいという要求が私の内部に強く働いて、この詩を作ったように思いますが、詩の中の父と息子は、私という一人の男の二つの姿です。それは、父を糾弾する私であると同時に、やがて子の父になる私、です。

そして、親子を結び一すじに貫くものは、親子とは全く別の世界の、性の領域です。父という男の性にきびしく、母という女の性に寛大なのは、作者が男であるからという以外に理由はなさそうですが、生まれた者が、やがて生む者になるということについての許しのごときものを、この詩を通じて私は求めたような気がします。

現場の先生にとって、こんな感想は、教室で殆ど役にも立たないと思われますが、大方の生徒は、性の裏面というようなものとして意外に鋭く感じとるかもしれません。

作者・作品論

栗原　敦

吉野弘の方法　詩を書くという営みにおいて、吉野弘は、感動と認識の関係を実に方法的に結びつけている詩人である。

彼自身「詩とプロパガンダ」(『吉野弘詩集』所収、昭三四年)という詩論の中で、「感動は」―「或る確かな感じではあるだろうが」「それ自体明晰なものではない」、そして「感動の未発展の曇った状態から確実と明晰との段階に高めるための作業が即ち認識」であり、その意味で「詩を認識だと思う」という意味のことを述べたことがある。詩人は、「新しい経験」である「感動」の「未知の領域をしんぼう強く発展せしめ完結せしめ」明晰化せしめるプロセスにおいて書き、私たち読者は、作品からそのプロセスを追体験する。

吉野弘の詩は、しばしば優しく温かいものとして受けとめられているようだ。だが、その「やさしさ」も、彼の語る「認識」における深さに係わっているのである。

たとえば、第二詩集『幻・方法』（昭三四）に「夕焼け」という作品がある。いつものように満員の電車の一挿話である。二度としよりに席をゆずった娘は、みたびとしよりが自分の前に押し出されて来た時、席を立つことができなかった。

可愛想に
娘はうつむいて
そして今度は席を立たなかった。
次の駅も
次の駅も
下唇をキュッと噛んで
身体こわばらせて――。
僕は電車を降りた。
固くなってうつむいて
娘はどこまで行ったろう。
やさしい心の持主は

いつでもどこでも
われにもあらず受難者となる。
何故って
やさしい心の持主は
他人のつらさを自分のつらさのように
感じるから。
やさしい心に責められながら
娘はどこまでゆけるだろう。
下唇を噛んで
つらい気持で
美しい夕焼けも見ないで。

（「夕焼け」後半）

夕焼けという美しい自然の下に展がった「やさしい心の持主」のこの受難劇は、見守る「僕」つまり詩人のまなざしの存在によって、「娘」のやさしい心よりさらに大きな或るものに包まれている。このもうひとまわり大きな或るものに、「娘」は許されているようだ。許しは受難者の傷を癒す。これが詩人の「やさしさ」である。

しかし、作品も詩人もそこにとどまらないで超えて歩む。

「娘」は「やさしい心」でとしよりに席をゆずり、そして同じ彼女自身の「やさしい心」につまずいたのだ。つまり「娘」の挿話は、「やさしい心」の素朴な提出と挫折によるその否定というドラマなのだが、だからこそそれを包む詩人のまなざしに、高められた肯定としての道が求められることになるわけなのだ。

読者の側から言えば、読むことで私たちは「娘」の身になりかわる。席をゆずり、挫折し、傷つき、許しに癒される。だが体験しながら見守るからこそ、真の癒しはその許しに応えることでなければならないのではないか、挫折をこえてどこまでもゆくことでなければならないのではないか、究極のところそう考えざるをえなくなる。作品の方法が必然的に読む者をその場所、いわばより高い倫理的な場所へ導いてしまうのである。

表題に選ばれた美しい「夕焼け」は、だから、ドラマを支える場であり、「娘」の苦しみの姿に美しいものを見たという詩人の心の表出であるとともに、その究極の場所の象徴にさえなっている。

このように、「夕焼け」は、実に精密にかつ論理的に構成されている吉野弘の詩の方法を理解するための好例と言えよう。

主体としての自我　ところで、「夕焼け」の場合、詩人自身の認識する主体の具体的な姿は円熟した方法の陰に隠されてしまっていると言えないこともない。実は、詩人の主体にはもっと激しいものが据えられているのである。

詩集『消息』（昭三二）の中に、「冬の海」という作品がある。「海は　海であることを／只　海でだけあることを／なにものかに向って叫んでいた。」「あわれみや救いのやさしさに／己を失うまいとして／海は狂い／海は走り／それは一個の巨大な排他性であった。」これは第二・第三連であるが、詩人は荒れ狂う海に「一個の巨大な排他性」を見、そして海が荒れ狂うわけが「わかりすぎるほどよく／わかった。」と結んでいる。彼は、人間の自我が、たった一人で全世界と対抗するかのようにでなければ純粋に主張されないことをよく知っていた。海が海であるためには、他のあらゆるものに対抗しなければならないのと同じように。

この「巨大な排他性」とも見える海の姿に共鳴する自我が、詩人吉野弘の原点なのではないかと私は想像する。一種暴力的な激しささえ思わせるものだ。「刃」(『消息』)の「なめらかに圭角のとれた／かしこい小石を／思うさま　砕いてやりたい。／砕かれて飛散する忍従を見たい。／収拾できない砂片の上に／呆然と立つ恥辱を見たい。」の激烈さも、この自我の上に立てばうなずけるものである。恐らくは青年期までの彼の精神形成期に、そういった「剛直な」激しい自我のなりたちがひそんでいるのだろうが、今それはわからない。

吉野弘は、戦争中に青年期に達し、敗戦を二十歳前後で迎えた世代の一人である。彼は大正一五（一九二六）年山形県酒田市に生まれた。昭和一七（一九四二）年一二月に酒田市立商業学校を繰り上げ卒業し、翌一八年一月石油会社に入社。一九年に徴兵検査を受け（「目下のところ、これが日本で最後の徴兵検査」現代詩文庫『吉野弘詩集』略年譜）、翌二〇年、入隊を五日後にひかえて敗戦をむかえる。

彼は敗戦の衝撃を直接に作品でとりあげることはしないが、戦争期から敗戦をはさんで戦後への時代の激動が、彼の思想形成に与えた影響の大きさは、想像にかたくない。

しかし、吉野弘の詩作の開始はそれよりもさらに遅れてやってくる。彼は、敗戦後労働組合運動に従事するが、二四年過労で倒れ、結核のため三年の療養を余儀なくされる。この間、同じ病院にいた詩人富岡啓二の刺激で詩作が開始されるのである。

彼の作品に特徴的な、「生」と「死」の緊張に満ちた共存の印象は、たぶん詩作が開始された頃の詩人の状況を最もよく投影している。敗戦をふまえてやってきた思想的な覚醒あるいは再出発は、労働組合運動への専念として現実的な形をとったが、病いによるその抑制が彼に詩作を強いたといっても差仕えないだろう。三年という療養の長さは、存在の姿を見る彼の目に一層の奥行きを与えることになっただろう。

第一詩集『消息』の序詩（無題のもの）は、「何もすることがないとき」人間は自らをひとつの危機として見出す、そういう認識を起点にして書かれている。人は、突堤《とってい》の先端に立つ危機としての自らの存在性に耐えられなくて、多忙を求めて逃げ出してしまう、という人間性の脆弱さに対する批評であって、第三詩集『10ワットの太陽』の「仕事」などでさらに展開されるものなのであるが、このような批評意識も、彼が病いのため世間から無用のものとされ、しかもその意味をつきつめることによって、逆に有用を基準にした世間の価値体系をのりこえる認識をたずさえて戻って来たことを示している。その認識は、自我というもののさらに言えば存在の本源的な無償性いわばかけがえのなさの再発見であったとも言える。

「さよなら」では、割れた皿が涼しい声をたてる。「ちょっとした道具だったけれど／皿は自分とさよならをした。」その音が、会社きっての有能社員の告別式の情景に重ねられる。「黒枠の人は／死ぬ前に／道具と　さよなら　したかしら。」と。「謀叛」や「花ひらく《burst》」もまた、道具に、機構の一部にとおとしめられ、一個の自立した存在の全体性を圧しつぶされる人間の叫びを主題にしている。

だから、吉野弘にとって自分を愛するということは、自己完結的なことではなくて、人間を部品化し道具化しようとする圧力に対する不断のたたかいとして意識されているはずだ。

「ひとが／ひとでなくなるのは／自分を愛することをやめるときだ。」「自分を愛することをやめるとき／ひとは／他人を愛することをやめ／世界を見失ってしまう。」「自分があるとき／他人があり／世界がある。」(「奈々子に」『消息』所収)

このように、「はぐくむにむづかしい自分を愛する心」を、択一的にではなく「他人」と「世界」とともに語りうるのも、彼が「自分」というものをたんなる静止的な実体としてではなく、運動として、関係として的確に捉えているからである。

だが、自分をつねにひとつの抵抗体として明確に保ちながら生きるとは何と困難なことであろう。不断のたたかいは、たえまない挫折の連続である。しかも吉野弘の自我の強さは、なまなかなごまかしを許さない。

「——誠実でありたい。／そんなねがいを／どこから手に入れた。」「それは　すでに／欺くことでしかないのに。」「それが突然わかってしまった雪の／かなしみの上に　新しい雪が　ひたひたと／かさなっている。」（「雪の日に」『消息』所収）

誠実であろうとする自我の一貫性が、誠実であろうとすることのゆえにつまずく、「夕焼け」の「娘」のやさしい心のように。詩人は、この作品では直接に自分の心において、もはやかなしみとも言えないような寂寥を語っている。遅れてやってくる自己意識が、先を歩いている自己意識を検証する。降り積もる二つの意識の間からにじみ出てくる剰余がこの寂寥だ。表現だけがそれを救いあげる。

愛の条理　ところで、今見て来た寂寥が自己の自己自身に対する関係の表現であったとすれば、自己以外の者との関係を吉野弘はどう捉えているのであろうか。すでに記したように、彼は主体としての自己を関係のただなかで捉えているから、自己を語ることはそのままで他人を、世界を語ることにちがいないのではあるが、その場合にどんな現実的な場所で主体が自らを受け入れざるをえないと考えているかという点なのである。

そのひとつは、異性への愛の場である。

詩人はあたかも自ら認識作用そのものに化してしまおうと願いかねないほどの自己意識の強さを持っているが、そのような彼が異性への愛を語るとしたら、「ひとに」や「身も心も」（『消息』所収）のような、はにかみがちな表現を選ぶことになるのも当然かもしれない。その表現は暖いユーモアとして効果をあげているが、異性との愛の場面で、認識作用としての自己が存在としての自己に乗りこえられる驚きに由来するものに違いない。だからそれらの中で「撞着した言い方」といっても、「無法な感情の条理」「奇態な条理」といっても、いずれもひとりの異性に対する、深い愛の条理の発露ということになる。

しかし、愛の条理は一組の男女からどこまで拡大できるのだろうか。たとえば子供の誕生のような喜びの中で、その質を変えないままひろがることができるのかどうか。

吉野弘が「父」（親）なるものとは何かと自らに尋ねるのはこの段階に至った時である。「初めての児に」も「父」も「I was born」（『消息』所収）も、いずれも、愛の条理が異質の条理を引きよせる予感に支えられている。

「初めての児に」では、生まれたばかりの子供に死の匂いをかぎつけたのは、生命保険の勧誘員だということになっているが、もちろんそれは詩人の心が見出させたものである。生まれたばかりの子供の姿に、生だけをではなく、かえって死の影を見てしまうという、常識的には異様なことかもしれない事態はなぜ起こるのか。

男女の愛の条理は、ひとつには人間の自然性の露呈であり、もうひとつには個人と個人の止揚である。だからその条理は、個人の自我の原理において撞着していようと無法であろうと、現実的である。けれども、その結果として生ずる親子の関係は、性愛の空間が時間へと転化するところにやって来たものである。親と子の関係は、人間が類としての存在であることの時間的な証明である。子は、親の一部に他ならないものとして誕生する。にもかかわらず、やがて彼自身の現実を見出し、自立した存在へと巣立ってゆく。子が親から離脱してよそよそしいものとなっていく過程は、類としての人間の本質諸力がそのような姿で親から子へ引き継がれる過程であり、引き継ぎの完了は、意味としては端的に親の死である。

子に生を与えたものがまさしく「死ぬべきもの」であり、いま生そのものであるような子も、必ずそのような宿命を繰り返さなければならないという、つまり、類としての人間の眼から個としての人間の生をみつめた時に見出されずにはすまないいたましさが、この作品の底流をなしているのである。

「父」は、以上のような人間の生の宿命を子が引きうけてゆく過程を、手のさしのべようもなく見守る親の感動の側から描いたものである。

何故　生まれねばならなかったか。

子供が　それを父に問うことをせず
ひとり耐えつづけている間
父は　きびしく無視されるだろう。
そうして　父は
耐えねばならないだろう。

子供が　彼の生を引受けようと
決意するときも　なお
父は　やさしく避けられているだろう。
父は　そうして
やさしさにも耐えねばならないだろう。

（「父」）

詩人自身も述べていることだが、父としての自分の体験ということでいえば、彼は「父」や「I was born」をやがてやってくるであろう事態の先取りとして書いている。しかし同時にそこには、かつて子の側に立っていた彼の、親（父）に対する姿勢がひびきあっていたに違いないし、彼が自分の生を引き受けようと決意するまでに費した多くの時間が底の方にひしめいていたに違いない。

「I was born」については、詩人自ら幾度か述べている。

「決定的だった心像は、蜉蝣の卵です。それは、ひとつの意志でした。生み出されるというひとつの宿命の心像でありながら、それは、みずから生をうけようとしている意志の心像だったわけです。私はこの心像によって、生を負い目と感じていた私から一瞬解放されました。一種の虚無感を、卵と、母の中の私の心像が、力強くはね返してくれたのです。」「中心は」「卵です。死と生とが釣り合っている心像というよりは、生が死を圧倒し

ているものとして、私の中に働きかけたのです。」(「詩の生まれる予感」『詩の本I詩の原理』所収、昭四二)

生は、それを負い目と感ずると否とにかかわらず、強いられたものである。自己意識は、畢竟、自己存在に遅れてやってくる。事実として人間は強制された自分の存在を受け入れているのだが、遅れてやって来る自己意識がそれを納得し引き受けるまで、存在と意識の格闘は続けられなければならない。このたたかいは、あらゆる人間がそれぞれの事情のもとで演じなければならない普遍的なドラマであるからこそ、感動的なのである。

「I was born」では、綿密に仕組まれた構成が、三つの時間を重ねあわせていることを指摘しておこう。英語を習い始めて間もない頃の或る夏の宵、父と寺の境内を歩いている時身重の女を目撃し、それからの連想で父と会話をかわした時間が第一だ。父の思いがけない話の中にでてくる、友人との蜉蝣をめぐっての対話と、それにむすびつけられた母の死という二つの挿話の時間が第二だ。そして、第三に作品全体を過去化する語り手の現在の時間である。

この三つの時間の積み重ねが、「僕」という語り手において、「父」を理解する契機になっている。いいかえれば、中学生ぐらいでしかなかった「僕」は、父が「どんな驚きで」自分の言葉を聞いたか充分におしはかることはできなかったが、いまその時の静かに耐えるような父の思いの隈々を自分のものとして手にすることができる年齢にたどりついたということを暗に示しているわけである。

なお、引用されている「淋しい　光（り）の粒々だったね。」（七一四頁九行）は、『幻・方法』に再録する時、「つめたい　光りの粒々だったね。」に改められている。『吉野弘詩集』の「収録作品についての若干の覚えがき」の中で、詩人自身は「つめたい」の方を選ぶと言っている。おそらくは、「生が死を圧倒」するイメージが「淋しい」では不透明になることを感じてのことであろう。

苦の共有　明瞭な意識を持った自我は、それを不当にも抑圧しようとするものに出会う時、それに対して鋭い批評を投げ返す。吉野弘の批評の源もそのようなものだと思われるが、しかし多くの場合、自分の批評意識を絶対化して直接に表現するのではなくて、それが誰か他の人の中に確認できる時を待ってはじめて作品化するという形をとっている。それは、彼が自分の批評性に対してすらさらに批評的であるためであろうが、そこから、自分の苦を他人のそれにおいて、他人の苦を自分のそれにおいて感受するという彼の詩の大きな特質が出てくるのである。『幻・方法』の「音楽」や「工場」で、打ちたてるべき理念としての労働者の共同性を彼は語ったことがあるが、それも、労働者の中に自分の苦と共通のものを最も多く見出したからであったろう。

「山高帽」「星」「犬とサラリーマン」（『幻・方法』所収）などに描かれるサラリーマンの心は、戦後社会の「復興」とともにもたらされた「秩序」の回復や、企業や機構の巨大化によって、個々の働き手から労働の全体像が奪われ、勤めがたんなるひとつの日常的な繰り返しと化したところにやってくる空白を語っている。機構の一部として、道具として使われることの空しさは拭いようもない。

詩人が、すでに「花ひらく《burst》」で先取りしていた思いのもとに自身の焦慮を秘めてこれの作品を書いたことは、昭和三七（一九六二）年夏「勤続二十年表彰を半年後に控えていることに気付き、何とか逃げようとして、殆んど衝動的に退職」（「現代詩大系」⑤略歴）した事実が証している。

しかし、耐えねばならないものが決してこれらに限られないものであることを、その後の詩人の作品は示してくれている。あるいは彼は、自らサラリーマンであることをやめることによって、より幅広く社会的な疎外の深い底を見ることになったのかもしれない。

最後に「或る朝の」（『感傷旅行』昭四六）をとりあげてみたい。

或る朝の、妻のクシャミに
珍しく、投げやりな感情がまじった
「変なクシャミ！」と子供は笑い
しかし、どのように変なのか
深くは追えよう筈がなかった

（第一連）

ある朝のなにげない妻のしぐさに、いつもと違うものを感じとったのは、夫ばかりでなく、子供もだった。しかし尋常でない感じからその意味するものまでをたどってしまうのが、いわば詩人の宿命なのだ。

あの朝、妻は
身の周りの誰をも非難していなかった
只、普段は微笑や忍耐であったものを
束の間、誰にともなく　叩きつけたのだ
そして　自《みずか》らも遅れて気付いたようだ　そのことに

（第二連）

存在が支えられるために、いったいどれほどの力技が必要とされているか。どれほどの危機がさりげなく乗り越えられているか。それらは、一瞬のものにもせよ日常の裂け目としてでなければ、仲々気づかれない。そして、詩人はその一瞬を見逃さない。しかも彼は、大八車の老人のイメージを媒介にして、妻の耐えているものが、彼自身の苦と同じものに他ならないことを見出す。だから、彼女の苦が老人や自分と同じように発現される姿を思い描かないではいられない。

真昼の銀座
光る車の洪水の中
大八車の老人が喚きながら車と競っていた
畜生、馬鹿野郎、畜生、馬鹿野郎——と

あれは殆ど私だった　私の罵声だった
妻のクシャミだって本当は
家族を残し　大八車の老人のように
駈け出す筈のものだったろうに

私は思い描く。
大八車でガラガラ駈ける
彼女の軽やかな白い脛《はぎ》を
放たれて飛び去ってゆく彼女を
（第三・四・五連）

吉野弘は、詩人であることによって、これからも他者の苦を自分の苦として見出してゆくに違いない。

教材の分析・教材の生かし方

栗原　敦

教材の生かし方

主題と前提　この詩の前提には、存在と意識の格闘がある。人は存在を強制的に与えられる。そして、生きているということは、その強制を受け入れていることである。もっとも、強制を受け入れているということは事実なのだから、死なない限り金輪際変わらない(もちろん、死ぬということも実は死なされているわけだ)。

ところで、人間が自我を持つというところから、強制を受け入れている自分に気づいた時、その圧倒的な事実が許しがたくなる。つまり、自分が自分の主人公であり、自分は少くとも自分に対しては自由でありうるべきだと考えるにもかかわらず、その最低の要求すらが、完璧に否定されていることが許しがたいのである。そのために生きることに「負い目」を感ずるようになる。

作品としての「I was born」は、ここから始まり、生きることに「負い目」を感ずる心が、自らを揚棄してゆく過程が描かれることになる。これが主題である。

構成　吉野弘の作品は常に緊密な構成意識に支えられているが、その中でも最も高い完成度を持った作品の一つである。

この作品の構成は、対話と時間によって組み立てられている。それぞれに、最初提出された思考が、順次深められて行って、最終的には、生きることに「負い目」を感ずる心が止揚され、死に対する生の「圧倒」が獲得されるわけである。

対話に関して言えば、単純な文法上の発見として息子から発せられた「I was born」(——人間は生まれさせられる)が、父の側に受け渡されると、現象的には息子に対する父の困惑から深読みの過程を媒介にしてであるが、父の立場で深められて、改めて息子の元へ返されてくる。息子はその深い意味をその時充分に了解したわけではないが、蜉蝣のイメージから連想された自分の母のイメージとして、痛切に感じとっている。

時間に関しては、「作者・作品論」でも触れたように、大きく言って三つの時間が重ねられている。過去の或る夏の宵。父が蜉蝣を見、妻を亡くした頃。そして、これら全部を「確か　英語を習い始めて間もない頃だ」と回想している話者の現在。

「僕」という一人称で出てくる息子は、現在の話者に成長している。彼がいま何歳ぐらいであるかは解らないし、特にいくつでなければいけないこともないが、少くとも、かつての自分が「余りに幼なかった」ことを充分に感じとれる年齢である。年齢の中にふくまれた時間が、かつての日の父を、いま「僕」に理解させている。父と子の世代をこえた理解が、結局息子の年齢が追いつくことによって果されるという姿も語ってしまっているのである。

さらにつけ加えれば、息子にむかって「蜉蝣の挿話」と妻の死をむすびつけて語る父親は、生を与える意志・生を引き受ける意志を教えたことになるわけだが、そうせずにはいられなかった彼は、さらに若かったころ、自分自身生に「負い目」を感じてしまうような若者であったからに違いない。こうして、作品はみごとに円環を閉じられる。「僕」も「父」も作者自身の二つの分身であるとは、このような姿でなのである。

教材の分析

確か　英語を習い始めて間もない頃だ　誰がいつの時点で述べている話なのかを想像してみたい。それによって作品の構成に気づく手がかりが得られる。

父に気兼ねをしながらも僕は女の腹から眼を離さなかった　父に気兼ねをしながらもという思春期にある少年の気持は、客観的に対象化してみる価値はある。作品の深い意味としては、身重の女に対する、父――息子の男の性が底に流れている。

少年の思いは飛躍しやすい。その時　僕は〈生まれる〉ということが　まさしく〈受け身〉である訳を　ふと諒解した　女の姿から、見えないものを見ようとする。その実践的な思考が「僕」に飛躍を与えたのである。考えること、想像することは、決して拠り所なしに他動的に与えられるものではなく、どんな飛躍にも、隠されているだけで、必ず一つ一つのプロセスが横たわっている。第三連の想像が、「胎児の……生まれ出ること」、身重の女が「生む」ことの関係を明確に把ませたということなのである。なお、第四連の「女はゆき過ぎた」という視野の転換を示す表現が、「僕」の思索の次元の転換になっていることにも注目したい。

父は怪訝そうに僕の顔をのぞきこんだ　「怪訝そうに」「のぞきこ」む時の父の気持は、最初は唐突さへの困惑であろうが、やがていくつかの思いにかわっていく。第六連の「無言で暫く歩」く時間がそれで、蜉蝣と妻の死の話を父が語る前提になる。思いは、ひとつは、息子が「(生まれたくもないのに) 生まれさせられた」という意識に苦しんでいるのだろうか、という疑問であろう。さらには、もしそうであれば、生を与えたものとしての自分が責められなければならないという思い。そしておそらく、自分もそんな思いで苦しんだことがあったという感慨もあると言っていいだろう。

I was born さ。受け身形だよ。正しく言うと人間は生まれさせられるんだ。自分の意志ではないんだね　後の「文法上の単純な発見に過ぎなかったのだから」などで示されるように、「僕」はこの問題を自らの生きる意志の問題と関連付けてはいない。それは、身重の女をたんに自分の外にあるものとしてしか見ていないことによっている。「生まれる」という事実が生理的に誰かが「生む」のだということで対象化されただけだからである。そこに「生む」意志が介在していることに気づかせられるのは、身重の女が自分の母に重ねられて内在化されてからである。

父は無言で暫く歩いた後　思いがけない話をした　思いがけなかったのは、「僕」と父との考えの間にズレがあったためだが、そこに着目することからも、息子の単純な発見の提出が父を通して深められて戻ってくることが、「僕」にとって認識の新しい経験としての感動になっているという、作品の構成を感じとれるはずだ。

それはまるで　目まぐるしく繰り返される生き死にの悲しみが　咽喉もとまで　こみあげているように見えるのだ　生き死にの悲しみ、しかもそれが、生み出されるために備えている卵の悲しみであることとの優れた形象。

私が友人の方を振り向いて〈せつなげだね。〉〈卵〉というと　彼も肯いて答えた。　この〈卵〉については、「作者・作品論」の、詩人自身の文章からの引用を参照されたい。卵のイメージが私と友人とで確認しあうことで高められるという手法にも注目すべきである。また、〈せつなげだね〉は「生き死にの悲しみ」に裏づけられての感情なので、死を、悲しみをふまえてこそ「生」の讃歌は存在するのである。

ほっそりした母の　胸の方まで　息苦しくふさいでいた白い僕の肉体　冒頭の身重の女のイメージは、生む―生まれる事実の外在的な把握。蜉蝣の雌のイメージで、生む意志とあがなわれた犠牲の理念がとり出され、最後に「母」のイメージが登場することによって、問題は完全に内在化される。内に犠牲をふくんだ「生む」意志を受けて、それが生まれる意志ひいては生きる意志へと引きつがれることの感動に満ちた認識となる。母への追悼の思いもそこにあらわれる。人間の「生」が個にはじまって個に終るものではなく、類的なものに他ならないことが、端的に親と子の間の生み―生まれるという関係に実現しているのだということを理解することになる。

死にたまふ母

斎藤茂吉《さいとうもきち》

みちのくの母のいのちを一目見ん一目みんとぞただにいそげる
吾妻《あづま》やまに雪かがやけばみちのくの我が母の国に汽車入りにけり
はるばると薬をもちて来《こ》しわれを目守《まも》りたまへりわれは子なれば
死に近き母に添ひ寝のしんしんと遠田《とほだ》のかはづ天に聞こゆる
桑の香の青くただよふ朝明けに堪へがたければ母呼びにけり
母が目をしまし離《か》れ来て目守りたりあな悲しもよ蚕《かふこ》のねむり
我が母よ死にたまひゆく我が母よ我《わ》を生まし乳《ち》足らひし母よ
のど赤き玄鳥《つばくらめ》ふたつ屋梁《はり》にゐて足乳根《たらちね》の母は死にたまふなり
わが母を焼かねばならぬ火を持てり天《あま》つ空には見るものもなし
星のゐる夜ぞらのもとに赤々とははそはの母は燃えゆきにけり
はふり火を守りこよひは更《ふ》けにけり今夜《こよひ》の天のいつくしきかも
灰のなかに母をひろへり朝日子ののぼるがなかに母をひろへり

みちのく　東北地方のこと。「道の奥」の意。
吾妻やま　福島県と山形県にまたがる磐《ばん》梯《だい》朝日国立公園にある山。
足乳根　「母」「親」にかかる枕詞《まくらことば》。
ははそはの　「母」にかかる枕詞。
はふり火　火葬の火。
どくだみ　ドクダミ科の多年草。初夏、白色の四弁花と見える苞《ほう》の上に、淡黄色の小花を密生する。

どくだみも薊《あざみ》の花も焼けゐたり人葬所《ひとはふりど》の天明《あめ》けぬれば

薊 キク科の宿根草。葉に深い切れ込みがあり、とげが多い。花は頭状花で、紅紫色または白色。

斎藤茂吉（一八八二〜一九五三） 歌人・医師。本名、茂吉《しげよし》。別号、童馬山房主人。山形県に生まれた。東京大学医学部卒業。伊藤左千夫《いとうさちお》に師事し、雑誌「アララギ」の編集に携わった。一九一三年、歌集『赤光《しゃっこう》』によって認められ、その後、『あらたま』『寒雲』『暁紅』『つゆじも』『遠遊』『白き山』など多くの歌集を発表した。歌論に『短歌写生の説』『小歌論』『童馬山房夜話』など、随筆に『念珠集』『不断経』などがある。また、『万葉集』『金《きん》槐《かい》集』『山家集』などの古典や、正岡子規《まさおかしき》・伊藤左千夫などに関する研究・評論も多く、特に『柿本人麿《かきのもとのひとまろ》』全五巻によって、一九四〇年、帝国学士院賞を受けた。一九三七年、帝国芸術院会員となり、一九五一年、文化勲章を受けた。

本文は、『赤光』に収められている「死にたまふ母」の中の作で、『現代日本文学全集』第二三巻（筑摩書房）から選んだ。

作者・作品論

分銅惇作

作品研究

「みちのくの母のいのちを一目見ん一目みんとぞただにいそげる」

大意　みちのくの母のいのちある間のお姿をぜひ一目見ようと思って、ひたすら急いでいることである。

語釈

みちのく――みちのくに。陸前・陸中・陸奥、三国の古称。また、広く奥羽地方をさし、ここではその意である。茂吉の郷里は、山形県南村山郡金瓶村（現在、上山《かみのやま》市金瓶）であった。

母――茂吉の母いくは、大正二年五月没。年五十九。

鑑賞　母危篤の報に接して都を立つ時の悲痛な心情をよんだ歌である。初句、母のいる故郷を「ふるさと」などと言わないで「みちのく」と言ったところ、都から遠く離れたそぼくな故郷が具体的にとらえられているとともに、作者の暗く寂しい心情が、深々とこもったものになっている。「母のいのち」の「いのち」の持つ意味は特に大きい。母を一目見よう、もしくは母の姿を一目見ようというのではなく、母の命を一目見ようという。これは、今にも命の終わりを告げようとしている母を、その命のある間に、一目でも見たいという切実な思いの表現にほかならない。そこにこの一首の眼目があるが、さらに、その思いを、「一目見ん」のくり返しと、それを受けた結句の「ただにいそげる」とによって、切迫した悲痛さの限りないものに高めているのである。

参考　『赤光』の「死にたまふ母・その一」の中の歌。「その一」は、母の危篤の報を受けた前後から、東京を立ち母の国に着くまでの連作である。この作の次に、

うちひさす都の夜にともる灯《ひ》のあかきを見つつ心落ちゐず
母が目を一目を見んと急ぎたるわが額《ぬか》のへに汗いでにけり
灯《ともし》あかき都をいでてゆく姿かりそめの旅と人見るらんか

が並んでいる。この作は、一首だけ取り出してみると、母のもとへ急ぐ車中の心情をよんだ歌のようにも解されるが、もとの連作の中の位置に置いてみると、あきらかに、まだ都にいて心急いでいる時の心情をよんだものであることがわかる。なお、この歌、初版本では、「みちのくの母のいのちを一目見ん一目みんとぞいそぐなりけれ」となっている。結句が、「いそぐなりけれ」から「ただにいそげる」に改められたことによって、文法的に整えられるとともに、ぐっと重さと強さとが加えられたところを見るべきであろう。

「吾妻やまに雪かがやけばみちのくの我が母の国に汽車入りにけり」

大意　吾妻山に雪が輝いて見えるようになったので、今は、みちのくのわたしの母の国に汽車がはいったのだ。

語釈
吾妻やま――福島・山形両県にまたがる山。高さ二、〇二四メートル。福島市の西方、米沢市の東南方に当たり、磐梯朝日国立公園の中にある高峰。
雪かがやけば――雪が輝くので。雪が輝いて見えるようになったので。

鑑賞　作者は、奥羽本線で福島から米沢に向かう車中で、雪の輝く吾妻山を見てこの一首をよんだのである。『赤光』所収の三十歳の作「蔵王山」一連中にも「蔵王をのぼりてゆけばみんなみの吾妻の山に雲のゐる見ゆ」というのがあるが、吾妻山は作者にとって、母の国への入り口にそびえるなつかしい山であり、しかもおごそかな山であった。そういう吾妻山が、朝日を受けて輝き、なつかしさとおごそかさとを新鮮に感じさせたのである。その感情を声調の上に的確に具体化したのが、「みちのくの我が母の国に汽車入りにけり」である。

参考　「死にたまふ母・その二」の中の歌。この歌のすぐ前にたまゆらに眠りしかなや走りたる汽車ぬちにして眠りしかなやがあり、あとに続いて次の歌がある。

朝さむみ桑の木の葉に霜ふりて母に近づく汽車走るなり
沼の上《かみ》にかぎろふ青き光よりわれの愁《うれへ》の来《こ》むといふかや
上の山《やま》の停車場に下り若くしていまは鰥夫《やもを》の弟を見たり

「はるばると薬をもちて来しわれを目守りたまへりわれは子なれば」

大意　（都からこのみちのくの母の国まで）はるばると薬を持ってやって来たわたしを（じっと）見守っていらっしゃる。わたしは子であるから。

語釈

目守りたまへり――じっと見守っていらっしゃる。「目守る」は、見守る。

われは子なれば――わたしは子であるから。「目守りたまへり」と倒置の関係。

鑑賞　はるばると都から駆けつけた作者が、子である作者をじっと見守る母の心に触れておぼえた深い感動をよんだ歌である。まず「はるばると」に、「みちのくの母」と言い「みちのくの我が母の国」と言っていたような、都を遠く離れた母の国に、「母のいのちを一目見」ようと一心に念じながら駆けつけて来たのだという感情がこもっている。「薬をもちて来し」には、医者であった作者の、母へのあたたかい心づかいの現われとしての行動が、ごく自然な姿でとらえられている。そういう作者「われ」を、危篤の状態でことばなき母の目がじっと見守っている。その目の深さに、いまさらのように母の情の深さを見いだして、「われは子なれば」と結んだのである。「目守りたまへり」で切れた四句切れになっており、そこに、この一首の感動の頂点もある。子と母のいのちの触れ合いの世界が歌い上げられている作と言えるであろう。

参考　「死にたまふ母・その二」の中の歌。「その二」は、死に近い母をみとっている時から、母の死までの間の連作であり、これは、その第一首目。この歌のすぐあとに次の歌がある。

寄り添へる吾を目守りて言ひたまふ何かいひたまふわれは子なれば

「死に近き母に添ひ寝のしんしんと遠田のかはづ天に聞こゆる」

大意　（夜の静けさの中で）死に近づいている母のかたわらでみとりの添い寝をしていると、心がしんしんとして寂しく、遠くの田に鳴くかわずの声も、しんしんと寂しく天に広がって聞こえる。

語釈

添ひ寝——ここでは、臨終近い母をみとるために、そのかたわらで寝ているのである。この場合、「添ひ」が「母に添う添い寝」というように、二重の働きをしていることに注意したい。

しんしんと——上からの続きでは「死に近き母に添って寝ている添い寝の心がしんしんと

して」という意になり、「しんしんと」は、「死に近き母に添ひ寝の」の述語であるが、下への続きでは、「聞こゆる」にかかる連用修飾語として働いている。作者は、この「しんしんと」について、「上句にも下句にも関連しているが、作者は添い寝のほうによけいに関連せしめたかったように思う。」（『作歌四十年』）と言っている。『赤光』には、「現身のわが血脈《けちみやく》のやや細り墓地にしんしんと雪つもる見ゆ」（雪のふる日）、「しんしんと雪ふる最上の上の山に弟は無常を感じたるなり」（さんげの心）、「ひた走るわが道暗ししんしんと怺《こら》へかねたるわが道くらし」（悲報来）の諸作に見られるように、目だって用いられている。作者自身、「『しんしん』などを歌によけい用いて、友だちから笑われた。用いるときは用いないとどうも済まぬので用いるのであるが、あとでながめると、みずからにもちょっとおかしいのもある。」（『童馬漫語』）と言っている。

天に聞こゆる――天に広がって聞こえるよ。この場合の「聞こゆる」という連体形は感動をこめた言い方。

鑑賞　にぎやかな都からふるさとのみちのくに来てその静かさを感じている作者、しかも、もう死期の迫った母のかたわらでことさらに全神経のさえ通ってくる悲しみと寂しさとにいる作者の耳に、天空に無限に響き広がっている感じで聞こえてくる遠田のかわずの声が、いよいよその悲しみと寂しさとを深くさせるのである。一首全体にこもっているそういう感情が「しんしんと」を中心として、読者の心に深々としみ入る沈痛な響きを生んでいる点や、下句の「遠田のかはづ天に聞こゆる」によって、読者の心を限りない広がりの世界に誘う響きを生んでいる点を特に味わいたい。

参考「死にたまう母・その二」の中の歌。

「桑の香の青くただよふ朝明けに堪へがたければ母呼びにけり」

大意 桑の香がその葉の色と同じように青々とした感じでただよっている蚕室の夜明けに、寂しさに堪えきれないので、母の名を呼んでしまったことである。

語釈 桑の香の青くただよふ——この「青し」は、蚕が盛んに食べている桑の葉の青々とした色を目の前にして、蚕室の中に満ちただよっているその香をも「青し」と直観的にとらえたのである。

鑑賞 一夜母をみとっていた作者が、夜明けに、病室を離れ、ひとり蚕室に立っていてよんだ歌である。いなかの家では、家人のいる室と隣り合わせて蚕室を設けてある場合もあるから、蚕室にあってよんだ歌と限らなくてもよいわけであるが、次の参考欄に掲げる結城哀草果の鑑賞にもあるとおり、ひとり蚕室に立っていた時の歌と見るのが最も自然である。人々がまだ寝静まっている夜明け方、母の病室から離れて来て、ひとり立っている蚕室には、蚕の桑を食べる音がしきりにしており、青い桑の香が満ちてただよっている。そこにあるすべては、幼い時から母とともに親しんだものであり、過去の事柄のさまざまな記憶を、新鮮に呼びさますものでもある。そういう蚕室にあって、母の死期をひかえた作者に、堪えがたい寂しさが襲って来たのである。その感情の高まりが、冷徹な客観的写生を越えた「堪へがたかれば母呼びにけり」という強烈な下句によって言い表わされている。そう言えば、上句に、ただよう桑の香の感じを「青く」ととらえているところも単なる写生ではない。寂しさのきわみに至る主観が生き生きとこもった直観的把握であって、上句の強烈さを呼び起こすに十分である。

参考　「死にたまふ母・その二」の中で、「死に近き」の歌にすぐ続いている作。結城哀草果は、「短歌講座」第三巻『名歌鑑賞篇』で、この歌について次のような解説を書いている。

「死に近い母君を看病しておる作者が、ひとり病室を離れて来て朝明けの蚕室に立ってよんだ歌である。そう思ってこの歌を味わうべきであるから、『桑の香の青くただよふ』と言っても、作者が桑畑などに立って作ったのでないのはもちろんである。そして桑の香は畑に茂っている時よりも、摘まれて来て、ことに蚕に食われていっそう匂うものであるから、ここでは『桑の香の青くただよふ』と言っても、むしろ蚕のにおいをもとに言っているのだと思って味わってよいのである。しからば、なぜ『桑の香の青くただよふ』と言ったかというに、蚕棚の上で蚕が青々とした桑葉を盛んに食っているのを目の前にして作ったからである。つまりそういう実際を写生し、単純化して、それに作者の感動がはいって『桑の香の青くただよふ』という句になったのである。

山形地方の農家では、五月上旬ごろにへやの畳をあげ、蚕棚を結って蚕室を作り蚕を掃き立てるのであるが、この歌は作者が山形県の郷里で五月ごろの作と見てよいから、たぶん三眠起きぐらいの蚕ではなかったかと想像される。母君の病室が母屋に続く倉座敷かにあって、一夜看病に疲れた作者がひとり病母を離れて朝の蚕室に来てみると、三眠起きぐらいの蚕が盛んに桑を食っているのであるが、目に映るものすべてが、作者には寂しいのである。それは母に死なれる寂しさであった。そういう作者の感情を『堪へがたければ母呼びにけり』という主観のこもった句で表わしたのであって、必ずしも母を呼んだというのではない。」

「母が目をしまし離れ来て目守りたりあな悲しもよ蚕のねむり」

大意　母の目をしばらく離れて来て見守っている。(そのわたしの目に映る)蚕の眠っている姿は、ああ、まことに悲しい姿である。

語釈
しまし——しばし。しばらく。万葉語の副詞。
悲しもよ——悲しいことである。「も」「よ」ともに詠嘆の終助詞。「蚕のねむり」と倒置の関係。
蚕のねむり——蚕は前後四回の休眠を行ない、そのたびに脱皮して成長する。この場合は四眠ぐらいであろう。「蚕」を「かふこ」と言ったのは、『万葉集』で「かいこ」を「こ」と言い、「養ふかいこ」を「かふこ」と言ったことに基づいている。

鑑賞　作者は、母の病室をしばらく離れて蚕室にはいり、今まで母の目を見守っていた目を休眠中の蚕に移したのである。そこに見いだしたものは、脱皮という命の営みの苦しみにじっと堪えて動かずにいる蚕の姿であり、それは、今、命の営みが終わりを告げようとして永遠の静寂に向かっている母の姿を限りない思いで見守っていた作者の目には、まことにいじらしく悲しいものに映ったのである。「目守りたり」と三句切れにして調べを強めたあと、「あな悲しもよ」と四句切れにし、そこに感動を盛り上げて、「蚕のねむり」で結んだところ、いよいよ命のぎりぎりの極限に来ている母を持つ悲愁が反映した厳粛哀切な響きがこもっている。

参考　「死にたまふ母・その二」の中の歌。この歌の前の歌。

死に近き母が額《ひたひ》を撫《さす》りつつ涙ながれて居たりけるかな

「我が母よ死にたまひゆく我が母よ我を生まし乳足らひし母よ」

大意　わたしの母よ。おなくなりになってゆくわたしの母よ。わたしをお生みになり、(しかも、育ててくださるのに)お乳も十分であってくださった母よ。

語釈

生まし――お生みになり。「し」は、四段動詞の未然形につく尊敬の助動詞「す」（四段活用型）の連用形。

鑑賞　臨終がいよいよ迫った母を見守っていて、頂点に達した悲嘆の激情が、大滝のとどろきのような声で歌い上げられていて哀切きわまりない。一首の構成のあり方から見ると、まず「我が母よ」と呼びかけ、ついで「死にたまひゆく我が母よ」と呼びかけ、「我を生まし乳足らひし母よ」と呼びかけて、「母よ」で結んだ呼びかけを三回くり返しているが、第一の呼びかけは、端的で、思わず口をついて出た叫びであり、第二の呼びかけは、目の前の臨終という事実に目を据えての叫びであり、第三の呼びかけは、作者をこの世にあらせてくれた母の過ぎ去った生の営みのうち、いわば、最もそぼくで根源的というべき作者生誕時への回想をなまなましくこめた叫びである。そういう叫びのたたみかけによって、いとしい母との永遠の離別を迫られた厳粛かつ悲痛な心境が、読者の心の奥底から感動させる。

参考　「死にたまふ母・その二」に、「母が目を」の歌にすぐ続いている作。

「のど赤き玄鳥ふたつ屋梁にゐて足乳根の母は死にたまふなり」

大意　のどの赤いつばくらめが二羽屋梁にとまっていて、今しも、母はおなくなりになるのである。

語釈

屋梁——柱の上に渡してある木材。

死にたまふなり——この「なり」は「たまふ」の終止形についているものと見られるが、その場合、作者は、終止形につく「なり」を詠嘆の意を表わす助動詞として見ていたはずだから、その点に留意する必要があろう。

鑑賞 いよいよ母臨終の時に至った際の歌。一首の感動の重点はむろん下の句にある。母の死の刻限に至った歌でありながら、前の二首に見られる「堪へがたければ」とか「あな悲しもよ」とかいうような主観をあらわに言い表わしたところはない。しかし、作者の命をはぐくんだ母に対する情の深さが「足乳根の母」で言い表わされ、その母への尊敬の情の深さと死別の悲しみの深さとが「死にたまふなり」というおのずからの形で言い表わされているというふうで、下の句は、厳粛荘重な声調の中に、無限の悲しみがこもっている。その悲しみは、上の句から読み下していくとき、さらに深刻なものとなる。死に臨んだ母を見守っていてふと上げた作者の目に、「のど赤き玄鳥ふたつ」が屋梁に並んでいるのが映ったのであるが、その写生は、「のど赤き」によって、まことに印象的で、悲痛さや神秘的なものを生み、それが、下の句にこもる情と呼応して、一首全体の感情を深刻なものにしているのである。

参考 「死にたまふ母・その二」に、「わが母よ」の歌にすぐ続いている作。佐藤佐太郎は『斎藤茂吉研究』で、この歌について次のように評している。

「母の臨終が迫っている時の悲嘆の極限を歌っているのに、『悲しい』というような主観語は一つもない。しかし『死にたまふなり』は、強い主観の響きである。また、『のど赤き玄鳥ふたつ屋梁にゐて』という客観的な小事実がこの悲嘆の光景を厳粛にしている。親類縁者が集まって母の臨終を見守っている、そういう緊張した光景とは関係なく、天井につばめが二つ並んでいるのは不思議に深刻である。『のど赤き』という具体性も、こういってはじめて一首の感銘が生きるので、非常の際にこれだけのものを視たのは、やはり写実の精神が徹底していたからである。このあたりは作者はいまだ『実相観入』ということを言わなかったが、そのみごとな実行がここにある。」

「死にたまふ母・その二」では、この歌の後に、

命ある人集まりてわが母の命死行くを見たり死《し》ゆくを

がある。この歌も、主観語を抑えていながら、悲痛厳粛な感情の重くこもった作となっている。

「わが母を焼かねばならぬ火を持てり天つ空には見るものもなし」

大意　わたしは、今、わたしの母のなきがらを焼かなければならない火葬の火を持っている。空には、なにも見るものがなく、ただむなしい広がりがあるばかりである。

語釈

火――火葬の火。近親の者が火をつける風習がある。

天つ空――単に「空」とだけ言うより、高く広い空の感じがこめられる。

鑑賞　火葬場に行く途中の、これから母のなきがらを火で焼かなければならないという悲しみをよんだ歌。三句切れになっており、上の句に重点がある。作者にとって、今、母のなきがらを焼かなければならないということは、避けることのできない真実である。その真実から来る悲しみを、「悲し」と言わないで、「わが母を焼かねばならぬ火を持てり」というふうに、直面しているぎりぎりの事実そのもので言い切っている。下の句は、そういう作者の上にあるむなしくはるかな空の情景であり、これもまた、ずばりと言い切った表現である。そうして、上の句から下の句に読み下していく時、母を焼かなければならない火が迫ってくるきびしさをひしひしと感じさせられるとともに、その背後の無限のむなしさを感じさせられるのである。第一句が「母のなきがらを」などではなくして、「わが母を」であることも注意したい。そこには、作者と命のつながりを持った「母」があり、それだけ切実なのである。

参考　「死にたまふ母・その三」の中の歌。「その三」の連作は、火葬場に向かう途中の路傍小景の歌から始まっている。すなわち、

楢《なら》若葉てりひるがへるうつつなに山蚕《やまこ》は青く生《あ》れぬ山蚕は

日の光斑《はだ》らに漏りてうら悲し山蚕は未だ小さかりけり

葬り道すかんぼの華ほほけつつ葬り道べに散りにけらずや

おきな草口あかく咲く野の道に光流れて我ら行きつも」に続いて「わが母を」の歌がある。したがって、この歌は、火葬場に一歩一歩近づいて行き、いよいよ母を焼くべき時が迫ったという感情の高まりの位置で成ったものであることがわかる。

「星のゐる夜ぞらのもとに赤々とははそはの母は燃えゆきにけり」

大意 星の光っている夜ぞらの下で、赤々と、炎になって、母は燃えていったことである。

語釈 ははそはの――「母」にかかる枕詞で、原義は「ははそ（なら・くぬぎなどの総称）の葉」の意。

鑑賞 前の「わが母を」の歌は、「天つ空には見るものもなし」から、夕暮れ前の時の歌であることがわかるが、この「星のゐる」の歌は、夜になって、母のなきがらが焼かれた時の作である。「星のゐる夜ぞら」は、深々とおごそかで神秘的である。「ゐる」ということばが、「ある」とか「光る」とかいうことばに比べて、星が生きているようで、神秘的な感じを深くしている点も味わいたい。そういう夜空のもとで、母は燃えていったのである。一首の重点は、下の句にある。上の句の情景を受けて、「赤々と」はまことに印象的であり、それだけにまた、「燃えゆきにけり」は、母の姿が燃え去ったあとの寂しさを無限にしている。なお、「母」の枕詞として「ははそはの」が用いられていることも注意される。その原義の「ははその葉」が「燃えゆき」に結びつく語感の自然さが生かされていると言えるであろう。

参考　「死にたまふ母・その三」の中で、「わが母を」の歌に続いている歌。

「はふり火を守りこよひは更けにけり今夜の天のいつくしきかも」

大意　母の火葬の火を守っていて、こよいはふけたことである。こよいの天の荘厳であることよ。

語釈
いつくしきかも――「いつくし」は、荘厳であるという意。

鑑賞　「その三」の連作中で、「星のゐる」の歌に続いて、「さ夜ふかく母を葬りの火を見ればただ赤くもぞ燃えにけるかも」という一首があり、その次にこの歌が並べられている。「星のゐる」の歌や「さ夜ふかく」の歌では、赤々と燃える火葬の火をひたすら見つめていての感動に重点があるが、この歌に来ると、火を守っていて生じた心のゆとりに天を仰いだ時、そこに見いだした荘厳さに新たに感動した、その感動に重点がある。まず、上の句では、三句切れの手法によって、「はふり火」を守りながら夜ふけを迎えたことが具体的に言い表わされており、そこに、厳粛な感動の深まりが重く歌いこめられている。そういう上の句を受けて、下の句では、仰ぎ見たその夜の天の荘厳さにうたれた感動に盛り上がっているのである。「いつくしき」といういわゆる主観語を用いていながら、大きく深く広がっている空に星が清らかに輝いている荘厳な情景を感じさせるのは、ひとつには、上の句の具体的表現による厳粛さによるのであり、ひとつには、「星のゐる」の歌などを前にすえた連作の効果である。上の句と下の句の両方で「こよひ」をくり返して母を焼く「こよひ」の夜を強調し、それが「天」の荘厳さにこの歌独特の趣をこめているところにも、連作の効果があると言える。

「灰のなかに母をひろへり朝日子ののぼるがなかに母をひろへり」

大意　灰の中から小さなお骨になった母を拾ったことである。さわやかな朝日の上るなかで母を拾ったことである。

語釈

朝日子——朝日のこと。

鑑賞　一夜、母の「はふり火」を守ってきた作者が、朝日の光を受けながら、母の遺骨を拾っている時の歌。二句切れにして「母をひろへり」という句をくり返しており、そこにこの一首の重点が置かれている。「骨をひろへり」などと言わないで「母をひろへり」

と言ったところ、おのずから、小さな骨になった母へのひたすらな情と、それに基づくていねいな動作が感じ取られるが、さらに、それが「灰のなかに」によって深い悲しみのこもったものになっていたり、また、「朝日子ののぼるがなかに」によって、白々として清らかに輝いている骨が見えるような作になっていたりして、それらが二句切れの重厚な声調の中に統一された、荘重な歌境を味わいたい。

参考　「その三」の連作の中では、この歌の前後に、

ひた心目守らんものかほの赤くのぼる煙のその煙はや

蕗《ふき》の葉に丁寧に集めし骨くづもみな骨瓶に入れしまひけり

が置かれている。前の歌には、ほの赤くのぼる母の煙をいつまでも見守る「ひた心」があり、あとの歌には、骨くずまでも「丁寧に」拾い集める心があるが、この二首に現われている心は、「灰のなかに」の歌の心にもこもっている。

「どくだみも薊の花も焼けゐたり人葬所の天明けぬれば」

大意　火葬場の夜が明けてしまってから見ると、どくだみもあざみの花もすっかり焼けているよ。

語釈

人葬所——人をほうむる所。古典語の動詞「はふる」によって造った熟語。この熟語は、

人を埋葬するところの意にも用いられるわけであるが、ここでは火葬場の意に用いている。

天明けぬれば——夜が明けてしまうと。夜が明けてしまってから見ると。

鑑賞　三句切れで、倒置法を用いている。一首の重点が「どくだみも薊の花も焼けゐたり」にあるので、それを上の句にすえて、そこに力をこめたのである。夜が明けたことを「天明く」ということばで表わしたところ、晴れわたっている朝の感じが力強く響き出ている。しかも、それは、「人葬所」の朝であるために、一夜を重く暗い気持で過ごしたあとの特異な明かるさなのである。そういう朝のからりとした明かるさのもとで見ると、母のなきがらとともにどくだみの花もあざみの花もすっかり焼けてしまっていたというのである。どくだみやあざみは、作者が幼い時から見慣れた野の花である。それだけに、それらも焼けていたというのは、そぼくで純粋な感情で母を焼く悲しみの一夜を明かした作者の心が力強く反映していることが感じられて、まことに新鮮である。

参考「死にたまふ母・その三」の最後に置かれている歌。この歌の前に、

うらうらと天に雲雀は啼きのぼり雪斑《はだ》らなる山に雲ゐず

が置かれており、合わせ読むと、「どくだみも薊の花も焼けゐたり」の響きや新鮮さがいっそうひき立ってくるように感じられる。

作家研究

斎藤茂吉は、明治一五（一八八二）年五月一四日、山形県南村山郡金瓶村（現在は上山《かみのやま》市にはいる）の農業守谷伝右衛門の三男として生まれた。母、いく。二九年一五歳の時、上山尋常高等小学校を卒業。守谷家は村の旧家であったが、さらに上級の学校に進むことは経済的に容易でなかったところ、東京で医師を開業していた親戚の斎藤紀一に資質を認められて、その援助で医学を修めることとなり、同年八月、父とともに上京して、浅草東三筋町の斎藤家に寄寓した。九月、開成中学校に入学し、三四（一九〇一）年三月、同校を卒業。翌三五年九月、第一高等学校に入学し、三八年六月に同校を卒業したが、中学校時代から和歌に興味を感じていた茂吉は、高等学校三年の時、子規遺稿第一編『竹の里歌』を読むに及んで、それから強い感銘を受けて積極的に作歌に努めるようになった。三八（一九〇五）年六月、第一高等学校を卒業し、同年七月、斎藤紀一の養子となり、九月に東京帝国大学医科大学入学。その翌三九年伊藤左千夫に入門して、子規派の雑誌「馬酔木」第三巻第二号に、左千夫の選でその作五首がはじめて載り、この年、長塚節らとも相知るようになった。四〇（一九〇七）年紀一が赤坂区（現在港区）青山南町に青山脳病院を創立したのに伴い、そこに転居。四一年九月、左千夫を中心として雑誌「アララギ」が創刊され、それに、歌・歌論・研究を発表。このころから独自の個性が作品の上に現われるようになった。四二年観潮楼歌会に出席して、森鷗外・佐佐木信綱・与謝野寛・上田敏・北原白秋・木下杢太郎・吉井勇・石川啄木らと交流が始まったが、これは、『赤光』に収めた歌の歌風に明星派の影響が見られるようになる契機をなすものであった。四三年一二月、医科大学医学科を卒業し、精神病学を専攻、四四年二月東京帝国大学医科大学副手、同時に付属医院勤務を嘱託され、七月、巣鴨病院医員をも嘱託されたが、この年から大正三年まで「アララギ」編集にたずさわった。翌四五(大正元、一九一二)年医科大学助手に任ぜられ、同時に付属医院勤務を命ぜられて、それは大正六年まで続くが、その間、大正二年五月、母いくが没し、七月に伊藤左千夫が没したが、一〇月には第一歌集『赤光』の刊行を見て、強烈な人間感情の表現された画期的歌集として、歌壇のみならず、広く文壇の注目を浴び、それが同時にアララギ派の声価をも高めるに至った。医学の方面では大正六(一九一七)年一月、東京帝国大学医科大学助手ならびに付属医院勤務を免ぜられ、また巣鴨病院医員の嘱託を解かれたのち、同年一二月、長崎医学専門学校教授に任ぜられ、同月、県立長崎病院精神科部長を嘱託されて、長崎に下ったが、のち、文部省在外研究員に任ぜられて、一〇年一〇月離国、それから一三年まで、ドイツに留学し、一時医学研究に没頭、その間、西欧諸国を遍歴した。留学中の一三年一〇月には医学博士の学位を受けた。一四(一九二五)年一月に帰国したが、帰国の途次、青山脳病院が焼失したのを契機として、以後は研究生活を断念、義父紀一を助けて病院の復興に携わり、昭和二(一九二七)年五月、青山脳病院院長の職を継いだ。二〇年大戦のために病院を廃して、四月一〇日、郷里金瓶に疎開し（青山の病院ならびに住宅は五月二五日の空襲で焼失した）、戦後二一年大石田町に移った。翌年秋帰京したが、二八（一九五三）年二月二五日、心臓喘息のために七二歳で没した。

『赤光』以後の文学方面にしるした足跡はまことに偉大で、病院経営の業余の時間を、すべて文学のために注ぎ、作歌のほか、歌論・研究ならびに随筆などにわたって専念して、おびただしい業績を残した。昭和一二年には帝国芸術院会員の席に列し、一五年には『柿本人麿』の研究によって学士院賞を受け、晩年の二六年には文化勲章を受け、翌年には文化功労年金受賞者に選ばれた。自選歌集などを別として、生涯の作歌の歩みは『赤光』を初めとする一七冊の編年歌集によって見ることができる。歌論や歌話の書に『童馬漫語』（大八）、『万葉秀歌』上下（昭一三）など、評伝に『柿本人麿』五巻（昭九〜一五）など、随筆に『念珠集』（昭五）などがあり、さらに校訂書に日本古典全書『金槐和歌集』（朝日新聞社、昭二五）その他がある。なお、その業績の全貌は、岩波書店刊行の「斎藤茂吉全集」五六巻によって見ることができる。

歌人としての特質と文学史的位置　斎藤茂吉は、正岡子規に始まった写生派の流れをくんだ歌人である。子規の没後、平淡な写生の味わいを重んじたその写生的万葉調を継いで主観―生命観が叫びにまで高揚された歌境を重んじた伊藤左千夫が指導的活動をしていた時期に、子規の遺稿『竹の里歌』を読んで感銘し、さらに左千夫から直接の指導を受けたことによって、歌人的歩みの第一歩を固めた。それは、「明星」を中心としたロマン主義文学の流れに西欧的象徴詩風が導き入れられていた時期であり、すでに、ロマン主義の時代が過ぎて、自然主義の時代に時代的文学の座を譲りつつあった時期であった。しかも、茂吉が、明治四二（一九〇九）年に森鷗外の観潮楼歌会に出席して、鷗外を初め佐佐木信綱・与謝野寛・上田敏・木下杢太郎・北原白秋・石川啄木・吉井勇らと接触し交流したという事実が端的に語っているように、文学に携わる人々が、相互の交流によって、文芸世界に広く目を開きつつあった時期でもあった。そういう時代に歌人としての出発をなした茂吉は、その強靭な追求力と鋭い感受力とを兼ね備えた資質によって、写生の道を生の根源的なものに迫っていく道に深め、四四（一九一一）年には「いのちのあらはれ」の論を書いて、「短歌は『生《いき》のあらはれ』でなければならぬ。したがってまことの短歌は自己さながらのものでなければならぬ。」などと説くようになり、『写生の説別記』によれば、四五年には、本居宣長の『玉勝間』から「生《しやう》うつし」の語を見つけて「写生」の概念を新たに打ち立てるに至ったというが、さらに、北原白秋・前田夕暮・木下杢太郎らや西欧近代美術からの影響をも受けたのであって、それが第一歌集『赤光』にすばらしい結晶を見せた。

『赤光』の世界は、万葉調の中に、強烈に近代的な官能や情感を具体化しており、どの歌も、生の根源に深々とつながるものであって、それは、当時の歌壇ばかりでなく、文芸界に、広く、大きな感動をもって迎えられ、茂吉の歌人的位置と「アララギ」の位置とを大きく決定した。わけても、「おひろ」ならびに「死にたまふ母」の連作は、この一集中の名編である。芥川龍之介は、「斎藤茂吉」という一文で『赤光』によって茂吉を評し、茂吉は日本的なものと西洋的なものとの両面を最高度に備えた歌人であり、その歌には、「心熱の凄じさ」や「溶鉱炉の底に火花を放った西洋」があると言っている。『赤光』以後の茂吉は、作としては、これをさらに深めて、内部から衝迫する感動をいよいよ的確な把握のもとに流動的な声調に歌い上げつつ、清寂な世界に円熟していったのであり、歌論としては、昭和四（一九二九）年刊の『短歌写生の説』に示された「実相に観入して自然、自己一元の生を写す。これが短歌上の写生である。」という透徹した写生論を生むに至った。そうして、大正・昭和を通じ、その足跡はまことに大きく、アララギ派の中心的歌人として多くのすぐれた歌人を輩出させたばかりでなく、近代短歌史における最も偉大な存在となったのであり、「かれの死によって、子規に始まる近代短歌史も最後のページを閉じたといってよい」（臼井吉見『人間と文学』）ほどの位置を占めているのである。

解説　魅力的な「暴挙」

安藤　宏

教科書の世界には、「定番教材」という用語がある。どの教科書会社も独自教材を発掘するために懸命の努力を繰り広げるのだが、好評だった〝ヒット商品〟は現場の要望を踏まえ、たちまち他の教科書へと伝播していく。結果的にこうした教材は「定番」となって、国民的な存在へと成長していくのである。

今日、高校の国語教育では、一年で芥川龍之介の「羅生門」、二年で中島敦の「山月記」、三年で森鷗外の「舞姫」を扱うのが常識になっている。これは別に文科省の指導要領に定められているわけではなく、これらの教材をはずしたが最後、その教科書は現場の支持を失い、採択されなくなってしまうのである。

このことには常に功罪が付きまとう。一国の文化は長い時間をかけて積み上げられていく共有財産なのだから、たとえば初対面の大人同士が、中学時代に「走れメロス」を読んだ体験談に花を咲かせるのも奥ゆかしい風景であるにはちがいない。しかしその一方で、漱石や鷗外など一部の作家のみが国民的な文学者として神格化され、「西欧近代に果敢に立ち向かった日本人」という、いわば国家的な要請に都合のよい「近代化の方向」のみが特化されてしまうことにもなる。おそらく中島敦も教科書に「山月記」が採用されなかったなら、これほど有名にはならなかっただろう。その意味では、教科書は「無」から「古典」を創り出してしまう、恐るべき力を持っているのである。

とまあ、一応の理屈を述べた上で、とにもかくにも、本書に収められた教材をまずじっくり読み味わってみることにしよう。いずれもかつて「定番」として君臨していたか、あるいは今日なお親しまれ続けているものばかりである。高校時代に教室で対面した記憶が、なつかしくよみがえってくるのではないだろうか。

私が今回読み返して、もっとも感銘を受けたのは柳田国男の「清光館哀史」だった。正確に言うと、益田勝実の解説を含めて、というべきかもしれない。この組み合わせは戦後の国語教科書の歴史に刻印されるべき、記念碑的な意味を持つものなのではないかと思う。この教材は大正九年に新聞にコラムとして書かれた「浜の月夜」という短文と、六年後に書かれた「清光館哀史」という文章とが組み合わされている。このような文章の切り貼りはいわば教科書の〝禁じ手〟の一つでもあって、著者の意向を離れ、編者の恣意によって素材に変更が加えられることはあってはならぬのである。だが、益田の解説を読むならば、おそらく誰もがその編集意図を納得し、説得されてしまうのではないだろうか。「浜の月夜」には柳田が三陸海岸の漁村、小子内を訪れ、女たちがハレの場で歌い、踊る姿を目の当たりにした体験が語られている。だが、柳田はこの記述をもって朝日新聞の連載をやめてしまった。実はこの中絶にこそ柳田の学問の大きな転換が隠されているのではないか、というのが益田の推測である。近代化イコール西洋化、という先入観によって見捨てられ、切り捨てられてしまうもろもろの事象を、民衆の生命力を発掘することによって浮き彫りにしていくということ——柳田を支えてきたそれまでの発想は、ここでは通用しなくなってしまう。彼が見た情景には「近代」へのアンチテーゼのみを掘りおこす、というわべの都合をも何をも跳ね飛ばしてしまう力が秘められており、それまでの紀行文のスタイルで写し取れるようなものではないことに、柳田自身がここで気づいたというのである。

実はその認識には、さらに覆されるドラマが待っていた。六年後に小子内を再訪した彼が目の当たりにしたのは、かつての宿、清光館の人々の悲惨な離散の姿なのだった。柳田はここで、酷烈な生活条件に耐えて生きねばならぬ村人たちの歴史にあらためて思いを馳せることになる。

「常民の歴史は、明るく楽天性にみちながら、その裏には、限りない痛苦とそれに耐えて行こうとするけなげな努力が秘められている」(四三四頁)、という発見。痛苦を超え、連綿と続いていく常民のパトスを感じ取ることのできるこうした感性こそが柳田を支え、ヨーロッパの民俗学と彼のそれとを峻別する根拠になっていたのだと益田は言う。そしてそこには同時に、困窮する農民の姿と直接対峙する、柳田独自の救世済民思想が裏打ちされていたのであるともいう。さすが「火山列島の思想」を著し、民俗の呪術的な想像力に基づくダイナミックな構想を展開した国文学者ならではの慧眼、というべきか。柳田のエッセンスを的確に射抜いた至言であると思う。

益田がここで織り上げて見せたのは、柳田国男が自らの生きた現実と切り結び、感受性の火花を散らしながら自己変革を遂げていったプロセスである。と同時に、そこには益田が自らの学問にかける「夢」が託されてもいる。教材と指導書執筆者の見識とが絶妙なハーモニーを奏でる、まさに希有な〝事件〟であると言ってよいだろう。

だが、そもそもこうしたドラマを、教室で高校生に伝えることがいかにして可能なのだろうか。この点をめぐって益田は決して妥協しない。柳田の文章はある意味、融通無碍であり、「自分たちの探求を、そのままそこでわかるような完結した形になっていようとしまいと、どんどん繰り出していく」(四二九頁)点に特色があると益田は言う。一人の人間の中で問題の捉え方や発想、認識が変容し、その変容がそのまま文体の変化になって表れる、その変化の必然性を読みとって初めて、実践的な授業になるというのである。

同じことは、坂口安吾の「ラムネ氏のこと」について、その論理構造の屈折に戦時体制への抵抗を読みとるべきである、という益田の論法にも通じている。国語教育は平明な文章を平明に読み解いていくことにだけその目的があるのではない。むしろ明快には言い切れぬよじれや屈折にこそ著者の思想が表れるのであり、そこにまで立ち入ってはじめて意味のある読解になるというのだ。

だが、こうした「夢」はあまりにも美しく、遠大にすぎるものだった。「清光館哀史」は筑摩の名教材としてかつて教員の熱い支持を集めたが、そこで要求されるレベルに現場がなかなか対応しきれず、風前の灯に近い状態にある。文章が論理的に整理しにくい、という理由から、柳田国男自体が、今では教科書教材からはほとんど姿を消しつつあるのだ。本書の表題の「なつかしの」という一語は、実は単純な懐古ではなく、その裏に痛切なイロニーが託されているのである。

指導書は教師だけを対象にしたものであり、一般の目に触れる機会はほとんどない。その意味でもこうした形で「トラの巻」の存在が広く紹介されるのは、国語教育の現場、あるいはその歴史をうかがう上で大変意味のあることなのではないかと思う。ただし今回紹介する内容は、指導書の現状の紹介としてはあまり意味をなさないかもしれない。実は筑摩書房の指導書はきわめて特殊なものとして異彩を放ってきた歴史があるからだ。「硬派」をもって自他共に任じる、とでもいうのだろうか、授業展開の具体は教員の力量に任せて省筆し、教材の文学的な本質を究明すべく、学界の最前線で活動する研究者たちが大上段から長大な論文を発信していくことをそのポリシーにしてきたのである。

私は個人的には、文学研究と国語教育との接点が楽観的に考えられることがあってはならないと思っている。ただ、あえて共通点をあげれば、どちらも具体的な表現を一字一句ないがしろにせずに読み解いていくことをすべての前提にしている、という点なのではないかと思う。かれこれ二十年、教科書作りのお手伝いをしてきた経緯もあり、私自身、かつて夏休みごとに原稿用紙五十枚〜百枚位の指導書原稿を作っていた時期があった。指示代名詞も含め、一字一句の語釈にこだわっていく中から、それまで自明のものと思いこんでいた解釈がくつがえされていく快楽はたとえようのないものでもある。

その意味では研究、評論的な価値には乏しいが指導書としては優れている、という事態――あるいはその逆――は、本来ありえぬものだと思っている。たとえばミロのヴィーナスが「故郷であるギリシアのどこか」に、腕を「忘れてきた」事実に、大陸からの引揚げ者として育った清岡卓行の故郷喪失の苦しみを読みとる鈴木醇爾の指摘（「失われた両腕」五〇八頁）、あるいは吉野弘の詩作、「海は　海であることを／只　海だけであることを／なにものかに向って叫んでいた」（「冬の海」）という一節に「巨大な排他性」を読み、そこに共振する姿に詩人吉野の原点を指摘する栗原敦の論考（「I was born」七二〇〜七二一頁）などは、いずれも研究、評論として高い価値を有するものである。こうした成果を知って頂くためにも、本書のような企画は大いに意味のあることだと思うのである。

文章は、少なくともそれがすぐれたものであるかぎり、明晰に整理しても整理し切れぬ剰余が必ず残る。文章固有の思想は、むしろこうした論理のよじれや言いよどみにこそ表れるのであり、それをあきらかにするためにこそ、逆に一字一句の解釈もゆるがせにされることがあってはならぬのである。

なるほど益田の説く「清光館哀史」論と教室の生徒の素朴な理解との間には大きな距離があるかもしれない。しかし最終的にその距離を埋めるのは生身の教師の肉体である。教師自身が新たな発見にうちふるえる体験なくして、どうして文章理解が成り立つだろう。こうした情熱や思い入れに思わず学習者もつり込まれ、どうやら自分の知らぬ世界や見方が世の中にはあるらしい、という印象だけが鮮烈に残っていく。この種の体験なしに社会に出た人間に、どうして未知の世界、他者を思いやる素朴な想像力を発動することができようか。

しかし、〝古きよき時代〟はあたかも清光館の歴史さながらに消え去りつつある。筑摩の指導書は難解すぎて授業の役に立たない、という苦情が次第に寄せられるようになっていった。採択に直結する問題でもあるので、むろん、現在では語釈を大幅に増強し、授業の展開のヒント、発問例など、実践的な要素が増やされている。しかし、他社の指導書には授業の「板書例」が示されているのに筑摩にないのはなぜなのか、といった問い合わせが寄せられるに至って、指導書の性格は根本的に変容しつつあるように思う。何しろ定期テストの問題例が指導書の付録にされる時代である。これさえあれば誰でも授業ができます、というマニュアル化の流れの中で、「清光館哀史」が生き残るのは絶望的な状況なのだ。

もちろん、いたずらに懐旧の情にふけっていてはならないだろう。冒頭に述べたように、教科書には、その権威のもとに文化遺産を選別し、特定の価値観を無意識に内面化していく暴力性が秘められている。その意味でも、本書に収められた教材と解説はそれぞれの時代固有の歴史性を担っており、今日的な立場から絶えず批判的に検証されなければならない。

たとえば鷗外の「舞姫」に関して、近代的自我に目覚めた青年が封建人から近代人へ変貌していく過程を見る読み方は、今日の研究においてはむしろ批判の対象になっていることをお断りしておかなければならない。主人公の太田豊太郎は、実は作中のどこを探しても主体的な判断を下してはいないのであり、「国家」にも「個人」にも、いずれにもアイデンティティを持ち得ぬ悲劇こそが問われるべきなのであろう。封建的なものと戦う中で自己を確立していくプロセスを偏重する「近代主義」は、少なくとも一九八〇年代以降、学界では批判の対象となり、今ではそれ自体、明らかに歴史的な産物なのである。

漱石に関しても、たとえば「夢十夜」の背景に作者の「永遠の女性」への憧憬を読みとり、そこに母や兄嫁などをモデルとして想定する解釈もすでに一時代前の定型となりつつある。主人公の深層心理をそのまま作者の伝記的事実に直結させてしまうことへの反省が、やはり八〇年代以降に学界で強く起こったからである。

「こころ」は長篇小説だが、「先生の遺書」の部分のみを特化し、そこに知識人の倫理的苦悩を重ね合わせる、という読みに対しても有力な反論が出され、今日ではやはり批判の対象になっている。先生の近代知識人としての孤独のみを絶対化してしまうことによって、先生と学生である「私」との世代的な緊張関係、あるいは先生の妻の孤独など、本来作品に秘められているさまざまな要素が封殺されてしまうことになるからである。その意味でも本書は、教材と指導書の歴史性を批判的に総括するための重要なよすがにもなっているのだと思う。

ここであらためて、益田勝実が柳田国男の文章の「わかりにくさ」を説明しているくだりが思い浮かぶ。合理主義こそが近代思想の真髄、というわれわれの先入観を批判している文脈である。

深い論理的思考が叙情でもありうることこそが、近代を前近代と区別しうるものであ

ってはならないのだろうか。柳田国男の苦心した新しい文章創造の意義はその点にある。（四四二頁）

おそらく「近代」という時代は、自我史観や表層的な近代主義ではとうてい裁き得ない奥行きを持っているのだろう。こうしたさまざまな「近代」を同時に自らのうちにはらんでいる点にこそ、教科書自体の面白さがあるのだと思う。異なる世界観や解釈に同時に立ち会うことのできる柔構造——おそらくはそこにこそ、教科書が自らの暴力性を内から克服していく隘路が託されているにちがいない。

思うにこれは決してきれいごとで済む問題ではない。異なる解釈の併存、という問題は、直ちに教室における教師と学習者の関係にかかわってきてしまうからである。本書には、教師が一方的な価値観を学習者に押しつけてはならぬ旨を強調するくだりが随所に見えるが、同時にまた、生徒の自主性の名のもとに放恣な読解が許されてはならぬ旨も強調されている。矛盾といえば矛盾だが、こうしたダブルバインドを乗り越えていく道は、ひとえに教える側の教材への深い愛着（愛憎？）にかかっているのではあるまいか。教師が教材と指導書の〝挑発〟に触発され、その内的なドラマを媒介に学習者が文章に出会っていくという「できごと」——おそらくこうした「できごと」の一回性を抜きに、教科書の権威や、教育の画一的なマニュアル化に立ち向かっていく手だてはないのだろう。

最後に「失われた両腕」の鈴木醇爾の言をあげておきたい。

元来、感想は感想であって、感じない対象に感想文を書くなどということは土台無理な注文である。しかし、教室は、何も感じないことを許さない場であって、その上、感じたことの適否まで決定づけようというのである。このような暴挙をあえて可能にするものは、教材に生徒を少しでも近づけようという教師の具体的な情熱でしかない。作者の述べていることを過不足なく理解させようという熱心さが、生徒達に通じて出来上る微妙な創造的な場であってはじめて、暴挙が暴挙でなくなるのである。しかも、暴挙は暴挙であることを心中に認めつつ指導にあたるとき、はじめて、生徒の個性的な開花が保証されるのである。(五二八〜五二九頁)

このように考えるとき、本書はなんと魅力的な「暴挙」に満ち満ちていることだろう。外在的な批判からはついに何物も生まれない。過去のうるわしき「暴挙」を、今の時代に果敢に乗り越えていくあらたな「暴挙」が、今、何よりもわれわれに求められているのである。

源氏物語歳時記　鈴木日出男

最も物語らしい物語の歳時の言葉と心をとりあげ、その洗練を支えている古代の日本人の四季の自然に対する美意識をさぐる。（犬飼公之）

江戸の想像力　田中優子

平賀源内と上田秋成という異質な個性を軸に、18世紀の異文化受容の屈折したありようとダイナミックな近世の〈運動〉を描く。（松田修）

図説　太宰治　日本近代文学館編

「二十世紀旗手」として時代を駆け抜けた作家・太宰。新公開資料を含む多数の写真、草稿、証言からその文学と人生の実像に迫る。（安藤宏）

定家明月記私抄　堀田善衞

美の使徒・藤原定家の厖大な日記『明月記』を読みとき、大乱世の相貌と詩人の実像を生き生きと描く名著。本篇は定家一九歳から四八歳までの記。

定家明月記私抄　続篇　堀田善衞

壮年期から、承久の乱を経て八〇歳の死まで。乱世を生きぬき宮廷文化最後の花を開いた藤原定家の人と時代を浮彫りにする。（井上ひさし）

都市空間のなかの文学　前田愛

鷗外や漱石などの文学作品と上海・東京などの都市空間――この二つのテクストの相関を鮮やかに捉えた近代文学研究の金字塔。（小森陽一）

増補　文学テクスト入門　前田愛

漱石、鷗外、芥川などのテクストに新たな読みの可能性を発見し、〈読書のユートピア〉へと読者を誘なう、オリジナルな入門書。（小森陽一）

益田勝実の仕事（全5巻）　益田勝実

国文学・歴史学・民俗学の方法を駆使して日本人の原像に迫った巨人の全貌。単行本と未刊行論文から編む全五巻。第60回毎日出版文化賞受賞。

益田勝実の仕事1　益田勝実　鈴木日出男／天野紀代子編

〈説話の益田〉の名を確立した『説話文学と絵巻』（一九六〇年）をはじめとする説話文学論と、民俗学を見据える諸論を収録。解題＝鈴木日出男

益田勝実の仕事2
益田勝実／鈴木日出男／天野紀代子編

原始日本人の想像力とその変容プロセスに迫った力作『火山列島の思想』（一九六八年）と、単行本未収録の物語論考で編む。解題＝天野紀代子

益田勝実の仕事3
益田勝実／鈴木日出男／天野紀代子編

記紀の歌謡に〈抒情以前の抒情〉の出現を見出す『記紀歌謡』（一九七二年）を中心に、古代歌謡・万葉集についての論考を収める。解題＝鈴木日出男

益田勝実の仕事4
益田勝実／鈴木日出男／天野紀代子編

神話的想像力の主題を、それを担う主体の側から焦点化した傑作『秘儀の島』（一九七六年）と、単行本未収録の神話論考で編む。解題＝坂本勝

益田勝実の仕事5
益田勝実／幸田国広編／鈴木日出男／天野紀代子監修

高校教師、教科書編集委員として三十年にわたり携わった戦後国語教育への発言を、古典教育論・「現代国語」論などジャンル別に収録。解題＝幸田国広

初期歌謡論
吉本隆明

歌の発生の起源から和歌形式の成立までを、『古事記』『日本書紀』『万葉集』『古今集』、さらには平安期の歌論書などを克明に読み解いてたどる。

宮沢賢治
吉本隆明

生涯を決定した法華経の理念は、独特な自然の把握や倫理に変換された無償の資質といかに融合したのか？作品への深い読みが賢治像を画定する。

東京の昔
吉田健一

第二次大戦により失われてしまった情緒ある東京。その節度ある姿、暮らしやすさを通してみせる、作者一流の味わい深い文明批評。（島内裕子）

雨月物語
上田秋成
高田衛／稲田篤信校注

上田秋成の独創的な幻想世界「浅茅が宿」「蛇性の婬」など九篇を、本文、語釈、現代語訳、評を付しておくる〝日本の古典〟シリーズの一冊。

古今和歌集
小町谷照彦訳注

王朝和歌の原点にして精髄と仰がれてきた第一勅撰集の全歌訳注。歌語の用法をふまえ、より豊かな読みへと誘う索引類や参考文献を大幅改稿。

哲学的思考　西研

フッサール現象学を徹底的に読みなおし、その核心である〈実存的世界〉と〈客観的世界〉とのつながりを解明。考えあうことの希望を提起。（渡邊二郎）

現象学と解釈学　新田義弘

知の絶対化を伴う現象学と知の相対化を伴う解釈学が出合ったとき何が起きたか。現象学と解釈学の邂逅と離別の知的刺激に満ちた深層分析の書。（谷徹）

ウィトゲンシュタイン『論理哲学論考』を読む　野矢茂樹

二〇世紀哲学を決定的づけた『論考』を、きっちりと理解しその生き生きとした声を聞く。真に読みたい人のための傑作読本。増補決定版。

増補 科学の解釈学　野家啓一

「知のヒエラルキー」を解体し、科学哲学に「科学的理性批判」という本来の哲学的課題を担わせ、現代の哲学状況と切り結ぶスリリングな論考。

忠誠と反逆　丸山眞男

開国と国家建設の激動期における、自我と帰属集団への忠誠との相剋を描く表題作ほか、幕末・維新期をめぐる諸論考を集成。（川崎修）

増補 折口信夫論　松浦寿輝

「伝承」「官能」、多面的で独特の魅力を放つ折口の文章。その言葉、そのものに向き合った著者の代表的論考。第9回三島由紀夫賞受賞。（安藤礼二）

官能の哲学　松浦寿輝

現代における身体とメディアの関係、そこに生起するエロティックな記号を炙りだす。絵画、映画等、縦横に論じる著者の筆が冴える。（小野正嗣）

気流の鳴る音　真木悠介

カスタネダの著書に描かれた異世界の論理に、人間ほんらいの生き方を探る。現代社会に抑圧された自我を、深部から解き放つ比較社会学的構想。

日本数寄　松岡正剛

「趣向」こそがニッポンだ。意匠に文様、連歌に能楽、織部に若冲……。時代を往還する取り合わせのキワと核心。（芳賀徹）

差別の民俗学　赤松啓介

人間存在の病巣〈差別〉。実地調査を通して、その実態・深層構造を詳らかにし、根源的解消を企図した赤松民俗学のひとつの到達点。（赤坂憲雄）

非常民の民俗文化　赤松啓介

柳田民俗学による「常民」概念を逆説的な梃子として、「非常民」こそが人間であることを宣言した、赤松民俗学最高の到達点。（阿部謹也）

アイヌの昔話　稲田浩二編

アイヌ族が遠い祖先から受け継いだ韻文のユーカラと散文のウェペケレの中から最も愛されているものを選び「昔話」の名で編集。文庫オリジナル。

異人論　小松和彦

「異人殺し」のフォークロアの解析を通し、隠蔽され続けてきた日本文化の「闇」の領野を透視する。新しい民俗学誕生を告げる書。（中沢新一）

悪霊論　小松和彦

人々に祟り、人に憑いて、その怨みを自ら語る悪霊たちの魂とは？　モノ憑き・怨霊譚の奥深くわけ入って探る日本の「闇」の底。（内田隆三）

聴耳草紙　佐々木喜善

昔話発掘の先駆者として「日本のグリム」とも呼ばれる著者の代表作。故郷・遠野の昔話を語り口を生かして綴った183篇。（益田勝実・石井正己）

江戸人の生と死　立川昭二

神沢杜口、杉田玄白、上田秋成、小林一茶、良寛、滝沢みち。江戸後期を生きた六人は、各々の病と老いをどのように体験したか。（森下みさ子）

汚穢と禁忌　メアリ・ダグラス　塚本利明訳

穢れや不浄を通し、秩序や無秩序、存在と非存在、生と死などの構造を解明。その文化のもつ体系的宇宙観に丹念に迫る古典的名著。（中沢新一）

宗教以前　高取正男　橋本峰雄

日本人の魂の救済はいかにして実現されうるのか。民俗の古層を訪ね、今日的な宗教のあり方を指し示す、幻の名著。（阿満利麿）

日本伝説集　高木敏雄

全国から集められた伝説より二五〇篇を精選。民話のほぼ全ての形式と種類を備えた決定版。日本人の原風景がここにある。（香月洋一郎）

グリム童話　野村泫

子どもたちはどうして残酷な話が好きなのか？　残酷で魅力的なグリム童話の人気の秘密を、みごとに解きあかす異色の童話論。（坂内徳明）

初版 金枝篇（上）　J・G・フレイザー　吉川信訳

人類の多様な宗教的想像力が生み出した多様な事例を収集し、その普遍的説明を試みた社会人類学最大の古典。膨大な註を含む初版の本邦初訳。

初版 金枝篇（下）　J・G・フレイザー　吉川信訳

なぜ祭司は前任者を殺さねばならないのか？　そして、殺す前になぜ〈黄金の枝〉を折り取るのか？　事例の博捜の末、探索行は謎の核心に迫る。

火の起原の神話　J・G・フレイザー　青江舜二郎訳

人類はいかにして火を手に入れたのか。世界各地より夥しい神話や伝説を渉猟し、文明初期の人類の精神世界を探った名著。（前田耕作）

江戸のはやり神　宮田登

踊り、薬師、稲荷……庶民の熱狂的な信仰対象である流行神。その淵源を江戸時代に求め、時代性と民俗の相関を丹念に探る。（小松和彦）

妖怪の民俗学　宮田登

妖怪はいつ、どこに現われるのか。江戸の頃から最近の都市空間の魔性まで、人知では解し難い不思議な怪異現象を探求する好著。（常光徹）

ケガレの民俗誌　宮田登

被差別部落、性差別、非常民の世界など、日本民俗の深層に根づいている不浄なる観念と差別の問題を考察した先駆的名著。（赤坂憲雄）

南方熊楠随筆集　益田勝実編

博覧強記にして奔放不羈、稀代の天才にして孤高の自由人・南方熊楠。この猥雑なまでに豊饒な不世出の頭脳のエッセンス。（益田勝実）

ちくま学芸文庫

名指《めいし》導書《どうしょ》で読む
筑摩《ちくま》書房《しょぼう》 なつかしの高校国語《こうこうこくご》

二〇一一年五月十日　第一刷発行
二〇一一年六月二十日　第二刷発行

編　集　筑摩書房（ちくましょぼう）
発行者　菊池明郎
発行所　株式会社　筑摩書房
東京都台東区蔵前二―五―三　〒一一一―八七五五
振替〇〇一六〇―八―四一二三
装幀者　安野光雅
印刷所　三松堂印刷株式会社
製本所　三松堂印刷株式会社

乱丁・落丁本の場合は、左記宛にご送付下さい。
送料小社負担でお取り替えいたします。
ご注文・お問い合わせも左記へお願いします。
筑摩書房サービスセンター
埼玉県さいたま市北区櫛引町二―六〇四　〒三三一―八五〇七
電話番号　〇四八―六五一―〇〇五三

ISBN978-4-480-09378-3 C0181